HANDBOOK OF ELECTRIC VEHICLE

总主编 孙逢春 **主编** 贡 俊 **副主编** 张舟云 **主审** 温旭辉

Volume 5

国家出版基金项目
NATIONAL PUBLICATION FOUNDATION

U0656218

电动汽车工程手册

驱动电机与电力电子

机械工业出版社
CHINA MACHINE PRESS

《电动汽车工程手册　第五卷　驱动电机与电力电子》从电动汽车应用需求出发，系统梳理了车用驱动电机与电力电子变换器的设计理论与工程方案。本卷结合案例分析，从驱动电机系统的关键材料和零部件、永磁电机、异步电机、电机控制器的功率电路、驱动与控制电路、驱动电机调速原理及控制方法、软件设计与功能安全等进行了全面的阐述；同时对电动汽车的高速减速器和DC/DC变换器两个专用零部件进行了介绍，对电驱动总成振动噪声和电磁兼容做了专题分析。本卷总结了编者和编写团队多年来在电动汽车驱动电机及其控制系统领域的设计、工程开发及应用经验，突出驱动电机及其控制系统在电动汽车中的应用解决方案，为广大工程技术人员提供工程参考。

图书在版编目（CIP）数据

电动汽车工程手册. 第五卷，驱动电机与电力电子 / 贡俊主编. —北京：机械工业出版社，2019.11

ISBN 978-7-111-63871-1

Ⅰ.①电… Ⅱ.①贡… Ⅲ.①电动汽车—汽车工程—技术手册 Ⅳ.① U469.72-62

中国版本图书馆 CIP 数据核字（2019）第 217720 号

机械工业出版社（北京市百万庄大街 22 号　邮政编码 100037）

策划编辑：何士娟　责任编辑：何士娟　王　荣　陈文龙

责任校对：刘雅娜　责任印制：张　博

北京铭成印刷有限公司印刷

2019 年 12 月第 1 版第 1 次印刷

184mm×260mm·25.25 印张·7 插页·593 千字

0 001—3 000 册

标准书号：ISBN 978-7-111-63871-1

定价：238.00 元

电话服务	网络服务
客服电话：010-88361066	机 工 官 网：www.cmpbook.com
010-88379833	机 工 官 博：weibo.com/cmp1952
010-68326294	金 书 网：www.golden-book.com
封底无防伪标均为盗版	机工教育服务网：www.cmpedu.com

《电动汽车工程手册》指导委员会

主 任： 付于武　　中国汽车工程学会

委 员：（按姓氏笔画排序）

王传福　　比亚迪汽车工业有限公司

朱华荣　　重庆长安汽车股份有限公司

衣宝廉　　中国工程院院士，中国科学院大连化学物理研究所

安　进　　安徽江淮汽车集团股份有限公司

李　骏　　中国工程院院士，中国汽车工程学会

李开国　　中国汽车工程研究院股份有限公司

林忠钦　　中国工程院院士，上海交通大学

欧阳明高　中国科学院院士，清华大学

钟志华　　中国工程院院士，中国工程院

徐和谊　　北京汽车集团有限公司

徐留平　　中国第一汽车集团有限公司

曾庆洪　　广州汽车集团股份有限公司

曾毓群　　宁德时代新能源科技股份有限公司

魏建军　　长城汽车股份有限公司

《电动汽车工程手册》编撰委员会

（按姓氏笔画排序）

《电动汽车工程手册》出版委员会

出版人： 李　奇

指导组： 郭　锐　朱长福　范兴国　王霄飞　牛新国　杨民强
　　　　　韩雪清　郑　丹　张祖凤　王　廷　彭晓婷　崔占军
　　　　　孙　翠　田淑华　赵海青　施　红

编审组：（按姓氏笔画排序）
　　　　　丁　锋　王　荣　王　婕　王建霞　王海霞　孔　艳
　　　　　母云红　刘　静　汤　枫　安桂芳　孙　鹏　杜凡如
　　　　　李　军　连景岩　时　静　何士娟　张周鹏　张俊红
　　　　　张淑谦　张翠翠　陈文龙　林春泉　孟　阳　赵　帅
　　　　　赵　璇　赵　慧　赵晓峰　郝建伟　侯　颖　徐　霆
　　　　　徐明煜　崔滋恩　鹿　征　章承林　董一波　曾　红
　　　　　谢　元　魏　莹

生产组：（按姓氏笔画排序）
　　　　　王　延　石　冉　付方敏　刘雅娜　闫玥红　纪　敬
　　　　　杜雨霏　李　杉　李　婷　连美冬　宋　安　张　征
　　　　　张　博　张　薇　陈　越　陈立辉　郑　婕　贾立萍
　　　　　陶　湛　梁　静　蔡健伟　潘　蕊

营销组： 苗　强　牟小仪　黄吉安　李双雷　张　萍　张彩峰
　　　　　张敦鸿　邵　邵　危井振　张全加　齐保镇　贾贯中
　　　　　孙　翔　于　洋　陈远新　葛　龙　张　奕　邓晗男
　　　　　甄　冲　谭智慧　陈末予　刘佳佳　梁　露　董春晖
　　　　　郑　晨

　　《电动汽车工程手册》正式和广大读者见面了。这是对我国新能源科技与工程领域的一个贡献，也是我国新能源汽车产业的一项重大基础性建设。

　　从顶层上看，中国汽车产业发展战略一定要与国家的能源战略相契合。国家的能源战略很明确，就是立足国情，多元替代。2009年，我国将新能源汽车上升为国家战略，在全球率先启动了产业化进程。2014年，发展新能源汽车被认为是迈向汽车强国的必由之路，这更进一步坚定了相关企业的信心，汽车产业总体由燃油汽车的跟踪追赶转向新能源汽车的"换道先行"。

　　近几年来，我国新能源汽车技术快速发展，整体素质和实力有所增强，产品的质量和水平有较大提高，产品的门类和品种有了较快的发展，为我国社会主义现代化建设做出了应有的贡献。但是也应当看到，与国民经济蓬勃发展的需要和国际先进水平相比，我国电动汽车技术还存在着一定差距。在我国社会主义市场经济体制逐渐建立和完善的进程中，在世界范围新技术革命步伐加快的过程中，我国电动汽车工业既有机遇，又有挑战。为此，电动汽车工业发展必须真正调整到依靠科技进步和提高劳动者素质的轨道上来，要下大力气掌握和追踪新技术，开发和应用新技术，改造传统工艺，发展新兴产业，不断增强电动汽车工业在国内外两个市场的竞争能力。只有这样，才能更好地完成党和人民赋予我们的发展民族汽车工业的历史重任。

　　《电动汽车工程手册》正是为完成这个历史任务而诞生的。它梳理了电动汽车产业多年发展的知识积累，凝结了我国电动汽车产业近20年来自主研究的重要成果，对于总结电动汽车现有技术成果、强化关键共性技术、引领技术发展方向有重要意义；另外，它涉及的内容全面，对于推进电动汽车产业链全面发展、加快国家基础体系建设具有重要意义，对于发展新能源汽车的国家战略、加快新能源汽车的推广应用、有效缓解能源和环境压力、促进汽车产业转型升级也将起到重要的参考作用，具有非常重要的出版价值。

　　这部手册的编写与审稿队伍，由国内千余名有专长、有经验的学者和专家所组成。手册扼要地总结了电动汽车各个关键细分领域的科学技术成就，同时也吸收了国外的成熟经验。聚沙成塔，集腋成裘。名为手册，实为巨著。

　　读书不易，写书颇难，写工具书更难。为了编好这部"立足全局，勾画全貌，反映共性，突出重点"的手册，从技术全面性、知识完整性、分卷协调性的角度出发，编者们做了很大努力，从无到有，诸事草创，困难重重，艰辛备尝。值此手册出版之际，我谨向各参编单位、各审稿单位和出版印刷单位，向数以千计的全体编写、审稿人员，向遍及全国的为手册提供资料和其他便利条件的单位和同志们，表示衷心的感谢。

"大道行于百年，权宜利于一时"。《电动汽车工程手册》是积累、扩充和传播知识的工具，是新能源汽车科技领域的一项宏远工程。唯有以渊博的科学技术知识作为基础，才能不断创新。它既可供从事技术工作的各类人员在工程实践中查阅使用，也可供企事业单位从事相关管理工作的人员参考使用。读者可以从中了解相关专业领域的国内领先科技和国际先进科技，了解和把握技术动向，以便能科学、准确地做出决策和规划，使我们的工作更具系统性、预见性和创造性，更好地为汽车工业的持续、快速、健康发展服务。

实践是检验真理的唯一标准。在我国，这类工具书的编撰和出版工作刚刚开始，现在是从无到有，将来是精益求精。我们将严肃认真地听取广大读者的意见和建议，以作为评价和改进这部手册的主要依据。在新的长征途中，希望我们全体的中国汽车人勠力同心，再接再厉，去完成时代赋予我们的光荣使命。

付子武

2014 年 5 月 24 日，习近平总书记在上海汽车集团考察时指出："发展新能源汽车是我国从汽车大国迈向汽车强国的必由之路。"他的重要讲话为我国汽车工业的发展指明了前进和发展方向。2010 年，国家把新能源汽车列入七大战略性新兴产业之一；2015 年，节能与新能源汽车列入《中国制造 2025》十大重点支持领域之一。

保障我国能源安全、实现节能和环保、促进汽车产业技术革命及产业转型升级，是发展新能源汽车的国家战略和大势所趋。以新能源汽车为基础的智能网联汽车，将会在生产环节以及整个消费环节、服务环节取得全面发展。

经过国家四个"五年计划"的科技攻关，特别是通过 2008 年北京奥运会、2010 年上海世博会，我国新能源汽车行业取得了四大标志性成果：一是新能源汽车产业规模和产销量全球第一，并占有全球 50% 以上市场份额，技术水平处于国际先进行列；二是充电基础设施规模全球第一；三是动力蓄电池、电机、电控等核心关键技术产品产销量全球第一；四是构建了全球领先的新能源汽车安全运行监管平台技术和标准体系。

目前，我国新能源汽车产业基本掌握了整车技术和关键零部件技术，有了一定的技术积累，进入了成长期。

成长中的中国新能源汽车，对知识的需求极度渴望。在完全开放的全球市场中，技术竞争压力越来越大，中国汽车企业亟须解决电动汽车核心关键技术。加快新能源汽车持续创新，推进中国汽车产业技术转型升级，是中国科技发展的重大战略需求。

我国新能源汽车发展了 20 多年，是到了一个该总结、该展望的时刻了。

《电动汽车工程手册》是一部系统概括电动汽车各专业主要技术内容的大型工具书，总结了三种电驱动车辆——纯电动汽车、混合动力电动汽车和燃料电池电动汽车相关的技术成果和知识链。

《电动汽车工程手册》的编写初衷，是响应国家建设制造强国的发展战略目标要求，系统地、完整地梳理我国电动汽车这 20 多年来的知识体系，对电动汽车各个关键细分领域专题技术路线进行深入剖析，总结电动汽车现有技术成果，强化关键共性技术，引领技术发展方向，希望能够从供给侧的角度推进电动汽车产业链全面发展。

根据国家电动汽车重大专项部署，依据我国科技开发和产业化"三纵三横"布局，《电动汽车工程手册》规划了 10 卷：《纯电动汽车整车设计》《混合动力电动汽车整车设计》《燃料电池电动汽车设计》《动力蓄电池》《驱动电机与电力电子》《智能网联》《基础设施》《测试评价》《运用与管理》和《标准与法规》。其中，前三卷为整车卷，第四卷和第五卷为关键技术卷，第六卷到第十卷涉及三种整车共同的基础建设和相关产业链。手册内容广泛，卷帙浩繁，各卷的内容又相互渗透，互为补充，构成了一个纵横交错的知识体系。

从 2016 年开始，《电动汽车工程手册》编撰委员会盛情邀请在智能网联新能源汽车研究开发和产业化领域积极进取、攻坚克难和卓有建树的相关单位和专家，积极参与《电动汽车工程手册》的编撰工作。这套手册的编撰是一个从无到有的大工程，三年来，在千余位专家学者的共同努力下，书稿终成。

本手册集成产、学、研各方力量和智慧，实属来之不易。在这里，衷心地感谢《纯电动汽车整车设计》林程主编/林逸主审、《混合动力电动汽车整车设计》何洪文主编/张俊智主审、《燃料电池电动汽车设计》章桐主编/李骏主审、《动力蓄电池》肖成伟主编/夏保佳主审、《驱动电机与电力电子》贡俊主编/温旭辉主审、《智能网联》李克强主编/李骏主审、《基础设施》张维戈主编/王丽芳主审、《测试评价》周舟主编/刘敬平主审、《运用与管理》王震坡主编/王云鹏主审、《标准与法规》吴志新主编/廉玉波主审；感谢北汽新能源、宁德时代、福田汽车、广汽新能源、宇通客车、比亚迪汽车、中国一汽、东风汽车、上汽集团、长安新能源、奇瑞新能源等知名企业的技术总监和技术专家；感谢清华大学、北京理工大学、北京航空航天大学、北京交通大学、同济大学、吉林大学、南开大学、天津大学、重庆大学、湖南大学等院校的教授和老师；感谢中国电子科技集团公司第十八研究所、中国科学院电工研究所、中国科学院理化技术研究所、中国汽车技术研究中心有限公司、中国汽车工程研究院股份有限公司等研发机构的工程师。

《电动汽车工程手册》还是一个新生儿，希望大家能够不断地对之修正补充完善，使之始终伴随并助力中国电动汽车产业的健康成长。

手册终于和大家见面了，但在总体编排和一些具体问题的处理上仍有些不尽如人意之处，欢迎广大读者批评指正，并请将意见和建议发到邮箱 evhandbook@163.com。感谢大家的支持！

主编：贡俊　副主编：张舟云　主审：温旭辉

章号	章名	编写人员	审稿人员
第1章	概述	上海电驱动股份有限公司：贡俊，张舟云	中国科学院电工研究所：温旭辉； 天津大学：王晓远； 同济大学：袁登科 北京新能源汽车股份有限公司：魏跃远； 比亚迪汽车工业有限公司：董莹，潘华，翟震，刘洋，胡磊； 国家新能源汽车技术创新中心：杨良会
第2章	驱动电机的关键材料和零部件	上海电驱动股份有限公司：应红亮，闫兵，尹家骅，许冬，郑阳； 宝山钢铁股份有限公司：陈晓； 宁波韵升高科磁业有限公司：沈国迪； 人本集团有限公司：代现合； 上海大学：黄苏融	上海大学：黄苏融； 天津大学：王晓远，赵晓晓； 同济大学：袁登科 北京理工大学：宋强； 宝山钢铁股份有限公司：陈晓； 中车株洲电力机车研究所有限公司：李益丰； 北京新能源汽车股份有限公司：蒋荣勋； 比亚迪汽车工业有限公司：胡磊，潘华
第3章	永磁同步电机	上海大学：黄苏融； 上海电驱动股份有限公司：贡俊，应红亮，闫兵，段磊	中车株洲电力机车研究所有限公司：李益丰； 北京理工大学：张承宁； 天津大学：王晓远，赵晓晓； 同济大学：袁登科 比亚迪汽车工业有限公司：凌和平，胡磊，潘华； 北京新能源汽车股份有限公司：张健
第4章	异步驱动电机	中车株洲电力机车研究所有限公司：李益丰	上海大学：黄苏融； 天津大学：王晓远，谷雨茜； 同济大学：袁登科 北京理工大学：王志福； 比亚迪汽车工业有限公司：胡磊，潘华
第5章	高速减速器	重庆青山工业有限责任公司：董其慧，王鹤，陈超超	同济大学：钟再敏，袁登科； 合肥工业大学：黄康； 比亚迪汽车工业有限公司：凌和平，翟震； 北京新能源汽车股份有限公司：李奇
第6章	电驱动总成振动噪声	上海电驱动股份有限公司：朱克非； 重庆青山工业有限责任公司：杨毅超，陈方	上海大学：黄苏融； 天津大学：王晓远，谷雨茜； 同济大学：袁登科 比亚迪汽车工业有限公司：凌和平，翟震，潘华； 北京新能源汽车股份有限公司：刘玉辉

驱动电机与电力电子

章号	章名	编写人员	审稿人员
第7章	电机控制器的关键零部件	上海电驱动股份有限公司：陈雷，张舟云；中国科学院电工研究所：宁圃奇	中国科学院电工研究所：温旭辉；北方工业大学：孙力；天津大学：王晓远；同济大学：袁登科；比亚迪汽车工业有限公司：凌和平，刘洋
第8章	功率电路集成	上海电驱动股份有限公司：张舟云，陈雷；中国科学院电工研究所：刘钧	株洲中车时代电气股份有限公司：伍理勋；北方工业大学：孙力；天津大学：王晓远；同济大学：袁登科；比亚迪汽车工业有限公司：潘华，刘洋
第9章	控制与驱动电路	上海电驱动股份有限公司：陈雷，尹家骅	株洲中车时代电气股份有限公司：伍理勋；天津大学：王晓远；北方工业大学：孙力；同济大学：袁登科；比亚迪汽车工业有限公司：潘华，田果；北京新能源汽车股份有限公司：周罕华
第10章	驱动电机系统控制算法及软件架构	同济大学：袁登科；上海电驱动股份有限公司：张冀，张舟云，李晓杰，陈圆	同济大学：钟再敏；天津大学：王晓远；北京新能源汽车股份有限公司：向长虎；比亚迪汽车工业有限公司：凌和平，潘华，田果
第11章	驱动电机系统功能安全	上海电驱动股份有限公司：梅友忠，张舟云，潘绪前	上海汽车集团股份有限公司：程伟；天津大学：王晓远；同济大学：袁登科；比亚迪汽车工业有限公司：田果，邹林利
第12章	DC/DC变换器	北京理工大学：程夕明	株洲中车时代电气股份有限公司：伍理勋；北方工业大学：孙力；天津大学：王晓远；同济大学：袁登科；比亚迪汽车工业有限公司：凌和平，刘海军
第13章	驱动电机系统的电磁兼容	中国科学院电工研究所：张栋；上海电驱动股份有限公司：陈雷	中国科学院电工研究所：温旭辉；北京理工大学：翟丽；同济大学：袁登科；比亚迪汽车工业有限公司：凌和平，闫磊

驱动电机系统是电动汽车动力总成的核心零部件，是电动汽车实现机械能与电能转换的关键。与工业用驱动电机系统不同，电动汽车驱动电机系统工作环境恶劣、性能要求高且成本要求低，技术开发与生产难度更高。我国有较好的电机工业基础和丰富的稀土资源，驱动电机系统在全球资源限制条件下具有比较明显的优势，是易于形成中国特色的优势产业。"十五"以来，经过多年的持续努力与攻关，我国在驱动电机及其控制系统的设计、制造、检测与应用方面取得了长足的进步，我国电动汽车绝大部分采用自主驱动电机及其控制系统，产品技术水平达到国际同类先进产品水平，并实现了批量出口。

本书总结了编者和编写团队多年来在驱动电机及电力电子领域的工程应用经验，针对不同类型电动汽车对驱动电机及其控制系统的技术和应用需求，系统地分析和梳理了各种交流电机、电力电子变换器的理论基础、工程化设计技术以及振动噪声和电磁兼容等应用技术，突出驱动电机及其控制系统在电动汽车中的应用解决方案，为广大工程技术人员提供参考。

本卷共 13 章，主要分为基础知识、驱动电机和电力电子三篇。

第 1 章为概述，介绍了电动汽车对驱动电机设计及应用的需求，对比分析了国内外电动汽车驱动电机系统的当期发展情况及技术发展趋势。

第 2~6 章为驱动电机部分。第 2 章详细介绍了驱动电机涉及的关键材料和零部件，由多名行业专家共同编写完成；第 3 章重点分析了永磁同步电机的典型结构、基本调速特性和变频调速特性，以及车用永磁同步电机设计方法等；第 4 章重点分析了交流异步电机的基本结构、稳态调速特性、变频调速特性以及交流异步电机多领域的设计方法等；第 5 章介绍了高速减速器的典型结构、设计与校核方法、典型减速器产品等；第 6 章分析了电驱动总成噪声分类、振动模态、激振源等内容，并给出了电驱动总成噪声的评价和测量方法。

第 7~13 章为电力电子部分。第 7 章介绍了功率器件、膜电容器、电流和温度传感器、滤波器等相关技术和产品指标、技术特点和应用设计要求；第 8 章介绍了电力电子集成设计方法和电力电子控制器典型应用的设计案例；第 9 章重点针对电机控制器控制电路关键器件及其应用电路、电源电路、驱动电路、信号处理电路等进行了详细的分析；第 10 章对比分析了永磁同步电机、交流异步电机矢量控制和直接转矩控制，并介绍了 AUTOSAR 软件架构、电机控制软件开发质量、过程控制等设计方法和流程；第 11 章重点介绍了驱动电机系统功能安全的设计，分析了从系统、硬件和软件等各个层面进行功能安全开发的要求；第 12 章介绍了各类 DC/DC 变换器的基本原理及实例；第 13 章介绍了驱动电机系统的电磁兼容机理，从电路设计、滤波器设计、PWM 调制策略等提出了防治措施，并给出实例验证。

本卷编写过程中汇集了行业专家智慧，来自新能源汽车电驱动系统产业链的众多企业、高校和研究机构参与了本书的编写和审阅工作。其中，上海电驱动股份有限公司、中车株洲电力机车研究所有限公司、株洲中车时代电气股份有限公司、重庆青山工业有限责任公司、上海大学、同济大学、北京理工大学、中国科学院电工研究所、宝山钢铁股份有限公司、人本集团有限公司等多位专家学者直接负责和参与了各个章节的编写和审阅工作；北京新能源汽车股份有限公司、国家新能源汽车技术创新中心、比亚迪汽车工业有限公司、天津大学、同济大学、合肥工业大学等多位专家学者参与了各个章节的审阅工作，对本书内容提出了宝贵的修改意见。

全书由上海电驱动股份有限公司贡俊任主编，负责书稿整体规划和部分章节的编写修改；张舟云任副主编，负责各个章节的编写安排和部分章节的编写修改。全书由中国科学院电工研究所温旭辉任主审，并组织编写审查组对全书各个章节进行审定修改。在编写、资料整理、绘图、校对等过程中，还得到了上海电驱动股份有限公司技术中心陈登峰、位超群、郑阳、董大伟、孙龙纲、唐有桥、潘永健、温小伟、许晨昊、肖旭东等多位工程技术人员和电动汽车电驱动系统全产业链技术创新战略联盟多位专家学者的帮助，在此对他们表示衷心的感谢。

本书参考了大量的文献及相关零部件企业的技术信息和产品资料，编者尽量在参考文献中做了说明，但是由于编写时间紧张，工作量较大，对没有说明的文献作者表示歉意和感谢。

由于编者水平和条件所限，书中难免有不妥和错漏之处，恳请读者批评指正。

编　者

2019 年 8 月

目　录

第1篇　基　础　知　识

第1章

概述

第2篇　驱　动　电　机

第2章

驱动电机的关键材料和零部件

第3章

永磁同步电机

第4章

异步驱动电机

第5章

高速减速器

第6章

电驱动总成振动噪声

第 3 篇　电 力 电 子

第 7 章　电机控制器的关键零部件

第 8 章　功率电路集成

第13章

驱动电机系统的电磁兼容

第1篇

SECTION

基础知识

第 *1* 篇

第1章 概　述

1.1　电动汽车驱动电机系统

　　驱动电机及其控制系统是电动汽车动力总成系统的核心零部件，用于实现电能与机械能的相互转换，简称驱动电机系统。通常来说，驱动电机系统是指驱动电机、驱动电机控制器（以下简称电机控制器）两部分。从应用角度说，驱动电机系统与变速器、减速器等耦合形成了电驱动总成系统；从产品和产业角度说，驱动电机系统还涉及上游的关键材料和关键零部件。电动汽车对驱动电机系统提出了高功率密度、轻量化、高效率、高可靠性、低噪声等应用需求。应用于电动汽车的驱动电机主要有交流永磁电机和交流异步电机两大重要类型，极少数运用领域也采用开关磁阻电机。动力系统的驱动形式主要分为集中驱动和分布式驱动两大类。当前，集中驱动是电动汽车的主要驱动形式，分布式驱动因其控制灵活、空间节省的特点成为行业的研究热点之一。

　　依照 GB/T 18488.1—2015《电动汽车用驱动电机系统　第 1 部分：技术条件》，对电动汽车用驱动电机、电机控制器及驱动电机系统的定义如下：

　　1）驱动电机：将电能转换成机械能为车辆行驶提供驱动力的电气装置，该装置也可具备将机械能转换为电能的功能。

　　2）电机控制器：控制动力电源与驱动电机之间能量传输的装置，由控制信号接口电路、驱动电机控制电路和驱动电路组成。

　　3）驱动电机系统：驱动电机、驱动电机控制器及它们工作必需的辅助装置（如线束、接插件）的组合。

同时，在纯电动乘用车应用中，由驱动电机、驱动电机控制器和减/变速器组成的电驱动总成系统成为主流。减/变速器的定义为：一种由封闭在金属壳体内的齿轮传动或离合器/同步器、换档执行机构等所组成的独立部件，用于连接驱动电机与车辆输出轴（半轴、传动轴或者车轮）的减/变速传动装置。

电动汽车驱动电机系统的主要组成及关键零部件如图1-1所示。

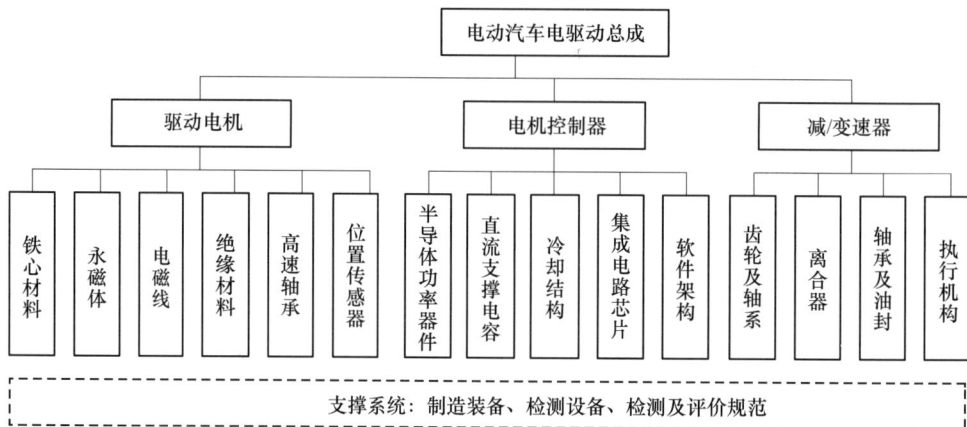

图 1-1　电动汽车驱动电机系统的主要组成及关键零部件

如图1-1所示，驱动电机的关键材料和关键零部件主要包括铁心材料、永磁体、电磁线、绝缘材料、高速轴承和位置传感器等；电机控制器主要包括半导体功率器件、直流支撑电容、冷却结构、集成电路（Integrated Circuit，IC）芯片以及软件架构等；减/变速器主要包括齿轮及轴系、离合器、轴承及油封、执行机构等。驱动电机系统的技术和产业发展水平与其关键材料和关键零部件的技术和产业发展密切相关；同时，驱动电机系统的技术和发展还取决于关键制造装备（绕线机、充磁机等）、关键检测设备（电力测功机等）以及相应的检测与评价规范。

本章将从应用于电动汽车的驱动电机系统的设计需求出发，分析对比驱动电机的类型及其特点，并分析对比当期国内外驱动电机系统的行业发展技术、产品及其应用现状，提出电动汽车驱动电机系统的发展趋势预测。

1.2　驱动电机系统的设计要求

1.2.1　电动汽车对驱动电机系统的设计需求

工业用电机系统与电动汽车驱动电机系统的主要差别见表1-1。

驱动电机系统通常要求能够实现车辆频繁起动/停车、加速/减速，低速或爬坡时要求高转矩，高速行驶时要求恒功率，车速变化范围宽；同时还需要有高速超车时峰值功率输出，如图1-2所示。

表1-1 工业用电机系统与电动汽车驱动电机系统的主要差别

对比项目	工业用电机系统	电动汽车驱动电机系统
封装尺寸	空间不受限制,可用标准封装配套多种应用	布置空间有限,必须根据具体产品需求和布置空间进行特殊设计
工作环境	环境温度适中(-20~40℃)	环境温度变化大(-40~105℃)
可靠性	较高,目的是保证生产效率	很高,目的是保证驾乘人员安全
冷却方式	通常为风冷,体积大	通常为液冷,体积小
控制性能	多为变频调速控制,定工况运行	精确的转矩控制,动态性能要求高
功率密度①	较低,0.5~1.5kW/kg	较高,2.0~4.5kW/kg
性价比	一般	极高

① 功率密度计算为电机峰值功率与电机定子、转子有效重量之比。

如图1-2所示,电动汽车驱动电机系统在负载要求、产品性能、可靠性及工作环境等方面有特殊的要求,具体要求如下:

(1)低速大转矩、高速宽调速

为了满足电动汽车的加速和爬坡性能,要求驱动电机系统在低速时输出大转矩,高速巡航时则需要具有恒功率输出,因而要求驱动电机系统具有宽调速范围。

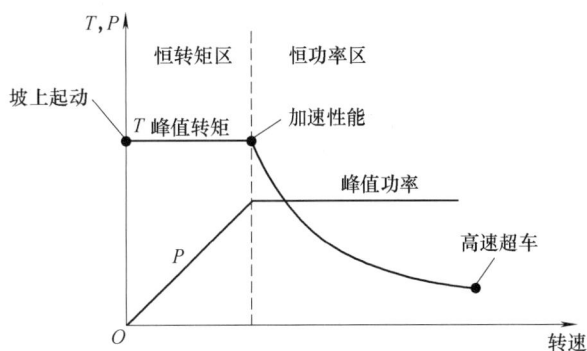

图1-2 车用工况对驱动电机系统的性能要求

(2)高功率密度、轻量化

由于电动汽车安装空间和整车重量限制,要求驱动电机及电机控制器具有高的功率/体积比密度和高的功率/重量比密度。

(3)高效率

为了提高电动汽车的续驶里程,要求驱动电机系统在整个宽调速范围内都具有很高的效率。

(4)能够实现能量回馈

电动汽车的特点和优势之一在于其能够在车辆减速或制动时将车辆的部分制动能量回收,能量回馈性能的好坏直接影响车辆的续驶里程、运行性能和能源利用率等。在车辆减速时,通过再生制动将制动能量回收,再生制动回收的能量一般可达到车辆总能量的15%~25%,这一点在内燃机汽车上是不能实现的。

(5)控制精度高、动态响应快

电动汽车要求驱动电机系统可控性高、稳态精度高、动态性能好,能够适应路面变化及频繁起动和制动等复杂运行工况;而工业用电机系统只有某一个或者某几个特定的工况要求。

(6)高可靠性与安全性

电动汽车与传统燃油汽车相同,驱动电机系统的工作环境极为恶劣,对其机械强度、抗振性、冷却等方面均提出了很高的要求；车载动力电池组和电机的工作电压，可以达到300~600V，要求车辆电气系统和控制系统必须符合国家（或国际）有关车辆电气控制的安全性能的标准和规定，并满足对高电压和转矩控制的功能安全需求。

（7）低成本

电动汽车要取得与现代燃油汽车的竞争优势，在满足性能要求的前提下必须考虑降低各个零部件的成本。以纯电动汽车为例，驱动电机系统成本占整车制造成本的8%~12%，是决定电动汽车是否具有市场竞争力的一个重要因素。

（8）低噪声

振动噪声性能是评价电动汽车品质的关键指标之一，电动汽车要求在全工况范围具有良好的振动噪声性能。

1.2.2 驱动电机系统的主要类型

驱动电机系统主要由驱动电机和电机控制器构成。

电动汽车用驱动电机主要有交流异步电机、交流永磁电机（包括永磁无刷电机和永磁同步电机）和开关磁阻电机等。早期开发的电动汽车曾经采用直流电机，近代电动汽车主要以交流异步电机和交流永磁电机为主，开关磁阻电机在特殊领域也有应用。交流异步电机主要应用在纯电动汽车（包括轿车及客车）中，交流永磁电机主要应用在混合动力、插电式与纯电动汽车（包括轿车及客车）中。

交流永磁电机具有高功率密度和高效率的特点（功率密度最高可做到4.5kW/kg以上，峰值效率达96%以上），在电动轿车应用上占有优势，是当前电动汽车用驱动电机的研究热点。永磁电机根据电机控制方式不同，可以分为方波电压驱动的永磁无刷电机和正弦波电压驱动的永磁同步电机。永磁无刷电机（又称无刷直流电机）采用开关型霍尔元件进行电机的换相控制，具有控制简单可靠、转矩输出能力高等优点，但由于其电机磁路设计和控制方式的差异，弱磁调速范围较窄，同时永磁同步电机具有体积小、惯性低、响应快、转矩控制性能好的优点，非常适用于电动汽车驱动系统。永磁同步电机根据转子磁钢结构又分为内置式和表贴式，其中内置式永磁同步电机也称为混合式永磁磁阻电机。内置式永磁同步电机在永磁转矩的基础上叠加了磁阻转矩，磁阻转矩的存在有助于提高电机的过载能力和功率密度，而且易于弱磁调速，扩大恒功率运行范围，成为电动汽车驱动电机系统的首选。

交流异步电机又称交流感应电机，具有效率高、功率密度高、运行可靠、调速范围宽、功率容量覆盖面广、产业化基础好等特点，也被应用于电动汽车特别是客车领域。相对永磁电机而言，其优势是结构可靠、怠速运行损耗低，缺点是异步电机效率和功率密度相对偏低。交流异步电机由于怠速运行损耗低，在电动四驱汽车中作为辅助动力应用较多。

开关磁阻电机的转子由硅钢片叠压而成，具有简单可靠、适于较宽转速范围内运行、控制灵活、可四象限运行、响应速度快、成本较低等优点。由于其磁极端部的磁路严重饱和以及磁极和沟槽的边缘效应，使其在设计和控制中要求十分精确。实际应用发现，开关磁阻电机存在转矩波动大、噪声大、需要位置检测器等缺点，应用受到一定限制。

主要电动汽车用驱动电机的特性比较见表1-2。

表1-2 主要电动汽车用驱动电机的特性比较

对比项目	交流异步电机	永磁同步电机	开关磁阻电机
功率密度	一般	高	一般
转矩转速特性	好	好	好
最高转速范围/（r/min）	9000~18000	4000~18000	≥ 18000
调速性能	好	好	好
功率单元	通常为三相	通常为三相	四相或六相
位置传感器	相对位置	绝对位置	绝对位置
可靠性	高	一般	高
结构坚固性	好	一般	好
尺寸及重量	一般，一般	小，轻	小，轻
电机成本	较低	高	较低
控制器成本	高	高	较高

1.3 车用驱动电机系统的发展现状与趋势

1.3.1 我国车用驱动电机系统产业总体发展概况

我国新能源汽车经过多年的持续研发投入和市场培育，在国家多重利好的产业政策支持下，自2014年起，连续多年呈现快速发展势头，至2018年，年均复合增长率达到50%以上。根据中国汽车工业协会（以下简称为"中汽协"）统计数据，2018年，在汽车行业整体产销下降的大环境下，新能源汽车逆市实现产销大幅增长，2018年我国新能源汽车产销分别为127.0万辆和125.6万辆，比上年同期分别增长59.9%和61.7%。其中，纯电动汽车产销分别为98.6万辆和98.4万辆，比上年同期分别增长47.9%和50.8%；插电式混合动力汽车产销分别为28.3万辆和27.1万辆，比上年同期分别增长122%和118%。我国新能源汽车年产销量和保有量连续多年占全球新能源汽车市场总量超过50%，2018年我国新能源汽车保有量已经超过300万辆，已经成为全球最大的新能源汽车市场，并在研发体系、产业发展、市场拓展、政策创新、基础设施建设和商业模式方面呈现明显的综合优势。

多年来，在"三纵三横"的研发布局和国家科技项目的持续支持下，我国新能源汽车驱动电机系统技术和产业伴随国家新能源汽车同步快速发展。以中汽协2018年统计数据为例，我国自主配套驱动电机、电机控制器和电驱动总成的比例超过95%。从产业规模看，我国新能源汽车公告中，驱动电机和电机控制器生产企业达到200余家，前20位生产企业的驱动电机和电机控制器产品占总量的比例超过 70%；特别是在新能源公交客车、电动卡车和纯电动物流车应用领域，全部为国产零部件配套。我国已经形成了从驱动电机、电机控制器、变速器、电驱动总成、主要关键材料和关键器件的较为完整的自主产业链。

经过多年的持续发展，我国自主开发的永磁同步电机、交流异步电机和开关磁阻电机已经实现了产业化整车配套，系列化产品的功率范围覆盖了 250kW 以下的各类新能源汽车用驱动电机系统动力需求，如图 1-3 所示。在关键技术指标方面，我国驱动电机的功率密度、效率等与国际水平基本相当。

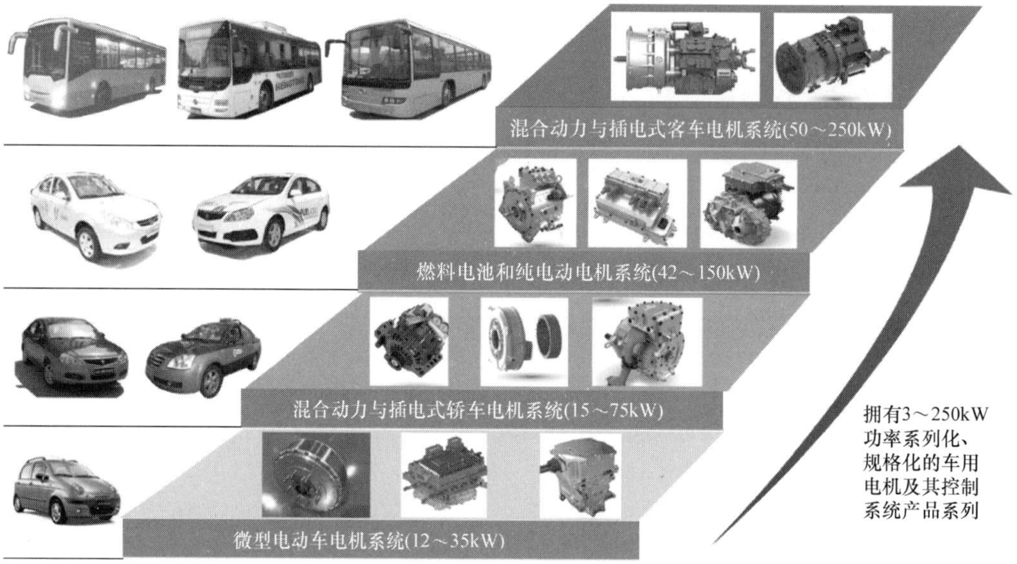

图 1-3　电动汽车系列化驱动电机及其控制系统

在乘用车驱动电机领域，上海电驱动、大郡控制、精进电动、中车时代电动、巨一自动化、华域汽车等驱动电机企业推出了功率范围涵盖 30~160kW 的系列化驱动电机产品，为多家整车企业的纯电动和插电式新能源汽车配套。上海电驱动推出了驱动电机、电机控制器和减速器一体化的电驱动总成产品，95~145kW 电驱动总成在国内多个乘用车企业的 A 级以上纯电动车型上获得应用，33~55kW 电驱动总成系列化产品应用于 A00、A0 级纯电动汽车，并于 2019 年实现量产；大郡控制拥有全系列的驱动电机、驱动电机控制器产品，为北汽、广汽等匹配多款纯电动乘用车和插电式混合动力乘用车；精进电动推出了应用于新能源乘用车的驱动电机与高速减速器一体化总成样机，峰值功率达到 160kW，最高转速达到 16000r/min；华域汽车在驱动电机领域以扁导线定子技术为产品特色，具有多年的研发和产业化经验，建立了扁导线定子电机的生产线，为上汽多款新能源汽车匹配电机，同时通过与麦格纳合资，在驱动电机和高速减速器方面为德国大众 MEB 平台配套；中车时代电动借助于其在高铁牵引系统领域的完整产业链优势，在 IGBT（绝缘栅双极型晶体管）芯片和模块、电机控制器、驱动电机、动力总成、整车集成应用等方面形成了完整的产业体系，除了在传统新能源商用车领域外，近年来在乘用车领域加大了研发和制造投入，先后建立了多条乘用车电机、控制器的生产线，逐步扩大应用市场；巨一自动化凭借其在自动化制造装配的优势，在多年来为江淮汽车配套多个系列纯电动轿车驱动电机及电机控制器的基础上，在乘用车电机智能制造、三合一动力总成方面逐步发挥优势，扩展在国内的市场份额。

在商用车驱动电机领域，上海电驱动推出了 AMT 同轴并联驱动电机、6~12m 纯电动客车驱动电机以及双行星排动力总成电机，双行星排总成系统应用于 10~12m 新能源公交客车，可实现 60% 以上的节油率；大郡控制推出适用于增程式、纯电动客车的直驱电机和双电机动力总成；精进电动推出的多种规格驱动电机、电机控制器和多种机电耦合动力总成系统，在各类新能源城市客车领域获得了广泛应用；中车时代电动推出了适用于多种动力系统构型和车型的驱动电机系统，实现了自主配套；汇川技术、蓝海华腾、吉泰科等推出的多合一控制器总成产品，在新能源公交客车、纯电动物流车上获得了广泛的应用。另外，绿控传动、越博动力等商用车动力总成集成商开始在驱动电机及电机控制器方面加大研发投入，推出了系列化的电驱动总成产品，应用于各类新能源公交客车和物流车等。

1.3.2 我国车用驱动电机系统总体技术进展概况

1.3.2.1 驱动电机技术进展

在驱动电机方面，经过多年的持续发展，我国自主开发的永磁同步电机、交流异步电机和开关磁阻电机已经实现了产业化整车配套，系列化产品的功率范围覆盖了 250kW 以下的各类新能源汽车用电驱动系统动力需求。在关键技术指标方面，我国驱动电机的功率密度、效率等与国际水平基本相当。

高速、高功率密度、低振动噪声、低成本是新能源汽车驱动电机的重点发展方向。近年来，我国驱动电机在功率密度、系统集成度、电机最高效率和转速、绕组制造工艺、冷却散热技术等方面持续进步，与国外先进水平并驾齐驱；同时，我国驱动电机研究开始延伸至振动噪声和铁磁材料层面，以进一步提升驱动电机的设计精度、工艺制造水平以及产品质量。

在高功率密度驱动电机方面，我国主要电机研制企业如上海电驱动、精进电动、中车时代电动、汇川技术、巨一自动化、比亚迪、华域汽车等纷纷开发出功率密度达到 3.8~4.6kW/kg 的样机和产品，最高转速达 12000~16000r/min，并实现了电驱动一体化集成，电机冷却方式涵盖水冷和油冷多种类型，技术指标达到国际先进水平，见表 1-3。

在驱动电机精确设计方面，上海大学提出了基于电磁材料多域服役特性的车用电机多域多层面正向设计方法，综合电磁、机、热、流体、声多域仿真与验证，解决电磁材料宽温变和应变等服役特性的非线性问题。上海大学联合国内硅钢企业系统性开展了铁心应力 - 磁特性研究，挖掘出硅钢材料加工、装配与运行过程中的温度和应力导致材料本身性能改变的规律（图 1-4a）；中国科学院电工所应用非晶合金和硅钢片混合材料、分瓣式定子结构和粘接工艺，研制出非晶电机样机，样机最高效率达到 97%（图 1-4b）。

表 1-3 我国典型驱动电机与国外同类产品对比

对比项目	国内电机 1	国内电机 2	国内电机 3	国外电机 1	国外电机 2
电机图片					
峰值功率 /kW	125	130	130	130	125
最高转速 /(r/min)	13200	13200	12000	8810	12800
峰值转矩 /N·m	300	315	315	360	250
峰值效率	97%	97%	97%	97%	97%
功率密度 /(kW/kg)	4.30	4.56	4.20	4.60	3.80
冷却方式	水冷	油冷	水冷	水冷	水冷

a)

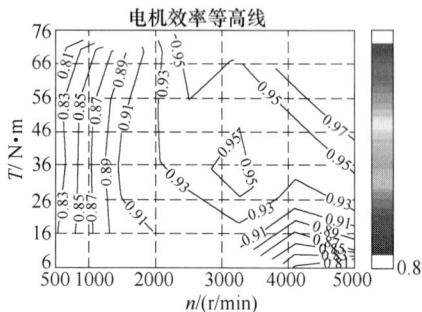

b)

图 1-4 新材料特性及新材料电机技术

a）不同应力下的磁感变化与不同应力下的铁耗变化曲线 b）非晶电机及其特性

在驱动电机扁线绕组技术方面，华域汽车、精进电动、上海电驱动等在国内较早地开展了扁线绕组工艺探索和实践，典型产品如图 1-5 所示。其中，华域汽车为上汽 EDU 二代电驱动总成和纯电动汽车平台配套的驱动电机采用了扁导线，同时与麦格纳成立的合资公司为大众 MEB 平台配套扁导线感应电机；精进电动依托国家重点研发计划专项开发了高速乘用车扁线电机样机；上海电驱动将扁线绕组技术应用于48V BSG电机总成，为上汽通用进行混合动力汽车配套。

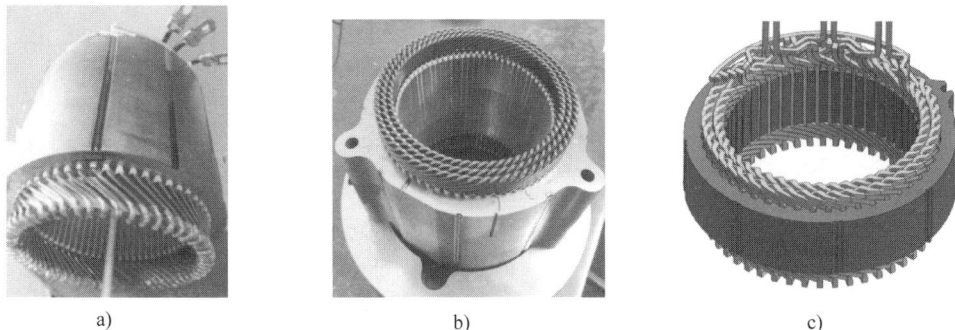

图 1-5　乘用车扁线绕组技术及典型定子结构
a）华域汽车定子　b）精进电机定子　c）上海电驱动48V定子

在商用车领域，精进电动开发出转矩密度达到20.3N·m/kg的商用车直驱电机，北京佩特来电机（德纳）应用扁线绕组技术开发了转矩为3500N·m的外转子直驱电机（图1-6），天津松正、菲仕电机也开发出了商用车扁线直驱电机，我国商用车电机技术水平总体达到国际先进水平。

图 1-6　商用车电机和扁线电机
a）精进电动电机　b）佩特来电机

1.3.2.2　电机控制器技术进展

电机控制器主要由半导体功率器件、直流支撑电容器、散热结构、电流电压传感器、驱动与控制电路板等构成。车用电机控制器主要采用三相桥式拓扑、空间矢量脉宽调制，功率半导体器件及变流器的电力电子集成技术是其研究重点。

在电机控制器电力电子集成技术方面，功能集成、高效散热、电磁兼容是核心技术。近年来，我国电机控制器的集成度和功率密度水平持续提升，我国采用电力电子集成优化设计技术，将汽车级功率模块、超薄膜电容器与复合母线、高效散热器以及功率部件连接件进行优化设计，进一步提升了电机控制器本体功率密度，从8~12kW/L提升至16~24kW/L。上海电驱动、汇川技术、中车时代电动等均推出了基于汽车级模块的电机控制器产品，如图1-7所示。

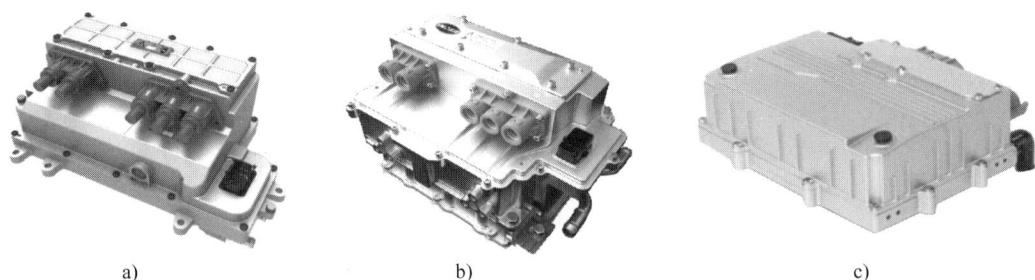

图 1-7　高集成度电机控制器
a）上海电驱动电机控制器　b）汇川技术电机控制器　c）中车电动电机控制器

在此基础上，通过将多个电力电子控制器进行功能集成（如汇川技术商用车五合一集成控制器、北汽新能源乘用车多合一集成控制器，图1-8a、b），集成控制器体积和重量进一步降低，已广泛应用于纯电动与插电式商用车、乘用车等领域。同时，通过将电机控制器和快速充电机分时复用功能的集成（如比亚迪充电逆变器一体化总成），有效地减少了电力电子功率模块的数量，提升了整机的集成度。

图 1-8　新能源汽车多合一集成控制器产品
a）商用车五合一集成控制器　b）乘用车多合一集成控制器

IGBT 芯片双面焊接与模块双面冷却技术是不断提升电机控制器集成度、功率密度和效率的主要技术发展方向。结合我国"十三五"科技部重点研发计划新能源汽车重大专项实施，2017 年上海电驱动、大郡控制、中车时代电气等推出了自主开发的车用 IGBT 芯片、双面冷却 IGBT 模块和高功率密度电机控制器，我国高功率密度电机控制器技术水平迅速追赶国际先进水平。其中，上海电驱动联合上海道之，采用自主 IGBT 芯片、芯片双面焊接工艺和电力电子功率组件的直焊互连工艺研制出高功率密度电机控制器（图 1-9a），30s 功率密度达到 17.5kW/L、10s 峰值功率密度达到 23.1kW/L；中车时代电气采用自主 IGBT 芯片、双面焊接与双面冷却技术、自主 IGBT 驱动芯片和电力电子集成技术（图 1-9b），开发出 600A/750V 双面散热 IGBT 模块及组件产品，基于双核微处理器（MCU）芯片开发出功率密度达到 20kW/L 的电机控制器；大郡控制联合上海道之采用双面水冷结构（图 1-9c），输入功率为 260kW 的电机控制器的功率密度达到 26.2kW/L，双电机控制器的功率密度与博世的同类产品相当。

我国典型高功率密度电机控制器与国外同类产品对比见表 1-4。

a)

b)   c)

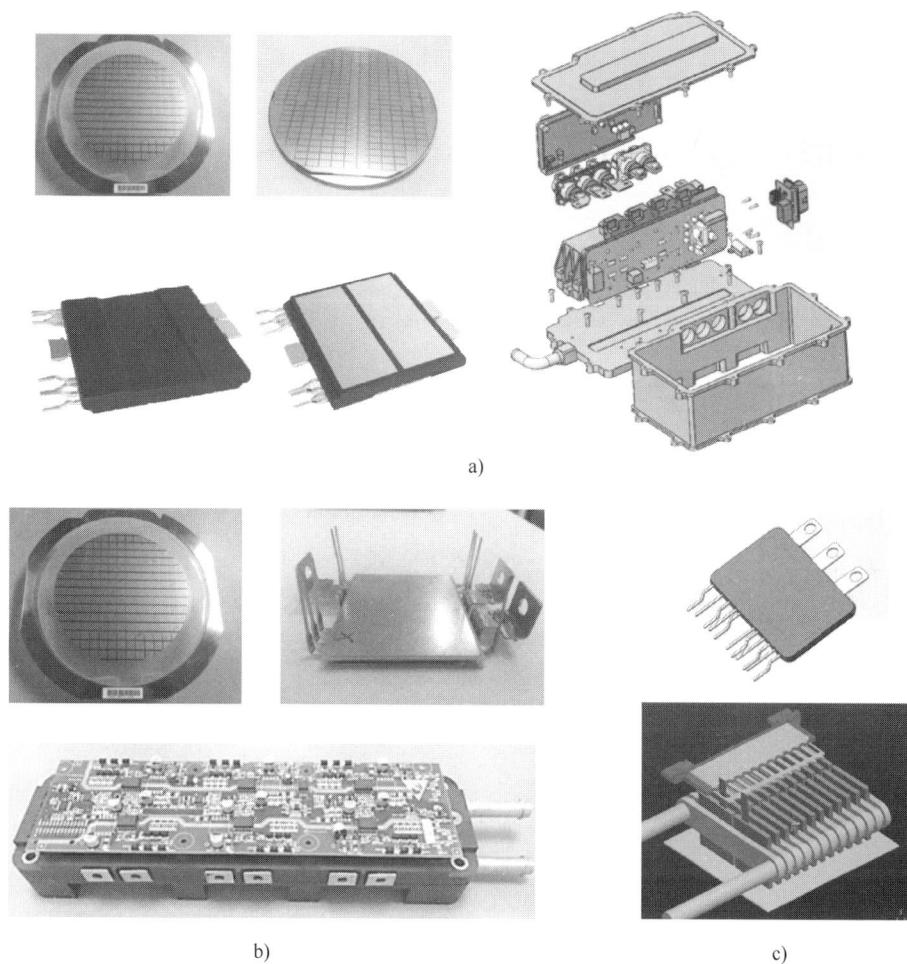

图 1-9　国内典型高功率密度电机控制器封装与集成技术
a）直焊互连技术的高功率密度电机控制器
b）自主 IGBT 芯片、模块及功率组件　c）双面水冷结构的电机控制器

表 1-4　我国典型高功率密度电机控制器与国外同类产品对比

对比项目	国内控制器 1	国内控制器 2	国内控制器 3	国外控制器 1	国外控制器 2
电机控制器图片					
功率体积密度 /（kW/L）	23.1	26.2	22.4	25.0	25.0
功率质量密度 /（kW/kg）	21.0	19.0	18.0	23.2	22.8
功率器件	IGBT	IGBT	IGBT	IGBT	IGBT
直流电压 /V	300~480	300~480	270~450	200~600	300~450
器件电流（平均值）/A	450	450	450	350	400
器件封装	定制	定制	标准	定制	定制

自 2016 年以来，我国碳化硅器件、高温封装与焊接、全碳化硅电机控制器的研发开始全面布局。中科院微电子所研制的 1200V/100A SiC SBD（碳化硅肖特基势垒二极管）芯片（图 1-10a）正向电流密度为 247A/cm² （V_F=1.6V）；中车时代电气研制出了 750V/150A、1200V/50A、1200V/200A SiC SBD 芯片和 1200V/30A SiC MOSFET（碳化硅金属氧化物半导体场效应晶体管）芯片；基于自主的 SiC SBD 和 Si IGBT 芯片开发了 750V/600A、1200V/（500~800A）SiC 混合模块（图 1-10b）；中科院电工所研发出了 P3/HP1 封装型式的 SiC 功率模块、复合功能膜电容组件和高功率密度控制电路，开发出 37kW/L 的电机控制器样机（图 1-10c），在 DC 600V 供电条件下驱动 85kW 电机，开关频率达到 20kHz 以上。

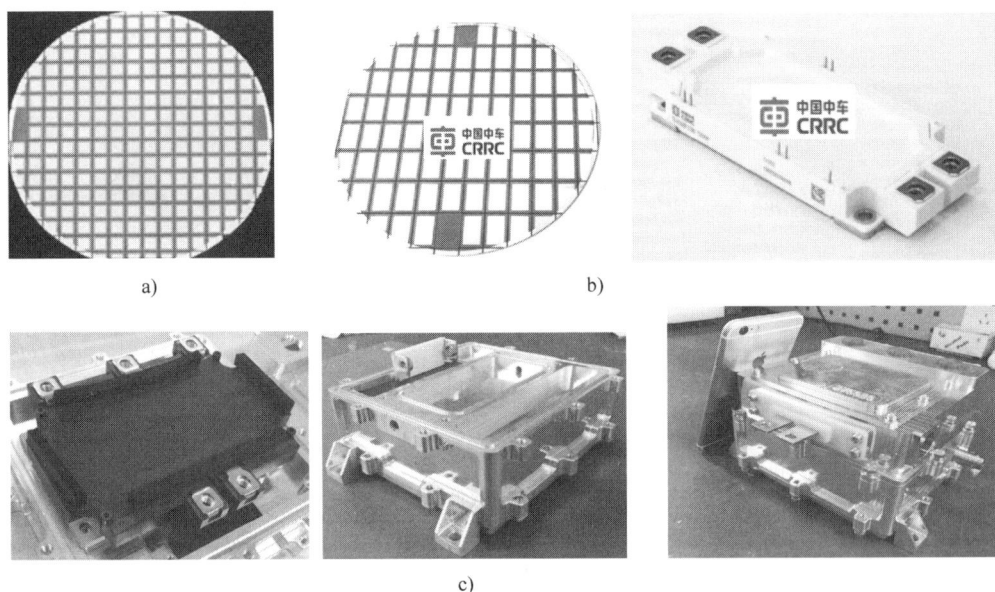

图 1-10　我国典型 SiC 芯片、模块及控制器
a）中科院微电子所 SiC SBD 芯片　b）中车时代电气 SiC SBD 芯片及 SiC MOS 模块
c）中科院电工所全 SiC 模块、集成膜电容器及全 SiC 控制器

近年来，国内外整车和零部件企业都开始十分注重电机驱动系统的功能安全设计，2020 年前后上市的整车和零部件产品要求满足 ISO 26262 功能安全标准。我国整车和零部件企业按照 ISO 26262 功能安全标准，从整车层面进行功能安全需求分解，重新构建产品开发体系和流程，共同开展了基于新一代 32 位汽车级双核微处理器芯片的电机控制器硬件和软件系统开发及验证。同时，通过引入 AUTOSAR 软件架构，电机控制器软件采用分层设计，在底层驱动方面与微处理器紧密关联，中间层应用基础软件模块构建实时操作系统和通信及故障诊断等功能，应用层与整车联合，共同参与电机控制软件开发及验证。基于英飞凌 TC275 芯片平台，汇川技术、北汽新能源在国内电机控制器领域首先通过功能安全流程认证；上海电驱动基于恩智浦 MPC5744、大郡控制 / 精进电动基于 TC275 也完成了功能安全设计，并先后通过了功能安全 ISO 26262 ASIL-D 流程认证。

1.3.2.3 电驱动总成技术进展

为进一步提升新能源汽车电驱动总成的集成度，将驱动电机、电机控制器、减速器一体化集成是电驱动总成产品的重要方向之一。采用一体化电驱动总成既省去了三相交流电缆和插接件，又大幅度提升了系统可靠性。同时，将驱动电机与减速器直接集成为通用模块化产品，一方面可以进一步降低总成体积和重量，另一方面可以通过集成化和精细化的匹配提升电驱动总成的噪声、振动和舒适性（Noise Vibration and Harshness，NVH）水平。

近年来，我国自主研制的乘用车电驱动一体化总成应用于国内多个新能源乘用车，完成了试验验证。上海电驱动、精进电动、中车时代电气、汇川技术、大郡控制、巨一自动化等均开发了集成电机、电机控制器和减速器的一体化总成（图 1-11），电驱动一体化总成峰值功率为 95~160kW，输出转矩为 3200~3900N·m，输出转速为 1200~1500r/min。

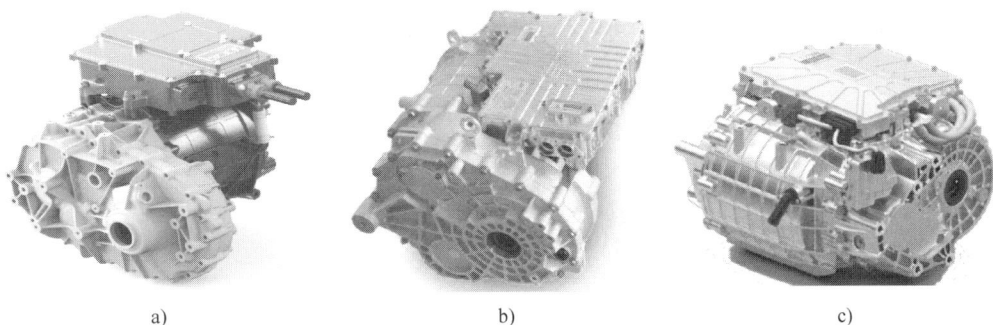

图 1-11 国内典型纯电驱动一体化总成

a）上海电驱动三合一总成　b）精进电动三合一总成　c）巨一自动化三合一总成

高速减速器是新能源汽车电驱动总成除驱动电机系统外的另一关键部件。我国重庆青山工业已开发出最高转速为 12000r/min 的高速减速器（图 1-12a），实现了与国内驱动电机、电机控制器的一体化集成；上汽变速器开发了最高转速达到 16000r/min 高速减速器（图 1-12b），为博世公司的产品进行配套。我国高速减速器（转速 > 12000r/min）技术和产品正在快速追赶国外先进水平。

图 1-12 国内典型高速减速器

a）重庆青山工业高速减速器　b）上汽变速器高速减速器

在插电式乘用车电驱动总成方面，我国比亚迪汽车、上汽捷能、科力远、精进电动等均推出了可应用于新能源乘用车和商用车的电驱动总成产品（图 1-13），在国内新能源汽车比亚迪唐、比亚迪宋、荣威等车型实现了量产。

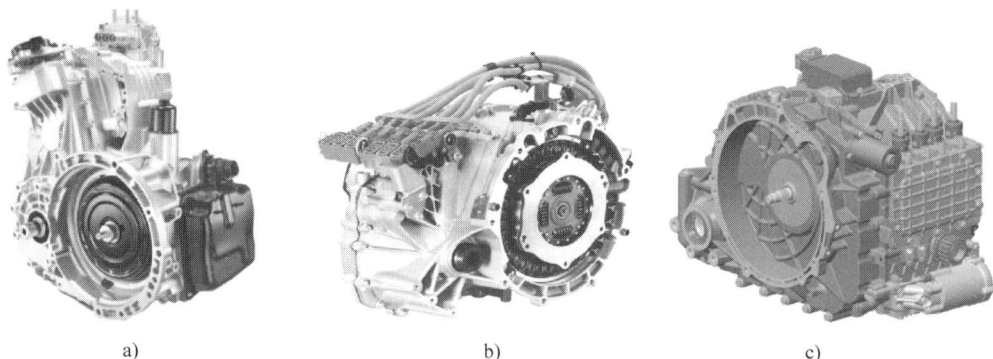

图 1-13　国内典型电驱动总成
a）比亚迪 HDU　b）上汽捷能 EDU 总成　c）科力远 CHS 总成

1.3.2.4　48V BSG 总成技术进展

应用于发动机总成的 48V P0（布置于燃油发动机的 12V 发电机位置）混合动力系统被认为是具高性价比的混合动力技术路线之一，对于降低燃油汽车的燃料消耗率有一定贡献，对降低碳氢化合物等有害气体排放贡献更大。

48V P0 混合动力系统电气示意图如图 1-14 所示。

图 1-14　48V P0 混合动力系统电气示意图

48V P0 混合动力系统主要包括三大部件：

1）48V BSG 总成：布置于带轮带动的传统发电机处，集成了电机逆变器，可实现发动机起动、助力和能量回收等轻度混合动力功能。

2）高放电倍率 48V 动力电池：用于为 BSG 提供瞬时电能，放电倍率一般可达到（20~30）C，电量通常为 0.3~0.5kW·h。

3）双向 DC/DC 变换器：用于将 48V 电压变换为 10~16V 电压，为 12V 辅助蓄电池充电；同时，在 48V 动力电池亏电时，通过 DC/DC 变换器使 12V 电压体系向 48V 电压体系升压，辅助起动发动机。48V BSG 系统控制策略通常集成在传统发动机控制器（ECU）中，通过对发动机和 48V BSG 系统的精确标定，有望降低整车油耗 10%~15%。

近年来，我国 48V BSG 总成开发取得快速进展，在封装式功率模块、超薄膜电容、高效散热器等关键零部件和功率部件直焊互连的封装工艺技术方面发展迅速，并开发出了我国完全自主的 48V BSG 总成样机（图 1-15）。与国外同类产品相比较，我国的 48V 系统发展与国外同步，样机性能与国外同类产品相当，且价格具有竞争优势，有望实现国产化突破。

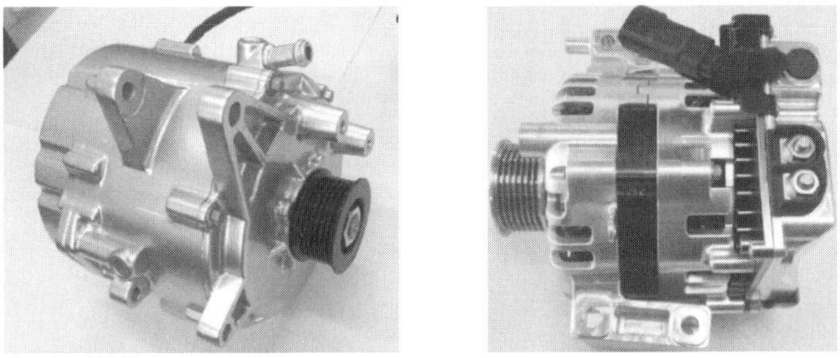

a) b)

图 1-15 国内典型 48V BSG 总成

a）水冷 48V BSG b）风冷 48V BSG

48V BSG 集成一体化总成因具有较高的性价比，受到国外多个动力总成集成商的关注，如大陆（Continental）、博世（BOSCH）、法雷奥（Valeo）、马瑞利、LG 等企业已经推出了 48V BSG 总成样机和产品，包括混合励磁爪极电机、永磁同步电机和交流异步电机等多种形式（图 1-16）。同时，大陆、博世、法雷奥均具有 48V 系统集成能力（BSG+电池 +DC/DC），已经实现了装车测试和小批量试制，所报道的燃油效率提升最高达 12%~15%。

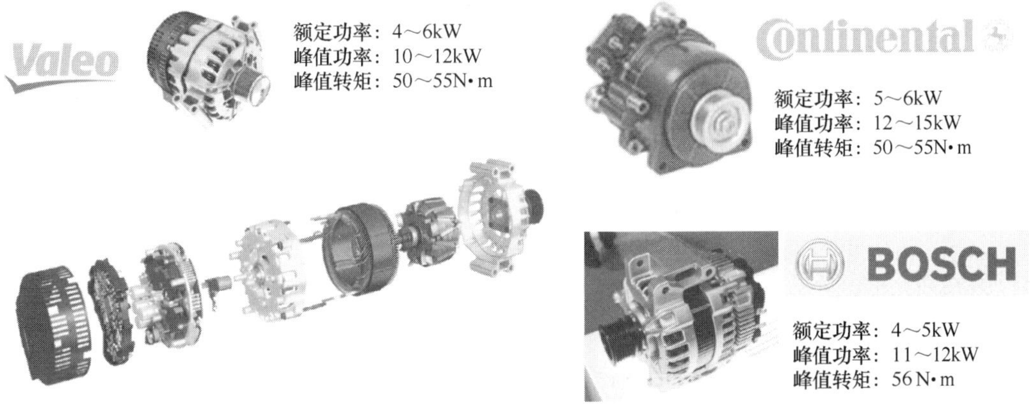
Valeo
额定功率：4～6kW
峰值功率：10～12kW
峰值转矩：50～55N•m
Continental
额定功率：5～6kW
峰值功率：12～15kW
峰值转矩：50～55N•m
BOSCH
额定功率：4～5kW
峰值功率：11～12kW
峰值转矩：56 N•m

图 1-16 国外典型 48V BSG 电机一体化总成（图片来源：TMC 2017 会议资料）

在 48V 系统方面，除了 P0 构型，国外多个动力系统集成商还提出了 P1、P2、P3、P4 等不同构型（图 1-17），其中包括法雷奥、德尔福提出的 48V P1 构型，法雷奥提出的 48V P4 构型驱动电机及减速器总成等。

图 1-17 中，P0 指带驱动式起动发电一体机；P1 指安装于发动机与离合器之间的电机；P2 为内置于变速器的电机；P3 为外置变速器的电机；P4 为布置于后轴驱动电机或电动轮的电机。与 48V P0 系统相比，P1~P4 构型对 48V 驱动电机系统的输出功率、电流能力、转矩能力均提出了更高的要求，并带来更高的节油率。

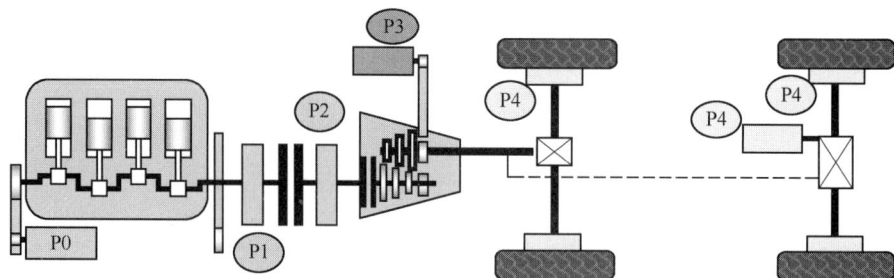

图 1-17　48V 系统在动力系统的集成

1.3.2.5　电动汽车电驱动系统产业链发展

2011 年，我国成立了"电动汽车电驱动系统全产业链技术创新战略联盟"（以下简称联盟）。经过 8 年的持续发展，联盟成员单位从成立之初的 16 家发展到了 41 家（图 1-18），联盟在电驱动系统高性能硅钢、磁钢、IGBT 器件、膜电容器、高速轴承、旋转变压器、插接件等电驱动系统关键材料和关键器件方面推出了一系列国产化产品，并成功实现了国产化替代，典型产品如图 1-19 所示。

图 1-18　电动汽车电驱动系统全产业链技术创新战略联盟成员单位及典型产品

为充分利用碳化硅（SiC）器件的禁带宽度大、击穿场强高、饱和漂移速率高、热导率大等优点，联盟进一步整合了我国在 SiC 领域具有领先优势的科研院所，布局了 SiC 材料、SiC 器件和 SiC 模块封装的研发。为适应驱动电机高速化、电机控制器高频化的发展趋势，引入非晶材料优势单位加入联盟超前开展非晶驱动电机应用研究，同时引入高速轴承、高性能绝缘材料等生产企业，开展国产化低成本轴承和高性能绝缘材料研究，进一步扩展了产业链覆盖领域，推动我国电驱动系统产业链向纵深发展。

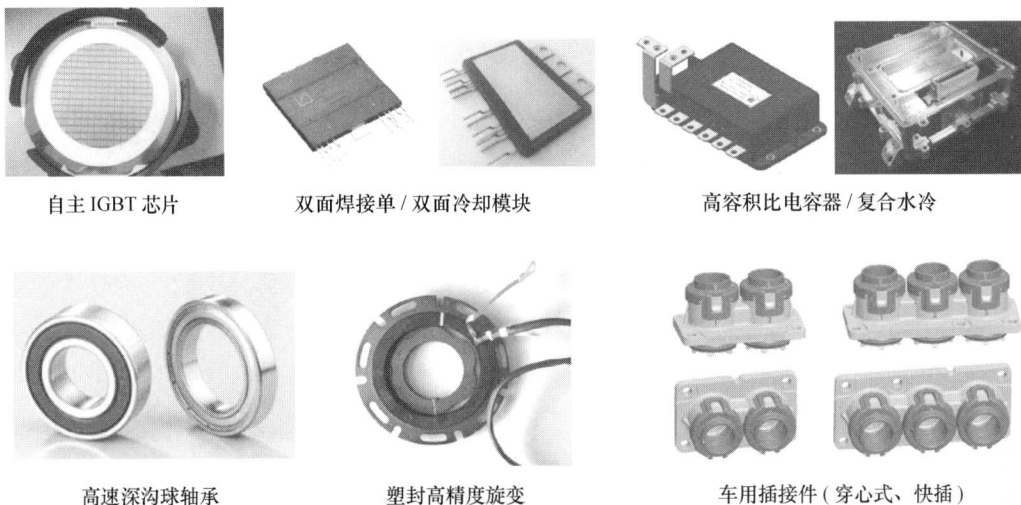

自主 IGBT 芯片　　　　双面焊接单 / 双面冷却模块　　　　高容积比电容器 / 复合水冷

高速深沟球轴承　　　　塑封高精度旋变　　　　车用插接件（穿心式、快插）

图 1-19　联盟典型产品

1.3.3　国外车用驱动电机系统技术发展概况

1.3.3.1　国外驱动电机技术进展

近年来，新能源汽车驱动电机技术的进步主要体现在电机本体和机电集成两方面。在电机本体技术方面，通过以下技术途径实现驱动电机功率密度进一步提升：

1）高密度绕组。通过采用高密度绕组或者扁线绕组结构（图 1-20a），可以大幅度降低绕组发热，提高绕组材料利用率 15%~20%。

2）高效热管理。通过采用高密度绕组端部冷却技术、油冷技术（图 1-20b）、油冷和水冷复合冷却技术，提升驱动电机的换热效率。

3）电机高速化。在电驱动总成输出转矩和功率不变的约束下，通过提高驱动电机和减速器最高转速，可降低驱动电机转矩需求，从而降低电机的体积和重量，提高功率密度水平。

在高功率密度驱动电机方面，大众、沃尔沃、克莱斯勒等国外汽车企业通过不断提升电机转速来降低电机体积和重量，沃尔沃与克莱斯勒电机最高转速需求达到 14000r/min，大众汽车模块化电驱动平台（MEB 平台）电机最高转速达到 16000r/min（图 1-21a）。同时，在电机定子绕组结构方面，通用第四代沃蓝达（Volt）电机依然采用扁线绕组结构（图 1-21b），电装公司为丰田开发了扁线电机用于动力总成系统（图 1-21c），大众 MEB 平台明确提出了扁线绕组结构要求；采用扁线绕组的高速驱动电机，功率密度达到 3.8~4.5kW/L。在热设计方面，丰田普锐斯（Pruis）和日产采用油冷电机结构，特斯拉 Model 3 采用油冷电机与减速器集成结构，进一步提升了电机功率密度水平。

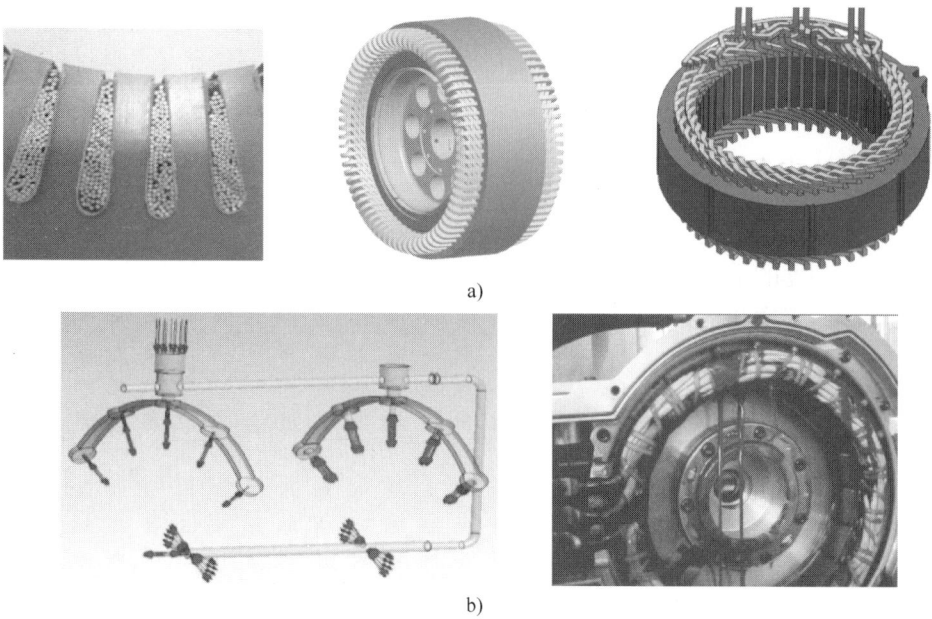

图 1-20　高密度驱动电机绕组结构与冷却工艺技术

a）驱动电机的高密度绕组与扁线绕组结构技术　b）油冷技术及油冷电机

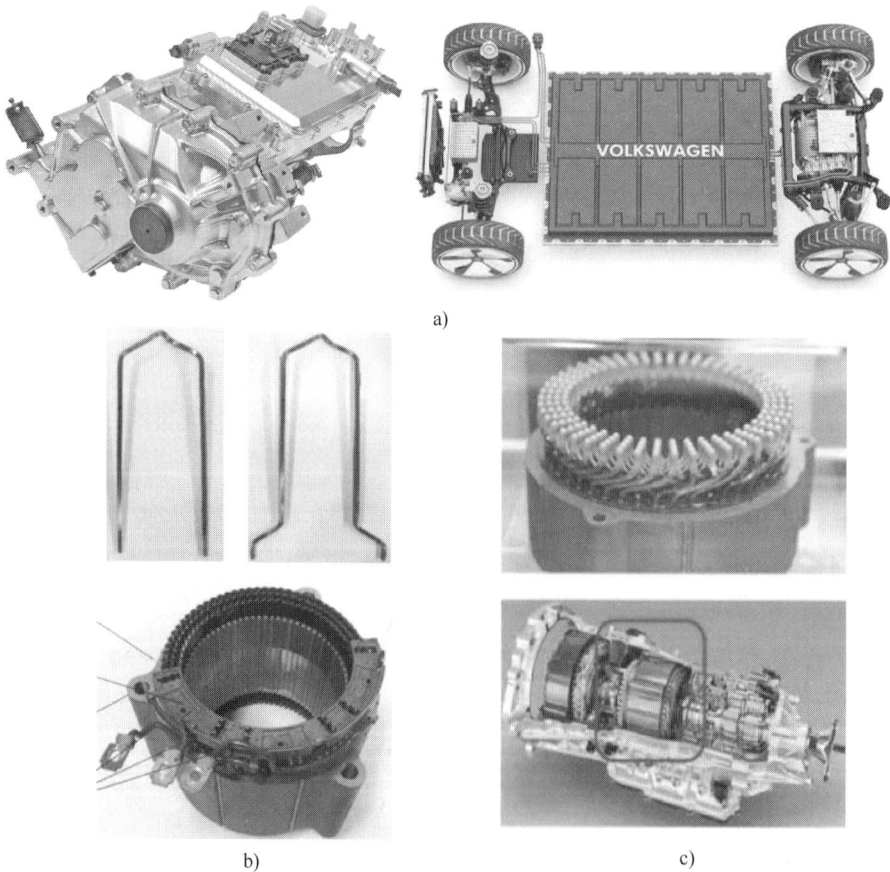

图 1-21　典型高速高密度电机技术

a）大众 MEB 平台电机电驱动总成及电动化底盘　b）第四代 Volt 电机扁线及定子
c）电装为丰田开发的扁线电机定子

在驱动电机铁磁材料方面，丰田、通用汽车等国外企业开始研究采用混合磁体（含铁氧体等）部分替代钕铁硼材料，并研发出样机进行验证；低含量重稀土永磁材料已经在本田雅阁等新能源汽车上实现批量应用。

1.3.3.2 国外电机控制器技术发展

高功率密度是电机控制器的重要技术发展方向。采用电力电子集成技术，可有效地减小整个电机控制器的重量和体积，提高功率密度，降低制造成本。电力电子集成技术主要分为 3 个不同的层次和形式：单片集成、混合集成和系统集成。国外车用电机控制器如丰田 Pruis、通用 Volt、大陆等大多采用混合集成方案，模块封装与互连、高效散热是电力电子混合集成的核心。

IGBT 芯片双面焊接和系统级封装是当前国外电机控制器的主流封装形式，如电装、博世、大陆等公司的集成电机控制器功率密度已达到 16~25kW/L。在高效散热方面，丰田第四代 Pruis、电装根据模块的冷却形式采用双面冷却结构，大陆、博世则采用单面冷却结构。同时，为最大限度地提升包括电机控制器在内的电动汽车电力电子装置的功率密度，丰田采用了集成 Boost 电路与双逆变器结构，通过升高直流电压提升了逆变器部分的输出功率与效率。电力电子封装技术打破了模块封装与控制器集成装配之间的界限，采用 IGBT 定制封装模块（图 1-22）有效地提升了电机控制器集成度与功率密度水平。

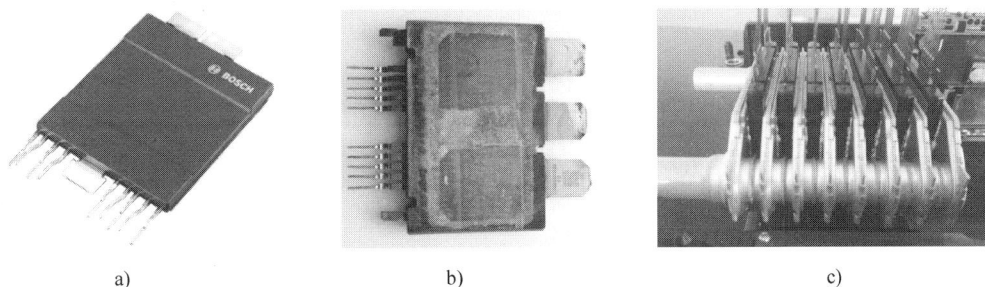

图 1-22 IGBT 模块封装及冷却形式

a）双面焊接单面冷却 b）双面焊接双面冷却 c）双面焊接模块组件

基于上述技术，近年来国外相继推出了应用于不同车型的电机控制器或集成电机控制器（图 1-23）。丰田连续多年推出了集成度与功率密度不断提升的产品，集成电机控制器产品功率密度从 2007 年的 11.7kW/L 提升至 2018 年的 25kW/L；通用汽车、博世、大陆等也推出了量产的集成 DC/DC 变换器的电机控制器产品，功率密度均达到 15~23kW/L。其中，博世产品主要应用于大众途锐电动汽车等，大陆产品应用于奥迪 Q5 电动汽车等。

在双电机插电式混动和高功率乘用车应用领域，为持续提升车辆电能转化效率和缩短快充时间，动力电池直流电压呈现提升的趋势，从 250~450V 提升至 500~700V。与此同时，新型电机控制器拓扑也是研究热点之一，美国橡树岭国家试验室基于双三相半桥拓扑，采用载波移相脉宽调制算法将电容器纹波电流有效值降低 55%~70%，将进入电池的纹波电流分量降低 70%~90%，将进入电机的纹波电流分量降低 60%~80%，有效地改善了电容发热、抑制了电机纹波电流损耗。

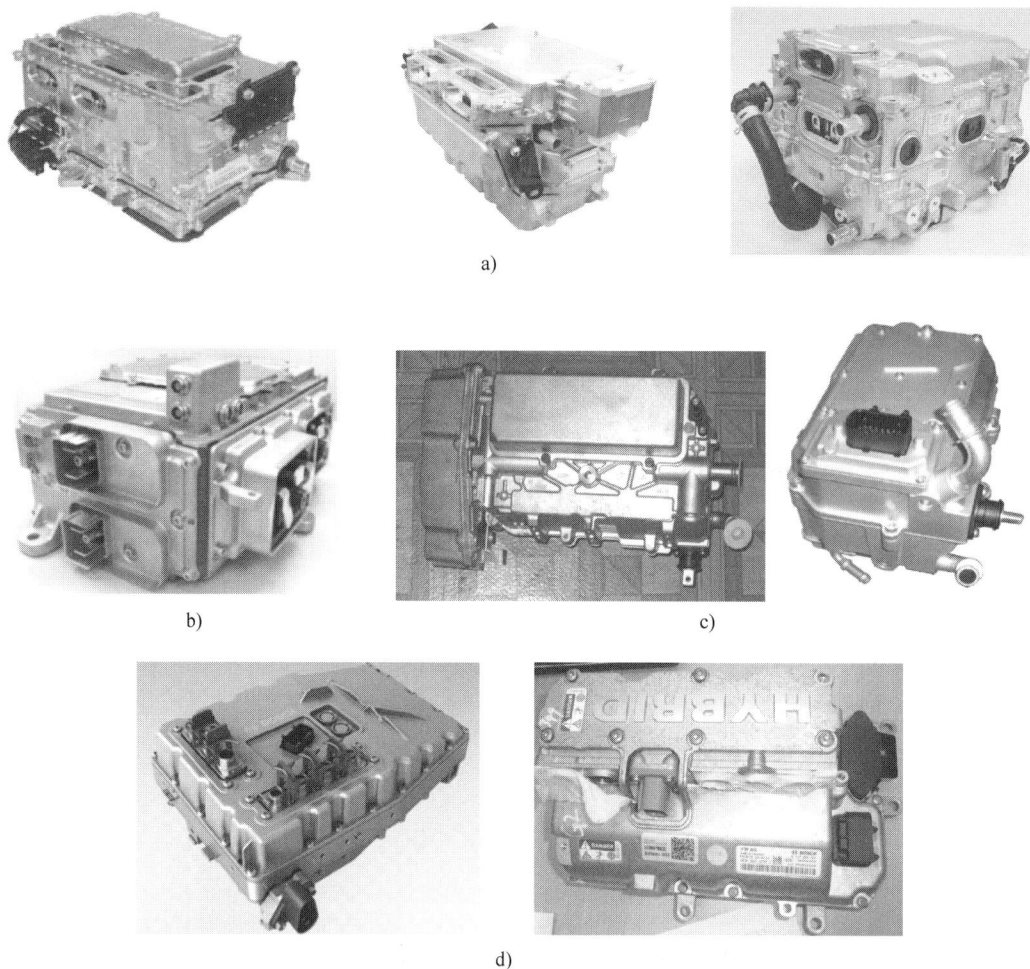

a)

b)　　　　　　　　　　　　　　　　　　　　　c)

d)

图 1-23　国外典型封装式功率模块和高密度电机控制器

a）电装应用于丰田汽车的 PCU　　b）通用汽车电力电子总成
c）大陆第一代和第二代电力电子总成　　d）博世第一代和第二代电机控制器

　　在 SiC 电机控制器开发方面，充分利用 SiC 器件耐高温、高效和高频特性是实现电机控制器功率密度和效率进一步提升的关键。自 Cree 公司推出平面栅 SiC MOSFET 器件以来，2015 年罗姆公司率先开发了采用沟槽栅 SiC MOSFET，开关损耗较平面栅 SiC MOSFET 降低 42%；2016 年英飞凌公司推出了 1200V/100A SiC MOSFET，其导通电阻降至 11mΩ；2017 年 Wolfspeed 公司推出了 900V/150A（10mΩ）SiC MOSFET 芯片，面向电动汽车开始应用。在 SiC 模块封装方面，双面焊接平面封装结构和高温封装材料应用使模块热阻大幅度降低，600V/100A SiC MOSFET 模块结温可达 225℃；在全 SiC 控制器方面，丰田、日立、电产推出全 SiC PCU（SiC 功率控制单元，图 1-24a~c），其中丰田带载 SiC PCU 的样车在工况下较带载 Si 基 PCU 损耗降低 30%（图 1-24d）。2017 年，美国国家能源部投资 2000 万美元资助 21 个宽禁带半导体项目。

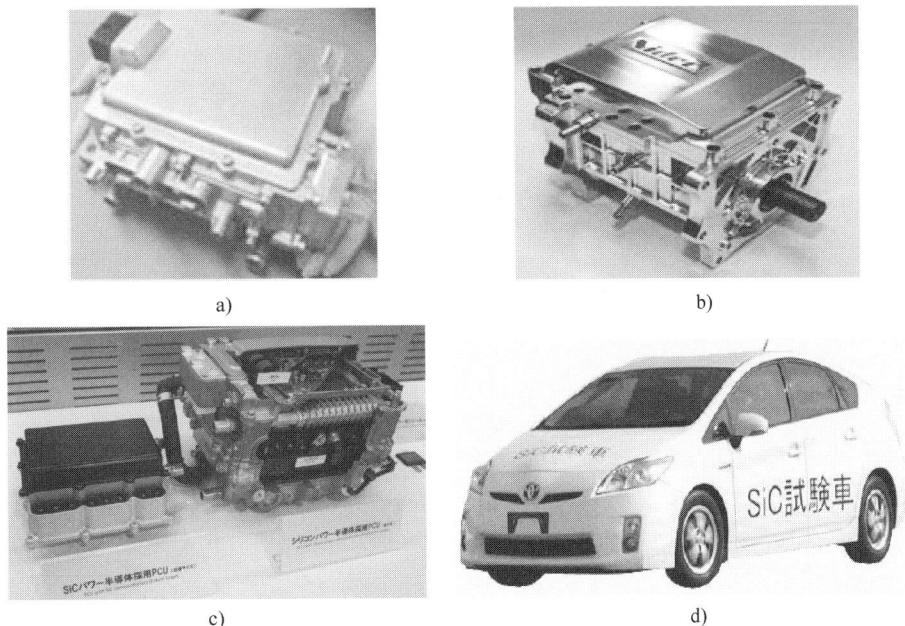

图 1-24　国外全 SiC 电机控制器

a）日立全 SiC 控制器　b）电产全 SiC 控制器　c）丰田全 SiC PCU　d）丰田带载 SiC PCU 的样车

特斯拉（Tesla）是全球第一家在量产车型中应用 SiC 功率模块的汽车企业，SiC 电机控制器由 24 个 SiC 功率模块组成，安装在针翅式散热器上，如图 1-25 所示。在 SiC 器件及功率组件的连接方面，激光焊接工艺将 SiC MOSFET 与铜母线相连，大大提高了连接的可靠性。

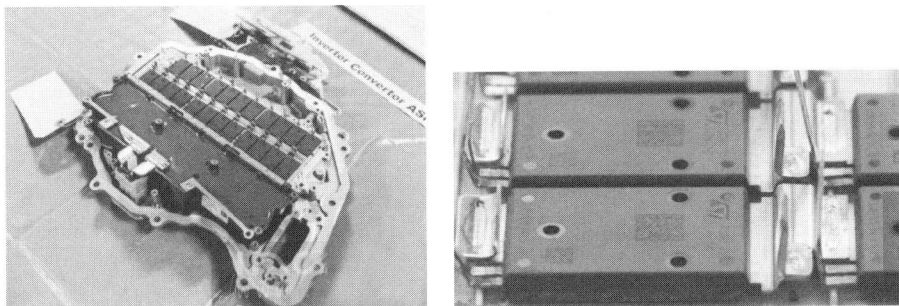

图 1-25　特斯拉 SiC 功率模块及激光焊接模块

1.3.3.3　国外电驱动总成技术发展

在乘用车电驱动总成方面，以大陆、麦格纳、吉凯恩、西门子等为代表的电驱动系统集成商推出了由驱动电机、电机控制器和减速器（或者变速器）构成的三合一电驱动总成产品。其中，麦格纳、博格华纳、吉凯恩、欧瑞康、格特拉克等国外变速器企业均推出了集成高速单级减速器或高速两档变速器的电驱动总成产品（图 1-26a），电机最高转速达到 14000r/min 以上；以博世、吉凯恩为代表的企业推出了应用于乘用车的电驱动桥产品

（图 1-26b），输出转矩覆盖 3000~6000N·m；大众 MEB 平台是电驱动底盘平台的典型产品，输出功率达到 160~180kW、峰值转速达到 16000r/min 以上，具有较高的集成度。与此同时，以采埃孚为代表的企业推出了应用于商用车的电驱动桥方案（图 1-26c）。

a)

b)

c)

图 1-26 国外典型电驱动总成及电驱动底盘

a）麦格纳、吉凯恩电驱动总成 b）博世、吉凯恩电驱动总成 c）采埃孚商用车电驱动桥

1.3.4 轮毂电机发展概况

1.3.4.1 轮毂电动轮总成的构成及特点

轮毂电动轮总成是将轮毂电机直接布置于汽车的轮辋内侧，集成了轮毂电机本体、制

动盘（卡钳）、电机控制器（电力电子部件）、轮辋等关键部件，如图1-27所示。以轮毂电动轮总成驱动的新能源汽车具有整车布置结构简单紧凑、传动系统高效、各电动轮可独立控制等特点，是分布式驱动电动汽车的重要发展方向之一。随着新能源汽车的快速发展，许多汽车企业开始对轮毂电动轮总成及轮毂电机技术进行深入研究。

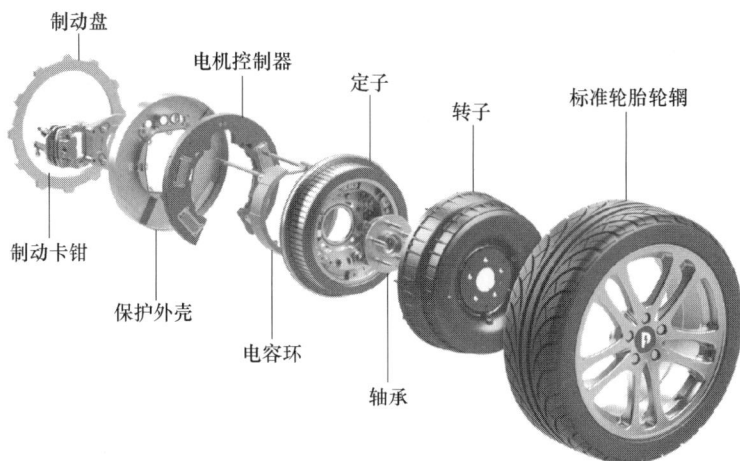

图1-27 典型轮毂电动轮总成结构图（图片来源：Protean公司）

与集中式驱动的新能源汽车相比，轮毂电动轮总成的主要特点在于将总动力分散到多个安装在轮辋的电机中，由多个电动轮直接驱动电动汽车行驶。每个轮辋中的电机可独立驱动，控制方便、灵活。主要优势如下：

1）整车布置可采用扁平化的底盘结构形式，车内空间和布置自由度得到较大改善。

2）取消机械差速、减速和传动装置，有利于减轻动力系统重量，提高传动效率，降低传动噪声。

3）轮毂电机方式便于实现四轮驱动，以电子差速控制技术实现转弯时内外车轮不同转速运动，有利于改善整车的动力性能。

4）车身上几乎没有大功率和高转矩的运动部件，整车的NVH性能得到改善。

轮毂电动轮的核心是轮毂电机，轮毂电机的工作原理与集中式驱动电机基本相同，但结构较为特殊。其主要功能是：根据汽车工况和负载要求，由电子控制器提供控制信号，通过功率变换器分配给每个轮毂电机所需的电压和电流，以调节各电机的运行状态，实现能量变换，即将汽车动力源所提供的电能转换为机械能，或者将电动轮上的动能反馈到储能元件中或将机械能转换为电能进行电磁制动。

1.3.4.2 轮毂电机设计难点

从理论上说，轮毂电机可选用交流感应电机、永磁同步电机和开关磁阻电机等。但是对于乘用和商用新能源汽车来说，为满足高功率密度、轻量小型化的要求，永磁同步电机是首选方案，在国内外轮毂电机样机和产品中被广泛采用。

轮毂电机的新能源汽车应用需满足以下几个条件：

1）更大的起动转矩和更强的短时过载能力，以满足驱动电机频繁起步、加速和上坡时对转矩的要求。

2）宽广的恒功率调速范围，以使电机在各种高、低速工况下正常运行。

3）电机可正反转运行，以达到汽车倒车时不必通过齿轮切换来实现换档。

4）电机能有效地实现回馈制动。

轮毂电机在新能源汽车应用中带来新的技术挑战，主要包括：

1）轮毂电机集成于轮毂电动轮总成中，集驱动、制动、承载等多功能于一体，机械、电磁、热、振动噪声等多物理场设计难度大。

2）轮毂电动轮总成的非簧载质量较大，影响悬架隔振性能，对不平路面行驶条件下的车辆操控性和安全性提出挑战。同时，轮毂电机将承受很大的路面冲击载荷，对抗振要求苛刻。

3）车辆大负荷低速爬长坡工况下容易出现冷却不足导致轮毂电机过热，散热和强制冷却是关键挑战之一。

4）车轮部位的水和污物等容易集存，导致电机因腐蚀损坏、寿命可靠性受影响，电机防护问题是另一挑战。

5）轮毂电机运行转矩的波动可能会引起汽车轮胎、悬架以及转向系统的振动和噪声，以及引起的整车声振问题。

6）轮毂电机安装在驱动轮毂内，占据了原来布置机械制动卡钳与制动盘的空间，导致无法直接沿用原有的机械制动器。虽然目前轮毂电机已有了机械制动的集成方案，但方案并不成熟，所采用的环形制动盘制动力臂大，摩擦片制动面积小，存在易变形、抖动大、发热量大等问题，其制动能力及可靠性需要充分的验证。

1.3.4.3　轮毂电机主要类型

轮毂电机外形基本一致，大都为扁平形。轮毂电机按照结构型式区分，主要分为采用内转子的减速轮毂电机和采用外转子的直驱轮毂电机两大类，如图 1-28 所示。目前这两种结构在分布式驱动的电动汽车样车中都有搭载运行。

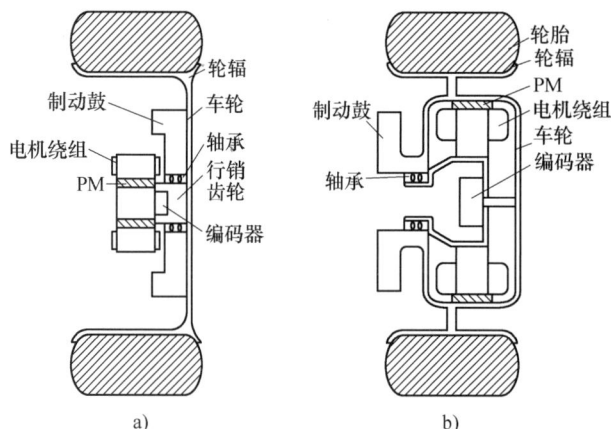

图 1-28　减速轮毂电机与直驱轮毂电机结构

a）减速轮毂电机　b）直驱轮毂电机

这两类电机的特点见表1-5。

表1-5　直驱轮毂电机与减速轮毂电机的特点

对比项目	直驱轮毂电机	减速轮毂电机
型式	采用低速外转子电机，外转子直接与轮毂相连接，无减速机构，车轮转速与电机转速一致	采用高速内转子电机，电机和轮毂之间配有减速器，通过减速增扭来驱动轮毂旋转
电机最高转速	1200~1500r/min	12000~15000r/min
优点	结构紧凑、轴向尺寸较小；传递效率较高；车轮转动惯量和汽车簧上质量相对较大；便于底盘实现智能化和电气化控制	电机体积小，质量轻，功率密度较高；输出转矩较大，爬坡性能较好；低速运行时可以获得较大的平稳转矩
不足	在起动或爬坡时需要大电流，对逆变器和动力电池需求较高；散热较为困难，难以实现润滑	散热困难，难以实现润滑；同时，减速器中齿轮磨损较大，使用寿命较短

1. 直驱轮毂电机

直驱轮毂电机是指驱动电机不通过减速器或变速装置而直接驱动车轮的电机，结构和样机如图1-29所示。

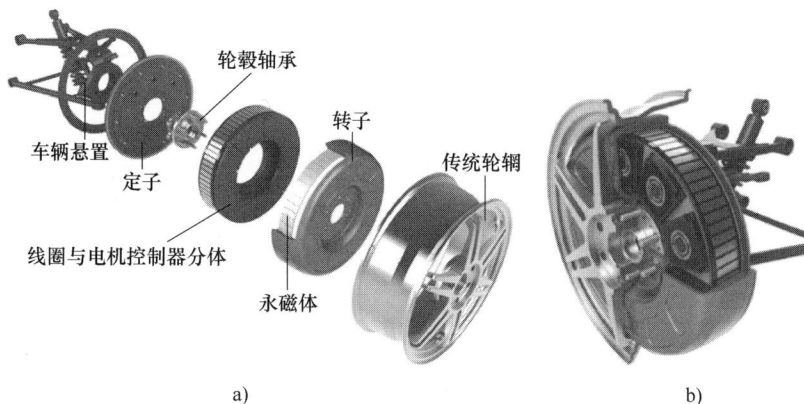

图1-29　直驱轮毂电机结构和样机（图片来源：Protean公司）
a）结构　b）样机

轮毂电机按照磁路结构区分，可分为径向磁路结构轮毂电机和轴向磁路结构轮毂电机两大类，当前市场上直驱轮毂电机多为径向磁路结构。

采用外转子、轴向磁通结构的轮毂电机可以实现较高的转矩密度。直驱轮毂电机也可以采用轴向磁通结构，即电机转子直接与轮辋连接对整车进行驱动，无任何减速装置。轴向磁路结构轮毂电机的低转速转矩相对高，最高转速在一般为1200~1500r/min。YASA公司推出了轴向磁路电机内部结构和样机如图1-30所示。

直驱轮毂电机结构简单、轴向尺寸小，能在很宽的速度范围内控制转矩，且响应速度快，传递效率较高。但是，低速大转矩的直驱轮毂电机功率密度一般不高，使得轮毂电动轮总成体积和簧下质量大幅度增加，对电动轮接地性能和车辆行驶平顺性产生不良影响；另外，受单个轮毂电机最大转矩的制约，通常需要采用多个电动轮直接驱动才能保证电动汽车具有足够的加速性和爬坡能力，致使该结构新能源汽车的制造成本目前远高于集中驱动的新能源汽车。

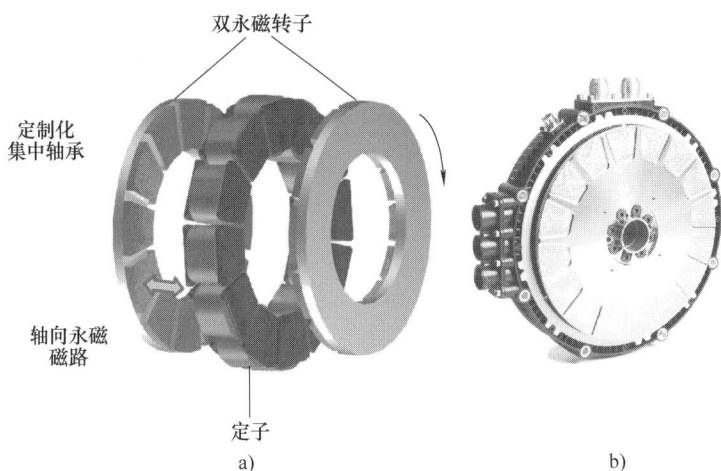

图 1-30 YASA 公司轴向磁路电机内部结构和样机

a）内部结构 b）样机

2. 减速轮毂电机

减速轮毂电机一般采用高速内转子轮毂电机，同时需要配备固定传动比的减速机构。为了获得较高的功率密度，电机的转速通常高达 12000~15000r/min。减速机构通常采用高传动比行星齿轮减速装置或者定轴齿轮减速器，车轮转速为 1200~1500r/min。

减速轮毂电机具有功率密度较高、质量轻、体积小、效率高和噪声小的优势，该类轮毂电机结构紧凑，可大幅度提高轮毂电动轮总成的转矩密度和传动效率，是电动轮总成技术发展的重要方向，较为典型的代表是舍弗勒行星轮减速轮毂电机和米其林定轴减速轮毂电机，如图 1-31 所示。这类电机需解决高速行星齿轮装置设计和制造技术、噪声抑制技术、产品成本控制等难题。

图 1-31 典型减速轮毂电机

a）舍弗勒行星轮减速轮毂电机 b）米其林定轴减速轮毂电机

28

1.3.4.4 轮毂电机关键技术

1. 轮毂电机密封技术

相比于普通驱动电机的工作环境，轮毂电机运行环境更加恶劣。由于轮毂电机安装位置贴近地面，长期处在灰尘、砂石和泥水等复杂的工作环境，所以轮毂电机的密封和防护要求高。

轮毂电机主要的密封防护位置为三相线防水接头处与电机定转子交接处的油封，轮毂电机密封的难点主要集中在油封设计，这是由于轮毂电机的油封直径相对较大，甚至一些轮毂电机的油封外径已经接近电机的外径。油封外径的增大还会对电机效率产生较大影响。

2. 冷却系统设计

轮毂电机的布置空间十分有限，经常处于高负荷运行状态；制动过程中也会产生巨大的热量，而轮毂电机还必须提高密封性来应对复杂恶劣的行驶环境；轮毂电机空间布置紧凑和特殊的安装位置也给冷却系统设计带来了一定的困难。因此，冷却系统的设计对于轮毂电机来说十分重要。轮毂电机冷却的解决方案主要有三种：

1）在轮毂电动轮总成的结构设计中，考虑采用风冷结构冷却电机，应用有利于气体循环流动的电动轮结构冷却电机，这种冷却方式成本较低，但是相对冷却效果较差。

2）在轮毂电动轮总成的结构设计中，考虑采用液体冷却电机，通过设置专门的冷却水道，利用液体的热交换冷却轮毂电机。

3）目前也有部分轮毂电机生产厂商采用风冷与水冷结合的冷却方式对轮毂电机进行散热。

3. 抗振性设计

集中驱动电机安装于减振弹簧上侧，属于簧上质量，电机振动较小。轮毂电动轮总成把轮毂电机、减速机构、制动器等都集成在车轮内，且轮毂电机安装于减振弹簧下方，属于簧下质量，轮毂电机得不到汽车减振弹簧的保护。当车辆在运行过程中，电动轮与地面直接接触时，振动十分剧烈，轮毂电机的抗振要求要明显高于普通车用驱动电机。

1.3.4.5 典型轮毂电机样机对比

近年来，我国在轮毂电机和轮毂电动轮总成方面的产业并购加快，多家企业与国外厂商通过合资合作，快速推动分布式驱动产业发展。我国先后有浙江亚太机电与斯洛文尼亚 Elaphe Propulsion 公司、浙江万安科技与英国 Protean Electric 公司成立合资公司生产轮毂电机和轮毂电动轮总成（图 1-32a、b），为乘用车提供分布式驱动用轮毂电动轮总成；湖北泰特机电全资收购荷兰 e-Traction 公司，在天津投资制造基地生产客车轮毂电机，电机输出转矩达到 6000N·m，峰值功率为 182kW，电机质量为 500kg，转矩密度达到 13.6N·m/kg（图 1-32c）。

在轮毂电机自主开发方面，我国积累了多年的研发经验。中国汽车工程研究院与上海电驱动合作，联合开发乘用车用轮毂电动轮总成样机，相对于第一代轮毂电机，第二代轮毂电机在功率和转矩指标不变的条件下，重量和尺寸均降低30%以上；上海电驱动研制的第二代大功率高转矩轮毂电机（图 1-33）采用拼块式定子铁心、超短端部绕线和双面水冷结构技术，转矩密度达到 20.6N·m/kg，功率密度达到 2.1kW/kg，样机应用于奇瑞、上汽纯电动汽车，实现了良好的动力性能。在商用车领域，深圳比亚迪、宇通客车、安凯客车先后研发并实现了轮边和轮毂电机驱动的新能源客车产业化，在新能源客车应用方面取得了良好的效果。

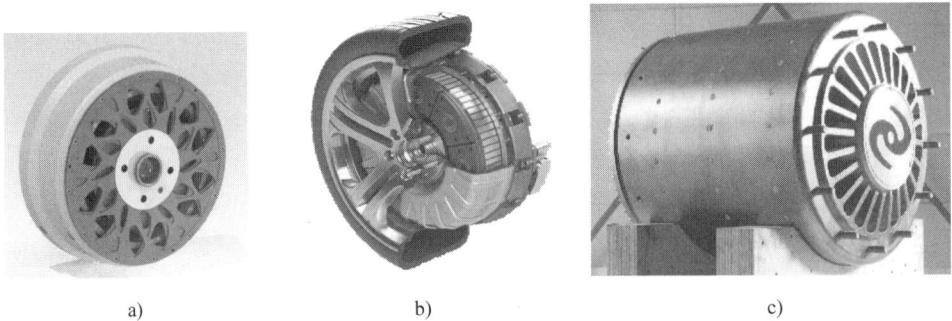

图 1-32　典型轮毂电机

a）亚太 Elaphe 电动轮　b）Protean 电动轮　c）泰特商用车轮毂电机

图 1-33　拼块式定子铁心与上海电驱动第二代高转矩轮毂电机

各类轮毂电机基本性能参数对比见表 1-6。

表 1-6　各类轮毂电机基本性能参数对比

对比项目	Fraunhofer 轮毂电机	Protean 轮毂电机	Elapha 轮毂电机	上海电驱动 轮毂电机
典型轮毂电动轮 总成				
电机重量 /kg	42	36	25.2	31
峰值转矩 /N·m	700	1250	700	640
峰值功率 /kW	72	75	60	65
转矩密度 /（N·m/kg）	16.7	34.7	27.8	20.6
功率密度 /（kW/kg）	1.71	2.08	2.38	2.1
直流电压 /V	≥ 400	≥ 400	300	360
冷却方式	水冷	水冷	水冷	水冷
结构型式	集成电机控制器	集成电机控制器	集成制动系统	轮毂电机本体

1.3.4.6 轮毂电机应用评述

轮毂电机驱动便于采用多种新能源技术。纯电动汽车、燃料电池汽车、增程式汽车均可采用轮毂电机驱动,对于混合动力车型,在起步或者加速阶段也可以采用轮毂电机助力。此外,制动能量回收等技术也可以在轮毂电机上得以实现。

目前,轮毂电机主要应用于乘用车以及专用车领域,轮毂电机可实现多种复杂的驱动方式。由于轮毂电机具备单个车轮独立驱动的特性,所以可以实现前驱、后驱、四驱等多种形式。同时,轮毂电机可以通过左右车轮的不同转速甚至反转实现类似履带式车辆的差动转向,大大减小了车辆的转弯半径,在特殊情况下几乎可以实现原地转向。例如,搭载轮毂电机的雪佛兰 S-10 试验车可实现静止状态旋转 90°,使停车入位的过程变得更加简便。

由于轮毂电机具有高效率、高集成度、布置灵活等优点,与新能源汽车应用十分契合,所以在新能源汽车领域有非常好的发展前景。但由于轮毂电机还未大规模量产,成本居高不下,整车配套改造技术尚未成熟,因此推广普及还需要一段时间。

1.3.5 我国电动汽车驱动电机系统技术发展趋势

结合近年来我国驱动电机系统的技术与产品发展状况,与国外同类产品相比较,我国电动汽车驱动电机系统技术发展趋势总结如下:

1)我国驱动电机的功率密度、转速、效率等关键技术指标与国外相当,在扁导线制造工艺方面有一定积累,驱动电机的发展以不断提高材料利用率、不断提升电机与整车工况效率,以及提升电机品质和降低成本为主要方向。考虑到新能源汽车的更大规模应用,需要加大对低重稀土永磁材料、耐电晕耐高温绝缘材料、高强度高热导耐高温绝缘骨架、直接油冷电机材料的兼容性和高磁导率低损耗材料替代应用等问题的关注。

2)在电机控制器方面,技术方向瞄准更高功率密度和更高效率。其中,SiC 技术、半导体功率模块的双面焊接与单面 / 双面冷却技术是高密度电机控制器的关键技术。我国 IGBT 器件、SiC 材料和器件的技术与产业正在加速发展。如上海道之、中车时代电动、深圳比亚迪等在 IGBT 功率模块封装、控制器系统级工程化集成能力方面提升很快,相关产品已实现量产;同时,我国相关传感、控制和通信用集成电路的技术和工艺、产品还需持续投入。

3)由于 SiC 器件具有耐高温、高效和高频的优势,有望在车用驱动电机系统实现大批量应用。国内外相关研究单位、企业均在大力开展 SiC 晶圆、芯片、模块及全 SiC 电机控制器的研发,特斯拉已经在 Model 3 上应用了 SiC 器件。我国浙江大学、中电集团 55 所、中车时代电动、深圳比亚迪、中科院上海微系统所等从 2018 年开始逐步加快 SiC 器件的研发和应用。

4)电驱动总成是乘用车领域一个明确的产品发展方向,国内起步与国外基本同步,有多个企业推出了电驱动总成产品,如上海汽车变速器研发了 16000r/min 高速减速器样机。我国需要加快自主高速减速器及其轴承、齿轮等配套关键零部件开发,并强化电机和减速器的深度集成。

5）轮毂电动轮总成依然是新能源汽车行业发展的热点之一。轮毂电机的集成、安全与控制问题仍是瓶颈技术，需持续关注和增加研发投入。轮毂电机的商用车和特种车辆应用已经起步，但在乘用车应用仍需要较长时间。

6）48V BSG 总成方面，我国起步水平与国外相当，在 48V BSG、DC/DC 变换器和 48V 动力电池等关键零部件领域已经形成产业化能力。我国在 48V 系统集成能力（集成动力电池、BSG、DC/DC 变换器）方面需要进一步联合国内优势资源开发。

7）我国电动汽车电驱动系统产业联盟持续发展，联盟产品涵盖了硅钢、磁钢、绝缘材料、高速轴承、IGBT 器件、SiC 器件、膜电容器、传感器、集成芯片等关键上游材料和器件，联盟在高密度电机控制器、全 SiC 电机控制器、高密度驱动电机、电驱动总成等方面取得进展，在核心零部件方面推动研发与验证，有望进一步提升我国核心器件和零部件的国际竞争力。

参考文献

［1］ 全国汽车标准化技术委员会.电动汽车用驱动电机系统：第1部分　技术条件：GB/T 18488.1—2015 [S].北京：中国标准出版社，2015.

［2］ 张舟云，贡俊.新能源汽车电机技术与应用 [M].上海：上海科学技术出版社，2012.

［3］ 中国汽车技术研究中心，日产（中国）投资有限公司，东风汽车有限公司.中国新能源汽车产业发展报告：2014 [M].北京：社会科学文献出版社，2014.

［4］ 中国汽车技术研究中心，日产（中国）投资有限公司，东风汽车有限公司.中国新能源汽车产业发展报告：2015 [M].北京：社会科学文献出版社，2015.

［5］ 中国汽车技术研究中心，日产（中国）投资有限公司，东风汽车有限公司.中国新能源汽车产业发展报告：2016 [M].北京：社会科学文献出版社，2016.

［6］ 中国汽车技术研究中心，日产（中国）投资有限公司，东风汽车有限公司.中国新能源汽车产业发展报告：2017 [M].北京：社会科学文献出版社，2017.

［7］ 中国汽车技术研究中心，日产（中国）投资有限公司，东风汽车有限公司.中国新能源汽车产业发展报告：2018 [M].北京：社会科学文献出版社，2018.

［8］ 中国汽车技术研究中心有限公司，电动汽车电驱动系统全产业链技术创新战略联盟.中国新能源汽车电驱动产业发展报告：2019 [M].北京：社会科学文献出版社，2019.

第**2**篇
SECTION

驱动电机

第 2 篇

第2章 驱动电机的关键材料和零部件

驱动电机的关键材料和零部件主要包括铁心材料（硅钢片、非晶材料等）、永磁体（稀土钕铁硼、铁氧体等）、电磁线（漆包线）、绝缘材料、高速轴承和位置传感器等，驱动电机系统技术和产业发展水平与其关键材料、零部件的技术和产业发展密切相关。面向电动汽车驱动电机的应用需求，本章重点针对无取向硅钢材料、稀土永磁材料、漆包线、绝缘材料、高速轴承等关键材料和零部件从性能要求、材料特性、影响因素、制备工艺以及典型产品等方面进行分析。

2.1 无取向硅钢材料

2.1.1 性能要求

无取向硅钢材料作为驱动电机功率和能量转化的关键铁磁材料，主要用于制造定、转子铁心。考虑到车载驱动电机的狭小安装空间，无取向硅钢材料的使用应确保驱动电机比一般工业电机的体积更小，重量更轻，效率更高[1]。

当前电动汽车驱动电机主要有交流异步电机（感应电机）和永磁同步电机两大类。对感应电机而言，使用铁耗低的高硅材料时，虽然铁心的铁耗会减小，但是铜耗增加，导致输出功率降低、效率降低，因此车用感应电机需要使用低铁耗、高磁感应强度的无取向硅钢材料。对永磁同步电机而言，低速大转矩的车载需求需要无取向硅钢材料具有尽可能高的磁感应强度，而在高转速下低损耗的需求，需要无取向硅钢材料具有较低的铁损[2]。除此之外，驱动电机高速运转时巨大的离心力以及严苛的定、转子气隙设计对材料的力学性能要求很高，转子用硅钢需要具有较高的屈服强度和抗拉强度。图 2-1 所示为驱动电机硅钢材料要求与转速关系示意图[3, 4]。对于电动汽车驱动电机设计，更低铁耗、更高磁感应强度、更高机械强度是驱动电机用硅钢材料的发展趋势[5]。

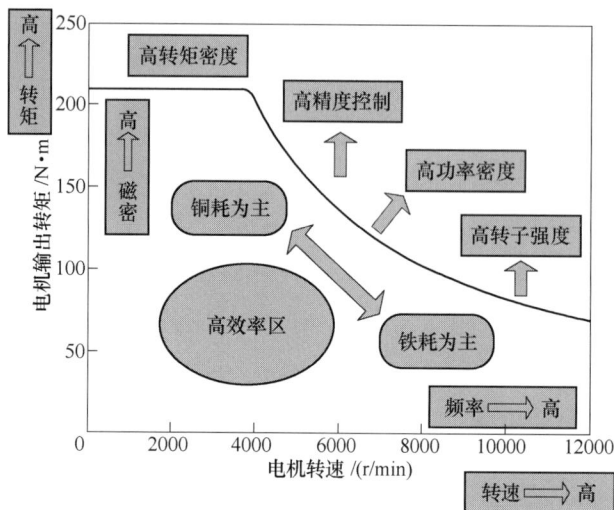

图 2-1　驱动电机硅钢材料要求与转速关系示意图

2.1.2　材料特性

1. 温度对无取向硅钢磁性能的影响

电动汽车驱动电机使用的环境温度相差很大，最高工作温度可达 180℃及以上，因此在设计电动汽车电机时要充分考虑温度对无取向硅钢磁性能的影响[6, 7]。研究表明，随着温度的升高，无取向硅钢的磁感应强度降低、铁耗降低（图 2-2、图 2-3）。−40℃条件下与室温条件下相比，硅钢磁性能的差异不是很大，但在 150℃条件下，铁耗 $P_{10/400}$（指硅钢片磁感应强度为 1.0T，磁化频率为 400Hz 下的铁耗）相较于室温条件下降低了约 1W/kg（约 5%），这对高速工作条件下电机效率的提升有利；但是磁感应强度 B_{50} 也降低了约 0.016T，导致汽车低速行驶时电机工作效率降低。

2. 温度对无取向硅钢力学性能的影响

研究表明，随着温度的升高，无取向硅钢屈服强度降低[8]（图 2-4）。以典型无取向硅钢产品为例，常温条件下与 −40℃条件下相比，屈服强度会降低约 70MPa；当温度升高到 150℃时，屈服强度与室温条件下相比，降低约 70MPa。温度上升导致硅钢片强度下降，使电机转子整体的抗变形能力下降，从而导致电机转子与定子间的气隙宽度发生变化，这将直接影响电机的性能。另外，由于电机高速运转下转子的离心力较大，特别是在磁桥处由于宽度较窄导致应力高度集中，强度的下降容易导致磁桥处抗变形能力下降甚至发生断裂，给电机运行造成安全隐患。

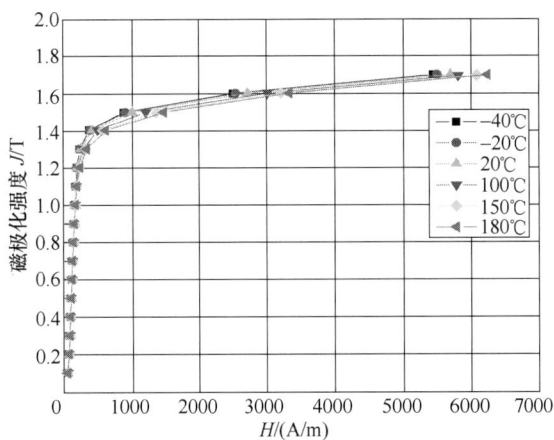

图 2-2　温度对 0.35mm 厚度无取向硅钢磁感的影响（$B = \mu_0 H + J$）

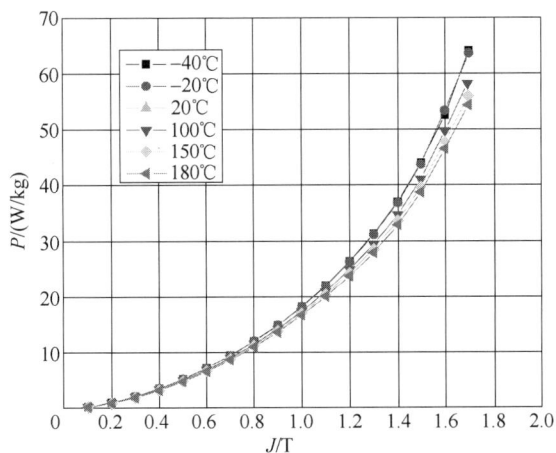

图 2-3　温度对 0.35mm 厚度无取向硅钢铁耗的影响（磁化频率：400Hz）

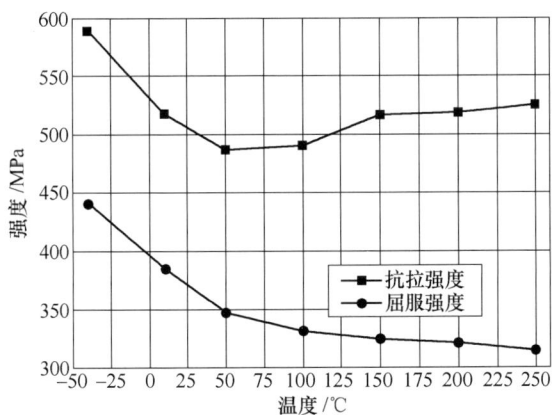

图 2-4　温度对 0.35mm 厚度无取向硅钢力学性能的影响

3. 应力对无取向硅钢磁性能的影响

（1）剪切应力对无取向硅钢磁性能的影响

无取向硅钢在冲剪加工过程中，会对硅钢材料产生冲剪应力，这将导致其磁性能的恶化，需要考虑剪切宽度和剪切间隙的影响。

在剪切宽度影响方面，首先对 120mm（长度）×60mm（宽度）×0.35mm（厚度）的高牌号无取向硅钢试样进行 SST（单片硅钢磁导计）单片磁性能测试，并将其测试值作为基准。然后将试样分别冲剪成宽度为 30mm、15mm、10mm、7.5mm 的小尺寸试样，再拼成 120mm×60mm 的标准试样，进行测试对比。图 2-5、图 2-6 表示不同剪切宽度对 0.35mm 厚度无取向硅钢磁感应强度和铁耗的影响。

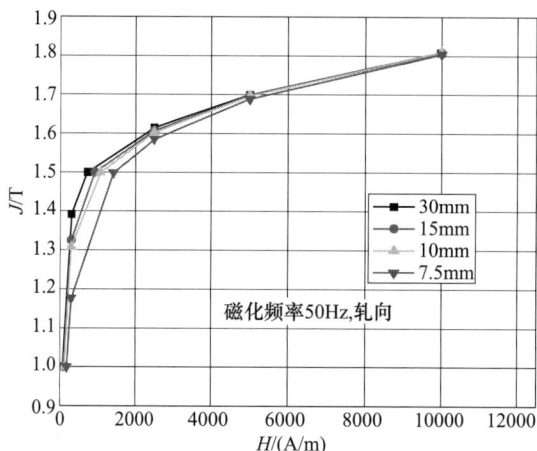

图 2-5 剪切宽度对 0.35mm 厚度无取向硅钢磁感的影响

图 2-6 剪切宽度对 0.35mm 厚度无取向硅钢铁耗的影响

由图 2-5 和图 2-6 可以看出：随着剪切宽度的变窄，磁感应强度和铁耗逐步恶化。在低磁场区，剪切宽度对磁感应强度和铁耗的影响较大；在高磁场区，剪切宽度对磁感应强度和铁耗的影响较小。硅钢材料宽度从 30mm 降低到 7.5mm 时，铁耗 $P_{15/50}$ 增加 20% 左右，磁感应强度 B_{50} 降低 0.01T 以上，因此电机定子齿部宽度越小，对磁性能影响越大。冷轧硅钢片在冲剪加工时，其边缘产生的塑性变形范围是相对固定的，也就是说，其边缘影响即冲剪应力并不随剪切宽度的变化而产生明显变化，冲剪应力将在相对固定的范围内产生[9, 10]。故对剪切宽度大的冷轧硅钢片，边缘影响相对要小，而对剪切宽度窄的冷轧硅钢片，边缘影响相对要大。

在剪切间隙影响方面，调整剪床的剪切间隙范围为 0.2~0.8mm，考察剪切间隙对 0.35mm 厚度无取向硅钢磁性能的影响，如图 2-7 所示。剪切间隙越小，对硅钢材料铁耗影响越小，而磁感应强度 B_{50} 在剪切间隙大于 0.5mm 后明显恶化，故针对 0.35mm 厚度无取向硅钢产品，适宜的剪切间隙为 0.2~0.35mm。

图 2-7 剪切间隙对 0.35mm 厚度无取向硅钢磁性能的影响

（2）压应力对无取向硅钢磁性能的影响

电机铁心绕线后要进行加热装配，当热套工艺不当时，对电机铁心产生的附加压应力会使硅钢材料磁性能下降。为此，采用磁性单片测量装置在试样的轴向施加 0~30MPa 的压应力，随着外加压应力的增加，磁感应强度逐渐降低，外磁场强度在 0~2500A/m 范围内，压应力对磁感应的影响较大，外磁场强度超过 2500A/m 时，压应力对硅钢片磁感应的影响较小，如图 2-8 所示。压应力对 0.35mm 厚度无取向硅钢铁耗的影响如图 2-9 所示，随着压应力的增大，铁耗也逐渐增加。

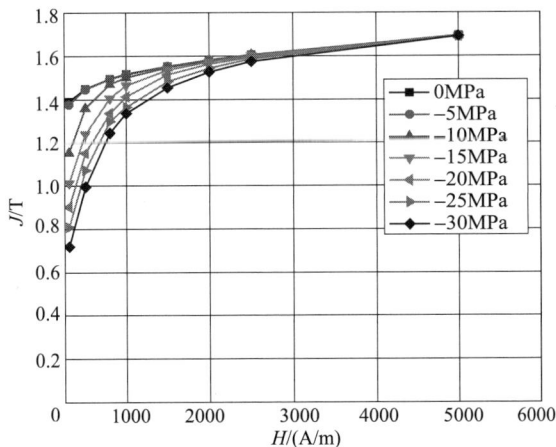

图 2-8 压应力对 0.35mm 厚度无取向硅钢磁感的影响

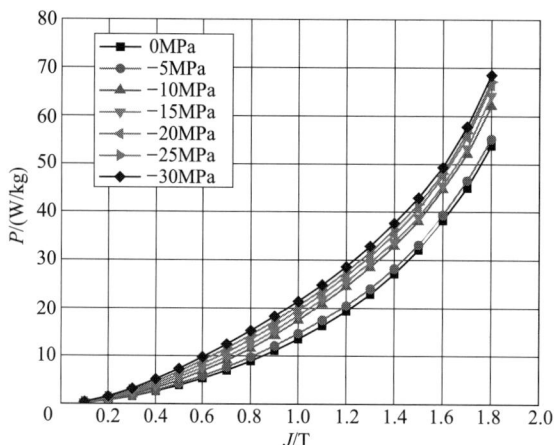

图 2-9　压应力对 0.35mm 厚度无取向硅钢铁耗的影响

2.1.3　影响因素分析

1. 频率、电阻率和板厚对铁耗的影响

无取向硅钢的铁耗、磁感应强度及力学性能间相互矛盾，通常情况下，降低铁耗、提高力学性能措施往往会降低磁感应强度，因此，为了使无取向硅钢同时获得低铁耗、高磁感应强度和高机械强度的特性，需要对化学成分采取多元合金元素的特殊设计。采取夹杂物控制、织构控制、晶粒度控制等技术手段调和铁耗、磁感应强度和力学性能之间的矛盾，尤其通过添加微量偏析元素降低晶界能，外加特殊工艺手段达到性能优化的目的。

理论上，无取向硅钢的铁耗（P_t）包括磁滞损耗（P_h）和涡流损耗（P_e），铁耗可以用式（2-1）表示：

$$P_t = P_h + P_e = K_h f_1 (B_m)^2 + K_e (f_1 B_m)^2 \qquad (2\text{-}1)$$

式中　K_h、K_e——磁滞损耗系数（$W \cdot Hz^{-1} \cdot T^{-2}$）和涡流损耗系数（$W \cdot Hz^{-2} \cdot T^{-2}$）；

　　　　f_1——频率（Hz）；

　　　　B_m——最大磁感应强度（T）。

高牌号无取向硅钢产品在工频情况下，磁滞损耗 P_h 约占 80%，涡流损耗 P_e 约占 20%，但 P_t 随频率 f_1 的增加而急剧增大，如图 2-10 所示。从式（2-1）可见，P_h 与 f_1 成正比，P_e 与 f_1^2 成正比，在频率 400Hz 下，P_e 约占 P_t 的 60%，P_h 约占 40%，为了降低高频下的铁耗，降低铁耗中的涡流损耗是最有效的方法。

式（2-2）是基于麦克斯韦（Maxwell）方程的涡流损耗经典公式：

$$P_e = \frac{1}{6} \times \frac{\pi f_1^2 \tau^2 (B_m)^2 k^2}{\gamma \rho} \times 10^{-3} \qquad (2\text{-}2)$$

式中　τ——厚度（mm）；

　　　　γ——材料密度（g/cm^3）；

　　　　ρ——材料电阻率（$\Omega \cdot mm^2/m$）；

　　　　k——波形系数。

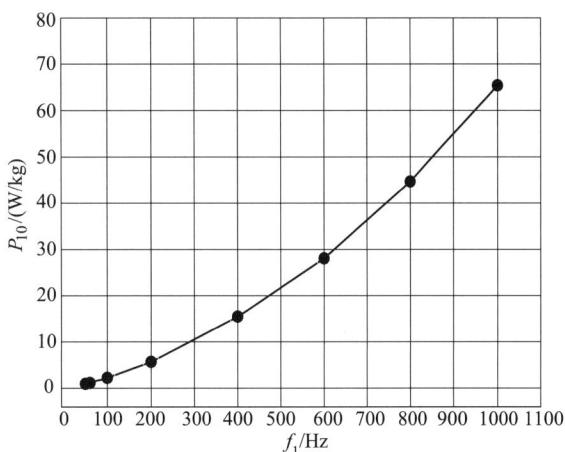

图 2-10　频率对铁耗 P_{10} 的影响

从式（2-2）可以看出，为了降低涡流损耗，可以提高电阻率，随着电阻率的提高，$P_{5/1000}$ 逐步降低，如图 2-11 所示。也可以减薄板厚，随着板厚的减薄，$P_{10/400}$ 迅速降低，如图 2-12 所示。因此，为了降低铁耗，电动汽车驱动电机用无取向硅钢产品薄规格化将成为未来发展的趋势。

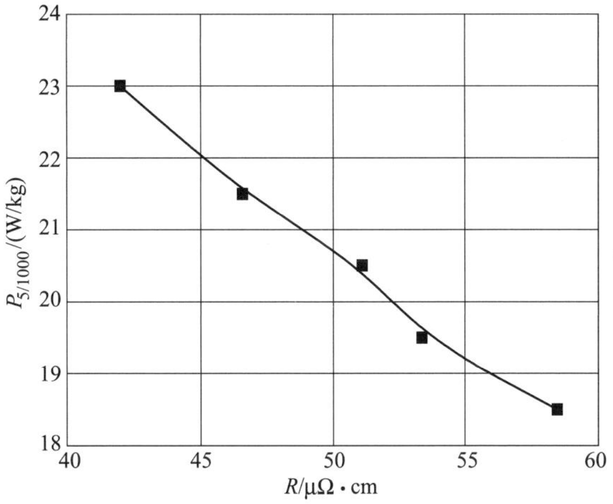

图 2-11　电阻率对铁耗 $P_{5/1000}$ 的影响

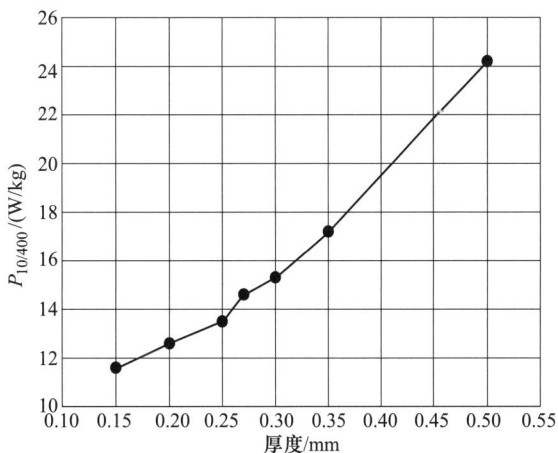

图 2-12　板厚对铁耗 $P_{10/400}$ 的影响

2. 加工工艺对电机铁心硅钢材料的影响

电机铁心制造的主要工艺流程为：硅钢材料冲压→叠片固定（铆接、焊接、自黏结等方式）→铁心消除应力退火（改善电机性能）→铁心绕线→热压装配，如图2-13所示，电机铁心生产过程中的各个加工工艺或多或少都会对材料产生各种应力，这些应力都会劣化材料的磁性能。表2-1反映了铁心制造各加工工艺对硅钢材料磁性能的影响程度。

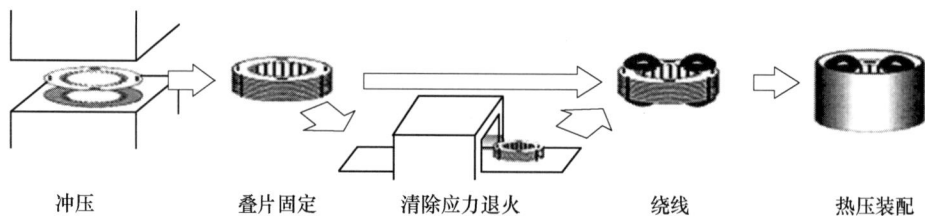

冲压　　　　　　叠片固定　　　　清除应力退火　　　　　绕线　　　　　　热压装配

图 2-13　电机铁心制造的主要工艺

表 2-1　铁心制造各加工工艺对硅钢材料磁性能的影响程度

加工工艺	磁极化强度 J 范围		
	< 0.5T	0.5~1.5T	> 1.5T
冲片剪切	+	+ + +	+ /0
叠片压装	0	+ / + +	0
叠片焊接	+	+ +	0
叠片压接	0	+	0
自动叠片铆接	0/ +	+ / + +	+ /0
热套装配	0/ +	+ / + +	+ /0

注：0表示无影响；+表示影响小；＋＋表示影响一般；＋＋＋表示影响较大，/表示介于两者之间。

由表2-1可见，从电机磁极化强度范围来看，电机工作在0.5~1.5T的磁极化强度范围内时，加工工艺对铁心硅钢材料影响最大；从加工工艺对电机铁心性能的影响来看，影响最大的是冲片剪切加工工艺，影响最小的是叠片压接工艺。

2.1.4　典型产品

以宝钢车用驱动电机硅钢片为例，表2-2列举了电动汽车驱动电机用典型硅钢产品的磁特性。

与表2-2相对应，钢带的公称厚度允许偏差、纵向厚度偏差、横向厚度偏差应符合表2-3的规定。

表 2-2　电动汽车驱动电机用典型硅钢产品的磁特性

类型	牌号	公称厚度/mm	最大铁损 $P_{10/400}$/（W/kg）	最小磁极化强度 J_{5000}[1]/T	最小叠装系数	最小弯曲次数	理论密度/（kg/dm³）
普通型	B15AV1000	0.15	10	1.60	0.92	2	7.60
	B20AV1200	0.20	12	1.61	0.93	2	7.60
	B20AV1300	0.20	13	1.62	0.93	2	7.65
	B27AV1400	0.27	14	1.61	0.94	2	7.60
	B30AV1500	0.30	15	1.62	0.94	2	7.60
	B35AV1700	0.35	17	1.63	0.95	2	7.60
	B35AV1800	0.35	18	1.64	0.95	2	7.60
	B35AV1900	0.35	19	1.65	0.95	2	7.65
	B35AV2000	0.35	20	1.65	0.95	3	7.65
	B35AV2100	0.35	21	1.66	0.95	3	7.65
高效率型	B15AHV1000	0.15	10	1.64	0.92	2	7.65
	B20AHV1200	0.20	12	1.64	0.93	2	7.65
	B20AHV1300	0.20	13	1.64	0.93	2	7.65
	B27AHV1400	0.27	14	1.64	0.94	2	7.65
	B30AHV1500	0.30	15	1.65	0.94	2	7.65
	B35AHV1700	0.35	17	1.66	0.95	2	7.65
	B35AHV1900	0.35	19	1.67	0.95	2	7.65
高磁感型	B27APV1400	0.27	14	1.67	0.94	2	7.65
	B30APV1500	0.30	15	1.67	0.94	2	7.65
	B35APV1700	0.35	17	1.67	0.95	2	7.65
	B35APV1900	0.35	19	1.68	0.95	3	7.65

[1]　频率在 50Hz 的磁极化强度。

表 2-3　钢带的公称厚度允许偏差、纵向厚度偏差、横向厚度偏差

公称厚度 /mm	公称厚度允许偏差 /mm	纵向厚度偏差 /mm	横向厚度偏差 /mm
0.15	+0.010 −0.015	+0.010 0	+0.010 0
0.20	+0.010 −0.015	+0.010 0	+0.010 0
0.27	+0.010 −0.020	+0.012 0	+0.012 0
0.30	+0.010 −0.025	+0.012 0	+0.012 0
0.35	+0.015 −0.025	+0.015 0	+0.012 0

2.2 稀土永磁材料

2.2.1 性能要求

烧结钕铁硼永磁材料具有高的剩磁和磁能积、良好的动态回复特性和高的性价比，是电动汽车永磁驱动电机用关键磁性材料。

车用驱动电机对烧结钕铁硼永磁材料的主要性能要求如下：

（1）更高的剩磁 B_r 和最大磁能积（BH）$_{max}$

室温下，烧结钕铁硼永磁材料 J-H 退磁曲线具有较好的方形性，高的 B_r 和（BH）$_{max}$ 意味着 B-H 曲线整体往上移动，这对于提高电机功率非常有意义。

（2）高的内禀矫顽力 H_{cJ}

烧结钕铁硼永磁材料高温条件下不可逆磁损特性与材料的内禀矫顽力 H_{cJ}、磁钢尺寸因素（P_c）等相关，高的 H_{cJ} 可以提高抗高温不可逆磁损的能力。

对于不同配方下的烧结钕铁硼永磁材料，如果材料温度系数低，则在高温下 H_{cJ} 就高，抗高温不可逆磁损能力就强。但是制备低温度系数烧结钕铁硼需要在配方中添加更多的钴（Co），也需要添加更多的重稀土镝（Dy）、铽（Tb）等来抑制由于 Co 引起的 H_{cJ} 下降，材料厂家一般不采用此种在配方上追求低温度系数的工艺路线，更多采用优化 Co 含量细化晶粒的工艺路线以提高室温条件下的内禀矫顽力 H_{cJ}。

（3）高电阻率

在内嵌式永磁转子磁钢结构（Interior Permanent Magnet，IPM）中，电磁场包含齿槽谐波和负载谐波等，引起磁体涡流损耗。提高烧结钕铁硼永磁材料自身的电阻率，可以降低涡流损耗。在配方方面，添加氧化物或氟化物如氧化硼、氧化（氟化）稀土，可以达到提高电阻率的效果，但是氧化物或氟化物的添加会降低钕铁硼的磁性能。

（4）力学特性

磁钢在转子结构中，应具有抵抗破碎的能力，以材料抗弯强度来衡量。

（5）产品磁矩一致性

产品磁矩一致性将保证电机获得磁极分布均匀且对称的近似正弦波。

（6）高温不可逆磁损

烧结钕铁硼磁钢高温下会产生不可逆磁性能损失，不可逆磁通损失除与材料的 H_{cJ}、磁钢尺寸因素 P_c 相关外，与温度、磁路耦合条件也密切相关。

（7）镀层（或涂层）耐腐蚀性

镀层（或涂层）耐腐蚀性保证永磁材料在 IPM 电机中工作可靠、长寿命，影响因素主要包括永磁体经表面处理后中心镀层（或涂层）厚度、边角处镀层（或涂层）厚度、中性盐雾试验时间和结合力等。

（8）外观

永磁材料的裂纹、沙眼、夹杂和边角脱落等缺陷将造成磁性能偏低、寿命短、磁极波形不均匀等，进而导致电机功能失效。

2.2.2 主要成分

2.2.2.1 典型永磁体的主要成分

1. 稀土元素

用于典型永磁体的稀土元素主要是钕（Nd）、镨（Pr）、镝（Dy）、铽（Tb）、钬（Ho）、钆（Gd），以及替代 Nd 的镧（La）、铈（Ce）。在高性能钕铁硼永磁材料中，很少用到 La 或 Ce。某些材料中用到了 Ho、Gd，其目的是部分替代 Dy 以提高内禀矫顽力。

2. 主相元素

除稀土元素外，主相元素还包括铁（Fe）、钴（Co）、硼（B）。

Co 除了具有提高居里温度和耐温特性、获得低温度系数的作用外，在工艺中也起到了粉料钝化和提高过程抗氧化能力的作用，而且制备的材料具有较好的耐腐蚀性。

B 元素早期在材料中控制在 1.05wt%，甚至 1.10 wt%，目前在 1.00 wt% 左右，原因是 B 元素除构成主相外，多余的富硼相对于 B_r 磁性能贡献来说是杂质。

3. 高熔点元素

高熔点元素指铌（Nb）、锆（Zr）等，可以降低在熔炼浇注后树枝状结晶的晶粒尺寸，在烧结时阻止晶粒长大。Nb 也有与 Co 类似的改善高温磁特性的作用。

4. 晶界改性元素

晶界改性元素主要指铜（Cu）、镓（Ga），作用是改善烧结时的晶界湿润性，从而提高磁体内禀矫顽力。

氧（O）在一定范围内对性能是有帮助的，但需要严格控制，含量过高会造成内禀矫顽力急剧降低。铝（Al）有与 Ga 类似的作用，但添加过多需要平衡对 B_r 降低造成的影响。

5. 气体杂质元素

气体杂质元素指碳（C）、氢（H）、氧（O）、氮（N）。

6. 主要成分

烧结钕铁硼永磁材料的化学成分见表 2-4。

表 2-4　烧结钕铁硼永磁材料的化学成分

组分	Nd	Co	B	Dy、Tb、Pr 等	其他元素 Cu、Al、Nb、Ga 等	Fe
质量分数（%）	20~35	0~15	0.8~1.3	0~15	0~3	余量

2.2.2.2 高性能磁体原理

1. 高磁性能

主要表现为高的最大磁能积 $(BH)_{max}$ 和高的剩磁 $B_r (J_r)$：

$$(BH)_{max} = \frac{J_r^2}{4\mu_0 \mu_{rev}} \tag{2-3}$$

$$J_r(20℃) = J_s(20℃) \frac{\rho}{\rho_0} (1 - V_{非磁性}) f_\varphi \tag{2-4}$$

式中　J_r——磁极化强度；

　　　μ_0——真空磁导率；

　　　μ_{rev}——不同回复线的相对磁导率；

　　　J_s——饱和磁极化强度；

　　　ρ_0——材料的理论烧结致密性；

　　　f_φ——取向因子。

可通过降低粉料粒度或添加易烧结元素来提高烧结致密性 ρ；合理控制粉料形貌和粒度分布，通过添加高效有机润滑剂来提高成型取向度，提高取向因子 f_φ；减少 C、O、N 气体元素，合理控制 B 含量，提高主晶相 $Nd_2Fe_{14}B$，降低非磁性构成 $V_{非磁性}$ 的含量，提升磁极化强度 J_r，从而提高最大磁能积 $(BH)_{max}$。

2. 稀土元素的作用

$Re_2Fe_{14}B$ 化合物在室温 20℃时的磁性能见表 2-5。

表 2-5　$Re_2Fe_{14}B$ 化合物在室温 20℃时的磁性能

$Re_2Fe_{14}B$（Re=）	J_s/T	H_A/（$kA \cdot m^{-1}$）
Nd	1.60	5810
Pr	1.56	5970
Dy	0.71	11940
Tb	0.70	17512

稀土总量一般用有效稀土含量表征，对于内禀矫顽力来说，设定内禀矫顽力有效稀土当量 $N_{Re}(H_{cJ})$（原子百分比 at%）：

$$N_{Re}(H_{cJ}) = Nd + \frac{5970}{5810}Pr + \frac{11940}{5810}Dy + \frac{17512}{5810}Tb \tag{2-5}$$

可写成：$N_{Re}(H_{cJ}) = Nd + 1.028Pr + 2.055Dy + 3.014Tb$

在固定配方中，稀土总量 ΣRe 在（29~31.5）wt%（重量百分比）之间，磁体内禀矫顽力与有效稀土当量 $N_{Re}(H_{cJ})$ 呈线性关系，Pr、Dy、Tb 用于提高磁体内禀矫顽力。

对于剩磁来说，设定剩磁有效稀土当量为 $N_{Re}(B_r)$（at%）：

$$N_{Re}(B_r) = Nd + \frac{1.56}{1.60}Pr + \frac{0.71}{1.60}Dy + \frac{0.70}{1.60}Tb \tag{2-6}$$

可写成：$N_{Re}(B_r) = Nd + 0.975Pr + 0.444Dy + 0.438Tb$

忽略成分、非磁性构成的关系，设定最大磁能积有效稀土当量为 $N_{Re}(BH_{max})$：

$$N_{Re}(BH_{max}) = \left[N_{Re}(B_r)\right]^2 = (Nd + 0.975Pr + 0.444Dy + 0.438Tb)^2 \tag{2-7}$$

同样地，在固定配方中，稀土总量 ΣRe 在（29~31.5）wt% 之间，磁体最大磁能积与有效稀土当量 $N_{Re}(BH_{max})$ 呈线性关系，Pr、Dy、Tb 用于降低磁体最大磁能积。

3. 晶粒细化对内禀矫顽力的贡献

住友金属、VAC 公司发表了 H_{cJ} 与平均晶粒尺寸的关系图，通过数据变换，得出内禀矫顽力与平均晶粒尺寸符合

$$H_{cJ} = H_{cJ0} + k\frac{1}{\sqrt{d}} \qquad (2\text{-}8)$$

式中　H_{cJ}——内禀矫顽力；

H_{cJ0}——常数；

k——常数；

d——平均晶粒尺寸。

通过细化晶粒工艺，可以制备出无镝（Dy）、铽（Tb）的高性能磁体（B_r=1.42T、H_{cJ}=1906.15kA/m）。

2.2.3　制备工艺

钕铁硼磁体制备通常采用烧结法。

烧结法又称粉末冶金法，其主要制备流程依次为原材料准备、真空熔炼、氢碎、制粉、成型、烧结、热处理、机械加工、表面处理等（图 2-14）。

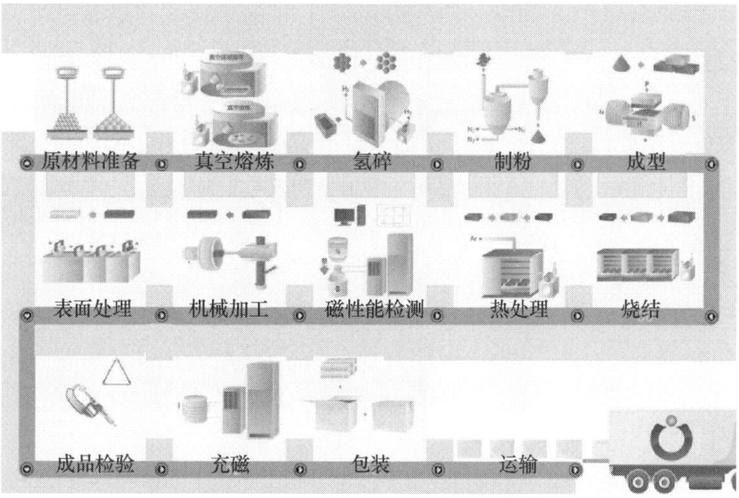

图 2-14　钕铁硼工艺生产流程图（来自日本信越（Shin-Etsu）公司）

考虑到钕铁硼磁体抗腐蚀性不佳，磁体通常在热处理后还要镀上一层防护膜层。

为保证产品质量，在生产过程中需要对一些参数进行测试，以实现对磁体性能及工艺过程影响因素的实时监控。

主要工艺过程如下[22]：

（1）原材料准备

Nd、Fe、B 是烧结钕铁硼的主要成分，配料就是将稀土金属或合金、纯铁、硼合金根据产品性能要求按照一定比例进行搭配，以 $Nd_2Fe_{14}B$ 为基础，通过添加 Pr、Co、Dy、Nb、Al、Cu 等元素提高磁体的性能。添加元素的方式可分为三种类型：一种是用其他稀土元素代替 Nd，如添加 Dy、Tb、Pr、Ho、Gd 等稀土元素，这些元素的适量添加可以提高产品的内禀矫顽力；第二种为取代 Fe，如添加 Co、Nb、Ga 等；第三种为添加晶界微量元素，改善显微结构，提高内禀矫顽力。根据不同的性能要求，需要设计相应的成分及含量。

（2）真空熔炼

熔炼是将金属和稀土等配料熔化再结晶的过程。采用真空中频感应炉设备进行熔炼，由于材料中含有稀土和 Al 等易氧化材料，所以采用在真空中加热，通过涡流作用搅拌均匀，整个熔炼过程在高纯氩气保护下进行，并浇注成铸片或铸锭。

（3）氢碎

采用氢碎炉加工，其工艺是将铸片或铸锭装入氢碎反应釜中，抽真空至 10^{-2} 数量级以下，通入高纯氢气开始吸氢，吸氢饱和后，将反应釜加热至 500~560℃，抽真空脱氢，当真空达到 5×10^{-1} Pa 时，将反应釜降至室温后出料。烧结钕铁硼的生产需要将粉末颗粒控制在 3.2μm 左右，以利于磁场取向，原有方法是采用机械破碎＋气流磨的生产工艺，此工艺在机械破碎时破坏了磁体晶粒的完整性，且气流磨的生产效率低，应用较少。现有方法是利用稀土吸氢的特性，采用氢碎与气流磨制粉工艺，有利于磁性能提高，解决了气流磨出粉速度低的问题，此工艺得到迅速的推广应用。

（4）制粉

采用气流磨制粉。气流磨是通过压缩气体形成高速气流，采用四个喷口使气流对焦成点，带动氢碎粉后的颗粒相互碰撞，形成细粉，通过筛选制成满足要求的粉料。气流磨工艺利用物料自身高能碰撞，物料与气流磨内壁碰撞力小，内壁无磨损，无异物带入物料中。

（5）成型

成型即在磁场作用下，将钕铁硼粉末压制成具有一定形状和尺寸，具有一定强度和密度的压坯。磁场取向是制造高性能烧结钕铁硼磁体的关键技术之一，其取向与取向磁场强度、粉末颗粒形状、尺寸、成型方式、松装密度等因素有关，其中取向磁场强度是至关重要的影响因素。一般情况下，采用四柱或框架式磁场压机完成磁场取向成型，在生产厂家，磁场压机取向磁场一般达到 2.0T。成型一般采用模压垂直取向加冷等静压方式。这种压制方式具有功率消耗低、效率快、操作方便、可靠等优点。对于高性能产品，采用橡胶模压制，此压制方式由于粉末颗粒几乎不转动，可以维持高的取向度。

（6）烧结

成型压坯相对密度低，粉末颗粒孔隙率较高，压坯不具备高性能烧结钕铁硼的微观组织结构，为进一步提高密度和获得所需的微观组织结构，需要对压坯进行烧结。烧结工艺的制定需要考虑以下因素：首先，要将压坯中的有机物、颗粒表面吸附的气体及孔隙中存留的气体排除，包括氢碎后残留的氢，并消除成型过程中造成的内应力；其次，产生原子的扩散和迁移，使原子之间生成金属键和共价键的结合，达到接触面增大、晶粒长大、密度提高等作用。根据烧结温度的高低，烧结方法又可分为液相烧结和固相烧结。固相的熔点约为 1185℃，液相熔点约为 650℃，应该根据吸附的气体、有机物挥发、脱氢、液相熔点和固相熔点，以及真空度的要求设计烧结温度曲线。

（7）热处理

烧结磁体仅有高温烧结，其矫顽力达不到要求，还需进行热处理以优化微观结构，以提高磁体性能。针对不同的合金成分有一级回火和二级回火两种工艺：一级回火工艺指的是在 500~600℃的温度下进行一次保温处理；二级回火工艺指的是在 900℃左右进行一次高温热处理，降到室温后再在 500℃左右进行一次低温热处理。

（8）机械加工

采用机械加工方式制成所需的外观。烧结钕铁硼为合金体，产品密度较高、脆性大、硬度高、加工难度大，主要加工方式包括内圆切片、磨加工、电火花线切割和超声波加工等。在加工过程中，需要防止产品发热引起的产品腐蚀，由于脆性大，还要防止产品开裂、缺角等现象发生。

（9）表面处理

烧结钕铁硼由于含有活泼的稀土和金属元素，采用粉末冶金的制备方法会导致产品多孔，耐腐蚀能力降低，一般在自然条件下一个月左右就会产生明显的腐蚀现象。为提高抗腐蚀能力，需要对磁体进行表面处理，根据磁体应用环境以及寿命的要求，在磁体表面镀覆不同的保护层。在进行表面处理时，根据使用环境确定表面处理类别，一般采用磷化、镀锌、镀镍铜镍、镀环氧树脂等方法。磷化表面处理抗腐蚀能力最差，磁体一般适用于干燥、密封环境中；镀锌的磁体抗腐蚀能力差，磁体适用于环境较好、使用要求不高的条件下；镀镍铜镍的磁体抗腐蚀能力强，磁体适用于潮湿环境条件下；镀环氧树脂的磁体抗腐蚀能力最强，磁体可适用于海上等盐分较高和对耐腐蚀要求很高的环境下。

2.2.4 典型产品

1. N38UH 产品

（1）基本参数

基本磁性能见表2-6，符合相关国家标准的要求。

表2-6　N38UH 基本磁性能

测试温度 /℃	B_r/T	H_{cB}/(kA/m)	H_{cJ}/(kA/m)	$(BH)_{max}$/(kJ/m³)
20	1.25	963.68	2181.22	299.37
140	1.09	826.01	966.07	224.01

产品规格为 21mm×21mm×2.2mm 的 P_c 值为 0.2；另一种规格为 55mm×30mm×2.2mm 的 P_c 值$^{\ominus}$ 为 0.1。规格中，2.2mm 为磁化方向。

（2）高温不可逆磁损

产品充磁后测磁通，然后在开路、半开路、闭路三种磁耦合条件下，以及在 140℃、155℃、160℃和 180℃温度下保温 4h。开路采用不锈钢烘箱、不锈钢隔板；半开路采用铁板；闭路采用硅钢片铁心转子，铁心中有镶嵌槽，永磁体放入镶嵌槽中。高温老化后测定磁通，计算磁通变化率。图 2-15 所示为不同磁耦合路径下的磁体高温不可逆磁损。闭路磁耦合条件下，两种规格磁体基本不衰减，但 P_c0.1 在 180℃的衰减已比 P_c0.2 的高，达到 3.5%。

以 3% 衰减作为工作温度下的允许衰减值，可以推测，P_c0.2 产品在开路时的工作温度为 152℃，在半开路时为 157℃，在闭路时可达 180℃以上；P_c0.1 在开路时的工作温度为 150℃，在半开路时为 152℃，在闭路时为 178℃。

○ P_c 值是负载的磁导系数，是磁钢在负载状态下磁密工作点和原点连接线的斜率，考核磁钢的磁稳定性。

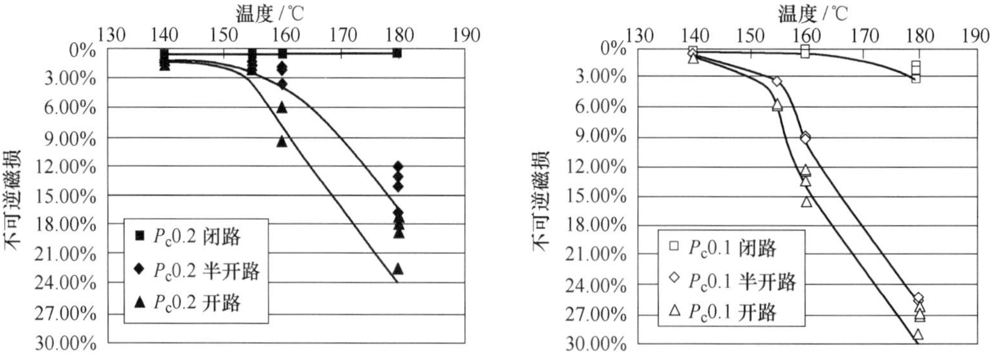

图 2-15　N38UH 牌号 $P_c0.2$ 和 $P_c0.1$ 在不同磁耦合条件下的不可逆磁损

a）$P_c0.2$ 在不同温度下的不可逆磁损　b）$P_c0.1$ 在不同温度下的不可逆磁损

2. N42UH 产品

（1）基本参数

基本磁性能符合国家标准要求：B_r 范围为 1.27~1.32T，$H_{cJ} \geq 1990\text{kA/m}$，$H_{cB} \geq 971\text{kA/m}$，$(BH)_{max}$ 范围为 310~342kJ/m^3。

产品规格为 22.5mm×13.7mm×5mm，5mm 为磁化方向。

（2）高温不可逆磁损

产品磁耦合条件为半开路，经 150℃ ×2h 后，不可逆磁损平均值为 0.68%，最大值为 0.85%；经 180℃ ×2h 后，不可逆磁损平均值为 2.57%，最大值为 4.20%。

2.3　绝缘系统

绝缘系统是驱动电机的心脏，它直接决定驱动电机的可靠性。

电动汽车驱动电机对绝缘系统的要求为：高导热性能、高电气性能、高机械性能和高化学性能。高导热性能可以降低电机温升，提升效率、功率密度等；高电气性能可以提高绝缘寿命，主要包括提升耐击穿电压、耐电晕等；高机械性能可以提升工艺一致性，容易自动化操作，主要包括高附着力、高拉伸率等；高化学性能可以提高环境适应能力，主要包括抗湿度、盐雾腐蚀、温度冲击能力等。

目前在电动汽车领域，所采用的绝缘系统的热分级有 155（F）、180（H）和 200 级，其中 180 级的绝缘系统最为常用。

绝缘系统是由不同的绝缘材料组成的一个整体。合理地选择绝缘材料和绝缘系统，可以提高驱动电机的使用寿命和可靠性，降低驱动电机的成本。

按绝缘材料在驱动电机中的位置和作用，驱动电机的绝缘系统包括匝间绝缘、对地绝缘、层间绝缘、相间绝缘和引线绝缘等。常规散嵌绕组电机按采用的绝缘材料的类型不同，可分为漆包线、绝缘复合纸、槽楔、浸渍漆和绑扎绳等。

图 2-16 所示为目前驱动电机所采用的几种典型的绝缘系统的槽内绝缘结构。图 2-16a 所示为适用漆包圆线的散嵌式单层绕组，图 2-16b 所示为适用漆包圆线的散嵌式双层绕组，图 2-16c 所示为适用漆包扁线的插入式的扁线绕组。

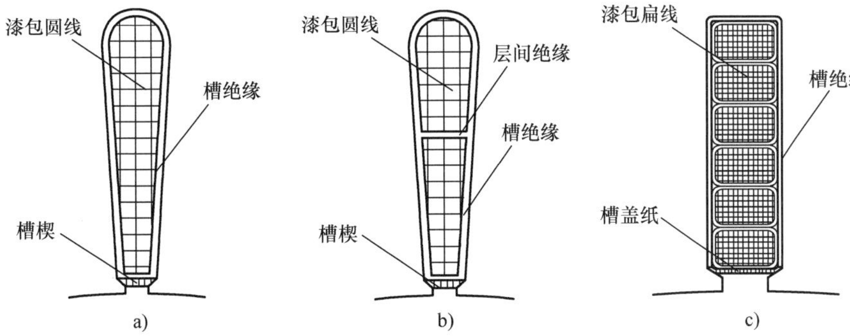

图 2-16 典型的驱动电机绝缘系统

a）单层绕组（圆线） b）双层绕组（圆线） c）插入式扁线绕组

下面重点介绍应用于电动汽车驱动电机的漆包线和绝缘材料。

2.3.1 漆包线

漆包线又称电磁线，是指在拉制的 T_2 红铜线外涂覆多层绝缘漆。按铜线的形状，漆包线分为漆包圆线和漆包扁线。

漆包线根据漆膜厚度可以分为一级漆膜漆包线、二级漆膜漆包线、三级漆膜漆包线。根据是否具备耐电晕性能分为非耐电晕漆包线及耐电晕漆包线。对于最高输入电压低于 DC 200V 的电机，一般可采用非耐电晕漆包线；对于最高输入电压高于 DC 200V 的电机，必须采用耐电晕漆包线。

耐电晕漆包线主要是将纳米粒子填充到具有较高耐温等级的漆包线漆中，制成耐电晕漆包线漆，并作为漆包线的外层（二层绝缘结构）或中间层（三层绝缘结构），可使漆包线的耐电晕性能提高 5~100 倍。其中，最为典型的就是杜邦（Dupont）公司生产的耐电晕漆，其采用改性聚酯亚胺树脂为基体，以纳米 SiO_2 为填料，这种漆包线漆作为漆包线的涂层，可大幅度提高其耐电晕性能。

车用驱动电机目前使用的漆包线主要为耐电晕漆包圆线，主要包括 200 级耐电晕聚酯亚胺 / 聚酰胺酰亚胺复合漆包铜圆线及 220 级 /240 级聚酰亚胺漆包铜圆线。近年来随着电动汽车驱动电机功率密度的提升，耐电晕漆包铜扁线开始逐步应用。对耐电晕漆包线的要求，主要体现在耐电晕寿命、漆膜的附着力以及耐 ATF 油特性（针对油冷电机）。驱动电机目前使用的漆包圆线线规主要在 0.7~1.0mm 之间，主要技术要求见表 2-7，其他指标与常规的耐电晕漆包线相同。

表 2-7 耐电晕漆包线的主要技术要求

序号	项目	测试条件	指标值
1	耐电晕寿命	电压为 3000V，温度为 155℃，频率为 20kHz，脉冲时间为 100ns，波形：脉冲方波	≥ 20h（0.8mm 以下线规） ≥ 50h（0.8mm 以上线规）
2	漆膜附着力 （考察漆膜拉伸后的耐电晕寿命）	漆包线拉伸 10% 后，测试耐电晕寿命，测试条件同上	≥ 12h
3	耐 ATF 油（针对油冷电机）	在 ATF 油中进行密封浸泡耐油试验，试验 8 个周期，每个周期：油温 155℃保持 40h，−45℃保持 8h，油温变化速率 2℃ /min	漆膜外观不能开裂，发脆。耐电晕寿命不能低于未泡油前的 70%

2.3.1.1 漆包圆线技术要求

漆包圆线技术要求必须满足 GB/T 6109—2008《漆包圆线绕组》系列标准（等同于国际电工委标准 IEC 60317），在 GB/T 6109.20—2008/IEC 60317—13：1997《漆包圆线绕组 第 20 部分：200 级聚酰胺酰亚胺复合聚酯或聚酯亚胺漆包铜圆线》标准。

漆包圆线技术要求适用于 200 级耐电晕漆包铜圆线的技术要求，绝缘耐热等级在 200 级以上。非耐电晕漆包铜圆线同样适用。

车用驱动电机电压大部分在 200V 以上，采用的是耐电晕绝缘漆包圆铜线，以产品型号 Q（ZY/XY）BP-3/200 0.8、Q（ZY/XY）BP-3/200 0.85 为例，其关键参数见表 2-8。

表 2-8　两种漆包圆线关键参数

关键参数	Q（ZY/XY）BP-3/200 0.8	Q（ZY/XY）BP-3/200 0.85
最大外径 /mm	≤ 0.911	≤ 0.968
裸线直径 /mm	0.792~0.808	0.841~0.850
漆膜厚度 /mm	≥ 0.085	≥ 0.090
断裂伸长率（%）	≥ 28	≥ 35
回弹 /(°)	≤ 46	≤ 51
柔韧性和附着性	1D 卷绕，不开裂	1D 卷绕，不开裂
急拉断	漆膜不开裂或不失去附着性	漆膜不开裂或不失去附着性
热冲击（220℃，30min）	1.800mm 芯轴不开裂	2.000mm 芯轴不开裂
单向耐刮 /N	最小≥ 14.8	最小≥ 15.5
	平均≥ 15.8	平均≥ 16.5
电阻 20℃ /（Ω/m）	0.03305~0.03500	0.02925~0.03104
介电强度 /V	≥ 11400	≥ 11400
漆膜连续性	2000V，30m，≤ 3	2000V，30m，≤ 3
盐水针孔（6m，2%NaCl，DC 12V，对折 180° 后弯成 90°）	≤ 0	≤ 0
软化击穿（265℃，2min）	不击穿	不击穿
平均脉冲寿命（155℃，3kV，20kHz，100ns）	> 12h	> 12h

2.3.1.2 漆包扁线技术要求

漆包扁铜线一般是在无氧铜杆经一定规格尺寸的模具拉拔后的导线上，配所需的耐温指数及相容性的绝缘漆，使用模具式或毛毡式涂漆，涂制多道相应的绝缘漆，经烘焙处理后，使绝缘漆和导线形成一整体。聚酯亚胺、聚酰胺酰亚胺复合层漆包扁线耐热等级为 200 级，芳族聚酰亚胺漆包扁线耐热等级为 240 级。

漆包扁线技术要求主要参考标准 GB/T 7095.1~7—2008《漆包铜扁绕组线》（等同于国际电工委员会标准 IEC 60317）。

漆包扁线没有典型型号，宽边窄边尺寸主要取决于电机槽型及绕组层数的设计，表 2-9[26] 列举了型号为 QYB-1/240 2.5×3 扁线产品的关键参数。

表 2-9　一种漆包扁线关键参数

关键参数	QYB-1/240 2.5×3	
外形尺寸 /mm	窄边：2.570~2.610	
	宽边：3.070~3.110	
导体尺寸 /mm	窄边：2.5±0.02	
	宽边：3.0±0.02	
圆角半径 /mm	0.65±0.03	
20℃直流电阻 /（Ω/m）	≤ 0.0024736	
圆角漆膜厚度 /mm	≥ 0.035	
伸长率（%）	≥ 30	
回弹角 /（°）	≤ 4.5	
附着性	环切，拉伸 15%，缺口距离 ≤ 3.0mm	
圆棒弯曲	ϕ 2.5mm 卷绕 1 圈，50Hz，2000V，2s 不击穿	
室温击穿电压 /V	≥ 4000	
耐标准溶剂	130℃加热 10min，标准溶剂浸泡 30min，H 铅笔不应刮破，漆膜无开裂	
热冲击	ϕ 2.5mm 卷绕 1 圈，260℃，30min，不开裂	
软化击穿	350℃，预热 1min，加热 2min，50Hz，100V 不击穿	
漆膜连续性	每轴线平均每 100m 允许针孔数量 ≤ 1 个（HVC 在线监控，电压为 1500V，漏电流为 20μA）	

2.3.2　绝缘材料

2.3.2.1　电机绝缘材料一般技术要求

根据车用驱动电机工况的需求，要求车用驱动电机绝缘材料达到表 2-10 的技术要求。

表 2-10　绝缘材料一般技术要求

序号	性能名称	单位	指标值	指标对比标准
1	外观	—	线圈外观整齐、绑扎牢固	—
2	耐电晕寿命	h	≥ 50	GB/T 6109—2008
3	系统局部放电起始电压	kV	≥ 0.9	GB/T 7354—2018
4	额定电压下的局部放电	pC	≤ 200	GB/T 7354—2018
5	耐压试验，泄漏电流为 1800V/60s	MV/m	≤ 20	GB/T 1408.1—2016
6	耐热等级	℃	≥ 200	GB/T 17948.1—2018
7	对地绝缘电阻	MΩ	≥ 500	GB/T 20160—2006
8	匝间冲击耐电压	—	2800V/3s，不击穿	GB/T 22719.2—2008

绝缘材料的选用以及绝缘处理工艺选择需满足表 2-10 的要求，主绝缘材料是其达成的关键。车用驱动电机的主绝缘材料主要有绝缘纸和绝缘浸渍树脂两大类。

目前，车用驱动电机使用的绝缘纸主要为聚酰亚胺薄膜和芳纶纤维组成的复合箔（6605），部分厂家油冷电机使用的绝缘纸为纯芳纶纸。电动汽车驱动电机客户主要提出无卤阻燃、耐热性、耐 ATF 油（油冷电机）等指标要求，主要技术要求见表 2-11，其他指标与常规的 6605 复合箔相同。

车用驱动电机使用的绝缘浸渍树脂主要为聚酯亚胺体系的浸渍树脂，其工艺参数需根据浸渍工艺与设备进行适配。浸漆工艺有真空压力浸渍、滴浸、通电加热 -UV 固化工艺等。对浸渍树脂的要求主要体现在高耐热、高黏结强度、高挂漆量、耐 ATF 油（油冷电机）、耐电晕、无卤阻燃（商用车）和固化挥发分低等。应用于车用驱动电机的绝缘浸渍漆主要技术要求见表 2-12，其他指标与常规的绝缘浸渍树脂相同。

表 2-11 绝缘复合箔的主要技术要求

序号	项目	测试条件	指标值
1	阻燃	燃烧性能测定，垂直法与水平法	垂直燃烧达到 V-0 级 水平燃烧达到 HB 级
2	热态黏结力	200℃及以上 3h	不分层、不起泡、不流胶
3	耐 ATF 油（针对油冷电机）	在 ATF 油中进行密封浸泡耐油试验，试验 8 个周期，每个周期：油温 155℃保持 40h，-45℃保持 8h，油温变化速率为 2℃ /min	复合纸外观没有腐蚀、分层及发脆等

表 2-12 绝缘浸渍漆的主要技术要求

序号	项目	测试条件	指标值
1	耐热性	长期热老化法	≥ 200℃
2	黏结强度	常温	≥ 180N
		155℃	≥ 40N
		180℃	≥ 20N
3	挂漆量	螺线管法挂漆，正反两遍	≥ 0.45g/ 根
4	耐 ATF 油（针对油冷电机）	在 ATF 油中进行密封浸泡耐油试验，试验 8 个周期，每个周期：油温 155℃保持 40h，-45℃保持 8h，油温变化速率 2℃ /min	固化树脂外观良好，不能发脆等
5	阻燃	燃烧性能测定，垂直法与水平法	垂直燃烧达到 V-0 级 水平燃烧达到 HB 级
6	固化挥发分	150℃，2h	≤ 8%

2.3.2.2 典型绝缘材料

1. ET-90D 改性耐热不饱和聚酯树脂

（1）产品特点

ET-90D 是由改性耐热不饱和聚酯树脂和引发剂、阻聚剂、活性稀释剂等配制而成的改性耐热不饱和滴浸树脂。该树脂黏结力强、绝缘性能好、抗潮防霉性好，与电磁线有良好的相容性，为 H 级无溶剂浸渍树脂。

（2）应用领域

适合于 B、F、H 级汽车电机、发电机及变频和耐冷媒电机滴浸和连续沉浸的绝缘处理。

（3）主要技术指标（表 2-13）

（4）试验方法

表 2-13 中所列的指标参考标准 GB/T 15022.2—2017《电气绝缘用树脂基活性复合物　第 2 部分：试验方法》和 GB/T 1981.2—2009《电气绝缘用漆　第 2 部分：试验方法》执行。

（5）推荐滴浸工艺

1）树脂配制：甲、乙两组调和均匀后使用。

2）预烘阶段：预烘温度：130~140℃，3~15min（工作表面温度 70~90℃为最佳滴漆温度）。

3）滴浸阶段（每个节拍为 30~90s）：滴浸黏时间：40~100s；滴漆时间：20~60s。

4）胶凝阶段：胶凝温度：115~125℃（不产生气泡）；胶凝时间：4~8min（至不流失）。

5）烘焙阶段：烘焙温度：（135±5）℃；烘焙时间：20~60min。

6）挂漆量测定：烘焙结束后称得工件重量 - 预烘后称得的重量 = 挂漆量。

表 2-13 ET-90D 改性耐热不饱和聚酯树脂主要技术指标

序号	检测项目		单位	指标		
				D_1	D_2	D_3
1	外观		—	淡黄至淡棕色透明液体，无杂质		
2	黏度：(23±2)℃	旋转黏度仪	mPa·s	80~200	80~200	80~200
		4 号黏度时间	s	60±20	60±20	60±20
3	密度		g/cm³	1.05±0.05	1.05±0.05	1.05±0.05
4	胶凝时间：(120±2)℃		min	3~10	2~8	2~8
5	表面干燥时间：120℃		min	≤ 60	≤ 20	≤ 20
6	厚层固化能力：(130±2)℃，1h		—	S_1、U_1、$I_{2.1}$	S_1、U_1、$I_{2.1}$	S_1、U_1、$I_{2.1}$
7	击穿强度	室温	MV/m	≥ 22	≥ 22	≥ 22
		浸水 24h 后		≥ 20	≥ 20	≥ 20
8	体积电阻系数	室温	Ω·m	≥ 1×10¹²	≥ 1×10¹²	≥ 1×10¹²
		浸水 24h 后		≥ 1×10¹¹	≥ 1×10¹¹	≥ 1×10¹¹
		(180±2)℃		≥ 1×10⁸	≥ 1×10⁸	≥ 1×10⁸
9	黏结强度（φ1.3QZ 线）		N	≥ 200（100℃）	≥ 200（100℃）	≥ 200（100℃）
10	耐冷媒：96h		—	优	优	优

2. 驱动电机绝缘纸 YT510 型芳纶纸

（1）产品特点

该产品为压光型间位芳纶绝缘纸，具有较高的介电强度、机械强度、柔韧性和回弹性，优异的阻燃性、耐高温和耐化学性能，UL 认证 RTI 等级为 210℃，可短期超负荷运行，抗过载能力强，几乎与所有类别的绝缘漆、黏合剂以及其他电气设备组件具有良好的兼容性，厚度为 0.05~0.76mm。

（2）应用领域

应用于几乎所有的已知的需要电气绝缘的场合，包括变压器/电抗器的导线绝缘、匝间绝缘、层间绝缘、端部绝缘；电机的相绝缘、槽绝缘、层间绝缘、匝间绝缘、槽楔，以及绝缘胶带、绝缘套管等。

（3）主要技术指标（表 2-14）

表 2-14 YT510 型间位芳纶绝缘纸技术指标典型值

主要技术指标	单位	典型值								
标准厚度	mil	2	3	5	7	10	12	15	20	30
	mm	0.05	0.08	0.13	0.18	0.25	0.30	0.38	0.51	0.76
典型厚度	mm	0.055	0.078	0.13	0.18	0.245	0.290	0.365	0.515	0.755
基准重量	g/m²	41	63	116	175	249	309	390	510	690
密度	g/m³	0.74	0.80	0.90	0.97	1.01	1.06	1.07	1.00	0.91
抗张强度	N/cm（MD）	39	66	140	220	255	320	380	500	650
	N/cm（CD）	15	29	56	105	165	200	260	345	450
伸长率	%（MD）	7.0	8.5	10.0	11.0	13.5	16	13	13	13
	%（CD）	6.5	9.0	11.5	12.5	14.5	15.5	12	13	12
撕裂度[1]	N（MD）	0.65	1.00	2.00	3.50	5.00	6.50	10.00	13	N/A
	N（CD）	1.15	1.70	3.30	4.80	6.00	8.00	13.50	16	N/A
介电强度[2]	V/mil	330	355	450	500	550	575	500	450	475
	kV/mm	13	14	18	20	22	23	20	18	19
介电常数[3]	—	1.5	1.5	2.1	2.4	2.5	2.7	3.0	3.1	3.2
介质损耗因子[3]×10⁻³	—	4	5	6	7	8	8	8	8	8
300℃收缩率	%（MD）	3.5	3.5	3.0	3.0	3.0	3.0	3.0	3.0	3.0
	%（CD）	3.0	3.0	2.5	2.5	2.5	2.5	2.5	2.0	2.0

注：采用 GB/T 20629.2—2013 标准进行测试。
① 埃尔门多夫撕裂强度。
② 快速升压法，上电极 φ25mm，下电极 φ75mm。
③ 测试频率 50Hz，使用仪器：西林电桥，电极 φ50mm。

（4）绝缘材料应用

芳纶纸在纵向（MD）、横向（CD）的机械性能指标存在差别，在某些应用场合可以通过调整纸页的方向，以发挥其最佳性能。

芳纶纸应室内存放，严禁受潮或日晒。长期暴露在相对湿度较大的环境中，其尺寸相对于干燥状态的芳纶纸会有所增大，但经再次干燥后，其尺寸基本能够恢复。因此，建议在芳纶纸在使用前保持密封状态，防止受到潮气的影响。

2.4　高速轴承

2.4.1　性能要求

电动汽车驱动电机有别于工业电机，虽然电机结构基本相同，但是应用范围和实际工况有很大差别。首先从驱动方式和配置来讲，工业电机大多采用传动带连接，中小型电机两端多采用密封深沟球轴承；大型工业电机两端大多采用一套深沟球轴承与一套短圆柱滚子轴承，工作转速 $d_m n$ 值（轴承平均直径 d_m 与最高转速 n 乘积）在 50 万 mm·r/min 以下，标准轴承都能满足使用要求并能达到相关性能指标。

根据轴承载荷与转速不同，驱动电机轴两端均采用深沟球轴承，乘用车驱动电机大多采用双面自密封深沟球轴承，商用车驱动电机采用自密封深沟球轴承和开式深沟球轴承两种。由于深沟球轴承结构简单、价格低廉、安装方便、易于实现批量化生产，所以电动汽车驱动电机通常优先选用深沟球轴承 [29]。

驱动电机对轴承要求极为苛刻，要求轴承具有转速高（ $d_m n$ 值极限可达 120 万 mm·r/min），耐轴向冲击（轴承能承受一定的轴向冲击载荷），耐高低温（同时满足 −40~150℃ 环境温度要求），高密封（轴承内部填充润滑脂），低噪声（整机不大于 80dB），长寿命（乘用车应提供不低于 10 年 24 万 km 行驶里程；商用车（含客车、专用车、货车）不低于 10 年 60 万 km 行驶里程）。应用于电动汽车驱动电机和减速器中的轴承品牌，国外企业以斯凯孚（SKF）、恩斯克（NSK）、舍弗勒（Scheffler）为主，国内品牌以人本轴承（C&U）、哈尔滨轴承（HRB）为代表。

2.4.2　主要类型及结构

作为新能源汽车驱动电机的关键旋转部件，滚动轴承具有支撑和旋转两大功能，电机轴承通常选用深沟球轴承，根据电机结构的不同，深沟球轴承分为开式轴承（无密封深沟球轴承）、两面自带接触式密封轴承和两面自带非接触式密封轴承，内部结构主要由轴承内圈、外圈、保持架、滚动体、密封件和油脂六大件组成，如图 2-17 所示。

1. 开式轴承结构特点

开式轴承主要应用于新能源汽车油冷电机中，轴承润滑形式为油润滑，其特点是润滑油填充及更换方便；缺点是油清洁度无法保证，容易进入灰尘和杂质，使得轴承温升、噪声和寿命受到一定影响。

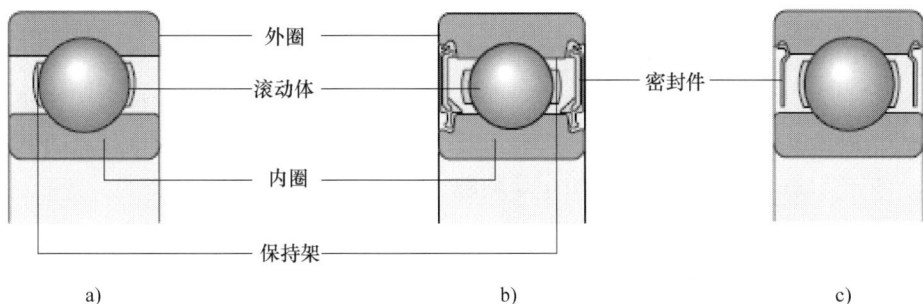

图 2-17　典型轴承结构
a）开式轴承　b）自带接触式密封轴承（2RS）　c）自带非接触式密封轴承（2Z）

2. 两面自带接触式密封轴承（2RS）结构特点

两面自带接触式密封（2RS）轴承，两面采用 SPCC 骨架 + 橡胶密封材料，密封效果好，油脂流失挥发少，轴承油脂寿命长，但是由于密封过于严密，散热效果欠佳。轴承本身加有润滑脂，安装、拆卸方便，减少维护成本。

3. 两面自带非接触式密封轴承（2Z）结构特点

两面自带非接触式密封，介于无密封和接触式密封之间，两面采用 SPCC 材料，具有较好的防尘能力，但密封效果差，油脂流失和挥发较接触式密封结构差。这种轴承本身加注润滑脂，安装拆卸方便，减少维护成本。

2.4.3　选型及关键指标

1. 车用电机轴承的选择步骤

选用轴承需要从各种角度考虑。首先应该考虑轴承排列、安装、拆卸的难易程度，所允许的空间、尺寸及市场可获取情况；其次，比较使用轴承的设计寿命和疲劳寿命，决定轴承尺寸，同时还要注意润滑脂老化引起的润滑脂寿命、磨损、噪声；最后，根据各种不同用途，以及精度、游隙、保持架、润滑脂等的特殊要求进行筛选。

轴承选择的一般步骤如下：

1）确定轴承使用环境（运行条件、性能；使用条件、环境条件、轴承安装部分尺寸）。

2）选择轴承结构（确定轴承所允许空间、载荷大小、振动、冲击、噪声、转矩等）。

3）决定轴承结构、排列（确定轴承的设计寿命、当量载荷、旋转速度、允许的安装方向）。

4）决定轴承尺寸。

5）选择轴承精度（旋转跳动精度、高速旋转性能、转矩变动）。

6）选择内部游隙（确定配合、内外圈温度差、旋转速度、内外圈的倾斜、预压量）。

7）选择轴承保持架（确定旋转精度、噪声、使用温度）。

8）选择润滑方法（确定使用温度、旋转速度、润滑方式、密封方式、保养维修等）。

9）决定轴承装卸（装卸顺序、装卸方法、工夹模具、与安装有关的尺寸、轴承及轴承相关部分的最终规格等）。

2. 车用电机轴承的典型产品及关键指标

滚动轴承作为标准零件，国际标准化组织对装配尺寸（外形尺寸）都已标准化，收集于 ISO 标准中，内部结构设计根据具体工况条件采用了不同的设计理念和设计方法，使得看似相同型号的滚动轴承出现了不同的设计结构。为便于区分轴承高速范围，行业通常采用 $d_{m}n$ 值表示轴承高速性能。

$d_{m}n$ 是评价滚动轴承高速性能的主要指标，也是评定油脂高速性能的关键指标之一。驱动电机轴承典型产品及关键指标见表 2-15。

表 2-15　驱动电机轴承典型产品和关键指标

车型	使用部位	典型轴承型号	温度范围 /℃	$d_{m}n$ 值 /（mm·r/min）
商用车	驱动电机	6215、6317	−40~120	≤ 50 万
物流车	驱动电机	6208-2Z、6210-2Z、6012-2Z	−40~150	50 万 ~120 万
乘用车	驱动电机	6206-2Z、6207-2Z	−40~150	50 万 ~120 万

由于电动汽车特别是乘用车驱动电机的高转速、低振动、大转矩、宽温度、低噪声以及载荷的不断变化的工作特点，对滚动轴承设计和加工提出了更高要求。滚动轴承设计结构优化、热处理工艺优化、零配件（滚动体、保持架、套圈）加工精度的提升，是提升轴承整体性能的有效途径。

2.4.4　寿命校核

滚动轴承选型计算是电机设计非常重要的环节。寿命校核有两种方式，一种是采用标准 ISO281—2017《滚动轴承　额定动载荷和额定寿命》中的计算公式进行计算；另一种是采用 CAE 建模分析计算。

1. 基本额定寿命计算公式

$$L_{10h} = \left(\frac{C_{r}}{P_{r}}\right)^{\varepsilon} \frac{10^{6}}{60n} \tag{2-9}$$

式中　L_{10h}——基本额定寿命（h）；

　　　C_{r}——径向基本额定动载荷（N）；

　　　P_{r}——径向当量动载荷（N）；

　　　ε——幂指数，球轴承取 3；滚子轴承取 10/3；

　　　n——转速（r/min）。

2. 径向当量动载荷计算公式

$$P_{r} = XF_{r} + YF_{a} \tag{2-10}$$

式中　X——径向动载荷系数；

　　　Y——轴向动载荷系数；

　　　F_{r}——轴承径向载荷（N），等于轴承实际载荷的径向分量；

　　　F_{a}——轴承轴向载荷（N），等于轴承实际载荷的轴向分量。

3. CAE 建模分析计算

根据轴承布置结构和具体使用载荷谱，通过建模计算，校核轴承选型的正确性，该计算较公式校核更为直接。CAE 校核主要步骤如下：

1）初选轴承类型及型号。

2）确定电机工作载荷谱。

3）设置目标寿命。

4）计算轴承接触应力。

5）计算轴承爬挡边率。

6）确定轴承理论寿命。

轴承寿命建模如图 2-18 所示。

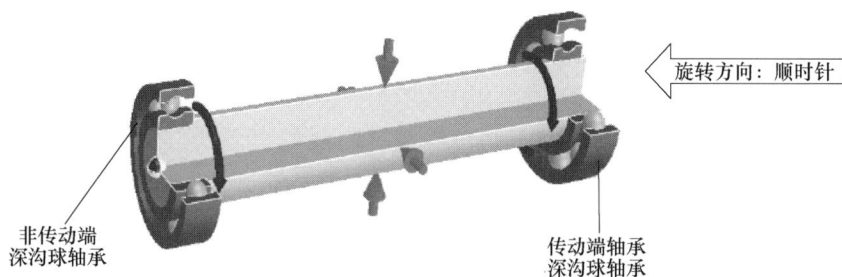

旋转方向：顺时针

非传动端
深沟球轴承

传动端轴承
深沟球轴承

图 2-18　轴承寿命建模图

4. 轴承寿命 CAE 校核实例

以某一电动汽车驱动电机设计中所选择 6207-2Z 轴承为例加以说明。

（1）轴承信息（表 2-16）

表 2-16　高速轴承校核信息表

轴承位置	轴承型号	轴承外形尺寸			基本额定载荷	
		d/mm	D/mm	B/mm	C_r/kN	C_{or}/kN
传动端轴承	6207-2Z	35	72	17	25.7	15.3
非传动端轴承	6207-2Z	35	72	17	25.7	15.3

注：d 为轴承内径；D 为轴承外径；B 为轴承宽度；C_r 为基本额定动载荷；C_{or} 为基本额定静载荷。

（2）运行载荷谱（表 2-17）

表 2-17　高速轴承载荷谱

工况	时间占比（%）	输入转速 /（r/min）	转子重量 /N
F01	24.9	1000	
F02	27.7	2000	
F03	20	3000	
F04	14.6	4000	
F05	2.8	5000	250
F06	6.1	6000	
F07	2.6	7000	
F08	1.2	8000	
F09	0.1	12000	

（3）轴承寿命计算（表2-18）

表2-18　高速轴承寿命计算

轴承位置	轴承类型	目标疲劳寿命≥ 8000h		损伤率（%）
传动端轴承	6207-2Z	L_{10h} 寿命 /h	8400	95.1
非传动端轴承	6207-2Z		57670	14.5

注：以上寿命为平均载荷下的疲劳寿命。

5. 寿命评价方法及设备

单体轴承寿命主要以疲劳试验作为评价方法，参照标准 GB/T 24607—2009《滚动轴承 寿命与可靠性试验及评定》进行评定[30]。试验设备分为通用设备和专用设备。高、低温试验和高温、高速起停试验也是新能源汽车驱动电机轴承试验的必备试验，用于验证轴承在各种不同环境下的可靠性[31]。

整机性能测试可以参照 GB/T 18488.1—2015《电动汽车用驱动电机系统　第 1 部分：技术条件》和 GB/T 18488.2—2015《电动汽车用驱动电机系统　第 2 部分：试验方法》进行。

2.5　位置传感器

车用驱动电机位置传感器通常有两种类型：一种是绝对值位置传感器，最常用的是旋转变压器，另外还有磁编码器；另一种是相对值位置传感器，常见的是光编码器。但由于光编码器抗恶劣环境的能力较差，所以极少在车用驱动装置中应用。旋转变压器因其结构简单可靠，所以成为电动汽车驱动电机位置传感器的首选。

2.5.1　旋转变压器

2.5.1.1　基本类型

从电机学原理来看，旋转变压器就是一种基于电磁感应原理的可旋转的变压器。旋转变压器的一次绕组、二次绕组分别置放在定子、转子上，当转子位置发生变化时，二次绕组的输出电压信号会按规律变化，根据这个信号变化，可以解算出转子位置。

旋转变压器的一般分类原则：

（1）系统中的作用

1）旋变发送机：发送与转子机械角度成一定函数关系变化的电气信号。

2）旋变变压器：接收发送机信号，并输出与双方转角之差相关的电气信号。

（2）信号变化的极对数

1）单极旋转变压器：输出电信号周期与机械旋转周期一致，精度一般在 5′~15′ 和数十角分（′）之内，精度范围由旋转变压器具体的形式决定。

2）多极旋转变压器：输出电信号变化周期数是机械周期的极数倍，根据极对数的多少，其精度一般为几角分、数十角秒（″）到数角秒，极对数多的精度高。

（3）结构原理和型式

1）有刷旋转变压器：转子绕组电信号通过集电环和电刷引出或引入。由于存在带电滑动接触，有刷结构可靠性差。

2）无刷旋转变压器：包括环形变压器式无刷旋转变压器和磁阻式旋转变压器等。环形变压器式无刷旋转变压器中有两套绕组，一套绕组如同常规旋转变压器一样；另一套是定、转子上分别同心置放的一、二次绕组，两套绕组的转子侧互相电气连接，常规旋转变压器转子绕组的电量通过环形变压器的定子绕组输入或者输出。磁阻式旋转变压器是根据定、转子之间的气隙磁阻变化，实现输出信号变化的旋转变压器，由于这种旋转变压器可靠性非常好，又具有足够的精度，所以在电动汽车中得到了广泛的应用。

（4）输出信号波形

根据输出信号波形，可分为正余弦旋转变压器、线性旋转变压器和比例式旋转变压器等。

在旋转变压器中，磁阻式旋转变压器以其高可靠性、足够精度及成本低的特点在车用驱动电机系统中得到广泛的应用。

磁阻式旋转变压器的励磁绕组和信号输出绕组均固定在定子侧，利用转子凸极效应产生具有正弦性质的气隙磁场变化，使信号绕组分别感应出幅值随转角变化的正弦与余弦信号。图 2-19 为一个简单示意图，图中定子开有 10 槽，转子凸极数为 3（对应的极对数为 3）。当旋转变压器的转子随电机一起转动时，其定、转子气隙磁阻会发生变化，气隙磁场随之变化，从而导致励磁绕组与信号绕组之间互感的变化，最终引起信号输出绕组感应电动势变化，两相信号绕组输出的幅值随转角变化，相差 90° 电角度。通过专门的旋变解码电路对两相输出信号进行处理，从而得到以电量形式表达的位置信号[32]。

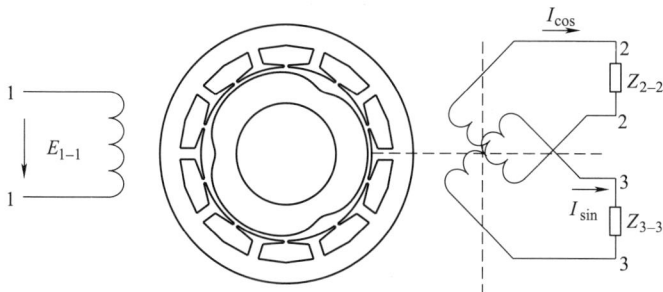

图 2-19　磁阻式旋转变压器

假设励磁绕组的输入电压为

$$E_{1-1} = E_{1m}\sin(2\pi ft) = E_{1m}\sin\omega t \tag{2-11}$$

式中　f——励磁频率（Hz）；

　　　ω——励磁信号角速度（rad/s）；

　　E_{1m}——励磁电压幅值（V）。

两相输出信号电压为

$$E_{2-2} = E_{2m}\cos\alpha\sin\omega t$$
$$E_{3-3} = E_{3m}\sin\alpha\sin\omega t \tag{2-12}$$

式中　E_{2m}、E_{3m}——输出信号电压幅值（V）；

　　　　$α$——转子位置（rad）。

2.5.1.2　结构特点

1. 扁平结构

由于新能源汽车安装空间及整车总重的限制，要求驱动电机及电机控制器结构紧凑、质量轻。在驱动系统的机械结构设计中，选用扁平结构类的旋转变压器，可以减小轴向尺寸，从而实现紧凑型设计。典型车用旋转变压器产品结构如图 2-20 所示。

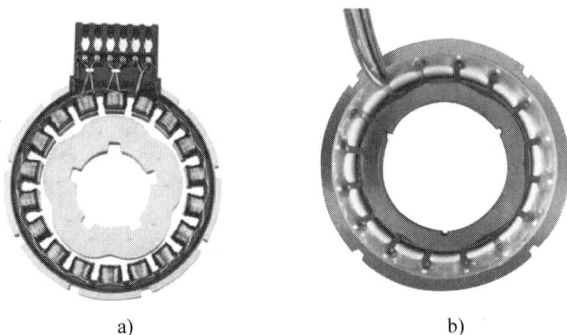

图 2-20　典型车用旋转变压器产品结构
a）高速电机旋转变压器　b）扁平式电机旋转变压器

2. 定转子分离结构

在新能源汽车驱动电机中，一般将旋转变压器设计成无机壳、无转轴的分离式结构，分成定子与转子两大件。定、转子直接固定在电机的结构件上，这样的设计会使整个电机的结构十分紧凑。但是对旋转变压器结构、尺寸以及与电机相配合的尺寸公差等都有严格要求，这样才能保证旋转变压器的使用精度。

3. 固定方式

旋转变压器的固定直接关系到定子、转子之间的相对位置，从而决定控制系统能否对电机进行精准控制。旋转变压器在固定时要同时考虑轴向、切向的固定及固定精度。旋转变压器定子常用的固定方式有压板式固定和腰形孔加螺栓固定等。旋转变压器转子采用螺母锁紧、滚花压装锁紧等。

4. 转子外圆形状

转子采用凸极的形状，类似花瓣状（图 2-20），构成有规律的不均匀气隙，突出气隙磁场的基波，削弱气隙磁场的高次谐波和恒定分量，使得输出信号严格按照正弦和余弦关系变化，从而保证旋转变压器的位置检测精度。技术上，利用有限元法对转子凸极的形状进行参数优化，优化转子外圆形状。这种转子结构简单、可靠性高，极限机械转速很容易达到 20000r/min，完全满足车用驱动电机的应用需求。

5. 引出线方式

1）甩线引出：旋转变压器下线完成后，直接与外部线束焊接，并以散线方式引出。这种方式制造设备投入最少，但是耗工时，一致性不易保证，且容易出现接线焊接不可靠问题。

2）接线柱引出：旋转变压器下线完成后，导线直接缠绕在定子接线柱上，并用专业焊接设备及工艺焊牢。这种方式制造设备投入较大，但产品一致性、可靠性都有很大提升。

2.5.1.3 典型产品及参数

当前国内主要的旋变供应商有上海赢双、华旋等；而国外供应商主要有日本多摩川、日本美蓓亚等。表2-19分别对国内及国外两款典型的52系列4对极旋转变压器的主要参数进行了对比。

表2-19 典型旋转变压器主要参数对比

主要参数	国内产品	国外产品
极对数	4	4
励磁电压 /V	7	7
励磁频率 /kHz	10	10
输出电压 /V	2±0.2	2±0.2
电气误差 /(′)	±30	±30
输入阻抗 /Ω	80±12	120±24
输出阻抗 /Ω	350±51	433±87
使用温度 /℃	−40~155	−40~150

2.5.2 磁编码器

2.5.2.1 基本类型

磁编码器是一种磁性原理检测位移的传感器。其运行原理是利用磁敏元件检测磁场变化，并以电信号形式输出。将充以N、S磁性的永磁体安装在旋转运动的物体中，产生随转动变化的磁场，置于变化磁场中的磁敏元件根据磁场变化，输出的电信号产生相应变化，通过信号处理电路，对变化量进行放大、处理，最终输出和角度有关的模拟信号或脉冲信号，达到位置检测的目的。通常采用的是磁阻元件和霍尔元件。

磁编码器通过磁敏元件检测位置，与旋转变压器相比，其体积较小；与光电编码器相比，它的抗冲击性强、对安装精度也无特殊要求。这里介绍的是绝对值式传感器，分辨率靠细分电路实现，而不是靠极对数。和旋转变压器一样，提高精度也要采用多对极，这时会使相应的体积加大，信号处理电路变复杂，需要时间加长，电机旋转速度受到限制。

磁编码器通过磁敏元件和霍尔芯片检测位置，体积较小且方便安装。按照信号采集器件和运行原理不同，磁编码器主要分为磁阻式和霍尔式。

1）磁阻式：基于磁敏电阻效应，磁感应强度工作范围为 10^{-4}~10^{-1}T。

2）霍尔式：基于霍尔效应，磁感应强度工作范围为 10^{-6}~1T。

磁编码器按照磁极数量可分为单对极磁编码器和多对极磁编码器。

（1）单对极磁编码器

采用单对极的磁鼓，难以实现较高的精度。其构成形式如图 2-21a 所示，一般进行轴向充磁，主磁场在轴向。此时，磁敏元件轴向放置。

（2）多对极磁编码器

和旋转变压器一样，可以采用多对极的编码器，以提高精度。多对极磁编码器磁鼓形式如图 2-21b 所示。一般进行径向充磁，形成径向磁场。因此，磁敏元件置于磁鼓的径向侧。

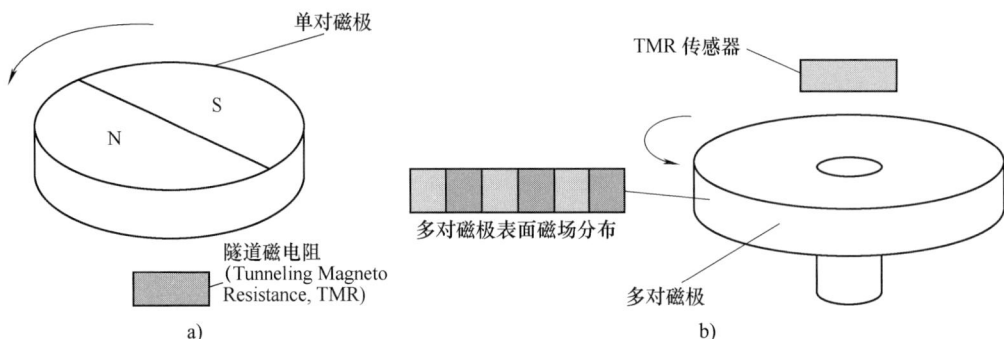

图 2-21　编码器的磁鼓形式
a）单对极磁编码器的磁鼓形式　b）多对极磁编码器的磁鼓形式

2.5.2.2　基本结构

磁编码器主要由磁鼓、磁敏元件和信号处理电路组成，工作原理如图 2-22 所示。磁鼓为等距均匀分布的小磁极，一般固定在电机的转轴上，随电机一起转动。转动时，磁鼓上磁极的磁场也随之转动。固定在电机定子上、置于这个变化磁场中的磁敏元件，根据电阻效应或霍尔效应将变化磁场信号转变为相应变化的电气信号、变化的电阻值或电压值。经过信号处理电路，模拟电压信号转变为控制器可识别的数字信号，实现磁编码器检测运动的编码功能[33]。

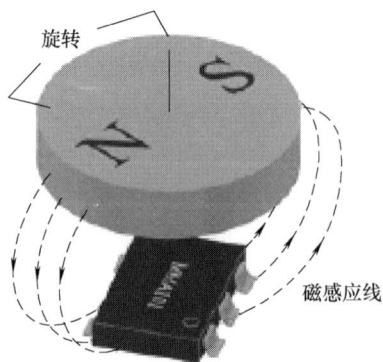

图 2-22　磁编码器工作原理

磁鼓充磁的目的是使磁鼓的磁极被磁化，当磁鼓随着电机旋转时，磁鼓能产生周期变化的空间磁场，作用于磁电阻之上，实现编码功能。磁鼓材料的各向一致性和稳定性、充磁工艺方法、磁极分布的均匀性、形成气隙磁场的正弦性、各磁极磁场强度及波形的一致性及稳定性，是影响磁编码器结构和输出信号质量的重要因素。

磁敏元件是磁编码器的核心部分，常用的有磁敏电阻、霍尔元件和巨磁电阻等。磁敏电阻由于其测量范围较广，结构形式更多，已广泛应用于汽车、航空等精密仪器中。而霍尔式磁编码器以其低廉的成本和可靠性高的特点，应用于工业自动化领域。

信号处理电路用来对磁敏元件产生的正弦信号进行调整，以保证 CPU 取样。目前，常用的信号处理方法有绝对式角度编码法、增量式角度编码法、标定查表法和反正切运算法等。

2.5.2.3　典型产品及参数

磁编码器正在不断地向微型高速、高精度和集成化方向发展。目前，国外知名磁编码器供应商的水平较高，其分辨率最高可以达到 1024 p/r（表示一个机械周期有 1024 个脉冲），通过软件补偿与电路细分等处理后，其分辨率可以达到 64000p/r，主要供应商有日本雅马哈（YAMAHA）、英国雷尼绍（Renishaw）、德国的 SENTRON（西门子旗下）、美国安华高（AVAGO）、北极星（NORTHSTAR）。我国如长春第一光学仪器厂、深圳华夏磁电子公司也推出了相应的磁编码器产品，在国内占有一定份额。

1. 基于 AS5147P 的磁编码位置检测

磁编码器可以感应磁场强度变化，使用一个两极磁铁，N 极和 S 极分别产生方向一正一负的磁场，并与电机转子同轴，在转子转动过程中磁铁随之转动，产生一个交变的正弦波磁场强度变化，这个变化会在磁铁旋转过程中不停地循环，一个周期（0°~360°）中，位置与磁场强度呈对应关系，当磁编码器根据感应到的磁场强度识别出磁铁在某一时刻的绝对位置，即能采集到电机转子位置信息时，通过 SPI、ABZ 或者 PWM 方式输出，经软硬件处理后便能得到准确的转子位置，用于电机控制。其基本的工作原理及使用方案如图 2-23 所示。

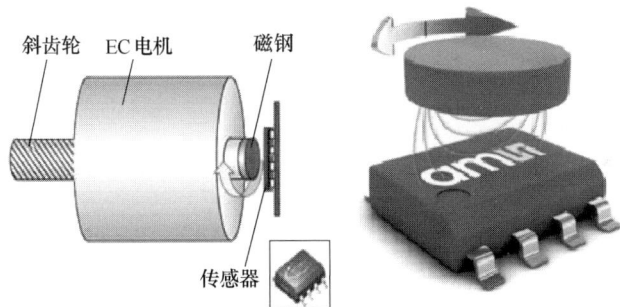

图 2-23　磁编码器工作原理及使用方案

目前市场有很多磁编码器可供选择，AMS 公司的 AS5147P 磁编码器（图 2-24）支持独立的 SPI、ABZ、UVW 及 PWM 信号输出，其中 SPI 可用作读取初始位置、故障信息获取和转速校验。AS5147P 具备动态角度误差补偿（DAEC），从硬件角度解决了系统传输延时问题；其测量精度高，可以测量最小 0.02° 电角度变化；使用温度范围满足 -40~125℃车规级要求；最高转速可达到 14500r/min，满足大多数电机使用工况；并且自带诊断功能，能够诊断磁场状态，并反馈响应故障信息，避免位置信息错误，同时能够监控寄存器状态，避免溢出故障。AS5147P 是一个双 DIE 的芯片，芯片自身带冗余监测机制，满足功能安全开发要求。

磁编码器与霍尔式传感器、光电编码器的对比结果见表 2-20。

磁编码器配合相关的屏蔽及软件校准等措施，可减小噪声干扰及安装误差等因素影响，保证系统可靠稳定工作。

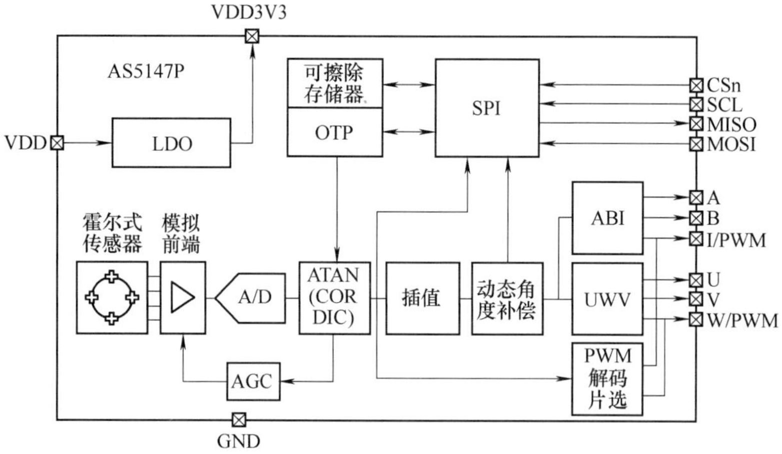

图 2-24　AS5147P 磁编码器原理框图

表 2-20　磁编码器与霍尔式传感器、光电编码器对比

类别	精度	成本	安装难度	寿命	信号类别
磁编码器	高	低	简单	长	连续绝对位置
霍尔式传感器	低	低	简单	短	离散绝对位置
光电编码器	高	高	较高	较长	相对位置

2. 巨磁阻位置检测方案

目前，巨磁阻方案已经逐渐被人们接受，其相较传统的位置检测方案——旋变而言，方案简洁、成本较低、转速精度范围广，适用于高转速电机系统。目前常用的可选磁阻方案主要有 AMR、GMR、TMR，其中英飞凌、阿尔卑斯等厂家都有较为成熟的解决方案，符合车规级要求，部分产品符合功能安全 ASIL-D 要求。其中 AMR 作为位置采样，具有灵敏度高、能探测到弱磁场且信号好、温度对器件性能影响小等优点，外界磁场强度过强并不会造成芯片的损坏，只是会影响检测精度。目前英飞凌的 TLE5309D 是双 DIE 设计，满足功能安全开发的冗余设计要求，其原理框图如图 2-25 所示。

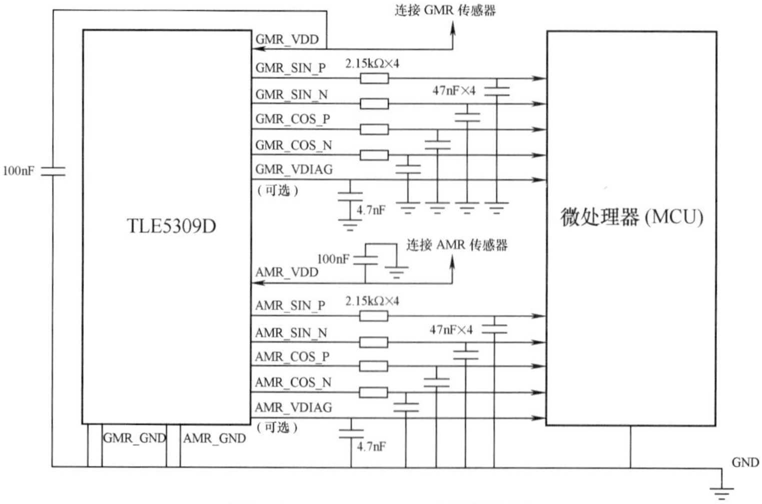

图 2-25　TLE5309D 原理框图

66

磁阻式位置传感器的使用条件和磁编码器方案类似，需要在电机转子上安装磁片用于产生对应转子角度变化的磁场信息，其应用结构如图 2-26 所示。

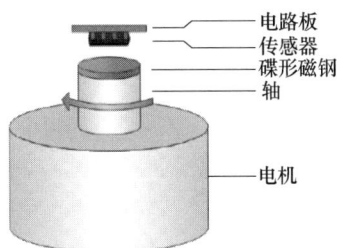

图 2-26　TLE5309D 应用结构

TLE5309D 是一颗双 DIE 的芯片，内部集成了一颗 GMR 传感器和一颗 AMR 传感器（图 2-27），重叠布置，其中 GMR 传感器支持 0°~360° 位置检测，AMR 传感器精度更高，支持 0°~180° 角度范围，需要 0°~360° 范围内翻转一次；最高能支持 30000r/min 转速范围，小于 9μs 的延迟，内置偏置及温度补偿电路，满足温度范围 −40~150℃ 使用要求；另外，它不需要外部信号激励，可以省去励磁部分电路成本，输出正弦及余弦信号送至 MCU，通过 ATAN 计算出转子角度。

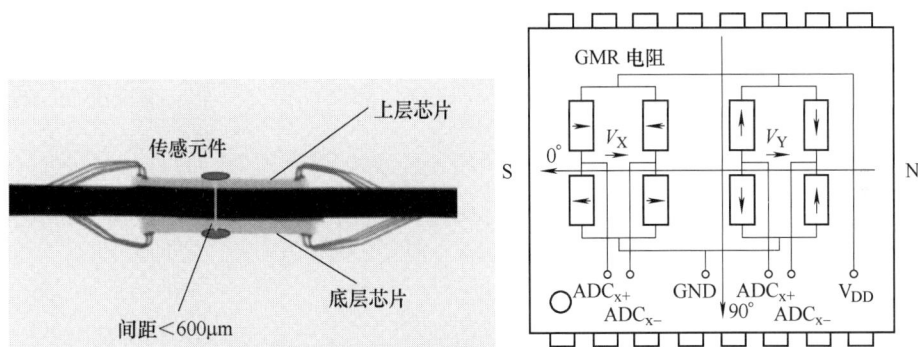

图 2-27　TLE5309D 示意图

在理想的应用工况下，AMR 传感器具备更高的检测精度，全角度范围内 GMR 传感器的检测误差为 0.6°~0.9°，AMR 传感器的检测误差 0.1°~0.5°。对于高转速范围、高转速精度要求的系统，可以用 AMR 传感器作为位置采样，GMR 传感器输出作为冗余校验，从而满足系统高性能的要求。

需要注意的是，当使用磁阻方案时，由于安装及电路的影响，不可避免地会带来很多误差，使用前需要进行软件补偿校验，同时对于安装也有一定的要求，详细的设计可以参考芯片手册及相关使用文档。

为避免外部磁场干扰，如果条件允许，对磁片及传感器进行屏蔽处理，可以保证可靠性及高精度。

参考文献

[1] NEUDORFER N. Hybrid Vehicles : Comparison of Electric Machines-Requirements on Magnetic Materials : International Workshop Magnetism and Metallurgy WMM，2006 [C].[s.l.] : [s.n.]，2006.

[2] YABUMOTO M，WAKISAKA T，KAIDO C. Improvement of Motor Core Performance by Practical Use and Developed Evaluation Technique for Electrical Steel : Proceedings of the 20th Annual Conference on Properties and Application of Magnetic Materials [C]. Chicago : IEEE，2001.

[3] XIE S，CHEN X，ZHANG P，et al. Development of Top High-Grade Non-Grain-Oriented Silicon Steels in Baosteel [J]. Baosteel Technical Research，2013，7（1）: 3-8.

[4] 何忠治，赵宇，罗海文 . 电工钢 [M]. 北京：冶金工业出版社，2012.

[5] 宝山钢铁股份有限公司 . 全工艺冷轧中频无取向电工钢带：Q/BQB 481—2018 [S]. 上海：宝山钢铁股份有限公司：2018.

[6] 张四方，沈振杰，李山桐，等 . 环境温度对无取向硅钢磁性能的影响 [J]. 电工材料，2018（4）: 16-18，24.

[7] 石文敏，刘静，杨光，等 . 温度对电动汽车驱动电机用无取向硅钢磁性能的影响研究：2016 国产高性能电工钢生产技术与应用研讨会论文集 [C]. 大连：中国金属学会电工钢分会，2016.

[8] 夏雪兰，王立涛，裴英豪，等 . 环境温度对高牌号无取向硅钢力学性能的影响 [J]. 金属功能材料，2017，24（4）: 50-53.

[9] 杜丽影，周桂峰，刘静，等 . 循环应力对高牌号无取向电工钢磁性能的影响 [J]. 武汉科技大学学报，2016，39（6）: 401-405.

[10] 黄力明，赵炘华，等 . 冲剪加工对冷轧硅钢片磁性能影响的试验研究 [J]. 中小型电机，2004，31（3）: 10-13.

[11] 柳超，邓飞，杨福平，等 . 压应力对新能源汽车电机无取向硅钢片磁性能的影响 [J]. 汽车工艺与材料，2016（2）: 40-44.

[12] KUROSAKI Y，MOGI H，FUJI H，et al. Importance of Punching and Work-ability in Non-oriented Electrical Steel Sheets[J]. Journal of Magnetism and Magnetic Materials，2008，320（20）: 2474-2480.

[13] 夏雪兰，王立涛，施立发，等 . 不同厚度无取向电工钢在不同频率下的磁性能研究 [J]. 安徽冶金，2014（4）: 10-11，18.

[14] 韩志磊 . 冲剪加工及退火工艺对硅钢组织和磁性能的影响研究 [D]. 武汉：华中科技大学，2014.

[15] 胡伯平，饶晓雷，王亦忠 . 稀土永磁材料：上册 [M]. 北京：冶金工业出版社，2017.

[16] UESTUENER K，KATTER M，RODEWALD W. Dependence of the Mean Grain Size and Coercivity of Sintered Nd-Fe-B Magnets on the Initial Powder Particle Size[J]. IEEE Trans Magn，2006（42）: 2897-2899.

[17] 周寿增，董清飞 . 超强永磁体：稀土铁系永磁材料 [M]. 2 版 . 北京：冶金工业出版社，

2004.

[18] KANEKO Y. Highest Performance of Nd-Fe-B Magnet over 55 MGOe[J]. IEEE Trans Magn，2000（36）：3275-3278.

[19] 全国电工合金标准化技术委员会，电动汽车驱动电机用永磁材料技术要求，GB/T 38090—2019. 北京：中国标准出版社，2019.

[20] SEPEHRI-AMIN H，et al. Microstructure of Fine-Grained Nd-Fe-B Sintered Magnets with High Coercivity[J]. Scripta Materialia，2011（65）：396-399.

[21] 全国稀土标准化技术委员会. 烧结钕铁硼永磁材料：GB/T 13560—2017[S]. 北京：中国标准出版社，2017.

[22] 周寿增，董清飞，高学绪. 烧结钕铁硼稀土永磁材料与技术 [M]. 北京：冶金工业出版社，2011.

[23] 闫阿儒，刘壮，郭帅，等. 稀土永磁材料的最新研究进展 [J]. 金属功能材料，2017，24（5）：5-16.

[24] 董生智，李卫. 稀土永磁材料的应用技术 [J]. 金属功能材料，2018，25（4）：1-7.

[25] 全国电线电缆标准化技术委员会. 漆包圆线绕组：第 1 部分 一般规定：GB/T 6109.1—2008[S]. 北京：中国标准出版社，2008.

[26] 全国电线电缆标准化技术委员会. 漆包铜扁绕组线：第 1 部分 一般规定：GB/T 7095.1—2008[S]. 北京：中国标准出版社，2008.

[27] 全国绝缘材料标准化委员会. 电气绝缘用树脂基活性复合物：第 2 部分 试验方法：GB/T 15022.2—2017 [S]. 北京：中国标准出版社，2017.

[28] 全国绝缘材料标准化委员会. 电气绝缘用漆：第 2 部分 试验方法：GB/T 1981.2—2009[S]. 北京：中国标准出版社，2009.

[29] 韩晋军. 新能源汽车轴承设计研究 [J]. 中国高新科技,2018（14）：25-27.

[30] 全国滚动轴承标准化技术委员会. 滚动轴承 寿命与可靠性试验及评定：GB/T24607—2009[S]. 北京：中国标准出版社，2009.

[31] 聂帅，张春林，张宇，等. 汽车轴承的疲劳耐久分析与研究 [J]. 北京汽车，2019（3）：21-24，39.

[32] 汪贵行，汪学慧. 驱动电机旋转变压器的工作详解 [J]. 汽车维修与保养，2019（2）：67-69.

[33] 唐翔，南林，张少博. 一种高精度磁编码器在电动伺服系统中的应用 [J]. 工业控制计算机，2017，30（11）：28-29.

第2章

第3章 永磁同步电机

3.1 概述

永磁同步电机（Permanent Magnet Synchronous Motor，PMSM）因具有高功率密度、轻量化、高效率等特点，成为电动汽车主要应用的驱动电机类型。根据输入电机接线端的交流电压波形，交流永磁电机可分为永磁无刷直流电机和永磁同步电机。无刷直流电机输入的是交流方波，采用离散转子位置反馈信号控制电机换相；而永磁同步电机输入的是交流正弦波或近似正弦波，采用连续转子位置反馈信号进行控制。对于电动汽车驱动电机的应用，通过理论分析对比[1]，可知永磁同步电机在调速范围、转矩脉动、控制精度等方面明显优于无刷直流电机。

永磁同步电机的定子结构与常规电励磁交流电机相似，但转子结构不同。永磁同步电机的转子由铁心与永磁体组成，根据永磁体在转子上安置的位置不同，可形成多种转子结构。就其整体而言，分为表面式永磁（Surface-mounted Permanent Magnet，SPM）转子和内置式永磁（Interior Permanent Magnet，IPM）转子结构两大类。

SPM 转子结构如图 3-1 所示。该结构电机的特点是[3]：

1）交直轴磁路基本对称，凸极率 $\rho = L_q/L_d = 1$（L_q、L_d 分别为交轴和直轴电感），它是一种典型的隐极电机，无凸极效应和磁阻转矩。

2）交直轴磁路的等效气隙都很大，电枢反应比较小。

3）该类电机用作牵引电机时，动态响应快，转矩脉动小，但弱磁能力较差，其恒功率弱磁运行范围通常都比较小。

因此，这类 SPM 电机适合用作汽车的电子伺服驱动电机。

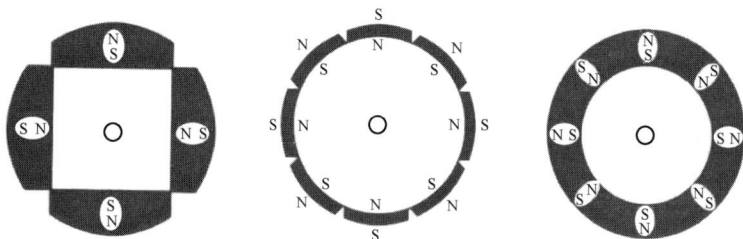

图 3-1　几种典型的 SPM 转子结构

IPM 转子结构的永磁体置于转子铁心内部，典型的 IPM 转子结构如图 3-2 所示。该结构电机的特点如下：

1）转子交直轴磁路不对称，电机凸极率 $\rho = L_q/L_d > 1$，电磁转矩由永磁转矩和磁阻转矩共同产生。因此，IPM 电机也称为永磁磁阻电机。

2）磁阻转矩提高了电机的过载能力，而且易于弱磁扩速，扩大了电机的恒功率运行范围。

图 3-2　几种典型的 IPM 转子结构

永磁电机不同转子结构凸极率的比较如图 3-3 所示。

如图 3-3 所示，SPM 电机的凸极率最小，其次是表面插入式（Insert）转子电机的凸极率。IPM 电机转子的结构设计灵活多样，可适用于不同的弱磁控制和恒功率运行范围的要求。其中，单层（Single-Layer）磁钢结构的 IPM 电机应用广泛，电机的凸极率 ρ 可以达到 3 左右；双层（Double-layer）磁钢和三层（Three-Layer）磁钢结构的 IPM 电机的凸极率 ρ 可达到 10~12；三层磁钢以上的 IPM 电机采用轴向叠片（Axially-Laminated）结

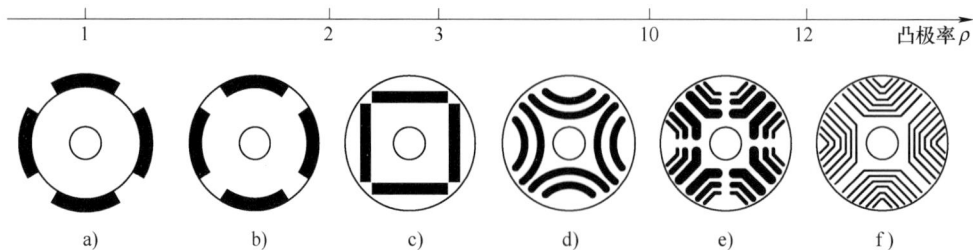

图 3-3　永磁电机不同转子结构凸极率的比较

a）SPM　b）表面插入式转子　c）单层磁钢结构　d）双层磁钢结构　e）三层磁钢结构　f）轴向叠片

构,凸极率 ρ 可达到 12 以上。由此可见,转子采用多层磁钢结构,可以显著提高电机的凸极率[2]。但是,其缺点是结构和制造工艺复杂,制造成本也高。

本章以车用永磁同步电机为分析对象,详细介绍永磁同步电机的基本结构及调速特性。同时,从电动汽车应用需求出发,采用现代永磁电机的多领域集成、多层面设计方法进行永磁同步电机样机的设计。

3.2　主要结构及零部件

3.2.1　基本结构

永磁同步电机主要由定子(总成)、转子(总成)、机壳、端盖、轴、旋变组件等主要零部件组成,如图 3-4 所示。定子与普通交流电机基本相同,由电枢铁心和电枢绕组构成。电枢铁心采用叠片结构以减小电机运行时的铁耗;电枢绕组可以采用集中绕组或分布短距绕组;对于极数较多的电机,还可以采用分数槽绕组。

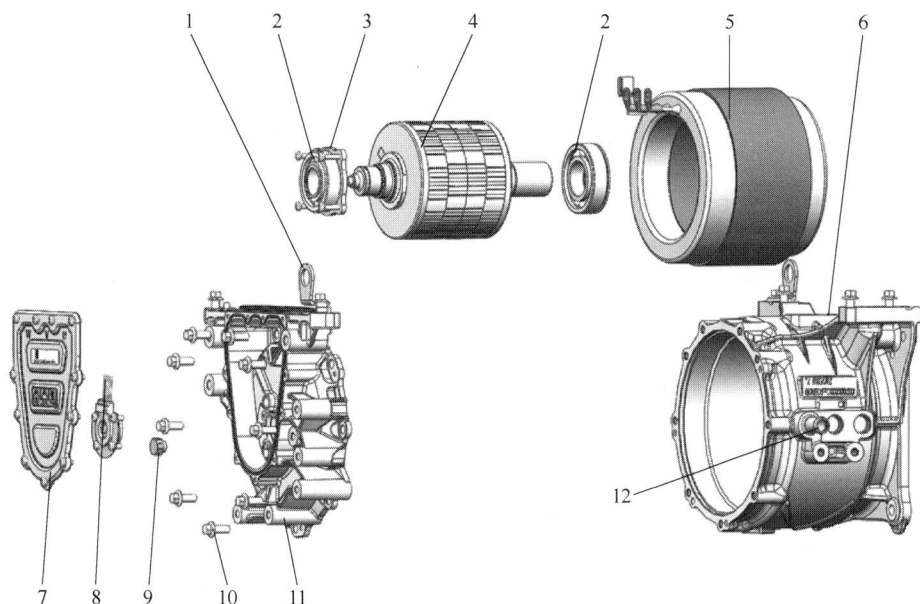

图 3-4　永磁同步电机结构示意图

1—起吊环　2—轴承　3—轴承压板　4—转子　5—定子　6—机壳　7—旋变盖板
8—旋变组件　9—呼吸器　10—螺栓　11—端盖　12—水嘴

机壳通常采用液冷结构,对电机进行冷却。转子主要由永磁体、转子铁心和转轴构成。转子结构的选择要兼顾低速恒转矩区域的出力和高速恒功率区域的弱磁扩速性能,尽量提高直轴电枢反应电感和凸极率,增大弱磁能力和磁阻转矩分量,提高电机与逆变器容量的利用率。同时,还要避免转子中永磁体的不可逆退磁;确保转子有足够的机械强度,以保证电机在最高转速下能安全可靠运行。

与交流异步电机相比，永磁同步电机还必须装有绝对位置传感器，用来检测转子位置，并以此对电枢电流进行控制，从而控制永磁同步电机。

3.2.2 定子总成

3.2.2.1 铁心

永磁同步电机的铁心包括定子铁心、转子铁心两部分，二者及其之间的气隙一起构成电磁回路。在永磁同步电机运行时，定子铁心中的磁场是交变的，因此会产生铁损。为了减小铁损，永磁同步电机铁心采用磁导率较大、磁滞回线面积较小的硅钢片，经剪裁、冲制、叠压而成。对于新能源车用电机来说，对硅钢片的要求相比传统工业用电机要高得多，而新能源车用电机在设计时主要有以下特点[4]：

1）低速大转矩、高速恒功率：为了应对此种工况，硅钢材料应具有较大的磁感应强度、磁导率和较低的铁损。

2）转速范围宽、频繁起停：与常规工业用电机只工作在一个工况不同，车用电机要兼顾高速及城市道路，需要硅钢材料具有较高的抗拉与屈服强度。

3）低振动噪声：需要硅钢材料具有良好的力学性能。

4）环境恶劣、温度变化大：需要硅钢材料有较大的热导率和较高的热稳定性。

目前新能源车用电机主要采用 0.25mm、0.27mm、0.3mm 及 0.35mm 厚的硅钢片，部分驱动电机采用 0.2mm 冲片，以进一步降低铁耗。

铁心制造工艺主要包括硅钢片冲制工艺和铁心叠压工艺，主要设备有剪床、冲床和液压机等。剪床用来将硅钢片来料剪裁成方料或者条料；冲床用来进行冲模的安装，对定、转子冲片进行冲制；液压机用来进行铁心的压装。表 3-1 给出了典型冲片冲制方式对比。

表 3-1　典型冲片冲制方式对比

冲制方式	定义	优点	缺点
单冲	每次冲出一个连续的，最多一个断口的轮廓线，如一个定子槽、定位键槽等，主要用于单件生产、小批生产，对冲片尺寸精度要求不高	冲模结构简单，易于制造，制造成本低，冲床的吨位要求小	定子冲片是多次冲制而成的，因此有冲片内外圆同心度误差、槽分度误差，生产效率不高
复冲	每次冲出几个连续的轮廓线，如定子槽一次冲制，主要用小批量生产、批量生产	劳动生产率高，冲片尺寸精度较高	模具制造比较复杂，工时多，制造成本高，冲床吨位要求高
级进冲	将几个单冲模或复冲模组合起来，按照同一距离排列成直线，应用于小型及微型电机批量生产	劳动生产率较高，冲制精度高	模具制造比较困难，模具成本高，冲床吨位较大，工作台长

铁心压装主要有压力、铁心长度和铁心重量三个需要精确控制的工艺参数。在铁心长度一定时，压力越大，叠压的冲片数越多，这样电机的有效长度就会提高，电机工作时铁心磁通密度会变小、铁耗减小，有利于提高电机效率与降低绕组温升。但压力过大会破坏电机冲片的绝缘，铁耗反而增加。故一般是以铁心重量为主控量，适当调整压力。除传统将铁心叠片、焊接外，级进冲可以采用在铁心上增加叠铆搭扣的结构，在冲片上冲出 V 形的小凹槽，后一片 V 形凸起铆搭在前一片的凹槽里，使铁心压合成型（图 3-5），这种方式可以使用一套设备完成冲制与叠压，省去了焊接等工序，节约工时，提高生产效率。

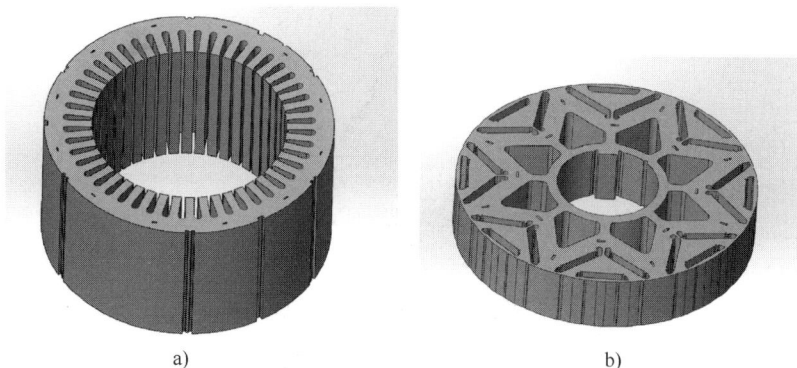

图 3-5　高速冲压自动扣片定子与转子铁心

a）定子铁心　b）分段转子铁心（一台电机分 4~6 段）

冲制完成后的叠压需要注意以下几点：

1）定子铁心长度大于允许值，会使铁心有效长度变长，增大电机漏抗。

2）定子铁心齿部弹开大于允许值，会使铁心有效长度变长，增大电机漏抗。

3）若出现定子毛刺过大、硅钢片薄厚不一致、冲片有锈蚀、液压机压力不够等问题，会导致定子铁心等效有效长度减小，使得电机出力变小，性能降低。

4）定子铁心不整齐使得定子铁心外圆与机壳内圆接触不紧密，使等效间隙过大，影响电机温升。

设计人员应根据电机开发过程中的需求情况，选择合适的冲制方式完成冲制，再经过叠压工序形成最终的铁心。在叠压工序中，应保证定子铁心压装有一定的紧密度、精准度和牢固性。

3.2.2.2　绕组

绕组是电机的关键部件。绕组的制造质量对电机的性能、寿命及可靠性等有着重要的影响，而绕组的设计、制作、嵌装以及绝缘工艺等都是影响绕组质量的关键因素。

随着新能源汽车标准的逐步提高，人们对新能源汽车的续驶里程也提出了更高的要求。这就要求电机能在效率指标上有进一步提升[5]。一般电机中对效率有影响的主要是铜耗和铁耗，特别是低速大转矩工况下铜耗的比例大，合理地进行绕组设计可以有效地减少铜耗，提升电机的效率，同时也会降低电机的温升，并且可以减小电机体积，降低电机重量，提高功率密度；如果绕组选择合适，还可以改善电机绕组的正弦性，降低定子的谐波含量，因此绕组的设计是电机设计过程中极为重要的一步。

传统电机绕组主要有软绕组和硬绕组两类。一般中小型电机中使用软绕组较多，即一般的散嵌绕组，而硬绕组主要用在大型发电机中。目前，车用永磁同步电机绕组仍然以散嵌圆铜线绕组为主，有些电机中逐步开始使用扁线绕组来代替圆铜线绕组。

1. 短距分布绕组与分数槽集中绕组

分布绕组与集中绕组在直观观测上通常表现为绕制形式不同，而除工艺方式的不同外，其谐波含量的差异也导致了其使用在不同的电机中。

为直接了解谐波和绕组系数的关系，对其进行简化，可以表述为式（3-1）。

$$F_{\phi v} = \frac{2\sqrt{2}}{\pi v} \frac{NI}{p} k_{qv} k_{yv} \qquad (3\text{-}1)$$

式中　v——谐波次数，$v=1$ 代表基波；

　　　$F_{\phi v}$——相绕组磁动势谐波幅值；

　　　N——相绕组串联匝数；

　　　I——相绕组电流辐值；

　　　p——极对数；

　　　k_{qv}——谐波绕组分布系数；

　　　k_{yv}——谐波绕组短距系数。

从式（3-1）中可以看出，相绕组磁动势的谐波幅值 $F_{\phi v}$ 和谐波绕组分布系数 k_{qv}、谐波绕组短距系数 k_{yv} 成正比，而与谐波次数 v 成反比。为进一步分析绕组系数，将绕组系数 k_{wv} 简化为绕组分布系数 k_{qv} 和绕组短距系数 k_{yv} 的乘积，如式（3-2）所示。

$$k_{wv} = k_{qv} k_{yv} \qquad (3\text{-}2)$$

谐波绕组分布系数和谐波绕组短距系数分别如式（3-3）和式（3-4）所示。

$$k_{qv} = \frac{\sin\left(\frac{1}{2} b v \theta_a\right)}{b \sin\left(\frac{1}{2} v \theta_a\right)} \qquad (3\text{-}3)$$

式中　b——每极每相槽数；

　　　θ_a——相邻两槽电角度。

$$k_{yv} = \sin v(90° \times y_1 / \tau) \qquad (3\text{-}4)$$

式中　y_1——节距；

　　　τ——极距。

以永磁同步电机经典的 48 槽 8 极电机为例，电机槽数为 $Z=48$，极数为 $2p=8$；相数为 $m=3$，则每极每相槽数 $b=Z/(2pm)=2$；则相邻两槽电角度为

$$\theta_a = p \times 360° / Z = 30° \qquad (3\text{-}5)$$

则计算出来的绕组系数如表 3-2 和图 3-6 所示，绕组系数越大，代表绕组产生的磁动势利用越高。永磁同步电机中的磁场为周期对称的旋转磁场，故可以不考虑偶数次谐波。从表 3-2 中可以看出，为削弱 5、7 次谐波，节距常采用 5（短距更有利于减少端部高度和漏感）。

表 3-2　绕组系数

绕组系数		基波	谐波			
		1	3	5	7	9
节距	1	0.25	0.50	0.25	0.25	0.50
	2	0.48	0.71	0.13	0.13	−0.71
	3	0.68	0.50	−0.18	0.18	0.50
	4	0.84	0.00	−0.22	0.22	0.00
	5	0.93	−0.50	0.07	0.07	−0.50
	6	0.97	−0.71	0.26	−0.26	0.71
	7	0.93	−0.50	0.07	0.07	−0.50
	8	0.84	0.00	−0.22	0.22	0.00

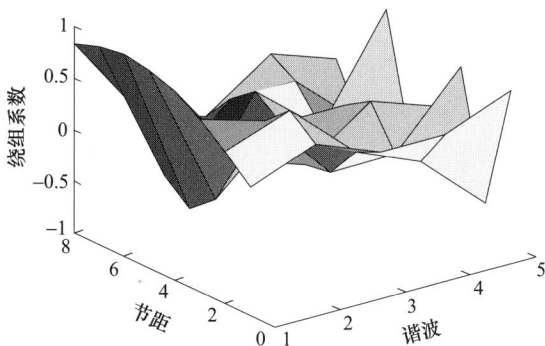

图 3-6　绕组系数

（1）分数槽集中式绕组

分数槽集中式绕组是将线圈缠绕在定子齿上，其绕制方法比较简单，可以利用绕线机进行批量化生产以降低成本。

与分布式绕组相比较，集中式绕组具有以下特点：

1）由于集中式绕组一个齿一个线圈，所以集中式绕组的绕组端部较短。

2）因为有较少的定子槽，所以嵌线简单、生产效率高。

3）与整数槽绕组相比，集中式绕组的绕组系数小。

4）由于其极数和槽数相近，绕组分布不是正弦的，其定子磁动势中谐波成分高，转矩脉动和径向力谐波较大，对整车噪声与振动（NVH）性能影响较大。

对于集中式绕组，常用的单元电机极槽配合有 3 槽 2 极、9 槽 8 极，应用到车用电机，有 12 槽 8 极、30 槽 20 极、54 槽 48 极等，图 3-7a 所示为 12 槽 8 极绕组展开图，图 3-7b 所示为 12 槽 8 极绕组定子样机。

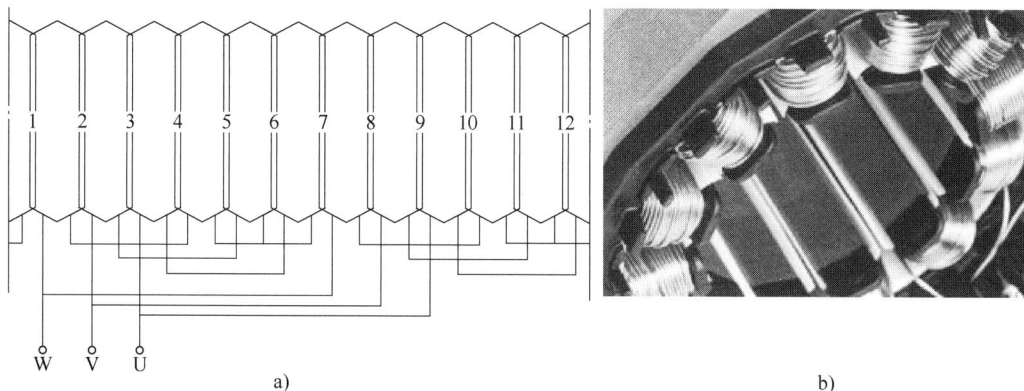

图 3-7　集中式绕组展开图和定子样机

a）12 槽 8 极绕组展开图　b）12 槽 8 极绕组定子样机

集中式绕组适用于轴向尺寸要求苛刻的场合，如布置于发动机与变速器之间，较为典型的应用有本田（Honda）的运动型混动电机和大众桑塔纳 P2 插电式混合动力系统，如图 3-8 所示。

（2）分布式绕组

采用分布式绕组可以削弱谐波电动势，每极每相槽数越多，改善波形效果越好；同时，在采用双层叠绕组短距时，可以使得气隙磁场和电动势的谐波降低，且能节省端部铜线的用量。由于分布式绕组具有较好的电气性能，所以在车用电机上使用较为广泛。通常高速驱动电机采用分布式绕组。

图 3-8　集中式绕组构型电机

a）Honda 的运动型混动电机　b）大众桑塔纳 P2 电机

1—骨架　2—机壳　3—绕组　4—进油孔　5—温度传感器　6—出油孔

分布式绕组的每个磁极由一个或几个线圈按照一定的规律嵌线组成线圈组，通电后可以形成不同极性的磁极。

分布式绕组制造工艺复杂，成本较高，但是其绕组系数高；且齿槽转矩小、转矩脉动较集中式绕组低，逐渐成为电动汽车主驱动电机的主流设计方式。

车用驱动电机多采用 48 槽 8 极的结构，根据不同厂家的工艺情况，有使用单层绕组、双层绕组两个方向。对于单层绕组来说，属于整距绕组，没有采用短距的形式导致其绕组磁场谐波含量较双层绕组大，转矩脉动与 NVH 略高，需要通过转子磁极的设计来降低转矩脉动。图 3-9a 所示为 48 槽 8 极双层绕组展开图，图 3-9b 所示为 48 槽 8 极双层绕组定子样机。

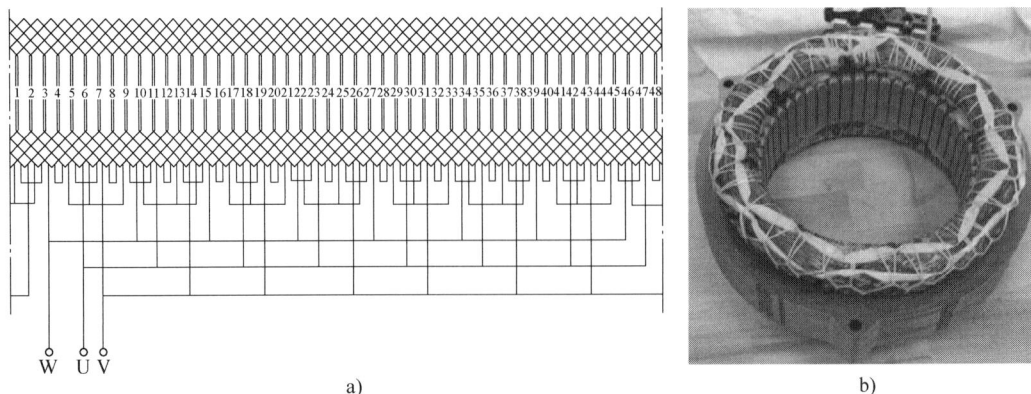

图 3-9　典型分布式绕组展开图及定子样机

a）48 槽 8 极双层绕组展开图　b）48 槽 8 极双层绕组定子样机

典型的分布式绕组定子如丰田普锐斯（Pruis）THS 系统的驱动电机，从第一代至第四代均采用分布式绕组，通过电机的高速化，实现了功率密度的不断提升。

丰田历代驱动电机如图 3-10 所示。从图 3-10 中可以看出，Prius 从第一代到第四代均采用 48 槽 8 极电机，其中第一代到第三代为圆铜线绕组，第四代为扁铜线绕组。而凯美瑞（Camry）电机同 Prius 第三代电机一样，为圆铜线电机。但无论绕组如何变化，为了高性能的延续，均采用分布式绕组。

Prius2002 6000r/min	Prius2004 6000r/min	Camry2007 14000r/min	Prius2010 13500r/min	Prius2017 17000r/min

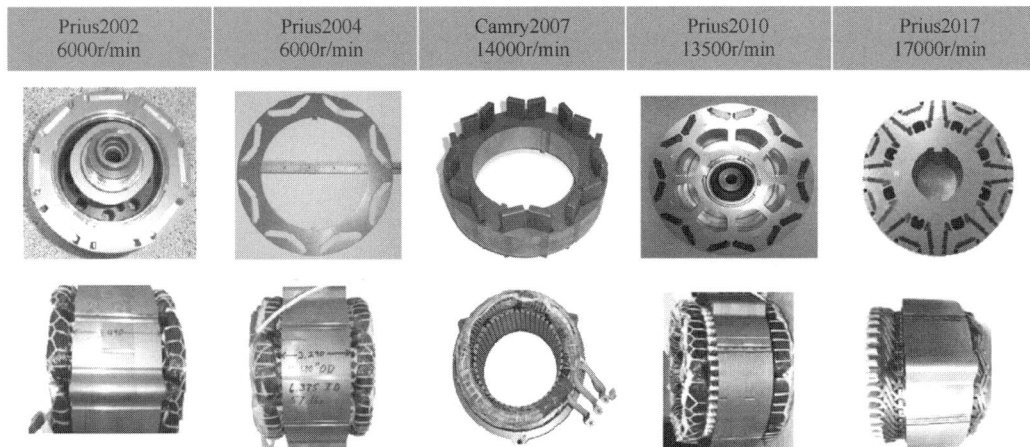

图 3-10　丰田历代驱动电机

2. 圆线绕组与扁线绕组

（1）圆线绕组

圆线绕组的加工工艺相对来说比较简单。圆线绕组的匝数便于调节。在下线之前，绕组的线圈一般需要用特定尺寸的绕线模提前绕制而成，在绕制过程中可以根据不同的需要来调节线圈的匝数。绕制完成以后，需要先在槽内放入绝缘，然后通过人工或者机器下线的方式嵌入定子铁心的槽内，如果是双层绕组，则需要另外放入层间绝缘。定子下线完之后，还需要进行绝缘处理（即通常所说的绕组浸漆）以及烘干等过程。相对于扁导线绕组来说，圆导线绕组涉及的模具相对少一些。典型圆导线定子绕组如图 3-11 所示。

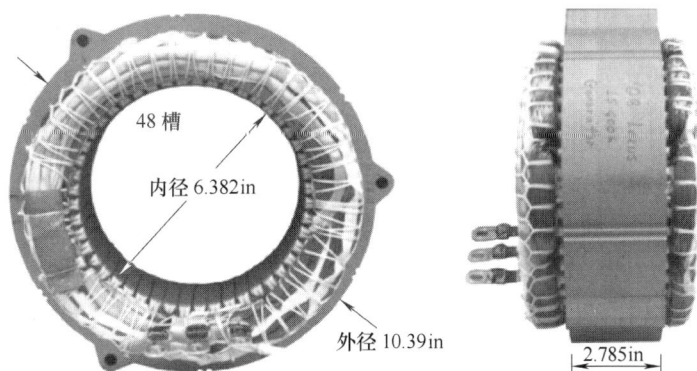

48 槽

内径 6.382in

外径 10.39in

2.785in

图 3-11　典型圆导线定子绕组

圆线绕组虽然有着许多优点，但也有一些的不足之处。分布式圆线绕组的端部尺寸一般较大，用铜量较多，发热严重，所以一般使用圆线绕组时，设计人员也会考虑端部尺寸和用铜量的设计。另外，圆线绕组的槽满率还受到槽型尺寸的限制，如果设计不合理，会使得槽满率较低，严重时会影响电机的温升。

（2）扁线绕组

扁线绕组是一种硬绕组。与圆线绕组相比，由于扁线绕组下线前形状已经成型，而且不会轻易变形，所以扁线绕组的端部可以做到规则且短，既节省了端部的用铜量又减小了电阻，同时规则的排列又有利于端部绕组的散热。由于是成型绕组，所以在槽内接触紧密，和铁心接触良好，能够充分进行散热。另外，由于接触面积大，可以使得槽满率做得很高，充分利用了槽内部的空间，所以其直流电阻相对要小很多，铜耗要比圆线绕组要小，效率相对就高。由于扁线绕组的线径较大，又考虑到趋肤效应和临近效应对绕组的影响，所以高速温升及效率会偏差。

扁线绕组可以弥补圆线绕组槽满率低的不足之处，但扁线绕组的制造过程较为复杂。扁线绕组在放入槽内之前要先进行成型，不同线型成型需要不同的特定模具，一般要通过绝缘处理、成型、扭转、焊接等多道工艺过程（图3-12）。与圆线绕组相比较，工艺相对复杂。

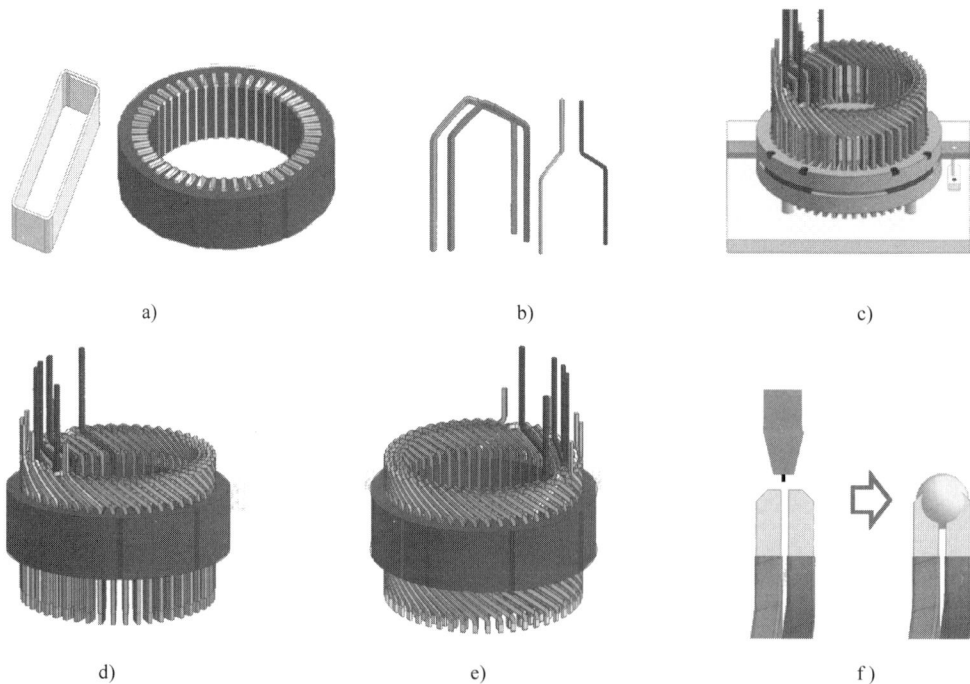

图 3-12　扁线绕组工艺

a）插绝缘纸　b）扁线折弯　c）导线成型　d）线圈插入铁心　e）线圈扭转　f）端部焊接

扁线绕组嵌线方式一般分为两种：一种是径向嵌线，另一种是轴向嵌线，如图3-13所示。两种方式各有其优缺点。其中，径向嵌线绕组的最大优点是绕组可以在嵌线前完成成型，然后整体径向推进槽内，端部没有焊点，省去了焊接及粘粉过程；但缺点是必须采用开口槽，使得齿槽谐波增加，性能比半闭口槽差。轴向嵌线绕组就是单发卡绕组，一般多采用半闭口槽型。这种绕组需要先插入发卡，再用扭弯设备将开口的一端扭弯成形，然后进行端部焊接，焊点需要进行粘粉绝缘处理。

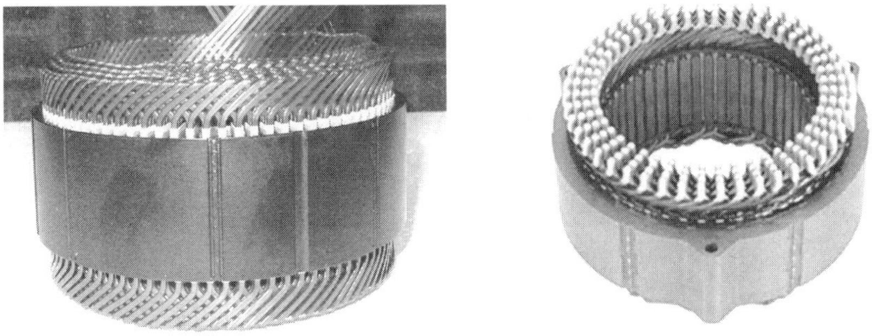

a)   b)

图 3-13　典型的扁线电机定子绕组

a）径向嵌线定子　b）轴向嵌线定子

扁线绕组的典型应用有雷米电机为通用汽车多模混合动力系统配套的双电机系统，如图 3-14 所示。

图 3-14　双电机系统

3.2.3　转子总成

3.2.3.1　永磁转子设计主要参数

新能源汽车电机以内嵌式转子为典型结构（图 3-15），目前车用内嵌式永磁同步电机使用的主流磁钢形式是"V"形磁极，整车对驱动电机在 NVH、小型化、高速化等方面的要求不断提升，"V+1"形、双"V"形磁极结构正逐步应用。

永磁转子的主要设计指标包括：

（1）永磁体用量

永磁体用量是电机成本中重要的一部分，现代车用永磁同步电机一般选择高剩磁的钕铁硼磁钢，而不同转子结构形式的永磁体单位重量下的输出转矩也不相同，根据图 3-16，由于磁阻转矩的比例不同，在产生相同的输出转矩时，常用的"V"形和正逐步应用"V+1"形转子结构的永磁体用量最少。

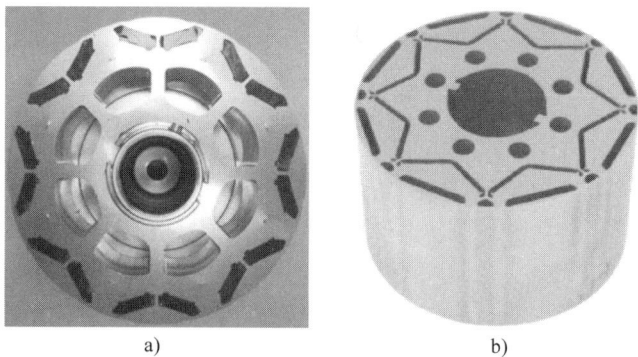

图 3-15　典型内嵌式转子形式
a）"V"形转子　b）"V+1"形转子

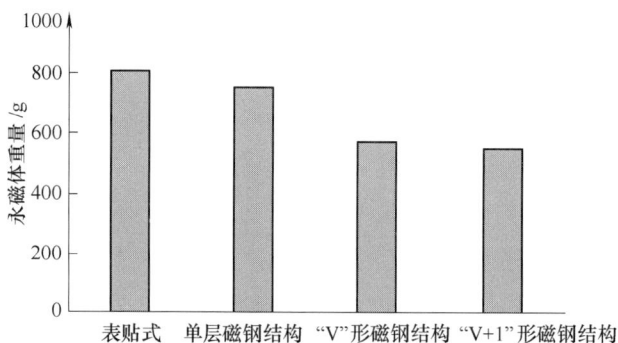

图 3-16　单位输出转矩下不同转子结构的永磁体用量

（2）空载反电动势

空载反电动势表征了永磁体产生的励磁磁场在空间中的分布，永磁体励磁磁场应尽量保证正弦分布，即削弱空载反电动势谐波。如图 3-17 所示，"V+1"形转子结构的空载反电动势具有更高的正弦性，其空间磁场谐波更少。

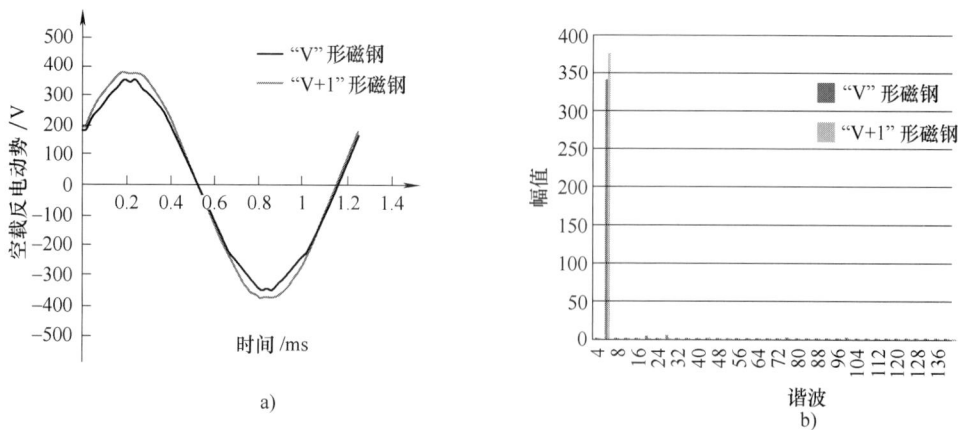

图 3-17　"V"形与"V+1"形转子结构的空载反电动势波形
a）空载反电动势对比　b）傅里叶分解

（3）转矩脉动

转矩脉动主要由两部分组成，即齿槽转矩和纹波转矩。合理的转子结构及永磁体设计可有效降低气隙磁通密度谐波并削弱转矩脉动。

（4）直轴和交轴电感

由于磁路结构不同，不同转子结构的直轴（d 轴）和交轴（q 轴）电感不同，凸极率也因此不同，从而影响电机的弱磁调速能力和恒功率运行范围。一般来说，"V+1"形和双"V"形转子结构可以通过合理设计，获得更高的凸极率，从而得到更宽的恒功率范围。

通过调整不同的转子结构形式，可以获得不同的凸极率，进而满足不同弱磁控制以及高速运行范围的要求。如前所述，目前实际应用中以"V"形为主，"V+1"形、双"V"形磁极正逐步应用，但最多只局限于双层磁钢，以电磁角度而言，可以提高转子磁钢的层数、使用轴向叠片结构进一步提升凸极率，增加磁阻转矩占比，但其缺点也比较明显，即高速结构强度设计要求高、制作工艺复杂。

3.2.3.2　永磁转子制造工艺

永磁同步电机的转子冲片是与定子一起冲制的。冲制出的转子冲片分为两种状态：散片状态和铁心状态。

对于散片状态的转子冲片，先在转子轴上叠压冲片，每叠完一段后插入对应数量的磁钢并压平，最后依次叠压剩余的段数。对于铁心状态的转子冲片，先直接把一段铁心压入转子轴中，然后插入对应数量的磁钢并压平，最后依次叠压剩余的段数。

散片状态的转子冲片优点是不要求冲片模具带有自扣能力，模具成本低，适用于样机打样；但同时，转子线上叠压占用大量的工时，批量一致性差。

铁心状态正好可以克服散片状态的不足，转子线上叠压时间少，批量一致性好，前提是冲片模具投入成本高。

转子铁心插入的磁钢可以分成有磁性磁钢和无磁性磁钢。

有磁性磁钢在电机装配过程省去了充磁设备，但磁钢装配时必须满足极性要求，并且磁钢会不同程度地高出转子铁心，需要用胶水等辅助固定，增加了叠压的工时。

无磁性磁钢节约了磁钢厂家的包装成本（不需按极性排布，省去了充磁环节），磁钢安装更加简单（磁钢插入时不用区别极性），缩短了叠压的工时；但转子叠压后需要增加转子整个充磁的工序，即增加了电机生产线的设备投入。

磁钢与转子磁钢槽之间采用间隙配合，如果二者之间没有固定，那么会因转子旋转产生的离心力发生位移，甚至可以发生冲击。因此需要固定二者，最常用的固定方式是环氧浇注、注塑和粘胶等。

环氧浇注的设备投入简单，设备成本低，浇灌工装具有通用性；不足是固化时间长，生产节拍慢，对环境有一定的要求。

注塑和粘胶的固化时间短，生产节拍快，适用于大批量生产；不足是设备投入大，模具通用性不强。

由于车用永磁同步电机通常采用具有高矫顽力的永磁材料，故在将磁钢嵌入转子铁心的工作中，要保证以下条件：

1）在磁钢与转子铁心的装配过程中，应使用合理的工装夹具来保证装配的准确性，以防安装出现偏差进而产生危险。

2）应对磁钢来料的正负极进行检验，并保证磁钢来料磁通一致性符合设计要求。

3）制作转子的工位附近不应留存太多铁磁材料，以防转子磁性对工人带来危险。

4）在转子铁心与磁钢装配后，应使用磁性探测片对磁钢磁性进行检测，谨防出现磁钢装配错误、同一磁钢槽内磁性相反的情况。

5）装配完磁钢的转子要使用专用工装放置，转子间要保持一定的距离。

设计人员在进行设计时，除考虑电机性能外，还应考虑项目的开发进度，选择合适的转子制作方法并设计相应的工装夹具，准备合适的检测手段，综合取舍。

3.2.4　冷却结构

永磁同步电机具有功率密度高的特点，高功率密度往往伴随着高温升，从而使得永磁同步电机的温升成为提高整车动力性能的主要制约因素之一。较高的温升直接影响永磁同步电机运行的可靠性、运行性能、效率和使用寿命，故永磁同步电机需采用冷却方式进行降温[6]。目前，永磁同步电机的冷却方式有水冷和油冷两种形式，下面分别介绍。

3.2.4.1　水冷形式

永磁同步电机冷却水道大致有三种结构，分别是螺旋式结构、圆周式结构和轴向式结构，如图 3-18 所示。

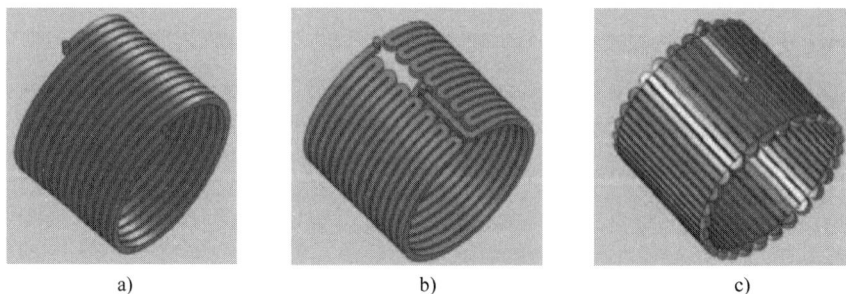

a)　　　　　　　　　b)　　　　　　　　　c)

图 3-18　电机冷却水道结构示意图
a）螺旋式结构　b）圆周式结构　c）轴向式结构

图 3-18 中，螺旋式水道水阻最小，冷却换热效果较好，但整体铸造时难度较大；圆周式水道采用轴向清砂办法可以降低铸造难度，水阻和冷却效果较螺旋式水道略差；轴向式水道水阻最大，但易加工。因此，三种水道结构在实际驱动电机中均有应用。

冷却水道的主要设计指标包括：

（1）水道流阻

水道阻力越大，压降损失越大，对整车水泵的能力要求越高，故在冷却水道设计时要考虑水道的流阻，并进行分析和仿真校核。在满足电机散热要求的情况下，应尽可能地降低水道的流阻，以满足整车冷却系统的设计需求，因而在水道结构设计时应尽量避免"死水"区域，因为该区域不仅流速较低，影响散热效果，也说明水流比较集中，从而增大水道流阻。某量产电机的水道流阻仿真分析如图 3-19 所示。从图中可以看出，电机水道的进出口压差约为 4kPa，在电机进水口的分流区域存有一定的低速区域，说明该水道仍有一定的优化空间。

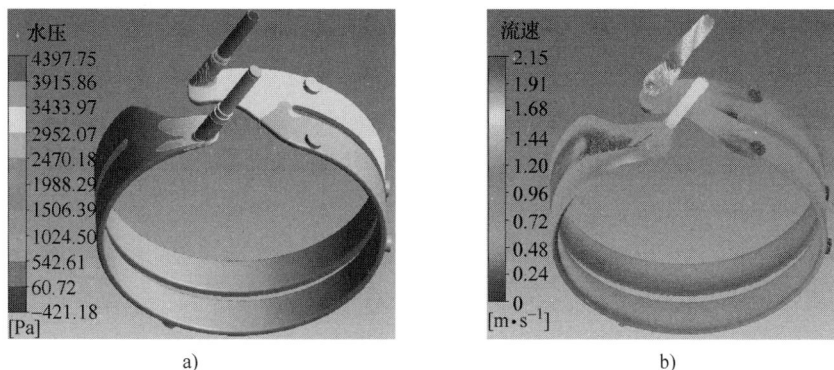

图 3-19 电机冷却水道流阻仿真分析（见彩色插页）
a）水压分布 b）流速分布

（2）水道散热能力

对于永磁同步电机来说，电机的发热源主要为绕组和定子铁心，而电机的热量主要通过机壳中的冷却液带走。由于热阻的存在，电机绕组的温度一般较高。过高的绕组温度会对绝缘性能、耐高压性能等造成影响[7]。为了保证电机的正常使用，在设计水道结构时，应保证电机关键零部件的温度处于合适的范围内。目前多对绕组的温度进行控制，由于技术要求和零部件选材的不同，绕组的温度限值也各有不同，目前车用永磁同步电机绕组绝缘等级多为 H 级，绕组的最高温度不高于 180℃。为提高水道的散热性能，在设计水道结构时，应尽量增加水道的散热面积、内部水流的流速，并使水道分布得较为紧凑和均匀。图 3-20 为某量产电机在 68kW 功率下的温度场仿真结果，从图中可以看出，绕组最高温度为 141.3℃，满足使用要求；机壳内壁温度较为接近，并且和冷却液的温差只有 10℃左右，说明机壳内部水道分布得较为均匀，并且散热性能良好。

图 3-20 电机冷却水道散热仿真分析（见彩色插页）
a）绕组 b）机壳

3.2.4.2 油冷结构

目前永磁同步电机的冷却多为机壳水冷方式，该冷却方式可满足大部分的使用需求，但也有其自身不足，主要表现在电机的内部热量需经过层层材料传递到外部，才能被机壳中的冷却液带走。比如电机内部的绕组，其产生的热量要先传递到定子铁心，再传递到机壳，最后才传递到冷却液。由于热阻的存在，冷却液和绕组之间必然存在一定的温度梯度，从而导致绕组温度聚积，形成局部热点。新能源汽车对电机的功率密度要求越来越高，比如美国 DOE 2025 年路线图中明确要求 2025 年电机功率密度要达到 5.7kW/kg，这就要求必须提高电机的冷却能力，热源直接冷却法就是一个有效的手段。由于冷却油具有不导磁、不导电的特性，对电机磁路无影响，所以选择冷却油作为内部直接冷却的介质。

电机内油冷属于直接冷却技术，分类的方法有很多，按冷却结构形式分为转子冷却和定子冷却两大类。

1. 转子冷却

转子油冷却方案简化图如图 3-21a 所示，其工作原理为：冷却油从空心轴进油口流入，经空心轴内油道，流向各处出油口，冷却油部分喷洒在轴承处，部分通过空心轴喷洒在转子支撑处和绕组端部，达到良好的散热效果。

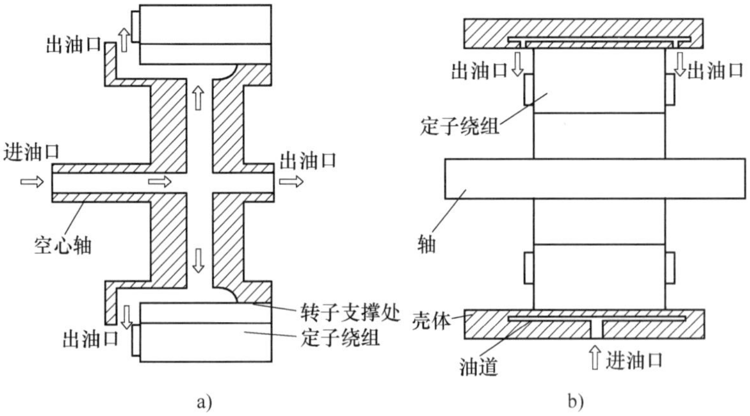

图 3-21　电机内油冷淋方案

a）转子油冷却　b）定子绕组淋油冷却

2. 定子冷却

定子直接冷却形式较多，由于原理相同，以定子绕组淋油冷却方案为例进行说明（图 3-21b）。其工作原理为：冷却油从电机下端流入机壳，通过电机内的周向油道，流入电机上端，电机机壳上端分布多个均匀喷油孔，在压力的作用下，冷却油从电机上端孔处直接喷洒在绕组端部，同时冷却油可流经电机内其他发热零部件，以达到电机内降温散热的效果。

以上两种直接冷却方式虽有一定的散热效果，但也有各自的局限性，在实际生产中多采用两种冷却的组合方式，如丰田电机 Prius2017 采用的就是转子油冷却和定子绕组淋油冷却的组合方式，电机的冷却油路线分为定子和转子两条路线，由一个齿轮泵进行供油（图 3-22）。

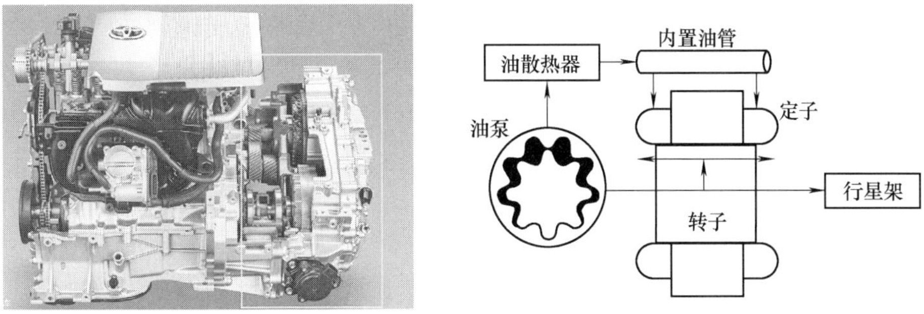

图 3-22 丰田电机 Prius2017 产品和油路示意图

a）产品图 b）油路示意图

值得注意的是，同样的油冷方式，不同的参数设计和材料选型的冷却能力相差较大，因而在产品的设计阶段需要经过充分的理论评估和仿真计算。

3.3 永磁同步电机稳态工作特性

永磁同步电机的工作原理与交流同步电机相似，直流电源通过逆变器调制为电压可变的交流电压，输入永磁同步电机三相对称绕组后，产生三相对称电流，在正弦波电流的作用下产生旋转磁场，带动转子跟随旋转磁场以相同的旋转速度旋转[8]。

永磁同步电机带载运行时，定子绕组电流会产生电枢磁动势，它与永磁磁动势共同作用产生合成气隙磁场，因此存在电枢反应。电枢磁场与永磁磁场以相同的速度旋转，彼此相对静止。电枢磁场不仅会使永磁磁场波形发生畸变，而且还会产生去磁或增磁作用，直接影响永磁同步电机的运行性能。

永磁同步电机与电励磁同步电机有着相似的内部电磁关系，故可采用双反应理论来分析，即将电枢磁动势分解为直轴分量和交轴分量，分别求出直轴和交轴磁动势的电枢反应，然后再进行叠加。

3.3.1 电压方程式和相量图

忽略磁路饱和效应的影响，永磁同步电机的电压方程为

$$
\begin{aligned}
\dot{U} &= \dot{E}_0 + \dot{I}R_1 + \mathrm{j}\dot{I}_\mathrm{d}X_\mathrm{d} + \mathrm{j}\dot{I}_\mathrm{q}X_\mathrm{q} \\
&= \dot{E}_0 + \dot{I}R_1 + \mathrm{j}\dot{I}_1X_1 + \mathrm{j}\dot{I}_\mathrm{d}X_\mathrm{ad} + \mathrm{j}\dot{I}_\mathrm{q}X_\mathrm{aq}
\end{aligned}
\tag{3-6}
$$

其中

$$
\dot{I}_1 = \dot{I}_\mathrm{d} + \dot{I}_\mathrm{q}
\tag{3-7}
$$

式中　$\dot{U}$——外施相电压有效值（V）；

$\dot{E}_0$——永磁基波磁场产生的空载相感应电动势有效值（V）；

$\dot{I}_1$——定子相电流有效值（A）；

$\dot{I}_d$、$\dot{I}_q$——直、交轴电枢电流（A）；

R_1——定子绕组相电阻（Ω）；

X_1——定子漏抗（Ω）；

X_{ad}、X_{aq}——直、交轴电枢反应电抗（Ω）；

X_d——直轴同步电抗（Ω），$X_d = X_{ad} + X_1$；

X_q——交轴同步电抗（Ω），$X_q = X_{aq} + X_1$。

由电压方程可得到永磁同步电机运行于不同状态的相量图，如图 3-23 所示。

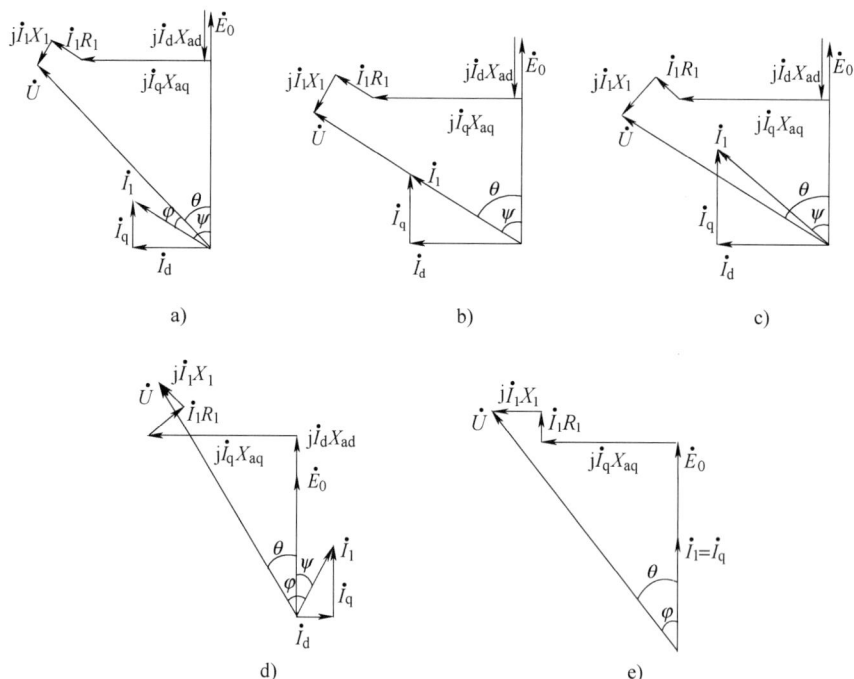

图 3-23　永磁同步电机运行于不同状态的相量图
a）去磁状态，超前功率因数　b）去磁状态，单位功率因数　c）去磁状态，滞后功率因数
d）增磁状态　e）增去磁临界状态

图 3-23 中，θ 为 $\dot{U}$ 超前于 $\dot{E}_0$ 的角度，即功率角，也称转矩角；φ 为 $\dot{U}$ 超前于 $\dot{I}_1$ 的角度，即功率因数角；Ψ 为 $\dot{E}_0$ 超前于 $\dot{I}_1$ 的角度，即内功率因数角。图 3-23a~c 中的电流 $\dot{I}_1$ 均超前于空载感应电动势 $\dot{E}_0$，直轴电枢反应为去磁状态，电动机的直轴感应电动势小于空载感应电动势；图 3-23d 中定子电流 $\dot{I}_1$ 滞后于 $\dot{E}_0$，直轴电枢反应为增磁状态，电动机的直轴感应电动势大于空载感应电动势；图 3-23e 中定子电流 $\dot{I}_1$ 与 $\dot{E}_0$ 同相位，为直轴增去磁临界状态。因此，永磁同步电机有三种工作状态，即增磁状态、去磁状态和临界状态。

从图 3-23 可以看出，永磁同步电机满足以下关系：

$$\begin{cases} \psi = \arctan \dfrac{I_d}{I_q} \\[3mm] U \sin \theta = R_1 I_d + X_q I_q \\[3mm] U \cos \theta = E_0 + R_1 I_q - X_d I_d \end{cases} \tag{3-8}$$

定子电流的直轴和交轴分量分别为

$$\begin{cases} I_d = \dfrac{R_1 U \sin \theta + X_q (E_0 - U \cos \theta)}{R_1^2 + X_d X_q} \\[4mm] I_q = \dfrac{X_d U \sin \theta - R_1 (E_0 - U \cos \theta)}{R_1^2 + X_d X_q} \end{cases} \tag{3-9}$$

3.3.2 功率和转矩

永磁同步电机的输入功率为

$$\begin{aligned} P_1 &= m U I \cos \varphi \\ &= m U I \cos(\theta - \psi) \\ &= m U (I_d \sin \theta + I_q \cos \theta) \\ &= \dfrac{m U \left[E_0 (X_q \sin \theta - R_1 \cos \theta) + R_1 U + \dfrac{1}{2} U (X_d - X_q) \sin 2\theta \right]}{R_1^2 + X_d X_q} \end{aligned} \tag{3-10}$$

式中　m——电机相数。

电机的电磁功率为

$$P_{em} = P_1 - P_{Cua} - P_{Fe} \tag{3-11}$$

式中　P_{Cua}——电枢绕组铜耗（W）；

　　　P_{Fe}——铁损（W）。

若忽略电枢电阻的影响，电磁功率和电磁转矩分别为

$$P_{em} \approx P_1 = \frac{m U E_0 \sin \theta}{X_d} + \frac{m U^2}{2} \left(\frac{1}{X_q} - \frac{1}{X_d} \right) \sin 2\theta \tag{3-12}$$

$$T_{em} = \frac{P_{em}}{\Omega} = \frac{m p U E_0 \sin \theta}{\omega X_d} + \frac{m p U^2}{2\omega} \left(\frac{1}{X_q} - \frac{1}{X_d} \right) \sin 2\theta \tag{3-13}$$

式（3-13）的前半部分称为基本电磁转矩，又称永磁转矩，由永磁体和电枢磁场相互作用产生；后半部分为因 d 轴和 q 轴磁路不对称而产生的磁阻转矩。对于永磁同步电机来说，充分利用磁阻转矩是提高电机功率密度和效率的有效途径。

3.4 永磁同步电机的变频调速特性

由于逆变器本身的元器件和输入电压的限制，所以为交流电机提供可变电压以及可变频率电源的逆变器电压以及电流等级是有限的。另外，即使逆变器有足够大的电压和电流等级，交流电机本身因为绝缘材料、磁路饱和以及温度的限制，在电流和电压等级方面也有限制。因为交流电机的热时间常数通常远大于逆变器的热时间常数，所以在短时间内电机可通过几倍于额定幅值的电流。在恒转矩区域，由于此时交流电机的最大转矩只受电流限制，通过短时间的过载电流可以使电机输出转矩达到几倍额定转矩。因此，对于车辆驱动来说，通常会设定几倍于额定电流的负载电流，以获得更高的转矩加速度性能。

3.4.1 电压极限椭圆和电流极限圆

永磁同步电机的 d、q 轴电压极限值 u_{lim} 和电流极限值 i_{lim} 受到逆变器直流母线电压和逆变器的最大输出电流的限制，当逆变器直流母线电压最大值 U_{max} 以及逆变器最大输出电流峰值 I_{max} 确定后，根据定子绕组的连接和变换方式，便可以确定 d、q 轴电压极限值 u_{lim} 和电流极限值 i_{lim} 的数值。

当电机稳态运行时，永磁同步电机的 d、q 轴电压方程可以写成

$$\begin{bmatrix} u_d \\ u_q \end{bmatrix} = \begin{bmatrix} R_1 & -\omega L_q \\ \omega L_d & R_1 \end{bmatrix} \begin{bmatrix} i_d \\ i_q \end{bmatrix} + \begin{bmatrix} 0 \\ \omega \Psi_{pm} \end{bmatrix} \tag{3-14}$$

式中　Ψ_{pm}——永磁磁链（Wb）；

ω——电机电频率（rad/s）。

d、q 轴电压矢量的幅值 u 为

$$u = \sqrt{u_d^2 + u_q^2} \leqslant u_{lim} \tag{3-15}$$

将式（3-14）代入式（3-15），由于电机一般运行于较高的转速，电阻远小于电抗，电阻上的电压降可以忽略不计，可得电压极限椭圆方程为

$$(L_q i_q)^2 + (L_d i_d + \Psi_{pm})^2 \leqslant \left(\frac{u_{lim}}{\omega}\right)^2 \tag{3-16}$$

式（3-16）是一个在 i_d-i_q 坐标平面上以 $(-\Psi_{pm}/L_d, 0)$ 为中心的椭圆（若 $L_d = L_q$，则为电压极限圆方程），如图 3-24 所示。在某一给定的转速下，定子电流矢量不能超过该转速下的椭圆轨迹，最多只能落在椭圆上。随着电机转速的提高，电压极限椭圆的长轴和短轴与转速成反比相应缩小，从而形成了一簇椭圆曲线。

永磁同步电机的电流极限圆方程为

$$i_s^2 = i_d^2 + i_q^2 \leqslant i_{lim}^2 \tag{3-17}$$

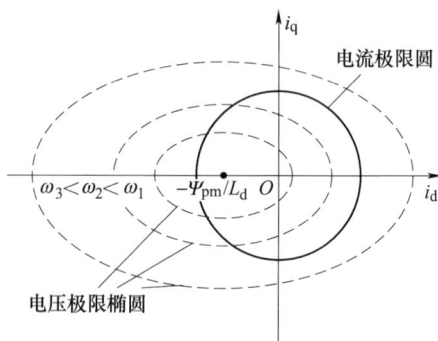

图 3-24　i_d-i_q 平面上电流极限圆和电压极限椭圆轨迹图

式（3-17）表示的电流矢量轨迹为一个在 i_d-i_q 坐标平面上以坐标原点为圆心的圆，如图 3-24 所示。

当电压极限椭圆中心（$-\Psi_{pm}/L_d$，0）位于电流极限圆内部时，理论上电机的转速可以达到无限大；当电压极限椭圆中心（$-\Psi_{pm}/L_d$，0）位于电流极限圆外部时，电机可达到的最大机械角速度为

$$\Omega_{max} = \frac{u_{lim}}{p(\Psi_{pm} - L_d i_{lim})} \tag{3-18}$$

3.4.2 恒转矩曲线和最大转矩电流比曲线

永磁同步电机在 d、q 轴坐标系下的电磁转矩方程可表示为

$$T_{em} = p[\Psi_{pm} i_q + (L_d - L_q) i_d i_q] \tag{3-19}$$

式中　p——极对数。

由式（3-19）可以得到恒转矩轨迹为

$$i_q = \frac{T_{em}}{p\left[\Psi_{pm} + (L_d - L_q) i_d\right]} \tag{3-20}$$

永磁同步电机的恒转矩轨迹为一系列以 $i_d = -\Psi_{pm}/(L_q - L_d)$ 为渐近线的双曲线。

最大转矩电流比（MTPA）控制是 IPM 永磁同步电机在恒转矩区域采用最多的一种控制策略。MTPA 控制时，定子电流矢量应满足

$$\frac{\partial(T_{em}/i_s)}{\partial i_d} = \frac{\partial(T_{em}/i_s)}{\partial i_q} = 0 \tag{3-21}$$

式中　i_s——定子电流的幅值。

直轴、交轴电流分别满足如下关系：

$$\begin{cases} i_d = \dfrac{-\Psi_{pm} + \sqrt{\Psi_{pm}^2 + 4\left(L_d - L_q\right)^2 i_q^2}}{2\left(L_d - L_q\right)} \\[4mm] i_q = \sqrt{i_{lim}^2 - i_d^2} \text{（电流达到极限值时才成立）} \end{cases} \tag{3-22}$$

当电机的端电压和电流均达到极限值时，对应的转折转速 ω_b 为

$$\omega_b = \frac{u_{lim}}{p\sqrt{\left(L_q i_{lim}\right)^2 + \Psi_{pm}^2 + \dfrac{\left(L_d + L_q\right)C^2 + 8\Psi_{pm} L_q C}{16\left(L_d - L_q\right)}}} \tag{3-23}$$

式中　$C = -\Psi_{pm} + \sqrt{\Psi_{pm}^2 + 8(L_d - L_q)^2 i_{lim}^2}$。

MTPA 运行的主要优点是减小了电机铜耗，有利于逆变器开关器件的工作，同时也降低了系统成本。MTPA 控制受系统极限电压值和极限电流值的限制，不能应用于整个工作范围。图 3-25 显示了 i_d-i_q 平面中的 MTPA 轨迹。MTPA 轨迹对应于恒定转矩轨迹和电流

极限圆的切点（B_1、B_2、B_3）。当考虑电流限制时，通过 MTPA 控制可获得最大可用转矩。特征曲线仅在 $i_d<0$ 和 $i_q>0$ 的区域中显示，然而每条特征曲线都与 i_d 轴对称，因此当需要负转矩时，使用 $i_d<0$ 和 $i_q<0$ 的区域中的电流矢量。

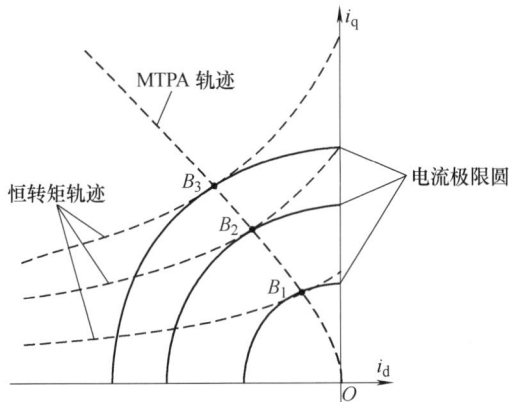

图 3-25 恒转矩与 MTPA 控制的定子电流矢量轨迹

3.4.3 弱磁控制与最大转矩电压比曲线

由式（3-16）电压极限椭圆方程可知，当电机电压达到逆变器所能输出的电压极限值 u_{lim} 时，若转速要继续升高，只能通过增加直轴去磁电流分量 i_d 和减小交轴电流分量 i_q 来维持电压平衡关系。弱磁控制时，电流矢量轨迹和转速表达式分别为

$$\begin{cases} i_d = -\dfrac{\varPsi_{pm}}{L_d} + \sqrt{\left(\dfrac{u_{lim}}{\omega L_d}\right)^2 - \left(\dfrac{L_q i_q}{L_d}\right)^2} \\ i_q = \sqrt{i_{lim}^2 - i_d^2} \end{cases} \tag{3-24}$$

$$\omega = \frac{u_{lim}}{\sqrt{(\varPsi_{pm}+L_d i_d)^2 + (L_q i_q)^2}} \tag{3-25}$$

必须注意的是，弱磁控制时需防止造成转子磁钢永久性退磁的危险。

随着转速的持续上升，电机运行受到电压极限椭圆的限制，不能再进行 MTPA 控制，需要改变成最大转矩电压比（MTPV）控制，也就是单位转矩的最小磁通（MFPT）控制。对于给定的磁链 $\varPsi$，通过给定的电流矢量来实现 MTPV 控制。

在 MTPV 控制下，对应的定子电流矢量使电机的输入功率最大，相应的输出功率也最大，即满足

$$\frac{\partial P_1}{\partial i_d} = 0 \tag{3-26}$$

对应的交、直轴电流为

$$\begin{cases} i_{\mathrm{q}} = \dfrac{\sqrt{\left(u_{\mathrm{lim}}/\omega\right)^2 - \left(L_{\mathrm{d}}\Delta i_{\mathrm{d}}\right)^2}}{L_{\mathrm{q}}} \\ i_{\mathrm{d}} = -\dfrac{\varPsi_{\mathrm{pm}}}{L_{\mathrm{d}}} + \Delta i_{\mathrm{d}} \end{cases}$$

(3-27)

式中 $\quad \Delta i_{\mathrm{d}} = \dfrac{\rho\varPsi_{\mathrm{pm}} - \sqrt{\left(\rho\varPsi_{\mathrm{pm}}\right)^2 + 8\left(\rho-1\right)^2\left(u_{\mathrm{lim}}/\omega\right)^2}}{4\left(\rho-1\right)L_{\mathrm{d}}}$, $\rho = L_{\mathrm{q}}/L_{\mathrm{d}}$。

图 3-26 显示了 i_{d}-i_{q} 平面中的 MTPV 轨迹。MTPV 轨迹对应于恒转矩轨迹和电压极限椭圆的切点。当达到最大电压时，随着转速的增加，磁链沿 MTPV 轨迹减小，且 $\varPsi \approx u_{\mathrm{lim}}/\omega$。

3.4.4 定子电流最佳控制运行

永磁同步电机在实际运行过程中的输出特性与控制策略密切相关，采用不同的控制策略，可以使定子电流在整个运行范围内得到最佳控制。

永磁同步电机转矩 - 转速输出特性如图 3-27 所示。

图 3-27 中，n_{a}、n_{c}、n_{e} 分别为电机的第一转折转速、第二转折转速和最高转速。轨迹 $A_{2\mathrm{a}}$-A_2-B_2-C_2-D_2-E_2 为电机的最大运行能力曲线。轨迹 A_2-$B_{1\mathrm{b}}$-$E_{1\mathrm{b}}$ 是电机的恒功率曲线，电机可以在此曲线上实现恒功率运行。轨迹 $A_{2\mathrm{a}}$-A_2-$B_{1\mathrm{a}}$-C_1 为电机的 MTPA 包络线，在此包络线内，电机都可以采用此控制策略。

根据电机的不同运行状态，可将电机的运行范围分为三个区间：基速区、弱

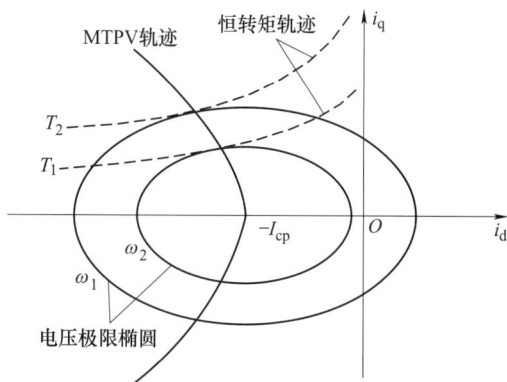

图 3-26　MTPV 控制的定子电流矢量轨迹

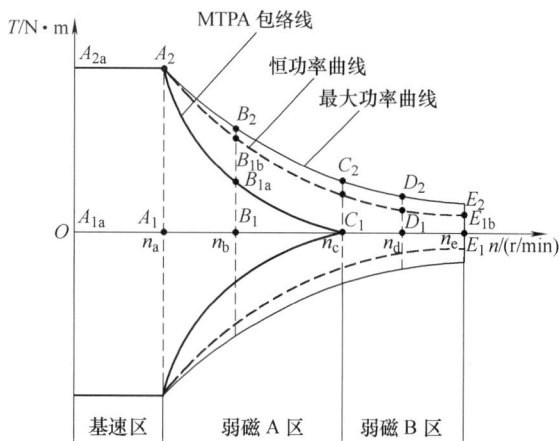

图 3-27　永磁同步电机转矩 - 转速输出特性

磁 A 区和弱磁 B 区，如图 3-28 所示。转速低于 n_{a} 时，电机运行在基速区；转速在 n_{a} 和 n_{c} 之间时，电机运行在弱磁 A 区；转速在 n_{c} 和 n_{e} 之间时，电机运行在弱磁 B 区。电机在各运行区内的定子电流矢量既不能超出电机的电压极限椭圆，也不能超过电流极限圆。

1. 基速区运行控制模式

图 3-27 中，$A_{1\mathrm{a}}$-A_1-A_2-$A_{2\mathrm{a}}$ 区域为基速区，i_{d} 与 i_{q} 不受电压极限椭圆的限制，在整个区域内都能实现 MTPA 控制。因此，基速区内的所有工作点都可以在 i_{d}-i_{q} 平面 MTPA 轨迹

上找到对应的点，如图 3-29 所示。A_2 点为 MTPA 轨迹与电流极限圆的交点，它所对应的转矩为电机在基速区内的最大转矩。

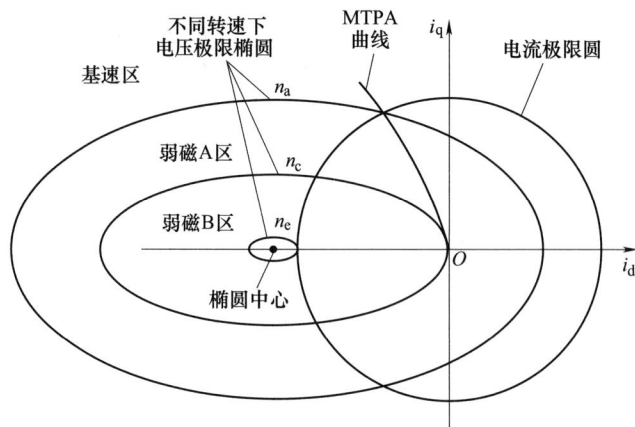

图 3-28　永磁同步电动机各运行区间划分图

图 3-29　基速区定子电流矢量运行控制模式

2. 弱磁 A 区运行控制模式

图 3-27 中，A_1-C_1-C_2-A_2 区域为弱磁 A 区，在该区域内，定子电流矢量受电流极限圆和电压极限椭圆的共同制约。以图 3-30 中转速为 n_b 对应的线段 B_1-B_2 为例进行分析。

1）当转矩较小时，由于 MTPA 轨迹在电压极限椭圆内，此时电机运行在 MTPA 轨迹上，如图 3-30 线段 O-B_{1a} 所示，此线段所有工作点都可以映射到 i_d-i_q 平面中的 MTPA 轨迹上，如图 3-25 所示。

2）当转矩继续增大时，恒转矩轨迹与 MTPA 轨迹在电压极限椭圆内没有交点，因此，此时电机运行在电压极限椭圆上。图 3-30 中，电压极限椭圆上 B_{1b} 点对应的转矩为恒功率输出转矩；B_2 点对应的转矩为最大功率输出转矩，并且该点为电压极限椭圆、电流极限圆、恒转矩轨迹三者的交点。从图 3-30 可以看出，定子电流在 $B_{1a} \rightarrow B_{1b} \rightarrow B_2$ 点的变化中，直轴去磁电流分量逐渐增大，削弱了永磁体磁场，达到了弱磁扩速的目的。

图 3-30　弱磁 A 区定子电流矢量运行控制模式

3. 弱磁 B 区运行控制模式

图 3-27 中，C_1-E_1-E_2-C_2 区域为弱磁 B 区。以图 3-27 中转矩 - 速度平面上对应的线段 E_1-E_2 为例，此时电机运行的转速为 n_e，整条 MTPA 轨迹与电压极限椭圆没有交点，如图 3-31 所示，MTPA 控制在此区域内无法实现。电流矢量受限于电压极限椭圆，因此，E_1-E_2 线段上的工作点都映射到 i_d-i_q 平面中转速 n_e 对应的电压极限椭圆上，图 3-31 中，电压极限椭圆上 E_{1b} 点对应的转矩为恒功率输出转矩；E_2 点对应的转矩为最大功率输出转矩，并且该点为电压极限椭圆、电流极限圆、恒转矩轨迹三者的交点。

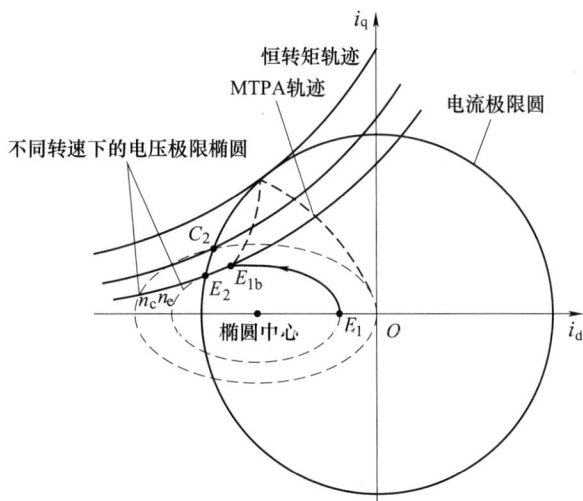

图 3-31　弱磁 B 区定子电流矢量运行控制模式

由以上分析可知，图 3-27 中转矩 - 转速平面上的任意一个工作点都可以在 i_d-i_q 平面中找到对应的 i_d、i_q 电流值，使电机在该工作点上运行在最佳状态。

3.5 永磁同步电机多领域集成与多层面协同设计方法

3.5.1 基本设计准则

车用永磁驱动电机追求的目标是高功率密度、轻量化、高效率、恒功率宽调速、高可靠性、低成本、低噪声。这些性能的实现涉及电机、电力电子、微处理器、控制理论等多学科技术领域，必须打破传统电机设计束缚，从电机本体、磁路设计和制造工艺等多方面进行探索与创新。设计中既要考虑电机磁饱和问题、转矩脉动与振动噪声问题，又要考虑电机发热问题、转子机械强度问题等，是一个多目标、多极限的系统综合优化工作。面向产品化和产业化车用永磁驱动电机的设计需求，需要遵循以下设计准则：

（1）通过多端口匹配设计，实现高效率、轻量化和小型化

采用综合优化电机的结构与材料，电磁、力学与热学性能，故障容错能力和可靠性与寿命的电机设计理念，合理选择电机类型及其定子槽数/极数配合与绕组型式，优化电机电磁材料的利用率和减小谐波损耗；同步设计电机的冷却方式与散热结构，从结构上使电机内的热量得以充分排出；设计中充分考虑电气、机械和热的匹配。

1）电机电端口与电力电子变换器之间的电气参数与能力匹配。

避免电机运行范围内的电气回路谐振与电磁干扰，平衡电气回路的电磁能量和最高安全电压，确保电机与电力电子变换器的电气安全；电机的性能与参数要满足考虑到铁耗的 MTPA 控制与恒功率宽调速控制策略，以提高电机效率和材料利用率，实现电机能力与电力电子变换器容量在整个运行区域的最佳匹配。

2）电机机械端口与汽车动力传动系统的机械参数匹配。

以汽车动力传动系统为核心，进行电机与机电耦合装置的集成设计，注重高刚度轻量化工程技术与机械参数匹配，提高动力传动系统的固有频率和动态响应；分析验证冷机与热机状态的电机结构模态及其参数，避开电机运行范围内的结构共振。

3）电机与整车系统的热参数匹配。

围绕汽车动力系统热能管理目标与需求，进行电机与整车系统的热参数匹配：合理选择冷却方式与导热结构及其材料；依据电机运行的热能管理技术，分析论证冷却与导热工程技术的可行性；评估电机系统的热性能，安全、可靠地发挥电机运行的最大能力，提高电机系统的运行寿命。

（2）重视材料服役特性分析，确保产品可靠性、耐久性与环境适应性

从电机的关键零件与材料着手，依据应用需求，合理确定可靠性、耐久性与环境适应性技术指标体系及其测试评估方法，重点包括电工硅钢材料、永磁材料、绝缘材料和轴承的电、磁、力学与热学的应力模型与特征参数；依据电机的结构及其应力分布进行电机结构的优化设计，基于电机的运行状况分析与材料多物理域服役行为性能，解决电机的可靠性与寿命设计难题。

传统仿真技术对多物理仿真模型的参数设定是固定且单向的，电磁材料由于应用条件和服役环境发生的材料特性改变未予以考虑。而实际工程中，电机的材料特性和电机性

能是不断相互作用的两组物理量，且随着电机运行工作点和工作环境的改变而时刻发生变化。因此，车用永磁同步电机设计过程中必要考虑电磁材料的服役特性对电机性能的影响。电工钢铁心服役特性 - 电机性能影响的结果见表 3-3。

表 3-3　电工钢铁心服役特性 - 电机性能影响

服役特性	服役条件		
	冲裁边缘效应	铁心应力	温度
导磁性能	磁通密度下降，电感量 L_d 及 L_q、转矩 T、效率 η 变化	随着铁心应力增大，磁通密度大幅下降，电感量 L_d 及 L_q、转矩 T、效率 η 明显变化，转子应力随转速变化	随着温度升高，磁通密度稍有下降，转矩 T、效率 η 略变化
单位铁耗	铁耗增加，电感量 L_d 及 L_q、转矩 T、效率 η 变化	随着铁心应力增大，铁耗大幅增加，电感量 L_d 及 L_q、转矩 T、效率 η 明显变化，转子应力随转速变化	随着温度升高，铁耗有一定增加，效率 η 略变化
热导率	—	—	温度上升后热导率大幅增加，与机壳的配合间隙变小，导致电机稳态温度变化
抗拉 / 屈服强度	—	—	随着温度升高而下降，转子结构强度降低
弹性模量	—	—	随着温度升高而下降，振动与噪声频谱尖峰向低频带迁移，NVH 变差

可以看出，在三个服役条件当中，除了"冲裁边缘效应"一项是固定不变的外，其余两项是随着电机工况和外部环境的变化而时刻变化的，进而影响到电工钢电磁、热、机械三个物理域中多种性能。

（3）产品设计需满足面向产业化的电机产品制造工艺

驱动电机设计追求高性能、低成本，以产品质量、可靠性、耐久性和可制造性需求为目标；面向自动化制造技术，确保批量产品性能的精准稳定一致性设计、制造与装备技术，满足全产业链产品要求。

运用多领域（电机结构、电磁学、力学、热学）协同仿真、多层面（电机单元、电力电子单元、数字控制单元）集成优化的电机系统设计及其设计验证方法，建立基于材料服役特性的多领域仿真分析论证平台和硬件在环仿真测试验证平台；使用电动汽车驱动电机设计与应用控制相结合的方法与手段，突破电机汽车驱动电机系统极限设计的多领域精确分析论证与结合控制单元硬件在环仿真测试验证的技术难题。

3.5.2　永磁同步电机多领域集成设计方法

针对热与机械安全裕量较小的车用电机，本节采用基于材料服役特性的永磁同步电机设计步骤和流程（图 3-32、图 3-33），实现车用永磁同步电机性能、舒适性与可靠性的最优设计[9]。

车用永磁同步电机的概念设计与结构仿真是整个设计的核心，其任务是根据技术需求和设计原则，追求电机的高功率密度、高效率、低成本，以质量、可靠性、耐久性设计和制造［Design for QRDM（Quality，Reliability，Durability and Manufacturing）］为前提，

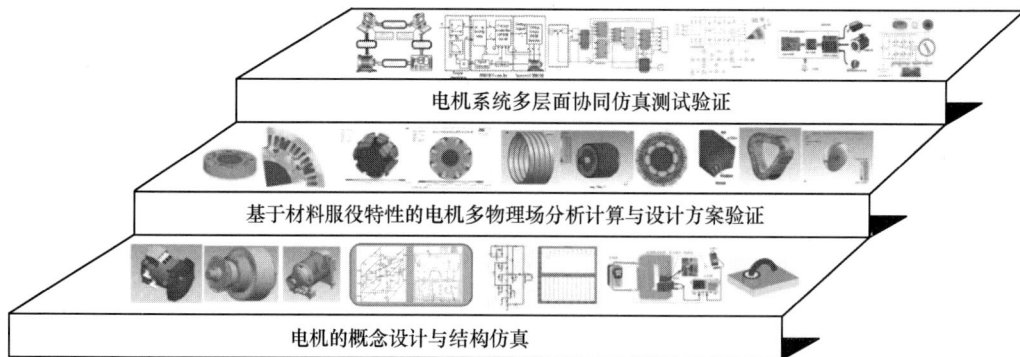

图 3-32　车用永磁同步电机产品设计验证步骤

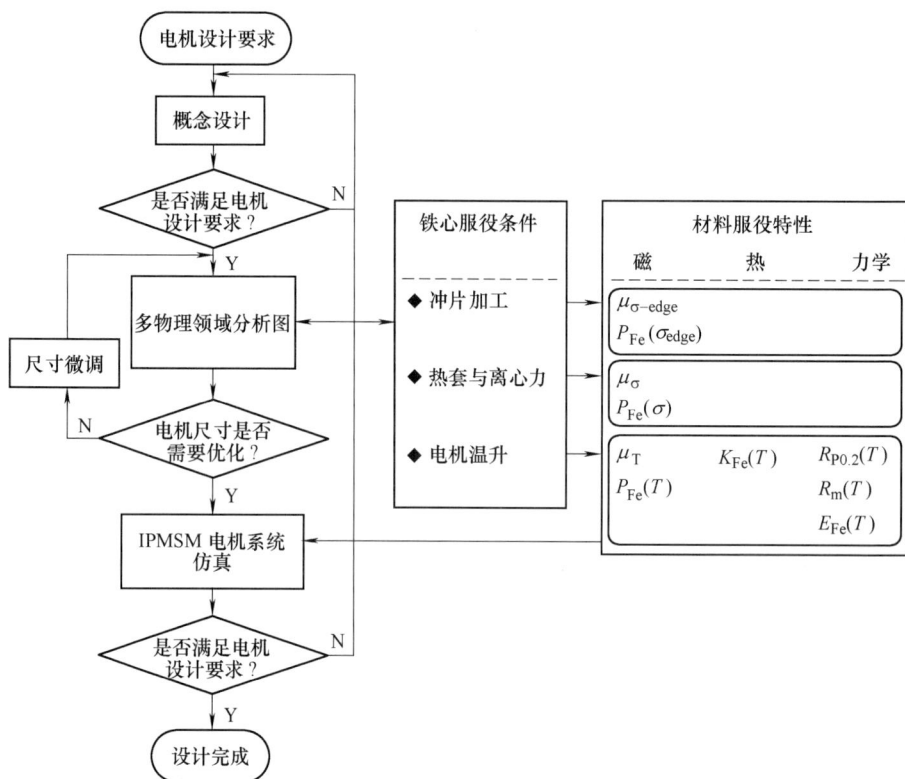

图 3-33　基于材料服役特性的车用永磁同步电机设计流程

确定设计方案框架及其各部件结构尺寸与材料；在相关软件平台上分别建立电机的电、磁、热学、力学与结构模型，快速实现设计方案的结构仿真，电、磁、热与机械性能分析和评估，以及电机的结构布置与制造工艺、装配、维修等工程技术可行性的论证；在综合评估电机结构，电磁、机械和热工性能，故障容错能力和安全可靠性以及工程实施可行性的基础上进行多设计方案的论证比较分析，由此确定设计候选方案。详细设计流程图如图 3-34 所示。

分析技术性能要求

冷却结构选择比较 | 转子结构选择比较 | 定子结构选择比较

方案论证比较,确定设计方案框架;
外形尺寸、冷却结构、定子槽数/极数、绕组型式、气隙长度、IPM转子结构、
直流母线电压、n_{max} 点空载反电动势最大允许值 E_{max}

给定设计参数初始值:电磁负荷、长径比$^{\ominus}$、波形系数、冷却液流量、
空载反电动势标幺值 $\overline{E}_0$、转子极弧系数 α_p、凸极率 ρ、B_{tq}、B_{td}、B_{cr}

根据效率给定值和冷却液流量,设计水冷定子机座;
D_{tot} 计算值=D_{tot} 给定值,确定 D_o 给定值

根据尺寸方程和波形系数以及 K_L、A_S、B_g 的初始值,计算 D_g 和 L_e

根据 A_S、J_S、B_g、B_{ts}、B_{cs} 的初始值,
设计定子铁心和定子槽形尺寸、定子绕组参数

计算 D_o 和 L_{tot}

D_o 计算值=D_o 给定值
且 L_{tot} 计算值≤L_{tot} 给定值?

N → 修正 K_L、A_S、B_g、B_{ts}、B_{cs} 的初始值

Y

根据 $\overline{E}_0$、B_g、α_p、L_{ad}、ρ 的期望值和 B_{tq}、B_{td}、B_{cr} 的初始值
以及转子机械强度要求,计算单层 IPM 转子磁路各部位尺寸和隔磁桥尺寸

损耗和效率 η 计算

修正 η 初始值 ← N — η 计算值=η 初始值?

Y

主要力能指标、电磁参数、逆变器容量和器件定额估算

n_b 与 n_{max} 两关键运行点性能估算以及综合平衡分析

发热与冷却结构性能校核

设计变量调整? — Y

N

确定下一步多物理域分析计算的模型和相关参数

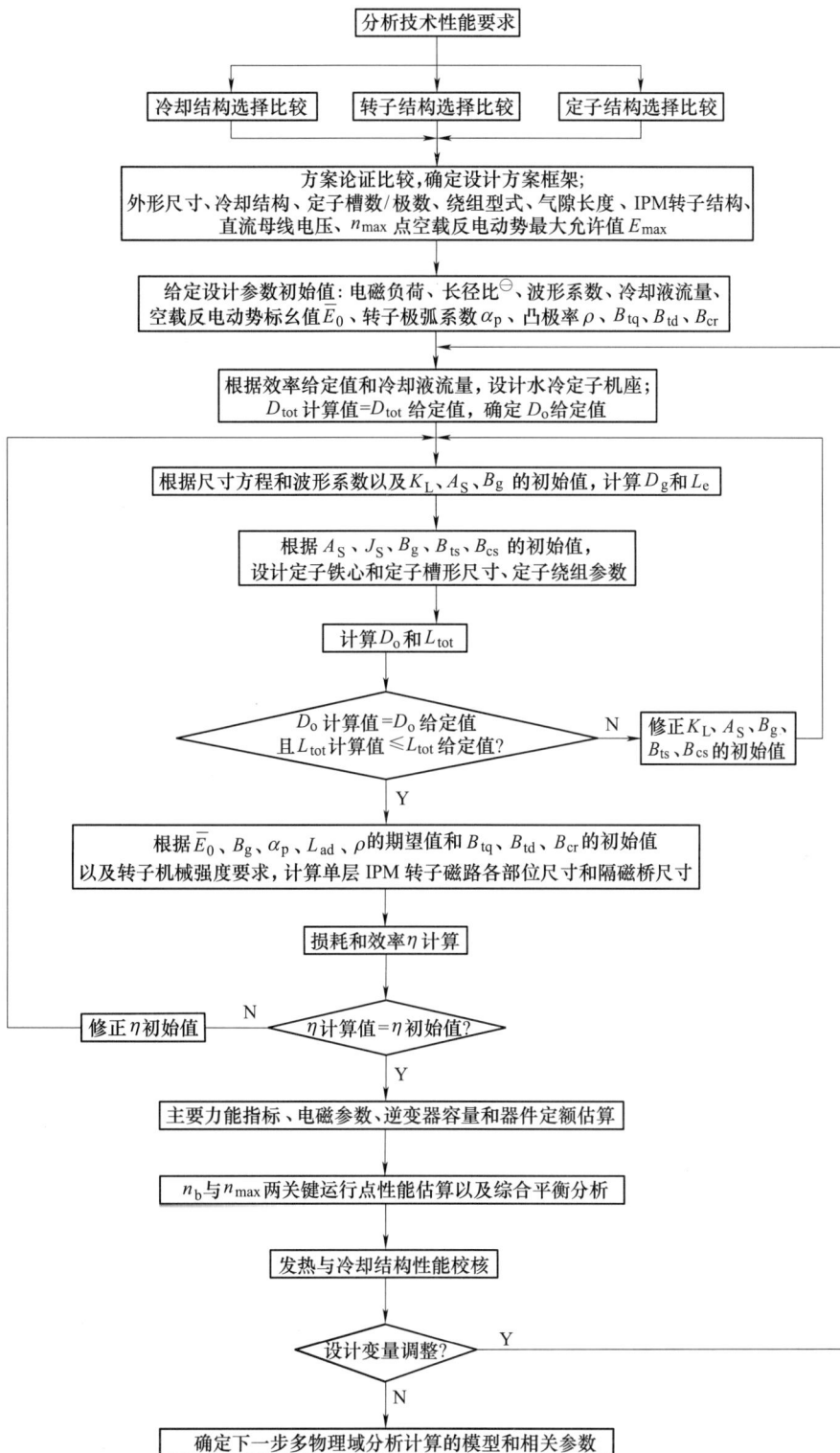

图 3-34 车用永磁同步电机概念设计流程图

$\ominus$ 长径比是指电机有效铁心长度与铁心直径之比。

车用永磁同步电机概念设计过程中需要快速判断电机的主要尺寸、线负荷、电流密度、定子铁心齿磁通密度、轭磁通密度等参数设计的合理性，这些参数对电机的功率密度、转矩密度有直接的影响，优化设计时必须从力能指标、热效应和机械性能等多方面进行综合评估，选取最佳方案。

1. 车用电机的力能指标分析

车用电机功率体积密度和重量密度分别定义为

$$P_{\text{V-den}} = \frac{P_{\text{N}}}{V_{\text{tot}}} \tag{3-28}$$

$$P_{\text{W-den}} = \frac{P_{\text{N}}}{W_{\text{tot}}} \tag{3-29}$$

式中　P_{N}——电机的额定输出功率（W）；

V_{tot}——电机的总体积（m^3）；

W_{tot}——电机的总重量（kg）。

对于车用电机来说，电机转矩体积密度和重量密度分别为

$$T_{\text{V-den}} = \frac{T_{\text{N}}}{V_{\text{tot}}} = \frac{P_{\text{V-den}}}{\Omega} \tag{3-30}$$

$$T_{\text{W-den}} = \frac{T_{\text{N}}}{W_{\text{tot}}} = \frac{P_{\text{W-den}}}{\Omega} \tag{3-31}$$

式中　T_{N}——电机的额定机械转矩（N·m）；

Ω——转子机械角速度（rad/s）。

按电机材料利用系数 C_{W} 的定义，则车用电机的材料利用系数为

$$C_{\text{W}} = \frac{P_{\text{W-den}}}{W_{\text{tot}}}\eta \tag{3-32}$$

式中　η——电机的效率。

相似地，车用电机的体积利用系数为

$$C_{\text{V}} = \frac{P_{\text{W-den}}}{V_{\text{tot}}}\eta \tag{3-33}$$

2. 车用电机的热效应分析

电机热量（损耗）面密度表征了需要通过电机散热表面上单位面积散出的热量（损耗），电机的冷却设计必须依据电机热量面密度数值进行。

电机热量面密度定义为

$$H_{\text{diss}} = \frac{\sum p}{S_{\text{diss}}} \tag{3-34}$$

式中　$\sum p$——总损耗（W）；

S_{diss}——电机散热表面积（m^2）。

车用电机的散热表面积为

$$S_{diss} = \pi D_{os} L_{ef} \tag{3-35}$$

式中　D_{os}——定子铁心外径（m）;

　　　　L_{ef}——定子铁心有效长度（m）。

电机各部分的损耗可根据各部分的重量、负荷情况、材料特性计算。综合后可得车用电机的总损耗 $\sum p$，这里不再赘述。

3. 车用电机的机械性能分析

电机的转速受到离心加速度所产生的机械应力的限制，因此确定转速的上限值是十分重要的。通过对永磁转子材料特性的分析和关键尺寸控制，仿真校核永磁同步电机最高转速；同时，通过计算永磁转子固有频率，校核转子表面在高转速下的最大形变不超过限值。

在电机概念设计阶段估算时，可将转子近似看成一个厚壁圆筒，如图 3-35 所示。

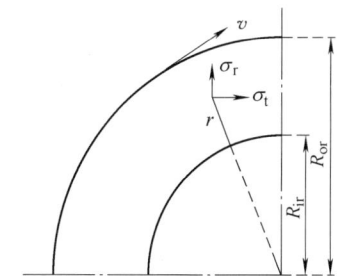

图 3-35　电机转子的等效厚壁圆筒

转子外圆处线速度为

$$v = \Omega R_{or} \tag{3-36}$$

式中　R_{or}——转子外圆半径（m）。

若以转子外圆半径 R_{or} 为基值来表示电机转子内径 R_{ir} 和任意半径 r 的相对值，则有

$$a = \frac{R_{ir}}{R_{or}} \tag{3-37}$$

$$x = \frac{r}{R_{or}} \tag{3-38}$$

则表示电机转子任意半径 r 处的径向应力和切向应力的应力函数为

$$\begin{cases} \sigma_r = \dfrac{\rho v^2 (3+\mu)}{8}\left(1 + a^2 - x^2 - \dfrac{a^2}{x^2}\right) \\[3mm] \sigma_t = \dfrac{\rho v^2 (3+\mu)}{8}\left(1 + a^2 - \dfrac{1+3\mu}{3+\mu}x^2 + \dfrac{a^2}{x^2}\right) \end{cases} \tag{3-39}$$

式中　μ——应力计算点的泊松比;

　　　　ρ——密度（kg/m³）。

车用电机转子最大切向应力产生在转子内圆与转轴的交界处

$$r_{tmax} = R_{ir} \tag{3-40}$$

$$\sigma_{tmax} = \frac{\rho v^2 (3+\mu)}{4}\left(1 + \frac{1-\mu}{3+\mu}a^2\right) \tag{3-41}$$

通常此处为硅钢片，材料的力学特性：$\rho = 7.8 \times 10^3 \mathrm{kg/m^3}$，$\mu \approx 0.3$，许用切向应力 $[\sigma_s] < 4 \times 10^8 \mathrm{Pa}$。需要验证车用电机在极限转速时，转子内圆处的最大切向应力在材料允许的许用切向应力范围内。

应该指出的是，对于 IPM 永磁同步电机来说，转子结构中有隔磁桥，其尺寸的不同对电机机械性能的影响很大，此时转子的最大切向应力与按照厚壁圆筒计算得到的结果误差较大，一般要再考虑有适当的裕量。

电机转子固有振动特性的分析，主要是计算转轴的临界转速，车用电机转轴的临界转速为

$$n_{\mathrm{cr}} = \frac{30}{\pi} \gamma_k \sqrt{\frac{EI}{M_0 L^3}} \tag{3-42}$$

式中　L——两个轴承之间的跨度（m）；

　　M_0——总质量（kg）；

　　I——截面惯性矩（m⁴）；

　　E——弹性模量（Pa）；

　　γ_k——支座形式系数，其中 k 为临界转速的阶数。

式（3-42）表明，电机转轴的临界转速与电机轴承跨度的 3/2 次方成反比，与截面惯性矩的 1/2 次方成正比。设计中应合理选择电机的主要尺寸比 λ，避免转轴的临界转速落在电机允许的转速变化范围内。为了减小电机转子的振动，设计时应使轴的临界转速与电机工作转速之差足够大，最好使其临界转速比最高转速至少高出 15%。

定子铁心固有频率为

$$f_{\mathrm{n-core}} \approx \frac{1}{2\pi} \sqrt{\frac{K_{\mathrm{c}}}{M_{\mathrm{y}} + M_{\mathrm{t}}}} \tag{3-43}$$

其中

$$\begin{cases} K_{\mathrm{c}} = \frac{4\Omega_{\mathrm{n}}^2}{D_{\mathrm{c}}} \frac{\pi L_{\mathrm{c}} h_{\mathrm{c}} E_{\mathrm{c}}}{1 - \mu_{\mathrm{c}}^2} \\ M_{\mathrm{y}} = \pi \rho_{\mathrm{c}} D_{\mathrm{c}} L_{\mathrm{c}} h_{\mathrm{c}} \\ M_{\mathrm{t}} = \rho_{\mathrm{c}} C_{\mathrm{t}} h_{\mathrm{s1}} T_{\mathrm{num}} L_{\mathrm{c}} \\ k^2 = \frac{h_{\mathrm{c}}^2}{3 D_{\mathrm{c}}^2} \end{cases} \tag{3-44}$$

$$\Omega_{\mathrm{n}} = \begin{cases} 1 & n = 0 \\ \frac{1}{2} \sqrt{(1 + n^2 + k^2 n^4 \pm \sqrt{(1 + n^2 + k^2 n^4)^2 - 4k^2 n^6}} & n \geq 1 \end{cases} \tag{3-45}$$

式中　D_{c}、L_{c}、h_{c}——轭部平均直径（m）、定子的有效长度（m）和轭部高度（m）；

　　K_{c}——定子铁心的刚度（kg/s²）；

　　M_{y}、M_{t}——定子铁心轭部和齿部质量（kg）；

　　ρ_{c}、μ_{c}——定子铁心材料的密度（kg/m³）和泊松比；

　　C_{t}——齿宽（m）；

　　h_{s1}——槽深（m）；

　　T_{num}——定子铁心齿数；

$\varOmega_\mathrm{n}$——电机转速（r/min）；

E_c——铁心弹性模量（Pa）；

L_c——铁心长度（m）；

k——定子铁心轭部高度与定子铁心直径的比例系数。

假设系统为线性，则定子表面静变形 V_s 表示为

$$V_\mathrm{s} = \frac{pS}{(k_\mathrm{c}+k_\mathrm{f})-\omega_\mathrm{r}^2(m_\mathrm{c}+m_\mathrm{f})} \tag{3-46}$$

式中 p——电磁力波平均值（Pa）；

S——定子表面积（m^2）；

k、m——刚度（kg/s^2）和质量（kg），下标 c、f 分别代表铁心和机壳。

定子表面静变形不仅与电机刚度和质量有关，当径向力波频率 f_r 与固有频率 f_m 相同或相近时还会发生共振，引起铁心形变量变大。考虑阻尼系数 δ 的影响，可将实际定子表面振动幅值 V 表示为

$$V = V_\mathrm{s} / \sqrt{[1-(f_\mathrm{r}/f_\mathrm{m})^2]^2 + [(f_\mathrm{r}/f_\mathrm{m})\delta/\pi]^2} \tag{3-47}$$

3.5.3　永磁同步电机多层面协同仿真

从电机系统层面出发，开展电机、电力电子、数字控制器不同层面的集成仿真分析与硬件在环仿真测试验证。对电机本体以及电机与驱动装置的能力匹配进行优化设计，MTPA 控制和最大功率弱磁控制相结合的定子电流最优控制策略；电机系统运行过程的热能管理仿真控制方案、故障容错与安全控制方案的仿真测试验证，实现电机系统控制器研发与性能测试[10]。电机系统仿真分析平台构成及其相互关系分别如图 3-36、图 3-37所示。

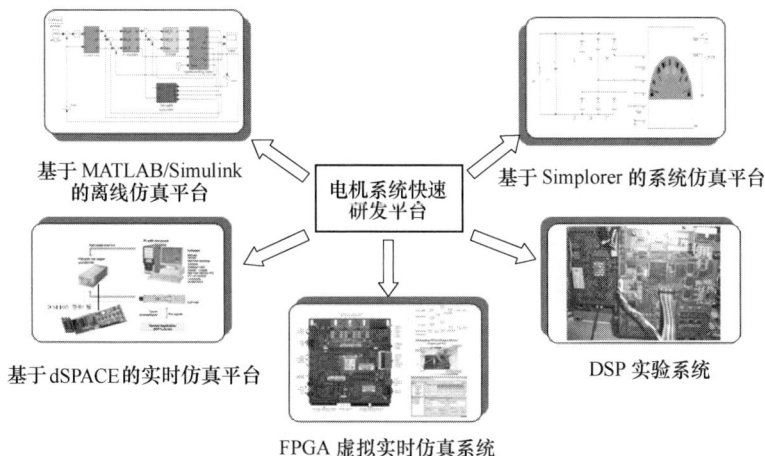

图 3-36　车用永磁电机系统实时仿真分析平台

图 3-37　车用永磁同步电机系统仿真分析平台

如图 3-36 所示，根据仿真分析对象的不同，车用永磁同步电机系统多层面协同仿真测试验证方法主要有以下几种：

（1）MATLAB/Simulink 软件平台数字仿真

在 MATLAB/Simulink 软件平台，可以实现依据交叉耦合、饱和、谐波等多因素集中参数模型进行电机系统的性能仿真和控制策略研究、故障容错解决方案的仿真分析及其可行性论证；同时，基于热网络与温度场混合模型，可分析电机冷却方式与导热结构的热性能，在此基础上进行电机系统运行的热能管理仿真。图 3-38 是在 MATLAB/Simulink 环境下的车用永磁同步电机系统仿真框图，图 3-39 是在 MATLAB/Simulink 环境下的热网络分析仿真模型。

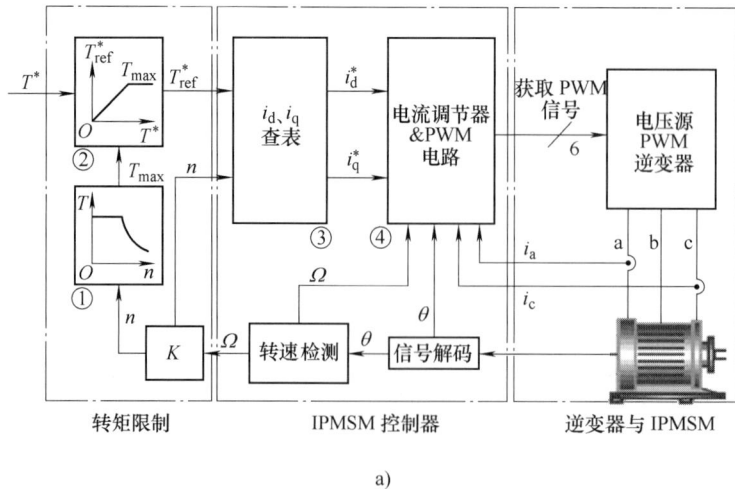

a)

图 3-38　MATLAB/Simulink 环境下的车用永磁电机系统仿真
a）电机控制系统示意图

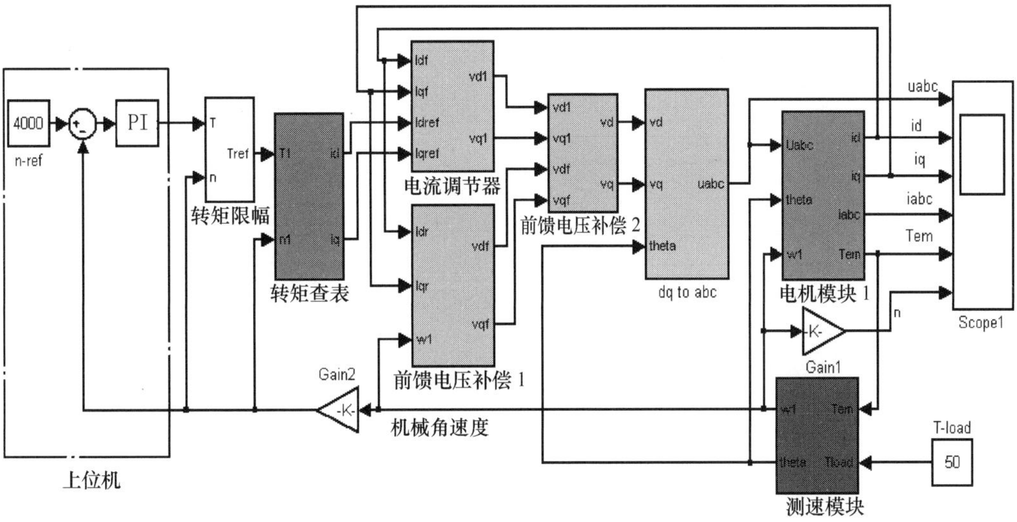

b)

图 3-38 MATLAB/Simulink 环境下的车用永磁电机系统仿真（续）

b）电机控制系统仿真模型

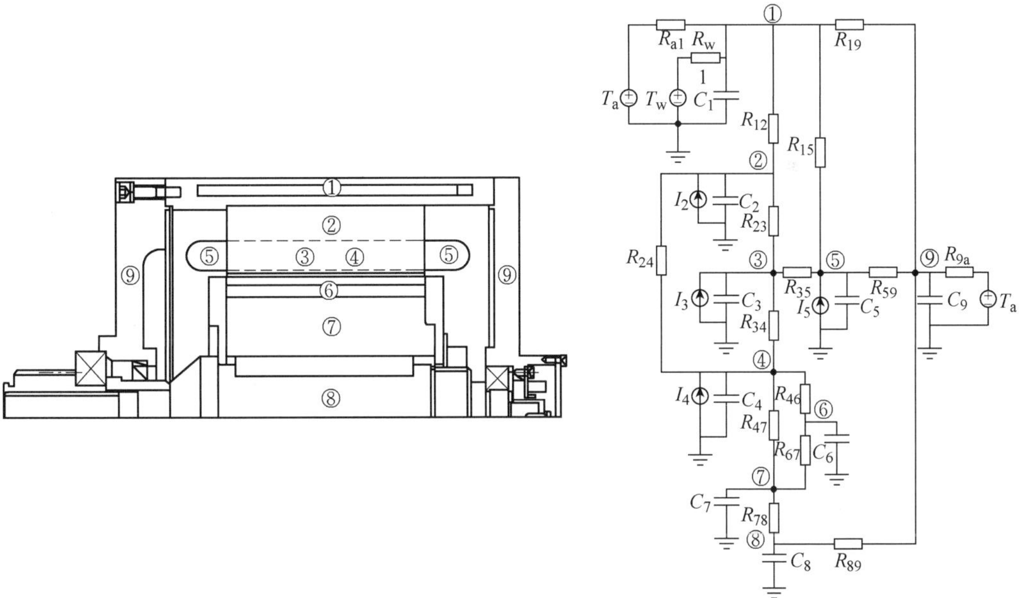

图 3-39 IPM 永磁同步电机水冷机座热网络分析仿真模型

①—水冷定子机座 ②—定心铁心轭部 ③—定子绕组槽内部分 ④—定子铁心齿部
⑤—定子绕组端部 ⑥—转子永磁体 ⑦—转子铁心轭部 ⑧—转轴 ⑨—端盖

（2）Simplorer 软件与 Maxwell 软件的永磁同步电机系统的场路耦合协同仿真

利用 Simplorer 提供的场路耦合仿真、模数混合仿真和后处理功能，结合电力电子器件的特性，构建集总参数模型的电机系统，分析 IGBT 死区时间及死区补偿对转矩品质的影响；同时可仿真分析电机与电力电子电路之间能量转换的动态过程与性能。图 3-40 是在 Simplorer 环境下电机本体与驱动电路耦合的电磁性能仿真图。

图 3-40　在 Simplorer 环境下电机本体与驱动电路耦合的电磁性能仿真图

（3）建立 dSPACE+FPGA 和 DSP+FPGA 的硬件在环半实物实时仿真

以 FPGA（现场可编程门阵列）芯片构建数字化虚拟电机，建立 dSPACE+FPGA 和 DSP+FPGA 的硬件在环半实物实时仿真平台，实现电驱动系统的 dSPACE 控制器和 DSP 控制器的各种控制功能方案验证和性能仿真测试，基于 FPGA 高速实时仿真技术的虚拟电机（半实物硬件在环）[11] 如图 3-41 所示。

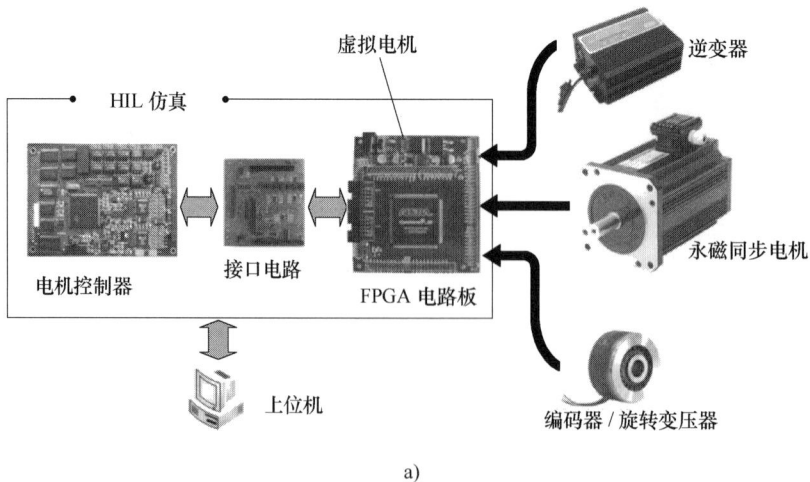

图 3-41　基于 FPGA 高速实时仿真技术的虚拟电机（半实物硬件在环）
a）半实物仿真平台实物

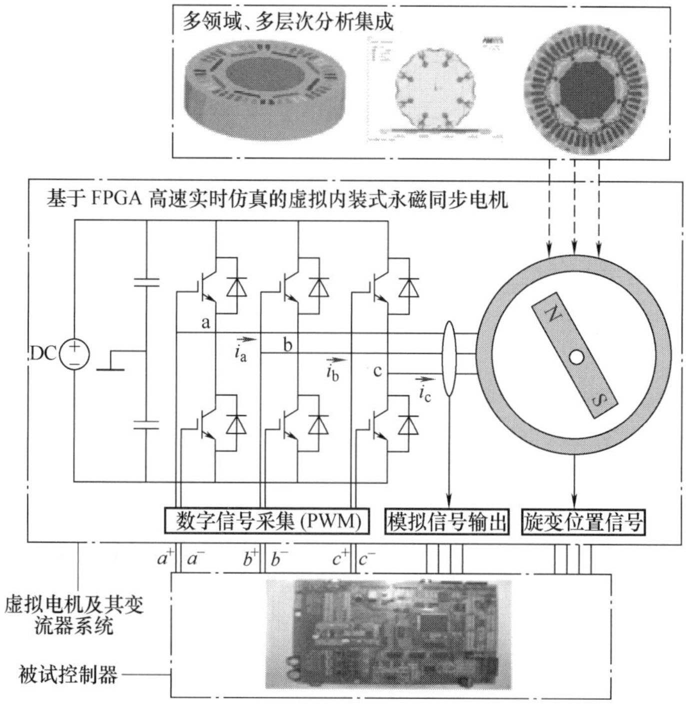

图 3-41　基于 FPGA 高速实时仿真技术的虚拟电机（半实物硬件在环）（续）
b）半实物仿真模型

3.5.4　样机设计及验证

运用车用永磁同步电机多领域集成与多层面协同设计方法，从电磁性能、热性能、机械性能和振动噪声等几个方面进行车用驱动电机设计验证与校核[12]。

1. 电磁性能仿真分析

基于电机结构、磁性材料参数模型和驱动方式，采用电机本体与驱动电路的耦合仿真，精确计算电机系统的主要性能和参数。在电机性能精确分析的基础上，不断优化和改进设计方案尺寸和参数。图 3-42 为电磁性能仿真分析。

2. 热性能仿真分析

基于磁场、温度场与流体场的耦合模型进行电机本体的热性能计算，以及温度效应的开路反电动势和短路电流对电机系统故障容错能力与安全控制分析、永磁体抗退磁能力的评估分析[13]，图 3-43 为基于流固耦合的高功率密度车用永磁同步电机热性能仿真分析图。

3. 机械性能仿真分析

开展转子结构的优化设计、可靠性设计和寿命与疲劳的仿真分析验证。利用 ANSYS 软件进行电机转子应力场和转子结构机械特性的精确分析计算，图 3-44 为 ANSYS 平台下转子离心应力和形变仿真分析图，依据高速工况的转子离心应力和转子外表面位移形变情况来完善转子结构，以设计出具有高凸极率和高机械强度的转子结构。

a)

b)

c)

d)

图 3-42　电磁性能仿真分析

a）Ansoft 软件平台上电机模型　b）电机磁通密度分布　c）电机相反电动势波形　d）电机转矩波形

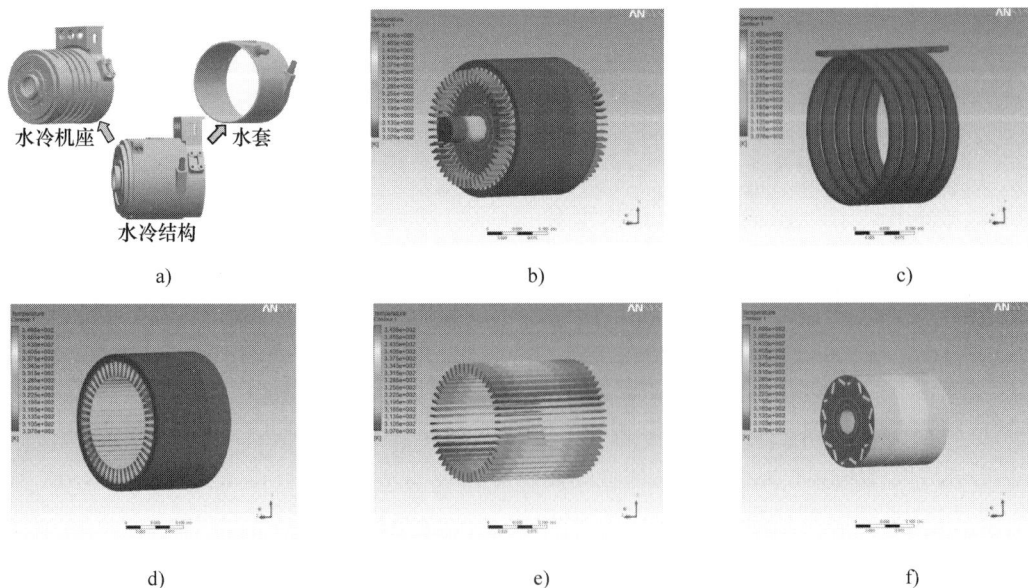

a)

b)

c)

d)

e)

f)

图 3-43　基于流固耦合的高功率密度车用永磁同步电机热性能仿真分析图

a）电机水冷结构模型　b）电机内部整体结构　c）机座内冷却水流　d）定子铁心　e）定子绕组　f）转子铁心

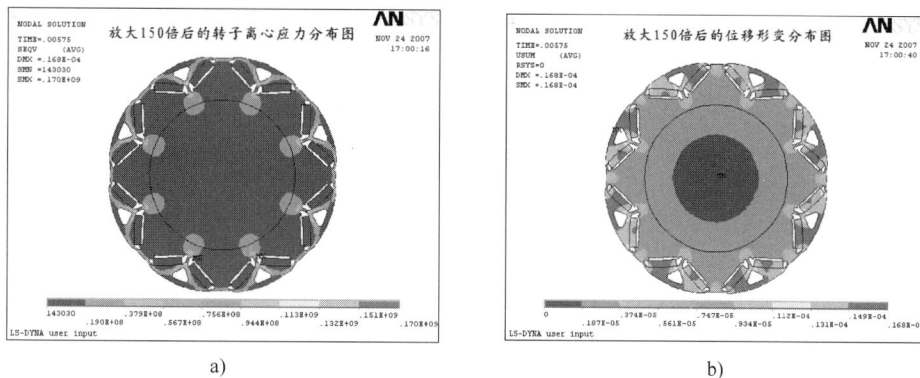

图 3-44　在 ANSYS 平台下转子离心应力和形变仿真分析图

a）转子离心力图　b）转子形变图

由图 3-44 可知，对于 V 形结构磁钢，最大离心应力出现在加强筋上。离心应力会引起转子外表面的形变，最大形变出现在磁极中心处。若形变过大，将会引起定、转子间气隙的变化，进而影响气隙磁通密度的分布，使电磁性能变差；严重时还会引起定、转子相擦，导致电机不能正常工作。

4. 振动与噪声分析

为了避免共振，减小电机振动与噪声，建立电机的电磁激振力和固有模态分析模型，结合温度场模型仿真计算电机结构的冷态和热态固有频率；分析影响电机 NVH 的主要电磁力波，结合 NVH 模型预测电机的 NVH 性能。图 3-45~ 图 3-47 分别为高功率密度车用永磁同步电机的径向力、振动模态和电磁噪声声场分布仿真图。

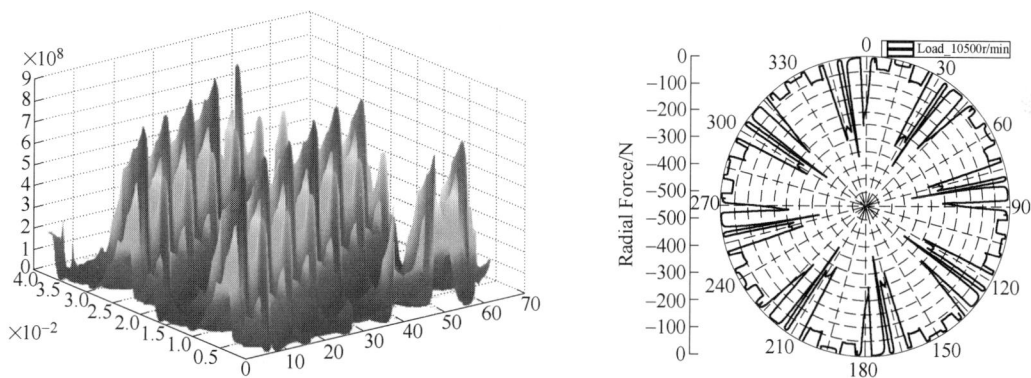

图 3-45　电磁力波仿真分析图

基于上述车用电机多维设计空间优化和多领域集成设计技术，典型车用驱动电机产品及其效率 MAP 图如图 3-48 所示。

测试结果表明，驱动电机功率密度达到 3.1kW/kg，电机峰值效率达到 96.5%，电机超过 85% 的高效率区达到 80% 以上。

同时，驱动电机在纯电动汽车整车应用中显示出良好的 NVH 性能，如图 3-49 所示。不同转速下的声压级测量值见表 3-4，该产品已在纯电动汽车实现量产。

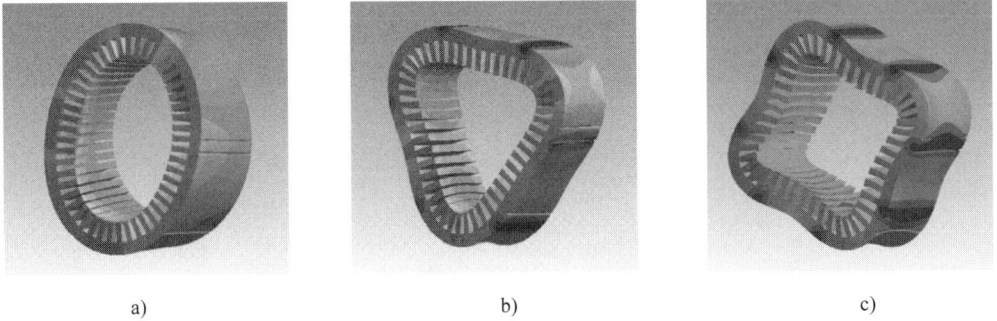

图 3-46 定子铁心模态振型图

a）2 阶振型 b）3 阶振型 c）4 阶振型

图 3-47 电机关键工作点电磁噪声有限元仿真结果

a）峰值转矩基速点电磁噪声声场分布 b）恒功率最高转速点的电磁噪声声场分布

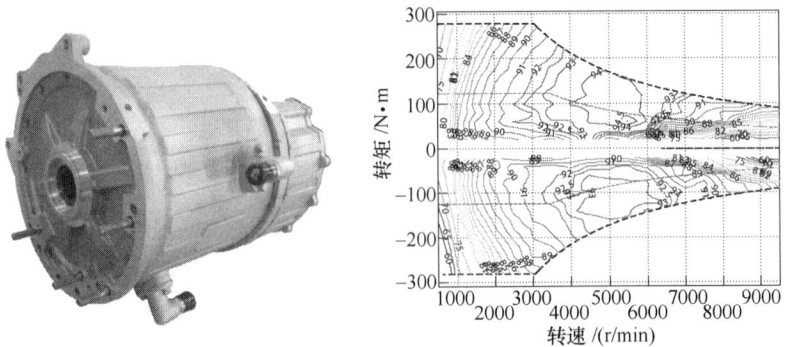

图 3-48 典型车用驱动电机产品及其效率 MAP 图

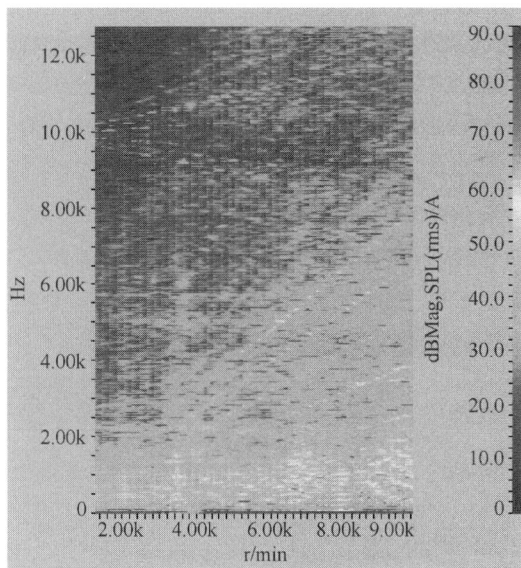

图 3-49 搭载电机产品噪声测试结果

表 3-4 搭载项目产品的整车和国外同类产品在不同转速下的声压级测量值对比

电机转速 /（ r/min ）	2000	3000	4000	5000	6000	7000	8000
驱动电机噪声 /dB	75.0	73.3	77.4	77.3	82.8	85.2	86.2
国外同类电机噪声 /dB	77.7	77.1	78.0	80.6	84.8	86.6	87.0

参考文献

［1］ 张舟云，贡俊 . 新能源汽车电机技术与应用 [M]. 上海：上海科学技术出版社，2013.

［2］ 黄苏融，张琪，谢国栋，等 . 燃料电池轿车用高密度无刷永磁牵引电动机 [J]. 机械工程学报，2005，41（12）：69-75.

［3］ HUANG S，AYDIN M，LIPO TA. Comparison of（Non-Slotted and Slotted）Surface Mounted PM motors and Axial Flux Motors for Submarine Ship Drive [C]. Philadelphia：Proceeding of Third Naval Symposium on Electric Machines，2000：4-7.

［4］ HUANG S，AYDIN M，LIPO TA. A direct approach to electrical machine performance evaluation：torque density assessment and sizing optimization [C]. Sapporo：15th International Conference on Electrical Machines，2002：26-28.

［5］ GONG J，HUANG S. Evolution of motor drive for electric vehicles [C]. Shanghai：Record of Conference of Shanghai Full Cell Vehicle Forum，2002：334-347.

［6］ 张琪，王伟旭，黄苏融，等 . 高密度车用永磁电机流固耦合传热仿真分析 [J]. 电机与控制应用，2012，39（8）：1-5.

［7］ 王爱元，黄苏融，贡俊 . 应用集中参数热模型的高密度 IPM 电机运行过程的热仿真 [J]. 微特电机，2004，32（8）：5-7，43.

［8］　黄苏融，马睿，张琪，等 . 现代车用无刷永磁电机设计研究 [J]. 微特电机，2006，34（2）：5-7.

［9］　杨萍，代颖，黄苏融，等 . 基于有限元法的车用永磁同步电机电磁噪声的评估 [J]. 电机与控制应用，2012，39（9）：33-37，59.

［10］洪文成，黄苏融，邹海晏 . 基于 dSPACE 的车用牵引电机控制器设计与实现 [J]. 电机与控制应用，2008，35（11）：23-26，31.

［11］黄苏融，史奇元，刘畅，等 . 基于现场可编程门阵列永磁同步电机模型的硬件在环实时仿真测试技术 [J]. 电机与控制应用，2010，37（9）：32-37.

［12］黄苏融，朱培骏，高瑾，等 . 基于数字化虚拟电机硬件在环实时仿真测试 [J]. 电机与控制应用，2012，39（7）：20-25.

［13］刘马林，王淑旺 . 直接喷油式永磁同步电机温度场研究 [D]. 合肥：合肥工业大学，2016.

第4章 异步驱动电机

4.1 概述

异步电机包括绕线转子异步电机和笼型异步电机。由于笼型异步电机具有结构简单、工作可靠、制造成本低、维修方便，且功率/转矩密度较高等优点，从20世纪90年代开始，伴随着电力电子功率器件及变流技术的发展，逐步取代直流驱动电机，在1990~2010年间成为电动汽车的主流驱动电机。

异步驱动电机按不同分类方式可以分为以下几类：

（1）按冷却方式分类

按冷却方式，异步驱动电机分为以下几类。

1）自然冷却：电机没有任何冷却装置，通过辐射将电机热量散发到空气中（图4-1a）。

2）水冷：电机产生的热量通过机壳水道内的冷却水带走（图4-1b）。

3）油冷：电机所产生的热量通过流经电机内部的冷却油带走（图4-1c）。

表4-1给出了不同冷却方式的比较。

（2）按转子分类

根据转子采用的材质和制造工艺，异步驱动电机分为以下几类：

1）铸铝转子（图4-2a）：转子导条与端环材料均为铝，采用铸造工艺成型。

2）焊接铜转子（图4-2b）：转子导条与端环材料均为铜，采用焊接（钎焊）工艺成型。

3）铸造铜转子（铸铜转子，图4-2c）：转子导条与端环材料均为铜，采用铸造工艺成型。

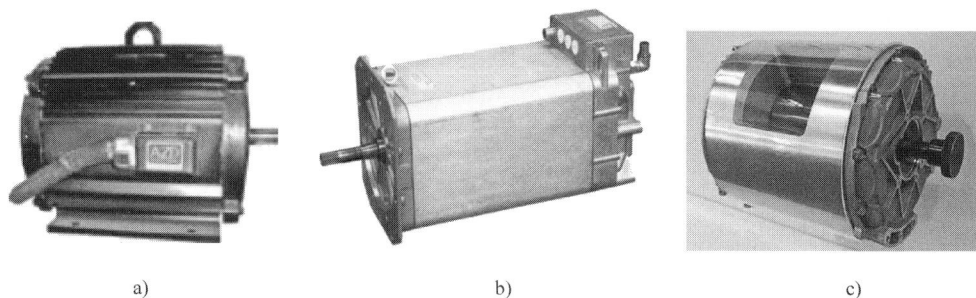

图 4-1 不同冷却结构的异步驱动电机

a）自然冷却（Azure 公司图） b）水冷（Siemens 公司图） c）油冷（Tesla 公司图）

表 4-1 不同冷却方式的比较

项目	自然冷却	水冷	油冷
功率密度	低	较高	高
电机体积	大	较小	小
电机效率	高	较高	低
电机内部温度分布的均匀性	较均匀	不均匀	均匀
电机结构	简单	较复杂	复杂
冷却装置	不需要	需要	需要

图 4-2 不同材质和制造工艺的转子

a）铸铝转子 b）焊接铜转子 c）铸铜转子

表 4-2 给出了不同材质和制造工艺转子结构的比较。

表 4-2 不同材质和制造工艺转子结构性能的比较

项目	铸铝转子	焊接铜转子	铸铜转子
材料电阻率（20℃）/（$\Omega \cdot mm^2/m$）	0.027~0.030	0.017	0.017
制造方式	铸造	钎焊	铸造
损耗	大	小	较大
效率	低	高	较高
重量	轻	较重	重
可靠性	高	较高	高
成本	低	较高	高
制造工艺	简单	复杂	复杂
批量生产的适应性	适合	较适合	较适合

由于铸铝转子的电阻率是普通转子的 1.59 倍以上，转子的损耗较大。较大的损耗不仅影响电机效率，同时影响电机温升尤其是转子和轴承的温升，并最终影响电机功率密度和可靠性。因此，采用铜转子异步电机作为电动汽车驱动电机成为研究方向。根据制造工艺，铜转子分为焊接铜转子和铸铜转子。Tesla 公司首先在 Model S 上采用焊接铜转子结构。GM、AC Propulsion 等公司对铸铜转子进行了深入研究、试验和试用。

焊接铜转子必须采用钎焊方式将端环和导条焊接在一起，制造工艺复杂、成本较高且存在转子导条断条的风险。尽管铸铜转子在工业用电机上呈现比较快的发展势头，但由于铜的熔点（1083℃）高，高温对模具的破坏性较大，铸造模具的寿命不高，模具成本较高，不符合汽车工业低成本的要求。随着永磁电机的日趋成熟，铜转子电机的应用逐渐减少。

本章结合典型电动汽车异步电机，首先分析介绍了异步驱动电机的结构；以等效电路为对象，分析了异步驱动电机稳态运行工作特性和变频运行特性；同时，针对电动汽车对驱动电机系统的在机、电、热、磁等多领域的设计和应用需求，提出了异步驱动电机的设计方法。

4.2　异步驱动电机结构

4.2.1　基本结构

图 4-3 为水冷异步驱动电机（铸铝转子）的典型结构，其主要零部件由定子、转子、端盖、轴承、旋转变压器（测速系统）等组成。与第 3 章永磁同步电机结构对比可以看出，除了转子结构和测速系统外，异步电机的定子、端盖、轴承等均与永磁驱动电机零部件相同。

图 4-4 给出了水冷异步驱动电机（铸铝转子）的典型工艺流程。

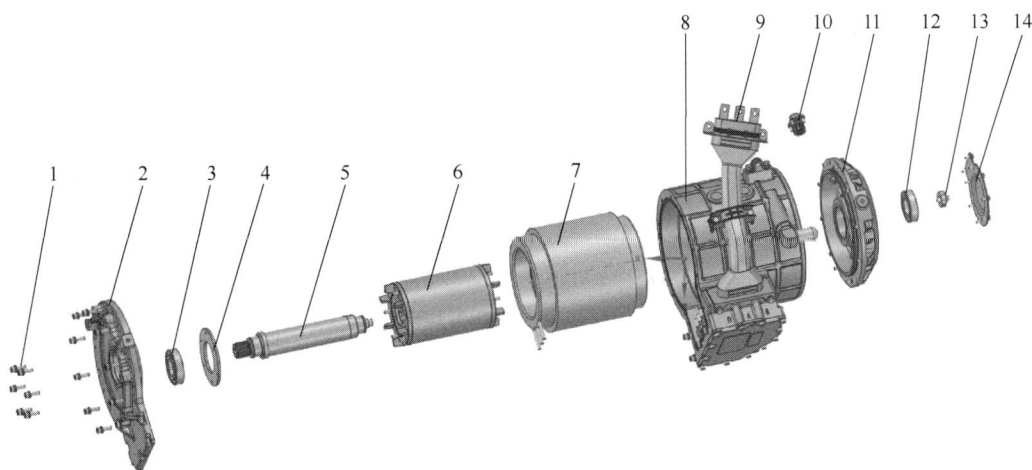

图 4-3　水冷异步驱动电机的典型结构

1—螺栓　2—传动端端盖　3—传动端轴承　4—轴承盖　5—转轴　6—铸铝转子　7—嵌线定子　8—机座
9—高压线束　10—低压插件　11—非传动端端盖　12—非传动端轴承　13—速度传感器　14—盖板

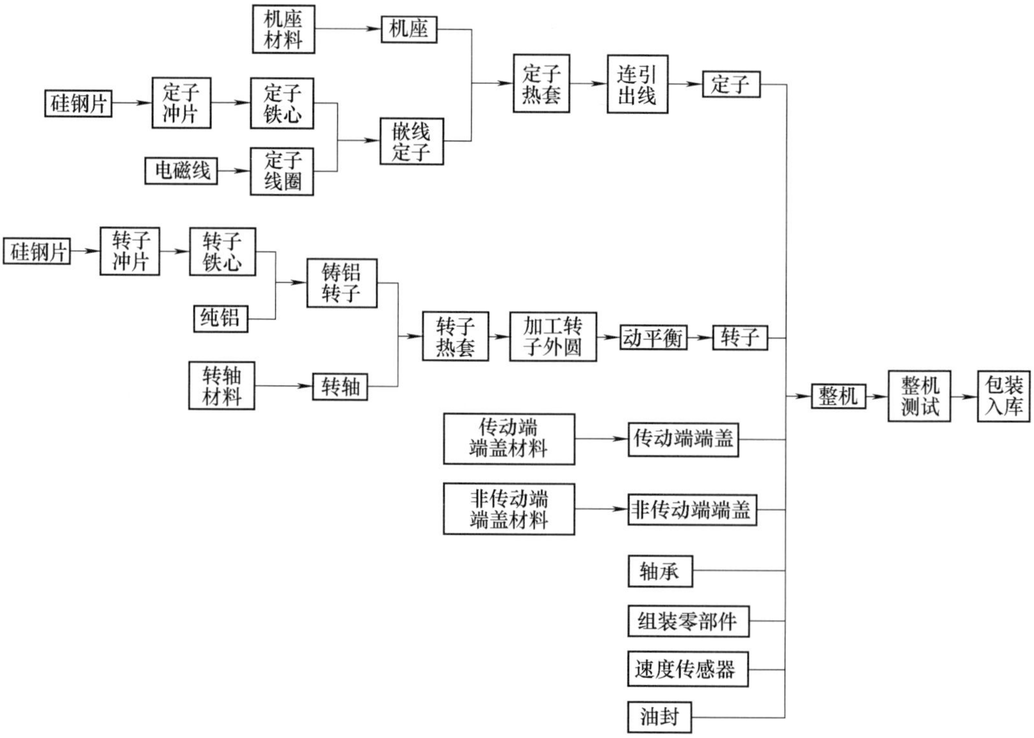

图 4-4　水冷异步驱动电机的典型工艺流程

4.2.2　转子

转子与定子一起构建电机的磁场，产生转矩，并通过转轴传递到机械传动系统上。不同的转子具有不同的结构特点和工艺流程。

1. 铸铝转子 [1]

转子由铸铝转子和转轴组成，铸铝转子热套进转轴中，然后加工外圆、校动平衡和喷表面防锈漆。

铸铝转子由转子冲片、转子导条和端环组成，转子导条和端环通过铸造的方式形成笼型，并与转子铁心一起形成一个紧固的结构，在端环上同时铸有风叶片和平衡柱。

转子冲片材料与定子冲片材料相同。

转子导条和端环均采用牌号为 Al99.5 的一级重熔用铝锭，表 4-3 为其主要性能要求。

表 4-3　Al99.5 主要性能要求

电阻率（20℃）/ （Ω·mm²/m）	铝的纯度	杂质含量				
		Fe	Si	Fe+Si	Cu	杂质总和
0.027~0.03	99.5%	≤ 0.3%	≤ 0.2%	≤ 0.45%	≤ 0.015%	≤ 0.5%

常用的铸铝方法有离心铸铝和压力铸铝。由于压力铸铝生产效率高，易于实现机械化、自动化，操作者的劳动强度小，目前基本采用压力铸铝。其工作原理为用压力将高温

116

熔化的铝液注入端环型腔和转子槽内，待冷却、凝固后与转子铁心成为一个坚实的整体。

铸铝转子的质量对异步驱动电机的性能影响很大，因此必须采取可靠、稳定的工艺，以保证铸铝转子的铸造质量和一致性。铸铝转子的一般主要质量要求为：

1）铝笼的含铁量不得大于0.8%。

2）转子铁心长度公差为2.0mm。

3）应无导条、细条等缺陷。

4）端环、风叶片及平衡柱不得有裂纹、弯曲和明显的缩孔、缺陷等现象。

转子校动平衡是为了检查转子质量分布的均匀程度，以保证电机运行的平衡性，减小电机的振动。转子许用平衡等级必须达到GB/T 9239.1—2006《机械振动 恒态（刚性）转子平衡品质要求 第1部分：规范与平衡允差的检验》所规定的G2.5以上。采用加重法校动平衡，在平衡柱上加上所需要的垫圈并铆紧。

2. 焊接铜转子

焊接铜转子由转子铁心、转子压圈、转轴、转子导条和端环等组成。转子导条插入转子铁心中并固定在铁心内，采用钎焊的方式将转子导条和两端的端环焊接在一起。

焊接铜转子的传统制造过程为：转子冲片叠压在转轴上→插导条→转子导条固定在转子铁心内→钎焊及后处理→车转子铁心外圆和端环→动平衡→表面防锈处理。

与铸铝转子相比，转子端环更重，端环和铁心之间存在悬臂的距离，加上焊接时会存在焊接应力，因此铜条转子更容易出现断条等故障。

防止转子断条成为焊接铜转子的关键。为防止转子断条，采取的主要措施：

1）选择合适的端环和导条接头形式。图4-5为常见的几种接头形式。

2）选择合适的端环、导条材料。导条的电导率与纯铜相近，但应具有较好的钎焊性能、满足运行要求的机械强度和软化温度。

3）选择合适的钎料和钎剂。钎料的熔点尽量低、具有较高的机械强度和良好的导电性。

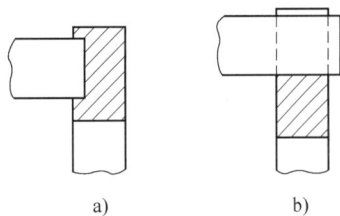

图 4-5 焊接铜转子的几种接头形式
a）沟槽式 b）嵌入式

4）采用合适的焊接方法和焊接规范。

焊接方式有气体火焰钎焊、中频感应钎焊。火焰钎焊具有设备费用低等优点，但具有热效率低、焊接质量不高、操作者劳动强度大、劳动条件差等缺点。中频感应钎焊具有自动化程度高、焊接质量良好、操作者劳动强度小等优点，目前已成为主流的焊接方法。

在焊接时，如焊接不当，由于热量非均匀地分布在端环圆周上，会对某些转子导条与端环连接处产生较大的残余机械应力，可能导致转子断条。因此要求选取合适的焊接温度、焊接时间以及焊接工序，以改善焊接接头的机械性能并提升接头的焊接质量。

Tesla公司的Model S异步驱动电机是一款典型的采用焊接铜转子（图4-6）的异步驱动电机。为了降低焊接所带来的制造成本，采取了专利技术（US2013/0069476）[2]，制造工艺如下：

1）将铜条插入转子铁心内（图4-7）。

2）将表面镀银的铜质"楔子"（图 4-8）插入伸出转子铁心的端部之间的缝隙内。

3）在楔子和铜条之间进行焊接。

4）加工转子端部。

5）套入增加转子强度的护环。

图 4-6　铜转子（Tesla 公司图）

图 4-7　带导条的转子铁心（Tesla 公司图）　　　图 4-8　用作端环的"楔子"（Tesla 公司图）

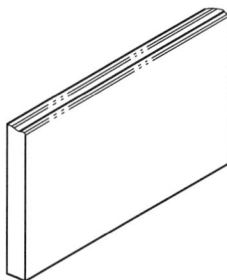

3. 铸铜转子

铸铜转子的基本结构与铸铝转子相同。主要不同是在端环上没有叶片和平衡柱，以降低铸造难度。

动平衡采用去重法，即在端环上去重（钻孔或者打磨平面）以达到所需要的不平衡量。

由于铜熔点高、流动性差和易氧化的特点，铸铜转子的技术难度很高。除了采用压力铸造法，还必须解决以下技术难题：

1）防止氧化的铜熔炉技术。

2）防止气孔和缩孔等缺陷的高质量铜转子的铸造技术。

3）提升模具寿命的模具材料和制造技术。

4.2.3　测速系统

高性能异步驱动电机控制需要采用速度闭环控制，需要检测异步电机的转速，因而在异步驱动电机上安装有测速系统。目前常用的测速传感器有：

1）非接触式磁电式速度传感器。

2）光电编码器。

3）旋转变压器。

4.3 异步驱动电机稳态工作特性

4.3.1 运行原理

1. 基本工作原理[3]

异步驱动电机的工作原理可用图 4-9 说明，图中 F_y 是指磁场方向，f 是各导条受力方向。

当三相对称定子绕组接三相对称电源时，电机内产生圆形旋转磁场，其同步转速为

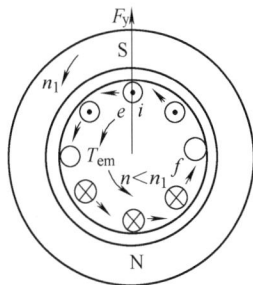

图 4-9　异步驱动电机的工作原理

$$n_1 = \frac{60 f_1}{p} \tag{4-1}$$

式中　n_1——同步转速（r/min）；

　　　f_1——电源频率，也是驱动电机定子电流频率（Hz）；

　　　p——极对数。

假设旋转磁场为逆时针方向旋转。若转子不转，转子笼型导条与旋转磁场有相对运动，在导条中产生感应电动势 e，方向由右手定则确定。因转子导条彼此在端部短路，故感应电动势在闭合回路内产生电流 i。忽略感应电动势与导条电流的相位差，电流方向与感应电动势同方向。这样，用左手定则可以确定导条的受力方向，转子受力后产生电磁转矩，方向与旋转磁场相同，转子便在该方向上旋转起来。

转子旋转后，转速为 n，只要 $n < n_1$，转子导条与磁场之间就有相对运动，产生与转子不转时相同方向的感应电动势、电流及力，电磁转矩仍为逆时针方向，转子继续旋转，直到驱动电机稳定运行。

从异步电机的运行原理可以看出，异步电机工作原理是基于"电磁感应原理"，因此异步电机又称为"感应电机"。

2. 调速原理

根据电机学原理[5]，异步电机的转速公式为

$$n = (1-s)n_1 = \frac{60 f_1 (1-s)}{p} \tag{4-2}$$

式中　n——电机转速（r/min）；

　　　s——转差率。

从式（4-2）可以看出：

1）电机转速与旋转磁场的转速不相同，即"相异"，因此称为"异步电机"。

2）通过改变转差率、极数和定子频率可以实现电机转速的改变。

在异步驱动电机系统中，采用的是改变定子电流频率，即采用所谓的变频调速，通过改变电机控制器的输出频率来调节电机的转速。

4.3.2 稳态运行特性

4.3.2.1 异步驱动电机等效电路图

异步驱动电机的分析基础为等效电路图[4, 5]（图4-10）。由于异步驱动电机铁耗较小，可以采用忽略铁耗的等效电路图（图4-10b）。

根据等效电路图，可以得出异步驱动电机的基本方程式。

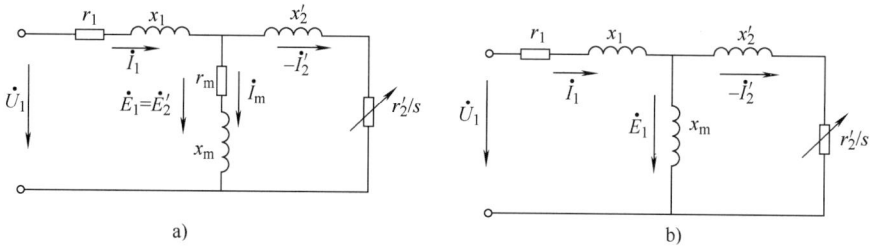

图4-10　异步驱动电机的等效电路图

a）考虑铁耗　b）忽略铁耗

4.3.2.2 异步驱动电机基本方程式

1. 电压、电流的关系

异步驱动电机的电压、电流基本方程式为[4]

$$\begin{cases} \dot{U}_1 = -\dot{E}_1 + \dot{I}_1\left(r_1 + jx_1\right) \\ \dot{E}_1 = -\left(jx_m + r_m\right)\dot{I}_m \\ \dot{E}_2' = \dot{I}_2'\left(r_2'/s + jx_2'\right) \\ \dot{E}_1 = \dot{E}_2' \\ \dot{I}_1 = \dot{I}_m - \dot{I}_2' \end{cases} \quad (4\text{-}3)$$

式中　$\dot{U}_1$——定子相电压（V）；

$\dot{I}_1$——定子相电流（A）；

$\dot{I}_m$——励磁电流（A）；

r_1——定子相电阻（Ω）；

x_1——定子漏抗（Ω）；

r_m——铁耗电阻（Ω）；

x_m——励磁电抗（Ω）；

$\dot{E}_1$——感应电动势（V）；

$\dot{E}'_2$——折算到定子侧的转子感应电动势（V）；

$\dot{I}'_2$——折算到定子侧的转子相电流（A）；

r'_2——折算到定子侧的转子相电阻（Ω）；

x'_2——折算到定子侧的转子漏抗（Ω）。

2. 频率关系

异步驱动电机的频率关系为

$$f_1 = f_2 + f_n \tag{4-4}$$

$$s = \frac{f_2}{f_1} \tag{4-5}$$

式中　f_1——定子频率，即电机控制器输出频率（Hz）；

f_2——转子频率或者转差频率（Hz）；

f_n——转子旋转磁场频率（Hz）。

3. 功率关系[3]

当三相异步驱动电机稳态运行时，从电源吸收的输入功率 P_1 为

$$P_1 = 3U_1 I_1 \cos\varphi_1 \tag{4-6}$$

式中　φ_1——定子功率因数角。

驱动电机分别在电机上产生定子铜耗、定子铁耗、转子铜耗、机械损耗和附加损耗，最后在转轴上输出机械功率（轴功率）。

定子铜耗为

$$p_{Cu1} = 3I_1^2 r_1 \tag{4-7}$$

在正常运行情况下，转子转速接近同步转速，彼此相对转速很小。另外，转子铁心是用硅钢片叠压而成的，可忽略转子铁耗。所以，异步电机的铁耗主要考虑定子铁耗 p_{Fe}，可表示为

$$p_{Fe} = 3I_m^2 r_m \tag{4-8}$$

转子绕组的铜耗为

$$p_{Cu2} = 3I_2^2 r_2 = sP_{em} \tag{4-9}$$

式中　P_{em}——电磁功率（W）。

电磁功率减去转子铜耗 p_{Cu2} 等于产生机械功率的等效电阻 $\frac{1-s}{s}r'_2$ 上的损耗，这部分等效损耗实际上是传输给电机转轴上的机械功率 P_m：

$$P_m = P_{em} - p_{Cu2} = (1-s)P_{em} \tag{4-10}$$

输出功率 P_2 为

$$P_2 = P_m - p_m - p_s \tag{4-11}$$

式中　p_m——机械损耗（W）；

p_s——附加损耗（W）。

输出功率 P_2 也可表示为

$$P_2 = P_1 - p_{Cu1} - p_{Fe} - p_{Cu2} - p_m - p_s \tag{4-12}$$

图 4-11 给出了异步驱动电机在牵引工况下的功率流[5]。

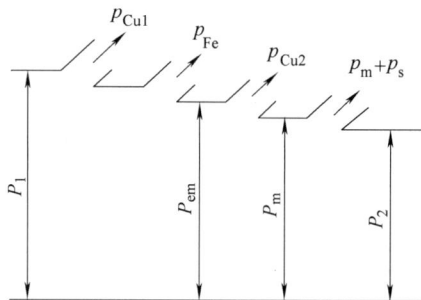

图 4-11 异步驱动电机在牵引工况下的功率流

4. 效率关系

异步驱动电机的效率 η 为

$$\eta = \frac{P_2}{P_1} \tag{4-13}$$

5. 转矩关系

当异步驱动电机稳定运行时，存在如下的转矩平衡公式：

$$T_2 = T_{em} - T_{mec} \tag{4-14}$$

式中　T_2——输出转矩（N·m）；

　　　T_{em}——电磁转矩（N·m）；

　　　T_{mec}——机械摩擦转矩（N·m）。

机械摩擦转矩 T_{mec} 为

$$T_{mec} = \frac{p_m}{\Omega} \tag{4-15}$$

式中　Ω——转子机械角速度（rad/s），$\Omega = \dfrac{2\pi n}{60}$。

根据图 4-10b 的等效电路图，可以计算出电磁转矩 T_{em} 与等效电路的参数之间的关系[4]：

$$T_{em} = \frac{pm}{2\pi}\left(\frac{U_1}{f_1}\right)^2 \frac{f_2 x_m^2 / r_2'}{\left\{r_1 + \dfrac{f_2}{f_1 r_2'}\left[x_m^2 - (x_1 + x_m)(x_2' + x_m)\right]\right\}^2 + \left[(x_1 + x_m) + \dfrac{f_2 r_1(x_2' + x_m)}{f_1 r_2'}\right]^2} \tag{4-16}$$

式中　p——极对数；

　　　m——相数。

异步驱动电机的输出体现在转矩和转速上，电磁转矩与转差率的关系 $T_{em}=f(s)$ 称为转矩 - 转差率特性。图 4-12 为 T_{em}-s 曲线图[5]。

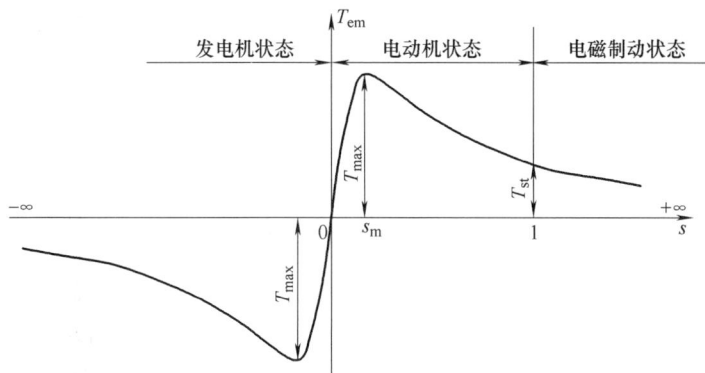

图 4-12　异步电机的转矩 - 转差率特性（T_{em}-s 曲线）

当

$$s_m = \pm \frac{\sigma_1 r_2'}{\sqrt{r_1^2 + \left(x_1 + \sigma_1 x_2'\right)^2}}$$　（4-17）

时，电机会输出最大转矩 T_{max}。最大转矩又称为颠覆转矩，意味着当电机转矩超出该转矩时，电机将处于不稳定运行状态，直至停机。它也代表电机的过载能力。

式（4-17）中，$\sigma_1 = 1 + x_1/x_m$。

最大转矩的计算公式为[5]

$$T_{max} = \pm \frac{pm}{2\pi} \left(\frac{U_1}{f_1}\right)^2 \frac{f_1}{2\left[\pm r_1 + \frac{\sqrt{r_1^2 + \left(x_1 + x_m\right)^2}}{x_m^2}\sqrt{x_m^2 - \left(x_1 + x_m\right)\left(x_2 + x_m\right)^2 + \left[r_1\left(x_2 + x_m\right)\right]^2}\right]}$$　（4-18）

式（4-18）中，"+"号对应于电动机运行（牵引）工况，"-"号对应于发电机（制动）工况。

从式（4-18）也可以看出，电机的最大转矩与电机电压的二次方成正比，与电机的漏抗成反比。

4.4　异步驱动电机变频运行

异步驱动电机采用的是变频调速。当频率发生变化时，电机的运行方式和特点不同于固定频率运行的电机，呈现以下特点：

1）电机控制器输出的电压除了有基波分量外，还有谐波分量，这些谐波分量会对电机的性能产生影响。

2）在调速过程中，随着频率的上升，电机电压也不断上升。但由于直流母线电压的限制，到一定频率后，电压进入满电压（图 4-13）。

在整个工作范围内，有两个典型区域：

1）恒磁通区：驱动电机内部磁通保持不变，电压随频率的升高而升高。

2）恒电压区：电机电压保持不变，磁通随频率的升高而降低，即处于弱磁区。

异步驱动电机在不同区域内的运行特点不同。

4.4.1 恒磁通区的运行特性

在恒磁通区，电机的磁通保持不变，即 E_1/f_1 保持不变。其中 E_1 和 f_1 分别为进入满电压点的反电动势和频率。

根据图 4-10 所示的等效电路图，当 E_1/f_1 和电机转矩（功率）已知时，可以得出电机的电压、电流以及电磁转矩等关键参数 [4]：

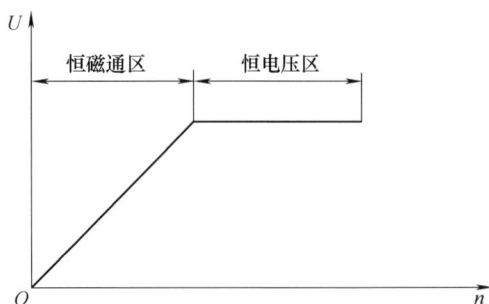

图 4-13　电压变化曲线

$$\begin{cases} \dot{I}_2' = \dfrac{\dot{E}_1}{\sqrt{(r_2'/s)^2 + x_2'^2}} \\[3mm] T = \dfrac{pm}{2\pi}\left(\dfrac{E_1}{f_1}\right)^2\left[\dfrac{f_2 r_2'}{r_2'^2 + (2\pi f_2 L_2')^2}\right] \\[3mm] T_{\max} = \dfrac{pm}{2\pi}\left(\dfrac{E_1}{f_1}\right)^2 \dfrac{1}{4\pi L_2'} \\[3mm] \dot{I}_1 = \dfrac{-\dot{E}_1}{jx_m} - \dfrac{\dot{E}_1}{r_2'/s + jx_2'} \\[3mm] \dot{U}_1 = -\dot{E}_1 + (r_1 + jx_1)\dot{I}_1 \end{cases} \qquad (4\text{-}19)$$

式中　L_2'——转子漏感，$x_2' = 2\pi f_1 L_2'$。

当磁通保持不变，即 E_1/f_1 保持不变时，定、转子和励磁电抗保持不变。因此在恒磁通区，如转矩同样保持不变，异步驱动电机呈现如下特点：

1）电机的定子电流、转子电流和励磁电流保持不变。

2）电机的转差率保持恒定。

3）最大转矩保持恒定。

4）电机电压与频率近似成正比。

4.4.2 恒电压区驱动电机的运行特点

当电机电压保持不变时，随着频率的升高，电机的磁通将会下降，电机处于弱磁运行。电机的主要参数变化规律如下：

（1）电感

当电机磁通下降时，定、转子和励磁电感会增加。

（2）趋肤效应

随着电机运行频率的升高，电机的趋肤效应加大，定、转子的交流电阻系数增加，交流漏抗系数降低。

（3）最大转矩

根据式（4-18），当电机的电压保持不变时，电机处于恒电压运行，电机的最大转矩与定子频率的二次方成反比，而转矩与定子频率成反比。因此，最大转矩与定子频率成反比。当驱动电机系统直流母线电压和驱动电机转矩 - 转速特性保持一定时，为了保证在最高恒功率点的最大转矩，只能减少驱动电机的漏抗。

这种特性是异步驱动电机与永磁驱动电机的一大区别，也是永磁驱动电机相比异步驱动电机具有更高功率密度的原因之一。对于永磁驱动电机来说，当电机电压和功率保持不变时，其最大转矩在整个区域内保持不变。

4.5 基于多领域集成与多层面协同的异步驱动电机设计方法

4.5.1 设计任务

异步驱动电机的设计任务为在给定体积、重量、安装空间的边界条件下，设计出与电机控制器匹配的，在全直流母线电压范围内满足车辆动力特性的转矩 - 转速特性（包括牵引工况和制动工况，参见图 4-14）的高转矩密度、高效率运行、高环境适应性的驱动电机。在设计中必须考虑到：

1）电机在最高工作电压、最低工作电压和额定电压下的输出转矩满足车辆的牵引、制动特性。

2）驱动电机在额定工况、峰值工况及其他用户规定的工况下的温升必须在电机绝缘系统和轴承允许的温升限值范围内。

3）在最低工作电压和最高转速下的最大转矩倍数必须保留一定的裕量。

4）峰值转矩下的最大电流小于电机控制器的允许电流。

5）驱动电机的额定效率、最高效率和效率分布满足要求。

6）驱动电机的重量，即其功率 / 转矩密度满足要求。

7）驱动电机外形尺寸满足车辆的要求。

8）驱动电机的冷却条件（冷却介质的流量、流阻等）需在冷却装置的输出范围内。

9）驱动电机的结构强度必须满足电机正常运行时和车辆正常运行时可能带来的冲击振动。

10）驱动电机的可靠性和寿命满足要求。

11）驱动电机必须适应车辆运行时严苛的环境条件，具有良好的环境适应性。

12）噪声满足要求。

13）驱动电机的成本满足要求。

14）具有良好的可制造性，尤其适应批量生产的要求。

驱动电机的转矩 - 转速特性保证了车辆的动力性能，是设计时的重要技术指标。在图
4-14 所示的转矩 - 转速特性中，包括以下三段：

1）恒转矩区：保证车辆的爬坡度，在该区域内，电机的转矩保持不变。

2）恒功率区：保证车辆的加速度，在该区域内，电机的输出功率保持不变，转矩与转速成反比。

3）自然特性：在该区域内，电机的输出功率与转速成反比，转矩与转速的二次方成反比。
在最高转速点，电机的功率必须保证车辆的最高运行速度所需的动力。

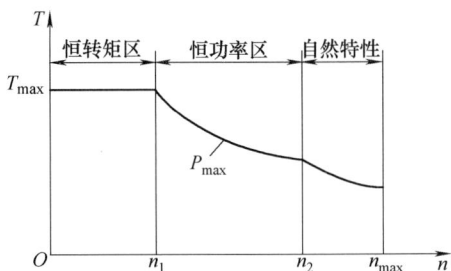

图 4-14 异步驱动电机的转矩 - 转速特性

在转矩 - 转速特性上，以下三个值为关键点：①最大转矩 T_{max}；②峰值功率 P_{max}；③最高转速 n_{max}。

4.5.2 设计流程

图 4-15 为实现上述设计目标的异步驱动电机的设计流程。

输入条件是整车对驱动电机系统以及驱动电机的要求，取决于整车的设计和定位。输入条件应至少包括：①直流母线电压及其范围；②驱动电机在不同直流母线电压下转矩 - 转速特性（牵引工况和制动工况）；③额定功率、额定转速及工作制；④峰值功率、最大转矩及工作制；⑤效率特性；⑥外形尺寸及安装要求；⑦重量，或者功率、转矩密度。

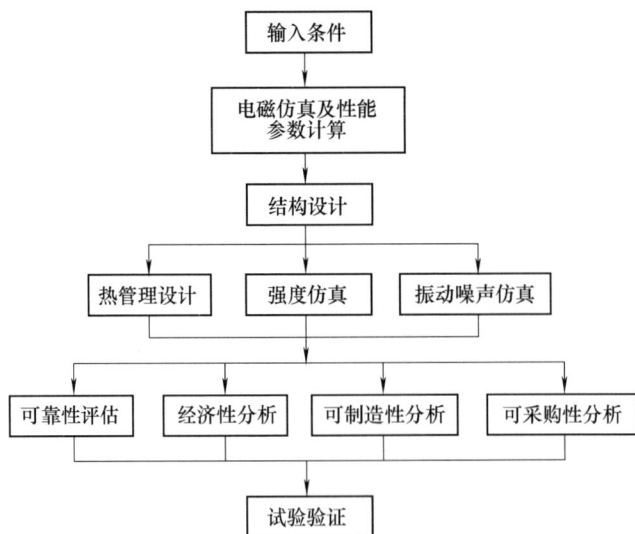

图 4-15 异步驱动电机的设计流程

4.5.2.1 电磁仿真

电磁仿真的目的：根据整车对电机的外形尺寸和性能要求，确定驱动电机的电磁结构参数，包括极数、定子冲片外径、定子冲片内径、转子冲片内径、气隙、定 / 转子槽数、定 /

转子槽型、绕组参数等。根据这些电磁结构参数校核异步驱动电机在整个运行范围内的特性曲线、效率分布和温升考核点的损耗分布等。图 4-16 为异步驱动电机电磁仿真的流程。

电磁仿真可以采用解析法[6, 7]，也可以采用有限元法。但鉴于异步驱动电机磁路结构比较简单，通常可以采用解析法。

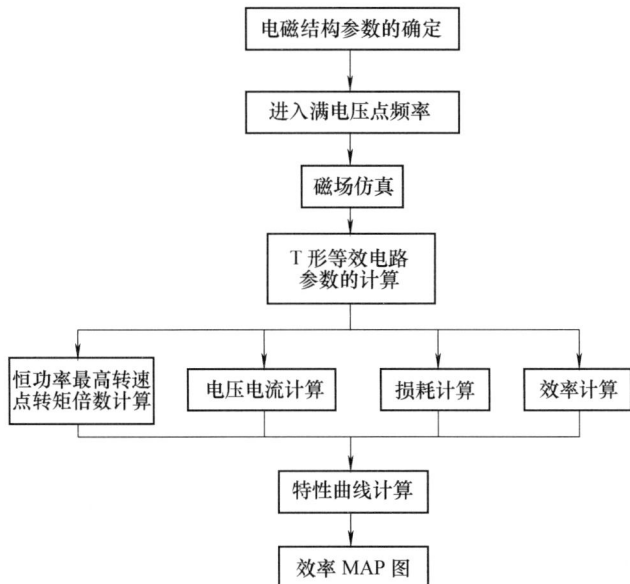

图 4-16 异步驱动电机电磁仿真流程

1. 电磁结构参数的选择

普通定速电机关键电磁结构参数的选取原则大部分适用于异步驱动电机[1]，但以下参数的选取必须考虑变频调速的异步驱动电机的特点：

（1）极数

驱动电机的极数越多，定子内径（电枢直径）可以越大。根据电机学[5, 8]的原理，电机转矩与有效体积 $D^2 l$ 成正比，因此电机极数越多，电机的功率密度越大。

由于电机的最高频率 f_{1max} 为

$$f_{1max} \approx 60 n_{max} / p \qquad (4-20)$$

式中 n_{max}——驱动电机最高转速（r/min）；

p——电机极对数。

因此驱动电机的极数必须保证其最高工作频率不得大于电机控制器的最大允许频率。

根据式（4-18），电机的最大转矩与定、转子漏抗成反比，而漏抗大小与极数成正比，因此极数越多，驱动电机的恒功率范围越小。

另外，异步驱动电机极数越多，磁化电流越大，功率因数越小。

因此，对于异步驱动电机，极数一般取 4 极或 6 极，其中以 4 极居多。

（2）定、转子槽配合

异步驱动电机，定、转子槽配合对电机稳态性能和动态性能影响很大，必须考虑以下因素：

1）噪声，特别是电机控制器供电所带来的噪声。

2）附加损耗。

由于异步驱动电机采用变频调速，电机的转速远远高于工业用电机的转速，槽数的选择更为重要。对于 4 极电机，36/28、48/38、60/74 被证明是较好的槽配合。

（3）转子槽型

由于异步驱动电机由电机控制器供电，电机控制器的输出中存在大量的时间谐波，这些时间谐波会在异步驱动电机，特别是转子上产生大量的谐波损耗。这些谐波损耗会影响电机的效率和温升。为了降低这种谐波损耗，除了优化控制策略、降低谐波电压外，还有一个重要的措施是采用能有效降低趋肤效应的转子槽型。图 4-17 分别为焊接铜转子和铸铝（铸铜）转子所采用的槽型。

2. 性能参数的计算

性能参数的计算包括以下工作：

1）电机等效电路参数的计算：具体计算可以参考普通异步电机的计算方法[1]。

2）磁场计算：可以采用有限元法，也可以参考普通异步电机的计算方法[1]。

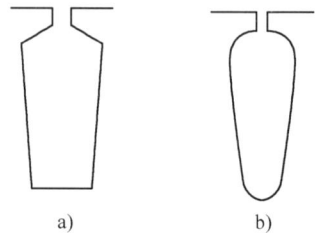

图 4-17 异步驱动电机常用的转子槽型
a）焊接铜转子 b）铸铝（铸铜）转子

3）性能参数计算：根据等效电路参数，可以根据 4.3 节给出的基本方程式，分别计算出恒磁通区和恒电压区电机的性能参数，包括电压、电流、功率、转矩、转差率、效率、各部分损耗等。具体方法可参见参考文献 [6，7]。

4）特性曲线的计算：特性曲线是计算出异步驱动电机在整个运行范围内驱动电机的定子频率、电压、电流、输出功率、输出转矩、效率、转子频率与转速之间的关系。具体方法可参见参考文献 [7]。图 4-18 为某款异步驱动电机的特性曲线。

5）温升考核点的损耗分布计算：为热管理提供损耗数据，包括考虑时间谐波在内的定子铜耗、转子铝（铜）耗、定子铁耗、机械损耗和附加损耗。

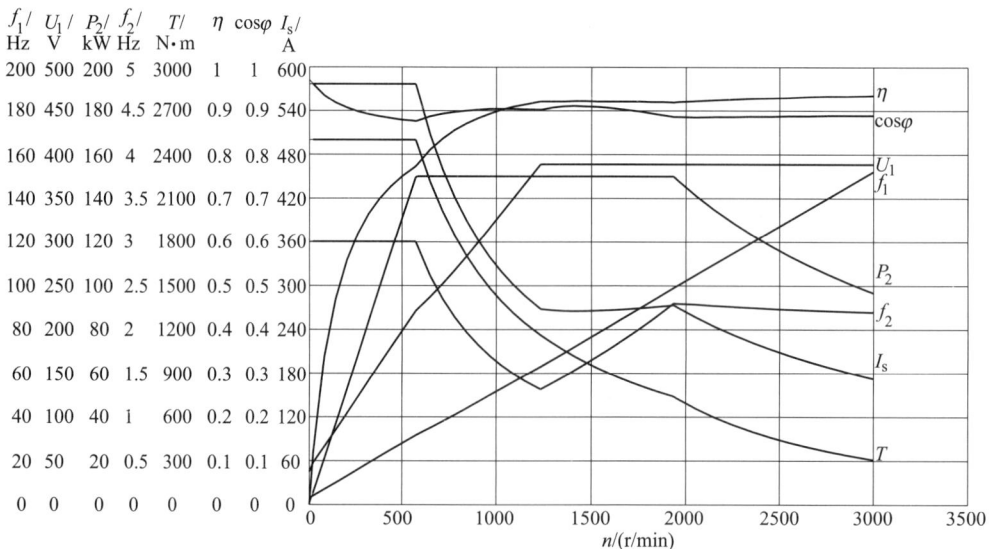

图 4-18 某款异步驱动电机的特性曲线

4.5.2.2 结构设计

结构设计的任务是根据电机的外形尺寸和电磁结构参数，构建电机的总体结构、确定各部分的公差配合和尺寸链、确定各部件的材料、校核各部件的强度、绘制各零部件用于生产的施工设计图样等。在 4.2 节中已介绍了异步驱动电机的典型结构。

结构设计的工作量往往占整个设计工作量的 70% 以上。

良好的结构设计必须满足以下条件：

1）驱动电机的外形及安装尺寸必须满足整车的要求。

2）驱动电机的功率密度以及整机重量必须满足整车的要求。

3）径向尺寸链必须保证驱动电机气隙的均匀性，轴向尺寸链必须保证定、转子铁心的对称度和轴向允许的轴向窜动量。

4）公差配合必须保证驱动电机在恶劣的运行条件下能传递所需要的转矩，以及由于配合过紧而带来对定子铁心、转轴等零件的附加应力。

5）整机及各部件必须保证整车正常运行时的可靠性和寿命要求。

6）具有良好的可制造性要求，特别是适合大批量生产的工艺要求。

7）各零部件材料具有良好可采购性。

8）具有良好的可维护性。

9）具有良好的环境适应性。

10）具有良好的全生命周期的经济性。

4.5.2.3 热管理设计

热管理设计是实现驱动电机高功率密度的重要手段。

热管理设计包括以下工作内容：①冷却方式的选择；②流量的确定；③冷却结构的设计；④流阻的预测；⑤温升的预测。

在 4.1 节中已介绍了异步驱动电机常用的冷却方式及优缺点。

由于机壳水冷是最常见的冷却方式，下面介绍该冷却方式的设计。

1. 流量的确定

冷却液流量的选择主要取决于电机所需的散热量，根据传热基本方程：

$$Q = C_p m \Delta t \tag{4-21}$$

式中　Q——热负荷或传热速率（kW）；

　　　m——冷却液的质量流量（kg/s）；

　　　C_p——流体的定压比热容 [kJ/（kg·K）]；

　　　Δt——冷却液进出口的温度差（K）。

通过式（4-21）可知，流量的确定主要取决于热负荷和冷却液进出口的温度差。其中热负荷可以近似为电机内部总损耗；常见的异步驱动电机冷却水入口温度一般不大于 65℃，出口水温一般限制在 75℃左右。

2. 冷却结构的设计

冷却结构的设计与电机结构和进出口位置密切相关。

在设计冷却水道时，除了要保证水道结构尽量覆盖定子铁心区域外，还要在尽可能避免大面积流动死区的前提下满足系统流阻的要求。

水道形式分为并联水道和串联水道，并联水道因结构复杂、难以保证流动均匀性而应用较少。目前采用较多的是串联水道。常见的串联水道结构有螺旋式、轴向往复式和周向往复式（图4-19）。其中，轴向往复式适合定子铁心较长的电机，周向往复式适合定子铁心扁平的电机，螺旋式比较适合进出口在两侧且铁心扁平的电机，流动阻力也小。

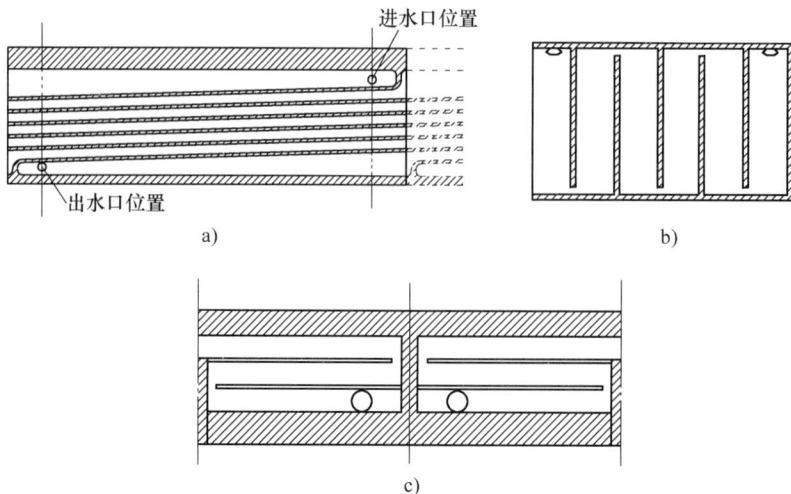

图4-19　常见串联水道结构形式
a）螺旋式　b）轴向往复式　c）周向往复式

3. 流阻的预测及流体场仿真

目前，流阻分析主要采用数值仿真方法，这种方法几何实用性强、计算精度高。

通过建立水道全模型，并选择合适的网格尺寸对水道进行网格划分。根据进出口以及外部需求设置好冷却介质和边界条件，并迭代求解，通过后处理提出压力、速度、流阻等需要的结果。图4-20为某款采用螺旋式水道的驱动电机的水道压力分布图。

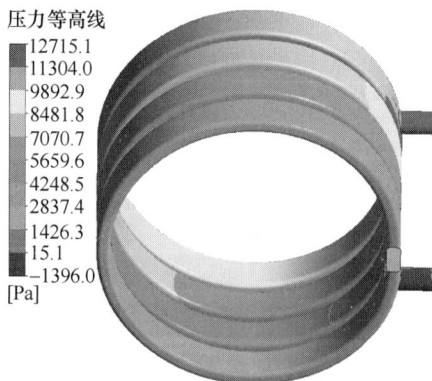

图4-20　采用螺旋式水道的驱动电机的水道压力分布图（见彩色插页）

4. 温升预测

温升预测是根据电磁仿真中所得出的各部分的损耗分布及流体场仿真中得出的流场分

布，预测异步驱动电机各部分的温度分布。对于异步驱动电机，至少应预测以下三种工况的温升：

1）额定工况。

2）峰值工况。

3）实际运行线路的循环工况。

目前，温升预测的方法主要有简单热路法、等效热网络法和数值仿真法。

简单热路法是将电机内部的热源和传热路径尽量简化，把复杂的传热过程简化为各个主热源单独存在时的叠加。该方法计算简单，速度快，但误差较大，一般可以在电机设计初期做简单评估。

等效热网络法是将电机离散成为各个节点，用节点的温度表示该部分的平均温度，通过传热路径建立节点网络拓扑结构，节点之间通过热阻连接。热网络法温升计算节点越多，精度越高。目前等效热网络法主要采用的软件是 MotorCAD。MotorCAD 界面友好，建模操作简单，可以给设计者提供快速的计算方法和精确的计算结果，能满足一般电机工程设计需要，对电机热设计具有工程指导意义。但等效热网络法需要假设电机沿圆周方向对称，而且只能得到各节点的平均温度。

数值仿真法是把电机模型进行网格划分，离散成有限个计算域，通过求解控制方程获得各个网格节点的变量值。数值仿真计算精度高、几何实用性强，并且能得到电机各个部分的最高温度。随着计算流体力学和计算机硬件的发展，数值仿真法在电机温升计算应用中逐渐成熟。较常使用的软件有 STAR-CCM+、ANSYS 等。

4.5.2.4　试验验证

异步驱动电机设计制造完成后，必须通过试验验证，验证所研制的异步驱动电机是否满足相关标准和用户的技术要求。

异步驱动电机的适用标准如下：

1）GB/T 18488.1—2015《电动汽车用驱动电机系统　第 1 部分：技术条件》。

2）GB/T 18488.2—2015《电动汽车用驱动电机系统　第 2 部分：试验方法》。

3）GB/T 29307—2012《电动汽车用驱动电机系统可靠性试验方法》。

4）QC/T 1068—2017《电动汽车用异步驱动电机系统》。

表 4-4 为异步驱动电机的试验项目。详细的试验方法详见本手册第十卷。

表 4-4　异步驱动电机的试验项目

序号	试验分类	试验项目	
1	一般性项目	外观	
2		外形和安装尺寸	
3		质量	
4		液冷系统冷却回路密封性能	
5		驱动电机定子绕组冷态直流电阻	
6		绝缘电阻	驱动电机定子绕组对机壳的绝缘电阻
7			驱动电机定子绕组对温度传感器的绝缘电阻

（续）

序号	试验分类	试验项目		
8	一般性项目	耐电压	驱动电机绕组的匝间冲击耐电压	
9			工频耐电压	驱动电机绕组对机壳的工频耐电压
10				驱动电机绕组对温度传感器的工频耐电压
11		超速		
12		温升		
13	输入输出特性	工作电压范围		
14		转矩-转速特性		
15		持续转矩		
16		持续功率		
17		峰值转矩		
18		峰值功率		
19		堵转转矩		
20		最高工作转速		
21		驱动电机系统效率	驱动电机系统最高效率	
22			驱动电机系统高效工作区	
23		控制精度	转速控制精度	
24			转矩控制精度	
25		响应时间	转速响应时间	
26			转矩响应时间	
27		馈电特性		
28		驱动电机空载试验		
29		驱动电机堵转试验		
30	安全性	安全接地检查		
31	环境适应性	低温	低温贮存	
32			低温工作	
33		高温	高温贮存	
34			高温工作	
35		湿热		
36		耐振动	扫频振动	
37			随机振动	
38		防水、防尘		
39		盐雾		
40		电磁兼容性	电磁辐射骚扰	
41			电磁辐射抗扰性	
42		可靠性		

4.5.3　设计方法

前面介绍了异步驱动电机的设计流程。该设计流程的思路是将一个复杂的系统简化为数个"简单"的步骤。驱动电机性能的实现涉及电机、电力电子、控制理论、车辆动力学等多学科技术领域，是一个相互影响、相互耦合的系统，同时异步驱动电机及驱动电机系统集成度越来越高，整车对电机的功率密度、转矩密度提出了更高的要求。电机的热性能趋于极限设计，为了充分发挥电机的整体性能，设计出高性价比、高可靠性的异步驱动电机，必须采用多领域集成设计和多层面协调设计。

4.5.3.1　基于多领域集成的异步驱动电机设计方法

基于多领域集成的异步驱动电机设计方法是基于异步驱动电机本体而言的。

异步驱动电机为一个多场耦合系统，包括电磁场、温度场、应力场、流体场和声场，一个场内的参数变化会引起其他场内参数的变化（图 4-21）。如果假定某些参数特性为一个不变的值，将影响最终的设计准确度。另外，电机的性能和材料特性与电机的工艺参数有关。

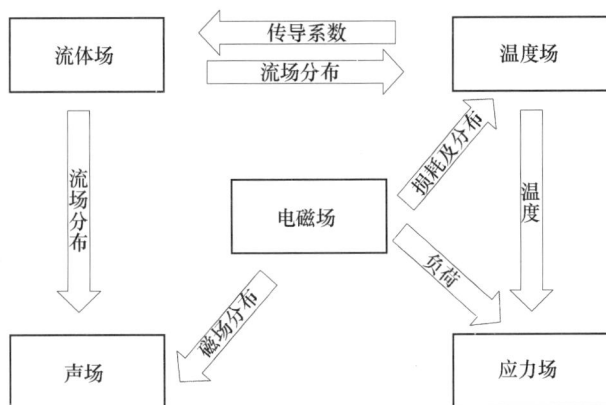

图 4-21　异步驱动电机的多场耦合

表 4-5 给出了各场内参数变化对驱动电机性能的主要影响。

电机的工艺对电机性能的影响非常复杂，一般体现在：

1）附加损耗的提高。

2）噪声的提高。

比如，定子铁心内圆圆度较差，会引起气隙磁场的畸变，从而引起附加损耗和电磁噪声的增加；定子铁心外圆圆度较差，会引起机座与定子铁心之间的接触不良，从而影响电机温升，影响电机整机的固有频率和噪声。

电磁性能是电机最重要的性能也是必须要实现的性能，但是电机电磁性能的实现，需要建立在稳定的热性能以及机械性能基础上。因此在进行异步驱动电机多物理域仿真分析时，必须以电机的电磁性能为核心，将流体场、温度场和应力场得出的相关数据和材料的服役特性反馈到电磁场性能计算中，通过电磁、热、流场、应力和噪声计算之间的衔接，不断反复迭代，以优化电机设计。

表 4-5 不同物理场之间的相互影响关系

	电磁场	温度场	流体场	应力场	声场
电磁场	—	电磁场的损耗是电机温升产生的根源，是激励源	基本上无影响	电磁场的磁场分布和所产生的转矩是电机产生形变和应力的根源，是激励源	电磁场的磁场分布和负载大小是电机产生电磁噪声的根源，是激励源
温度场	定子绕组的铜耗和转子绕组的铜耗随温度的升高而增加，但电磁场所计算的损耗是假定绕组为某一个基准温度。因此以某一基准温度假定的损耗与实际温度对应的损耗之间存在差异	—	电机所产生的热量由流体带走，并随之提升流体的温度。流体温度升高，其导热性能略有提升，黏度显著降低，流阻越小	材料的强度特性与温度有关。一般情况下，温度越高，强度越低。温度场会影响结构的应力分布和变形特性	温度影响电机各部件之间的配合以及各部件的内应力，进而影响电机的固有频率，并影响电机的噪声
流体场	基本上无直接影响	电机所产生的热量由流体带走，流体流量、流场分布直接影响电机各部分的温升	—	基本上无影响	对于风冷电机，流体场直接影响电机的气动噪声
应力场	基本上无直接影响	基本上无直接影响	基本上无直接影响	—	结构预应力大小影响结构的刚度特性，进而影响结构的振动和噪声特性
声场	基本上无直接影响	基本上无直接影响	基本上无直接影响	基本上无直接影响	—

4.5.3.2 基于多层面协同的异步驱动电机设计方法

异步驱动电机安装在电动汽车上，为电动汽车提供驱动力。在整个电动汽车系统中，异步驱动电机为电动汽车系统中的一个部件，其相关部件，即关联对象对驱动电机影响较大。在进行异步驱动电机设计时，必须考虑其与关联对象之间的相互影响，基于多层面协调设计理念，开发出与整个系统匹配良好的异步驱动电机。

图 4-22 为异步驱动电机的关联关系图。

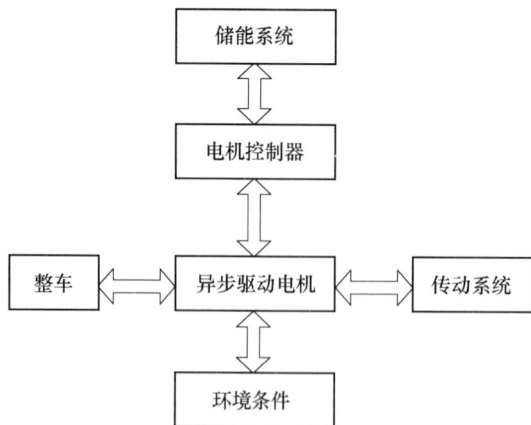

图 4-22 异步驱动电机的关联关系图

异步驱动电机与主要关联对象的耦合关系为以下方面。

1. 与整车的耦合关系

驱动电机安装在整车上，为整车提供动力，是整车的动力的源泉。

对于纯电动汽车用异步驱动电机来说，整车的轮缘牵引力 F（N）和车速 v（km/h）与异步驱动电机转矩 T（N·m）和转速 n（r/min）存在以下关系：

$$\begin{cases} v = \dfrac{Dn}{5.3i} \\ F = \dfrac{2Ti\eta}{D} \end{cases} \tag{4-22}$$

式中　D——轮缘直径（mm）；

i——包含电机侧减速器和车桥减速器的总传动比；

η——包含电机侧减速器和车桥减速器的总传动效率。

根据式（4-22）以及图 4-14 的异步驱动电机的转矩 - 转速特性，可以计算出车辆的牵引特性（F-v），进而可以计算出车辆的动力性能，包括爬坡度、加速性能和高速性能，反之亦然。

电机的转矩 - 转速特性和车辆运行路况直接决定异步驱动电机的功率和体积。

可以看出，所有的对异步驱动电机性能指标来自于整车的设计和定位，因此在进行驱动电机转矩 - 转速设计时，与整车保持深度联动，尽量不要在该关键环节留有过高的裕量，防止驱动电机的过设计。

异步驱动电机安装在整车上，悬置点直接影响驱动电机的振动噪声、可靠性，因此在进行异步驱动电机机械结构仿真时，宜与整车构建一个完整的系统进行应力场的仿真。

2. 与机械传动系统的耦合关系

机械传动系统包括电机侧的减（变）速器、传动轴以及车桥，驱动电机所产生的转矩通过机械传动系统传递到车轮上。

根据电机学原理[5, 8]，电机的有效体积与转矩成正比，而根据式（4-22），当整车牵引力和车速一定时，传动比越大，电机的转矩越小，转速越高，则电机体积越小。但高转速也给电机的机械强度、振动噪声等以及减速器的温升、润滑和噪声等带来挑战。

电机侧减速器与异步驱动电机的连接方式也直接影响驱动电机及机械传动可靠性、振动噪声。

当异步驱动电机突然短路时，会产生约 5 倍于最大转矩的短路转矩，对机械传动系统，如齿轮产生较大的冲击。为此，必须将驱动电机与机械传动系统作为一个小系统进行综合设计。

3. 与环境条件的匹配关系

驱动电机作为电动汽车的车载设备，必须承受比较恶劣的环境条件。设计驱动电机时，必须考虑这种恶劣的环境条件，进行环境适应性设计，保证异步驱动电机全候性可靠运行。

环境条件主要包括：①海拔；②温度；③湿度；④雨，雪；⑤尘；⑥盐雾；⑦化学污染；⑧振动冲击。

表 4-6 为主要环境条件对异步驱动电机的影响及适应性设计措施。

表 4-6 主要环境条件对异步驱动电机的影响及适应性设计措施

序号	环境条件		对异步驱动电机的主要影响	适应性设计的主要措施
1	海拔		1）海拔越高，驱动电机散热能力越差，温升越大 2）海拔越高，电机的耐压能力越低	1）按 GB 755—2008 的要求修正电机的温升限值 2）爬电距离按对应的海拔设计
2	温度	低温	1）非金属材料的性能将降低 2）轴承油脂可能失效 3）绝缘材料可能失效	1）选择低温非金属材料 2）采用耐低温油脂 3）选用耐低温绝缘材料
3		高温	降低电机允许的温升限值	按 GB 755—2008 的要求修正电机的温升限值
4		温度变化	1）影响表面油漆的使用寿命 2）影响绝缘系统的寿命	电机必须通过湿热试验
5		工作温度	1）直接影响绝缘系统、轴承的寿命及其他材料的强度 2）电机损耗增加	电机的温升不得超过 GB/T 18488.1—2015 所规定的温升限值
6	湿度		1）绝缘电阻和耐压强度降低 2）表面油漆寿命降低	1）电机必须通过湿热试验 2）采用 IP67 的密封结构
7	雨，雪		绝缘电阻和耐压强度降低	采用 IP67 的密封结构
8	尘		1）绝缘电阻和耐压强度降低 2）影响散热	1）采用 IP67 的密封结构 2）定期清洗表面灰尘
9	盐雾		1）影响表面防护 2）影响绝缘系统寿命	采用 IP67 的密封结构
10	化学污染		1）影响表面防护 2）影响绝缘系统寿命	采用 IP67 的密封结构
11	振动冲击		增加电机的额外负荷，降低电机强度和可靠性	1）按可能承受的冲击振动进行机械仿真 2）增强电机各部件的强度 3）振动冲击试验验证

4. 与电机控制器的耦合关系

异步驱动电机由电机控制器供电，两者组成异步驱动电机系统。异步驱动电机与电机控制器之间是相互关联和相互影响的。因此，相关标准指出驱动电机设计者与电机控制器设计者应相互交流和协商。

异步驱动电机对电机控制器的影响如下：

1）电机的漏抗影响电机控制器的稳定性，漏抗越大，驱动电机系统的稳定性越好。

2）电机的转差率影响电机控制器的稳定性，转差率越大，驱动电机系统的稳定性越好。

3）进入满电压的频率直接影响驱动电机和电机控制器的容量大小。进入满电压转速越低，电机的体积越大，电机控制器容量越小，即所谓的"大电机小容量控制器方案"；进入满电压转速越高，电机的体积越小，电机控制器容量越大，即所谓的"小电机大容量控制器方案"[6]。

电机控制器对异步驱动电机的影响集中体现在共模电压和非正弦输出上。

电机控制器利用 IGBT 或者碳化硅（SiC）等功率器件"开""关"的变换将直流电转换成变频变压的交流电，所输出的电压呈现"脉冲"特性。电机控制器的输出电压通过电缆线的反射和折射的放大作用，引起驱动电机端电压产生尖峰电压，并在定子绕组的电压分布不均匀。绕组首端数匝承担了约80%的过电压。这种匝间电压不仅会在首匝附近出现匝间绝缘击穿，更为严重是当绕组匝间电压超过其起始放电电压时，会出现局部放电，即产生电晕现象。这样长期重复局部放电，加速绝缘老化直至损坏，从而降低绝缘寿命[9]。

电机控制器采用脉宽调制（PWM）方式，通过开关切换的方式将直流电压 U_{dc} 变换成三相电压。由于驱动电机端的线电压为 $+U_{dc}$ 或者 $-U_{dc}$，所以在任意瞬间三相电压之和不可能为零。这个瞬态非零电压就是所谓的共模电压 u_{cm}。图 4-23 为典型的共模电压波形[10]。

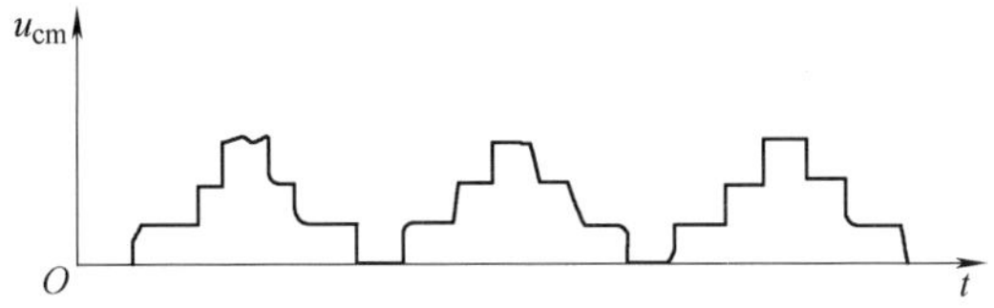

图 4-23　典型的共模电压波形

定子绕组中的 dU/dt 与定子铁心、转子和机座发生容性耦合，产生共模电流，其频率可达到兆赫级。

由于驱动电机外部原因产生的共模电压及共模电流，以及电机内部磁路的不对称，会在驱动电机的轴承中产生轴电压和轴电流。当轴承两端的电压超出润滑剂的绝缘能力时，轴承就会流过电流。

电机控制器采用脉宽调制（PWM），其输出电压不仅含有基波分量而且含有大量的高次谐波，呈现出非正弦特性。这些谐波对异步驱动电机造成如下影响：

1）高次谐波在定子绕组上产生附加铜耗、在定子铁心上产生附加铁耗，尤其是在转子绕组上产生较大的附加损耗。这些附加损耗不仅降低了驱动电机的效率，而且还提高了电机的温升（特别是转子温升和轴承温升）。

2）在驱动电机上产生脉动转矩。

3）增加振动噪声。

在异步驱动电机设计中，必须充分考虑电机控制器对异步驱动电机的影响，与电机控制器紧密配合，设计出与电机控制器匹配良好的异步驱动电机。为此可采取以下措施：

1）必须精确计算非正弦供电所产生的附加损耗，并将该损耗叠加到基波损耗中，用于温升预估和效率计算，具体计算方法可参见参考文献 [4]。

2）在振动噪声分析时，考虑高次谐波对振动噪声和转矩脉动的影响。

3）在电机侧采取抑制谐波损耗的措施，比如适当增加电机漏抗，采用合适的转子槽型等。

4）在电机侧采用耐电晕的绝缘系统。

5）从电机控制器侧采取抑制谐波电压的控制器策略，包括提升开关频率。

6）从系统侧采用抑制轴电压的措施，比如改善接地电路等。

参考文献

[1] 黄国治，傅丰礼.Y2 系列三相异步电动机技术手册 [M]. 北京：机械工业出版社，2004.

[2] Tesla Inc.Rotor design for an electric motor：US2013/0069476 [P].2013-03-21.

[3] 张舟云，贡俊.新能源汽车电机技术与应用 [M].上海：上海科学技术出版社，2013.

[4] 沈本荫.牵引电机 [M].北京：中国铁道出版社，2010.

[5] 许实章.电机学 [M].3 版.北京：机械工业出版社，1986.

[6] 李益丰.电动汽车用异步驱动电动机的设计 [J].变流技术与电力牵引，2003（6）：35-38.

[7] 李益丰，高培庆，谷细凤.逆变器供电的异步牵引电动机特性曲线的计算 [J].机车电传动，1997（6）：8-11.

[8] 陈世坤.电机设计 [M].2 版.北京：机械工业出版社，1997.

[9] 何恩广，周升，刘学忠，等.PWM 变频电机绝缘技术的研究进展 [J].绝缘材料，2002（4）：18-25.

[10] 何良，刘皓，刘扬礼，等.PWM 变频驱动电机轴电压与轴电流的测试方法 [J].环境技术，2015（2）：10-15.

第5章 高速减速器

5.1 概述

纯电动汽车的动力源来自于驱动电机，为使高速驱动电机的驱动力与汽车的行驶阻力进行匹配，必须要通过高速减速器的减速、增扭作用来实现。

高速减速器是一种由封闭在箱体内的一组或多组齿轮所组成的具有一定传动比的独立部件，它是位于驱动电机和车轮（传动轴）之间独立的闭式传动装置，主要是起到匹配转速和增加转矩的作用，以满足纯电动汽车的运行需求。

高速减速器的最高转速一般大于 10000r/min，目前最高可达 18000r/min 以上。其通常具有高效率、高可靠性、低成本、低噪声、维护方便等技术特点，在纯电动汽车上应用非常广泛。

5.1.1 高速减速器的工作原理

高速减速器一般用于将电机的高转速和小转矩通过减速器的齿轮组进行减速、增扭，减速器输入齿轮的齿数少，输出齿轮的齿数多，通过一组或多组相同原理的齿轮，达到减速的目的。其中，输出齿轮与输入齿轮的齿数比就是传动比，由多组齿轮构成的减速器的总传动比是每组齿轮传动比的积。

5.1.2 基本类型

纯电动汽车用高速减速器的种类较多，按照布置方式、档位数、集成度等的不同分类如下：

1）按照减速器与电机在整车上的布置方式划分，可分为横置式、纵置式，其中横置减速器按轴系结构划分，又分为同轴式和平行轴式减速器。

2）按照档位数划分，分为单级减速器和两档减速器。通常说的减速器就是单级减速器，本章中没有特别指明的减速器都是指单级减速器。为提升纯电动汽车的行驶性能、减小轴承等的损伤，可采用两档减速器的设计。相比于发动机而言，电机本身的性能较优，若采用三个或更多档位，并不会给纯电动汽车带来明显的性能提升，相反，因为减速器结构更加复杂，反而带来成本和技术难度的增加，因此，目前市场上没有三档及以上的高速减速器。

3）按照减速器与电机的集成度划分，分为拼接、集成。集成又有二合一、三合一、多合一等类型。

5.1.2.1 拼接

拼接是指单电机与单减速器通过螺栓拼接而成，图 5-1 所示为某电机厂风冷电机与某品牌减速器的拼接方案。该方案产品分散，集成过程管控难度大，并且电机、减速器独立设计成本高。

图 5-1 电机与减速器的拼接方案

5.1.2.2 集成

随着纯电动汽车技术的不断发展，零部件集成化设计已经成为必然趋势，通过集成化设计，一方面可以简化装配，提高产品合格率；另一方面可大规模缩减供应商数量，还可以达到轻量化、降低成本的目的。

在电驱动技术方面，目前有二合一（电机＋减速器）方案，代表车型是雪佛兰 Bolt；三合一（电机＋减速器＋电机控制器）方案，代表车型是特斯拉系列；还有多合一（电机＋减速器、电机控制器、充电机、直流变换器、高压分线盒、部分整车控制器）方案，代表车型是宝马 i3。未来几年，三合一电驱动总成方案将成为主流。从长远来看，多合一路线也具有一定优势。

图 5-2 所示是通用雪佛兰 Bolt 二合一方案。图 5-3a 是长安逸动（EADO）EV460 三合一方案，电机与减速器共用右箱体，电机与减速器使用螺栓连接。图 5-3b 是某车型三合一方案，电机机壳与减速器右箱体一体化铸造成型。

图 5-2　通用雪佛兰 Bolt 二合一方案

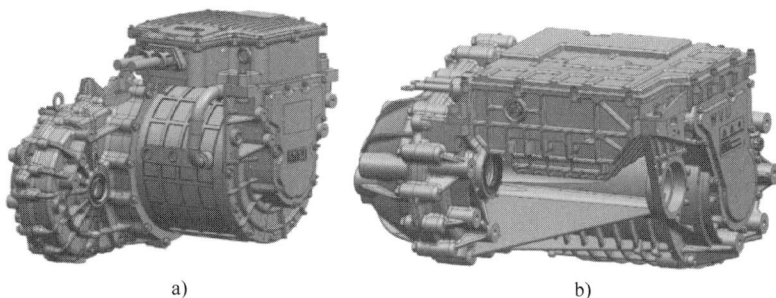

a)　　　　　　　　　　　　　　　b)

图 5-3　国内典型三合一方案

a）逸动 EV460 三合一集成　b）某车型三合一高度集成

5.2　主要结构及零部件

高速减速器主要由减速机构、箱体、驻车机构、差速器等组成，如图 5-4 所示。各部分主要组成如下：

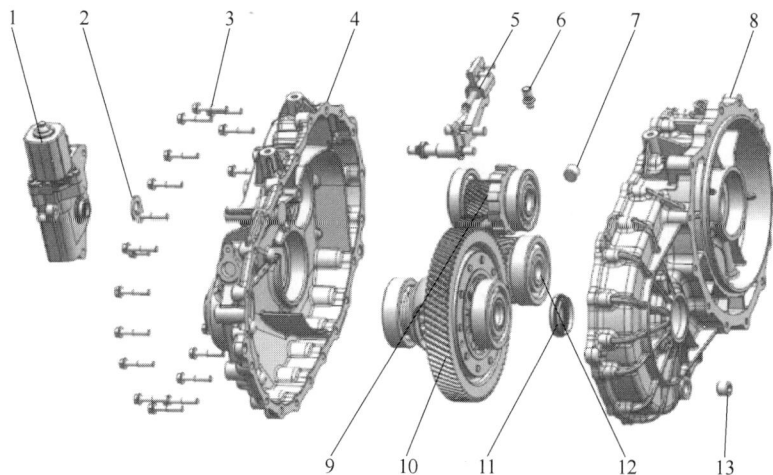

图 5-4　典型减速器结构

1—驻车电机　2—起重环　3—螺栓　4—左箱体　5—驻车机构　6—排气塞　7—油位螺塞

8—右箱体　9—输入轴组件　10—差速器组件　11—差速器油封　12—中间轴组件　13—放油螺塞

1）减速机构：轴组件、齿轮、轴及轴承等。

2）箱体：左箱体、右箱体等。

3）驻车机构：棘轮、棘爪、驻车电机和驻车推杆等。

4）差速器：差速器壳体、行星齿轮、半轴齿轮、行星齿轮轴、垫片等。

5）其他：螺栓、起重环、排气塞、油封等。

5.2.1 减速机构

5.2.1.1 轴组件

轴组件主要有输入轴组件和中间轴组件。一般来说，输入轴组件包括输入轴及支撑输入轴的两个轴承；中间轴组件包括中间轴、盘齿轮（即一级从动齿轮）、支撑中间轴的两个轴承，如图 5-5 和图 5-6 所示。

盘齿轮与中间轴通过渐开线花键联结，渐开线花键的设计、强度校核可参照标准 GB/T 3478.1~9—2008、DIN 5480 进行。

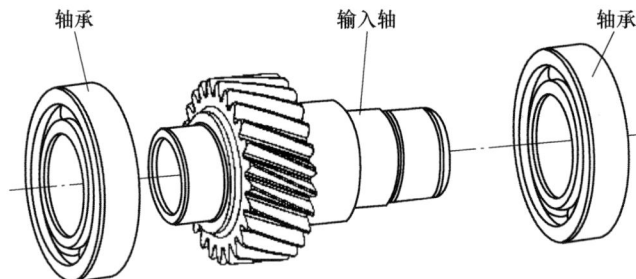

图 5-5 输入轴组件

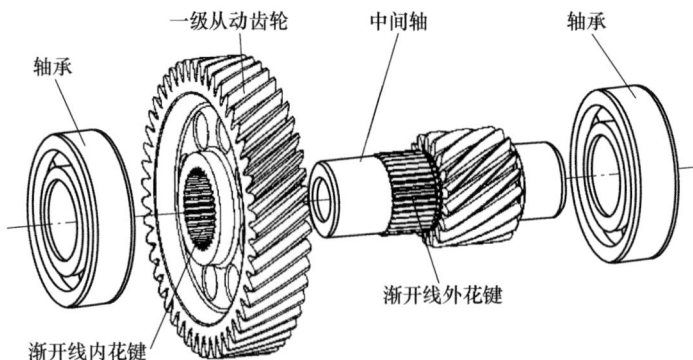

图 5-6 中间轴组件

5.2.1.2 轴

减速器中的轴一般是阶梯空心轴，轴上都有轴齿轮，可参考图 5-5 和图 5-6 中的输入轴、中间轴。轴的设计需要考虑如下几个方面：

1）校核轴本身的可靠性，包括强度、刚度等。

2）轴上零件与轴连接的可靠性，例如渐开线花键的剪切强度、耐磨性等。

3）装配及加工工艺性，如装配导向设计、磨削退刀槽、渐开线花键滚轧退刀槽等。

通常轴的设计流程：

1）根据减速器的整体布局，拟定轴上零件的布置和装配方案。

2）选择轴的合适材料。

3）初步估算轴的直径。

4）进行轴系零部件的结构设计。

5）强度计算。

6）刚度计算。

7）校核花键联结强度。

8）根据计算结果修改设计。

9）工程图绘制。

1. 估算轴的直径

减速器中轴的材料一般选用低碳合金结构钢，推荐 20CrMnTi、20MnCr5、20CrMo，低碳合金结构钢具体的化学成分、力学性能等可查标准 GB/T 3077—2015《合金结构钢》等。轴的最小直径 d 根据轴所承受的转矩来估算，见式（5-1）和式（5-2）。

实心轴：

$$d \geqslant \sqrt[3]{\frac{5T}{[\tau]}} \qquad (5\text{-}1)$$

空心轴：

$$d \geqslant \sqrt[3]{\frac{5T}{[\tau]}} \cdot \sqrt[3]{\frac{1}{1-v^4}} \qquad (5\text{-}2)$$

式中　T——轴传递的最大转矩（N·mm）；

　　　$[\tau]$——选用材料的许用应力（MPa），如 20CrMnTi 钢材的 $[\tau]=40\sim52$；

　　　v——空心圆轴的内径 d_0 与外径 d 之比，$v = \dfrac{d_0}{d}$。

2. 轴的加工和装配工艺性

轴的结构应便于加工、测量、装配和维修。因此在轴结构设计时，应考虑以下几个主要问题：

1）考虑加工工艺所必需的结构要素，如中心孔、砂轮越程槽、花键退刀槽等。

2）合理确定轴与零件的配合性质、加工精度和表面几何结构。

3）轴的配合直径应尽量设计成整数。

4）确定各轴段长度时，应尽可能使结构紧凑，同时要保证零件装配或调整所需空间。

5）为便于导向和避免擦伤配合表面，轴的端面及有过盈配合的台阶处都应设计倒角，推荐 1.5×（25°~30°）；油封配合面的端面倒斜角后需要在交线处倒圆角。

6）为减少加工刀具种类和提高劳动生产率，轴上的倒角、圆角等应尽可能取相同尺寸，目前车刀刀片刀尖圆角一般为 R0.4。

3. 轴的强度、刚度分析

轴的结构尺寸等设计完成后，需要对轴进行强度、刚度分析，通常采用有限元法进行。常用分析软件有 ANSYS、NX 等。使用软件进行分析的步骤如下：3D 设计→材料赋值→网格划分→分析设置→分析→编制分析报告。基于 ANSYS 的轴强度分析结果如图 5-7 所示。

轴的刚度也可以通过传动系统设计分析软件来分析其变形量，例如 Romax Designer、MASTA 等软件工具。基于 Romax Designer 的轴变形分析结果如图 5-8 所示。

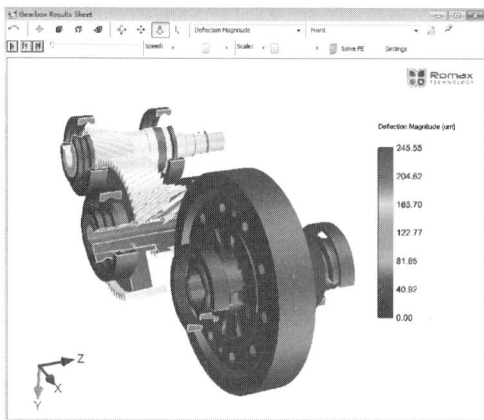

图 5-7　基于 ANSYS 的轴强度分析结果

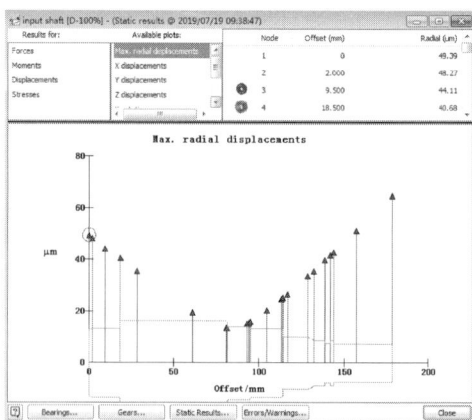

a)　　　　　　　　　　　　　b)

图 5-8　基于 Romax Designer 的轴变形分析结果
a）减速机构的系统变形分析结果　b）输入轴的最大径向位移

5.2.1.3　齿轮

高速减速器的齿轮均采用渐开线圆柱齿轮，无论是轴齿轮还是盘齿轮，都需要对齿轮的宏观几何参数、微观几何参数齿轮修形进行设计。齿轮啮合参数示意图如图 5-9 所示。

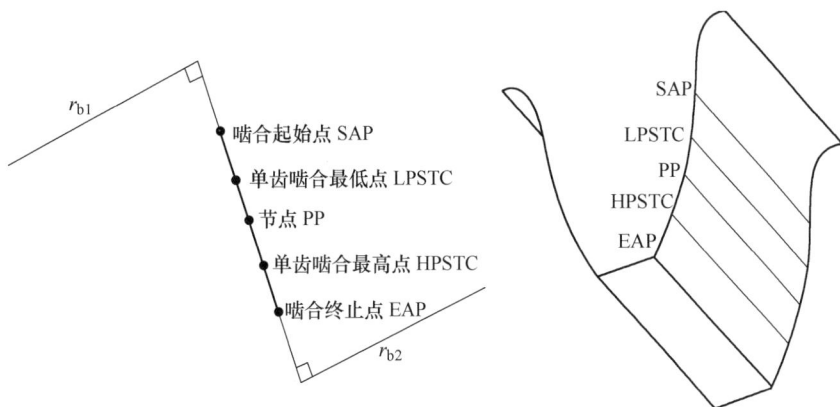

图 5-9 齿轮啮合参数示意图

1. 低噪声齿轮设计要点

纯电动汽车减速器噪声产生的源头之一是齿轮啮合的传递误差。从本质上消除噪声的源头或采用辅助措施抑制噪声的辐射是设计和制造者的努力目标。电动汽车减速器对噪声的要求几乎和高可靠性、尺寸紧凑等同等重要。

电动汽车减速器的振动是一个极为复杂的随机振动过程。这个过程包括齿轮啮合所产生的振动、轴的周期性旋转振动和轴承运动所产生的高频振动。所有这些振动都将传到减速器箱体上，使减速器产生一个复杂的随机振动。在减速器工作过程中，齿轮由于自身的制造误差和安装误差、轮齿的啮合刚度的变化以及啮合冲击激励，引起振动并产生啮合噪声。齿轮的啮合振动又会引起轴的振动，并通过轴承将振动传递给箱体，引起箱体的振动。当箱体的固有频率和齿轮啮合频率一致或相近时，会引起齿轮和箱体的共振。

通常，减速器的噪声按其传播路径可分为自鸣噪声和加速度噪声。自鸣噪声是由传递中的振动引起的噪声，从齿轮啮合点经轮齿、轮体、轴和轴承传向箱体，并向外辐射；加速度噪声是由轮齿、轮体、轴和轴承的振动引起的噪声，通过减速器箱体内的空气腔传向箱体表面，再辐射到周围空气中，形成二次声辐射。

引起减速器啸叫噪声的原因是错综复杂的，包括齿轮宏观几何参数和微观几何参数的设计、齿轮的加工精度、减速器的装配误差、轴承的间隙、传动轴的变形以及箱体的设计。

低噪声减速器的设计要点如下：

1）减速器一般采用平行轴布置，齿轮采用圆柱斜齿轮，渗碳淬火，磨齿。

2）轮齿参数的选择。齿轮法向模数 m_n 一般大于或等于 1.0mm，小于或等于 3.0mm；法向压力角为 16.5°~20°；啮合总重合度要求大于或等于 3，其中端面重合度或轴向重合度靠近整数。

3）输入轴轴承采用高速轴承，齿轮磨齿精度应达到 6 级以上（GB/T 10095.1~2—2008）。

4）采用轮齿修形技术。

5）减速器采用抗共振设计，校核齿轮轴及箱体结构件的自振频率和激振频率。

2. 齿轮宏观几何参数

齿轮宏观几何参数是指能够用于设计和制造出齿轮的参数，主要包括齿数、模数、压力角、螺旋角和变位系数等，如图 5-10 所示。

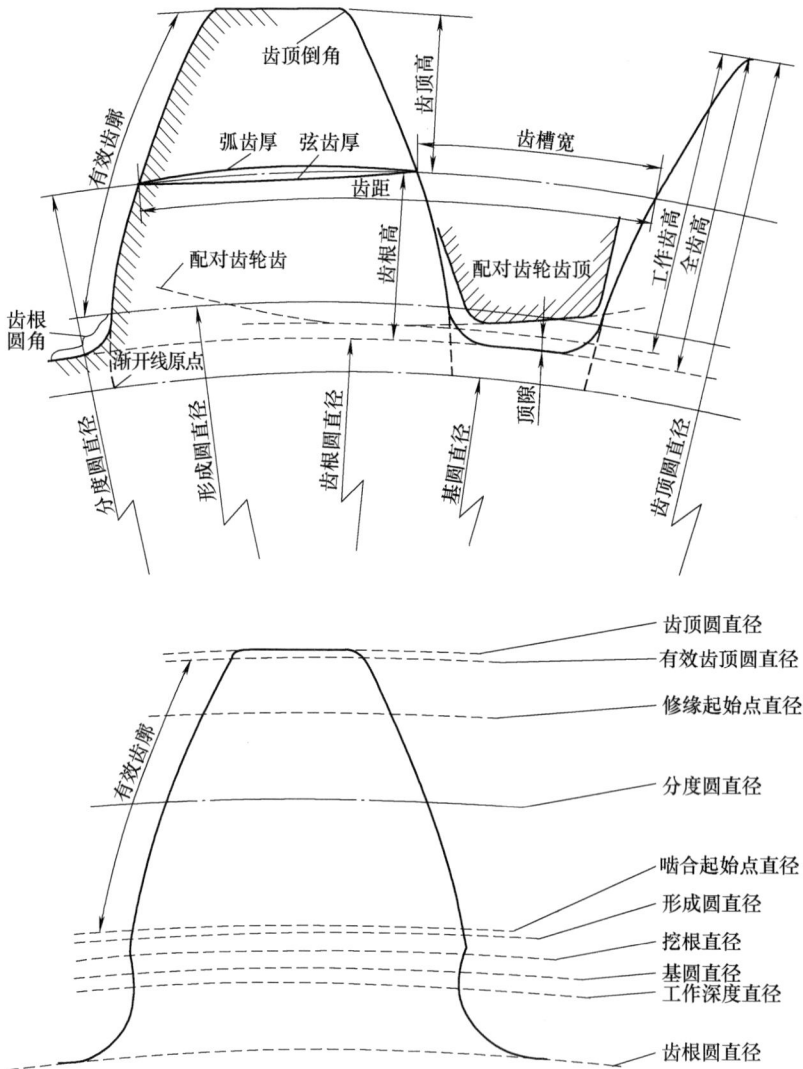

图 5-10 齿轮宏观几何参数

3. 齿轮微观几何参数及齿轮修形

齿轮微观几何参数是指齿轮沿齿宽方向或齿形方向的相关形状参数，主要包括齿形参数和齿向参数。图 5-11 所示为齿轮微观修形示意图。

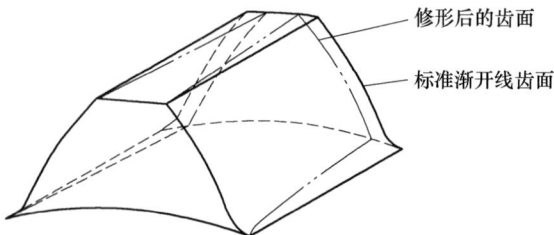

图 5-11 齿轮微观修形示意图

在某一载荷工况下，减速器传动系统的变形会导致齿轮接触不良和啮合错位。啮合错位量会导致齿轮传递误差，不仅会影响齿轮的承载能力，还会影响减速器的 NVH 性能。

所以，为了减少齿轮在啮合时的边缘载荷，增加齿轮的接触面积，提高齿轮的接触强度和弯曲强度，改善齿轮的 NVH 性能，有必要对齿轮进行微观参数设计，即微观修形。微观修形是运用去除材料的方法来修改齿轮齿面轮廓，使轮齿受载变形后齿面压力分布尽可能均匀，以减少偏载，同时减少轮齿受载变形和加工制造误差引起的啮入啮出冲击。如图 5-12 所示，颜色从蓝色到红色，表示载荷从小到大，图 5-12a 为修形前的齿轮接触斑点，存在边缘载荷，图 5-12b 为修形后的齿轮接触斑点。

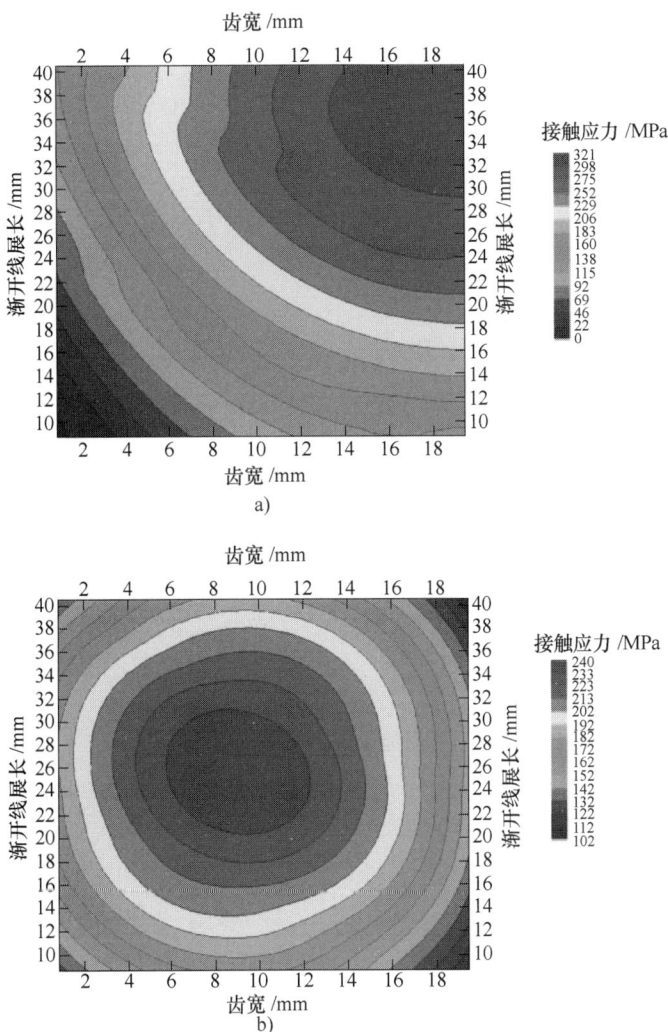

图 5-12　齿轮接触斑点（见彩色插页）
a）修形前　b）修形后

通过优化齿面的微观修形，可改善啮合刚度的波动，减小静传递误差，即减小齿轮啮合过程中的激励，从而降低减速器的啸叫噪声，下面主要介绍啸叫噪声的影响因素。

（1）传递误差

在绝对理想的齿轮啮合中，主动齿轮转动一个角度 θ_1，从动齿轮将转过角度 θ_2，如图 5-13 所示。

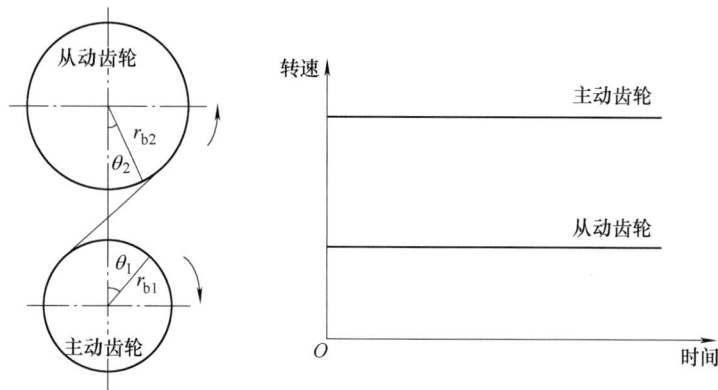

图 5-13　绝对理想的齿轮啮合

θ_1 和 θ_2 的关系可以用式（5-3）进行表示：

$$\theta_2 = \theta_1 \frac{r_{b1}}{r_{b2}} \qquad (5\text{-}3)$$

然而，在实际的齿轮传递过程中，由于加工误差、系统变形等因素的影响，这种情况是不存在的，如图 5-14 所示，主动齿轮转动一个角度 θ_1，其从动齿轮转过的角度 θ_2' 可以用式（5-4）进行表示：

$$\theta_2' = \theta_2 + \Delta\theta_2 \qquad (5\text{-}4)$$

根据式（5-4）可以看到，在实际齿轮传递过程中，与完美的齿轮传递存在一个差值 $\Delta\theta_2$，$\Delta\theta_2$ 即为齿轮的传递误差（TE）。

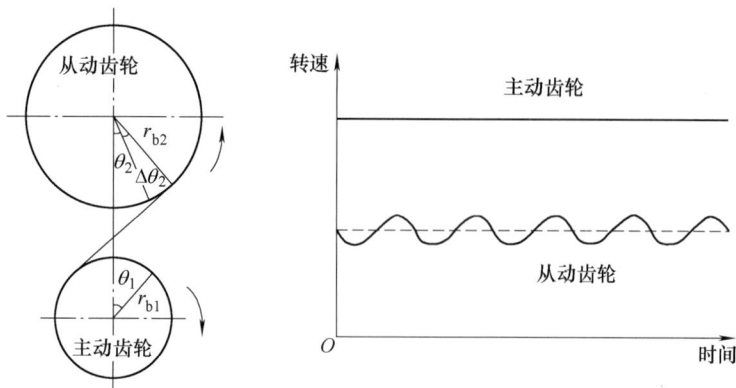

图 5-14　实际的齿轮啮合

将 $\Delta\theta_2$ 转换为线性的值，可以用式（5-5）进行表达：

$$\text{TE} = \theta_2' r_{b2} - \theta_1 r_{b1} \qquad (5\text{-}5)$$

（2）传递误差与噪声的关系

来自德国的研究表明，传递误差（TE）增加一倍，其产生的噪声增加 8~10dB（A），传递误差（TE）与噪声不呈线性关系，如图 5-15 所示。

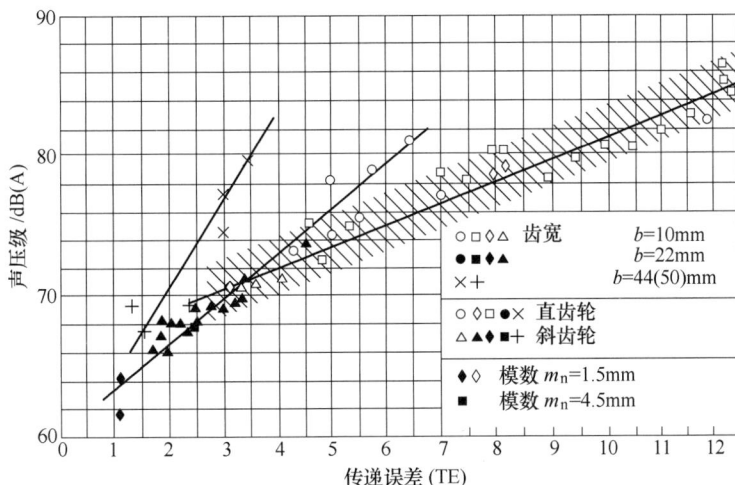

图 5-15　TE 与噪声的关系（来自德国的研究）

来自日本的研究也表明，传递误差（TE）增加一倍，其产生的噪声增加 6~8dB（A），传递误差（TE）与噪声不呈线性关系，如图 5-16 所示。

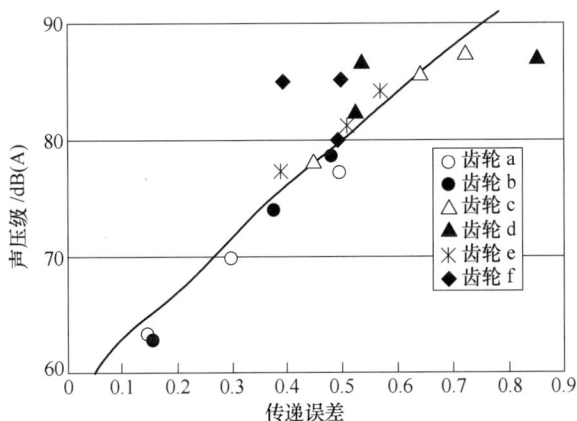

图 5-16　TE 与噪声的关系（来自日本的研究）

综上所述，传递误差（TE）是齿轮产生噪声的主要根源，大的传递误差必产生大的噪声，但两者不呈线性关系。

（3）齿形修形

齿形修形包括鼓形修形、倾斜修形和齿顶及齿根修缘，如图 5-17 所示。其作用是减少啮入与啮出冲击，并减轻动载荷，消除轮齿在啮合过程中的基节误差，改善载荷分布，减小冲击振动。

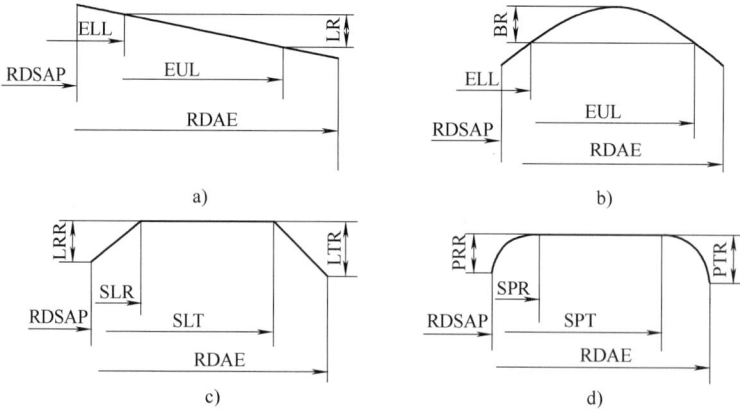

图 5-17 齿形修形

a）齿形倾斜修形　b）齿形鼓形修形　c）齿根、齿顶线性修缘　d）齿根、齿顶抛物线修缘
LR—压力角修形量　BR—鼓形量　ELL—评价范围最小值　EUL—评价范围最大值
RDSAP—有效渐开线起始点展开距离　RDAE—有效齿顶圆展开距离　LRR—齿根线性修形量
PRR—齿根抛物线修形量　LTR—齿顶线性修形量　PTR—齿顶抛物线修形量　SLR—齿根线性修形起始点
SPR—齿根抛物线修形起始点　SLT—齿顶线性修形起始点　SPT—齿顶抛物线修形起始点

（4）齿向修形

齿轮在传递速度和转矩的过程中，因受齿轮加工误差和箱体支撑刚度及载荷的影响，使齿轮及支撑轴产生弯曲、扭转等弹性变形，从而导致齿轮在啮合过程中产生错位（图 5-18），进而导致齿轮的接触不均匀、疲劳寿命不满足要求、噪声不满足要求等问题。

当发生这些问题时，可以采取增加齿轮本身的支撑刚度、减小齿轮加工误差、提高箱体支撑刚度等方法解决，但这会导致成本增加且周期长，因此我们往往采取对齿轮齿向进行修形的方法。齿向修形包括倾斜修形、鼓形修形，如图 5-19 所示。

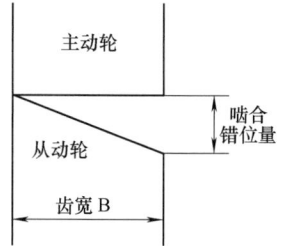

图 5-18 啮合错位

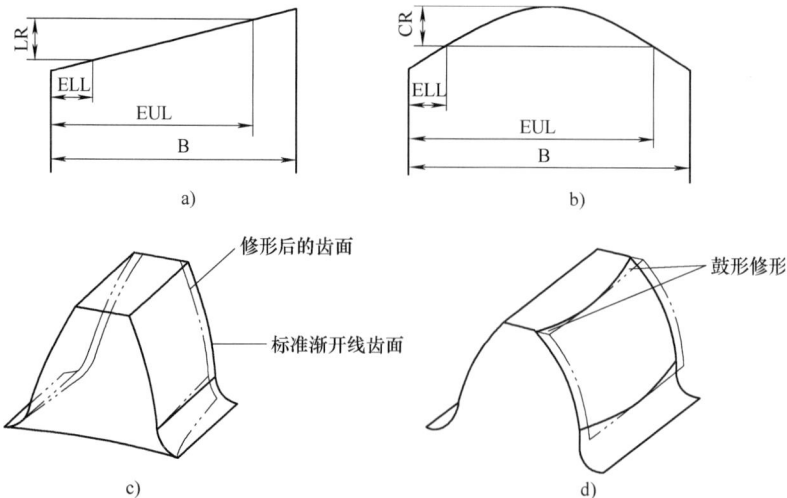

图 5-19 齿向修形

a）齿向倾斜修形　b）齿向鼓形修形　c）齿向倾斜修形示意图　d）齿向鼓形修形示意图
B—齿宽　LR—螺旋角修形量　CR—鼓形量　ELL—评价范围最小值　EUL—评价范围最大值

5.2.1.4 轴承

驱动电机与输入轴连接，因此输入轴的转速与电机的输出转速相同，在高速工况下将超过 10000r/min；中间轴的转速通过一级齿轮副的减速后，转速一般不超过 6000r/min。因此，基于高效率、高转速，输入轴上的轴承一般选用能够适应高速的深沟球轴承，制造游隙比普通轴承稍大。

对于球轴承，可通过式（5-6）计算轴承的工作时间 L_{10h}（单位为 h）表示轴承的寿命，也可通过传动系统设计分析软件 Romax Designer、MASTA 等进行校核分析，根据 ISO 281—2007 中的损伤率来评判。

减速器中的差速器轴承一般基于效率考虑首选深沟球轴承。减速器的输入、输出中心距根据整车布置来确定，若轴承强度不足，在中心距一定的情况下，不能随意增大轴承的尺寸，这就需要更换轴承的类型，选用圆锥滚子轴承。圆锥滚子轴承的工作时间 L_{10h} 也可通过式（5-6）来计算，同样地，也可通过传动系统设计分析软件进行校核，根据 ISO 281—2007 中的损伤率及滚子最大接触应力来评判。

$$L_{10h} = \left(\frac{C_r}{P_r}\right)^{\varepsilon} \frac{10^6}{60n} \tag{5-6}$$

式中　C_r——基本额定动载荷（N）；

　　　P_r——轴承当量载荷（N）；

　　　ε——球轴承 $\varepsilon=3$，滚子轴承 $\varepsilon=10/3$；

　　　n——转速（r/min）。

5.2.2　驻车机构

高速减速器的驻车机构是通过电机（拉线）带动驻车推杆组件，进而推动棘爪，使其卡在棘轮上，以此来限制轴（差速器）组件的旋转运动，从而阻止车辆移动的一种安全装置。驻车机构可使汽车可靠而无时间限制地停驻在一定位置甚至斜坡上，驻车制动应采用机械式驱动机构而不是液压或气压的，以免其产生故障失效。

驻车机构的作用主要有以下两点：

1）作为一种辅助驻车制动，在（电子）驻车制动失效的情况下仍能使车辆停住，保护车辆及行人。

2）在需要频繁起停的路面使用可以减轻驾驶人的操作负荷，提高驾驶舒适性。

驻车机构由换档机构、自锁机构和锁止机构三部分组成，锁止机构通常由驻车棘轮和驻车棘爪构成，但换档机构和自锁机构的形式却多样。

根据自锁机构原理的不同，驻车机构主要分为以下两种：

1）滚轮式驻车机构：自锁机构的核心零件为滚轮。

2）凸轮式驻车机构：自锁机构的核心零件为驻车凸轮。

根据换档驱动源的不同，驻车机构主要分为以下两种：

1）机械式驻车机构：换档手柄提供驱动力，执行驻车机构锁止或解除的动作。

2）电子式驻车机构：电子元件提供驱动力，执行驻车机构锁止或解除的动作。

5.2.2.1 滚轮式驻车机构

滚轮式驻车机构结构（解锁状态）如图 5-20 所示，锁止状态结构如图 5-21 所示。

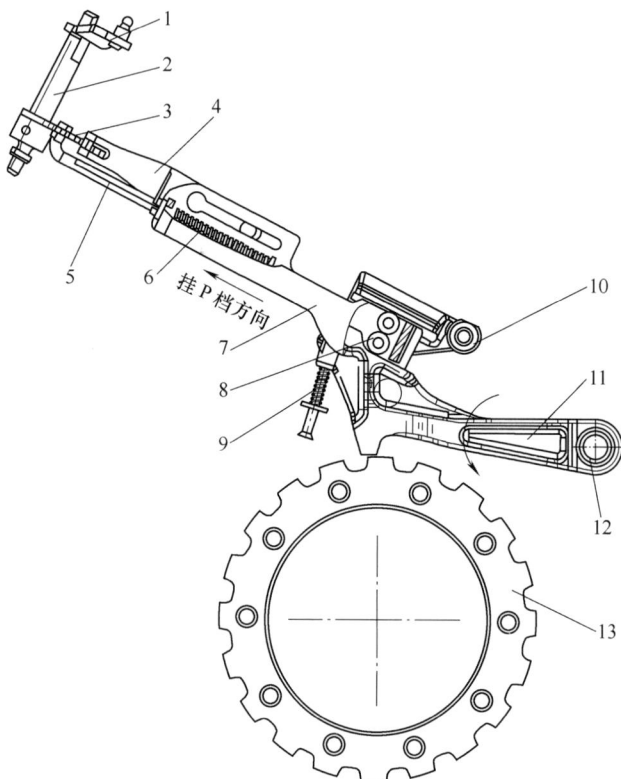

图 5-20 滚轮式驻车机构结构（解锁状态）

1—拉索摇臂 2—换档轴 3—换档摇臂 4—弹簧片总成 5—驻车推杆 6—驻车复位弹簧 7—滚轮侧板
8—滚轮 9—驻车棘爪回位弹簧 10—驻车导向板 11—驻车棘爪 12—驻车棘爪销 13—驻车棘轮

滚轮式驻车机构通常由以下零部件组成：

1）拉索摇臂：连接换档拉索。

2）换档轴：连接拉索摇臂和换档摇臂，传递转矩。

3）换档摇臂：连接驻车推杆和换档轴。

4）弹簧片总成：功能同自锁钢球，提供档位保持力，提升换档手感力。

5）驻车推杆：挂 P 档时，对驻车复位弹簧右端施加向左的拉力；退 P 档时，对滚轮侧板左侧施加向右的推力。

6）驻车复位弹簧：挂 P 档时，对滚轮侧板左侧施加向左的弹簧力。

7）滚轮侧板：驻车滚轮保持架，限制滚轮左右移动。

8）滚轮：在驻车导向板和驻车棘爪之间滚动，控制驻车棘爪做旋转运动。

9）驻车棘爪回位弹簧：解锁时，保持驻车棘爪在固定位置，防止驻车棘轮非正常接触。

10）驻车导向板：引导驻车滚轮按轨迹滚动，并对驻车滚轮提供支撑力。

11）驻车棘爪：与驻车棘轮啮合，实现减速器输出端锁止。锁止时，驻车棘爪和驻车导向板工作面形成的夹角 β（图 5-21）阻止滚轮往解锁方向滚动，避免棘爪脱出。

12）驻车棘爪销：实现驻车棘爪周向旋转。

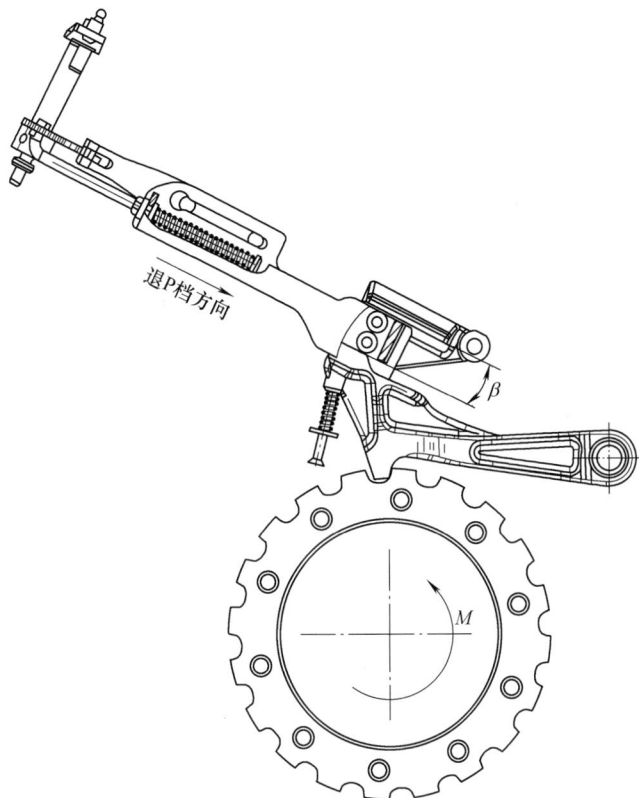

退P档方向

β

M

图 5-21　滚轮式驻车机构结构（锁止状态）

13）驻车棘轮：与驻车棘爪啮合，实现减速器输出端锁止。

滚轮式驻车机构的工作原理如下：

1）挂 P 档：换档拉索驱动换档轴旋转→驻车推杆向左移动→驻车复位弹簧对滚轮侧板左侧施加向左的弹簧力→滚轮沿导向面向左移动并下压驻车棘爪，使其落入棘轮槽中，实现减速器输出端锁死。若驻车棘轮与驻车棘爪为齿顶对齿顶的情形，则驻车复位弹簧被压缩。当驻车棘轮转动后，"齿对齿"变为"齿对槽"，驻车复位弹簧重新推动滚轮侧板向左移动，实现驻车。

2）退 P 档：换档拉索驱动换档轴旋转→驻车推杆向右移动，对滚轮侧板左侧施加向右的推力，将滚轮推出→驻车棘爪在驻车棘轮和驻车棘爪回位弹簧力的共同作用下，退出齿槽，P 档解除。

5.2.2.2　凸轮式驻车机构

凸轮式驻车机构结构（解锁状态）如图 5-22 所示，锁止状态结构如图 5-23 所示。凸轮式驻车机构通常由以下零部件组成：

1）驻车导向板：引导驻车凸轮按轨迹运动，并对驻车凸轮提供支撑力。

2）驻车凸轮：在驻车导向板和驻车棘爪之间滑动，控制驻车棘爪做旋转运动。

3）驻车复位弹簧：挂 P 档时，对驻车凸轮右侧施加向左的弹簧力。

4）驻车推杆：挂 P 档时，对驻车复位弹簧右端施加向左的推力；退 P 档时，对驻车凸轮左侧施加向右的拉力。

5）驻车摇臂：连接驻车推杆和换档轴。

6）驻车档位轴：通过花键与 P 档电机连接，传递扭力。

7）驻车棘爪：与驻车棘轮啮合，实现减速器输出端锁止。

8）驻车棘爪回位弹簧：非 P 档时，保持驻车棘爪在固定位置，防止驻车棘爪与驻车棘轮非正常接触。

9）驻车棘爪销：实现驻车棘爪做旋转运动。

10）驻车棘轮：与驻车棘爪啮合，实现减速器输出端锁止。

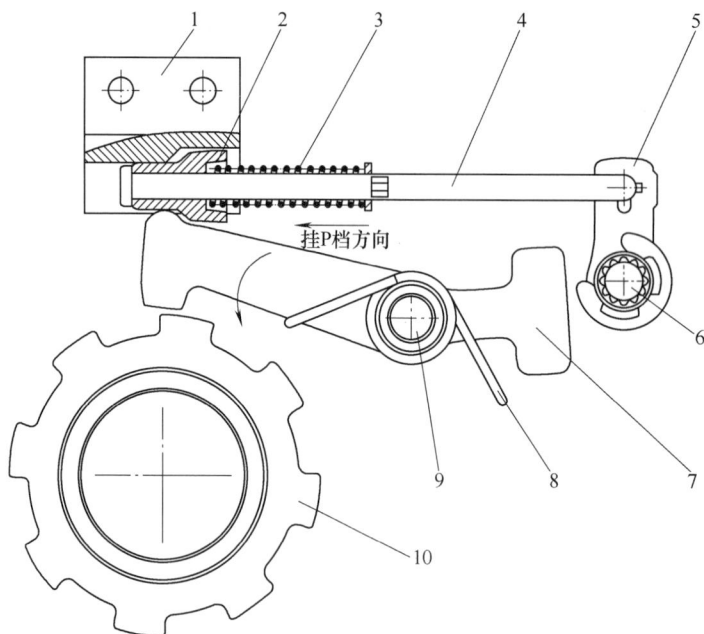

图 5-22　凸轮式驻车机构结构（解锁状态）

1—驻车导向板　2—驻车凸轮　3—驻车复位弹簧　4—驻车推杆　5—驻车摇臂　6—驻车档位轴
7—驻车棘爪　8—驻车棘爪回位弹簧　9—驻车棘爪销　10—驻车棘轮

凸轮式驻车机构的工作原理如下：

1）挂 P 档：P 档电机驱动换档轴逆时针旋转一定角度→驻车推杆向左移动→驻车复位弹簧对驻车凸轮右侧施加向左的弹簧力→驻车凸轮沿导向面向左移动并下压驻车棘爪，

使其落入棘轮槽中，实现减速器输出端锁死。若驻车棘轮与驻车棘爪为齿顶对齿顶的情形，则驻车复位弹簧被压缩。当驻车棘轮转动后，"齿对齿"变为"齿对槽"，驻车复位弹簧重新推动驻车凸轮向左移动，实现驻车。

2）退 P 档：P 档电机驱动换档轴顺时针旋转→驻车推杆向右移动，对驻车凸轮左侧施加向右的拉力，将驻车凸轮拔出→驻车棘爪在驻车棘轮和驻车棘爪回位弹簧力共同作用下，退出齿槽，P 档解除。

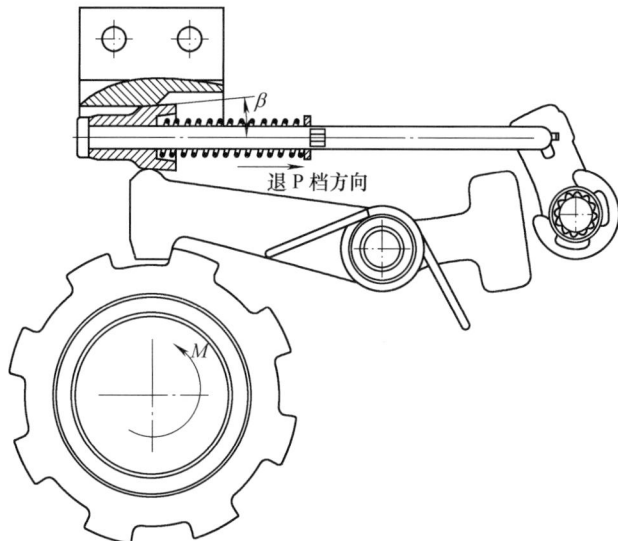

图 5-23　凸轮式驻车机构结构（锁止状态）

5.2.2.3　两种驻车机构的优缺点对比

滚轮式驻车机构和凸轮式驻车机构的优缺点及选用原则见表 5-1。

表 5-1　两种驻车机构的优缺点对比及选用原则

比较内容	凸轮式驻车机构	滚轮式驻车机构
优点	结构简单、制造成本较低	双滚轮滚动摩擦，换档声音和磨损较小
缺点	驻车凸轮移动为滑动摩擦，换档声音和磨损相对较大	结构较复杂，制造成本和安装精度要求较高
选用原则	凸轮式驻车机构结构简单、成本较低的特点，在市场上应用最广。如无特殊要求，应优先选用此类型	滚轮式驻车机构的换档声音和磨损相对较小，但成本较高，一般用于对驻车性能有特殊要求的情况

5.2.2.4　驻车机构的设计要求

1. 较高车速下拒绝驻车要求

在车速较快时，需防止无意的驻车锁止动作，即使误挂入 P 档，车辆也不可以被立即锁死。对于机械式驻车机构，要求在行驶状态下，较短的时间内挂入 P 档（误操作）是可以的，且驻车机构零部件不能损坏；对于电子式驻车机构，应限定驻车指令只在允许的驻车速度内有效，即当车速大于允许驻车速度时，机构不会执行驻车指令。

2. 上下坡驻车溜车的距离要求

完成挂 P 档指令后，机构常处于"假 P 档"状态，即驻车棘爪的齿顶与驻车棘轮的齿顶相对，如果车辆停在斜坡上，由于沿斜坡方向的分力车辆会向下滑动。因此，驻车棘爪齿必须安全地啮入到下一个齿槽中，且到下一个齿槽的旋转角度必须满足车辆溜车距离，通常推荐小于 150mm。

3. 大坡道驻车可靠性要求

应该避免在极限工况下，由于零部件间的接触力和摩擦过大，引起的零件断裂、较大变形、过度磨损等情况。要求在减速器设计寿命周期内，不允许因为零件的磨损、性能衰减等原因而引起大坡度驻车失效。

4. P 档解除力 / 力矩要求

必须保证在极限工况（如 30% 坡度、满载）下，推荐 P 档解除力应满足表 5-2 要求。

表 5-2 P 档解除力推荐

机械式驻车机构	电子式驻车机构
< 60N	< 0.5T_d

注：T_d 为 P 档电机堵转转矩（N·m）。

5. 驻车机构脱开噪声要求

当驻车机构系统脱开时，由于锁止锥面间的相互作用力，会导致脱开噪声。机械式驻车机构对于脱开噪声没有特别要求，但应被大部分使用者所接受。对于电子驻车机构，脱开噪声有时被认为是"按下按钮"后的不正常反应，因而是一个舒适性问题，设计驻车机构时应尽可能降低脱开噪声。

5.2.2.5 驻车机构设计方法

1. 驻车棘轮设计

（1）驻车棘轮齿顶圆直径

驻车棘轮与其他零部件（除驻车棘爪外）径向距离应不小于 3mm。设计较大的齿顶圆直径，有利于减小驻车棘轮与驻车棘爪的接触力和 P 档解除力。

（2）驻车棘轮齿根圆直径

驻车棘轮齿根圆直径推荐取值：

$$D_a - 12 \leqslant D_f \leqslant D_a - 10 \tag{5-7}$$

式中 D_a——驻车棘轮齿顶圆直径（mm）；

D_f——驻车棘轮齿根圆直径（mm）。

（3）驻车棘轮齿数

$$Z > \frac{\pi R_c}{75I} \tag{5-8}$$

式中 Z——驻车棘轮齿数；

R_c——静态车轮半径（mm）；

I——车轮到棘轮所在轴的速比，例如，棘轮安装在中间轴上时，该速比等于主减速大齿轮齿数与轴上轴齿轮齿数的比值。

驻车棘轮齿数与驻车溜车距离有关，设计较多的齿数，可减少驻车溜车距离，推荐值见表 5-3。

表 5-3 驻车棘轮齿数推荐值

驻车棘轮安装于差速器上	驻车棘轮安装于中间轴或输入轴上
18~24	6~12

（4）驻车棘轮齿顶圆齿槽宽

驻车棘轮齿顶圆齿槽宽 E_a 应满足：

1）最大许可驻车速度 $v_{max}=$（3~6）km/h；

2）驻车机构静强度和静刚度要求。

驻车棘轮齿顶圆齿槽宽与驻车速度有关，增加 E_a 可以提高驻车速度。

驻车棘轮齿顶圆齿槽宽推荐取值：

$$S+1 \leqslant E_a \leqslant S+4 \tag{5-9}$$

式中　E_a——驻车棘轮齿顶圆齿槽宽（mm）；

　　　S——驻车棘爪齿厚（mm），推荐 6~9mm。

（5）驻车棘轮齿宽

驻车棘轮齿宽应满足轴向安装空间和静强度、静刚度要求。驻车棘轮齿宽推荐值见表 5-4。

表 5-4 驻车棘轮齿宽推荐值　　　　　　　　（单位：mm）

驻车齿轮安装于差速器上	驻车齿轮安装于中间轴或输入轴上
20~24	10~13

2. 驻车棘爪设计

驻车棘爪受力分析如图 5-24 所示，防脱要求及解锁力要求如下。

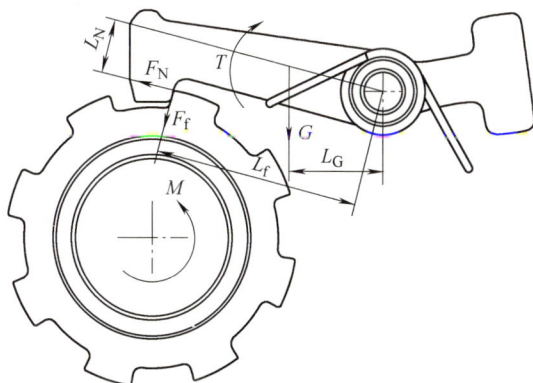

图 5-24 驻车棘爪受力分析

（1）驻车棘爪自动脱出要求

$$F_{\mathrm{N}}(L_{\mathrm{N}}-\mu_1 L_{\mathrm{f}})+T-GL_{\mathrm{G}} > 0 \tag{5-10}$$

式中　F_{N}——驻车棘轮对驻车棘爪压力（N）；

　　　L_{N}——驻车棘轮对驻车棘爪压力的力臂（mm）；

　　　μ_1——驻车棘轮与驻车棘爪或驻车棘轮滑动摩擦系数，推荐 0.12；

　　　L_{f}——驻车棘轮对驻车棘爪摩擦力的力臂（mm）；

　　　T——驻车棘爪回位弹簧扭力（N·mm）；

　　　G——驻车棘爪重力（N）；

　　　L_{G}——驻车棘爪重力的力臂（mm）。

（2）P 档解锁力要求

对于机械式驻车机构，手柄 P 档解锁力推荐 40~70N。

（3）驻车棘爪齿驻入驻车棘轮槽深度

较大驻入深度可以提高驻车可靠性，但也会增加换档行程，推荐 2~6mm。

3. 驻车棘爪销设计

驻车棘爪销一般为光轴，以避免应力集中，直径尺寸应满足静强度和静刚度要求。驻车棘爪销直径推荐取值：d=12~20mm。

4. 驻车凸轮设计

（1）驻车凸轮自锁面角度

如图 5-25 所示，自锁面角度 β 应满足摩擦自锁条件：$\tan\beta<\mu_1$。

较小的锥角可以提高自锁可靠性，但退档力也会相应增加；反之，较大的锥角可以减小换档力，但会降低自锁可靠性。驻车凸轮自锁面角度推荐取值：β=4°~5.5°。

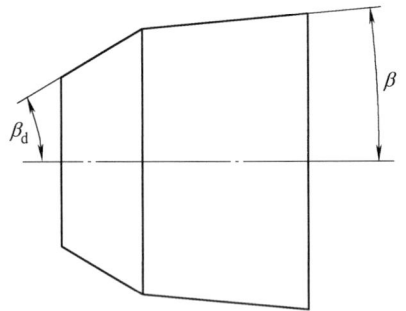

图 5-25　驻车凸轮

（2）驻车导向角

驻车导向角 β_{d} 与换档行程、凸轮导向性和驻车凸轮回弹力有关，较大的导向角可以缩短换档行程，但导向性相对较差、驻车凸轮回弹力相对较大，推荐 30°~45°。

5. 驻车棘爪回位弹簧设计

（1）驻车棘爪回位弹簧结构

驻车棘爪回位弹簧一般设计为扭簧，也可根据安装空间设计为拉簧或压簧。其具体设计标准可参考《弹簧手册》[4]。

（2）驻车棘爪回位弹簧钢丝直径

驻车棘爪回位弹簧钢丝直径推荐取值：扭簧为 2~2.2mm；拉簧或压簧为 1~1.2mm。

（3）驻车棘爪回位弹簧内径

驻车棘爪回位弹簧一般安装在驻车棘爪销或驻车棘爪限位套上，径向间隙应满足表 5-5。

表 5-5　驻车棘爪回位弹簧与导轴径向间隙　　　　　（单位：mm）

弹簧中径	>5~10	>10~18	>18~30
径向间隙	1~2	2~3	3~4

（4）非 P 档，驻车棘爪回位弹簧的弹簧力

需满足非 P 档时，驻车棘爪稳定系数 $K \geqslant 6$。

6. 驻车复位弹簧设计

驻车复位弹簧通常设计为压簧，弹簧刚度需满足最大驻车速度要求，安装高度推荐取值为 35~50mm，安装后预紧力推荐取值为 25~35N，具体设计标准可参考《弹簧手册》[4]。

7. 驻车机构静强度及静刚度分析

驻车机构静强度、静刚度分析是计算各零部件在最大静载荷下的应力及变形量，要求如下：

1）各零件在最大静载荷下，静强度安全系数大于 2.0。

2）各零件在最大静载荷下，变形量小于 0.25mm。

分析零件推荐但不限于：

1）驻车棘轮。

2）驻车棘爪。

3）驻车棘爪销。

4）驻车凸轮。

5）驻车导向板。

8. 推荐材料及热处理工艺

驻车机构零部件常用材料及热处理要求推荐见表 5-6。

表 5-6　驻车机构零部件常用材料及热处理要求推荐表

序号	零件名称	常用材料	热处理方式	表面硬度及硬化层深度
1	驻车棘轮	20CrMnTiH（GB/T 5216—2014）	渗碳淬火	80~84HRA，DC=0.5~0.8mm
2	驻车棘爪	20CrMnTiH（GB/T 5216—2014）	渗碳淬火	80~84HRA，DC=0.5~0.8mm
3	驻车棘爪销	20CrMnTiH（GB/T 5216—2014）	渗碳淬火	80~84HRA，DC=0.4~0.8mm
4	驻车导向板	20CrMnTiH（GB/T 5216—2014）	渗碳淬火	80~84HRA，DC=0.4~0.8mm
		粉末冶金 SMF 4050	烧结硬化	65~72HRA
5	驻车凸轮	20CrMnTiH（GB/T 5216—2014）	渗碳淬火	80~84HRA，DC=0.4~0.8mm
6	驻车滚轮	GCr15（GB/T 18254—2016）	淬火	60~65HRC
7	驻车滚轮侧板	16CrMnH（GB/T 5216—2014）	氮碳共渗	500~650HV
8	驻车推杆	35（GB/T 3078—2008）	局部高频	46~55HRC
9	驻车复位弹簧	VDCrSi（GB/T 18983—2017）	低温回火	—
		65Mn（GB/T 4357—2009）	低温回火	—
10	驻车凸轮回位弹簧垫片	65Mn（GB/T 1222—2016）	淬火回火	45~51HRC
11	驻车棘爪回位弹簧	VDCrSi（GB/T 18983—2017）	低温回火	—
		65Mn（GB/T 4357—2009）	低温回火	—

第 5 章

（续）

序号	零件名称	常用材料	热处理方式	表面硬度及硬化层深度
12	换档轴	35（GB/T 699—2015）	局部高频	46~55HRC
13	换档摇臂	35（GB/T 699—2015）	局部高频	46~55HRC
14	驻车棘爪限位套	45（GB/T 699—2015）	淬火回火	35~45HRC

注：表中的热处理方式、表面硬度及硬化层深度均为推荐值。

5.2.3 箱体

减速器箱体的作用是支撑减速器内外零件，并与动力总成连接。设计减速器箱体时须考虑下列要求：

1) 承受电机转矩与整车振动。

2) 具有良好的刚度，支撑内部零件处于正确的工作位置。

3) 容纳润滑油，并确保内部润滑良好。

4) 隔绝与衰减噪声。

5) 具有良好的装配性。

6) 重量轻，结构紧凑。

拼接式减速器箱体主要采用左右分箱结构设计，如图 5-26 所示。右箱体外部与电机相连，内部与轴系的右轴承相连；左箱体外部与整车悬置相连，内部与轴系的左轴承相连，左右箱体之间用螺栓连接。这种结构的箱体结构简单，制造成本低，适合大批量制造。

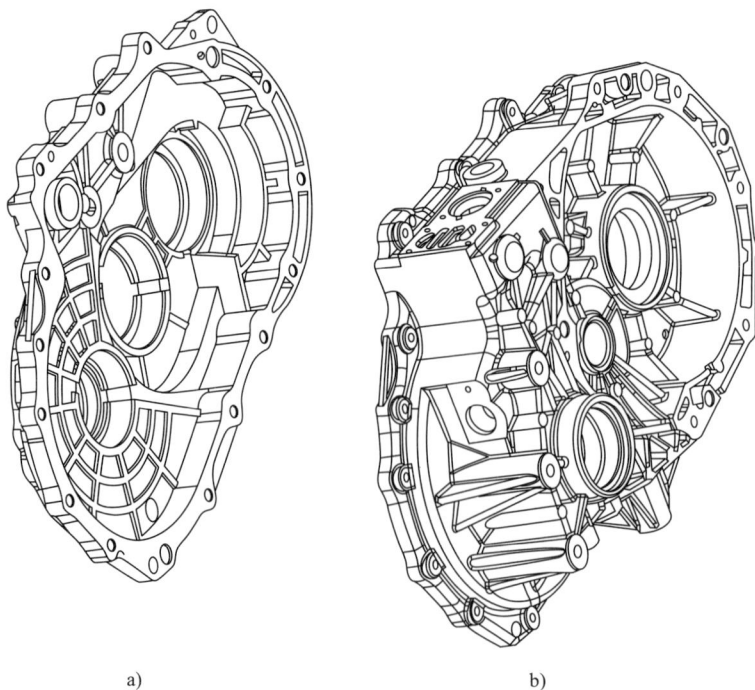

a)   b)

图 5-26 箱体

a）左箱体 b）右箱体

160

为了在兼顾性能的同时降低成本，便于大批量制造，减速器箱体材料主要采用铝镁合金。铝合金密度小，重量轻，但强度与刚度较高，导热导电性能好，能循环利用。镁合金密度更小，重量更轻，消振性好，承受冲击能力强，有利于整车轻量化，但强度较弱，容易自燃，压铸时具有一定的危险性，选择材料时需综合考虑。

铝镁合金的制造工艺采用压铸与机加。为满足压铸工艺，箱体设计时需考虑以下要求：

1）壁厚均匀，不能出现过厚或过薄的区域。

2）消除内部侧凹，避免模具复杂。

3）消除深腔、深孔等结构。

4）设计拔模斜度，便于脱模、抽芯。

5）设计加强筋，从轴承孔向四周发散，圆滑过渡，增加强度，便于浇注液体流动。

5.2.4 差速器

减速器中的差速器主要由差速器壳体、行星齿轮、半轴齿轮、行星齿轮轴、垫片、销等组成，如图 5-27 所示。

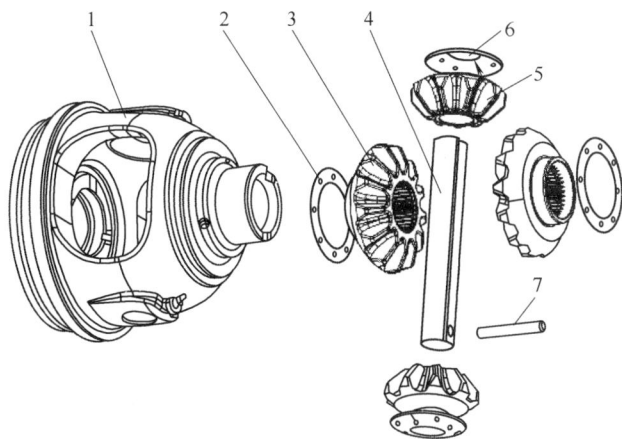

图 5-27 差速器

1—差速器壳体 2—半轴齿轮垫片 3—半轴齿轮 4—行星齿轮轴 5—行星齿轮 6—行星齿轮垫片 7—销

差速器设计的一般流程如下：

1）选择半轴衬垫结构。

2）初设锥齿轮参数。

3）锥齿轮参数校核及优化。

4）差速系统细节设计。

5）差速系统详细模型 CAE 分析。

5.2.5　密封

减速器的密封设计主要包括输入轴油封、差速器油封、箱体接合面宽度、密封胶等。

值得特别说明的是，由于输入轴的高转速要求，输入轴油封也需要能够承受高转速，为避免高转速产生摩擦热，尽量将输入轴油封唇口位置的直径设计小一点，降低唇口线速度，同时需要选择摩擦系数较小、耐高温的橡胶材料。

5.3　减速器的特性（高速性）及设计

5.3.1　减速器的特性

目前，纯电动汽车上采用的高速减速器结构型式、转矩大小、最高转速等均无统一的要求。为了满足纯电动汽车的使用要求，设计时要兼顾高速减速器的可靠性、成本、效率、制造等因素。在设计高速减速器时，需要注意以下几点：

1）选择合理的花键精度和配合关系，一般花键精度等级为 6 级。

2）选择合理的齿轮加工精度和方法，一般采用磨齿加工工艺，精度等级为 6 级。

3）合理选择电机与减速器的花键连接方式，并考虑花键的润滑和散热，通常采用脂润滑和油润滑两种方式。

4）输入轴轴承应选择高速轴承，满足最高转速要求。

5）输入轴油封应选择高速油封，满足最高转速要求。

6）合理设计润滑系统。

7）合理设计排气系统。

5.3.2　减速器设计

减速器的设计主要包括三个阶段：产品策划、概念设计和细节设计。

5.3.2.1　产品策划

该阶段应明确高速减速器的设计要求，包括安装空间、功能、性能、可靠性和成本等指标，也要确定汽车和电机的关键参数和指标。同时，根据技术要求对标车型参数等，确定对标减速器型号，进行产品对标，进一步明确减速器产品的技术指标等。

5.3.2.2　概念设计

根据设计要求和对标产品信息，完成高速减速器方案设计，主要包括减速器轴系结构、齿轮中心距、速比、轴承、花键参数、P 档机构、差速器组件和箱体结构等方案的设计。

在设计过程中，通过查阅《机械设计手册》，使用三维设计软件（NX/ProE 等），以及

RomaxDesigner、ANSYS、HyperMesh 等设计、分析工具，可以快速、准确地完成产品的结构设计与仿真分析，使产品能够满足设计要求。基于 ANSYS 的箱体强度分析结果如图 5-28 所示，基于软件 RomaxDesigner 的传动系统分析模型如图 5-29 所示。

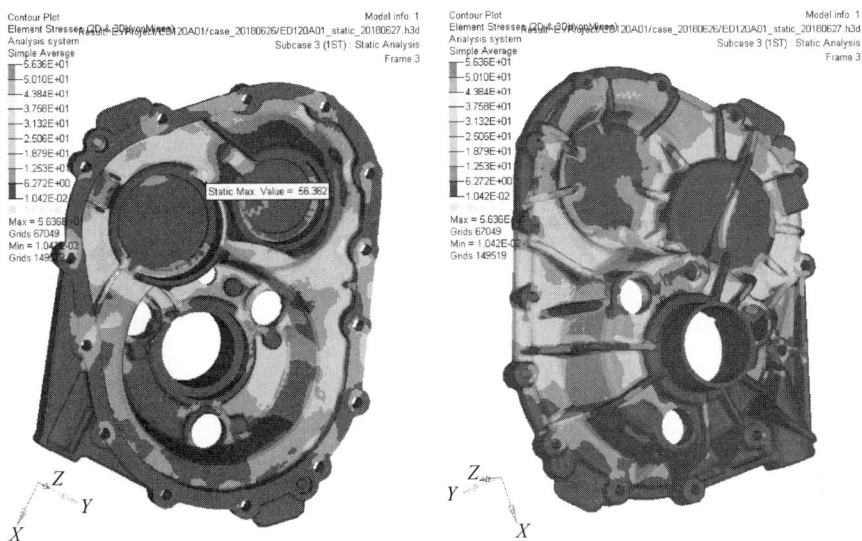

图 5-28　基于 ANSYS 的箱体强度分析结果

图 5-29　基于软件 RomaxDesigner 的传动系统分析模型

5.3.2.3　细节设计

细节设计包括转换 3D 模型为 2D 工程图，按各尺寸的重要性和对性能的影响大小确定 2D 工程图的公差，确定减速器设计的关键尺寸和特征。

具体设计流程如图 5-30 所示。

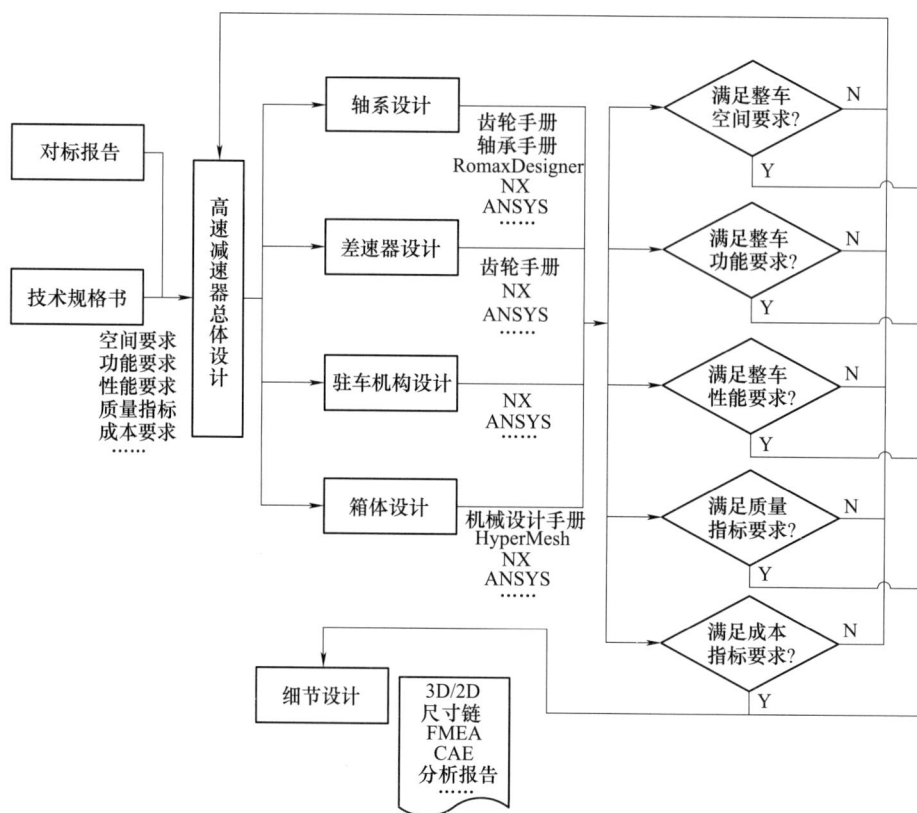

图 5-30　减速器设计流程图

5.4　典型高速减速器产品

5.4.1　横置减速器

横置减速器主要采用两组齿轮副实现减速、增扭的目的，最常见的就是平行轴结构的减速器，青山公司平行轴式减速器，结构示意图如图 5-31 所示。

平行轴式减速器主要适用于前置前驱的纯电动汽车，具有结构简单、可靠性高等优点，应用最为广泛。

也有利用行星排作为减速机构的减速器，如图 5-32 所示。

另一种常见的减速器结构是同轴式减速器，其主要特点是输入轴与输出轴（差速器）为同轴布置，具有结构紧凑、体积小的特点。其结构如图 5-33 和图 5-34 所示。

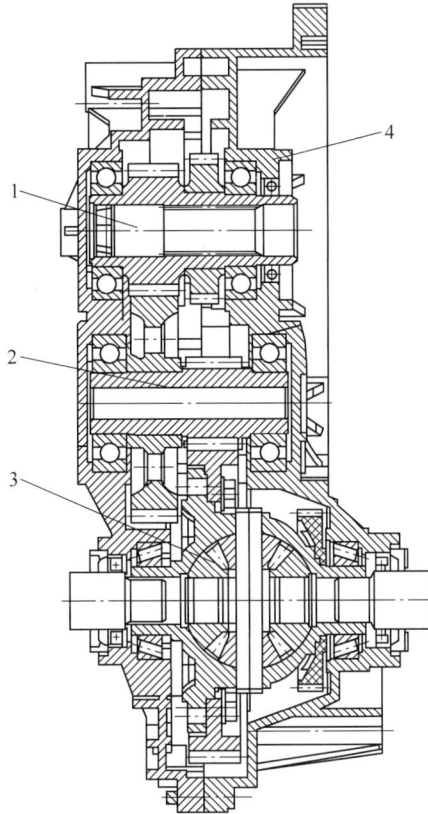

图 5-31　青山公司平行轴式减速器结构示意图
1—输入轴组件　2—中间轴组件　3—差速器组件　4—箱体组件

图 5-32　采埃孚行星排结构减速器结构示意图
1—NGW 行星排组件　2—差速器组件　3—驱动电机

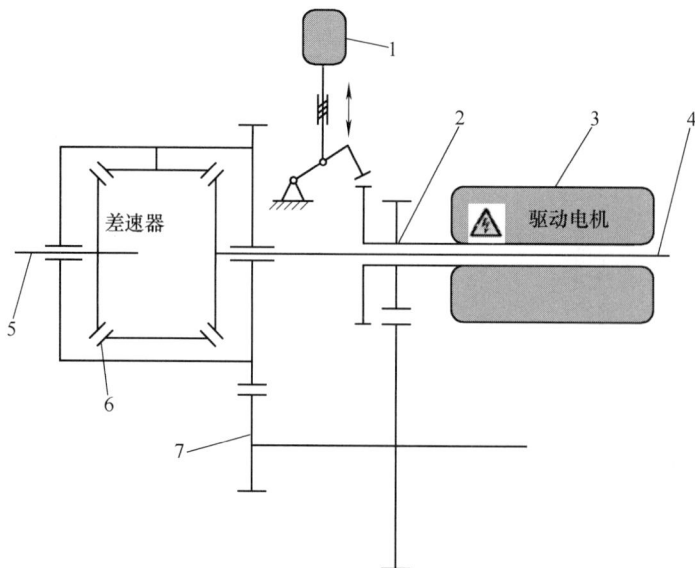

图 5-33　同轴式减速器的轴系结构示意图

1—驻车电机　2—输入轴组件　3—驱动电机　4—右传动轴　5—左传动轴　6—差速器组件　7—中间轴组件

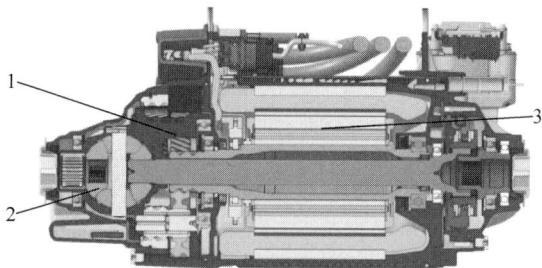

图 5-34　麦格纳行星排结构减速器的轴系结构示意图

1—NW 行星排组件　2—差速器组件　3—驱动电机

5.4.2　纵置减速器

纵置减速器主要应用于电机采用纵置布置的整车，其特点是输入、输出同轴，且无差速器结构，在整车上采用纵置的布置形式，常用于后驱车型。其主要结构形式如图 5-35所示。

5.4.3　两档减速器

现有的纯电动汽车两档减速器主要有机械式自动变速器（AMT）换档和双离合变速器（DCT）换档两种结构。采用 AMT 换档时，需要用到同步器或齿套进行档位切换，换档过程中存在换档冲击和动力中断，舒适性较差；采用 DCT 方案时，两个离合器及其执行机构会造成重量和成本的大幅增加。

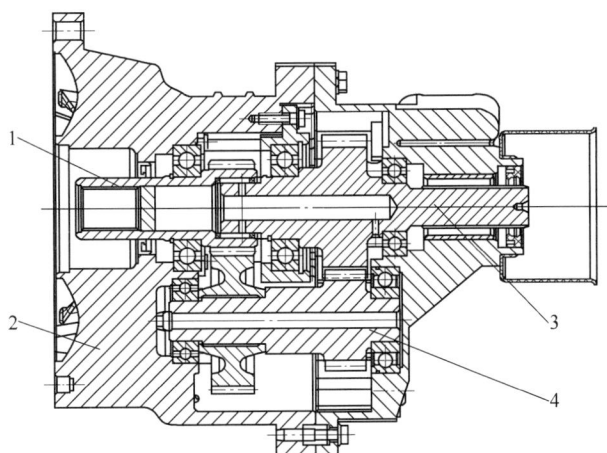

图 5-35　青山公司后驱减速器

1—输入轴组件　2—箱体组件　3—输出轴组件　4—中间轴组件

5.4.3.1　AMT 方案

AMT 方案的两档减速器较为常见，其主要应用于前置前驱产品。

青山公司的两档 AMT 方案，其同步器布置在中间轴上，如图 5-36 所示。

吉凯恩的两档 AMT 减速器，其同步器布置在中间轴上，如图 5-37 所示。

舍弗勒的两档 AMT 减速器，其同步器布置在行星排的太阳轮上，如图 5-38 所示。

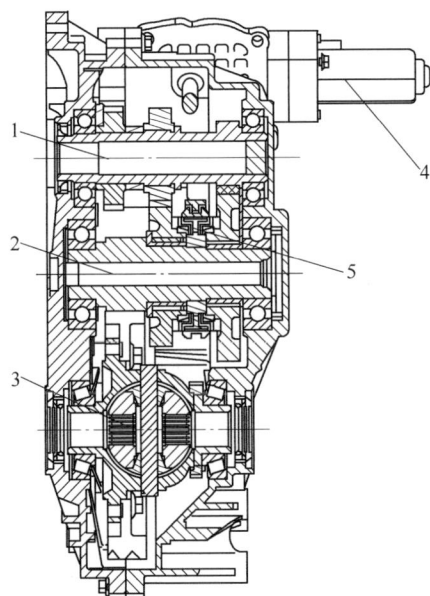

图 5-36　青山公司 AMT 结构两档减速器

1—输入轴组件　2—中间轴组件　3—差速器组件
4—换档电机　5—同步器

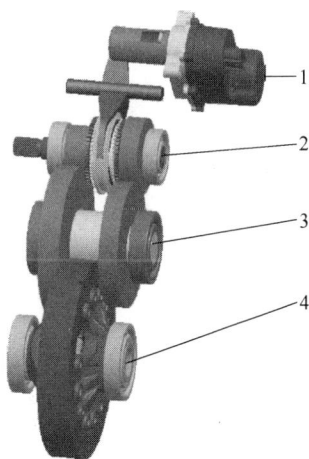

图 5-37　吉凯恩两档 AMT 减速器示意图

1—换档电机　2—输入轴组件
3—中间轴组件　4—差速器组件

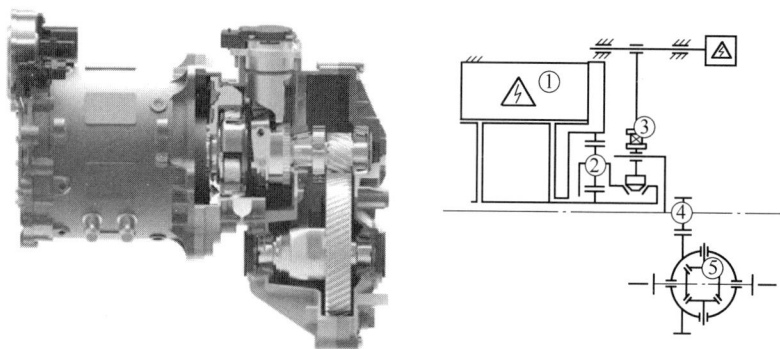

图 5-38　舍弗勒两档 AMT 减速器及其原理图
①—驱动电机　②—行星排组件　③—同步器　④—中间轴组件　⑤—差速器组件

5.4.3.2　DCT 方案

DCT 方案的两档减速器由于成本较高、开发难度大，目前很少在纯电动汽车产品上应用。图 5-39 为吉凯恩的两档 DCT 减速器，其两个离合器为平行布置，即分别布置在输入轴和中间轴上，结构紧凑，效率较高。

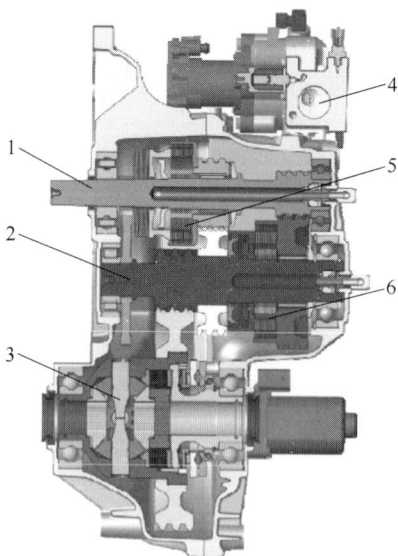

图 5-39　吉凯恩两档 DCT 减速器
1—输入轴组件　2—中间轴组件　3—差速器组件　4—液压执行机构　5—二档离合器总成　6—一档离合器总成

另一种离合器布置方式为同轴式布置，输入端由两根同轴布置的内、外输入轴组成，两个离合器分别与内、外输入轴相连。结构简图如图 5-40 所示。

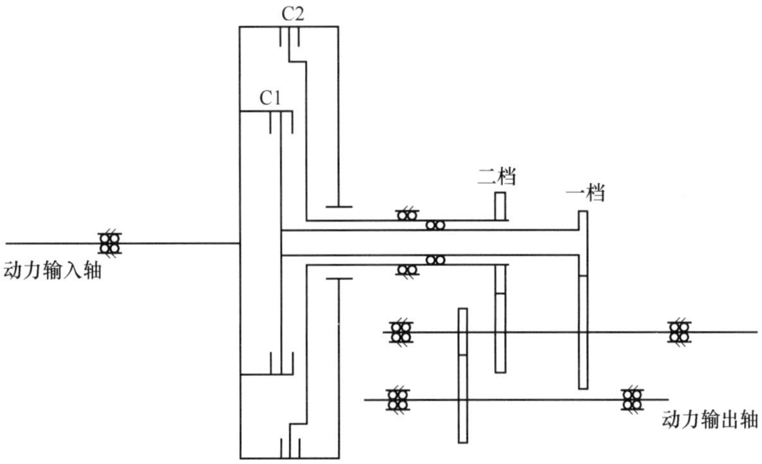

图 5-40 同轴式两档 DCT 减速器结构示意图

参考文献

[1] ISO.Cylindrical Gears-ISO System of Flank Tolerance Classification：Part 1 Definitions and Allowable Values of Deviations Relevant to Flanks of Gear Teeth：ISO 1328-1：2013[S/OL].[2013-09].https://www.iso.org/standard/45309.html.

[2] 夏丽华 . 变速器啸叫的分析与研究 [D]. 上海：同济大学，2018.

[3] 机械设计手册编委会 . 机械设计手册：第 3 卷 [M].2 版 . 北京：机械工业出版社，2004.

[4] 张英会，刘辉航，王德成 . 弹簧手册 [M].3 版 . 北京：机械工业出版社，2017.

第6章　电驱动总成振动噪声

振动噪声水平是衡量电驱动系统品质的一个重要指标。纯电动汽车的电驱动系统主要由电机、减速器和电机控制器组成，既是电动汽车的核心部件，也是一个非常重要的振动噪声源。分析和评价电驱动总成的振动噪声对整车品质至关重要。本章从电驱动总成噪声分类、振动模态、激振源等角度分析电驱动总成噪声，并给出电驱动总成噪声的评价和测量方法。

6.1　电驱动总成振动噪声分类

6.1.1　电驱动总成振动噪声概述

随着乘客对电动汽车乘坐舒适性的要求日益提高，整车 NVH 性能已经成为电动汽车的一项关键性能指标，优秀的 NVH 性能可以带给乘客最直观的乘坐舒适体验。电驱动总成作为整车的动力源，同时也是整车的主要噪声源，它的 NVH 性能对整车舒适性具有重要的影响。相比于内燃机的低频点火、机械和燃烧噪声，电驱动的转速更高，可达内燃机转速的数倍之多，电机电磁力和减速器齿轮啮合力更易于产生令人烦恼的高频啸叫噪声，因此有必要研究电驱动总成振动噪声的产生机理及其优化方法。

声音来源于物体（固体、液体和气体）的振动，因此从噪声产生来源的角度分类，电驱动总成的噪声按部件主要可分为电机噪声和减速器噪声，需要指出的是：电机控制器输出谐波电流是电驱动系统的一个重要噪声源，但是其产生的噪声主要通过作用在电机上来表现。其中电机噪声通常分为机械噪声、电磁噪声、电流谐波噪声和空气动力噪声，减速器噪声主要由齿轮的动态啮合力产生。从整车上电驱动总成噪声的传递路径分类，可以分为空气传递声（Air Borne Noise）和结构传递声（Structure Borne Noise）。空气传递声是电驱动总成的壳体振动扰动周围空气直接向周围辐射的噪声，经由空气传递至车内驾乘者的人耳处。结构传递声是电驱动总成的振动经由悬置和车身传递到车内再辐射的噪声。电驱动总成的噪声分类如图 6-1 所示。

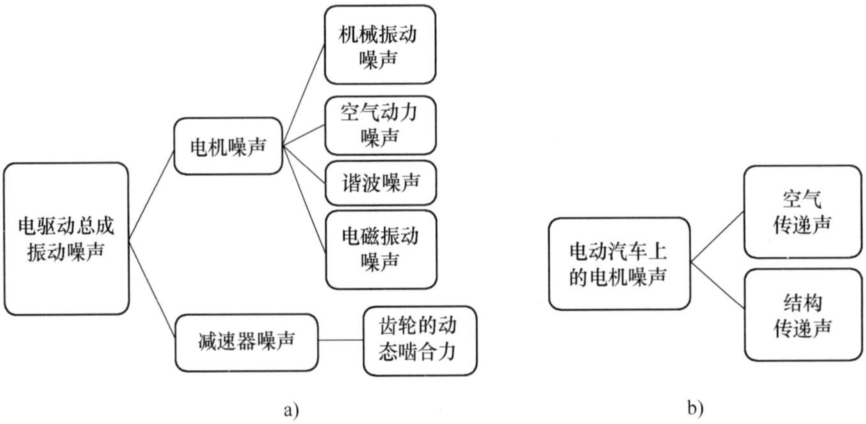

图 6-1　电驱动总成噪声分类

a）按噪声产生来源分类　b）按整车传递路径分类

6.1.2　机械振动噪声

电机的机械振动噪声主要包括转子不平衡产生的振动噪声、轴承振动产生的噪声、机壳端盖等结构件振动产生的噪声。

1. 转子不平衡产生的振动噪声

当转子机械不平衡时，转子的旋转中心线与其质量中心线的位置不同，旋转中的转子因离心力的作用产生不平衡力，这个不平衡力激励转子振动，产生机械噪声。电机转子的不平衡分为静不平衡、偶不平衡和动不平衡三种。静不平衡是力不平衡，转子的质量分布中心线和旋转中心线平行，有一个固定的轴心距；偶不平衡在静态时质量分布是平衡的，但其质量分布中心线与旋转中心线是相交的；动不平衡则是两者的合成。

此外，当转子部分不均匀发热和不均匀冷却时，会引起转子的热不对称，从而产生轴的热弯曲，大大加剧转子的不平衡。因此，通过校准平衡，可以减小不平衡产生的振动噪声。在设计阶段，应尽量减少各类引起热不对称的因素，同时提高转轴的弯曲刚度。

2. 轴承振动产生的噪声

轴承振动噪声的产生是由于轴承在转动中，轴承内的滚动部件相对内外轴承圈和保持架有相对运动，这些相对运动的部件间发生不规则的撞击，从而发出各种振动噪声，轴承噪声分布在较宽的频带内。电机常用的滚动轴承的振动噪声包含：①由轴承几何形态缺陷所引起的振动噪声，如轴承加工后存在的波纹度、滚动体、沟道表面的损伤等引起的振动噪声；②轴承在运行中承受了径向或轴向载荷引起周期性弹性变形所造成的振动噪声。滚动轴承结构如图 6-2 所示。当外圈静止、内圈旋转时，滚动轴承振动的特征阶次可以表示为以下形式。

（1）滚动体通过外圈的阶次

$$\frac{z}{2}\left(1-\frac{d}{D}\cos\alpha\right) \tag{6-1}$$

（2）滚动体通过内圈的阶次

$$\frac{z}{2}\left(1+\frac{d}{D}\cos\alpha\right) \tag{6-2}$$

（3）滚动体自转的阶次

$$\frac{D}{2d}\left[1-\left(\frac{d}{D}\cos\alpha\right)^2\right] \tag{6-3}$$

（4）保持架的阶次

$$\frac{1}{2}\left(1-\frac{d}{D}\cos\alpha\right) \tag{6-4}$$

（5）保持架通过内圈的阶次

$$\frac{1}{2}\left(1+\frac{d}{D}\cos\alpha\right) \tag{6-5}$$

式中　　D——节圆直径；

　　　　d——滚动体直径；

　　　　z——滚动体数；

　　　　α——接触角。

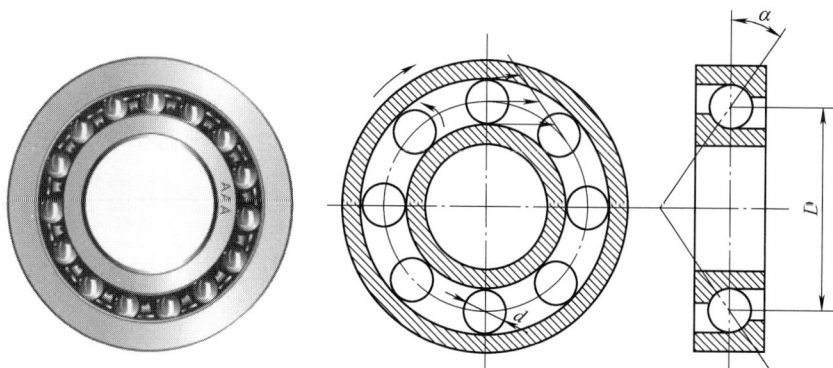

图 6-2　滚动轴承结构示意图

例如对于电驱动常用的 6207 型轴承，它的滚动体直径与节圆直径之比 d/D 为 0.2077，滚动体数 z 为 9，接触角 α 为 0，由以上公式可以计算出 6207 型轴承的滚动体通过外圈的阶次为 3.57 阶，滚动体通过内圈的阶次为 5.43 阶，滚动体自转的阶次为 2.30 阶，保持架的阶次为 0.40 阶，保持架通过内圈的阶次为 0.60 阶。可以发现轴承的阶次一般为小数，并不是简单地等于滚动体数。

抑制电机轴承振动噪声的办法是：选择合适的轴承工作游隙，提高端盖轴承室的加工精度，采用正确的轴承安装工艺等。

3. 结构件振动产生的噪声

机壳端盖等结构件振动产生的噪声：作用于定子上的电磁力波，会激发定子和机壳的模态，引起定子和机壳在模态频率下的振动噪声。电磁力也会作用于转子上，同时电机转动过程中转轴的轴向位移会产生轴向激振力，这些力会传导到端盖上。另一方面，端盖是薄板结构，轴向弯曲刚度较弱，容易在激振力的作用下产生轴向弯曲模态的振动。为了抑制机壳端盖的振动，需要增强机壳端盖等结构件的刚度。

6.1.3　气动噪声

电机的空气动力噪声包括通风电机的转动部分和空气摩擦的噪声，产生这些噪声的根本原因是电机通风系统中气流压力的局部迅速变化和随时间的急剧脉动，以及气体与电机风道管路的摩擦，这些噪声通常都是从气流中辐射出来的。气动噪声包含：

1）风扇旋转噪声：由于高速旋转的风扇叶片周期性拍打空气，引起空气压力脉动产生的噪声。风扇旋转噪声的频率为叶片每秒打击空气的次数，即

$$f_{\mathrm{b}} = k\frac{Z_{\mathrm{b}}n}{60} \tag{6-6}$$

式中　　k——正整数；

　　　　Z_{b}——叶片数；

　　　　n——风扇转速（r/min）。

2）涡流噪声：在电机转子旋转过程中，转子表面的凸出物都会影响气流的流动；由于黏滞力的作用，又分裂成一系列分立的小涡流，涡流和涡流的分裂使得空气产生扰动，形成压缩与稀疏的过程，从而产生噪声。涡流噪声的频率取决于叶片与气体的相对速度。旋转叶片的圆周速度随着圆心距离变化而变化，风扇叶片从内圆到外圆的各处速度是连续变化的。因此，风扇旋转所产生的涡流噪声呈明显的宽频带连续谱。

3）笛声：气流遇到障碍物发生干扰时就会产生单一频率的笛声，其随着转动部件和固定部件之间气隙的减小而增强。在电机中常见的笛声是定转子风道之间干扰产生的笛声，其产生机理是由于风冷异步电机定转子铁心中常设有径向通风道，通风道中存在间隔片，在转子旋转过程中，间隔片时而对齐、时而错开，从而产生压力的波动，其频率取决于转子槽数及转速，即

$$f_{\mathrm{d}} = k\frac{Z_2 n}{60} \tag{6-7}$$

式中　　k——正整数；

　　　　Z_2——异步电机的转子槽数；

　　　　n——转子转速（r/min）。

抑制电机气动噪声的方法如下：

1）优化风扇叶片的气动外形尺寸和排布方式。

2）避免或尽可能减少风路中的障碍物，垂直于风路方向的障碍物若不能避开，则应做成流线型。

6.1.4　电流谐波噪声

定、转子气隙磁场谐波相互作用产生的电磁激振力，作用于定子表面引起电机的振动噪声。当采用变频器供电时，永磁电机定子电枢反应磁场中可能产生大量的与开关频率有关的谐波成分，这些谐波与永磁体磁场相互作用产生电磁激振力。对气隙磁场主要谐波频率进行分析，变频器供电时气隙磁场的主要谐波频率与开关频率的关系式可以表示为

$$f_k = k_1 f_T \pm k_2 f_0 \tag{6-8}$$

式中　　f_k——气隙磁场频率；

　　　　f_T——变频器的开关频率；

　　　　f_0——电机的运行频率，$f_0 = \dfrac{pn}{60}$，其中 p 为电机极对数，n 为电机转速（r/min）；

　　　　k_1，k_2——奇偶相异的正整数（即当 k_1 取奇数时，k_2 取偶数；反之，当 k_1 取偶数时，k_2 取奇数）。

电磁激振力的频率为气隙磁场频率与永磁体基波磁场频率的和或差，因此变频器供电时，永磁电机产生的电磁激振力的频率可以表示为

$$f = f_k \pm f_0 = k_1 f_T \pm k_3 f_0 \tag{6-9}$$

式中　　k_1，k_3——奇偶相同的正整数。

这些谐波引起的激振力频率与开关频率有关，产生了以开关频率为中心对称分布、成伞状的脉宽调制（PWM）振动噪声，如图6-3所示。此外，由于变频器输出的高次谐波会激励电机定子在固有频率附近的谐振，使得振动噪声增大。通过提高电力电子设备的开关频率，远离人耳较为敏感的 2～5kHz 频率，能有效地减小此类噪声。但是开关频率越高，开关损耗越大，逆变器的效率越低，因此需要平衡 PWM 噪声与开关损耗。另一方面，也可以通过采用随机 PWM 变频控制方法，避免单一阶次的噪声能量集中，降低音调声和尖锐度，改善声品质。

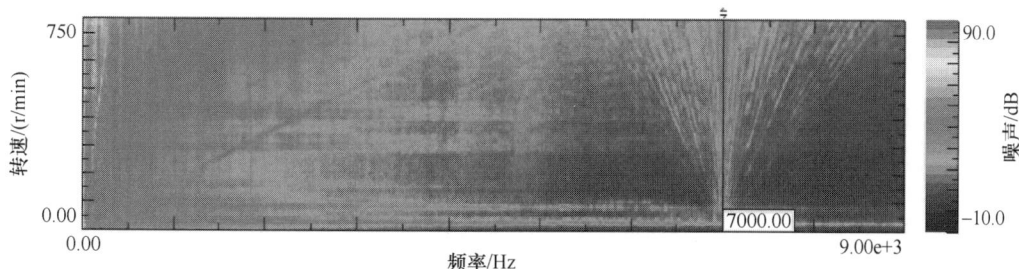

图6-3　开关频率引起的伞状 PWM 振动噪声（见彩色插页）

6.1.5 电磁振动噪声

电机运行时，定、转子气隙磁场中的基波磁场和各次谐波磁场引起的电磁力作用于定子铁心上，激励定子、机壳和端盖等结构件振动，并向周围空间辐射电磁噪声。气隙磁场产生的电磁力是一个旋转力波，有径向和切向两个分量。径向分量使定子和转子发生径向变形和周期性振动，是电磁噪声的主要来源；切向分量是与电磁转矩相对应的作用力矩，它使齿对其根部弯曲，并产生局部振动变形，是电磁噪声的一个次要来源[1]。因此，电磁噪声的源头是电磁力，传递路径是铁心、机壳、端盖等结构件，电磁振动噪声产生的机理如图 6-4 所示。下面以电动汽车常用的永磁同步电机为例，介绍电磁振动和噪声分析的理论。

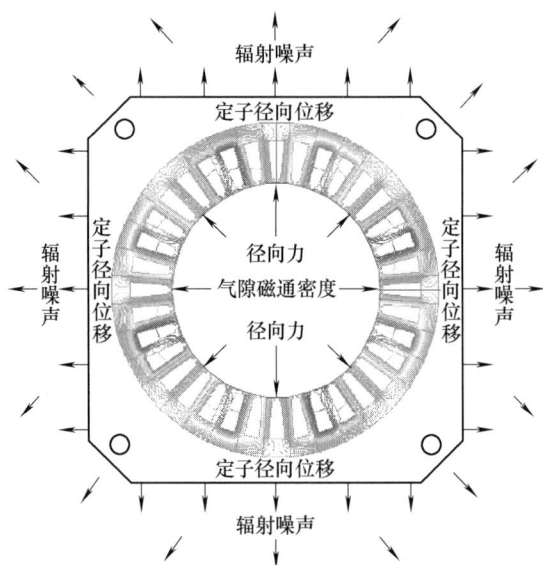

图 6-4　电磁振动噪声产生的机理

1. 电磁振动

作用在定子齿上引起电磁振动的径向力波是旋转压力波，其空间分布形式用力波阶数来表示。力波空间阶数由电机极槽配合决定，不随电机运行工况的改变而改变；力波频率和幅值会随着转速和负载的改变而改变[2, 3]。电机气隙中的 r 阶单位力波可以表示为空间角度和时间频率函数，即

$$p_{unit,r}(\alpha, t) = \cos(r\alpha - \omega_r t) \tag{6-10}$$

式中　α——力波的空间角度；

　　　ω_r——力波的角频率。

在计算电磁振动响应的时候，可以先计算单位力波的响应，评估电机在整车牵引特性运行范围内的振动噪声变化趋势。当计算电机某一运行状态下的振动特性时，根据响应叠加方法，把此运行状态下的相应阶数的力波幅值乘以单位力波的响应结果，并把几个力波响应的结果叠加即可[4]。r 阶单位力波的振动响应可以表示为

$$X_{unit,r}(\omega) = H(\omega) p_{unit,r} \tag{6-11}$$

式中 $X_{unit,r}$——电机定子结构 r 阶单位力波的响应；

$H(\omega)$——电机定子结构的频响函数。

将运行工况下相应阶数的力波幅值乘以单位力波响应的结果，并把所有力波响应结果叠加即可得到最终的振动响应为

$$X(\omega) = \sum_{r=0}^{R} X_{unit,r} P_{mr} \tag{6-12}$$

式中 $X(\omega)$——某一转速下所有 R 阶径向力波响应叠加后的振动响应；

P_{mr}——第 r 阶力波的幅值。

2. 电磁噪声

根据电机结构的振动响应，可以计算电机辐射的噪声。电机噪声的计算包括解析法、声学有限元法（Finite Element Method, FEM）和声学边界元法（Boundary Element Method, BEM）。其中，声学有限元法需要把计算声场离散成一定数量的小声场单元，只适合有限的声场区域。而声学边界元法只需要把声场边界离散成小声场单元，无须对整个计算声场进行离散划分计算，适合很大或者无限的声场区域。解析法能快速估算电机辐射的噪声，可以进行噪声的影响参数分析，r 阶力波的声功率级可以表示为

$$L_w = 10 \lg \frac{W_s}{W_{ref}} \tag{6-13}$$

式中 L_w——声功率级（dB）；

W_s——电机对应频率辐射的声功率（W）；

W_{ref}——参考声功率，大小为 10^{-12}W。

电动汽车常用的永磁同步电机的定子可以等效为有限长圆柱形辐射体来计算电磁噪声[10]，其辐射的声功率 W_s 计算方法如下：

$$W_s = 4\sigma_{rel} \rho c \pi^3 f_r^2 x^2 R_{out} L_{stk} \tag{6-14}$$

式中 σ_{rel}——相对声强，$\sigma_{rel} = \dfrac{k^2}{1+k^2}$，其中 $k = \dfrac{2\pi R_{out} f_r}{c}$；

ρ——传播声波介质的密度，20℃空气的密度为 1.186kg/m³；

c——传播声波介质中的声速，20℃标准大气压下空气中的声速为 344m/s；

f_r——径向力波的频率；

x——定子铁心外表面形变大小；

R_{out}——定子铁心外径；

L_{stk}——定子铁心轴长。

6.1.6 减速器噪声

一般来说，减速器振动噪声的影响因素如图 6-5 所示。减速器的振动噪声主要是由齿轮在工作时产生的振动和冲击引起的，而齿轮啮合过程中的振动和冲击主要是由承载齿轮副产

生的。由于齿轮设计的原因，齿轮副啮合时的重合度很多时候并非恰好是整数，在轮齿交替啮合过程中，同一时刻承受载荷的齿轮对数随旋转角度做周期性变化，从而导致轮齿啮合时的刚度具有时变性。由于齿轮材料、热处理方式、制造、安装误差等原因，齿轮在实际啮合过程中的位置与理论啮合位置有一定的偏差，导致在传动过程中存在传动误差[11]。

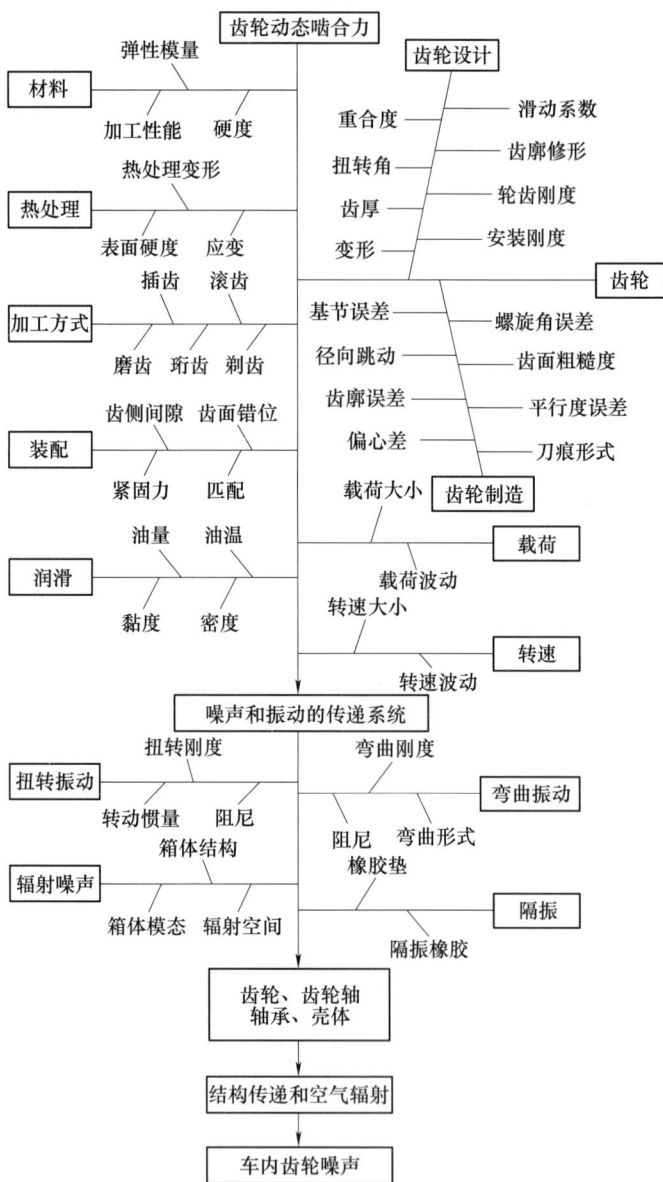

图 6-5　减速器系统振动噪声的影响因素

齿轮传动误差、时变的接触刚度、啮入与啮出时的不平稳性、减速器系统输入输出的转速和负载的波动均会导致齿轮的动态啮合力。它作为激励源引起齿轮系统振动和噪声，噪声通过空气辐射出来，而振动则通过结构传递到壳体表面，引起壳体振动，再通过壳体表面辐射出来。当齿轮动态啮合力的频率和减速器壳体的某阶模态频率相等或者接近时，将会产生共振，把原本的振动放大，引发更加剧烈的振动及噪声。由此可知，减速器结构的动态性能设计要求其壳体应具有特定的频率及振型，需要避开工作齿轮的激励频率。由此可见，减速器系统的噪声不但和齿轮的激励大小相关，还与齿轮轮辐、齿轮轴、支撑轴承、壳体等结构形式的动态性能息息相关 [14]。

通过以上分析，可总结出导致减速器系统振动和噪声的主要因素如下：

1）设计方面。齿轮宏观参数设计不合理，使得齿轮副总的重合度过小，特别是端面重合度设计不合理；齿形修形、齿向修形不合理；齿轮材料选择不当；齿轮辐结构设计不合理等。

2）齿轮加工工艺方面。齿轮加工工艺选择不当，热处理变形过大却没有热处理后的精加工处理或工艺补偿处理等原因造成的齿轮误差过大。

3）系统和减速器壳体方面。传动轴、支撑轴承等刚度过小；减速器结构动态性能设计不合理；润滑油选取不当；装配精度不够；悬置隔振不够。

4）外部原因。输入端的转速波动和输出端负载波动。

6.2 电驱动总成振动模态

电驱动总成模态分析是振动噪声分析的基础和重要的组成部分。电驱动总成的结构决定了振动模态的频率，电驱动总成的激振力主要为电机的径向电磁力波和减速器的动态啮合力。当电机气隙径向电磁力波、减速器的动态啮合力的频率和电驱动总成结构的固有频率一致时，电驱动总成就可能会发生共振，引起较大的噪声。因此电驱动总成模态分析直接影响到振动噪声的分析 [9]。

将电驱动总成视为具有多自由度、连续的振动系统，设系统的自由度为 n，则该系统的振动微分方程可以表示为矩阵形式，即

$$M\ddot{X} + C\dot{X} + KX = F(t) \tag{6-15}$$

式中　M—— 质量矩阵；

　　　C—— 阻尼矩阵；

　　　K—— 刚度矩阵；

　　　X—— 振动位移向量；

　　　$F(t)$—— 激振力向量。

无阻尼是一种理想状态，实际中并不存在，但是它可以反映振动系统的一些普遍规律。在自由振动情况，振动微分方程可以转换为求解系统的特征值问题，而系统的特征值和特征向量则可以反映结构的模态参数。根据无阻尼、自由振动假设可得

$$M\ddot{X} + KX = 0 \tag{6-16}$$

该式的向量形式的特解为 $x(t)=\varphi e^{j\omega_0 t}$，特征方程为

$$K-\omega_0^2 M\varphi=0 \tag{6-17}$$

根据线性方程组理论有非零解的充分必要条件 $|K-\omega_0^2 M|=0$，得到了 n 个特征根和对应的特征向量。第 i 个特征值 ω_i 是第 i 阶无阻尼固有频率，第 i 个特征向量 φ_i 是第 i 阶模态振型向量。

固有频率：$\omega_1 \leqslant \omega_2 \leqslant \cdots \leqslant \omega_n$，按照频率从小到大分别称为第 1 阶模态的固有频率、第 2 阶模态的固有频率，$\cdots$，第 n 阶模态的固有频率。

模态振型：$\varphi_1, \varphi_2, \cdots, \varphi_n$，分别对应于各阶固有频率的振型。

电驱动总成模态分析常用的分析方法有三种：解析法、有限元法和试验模态法。这三种方法的特点如下：

1）解析法：能快速估算电机结构的固有频率，可以参数化分析电机结构参数对电机固有频率的影响，为电机结构优化提供指导意见，但是计算误差较大，难以应用于复杂结构的电机。

2）有限元法：能够考虑结构的不规则性，计算精度较高。近年来随着计算机技术的飞速发展，使得利用有限元法进行工程仿真分析得到普及。

3）试验模态法：利用模态试验的平台，获得实际样机的固有频率、模态、阻尼和振型等参数，估计电机在整个调速范围内的振动特性，优化有限元模型，验证仿真模型和结构设计的合理性。

6.2.1　电机振动模态

电机定子的径向模态如图 6-6 所示。定子沿径向的振动形式为电机模态的阶次数，等于振型的节点数除以 2，用 n 来表示，$n = 0,1,2,3,4$ 分别为径向 0 阶（呼吸状）、1 阶、2 阶（椭圆形）、3 阶（三角形）、4 阶（四边形）。径向低阶模态较容易受到外力激励而发生振动，其振幅相对较大；而高阶振型的能量将迅速衰减，因此一般研究较低阶的固有模态[5, 6]。需要指出的是，低阶模态并不一定代表低频率，如 0 阶模态频率一般比 2 阶和 3 阶模态频率高。

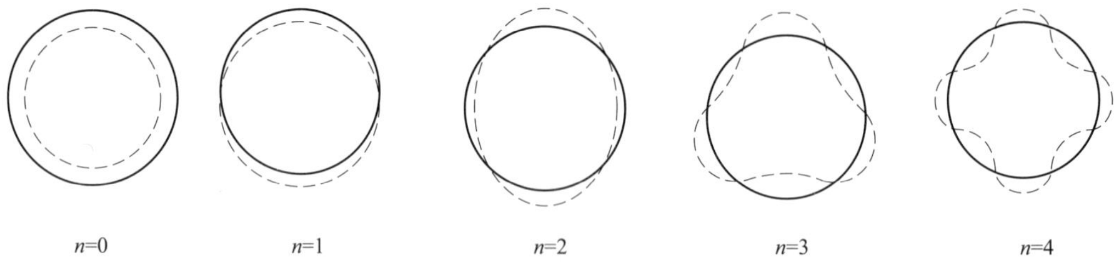

$n=0$　　　　$n=1$　　　　$n=2$　　　　$n=3$　　　　$n=4$

图 6-6　电机定子的径向模态示意图

沿着电机轴向观察，定子沿轴向有两种振动形式：同向振动和反向振动。根据壳体振动理论，用轴向模数来描述这两种振动形式，当 $m = 0$ 时，壳体同向振动；当 $m = 1$ 时，壳体反向振动。图 6-7a 为径向 2 阶，轴向模数 $m=0$，因此可以用（m,n）=（0,2）来表示它的模态形式；同理，图 6-7b 中，（m,n）=（1,2）。

a)   b)

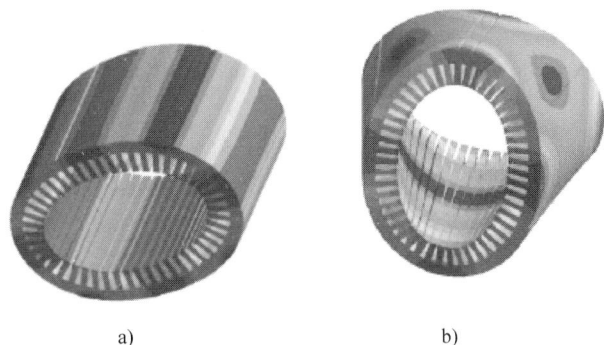

图 6-7 电机定子的振动模态

a)$(m,n)=(0,2)$ b)$(m,n)=(1,2)$

6.2.2 减速器振动模态

壳体和轴组件作为减速器的重要组成部件,其振动模态表现对减速器 NVH 性能有着重要影响。

6.2.2.1 减速器壳体模态分析

电动汽车运行路况的多样性会使减速器承受随时间变化的路面激励作用,同时,汽车本身电机的振动、减速器齿轮副间的啮合周期振动和轴承的滚动等都会对减速器产生随机激励作用。如果这些激励源的激励频率与减速器壳体本身的固有频率非常接近,就很可能会导致整个减速器发生共振现象,进而影响整车的 NVH 品质,同时共振现象会增加减速器的疲劳损伤,缩短减速器的使用寿命等。为了避免此种情况发生,在减速器设计初期会通过壳体的有限元模态分析获取结构的固有频率和模态振型,了解减速器壳体在某些特征频率下的振动趋势,及时发现结构的薄弱环节,进行结构优化。

通过有限元分析可以得到减速器壳体约束模态(即在减速器壳体与电机连接的大端面螺栓孔位置施加零位移约束)频率,重点关注壳体的低阶频率。某减速器壳体前 3 阶约束模态振型如图 6-8 所示。第 1 阶约束模态的频率为 686Hz,振型主要表现为壳体整体的弯曲变形;第 2 阶约束模态的频率为 916Hz,振型主要表现为差速器部位的凹凸变形;第 3 阶约束模态的频率为 1284Hz,振型主要表现为中间轴轴承附近的凹凸变形。

a)   b)   c)

图 6-8 某减速器壳体前 3 阶约束模态振型

a)第 1 阶 b)第 2 阶 c)第 3 阶

由于悬置支架安装点是振动传递的主要路径，通过查看各阶振型，尽量避免或减少出现在悬置安装点附件的局部模态可以有效提升减速器壳体的 NVH 性能。

6.2.2.2 减速器轴组件模态分析

轴组件作为减速器的重要支撑和回转部件，其动态特性对减速器的性能具有重要作用。如果齿轮的啮合频率或壳体的振动频率与轴的模态频率接近，很可能会引起轴组件的共振，引起振动噪声。

通过轴组件的模态分析可以有效识别结构的振动特性，有效避免上述问题发生。图 6-9 为某减速器输入轴的前 2 阶模态振型，第 1 阶模态频率为 408Hz，振型主要表现为沿轴向的扭转变形；第 2 阶模态频率为 12968Hz，振型主要表现为整体的弯曲变形。

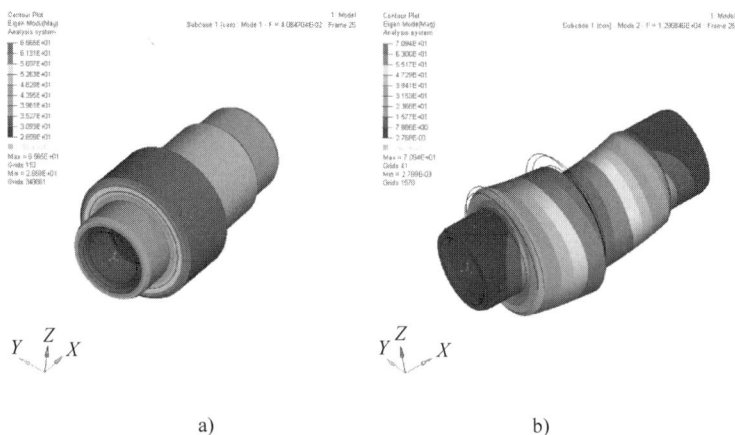

a)　　　　　　　　　　　　　　　b)

图 6-9　某减速器输入轴前 2 阶模态振型
a）第 1 阶　b）第 2 阶

6.3　电机径向电磁力

由于定、转子气隙磁通密度的作用，在定子铁心齿上产生的电磁力有径向和切向两个分量。一般来说，径向分量使得定子铁心产生的振动变形是电磁噪声的主要来源；切向分量是与电磁转矩相对应的作用力矩，它使齿对其根部弯曲，并产生局部振动变形，这是电磁噪声的一个次要来源。本节以电动汽车常用的永磁同步电机为例，来分析电磁径向力。

永磁同步电机中，由于切向磁通密度一般较径向气隙磁通密度小很多，所以一般在进行电磁振动噪声分析时，主要考虑径向气隙磁通密度[7]。根据麦克斯韦应力张量法，气隙中单位面积径向电磁力的瞬时幅值可以表示为

$$f(t,\alpha)=\frac{b_n^2(t,\alpha)}{2\mu_0}\tag{6-18}$$

式中　　t——时间；

　　　　α——空间角度；

　　$b_n(t,\alpha)$——气隙磁通密度；

　　　　μ_0——空气磁导率。

空间 r 阶径向力波的 m 次时间谐波大小为

$$f_{r,m} = k_m \cos\left(m\omega_1 t - r\alpha - \theta_m\right) \tag{6-19}$$

式中　ω_1——基波角频率；

　　　t——时间；

　　　m——正整数；

　　　r——空间力波的阶次；

　　　k_m——径向力波的幅值；

　　　θ_m——m 次谐波的相位。

因此，合成空间 r 阶径向力波大小为

$$
\begin{aligned}
f_r = \sum_{m=1}^{n} f_{r,m} &= \sum_{m=1}^{n} k_m \cos\left(m\omega_1 t - r\alpha - \theta_m\right) \\
&= \sum_{m=1}^{n} k_m \cos\left(m\omega_1 t - \theta_m\right)\cos(r\alpha) + \sum_{m=1}^{n} k_m \sin\left(m\omega_1 t - \theta_m\right)\sin(r\alpha) \\
&= \sum_{m=1}^{n} \left[a_m(t)\cos(r\alpha) + b_m(t)\sin(r\alpha)\right]
\end{aligned}
\tag{6-20}
$$

式中　a_m, b_m——系数，由式（6-20）决定，与电机转速有关，会随着电机转速的改变而改变。

单位面积上电磁力的瞬时值 $f(t,\alpha)$ 可以表示为所有空间径向力波的叠加，即

$$f(t,\alpha) = \sum_{m=1}^{n} \left[a_m(t)\cos(r\alpha) + b_m(t)\sin(r\alpha)\right] \tag{6-21}$$

对于整数槽永磁同步电机来说，电机的振动噪声主要是由定、转子高次谐波磁场相互作用引起的[8]。定子绕组磁场谐波次数为

$$v=(6k_1+1)p, \quad k_1=\pm 1, \pm 2, \pm 3, \cdots \tag{6-22}$$

转子磁场谐波次数为

$$\mu=(2k_2+1)p, \quad k_2=1, 2, 3, \cdots \tag{6-23}$$

因此定子和转子谐波磁场相互作用产生的径向力波次数为

$$
\begin{aligned}
r &= \mu + v = 2p\left[\left(k_2 + 3k_1\right) + 1\right] \\
r &= \mu - v = 2p\left(k_2 - 3k_1\right)
\end{aligned}
\tag{6-24}
$$

由此可见，整数槽电机力波次数可能等于 0 或者等于电机极数的整数倍。对于电动汽车常用的 8 极 48 槽的永磁同步电机来说，径向力波阶数除了 0 阶以外，最低的力波阶次

等于极数，即 8 阶。0 阶和 8 阶径向力波的分解图如图 6-10 所示。

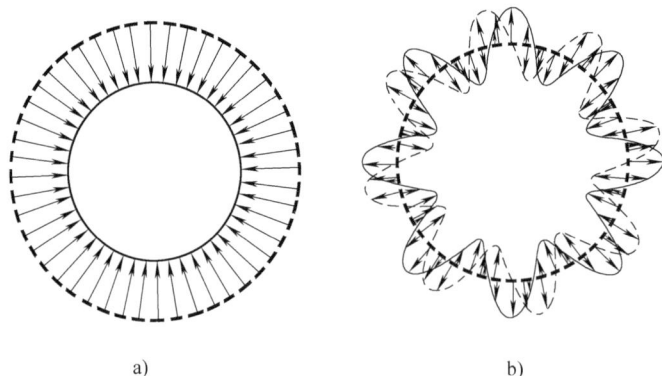

图 6-10　径向力波分解图

a）0 阶径向力波　b）8 阶径向力波

此外，径向力波的阶次越低，电机变形相邻两节点间的距离越远，径向形变越大，因此低次径向力波是引起电磁振动噪声的主要来源。高阶径向力波由于影响较小，可以忽略。

6.4　齿轮动态啮合力

齿轮的动态啮合力作为齿轮系统的输入，是引起减速器产生振动噪声的最根本原因，也是进行系统动力学分析最基本的条件，是进行齿轮动力学分析首要需要解决的问题之一。因此，对齿轮啮合过程中的动态激励进行详细的研究，确定其类别及性质，对于研究减速器系统的动态响应具有重要的意义。

减速器系统的动态激励按照作用机理可以分为两大类。一类是外部激励，是指齿轮系统以外的因素对内部的激励作用，主要包括输入端原动机（如电动机、发动机等）的主动力矩的波动及负载的阻力和阻力矩波动。外部激励的确定和一般机械系统的确定基本一样，比如齿轮转动质量的不平衡、几何偏心、齿轮系统中其他相关零部件自身的动态特性[12]。

另一类是内部激励，主要有刚度激励、误差激励、冲击激励三大部分，它们是齿轮副啮合过程中由齿轮系统内部的齿轮副产生的。齿轮传动机构和其他一般机械机构的一个重要区别在于其内部激励，它是因轮齿的受载变形、同时参与啮合的轮齿对数的交替变化、齿轮各种误差等因素造成齿轮在啮合过程中而产生的，由此可知，尽管不考虑系统以外的激励，减速器系统同样会因为受到前述的内部激励而引发减速器系统的动态响应。齿轮系统内部动态激励对减速器系统作用过程如图 6-11 所示。

6.4.1　齿轮啮合刚度激励

齿轮在实际工作时因综合啮合刚度随时间周期性变化而产生的动态激励称为刚度激励[12]。产生刚度激励的原因有以下两点：在齿轮的参数设计中，齿轮副的重合度并非恰好是整数，导致齿轮在工作时实际承受载荷的齿轮对数做周期性变化；此外，当一对齿轮在从单齿啮合最低点到单齿啮合最高点的过程中，齿轮的因受载而产生的变形量也有所不同。下面以重合度为 1.5 的直齿轮为例进行说明，如图 6-12 和图 6-13 所示。

图 6-11 齿轮系统内部动态激励对减速器系统的作用过程

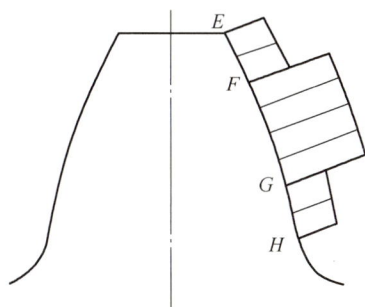

图 6-12 齿面不同位置的载荷变化规律

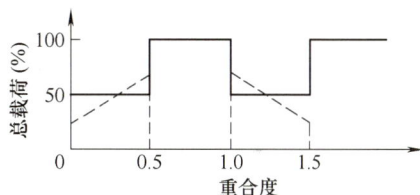

图 6-13 直齿轮啮合过程中的载荷变化规律

设啮合的轮齿对数为 n，则轮齿啮合刚度可以表示为

$$k_i = F_i / \left(\delta_{pi} + \delta_{gi} \right) \tag{6-25}$$

$$k = \sum_{i=1}^{n} k_i \tag{6-26}$$

式中　k_i——单对齿轮的啮合刚度；

　　　F_i——单对齿轮的啮合接触力；

　　　δ_{pi}——主动齿轮的弹性变形量；

　　　δ_{gi}——从动齿轮的弹性变形量；

　　　k——多对轮齿同时啮合的综合啮合刚度。

由于齿轮系统的齿轮在其工作时存在的受载齿轮对数不断交替变化，齿轮的综合啮合刚度在单齿啮合和多齿啮合交替点呈周期性的突变，即使是同一对轮齿，其齿面在不同啮合点的啮合刚度也不一样。当齿轮的齿廓误差和基节误差很小时，齿轮的啮合刚度呈较明显的周期性。

6.4.2　齿轮啮合误差激励

齿轮从毛坯开始加工到装配下线的整个过程中，都不可避免地要产生各种类型的误差（图6-14），使得齿轮在工作过程中的实际轮廓较理想齿廓产生偏移，从而恶化了渐开线齿廓的正常工作形式，造成齿轮的瞬时传动比呈周期性波动，进而使齿轮与齿轮之间产生撞击，从而产生齿轮误差激励。一般可以用静态传递误差来表征误差激励的大小及波动。由齿轮制造误差和轮齿啮合时的弹性变形而产生的误差总和称为静态传递误差，齿轮误差的激励如图6-15所示。轮齿制造过程产生的几何误差是传递误差最主要的来源。轮齿接触点的变化规律将影响被动齿轮的角位移，这是由制造过程中产生的误差造成的，因此称作制造传递误差[13]。

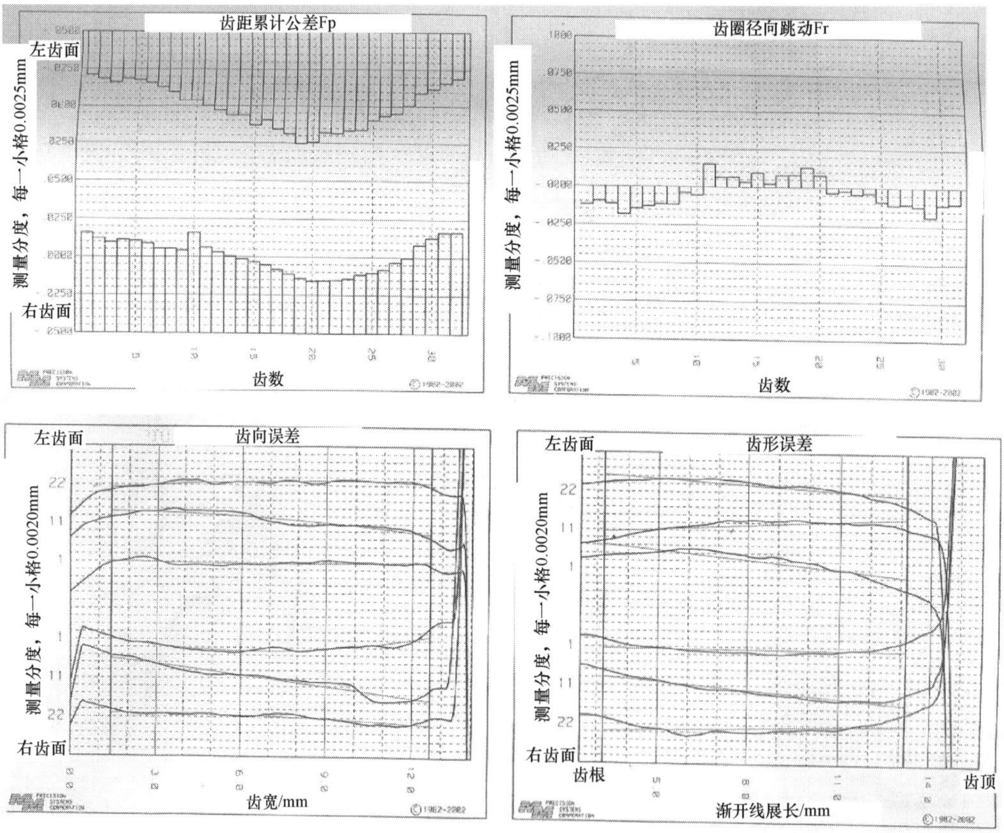

图6-14　齿轮误差测量图

在齿轮振动及噪声的众多影响因素中，齿廓误差、单齿齿距误差、齿向角误差等的影响非常大。一般来说，其他制造误差对减速器齿轮振动和噪声的影响都能够以齿廓误差和齿距误差反映出来，如图6-16~图6-18所示。在进行齿轮系统动力学分析时，一般把齿轮的制造误差解析为齿廓误差和齿距误差两种误差。

图 6-15 齿轮误差的激励

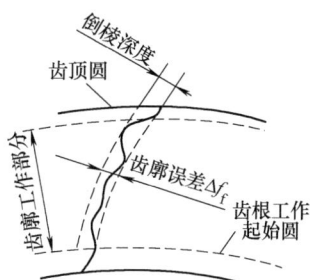

图 6-16 齿廓误差示意图

图 6-17 齿距误差示意图

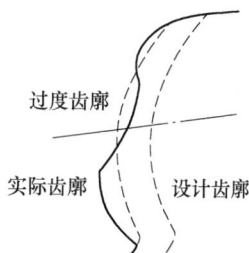

图 6-18 综合误差示意图

假如静态误差 $\varepsilon(t)$ 是啮合频率 $\omega_h=z_P\omega_P$ 的周期函数，则可以用傅里叶级数的形式来表达，若取 1 次谐波项，则有

$$\varepsilon_i(t)=\varepsilon_0 \sin(\omega_{hi} t) \tag{6-27}$$

式中　$\varepsilon_i(t)$——第 i 阶静态传递误差；

　　　ε_0——第 1 阶静态传递误差；

　　　ω_{hi}——第 i 阶啮合频率。

本节研究的各项误差大小是参照国家标准规定的各精度等级下的各项偏差大小，若用简谐函数形式来表示，则有

$$e(t) = e_0 + e_r \sin\left(\frac{\pi t}{T_x} + \varphi\right) \tag{6-28}$$

式中　$e(t)$ ——齿轮误差；

　　　e_0、e_r——齿轮误差的幅值，为常数，取 $e_0=0$；

　　　t ——时间；

　　　T_x——单对齿轮的啮合时间，可以表示为 $T_x=60\varepsilon_r/Nnz$，其中 ε_r 为齿轮重合度；

　　　φ ——相位角，取 $\varphi=0$。

由上述分析可知，利用齿廓误差和齿距误差可以完全确定各种加工误差引起的实际齿廓对理想齿廓的偏移。

6.4.3 齿轮啮合冲击激励

由以上两种激励及其他因素引起齿轮在啮入啮出时不能平稳过渡，从而产生的一种动态激励称为啮合冲击激励。

由以上分析可知，齿轮系统内部激励相比其他系统有一个重要特征，便是它具有周期性，因而频谱分析法非常适用于研究该问题。利用静态传递误差来描述齿轮系统的内部激励，对其做傅里叶变换，进行频谱分析，能够找到影响齿轮内部激励的关键因素，从而采取相应的优化措施来降低齿轮系统内部激励。

6.4.4 减速器壳体辐射噪声

减速器噪声主要是由激励源和结构路径两部分贡献，而减速器壳体作为结构路径上的重要零部件，齿轮的动态啮合力通过轴传递到壳体轴承座上，进而将振动传递到壳体表面，壳体表面的振动引起辐射噪声，从而影响减速器的 NVH 性能。因此，对减速器壳体进行辐射噪声分析有着重要意义。

根据减速器的实际结构通过计算机仿真软件建立其对应的多体动力学模型、有限元模型和边界元模型（图 6-19a）等，再对特定工况下的减速器进行动态特性计算和噪声预测，可以得到减速器壳体周围声场的声压（图 6-19b）、声强以及声功率等声学参数值，能够有效地对噪声源以及壳体主要辐射部位进行识别，为减速器壳体降噪设计提供理论依据。

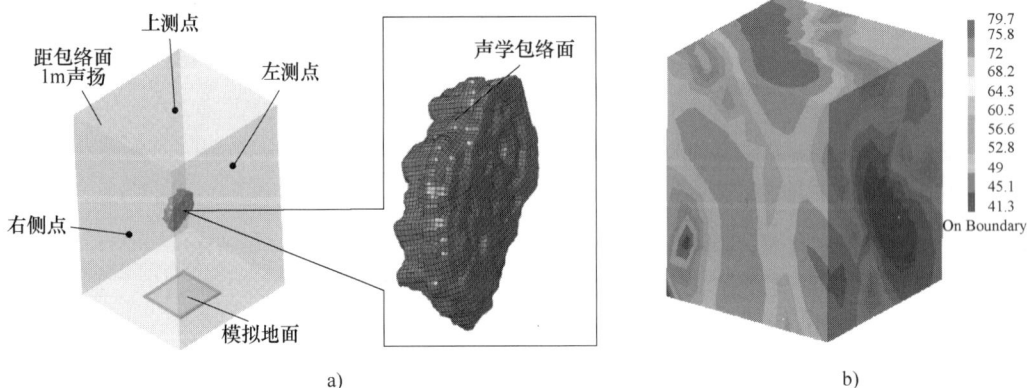

图 6-19 某减速器壳体辐射噪声分析
a）壳体边界元模型 b）声压结果

6.5 电驱动总成噪声的评价

电驱动总成噪声一般可以通过声压级、声强级、声功率级等声学参数来评价。与传统汽车上的发动机噪声相比，电动汽车上的电驱动总成噪声频率更高，而声压级等基本声学参数仅能代表车内噪声幅值的大小，不能充分考虑车内声品质水平，无法准确评价电动汽车"噪声响度低尖锐度高"的高频噪声特征。因此有必要通过引入响度、尖锐度、粗糙度等声品质参数来评价电动汽车上的电机噪声。本节首先介绍基本声学参数，在此基础上介绍常用的评价电驱动总成噪声的声品质参数。

6.5.1 基本声学参数

1. 声压级

物体的振动在弹性介质中以波的方式进行传播，这个弹性波就是声波。声波是一种疏密波（或纵波）。声波在空气中传播时，使得周围的空气随着声源的振动而稀疏变化。空气变密时压强增高，空气变稀时压强降低。因此声波的传播使得空气压力产生变化，气压高低的变化量称为声压（Sound Pressure）。声压越高，声音越强，反之则声音越弱，所以可以用声压来衡量声音的强弱，声压以 p（有效值）来表示，单位为 Pa。最简单的声波是纯音，其声压是具有一定频率、振幅和波长的正弦波，而噪声是由很多不同频率、不同强度的纯音组合而成的。

正常人耳刚能听到的 1kHz 声音的声压，即闻阈声压是 2×10^{-5}Pa，能使人耳产生疼痛感觉的声压，即痛阈声压是 20Pa，两者相差 10^6 倍，因此用声压的绝对值来表示声音的强弱很不方便。为此引用一个对基准声压之比的对数量来表示声音的强弱，这就是声压级（Sound Pressure Level, SPL）。声压级是一个无量纲的量，单位为 dB（分贝），其定义为

$$L_\mathrm{p} = 10\lg \frac{p^2}{p_0^2} = 20\lg \frac{p}{p_0} \tag{6-29}$$

式中　L_p——声压级；

　　　p——声压；

　　　p_0——基准声压，取 1 kHz 时的闻阈声压，即 2×10^{-5}Pa。

由式（6-29）可见，声压变化 10 倍，相应的声压级变化 20dB；声压变化 10^6 倍，声压级变化 120dB。这样引入声压级的概念后，就把声压值百万倍的变化范围缩小为 0~120dB 的声压级变化范围。声压级可以用一般的噪声仪器直接测量得出。

2. 声强级

在介质中传播的声波是具有一定能量的，所以也可以用能量的大小来表征声波的强弱。在垂直于声波传播方向，单位时间内通过单位面积的声能称为声强（Sound Intensity），以 I 表示，单位是 W/m^2。当声波为正弦波且按平面波形式传播时，声强 I 和声压 p 的关系为

$$I = \frac{p^2}{\rho c} \tag{6-30}$$

式中　ρ——传播声波介质的密度，20℃空气的密度为 1.186kg/m³；

　　　c——传播声波介质中的声速，20℃标准大气压下空气中的声速为 344m/s。

由式（6-30）可得，声强 I 从闻阈值到痛阈值相差 $(10^6)^2 = 10^{12}$，所以与声压一样，声强也用声强级（Sound Intensity Level）来表示，单位是 dB（A），其定义为

$$L_1 = 10\lg\frac{I}{I_0} \tag{6-31}$$

式中　L_1——声强级；

　　　I_0——基准声强，也称为闻阈声强值，20℃标准大气压下空气中 $I_0 = \dfrac{p_0^2}{\rho c} = 10^{-12}\text{W/m}^2$。

3. 声功率级

声源在单位时间内辐射出来的总声能称为声功率（Sound Power），单位是 W。由声强和声功率的定义可知

$$W = \int_S I \mathrm{d}S \tag{6-32}$$

式中　S——声源的包络面积。

类似声压级和声强级的定义，声功率级（Sound Power Level）可定义为

$$L_W = 10\lg\frac{W}{W_0} \tag{6-33}$$

式中　L_W——声功率级；

　　　W_0—— 基准声功率，也称为闻阈声功率值，一般取为 10^{-12}W。

不同于声压级的容易测量，声功率级不能由仪器直接测出，而是由测出的声压级计算出来的。由于声功率反映了产生噪声能量的大小，目前国际和国家标准常采用声功率级来衡量电机噪声的大小。

4. 倍频程

正常人能听到的声音频率范围为 20Hz~20kHz，噪声信号的频谱分析一般不需要对每个频率成分进行具体分析，可以把这一宽广的声音频率范围划分为若干个频带，每个频带称为一个频程（Octave Band），然后对每个频程进行分析。频程的划分采用恒定带宽比，即保持每个频带的上限频率 f_{up}、下限频率 f_{low} 之比为一常数。1 倍频程的上下限频率之比为 2，即 $f_{up}/f_{low}=2$。

在电机噪声分析中常用的倍频程是 1/3 倍频程，即 $f_{up}/f_{low}=2^{1/3}$。定义某一频程的中心频率为该频程的上限频率和下限频率的几何平均值，即

$$f_{center} = \sqrt{f_{up}f_{low}} \tag{6-34}$$

式中　f_{center}——频程的中心频率。

6.5.2　声品质参数

虽然电动汽车上的电机噪声声压级大小相对于传统内燃机并不高，但是由于电机的转速较高，产生的振动噪声频率也相对内燃机较高，容易引起尖锐的高频啸叫噪声，使得乘客烦恼不适。人耳对声音的感受不仅和声压大小有关，而且也和频率有关。声品质评价不仅结合了声压大小和频率分布，同时也借助心理声学，以客观角度评价声音给人主观感觉的好坏，因此有必要通过声品质参数来量化研究电动汽车上的电机噪声。

1. 响度

人耳对声压级相同但频率不同的声音，听起来是不一样的，频率高的响些。根据人耳的这一特性，可以用响度级（Loudness Level）把声压和频率统一起来表示声音响度的高低，其单位为方（phon）。

响度级是这样确定的：取 1kHz 的纯音作为基准声音，若出现某一声音听起来与基准纯音一样响时，该声音就与基准纯音的响度级相同。利用与基准纯音比较的方法，通过大量试验得出等响曲线如图 6-20 所示。图中的每一条曲线均为等响曲线，即响度级相同，但是频率和声压级不同，当频率为 1kHz 时，响度级 phon 值等于声压级 dB 值。最下面的是闻阈限等响曲线，最上面的是痛阈限等响曲线。在这两条曲线之间是正常人耳可以听到的全部声响。

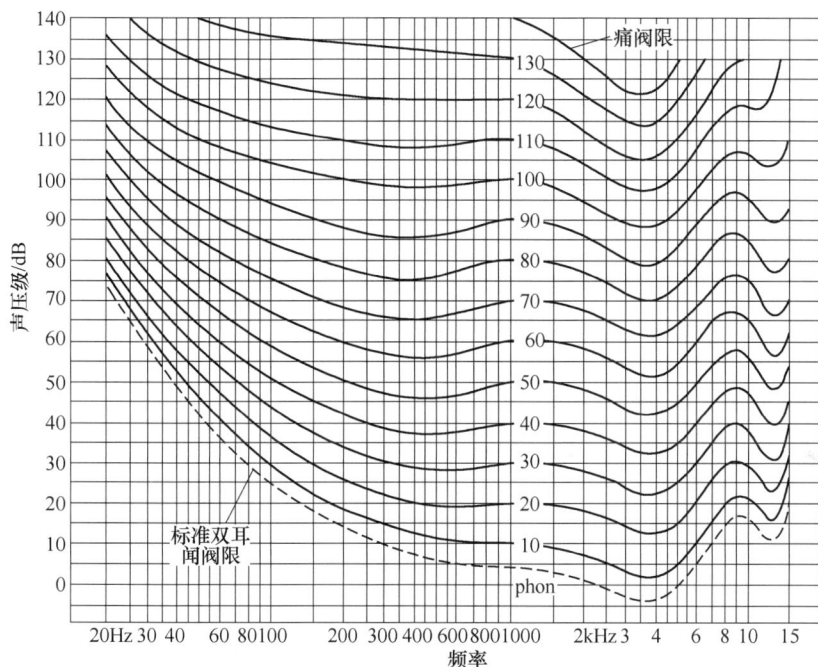

图 6-20　等响曲线

由图 6-20 可见，人耳对高频声音，特别是 2~5kHz 的声音，较为敏感，而对低频声音不敏感（如 20~100Hz）。例如在响度级为 20 phon 的等响曲线上，对于频率为 1kHz 的声音，其声压级为 20dB；频率为 3kHz 时，其声压级仅为 13dB；而频率为 20Hz 时，其声压级则为 80dB。因此，在同样响度级 20 phon 的等响曲线上，低频成分的声压级较高，即人耳对低频不敏感；在约 4kHz 附近时，声压级最低，即人耳对 4kHz 附近的声音最敏感。

响度级是一个相对量，当需要用绝对值表示时，可以引用响度 N，其单位为宋（sone）。在响度级为 40~90phon 的范围内，两者的关系可以表示为

$$N = 2^{\left(\frac{L_N - 40}{10}\right)} \tag{6-35}$$

由式（6-35）可知，1sone 的响度对应于 40phon 的响度级，每两倍响度的 sone 值，其响度级则高出 10phon。

2. 声计权

根据图 6-20 所示的等响曲线可以对声音进行修正，称为对声音信号进行声计权（Acoustic Weighting）。一般常用的有 A、B、C 三种声信号计权函数，如图 6-21 所示。A 计权相当于用倒置的 40phon 的等响曲线去修正，B 计权和 C 计权则分别用相当于倒置 70phon 和 100phon 的等响曲线去修正。D 计权一般应用于飞机噪声的测量。A 计权声压级被证实是人耳对声压主观反应的极好校正，校正得到的结果与人耳感觉十分接近，因而应用最广泛，适用于电驱动系统的噪声测量和分析。1/3 倍频程带中心频率对应的 A 计权校正值见表 6-1。

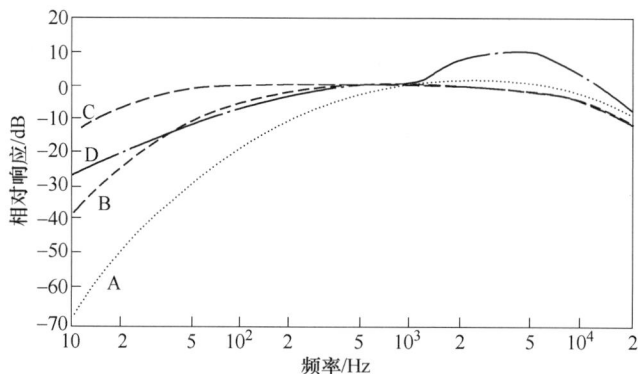

图 6-21 标准计权曲线

表 6-1 声信号的 A 计权

1/3 倍频程带中心频率 /Hz	A 计权 /dB	1/3 倍频程带中心频率 /Hz	A 计权 /dB
16	−56.7	500	−3.2
20	−50.5	630	−1.9
25	−44.7	800	−0.8
31.5	−39.4	1000	0
40	−34.6	1250	+0.6
50	−30.2	1600	+1.0
63	−26.2	2000	+1.2
80	−22.5	2500	+1.3
100	−19.1	3150	+1.2
125	−16.1	4000	+1.0
160	−13.4	5000	+0.5
200	−10.9	6300	−0.1
250	−8.6	8000	−1.1
315	−6.6	10000	−2.5
400	−4.8	12500	−4.3

3. 临界带

耳蜗是人耳中的听觉传感器官，由于耳蜗结构特殊，它能对 24 个不同频率点产生共振，从而可以将人耳可听声音频率范围 20Hz~20kHz 分成 24 个声音频带，每个频带称为临界频带（Critical Bands），以巴克（Bark）标尺来标识这些临界带，其带宽称为"临界带宽"，临界频带见表 6-2。24 个临界频带相当于一组相互衔接的带宽滤波器，频率低于

500Hz 的部分，各滤波器的带宽近似于一常值，约为 100Hz 带宽；而高频部分逐渐扩展为恒百分比（约为 23%）带宽，这与耳蜗的非线性频率 - 距离特性十分符合。

表 6-2 临界频带表

临界带 /Bark	1	2	3	4	5	6	7	8
中心频率 /Hz	50	150	250	350	450	570	700	840
带宽 /Hz	10	100	100	100	110	120	140	150
临界带 /Bark	9	10	11	12	13	14	15	16
中心频率 /Hz	1000	1170	1370	1600	1850	2150	2500	290
带宽 /Hz	160	190	210	240	280	320	380	450
临界带 /Bark	17	18	19	20	21	22	23	24
中心频率 /Hz	3400	4000	4800	5800	7000	8500	10500	13500
带宽 /Hz	550	700	900	1100	1300	1800	2500	3500

4. 尖锐度

电动汽车上的电机噪声的频率分布和成分对乘客的主观感觉有重要的影响。如果噪声信号中包含较多的低频成分，那么声音听起来像隆隆声，令人感觉很低沉；如果噪声信号中包含较多的高频成分，那么听起来像呜呜声，令人感觉尖锐刺耳。对噪声的高频成分中所占比例进行量化模数的参数称为尖锐度（Sharpness），它能够对噪声信号中的尖锐刺耳程度做出客观量化的表述。频谱包络和中心频率是影响噪声尖锐度的最主要因素。噪声中的高频成分在频谱成分中所占的比例越大，尖锐度就会越高，声音听起来就会越刺耳，那么人耳的主观感觉就会越烦躁。

尖锐度的单位为 acum，定义中心频率为 1kHz、带宽为 160Hz 的 60dB 窄带噪声的尖锐度为 1acum。以响度模型为基础可以建立尖锐度数学模型进行量化描述，常用 Zwicker 模型来计算尖锐度，即

$$S = k\frac{\int_0^{24\text{Bark}} N'(z)zg(z)\mathrm{d}z}{N} \tag{6-36}$$

式中　S——尖锐度（acum）；

　　$N'(z)$——临界带宽的特征响度；

　　N——总响度；

　　z——临界频带 Bark 数；

　　k——加权系数，一般取 0.11；

　　$g(z)$——不同临界频带的加权函数，$g(z)$ 与 Bark$z$ 的关系式为

$$g(z) = \begin{cases} 1 & z \leqslant 16 \\ 0.0625e^{0.1733z} & z > 16 \end{cases} \tag{6-37}$$

5. 粗糙度

人耳的听觉系统想要跟踪超过 20Hz 的调制频率的信号是很困难的，但人们的声学感知却会受到这种波动的影响。在心理声学理论中，平滑的声音听起来较为和谐，而粗糙的声音听起来并不和谐。粗糙度（Roughness）是一种客观心理声学参数，它能够对调制幅度的大小、分布和程度的特征做出客观反映。粗糙度对 200Hz 调制频率以下的声音都能保

证声音评价的准确性，特别是 70Hz 调制频率附近的声音，粗糙度具有显著的评价效果。粗糙度的单位为 asper，当声压级为 60dB 且频率为 1kHz 纯音，经过 100% 幅度调制以及 70Hz 频率调制时，那么它的粗糙度为 1asper。

Aures 最早提出了粗糙度的计算模型，后来 Zweiker 和 Fastl 对 Aures 提出的模型做了改进和修正，其计算公式为

$$R = 0.3 f_{\mathrm{mod}} \int_0^{24\mathrm{Bark}} \triangle L_{\mathrm{E}}(z)\mathrm{d}z \qquad (6\text{-}38)$$

式中　　R——粗糙度（asper）；

　　　　f_{mod}——调制频率；

　　　　$\triangle L_{\mathrm{E}}$——声音信号的激励级变化量，其定义为

$$\triangle L_{\mathrm{E}}(z) = 20\lg \frac{N'_{\mathrm{max}}(z)}{N'_{\mathrm{min}}(z)} \qquad (6\text{-}39)$$

式中　　$N'_{\mathrm{max}}(z)$——z 号 Bark 域内的特征响度的最大值；

　　　　$N'_{\mathrm{min}}(z)$——z 号 Bark 域内的特征响度的最小值。

6. 语言清晰度

在心理声学中，在噪声环境下能够对说话的清晰度进行评价描述的客观心理声学参数叫作语言清晰度（Articulation Index），也可以称为 AI 指数。语言清晰度取值范围在 0~1 之间，越接近 1，说明语言清晰度越高。语言清晰度依赖于背景噪声的频率和声压级，电动汽车内的电机噪声对于影响车内乘客之间交谈的语言清晰度具有显著的影响。人耳听觉的可听范围和语言范围，在噪声的频谱图中表现为 200~6300Hz 的一个区域，随着声压的增高，车内乘客交谈变化从低声细语到大声喊叫。在语言频带范围内，噪声的 1/3 倍频程的成分会影响到语言交谈，当噪声的频谱接近语言区域的上限，将会从很大程度上影响交谈效果，此时的语言清晰度可低至 0%；当噪声的频谱落在语言区域的下限，则对交谈无明显的影响，语言清晰度可以高至 100%。

7. 声噪比和突出比

声调通常是指人耳听到的单一频率的声音，即使声调幅值较低，但是由于缺乏背景噪声的掩蔽，也会造成恼人的感受。电机和减速器噪声中包含多个阶次的啸叫声，这些啸叫声听起来就是声调，它们的幅值虽然相对于发动机不大，但是无法被背景噪声掩蔽，令人烦恼，因此使用传统的声压级评价方法不适用于描述电驱动系统的声调。声噪比（Tone-to-Noise Ratio,TNR）和突出比（Prominence Ratio,PR）这两个指标可以用来量化声音信号中是否存在清晰可听的声调，其度量标准不是使用声调的绝对值，而是考虑相对于背景噪声级的声调值，以确定声调对听者的突出程度或明显程度。声噪比是声调级 T 和掩蔽噪声级 M 的函数，关系如下：

$$\mathrm{TNR} = 10\lg \frac{T}{M} \qquad (6\text{-}40)$$

式中　　TNR——声噪比（dB）；

　　　　T——声调级，对应于图 6-22 中绿色区域；

　　　　M——掩蔽噪声级。

C 为临界频带级，对应于图 6-22 中红色频率范围，从临界频带级 C 中减去声调级 T，便得到掩蔽噪声级 M。

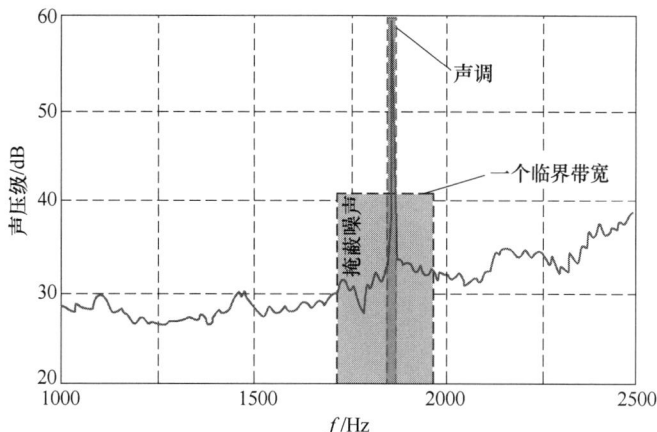

图 6-22 声调噪声比的计算方法示意图（见彩色插页）

从式（6-40）可以看出，声噪比实际上是声调级 T 和掩蔽噪声级 M 对数之间的差值，这个差值以 dB 为单位。在声噪比的评价方法中，声调级必须至少比背景噪声级高 8dB，才能让听者清楚地听到。相反地，如果背景噪声的振幅足够高，就不会让人耳分辨出声调。

突出比（PR）的计算方法是将声调或包含声调的临界频带与相邻的两个临界频带进行比较，可以表示为

$$PR = 10\lg\left(0.5\frac{B}{A+C}\right) \tag{6-41}$$

式中　PR——突出比（dB）；

　　　B——临界频带级，对应于图 6-23 中绿色区域；

　　A、C——两个相邻临界频带级，对应于图 6-23 中红色区域。

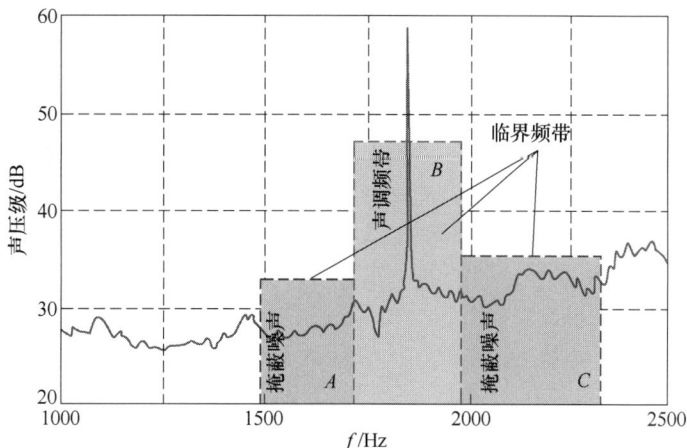

图 6-23 突出比的计算方法示意图（见彩色插页）

从式（6-41）可以看出，突出比是声调临界频带级 B 和相邻临界级带 A、C 组合的分贝差。如果声调在低于 1000Hz 的频率下被认为是突出的，那么分贝差需要大于 9dB。

由以上声噪比（TNR）和突出比（PR）的计算公式可见，它们的主要区别在于：在 TNR 中评价的是声调，在 PR 中评价的是包含声调的临界频带。

6.6 电驱动总成噪声的测量方法

本节参考我国汽车行业标准《电动汽车用电动动力系噪声测量方法》（征求意见稿），总结了电驱动总成的噪声测量方法，包含测量要求、声功率级和表面声压级的测定。

6.6.1 测量要求

1. 测量台架要求

测量应在半消声室内或半消声室内具有相邻两个反射面的环境下进行。在包络测量表面内尽量减少试验台附属设备（驱动法兰、台架支撑、冷却管路等）、运转所必需的部件（控制器、线缆、悬置支架等）所有附件的安装和布置，其较大反射表面部位应进行声学处理，以减小其对测量结果产生影响。

2. 测量环境的声学要求

测试环境除反射面外应没有其他反射体，使声源能够向反射面反方向的自由空间辐射，反射面应超出测量表面投影至少 0.5 m，反射面吸声系数在测试频率范围内应小于 0.1。

3. 测量仪器的要求

包括传声器、电缆在内的声学仪器系统，应满足 GB/T 3785.1—2010 中 1 级的要求。滤波器要满足 GB/T 3241—2010 中 1 级的要求。每次系列测量的前后，应使用满足 GB/T 15173—2010 中 1 级要求的声校准器在测量频率范围内的一个或多个频率上对整个测量系统进行校验，每次系列测量前后校准所得的读数之差应不大于 0.5 dB。

4. 测量对象的安装要求

推荐采用原车悬置系统和传动轴，安装姿态应符合设计要求。若传动轴为弹性的，则传动轴与负载测功机应为刚性连接；若传动轴为刚性的，则传动轴与负载测功机应为弹性连接。对于电机控制器与电机集成在一起的驱动电机系统，将电机控制器视为电机的一部分，电机控制器与电机应按实际匹配情况安装；对于电机控制器与电机可分开的驱动电机系统，应将电机控制器远离电机，并对其进行声学处理，使其不影响电机本体噪声测试结果。如考虑电机控制器噪声，宜采用原车布置方式。

6.6.2 声功率级的测定

1. 电驱动总成

考虑不同结构的电驱动总成，采用两种不同环境的平行六面体测量面进行电驱动总成的声功率级测量，见表 6-3。

表 6-3　电驱动总成声功率级测量环境及测量面的确定

测量面	参考标准	测量环境	对背景噪声的限定	推荐测点数目	准确度等级
平行六面体	GB/T 3767—2016 附录 C.7	半消声室	$\Delta L \geqslant 6\text{dB}$（如可能，大于 15dB）	9	2 级（工程法）
	GB/T 3767—2016 附录 C.12	半消声室内具有相邻的两个反射面	$\Delta L \geqslant 6\text{dB}$（如可能，大于 15dB）	6	2 级（工程法）

2. 驱动电机

考虑不同的测量环境，采用了两种不同环境的测量面进行驱动电机系统的声功率级测量，见表 6-4。

表 6-4　驱动电机系统声功率级测量环境及测量面的确定

测量面	参考标准	测量环境	对背景噪声的限定	推荐测点数目	准确度等级
半球	GB/T 6882—2016 附录 E	半消声室	$\Delta L \geqslant 10\text{dB}$（如可能，大于 15dB）	20	1 级（精密法）
平行六面体	GB/T 3767—2016 附录 C.12	半消声室内具有相邻的两个反射面	$\Delta L \geqslant 6\text{dB}$（如可能，大于 15dB）	6	2 级（工程法）

3. 电机控制器

电机控制器声功率级应采用表 6-5 所示的方法进行测量。

表 6-5　电机控制器声功率级测量环境及测量面的确定

测量面	参考标准	测量环境	对背景噪声的限定	推荐测点数目	准确度等级
半球	GB/T 6882—2016 附录 E	半消声室	$\Delta L \geqslant 10\text{dB}$（如可能，大于 15dB）	20	1 级（精密法）

6.6.3　表面声压级的测定

表面声压级测定的传声器布置有两种方案，方案一适用于驱动电机系统的表面声压级测量，如图 6-24 和图 6-25 所示。方案二适用于电驱动总成的表面声压级测量，如图 6-26 和图 6-27 所示。测量距离 a 可以视情况采用 1m 或 0.5m，高度 h 应不小于 0.5m。

图 6-24 中编号为 1、3、4 的三个传声器位置处于同一切面内，均垂直指向驱动电机系统几何中心。四个传声器均指向电机中心，且与被测件壳体表面的距离均为 a。

图 6-25 中编号为 1、2、3 的三个传声器位置处于同一水平面内，编号为 2 的传声器垂直指向驱动电机系统几何中心，三个传声器与被测件壳体表面的距离均为 a。

图 6-26 中编号为 1、3、5 的三个传声器处于同一切面内，均垂直指向被测件包络体的几何中心，三个传声器与被测件壳体表面的距离均为 a。

图 6-27 中编号为 1、2、3、4 的四个传声器位置处于同一水平面内，均垂直指向被测

件包络体的几何中心，四个传声器与被测件壳体表面的距离均为 a。

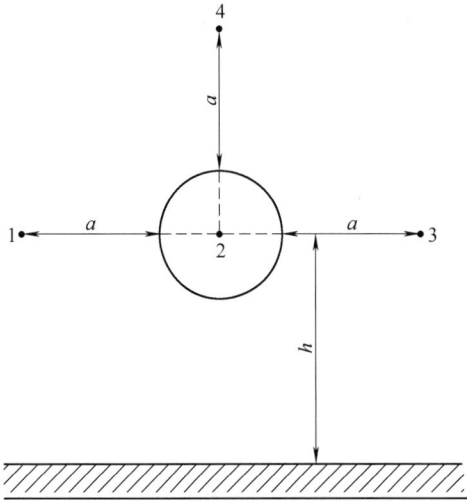

图 6-24　方案一主视图

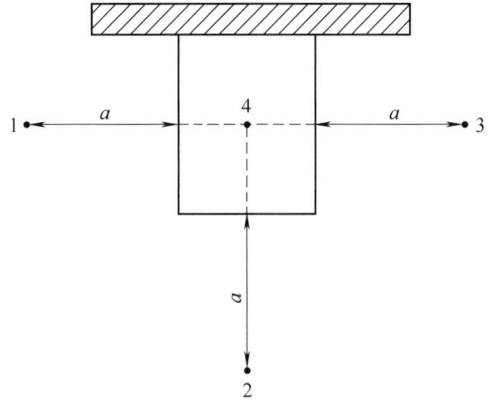

图 6-25　方案一俯视图

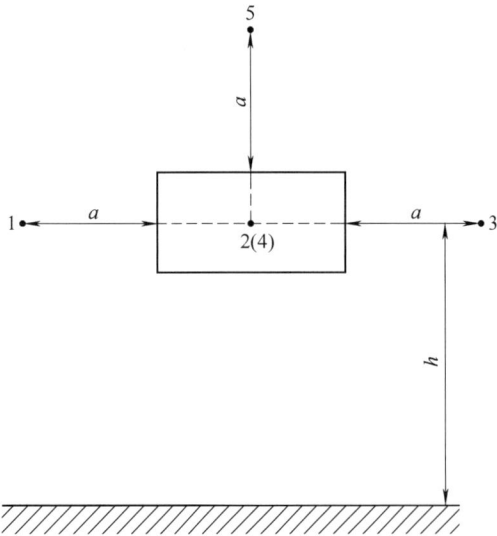

图 6-26　方案二主视图

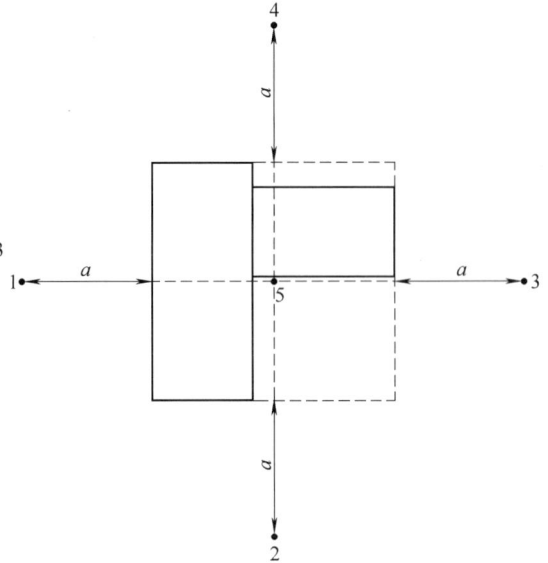

图 6-27　方案二俯视图

计算所有传声器测量的平均声压级。由下式计算得到：

$$L' = 10\lg \sum_{i=1}^{n} \frac{10^{0.1 L_{pi}}}{n} \qquad (6\text{-}42)$$

式中　L_{pi}——第 i 个传声器位置的声压级；

　　　n——传声器位置个数。

参考文献

[1] HUANG S R, AYDIN M, LIPO T A. Electromagnetic vibration and noise assessment for surface mounted PM machines : Power Engineering Society Summer Meeting, July15-19,2001[C]. Vancouver : IEEE, 2001.

[2] ZHU Z Q, XIA Z P, WU L J, et al. Analytical modeling and finite-element computation of radial vibration force in fractional-slot permanent-magnet brushless machines [J]. Industry Applications, IEEE Transactions on, 2010, 46（5）: 1908-1918.

[3] CHEN Y S, ZHU Z Q, HOWE D. Vibration of PM brushless machines having a fractional number of slots per pole [J]. Magnetics, IEEE Transactions on, 2006, 42（10）: 3395-3397.

[4] CHEN Y, YANG H, HAN Z Y. Investigation of electromagnetic vibration of permanent magnet brushless machines : International Conference on Electrical Machines and Systems, Oct 17-20, 2008[C].Wuhan : IEEE, 2008.

[5] KO H S, KIM K J. Characterization of noise and vibration sources in interior permanent-magnet brushless DC motors [J]. Magnetics, IEEE Transactions on, 2004, 40（6）: 3482-3489.

[6] JUNG J W, KIM D J, HONG J P, et al. Experimental verification and effects of step skewed rotor type IPMSM on vibration and noise [J]. Magnetics, IEEE Transactions on, 2011, 47（10）: 3661-3664.

[7] SATO Y, ISHIKAWA S, OKUBO T, et al. Development of High Response Motor and Inverter System for the Nissan LEAF Electric Vehicle[C].SAE Technical Paper 2011-01-0350,2011.

[8] OKI S, ISHIKAWA S, IKEMI T. Development of High-Power and High-Efficiency Motor for a Newly Developed Electric Vehicle[J]. SAE Int J Alt Power, 2012（1）:104-111.

[9] SHIMIZU H, OKUBO T, HIRANO I, et al. Development of an Integrated Electrified Powertrain for a Newly Developed Electric Vehicle[C]. SAE Technical Paper 2013-01-1759, 2013.

[10] BOESING M, SCHOENEN T, KASPER K, et al.Vibration Synthesis for Electrical Machines Based on Force Response Superposition[J].IEEE Transactions on Magnetics, 2010, 46(8): 2986-2989.

[11] 祁玲华. 汽车变速器 NVH 的测试分析与改进 [D]. 南昌：华东交通大学，2009.

[12] SONG H, RAJENDRA S, GORAN P.Improved gear whine model with focus on friction-induced structure-borne noise : NOISE-CON 2007, 10 : 22-24[C]. Reno : INCE, 2007.

[13] 宋少芳. 齿轮副非线性动力学模型的建立与分析 [D]. 长春：吉林大学, 2007.

[14] 赵强，刘素明，刘洵，等. 机械式变速器齿轮噪声产生机理及影响因素 [J]. 拖拉机与农用运输车. 2008,35(1):50-51.

第**3**篇
SECTION

电力电子

第 7 章　电机控制器的关键零部件

电动汽车用电机控制器关键零部件主要包括半导体功率器件（SiIGBT 或者 SiCMOSFET）、直流支撑电容（通常为膜电容器）、传感器（电流传感器及其检测电路等）以及滤波器等。相对于驱动电机，我国在电机控制器产业链方面起步较晚，功率器件和膜电容器材料技术多掌握在国外少数企业手中，近年来国产化程度开始逐步提升。面对电动汽车应用工况，本章重点分析功率器件、膜电容器、电流和温度传感器、滤波器等元件的技术及产品指标、技术特点和应用设计要求等。

7.1　功率器件

7.1.1　IGBT 功率器件

IGBT（绝缘栅双极型晶体管）以其输入阻抗高、开关速度快、通态电压低、阻断电压高、可承受电流大等特点，已成为当今车规级功率半导体器件的主流。电动汽车运行的高温、强振动等综合工况对车用功率模块提出了更高的要求：

1）宽温度特性。根据不同车辆设计，电机控制器可能放置在汽车行李舱、变速器内或发动机舱盖下靠近内燃机的位置，车载运行工况要求功率模块达到的重要技术指标之一就是在不降低模块性能和模块寿命的前提下，功率模块可在环境温度达到 105℃ 的情况下正常运行。如果能扩大模块运行的温度范围（−40~125℃），就会降低对冷却系统的要求，但同时会对功率模块的功率密度及散热设计提出更高的要求。

2）复杂的驱动工况。不同于工业应用，电动汽车驱动工况更复杂，例如，在城市工况下，需要频繁地在加速、减速和巡航各个工况间切换；IGBT 的电压、电流随车辆工况频繁变化，IGBT 模块需要在电流、电压循环冲击下可靠运行。

3）高可靠性要求。车用功率模块必须和汽车的寿命保持一致，对 IGBT 的耐久性提出了更高要求，通常功率模块的工作状态寿命为 15 年及以上。

工业级 IGBT 功率模块与汽车级 IGBT 功率模块的主要差异见表 7-1。

表 7-1　工业级 IGBT 功率模块与汽车级 IGBT 功率模块的主要差异

指标	工业级	汽车级
环境温度	−40 ～ 85℃	−40 ～ 125℃
冷却水温度	−40 ～ 70℃	−40 ～ 105℃
功率器件结温	≤ 125℃	≤ 175℃
温度循环	100 次循环 低温：−40℃，高温：125℃	1000 次循环 低温：−40℃，高温：125℃
间歇工作循环 （功率循环）	15000 次循环 管芯结温 T_j=100℃	30000 次循环 管芯结温 T_j=100℃
热疲劳循环 （功率循环）	通常没有明确要求	10000 次循环壳温温差 T_c=100℃
振动加速度	30m/s^2	50~180m/s^2

当前车规级模块以英飞凌 820A/750V、800A/650V、400A/650V 功率模块为代表，已经大批量应用于电动乘用车电机驱动系统，如图 7-1a 所示。该模块采用 Pin-fin 结构设计，功率模块的热阻远小于平面型结构，大大提升了功率模块的输出容量，提高了功率密度。电动商用车由于直流母线电压等级提升，功率模块多选用英飞凌或富士 1200V 等级 Primepack 封装模块，电流等级为 600~1200A；有些也采用 EconoDuel 封装，电流等级为 300~600A，可以通过并联模式，使得电机控制器电流等级倍增，如图 7-1b 所示。

在车规级 IGBT 模块封装技术方面，主要包括功率端子焊接与 DBC 焊接两个方面。

1. 功率端子超声波焊接工艺

传统工业级模块的功率端子和信号端子均通过软钎焊或铝线键合的方式引出到模块外部，随温度循环会蠕变退化，寄生电感较大、机械强度较低。新一代的超声波焊接技术（见图 7-2a）采用摩擦焊接工艺，利用超声波的能量实现 DBC（覆铜陶瓷基板）与功率端子之间的铜 - 铜金属键的结合，不再使用传统的中间层焊锡工艺，显著提高了功率端子连接的机械强度和抗温循蠕变能力。模块功率端子超声波焊接工艺与软钎焊工艺抗拉强度对比如图 7-2b 所示。

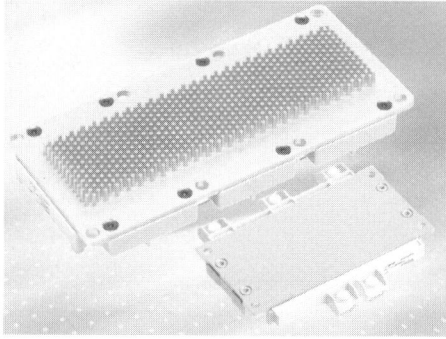
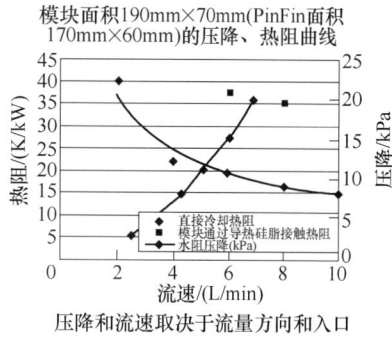

模块面积190mm×70mm(PinFin面积170mm×60mm)的压降、热阻曲线

压降和流速取决于流量方向和入口

a)

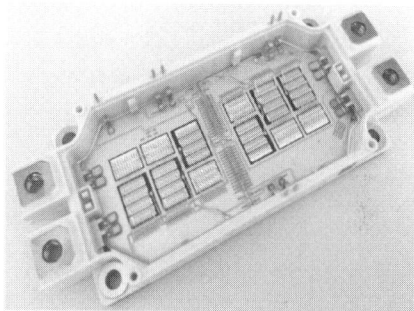

b)

图 7-1　车规级功率模块应用

a）电动乘用车典型功率模块　b）电动商用车典型功率模块

a)

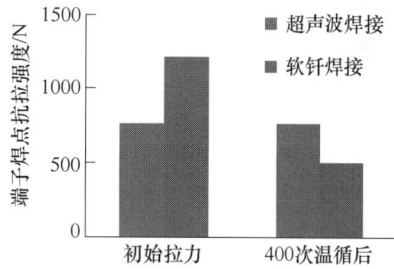

b)

图 7-2　模块功率端子超声波焊接工艺与软钎焊工艺（见彩色插页）

a）超声波焊接焊接示意图　b）超声波焊接工艺与软钎焊工艺抗拉强度对比

DBC 与铜基板之间采用钎焊材料与超声波焊接材料的性能对比见表 7-2。

表 7-2　钎焊材料与超声波焊接材料的性能对比

对比项目	熔化温度 /°C	弹性模量 /GPa	屈服强度 /MPa	拉伸强度 /MPa	热导率 / (W·m⁻¹·K⁻¹)
软钎焊 -SnAg3.5	221	50	23	27	53
超声波焊接 - 铜	1083	126	340	351	390

2. DBC 烧结工艺

传统软钎焊熔点较低、热阻大、抗温循蠕变能力弱，银浆烧结技术采用加压方式完成烧结工作，烧结完成后熔点高达 960℃，烧结层为致密的银层，其厚度仅为 10μm 左右，具有极低的热阻和极高的抗温循蠕变能力，适合应用于新一代高结温 IGBT 器件和下一代宽禁带碳化硅器件的封装。

各类焊接材料的导热性能如图 7-3 所示。

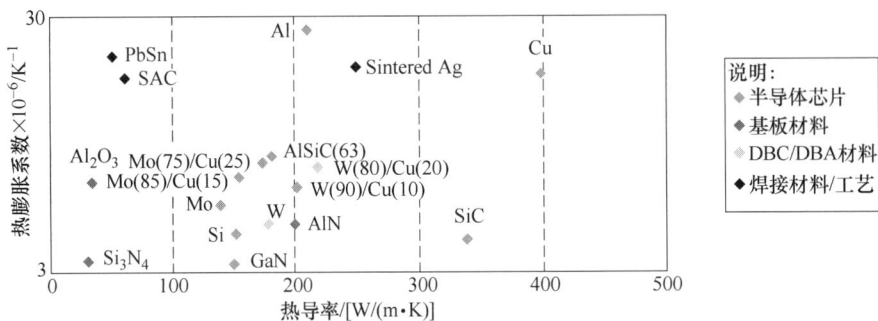

图 7-3　各类焊接材料的导热性能

在散热器基板焊接的绝缘衬底方面，可应用 Al_2O_3、Si_3N_4、AlN 等高强度、高可靠性衬底，底板结构可采用冷却效率更高的 Pin-fin 散热结构、散热器集成结构和 WaveFlow 冷却结构（不同散热结构的冷却方式见图 7-4），可省掉安装时的导热硅脂层，降低系统热阻。

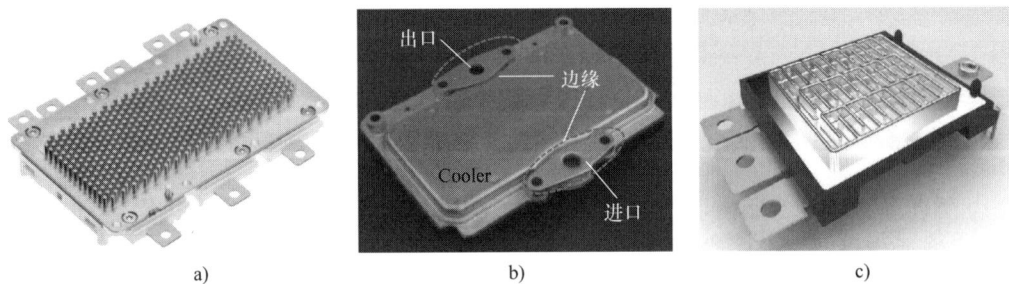

图 7-4　不同散热结构的冷却方式
a）Pin-fin 散热结构　b）散热器集成结构　c）WaveFlow 冷却结构

针对电动汽车用 IGBT 功率模块需要进行的可靠性试验，通常有以下几种：

1）秒级的功率循环：短时间的功率循环可用于检测芯片上表面的键合连接可靠性。

2）分钟级的功率循环：稍长的功率循环可用于检测芯片下表面的焊接可靠性。

3）温度循环及温度冲击：可用于检测模块中大面积焊接的可靠性，如 DBC 和铜基板的焊接。

典型的温度循环及温度冲击的功率模块采用铜基板和碳化硅铝基板与散热底板之间焊接层寿命疲劳试验结果如图 7-5 所示。

200 次循环(Cu)　　1000 次循环(Cu)　　2000 次循环(Cu)　　4000 次循环(Cu)

a)

Si芯片　DBC　焊层　Cu基板

b)

20000 次循环(AlSiC)

c)

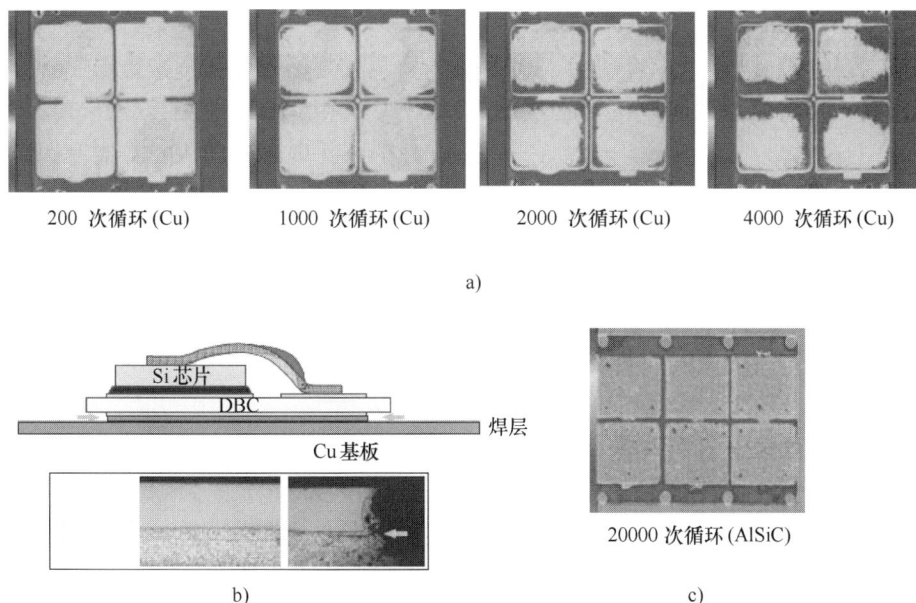

图 7-5　温度循环对衬底焊接的寿命试验结果

a)采用铜基板材料的 DBC 疲劳寿命　b)铜基板焊接结构及其疲劳失效形式　c)碳化硅铝基板的 DBC 疲劳寿命

由图 7-5 可知，温度循环对于功率模块的 DBC 衬底的焊接质量影响明显，并直接影响 IGBT 模块的导热及寿命。采用碳化硅铝基板的 DBC 焊接寿命远高于铜基板焊接寿命，是功率模块可选基板材料之一。

7.1.2　SiC 功率器件

理想的半导体功率器件具有以下静态和动态特性：

1）在阻断状态，能承受高电压；在导通状态，能导通较大的电流并具有较低的导通电压降。

2）在开关状态切换时，具有较短的开关时间，能承受高 di/dt 和 du/dt，具有低开关损耗。

3）运行时具有全控功能和良好的温度特性。

近年来，随着半导体材料不断发展进步，以碳化硅（SiC）、氮化镓（GaN）为代表的第三代半导体材料已经逐渐进入实用化阶段，SiC 以其优良的物理特性和电特性被广泛应用于 DC/DC 变换器、AC/DC 充电机中，部分车企（如特斯拉）已将 SiC 分立器件通过并联方式应用于纯电动汽车驱动电机控制器中。

SiC 是一种由 Si（硅）和 C（碳）构成的化合物半导体材料。在 SiC 特性参数中，禁带宽度（带隙）、绝缘击穿场强、电子饱和漂移速度及热导率等是影响其应用的主要因素。因为更大的禁带宽度决定了 SiC 器件高耐压特点，更高的绝缘击穿场强决定了更强的耐冲击性，更高的电子饱和漂移速度决定模块能够以更高的频率工作，高的热导率决定了应用 SiC 器件时有更大的温度调整空间。SiC 与 Si 的物理特性对比如图 7-6 所示。

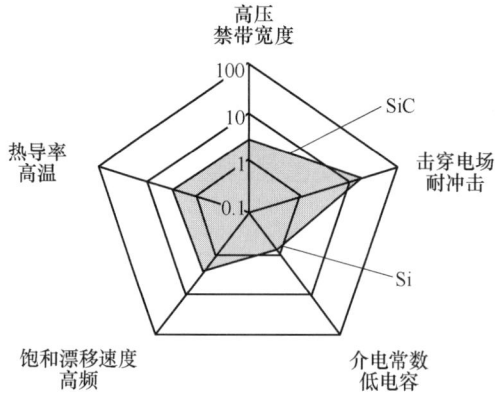

图 7-6　SiC 与 Si 的物理特性对比

常用半导体材料主要物理特性对比见表 7-3。

表 7-3　常用半导体材料主要物理特性对比

材料物理特性参数	禁带宽度 /eV	相对介电常数	绝缘击穿场强 /（MV·cm^{-1}）	电子饱和漂移速度 ×10^7/（cm·s^{-1}）	电子迁移率 /（cm^2·V^{-1}·s^{-1}）	热导率 /（W·cm^{-1}·K^{-1}）
Si	1.12	11.9	0.30	1.00	1500	1.50
GaAs	1.43	13.1	0.40	1.00	8500	0.46
6H-SiC	3.03	9.66	2.50	2.00	500	4.90
4H-SiC	3.26	10.10	2.20	2.00	1000	4.90
CaN	3.39	9.00	2.00	2.20	1250	1.30
金刚石	5.45	5.50	1.00	2.70	2200	22.00

通过表 7-3 可以看出，对比 Si 器件，SiC 器件具有以下特点：

1）由于 SiC 材料本身的耐高温特性，SiC 功率器件的工作温度可以达到 600℃，比 Si 器件的工作温度范围大得多。

2）SiC 和 GaN 功率器件具有更高的耐压容量、工作频率以及电流密度，器件损耗也大大降低，如图 7-7 所示。

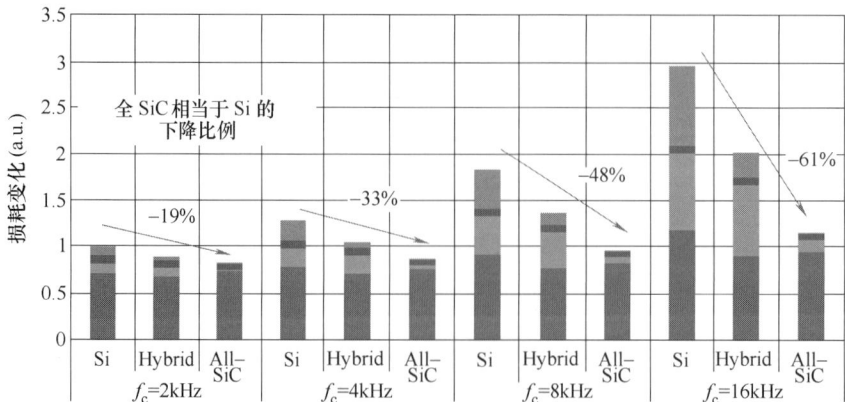

图 7-7　SiC 芯片与 Si 芯片导通损耗随频率变化对比（见彩色插页）

注：■P_{rr}：二极管反向恢复损耗　■P_f：二极管正向导通损耗　■P_{off}：器件关断损耗
■P_{on}：器件开通损耗　■P_{sat}：器件通态损耗

3）SiC 和 GaN 功率器件可以工作在更高的开关频率下。

4）SiC 材料具有优良的散热性，有助于提升 SiC 功率器件的功率密度和集成度。

通过对比常用半导体材料的物理特性可以得出，SiC 材料可以实现高耐压、低导通电阻、高频这三个特性，同时在高温下也可以稳定工作，因此 SiC 器件作为第三代宽禁带半导体器件具有广阔的应用前景。然而，SiC 产品模块受封装工艺限制和相匹配驱动电路、驱动电阻、温度传感器等电子元器件耐温等级限制，当前阶段其实际使用的最高结温限制在 175℃。

国内外 SiC 模块以英飞凌（Infineon）、富士（FUJI）、科锐（CREE）、罗姆（ROHM）、斯达（STARPOWER）、中车（CRRC）、比亚迪（BYD）等厂商为主，部分 SiC MOSFET 功率模块如图 7-8 所示。

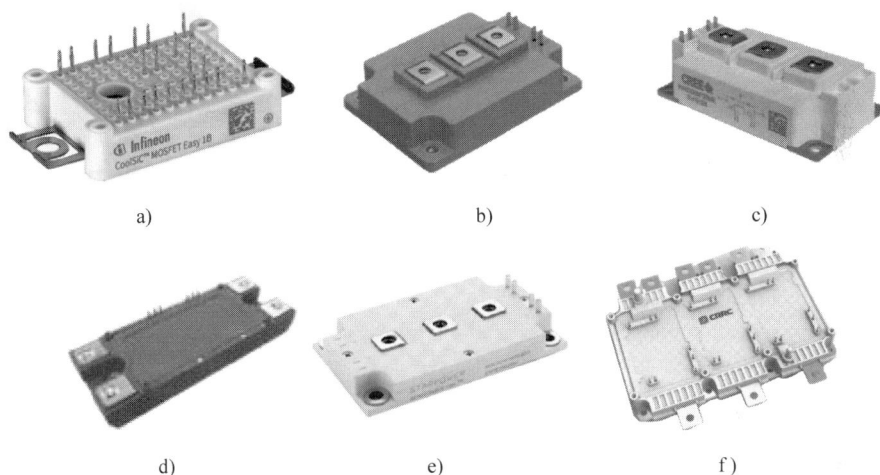

图 7-8 部分 SiC MOSFET 功率模块的应用
a）英飞凌 b）富士 c）科锐 d）罗姆 e）斯达 f）中车

SiC MOSFET 功率模块在提高芯片耐压能力和开关特性的基础上，还可以大幅度提高电机控制器的功率密度。可应用于电动汽车的 SiC 器件产品的电压等级为 600~1400V，其中 1200V 应用较为广泛；SiC 器件电流等级为 300~800A 不等，SiC MOSFET 器件可通过并联形式增加电流使用等级，功率模块覆盖半桥到全桥全范围。

由于 SiC 功率器件的开关频率和耐压耐流值大幅提高，所以对关键器件的合理设计选型成为 SiC 应用中值得关注的问题。

1. 驱动芯片选型

应对提高数倍的开关频率，较小的 I/O 口传输延时、尽可能大的 I/O 驱动电流、完备的保护功能是必须考虑的关键因素。AVAGO、ROHM、Infineon、三菱等半导体公司设计的适配 SiC 器件驱动芯片性能参数见表 7-4，现已有多种 SiC 专用驱动芯片投入使用，但多数 SiC 专用驱动芯片仍有待电机控制器产品的验证。

表 7-4　适配 SiC 器件驱动芯片性能参数

参数类别	ACPL-344JT	ACPL-3548T	ACPL-3530T	BM6104FV-C	BM60051FV-C
$T_A/℃$	−40~125	−40~125	−40~125	−40~125	−40~125
U_{ISO}/V	1500	1500	1500	2500	2500
I_{outMAX}/A	2.5	1	1.5	5	5
V_{cc1}/V	8~18	4.75~5.25	4.5~5.5	4.5~5.5	4.5~5.5
V_{cc2}/V	15~25	−0.5~25	−0.5~30	10~24	9~24
$(V_{cc2}-U_e)/V$	15~25	14.3~17.7	15.2~16.8		
$(V_{ee2}-U_e)/V$	−10~0	−6~0	−10~0	−12	−12
U_0/V	−0.5~30.5	−0.5~25.5	−0.5~30.5	24	24
I/O 延迟 /ns	250	300	150	150	260
$T_{INM}/℃$	100	20	TBD	90	180
封装	SO-16	SO-32	SO-24	SSOP-B20W	SSOP-B28W
隔离	光隔	光隔	光隔	磁隔	磁隔
功能	米勒钳位、去饱和检测、软关断、欠电压保护	电压反馈、可调式输出电压、去饱和检测 / 射极电流检测、软关断、欠电压保护、内部温度比较器、米勒钳位	去饱和检测，软关断，错误反馈，欠电压保护，米勒钳位	米勒钳位、去饱和检测、软关断、输出信号反馈、欠电压保护	欠电压保护、去饱和检测、米勒钳位、温度监控、输出信号反馈

2. 驱动电路优化

在 SiC 器件的实际应用中，由于开关频率提高带来的桥臂串扰、尖峰电压等电路问题是产品设计中不可规避的问题。

（1）桥臂串扰

因 SiC 芯片工作在较高频率，芯片关断时 DS 端电压突变，在桥臂另一侧芯片上由于寄生参数影响会产生米勒电流，作用到门极电阻上会产生电压尖峰而引起芯片驱动端的误动作，导致芯片误导通甚至损坏功率器件，如图 7-9 所示。

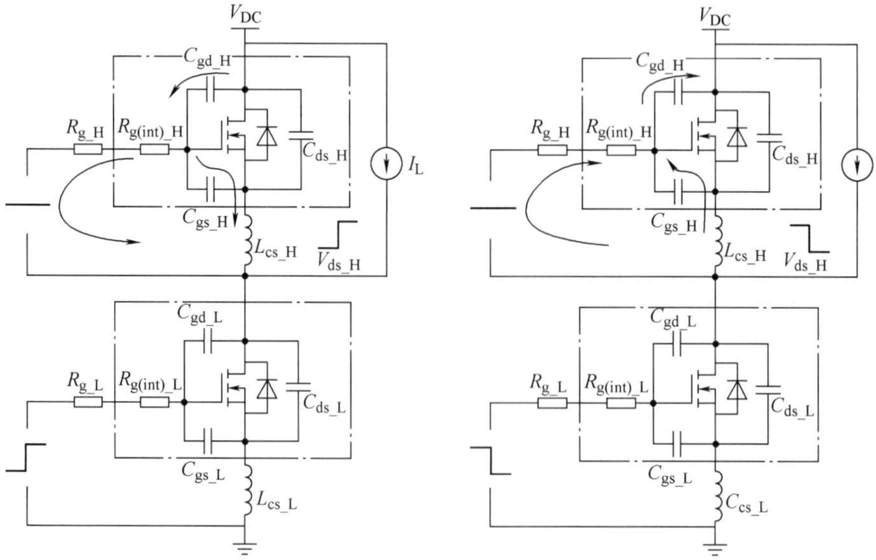

图 7-9　桥臂串扰示意

a）下管导通时　b）下管关断时

210

应对此类情况，通常以并联增加门极电容、设置独立驱动负压、适配门极电阻、软关断保护电路等措施予以补偿。

（2）尖峰电压

SiC 功率器件在高频工作状态下，由于芯片的高速开关工作，芯片 DS 两端会产生尖峰电压，过高的尖峰电压会影响芯片的安全性能。

3. EMC 设计

SiC 控制器的设计中，相对 IGBT 器件数倍的工作频率引起的 EMI（电磁干扰）是需着重考虑的问题，高频带来的电路传导干扰和辐射干扰在控制器使用中会带来许多 EMC（电磁兼容）问题。增强控制器系统滤波、增加电路设计中吸收电容、实现软驱动技术、改善模块封装等措施均为较好的改善途径。

目前，SiC 器件应用技术是驱动电机行业发展的主要趋势，SiC 材料本身的耐高压、导热性能良好、开关频率高、损耗小等特点适用于集成化、小型化、低损耗、高功率密度的应用，充分发挥 SiC 器件自身特性并妥善利用将有助于加快未来产品更新换代的进程。

7.2 支撑电容

7.2.1 直流电容器参数需求

功率器件在高速开关时，会产生高幅值的纹波电流，在直流输入端与功率器件之间增加电容器可以起到吸收纹波电流、稳定直流电压的作用。

直流电容器的主要参数如下：

1. 额定电压

额定电压是指电容器在满足寿命要求的条件下，能够长期承受的电压。在实际使用时，为了保证电容器能够长期稳定工作，电容器的额定电压要高于电机控制器的最高工作电压。

2. 电容容量

在功率器件高速开关的过程中，电容器会吸收所产生的纹波电流，这实际上就是电容器的高速充放电过程。当功率开关管导通时，直流供电电源（通常为电池组）与电容器同时向负载供电，电容器所存储的能量输送到负载上，此时电容器上的电压会有所下降；当开关管关断时，电容由电源充电，电压上升。电容容量决定了电容器能释放的能量。选择大容量的电容器可以保证开关管导通时，母线电压不至于下降过多。这种直流电压中掺杂的周期性交流电压信号通常称为纹波电压。在设计过程中，通常控制纹波电压占母线电压的 3%~10%。

3. 等效串联电阻（ESR）和等效串联电感（ESL）

在理想情况下，电容器是储能元件，既不会产生损耗，同时也没有感性成分。实际电容器内部无法避免地会有一些电阻和电感存在，如焊点造成的接触电阻、极板导线造成的回路电感等。所以电容器通常使用一个电阻、电感、电容串联电路作为简化数学模型，用电阻和电感表示内部的寄生参数，所串联的电阻为等效串联电阻，所串联的电感为等效串联电感。当纹波电流流过等效串联电阻时，会在电阻上产生一定的热量，这是电容器发热的主要原因。等效串联电感过大会造成电机控制器的 EMI 问题。

4. 纹波电流

纹波电流是指流经电容器的交流电流。电容器可承受的纹波电流与电容器结构、工艺有很大关系。当电容器流过纹波电流时，会在电容器内部产生一定的热损耗，在降低系统效率的同时，也会缩短电容器的使用寿命。

7.2.2 膜电容器技术特点

电动汽车电机控制器要求零部件安全、可靠、长寿命，并对体积密度要求高。同时，电机控制器直流电压平台还在向高压方向发展，对电容器的耐压性也有一定要求。铝电解电容耐纹波电流能力弱、寿命短，在使用过程中还会出现漏液、爆炸、击穿、开路等现象，所以电动汽车的电机控制器通常使用膜电容器作为中间支撑电容。相比铝电解电容器，膜电容器具有寿命长、耐压高、低 ESR、高纹波电流、高自愈性等特点，还具有结构可定制化、体积小等优势，已广泛应用于电动汽车领域。

膜电容器结构如图 7-10 所示，膜电容器使用金属箔作为电极，聚乙烯、聚丙烯等塑料薄膜（绝缘膜）作为绝缘介质，将金属箔和塑料薄膜叠加在一起，并卷绕成型，构成电容芯子。

膜电容器的电容芯子的引出电极，可使用导电金属直接焊接在金属箔上引出，如图 7-10a 所示，构成有感电容；为了降低电容芯子的寄生电感，还可将金属化的金属箔错位排列，在芯子两端喷金以连接金属箔作为电极，并通过端子引出，如图 7-10b 所示，因其寄生电感较小，也称为无感电容。

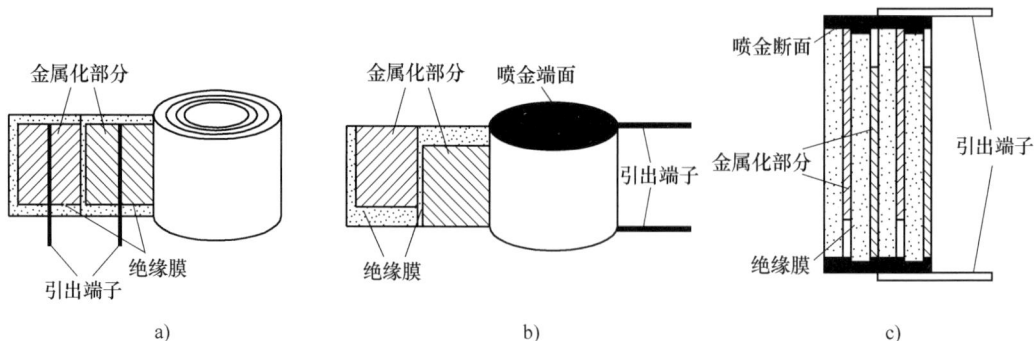

图 7-10　膜电容器结构
a）有感电容　b）无感电容　c）无感电容剖面图

与铝电解电容器相比，膜电容器有如下特点：

1）膜电容器额定电压相比铝电解电容器高。膜电容器的额定电压与塑料薄膜的厚度相关，常规 3.0μm 聚丙烯薄膜构成的膜电容器的额定工作电压可达到 600~800V，同时可承受短时（1min 以内）1.2~1.3 倍耐压。膜电容器正、负极均为金属化箔，所以没有极性区分。

2）膜电容器的 ESR 较铝电解电容器小。以 1000μF 膜电容模组为例，通过对芯子排布、母线结构优化，可将 ESR 降低至 0.6mΩ，相比铝电解电容器要低几个数量级。对于电容模组来说，电容芯子与母线焊点的接触电阻占整体 ESR 的较大部分，因此焊点是膜电容器的主要发热位置。

3）可承受纹波电流能力强。得益于膜电容器较低的 ESR，膜电容器可以耐受远高于铝电解电容器的纹波电流，还可以通过结构、冷却的设计，增加膜电容器的耐电流能力。

4）使用寿命长。受工作电压、工作温度影响，膜电容器通常以 5% 的初始容量损失作为寿命终结标志，从图 7-11 中可以看出，在 85℃环境温度、1.1 倍额定电压的条件下，膜电容器期望寿命达 25000h。随着温度和电压的提升，膜电容器的寿命有所下降，但相比铝电解电容器，其寿命已经有了显著提升。

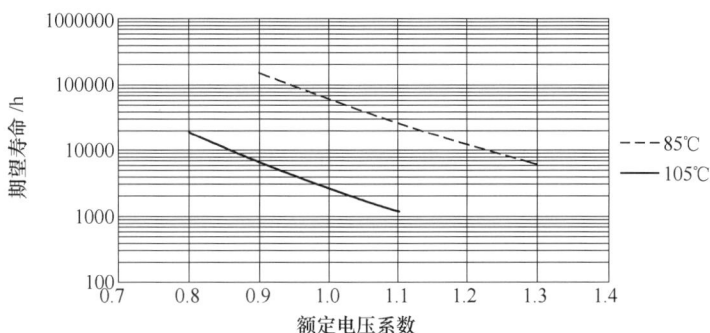

图 7-11　膜电容器期望寿命与电压、温度之间的关系

5）具有自愈性。具有自愈性是金属化膜电容器与其他类型电容器相比较的一大优势，如图 7-12 所示。金属化膜电容器通过真空蒸镀的方式，使塑料薄膜表面附着一层金属附着物，金属附着物的厚度一般只有 20~50nm。当电容器内部塑料薄膜被击穿时，能量会沿着所形成的击穿通道释放，会将通道附近的金属外层蒸发，隔离损伤区域，虽然牺牲了很少一部分电性能，但仍能正常工作。

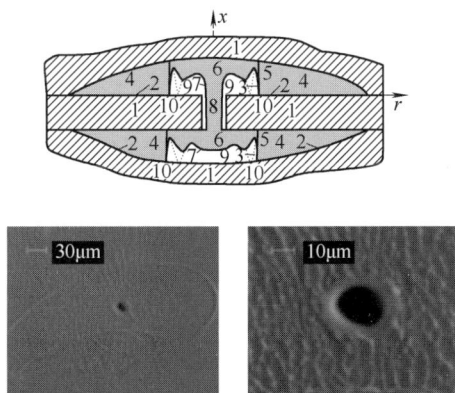

图 7-12　金属化膜电容器自愈性示意图

1—电介质　2—金属化电极　3—材料转移冲击波　4—金属蒸气的气隙　5、6—等离子区　7—电解质与等离子体气相之间边界层　8—击穿通道　9—气相介质　10—金属化和介质层转移区域（绝缘面积）

电机控制器功率模块可以采用 Si 器件，也可以采用 SiC 器件。由于 SiC 材料高开关频率适应特性，使得电机控制器系统中实现膜电容器小型化的可能性大大提高。在保证足够的纹波能力和温升能力前提下，可通过提高系统开关频率来降低电容器容量，即

$$C = \frac{P_{\max}}{\left(U_N \Delta U - \frac{1}{2} \Delta U^2\right) f_s}$$

（7-1）

式中　C——电容器容量（F）；

　　　$P_{\max}$——最大输出功率（W）；

　　　U_N——额定电压（V）；

　　　ΔU——电压纹波（V）；

　　　f_s——电机控制器开关频率（Hz）。

由式（7-1）还可以得到，采用第三代宽禁带半导体器件，由于开关频率可以成倍提升，SiC 电机控制器用膜电容器相对于 IGBT 电机控制器用膜电容器总体积可缩小近 50%（图 7-13），为电机控制器整体小型化、功率密度提升提供了大幅改善的空间。同时需要注意，膜电容器体积减小后，因电机控制器在相同功率下对膜电容器的纹波电流需求不变，故需要重点加强膜电容器的热设计。

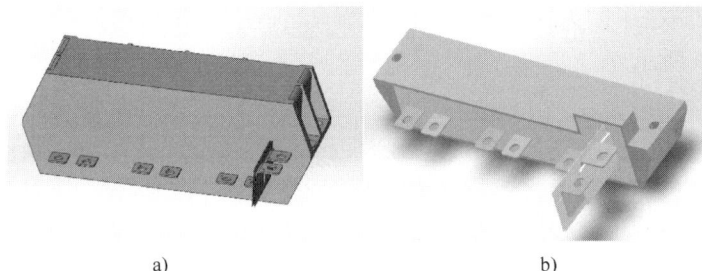

a)　　　　　　　　　　　　　　　　b)

图 7-13　IGBT 与 SiC 匹配的膜电容器体积对比

a）90kW IGBT 电机控制器用膜电容器（226mm×74mm×40mm）

b）90kW SiC 电机控制器用膜电容器（226mm×34mm×45mm）

7.2.3　膜电容器关键技术

当前市场批量应用的电机控制器用膜电容器一般采用 2.4~3.0μm 超薄聚丙烯薄膜，其关键技术为超薄薄膜的高温蒸镀技术、加厚和波浪边分切技术、安全膜技术和一体化母线集成技术。

1. 高温蒸镀技术

由于薄膜的厚度太薄，在高温蒸镀和电容器的制作过程中薄膜容易受损，从而影响其耐压特性。为了达到预期的技术要求，对蒸镀工艺、镀层设计和电容器制作工艺进行改进，使之可以解决蒸镀过程的热损伤、卷绕过程的机械损伤，使得薄膜在电容器制作完成后耐压水平下降≤10%，才能保证电容器的耐压和寿命。

2. 加厚和波浪边分切技术

为解决高脉冲电流下的边缘接触不良问题，采用加厚和波浪边分切技术（图 7-14），该技术增加了喷金材料与电极的接触面积，大大减小了喷金材料和介质电极的接触电阻，从而提高了抗大脉冲电流的能力。

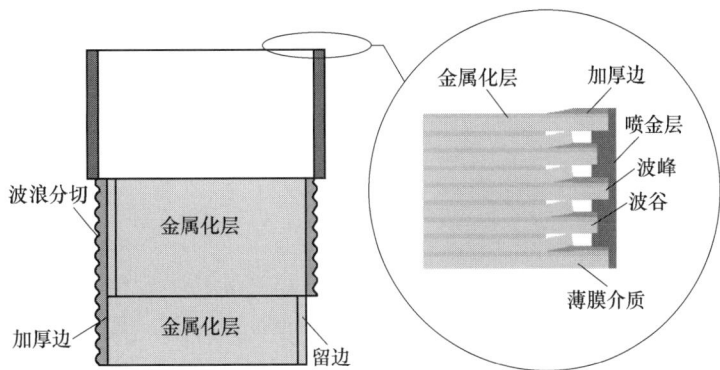

图 7-14 加厚和波浪边分切技术

3. 安全膜技术

安全膜技术解决了因无法正常自愈而导致的短路失效或者爆炸的危险，自愈后的安全膜镀层如图 7-15 所示。

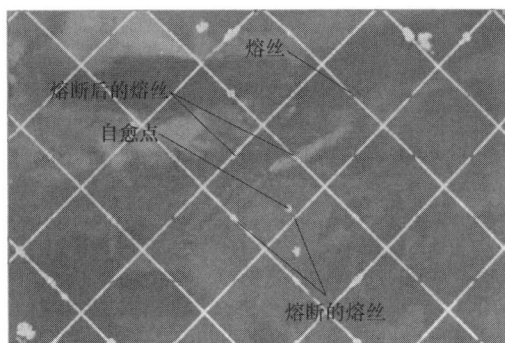

图 7-15 自愈后的安全膜镀层

4. 一体化母线集成技术

电容器内部寄生电感在 IGBT 工作的时候会产生关断浪涌电压，如果浪涌电压过高，超过 IGBT 的允许值，可能会造成器件损坏。为了降低电路上的浪涌电压，提高 IGBT 工作的可靠性，电容器内部寄生电感必须设计得尽量小。

一体化膜电容组件采用叠层母线技术和无感式卷绕芯子的设计，如图 7-16 所示。叠层母排的设计充分考虑电流路径上互感的抵消，设计中利用仿真软件进行寄生电感分析，确保母线上的自感在满足使用条件的情况下降到最低。同时，无感式卷绕芯子设计使得膜电容器芯子的电感降低至几纳亨。综合应用两种降低自感的技术，可将电容器自感大大降低。

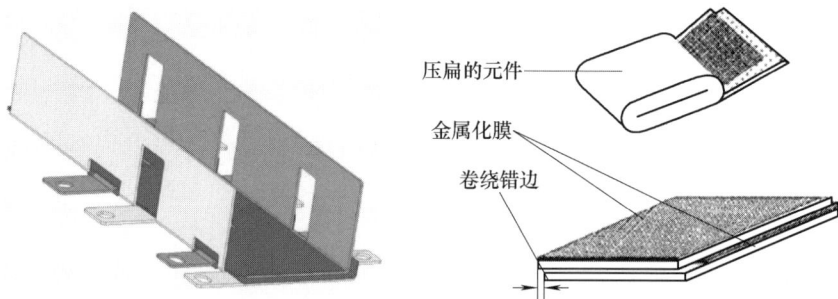

图 7-16　一体化膜电容组件内部叠层母线结构与无感式卷绕芯子结构

压扁的元件
金属化膜
卷绕错边

在设计电容器的时候应充分考虑散热路径及其材料的导热系数，将膜电容器封装为一个整体，热量通过介质电极导出以后再经由铜电极导热到外壳，如图 7-17 所示。

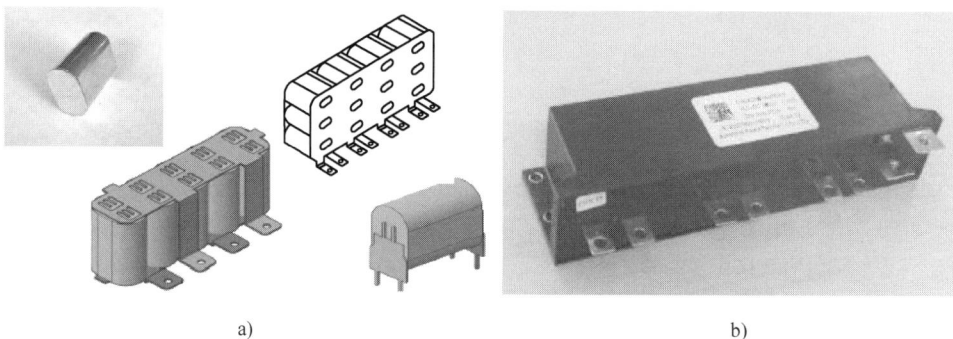

a)　　　　　　　　　　　　　　　　　　b)

图 7-17　功率母线与膜电容器一体化技术
a）功率母线内部结构　b）膜电容器样品

7.3　传感器

电机控制器主电路包括逆变功能部分（IGBT 模块、支撑电容、放电电阻）、信号采集部分（电流传感器、温度传感器、电压传感器）。电流传感器作为电机控制器的核心"监控"单元，直接影响电机的转矩与转速性能，其放置于三相交流输出侧和直流输入侧；温度传感器置于电机绕组的内部和 IGBT 模块内，对电机温度和电机控制器的核心区温度进行监测，预防器件过热损坏及高温绝缘失效导致的安全问题；电压检测电路主要对直流母线侧的输入电压进行监测，预防高压损坏器件及高压绝缘失效导致的安全问题。

7.3.1　电流传感器

车用驱动电机系统通常功率等级较高，电机绕组电阻小，电流检测通常需要采用非接触式传感器，且绕组和导线存在较大交流电场。因此，电流检测需要满足以下要求：

1）测量仪表不能直接串入电路中。

2）电流检测电路与被测电路不能直接耦合，不能影响被测电路的直流工作点。

霍尔式传感器由于具有体积小、功耗低、噪声小、隔离效果好等优点，在电流检测方面获得了广泛的应用，特别是霍尔式传感器配合磁环的设计一直被广泛使用。

目前，国内车规级电流传感器的生产厂商有中车、比亚迪等，国外有日本甲神（KOHSHIN）、瑞士莱姆（LEM）等。电流传感器主要有穿心单霍尔式、板载单霍尔式、穿心集成三霍尔式三种类型（图 7-18），三种类型各有特点，可根据设计及参数需求选型。

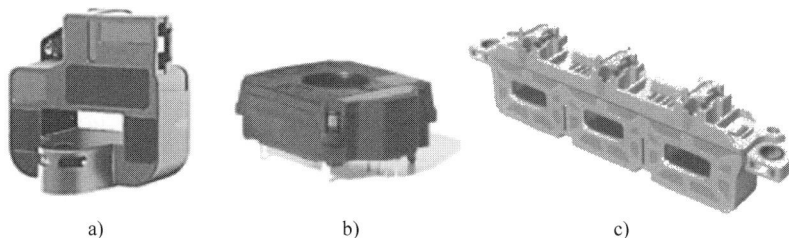

图 7-18　不同类型电流传感器

a）穿心单霍尔式传感器　b）板载单霍尔式传感器　c）穿心集成三霍尔式传感器

霍尔式电流传感器由电路和磁路组成，利用霍尔磁平衡原理进行设计，其核心敏感器件——霍尔元件，用于绝缘隔离被测电流信号。由于霍尔式传感器采用软磁材料——铁磁聚集磁场，当原边回路电流 I_p 穿过铁心时，会产生磁场 H_p 被铁心积聚，且磁场强度与原边电流成正比，因此霍尔元件将输出与原边电流成比例的电压信号，进而通过后端的运算放大电路进行相关信号输出（图 7-19）。

图 7-19　霍尔式电流传感器运算关系

霍尔式电流传感器待测电流与输出电压 U_S 成一定比例关系，根据该关系可完成电流采样电路设计。以 LEM 电流传感器为例说明：

LEM 霍尔式电流传感器，I-U 关系为

$$I_p = (U_S - 2.5)\frac{R_{sensor}}{2} \tag{7-2}$$

式中　I_p——原边电流（待测电流）；

　　　U_S——电流传感器输出电压；

　　　R_{sensor}——电流传感器量程。

电流传感器输出电压为交流信号，该信号作为电流传感器信号处理电路的输入信号，用于驱动电机系统的电流检测及控制。

7.3.2　温度传感器

温度传感器主要有热敏电阻 [正温度系数（PTC）热敏电阻、负温度系数（NTC）热敏电阻、临界温度热敏电阻（CTR）]、热电偶、半导体热敏元件等。在汽车应用领域，用于检测、控制温度的主要是 NTC 和 PTC 热敏电阻。温度传感器主要用于检测电机和电机控制器的温度，典型温度传感器的温度曲线如图 7-20 所示。

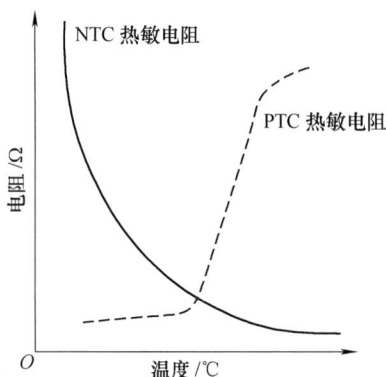

图 7-20　典型温度传感器的温度曲线

PTC（Positive Temperature Coefficient）是指在某一温度下电阻急剧增加，具有正温度系数的热敏电阻材料特性，可专门用作恒定温度传感器。在工作温度范围内，PTC 热敏电阻的电阻 - 温度特性可近似用实验公式表示：

$$R_{\mathrm{T}} = R_{\mathrm{T0}} \exp B_{\mathrm{p}}\left(T - T_0\right) \tag{7-3}$$

式中　R_{T}、R_{T0}——温度 T、T_0 的电阻值；

　　　B_{p}——材料常数。

NTC（Negative Temperature Coefficient）是指随温度上升电阻呈指数关系减小、具有负温度系数的热敏电阻材料特性。大多数陶瓷 NTC 热敏电阻的阻值可近似表示为

$$R_{\mathrm{T}} = R_{\mathrm{T0}} \exp B_{\mathrm{n}}\left(\frac{1}{T} - \frac{1}{T_0}\right) \tag{7-4}$$

式中　R_{T}——温度 T 下的电阻值；

　　　R_{T0}——温度 T_0 下的电阻值；

　　　B_{n}——材料常数。

7.4 滤波器

7.4.1 滤波器基本需求

车用驱动电机系统的电机控制器内部功率器件在高速开关过程中会产生电磁噪声，通过线束、线束间的耦合向四周传输；同时车用驱动电机系统也面临车内或者车外电力电子设备产生的电磁干扰的冲击，通常将这类情形统称为电磁兼容（Electromagnetic Compatibility，EMC），包含电磁干扰（Electromagnetic Interference，EMI）与电磁抗扰（Electromagnetic Susceptibility，EMS）两个部分。为保证不出现因电磁兼容问题导致的异常情况，国际多个机构对于车载电子产品的电磁兼容等级提出了严格限制，如国际无线电干扰特别委员会（International Special Committee on Radio Interference，CISPR）的CISPR 25，我国许多研究机构和整车企业也都提出了相应的 EMC 规范和标准。

在电磁兼容领域，滤波是指滤除叠加在有用信号中的噪声信号。作为一种信号处理手段，从本质上讲，滤波属于在干扰的传输路径中采取的措施，不改变噪声源与敏感设备的特性。滤波器可以削弱对某一频率范围的传输能量的衰减；而对另一频率范围的传输能量有很大的衰减，从而抑制了噪声能量的传输。因此，采用滤波器可以抑制与有用信号频率不同的干扰，显著减小干扰电平，从而提高接收设备的信噪比。

车用电机驱动器的滤波器在实际电路中的连接方式如图 7-21 所示，可等效为一个四端口网络。E_s 为信号源，R_s 为信号源阻抗，R_L 为负载阻抗，Z_{in} 为滤波器的等效输入阻抗，Z_{out} 为滤波器等效输出阻抗。依照滤波器的作用机理，对于需要抑制的频率分量，Z_{in} 和 Z_{out} 呈并联低阻抗或串联高阻抗特性；对于有用信号，Z_{in} 和 Z_{out} 呈并联高阻抗和 / 或串联低阻抗特性。

图 7-21　滤波器工作原理图

滤波器的表征特性包含额定电压、额定电流、截止频率、工作温度范围等。然而，描述滤波器性能的最主要参数是插入损耗 IL，其定义为

$$IL = 20 \lg \frac{U_1}{U_2} \quad (\mathrm{dB}) \tag{7-5}$$

式中　U_2——插入滤波器后的负载两端电压；

U_1——未插入滤波器时的负载两端电压。

插入损耗用分贝（dB）表示，分贝值越大，说明对于目标频段噪声的衰减能力越强。

插入损耗的大小随信号频率的不同而变化，通常把插入损耗随频率的变化曲线称为滤波器的频率特性。所谓滤波器的通带，是指较小的插入损耗值（<3dB）所对应的频率范围，而阻带是指较大的插入损耗值（>3dB）所对应的频率范围。插入损耗为 3dB 对应的频率点称为滤波器的截止频率 f_c。

良好的滤波器应该在其通带内有很小的插入损耗值，而在阻带内有很大的插入损耗值。滤波器插入损耗值受到滤波器的内在特性与滤波器的外加阻抗（信号源、负载的阻抗）的影响。因此，设计滤波器时需要考虑与所接入回路的负载阻抗和信号源的阻抗特性相匹配。

7.4.2 车用滤波器设计

1. 滤波器基本结构

车用电机控制器与工业变流器相比，对于滤波器的要求，主要有如下特点：

1）体积紧凑。

2）适应高强度的振动环境。

3）适应宽温度的工作环境。

车用电机控制器的滤波电感因其特殊的使用需求（小体积、低温升、易拆装），往往采用较为简单的电感结构，目前主流的方式是使用汇流排与环形磁心组合而成的电感，如图 7-22 所示。

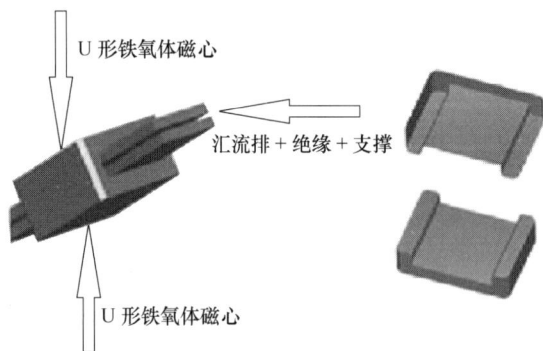

图 7-22 滤波器结构

图 7-22 中，滤波器使用两只 U 形铁氧体磁心（UU 形磁心），安装在汇流排两侧，再使用金属卡扣抱箍。另外，也有利用环形跑道磁心替换 UU 形磁心的方案。这类结构设计中需要考虑抗振、耐热、耐压绝缘的处理。

2. 滤波器设计需求

车用电机控制器滤波器设计基本需求如下：

1）参考标准：CISPR 25。

2）环境温度：-40~105℃。

3）目标频率（需要抑制的频段波峰所对应的频率）。

4）衰减量（目标频率对应的衰减需求）。

5）开关频率：5~15kHz。

理想的滤波器设计应与硬件设计并行，依照应用标准，根据电机控制器产品的实际发射水平，设计滤波器拓扑以及配置参数。但实际中，对于EMI，往往是在项目初期依照经验选定一个方案（滤波器的拓扑结构、器件参数、结构尺寸等）制作样机，然后再依照实验的结果来实施整改。

电机控制器主电路的噪声传递包含共模回路与差模回路，其等效回路如图7-23所示。图中，红色虚线表示共模回路，蓝色虚线表示差模回路（为不影响阅读，省略了V、W相回路）。$C_{cm\_U/V/W}$为IGBT模块与电机控制器散热器之间的寄生电容，C_{cm_motor}为电机绕组与电机机壳之间的寄生电容，C_{cm}为高压网络与车体壳之间的寄生电容。电机控制器机壳、电机机壳、整车车架都为共模电流提供通路。

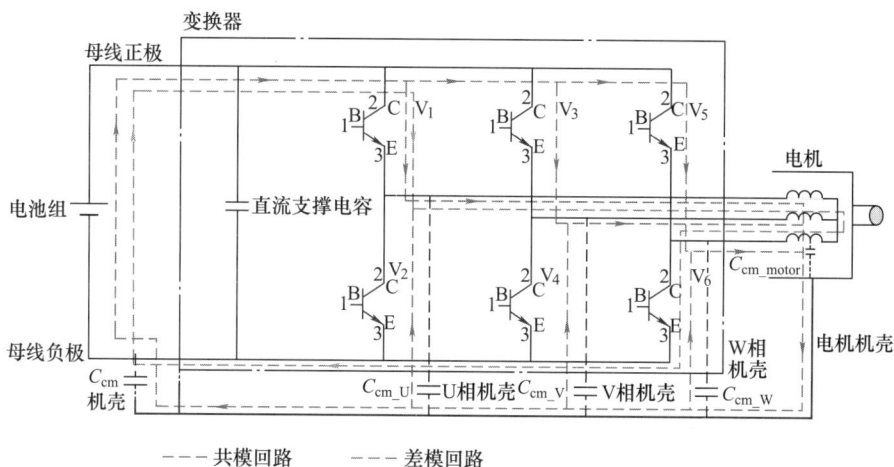

图7-23 电机控制器主电路的噪声传递等效回路（见彩色插页）

滤波器拓扑多采用Γ形、反Γ形、Π形滤波器，一方面结构简单，工艺容易实现；但另一方面，电容与电感的误差均较大，阶数较高带来的实际优势并不明显。

其插入损耗函数分别为

$$IL = 10\lg \frac{\left(2 - \omega^2 LC\right)^2 + \left(\omega CR + \frac{\omega L}{R}\right)^2}{4} \tag{7-6}$$

$$IL = 10\lg \frac{\left(2 - \omega^2 LC\right)^2 + \left(\omega CR + \frac{\omega L}{R}\right)^2}{4} \tag{7-7}$$

$$IL = 10\lg\left[\left(1 - \omega^2 LC\right)^2 + \left(\frac{\omega L}{2R} - \frac{\omega^3 LRC^2}{2} + \omega CR\right)^2\right] \quad (7\text{-}8)$$

相同的滤波器体积，高的滤波阶数（电感与电容的数量）可以获得较大的插入损耗，但布局相对比较复杂。以驱动器高压接口为例，三类拓扑的电路结构如图 7-24 所示。

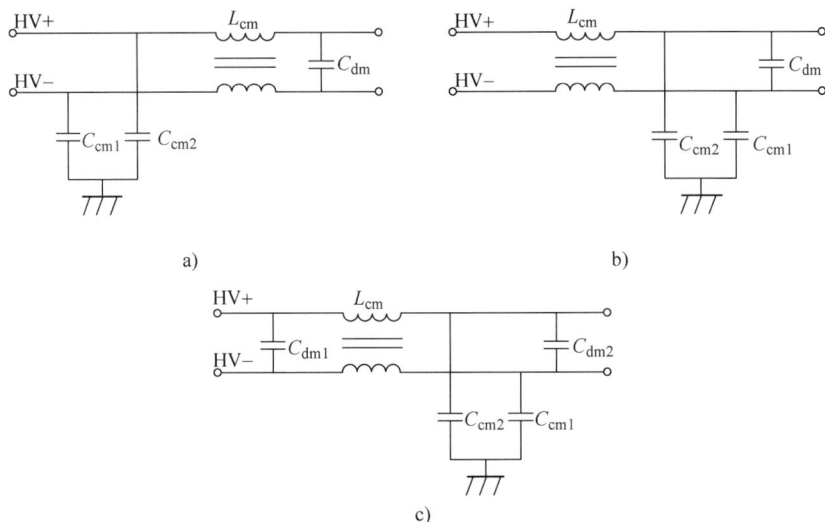

图 7-24　滤波器电路典型结构

a）反 Γ 形结构　b）Γ 形结构　c）Π 形结构

3. 滤波器设计与选型

（1）共模电感

共模电感采用跑道型、UU 形磁心结合汇流排穿墙结构制作，磁心的材质多采用纳米晶与铁氧体，二者优缺点对比见表 7-5。由表 7-5 可知，铁氧体的综合优势比较明显。

表 7-5　纳米晶与铁氧体优缺点对比

材料	频率特性	易成型性	温度特性	价格	可生产性	抗振性
纳米晶	−	− −	+	− −	−	+
铁氧体	+	++	−	++	+	

注：− 表示差，+ 表示优，− − 表示非常差，++ 表示非常优。

（2）共模电容与差模电容

按照安规定义，产品内部电路网络与地连接的电容，不允许出现短路失效，因此只能选用 Y 电容；强电网络之间，可接受短路失效，因此可使用 X 电容。在工业及家电类产品中，共模电容的选取严格受漏电流的约束限制，多采用陶瓷电容或者薄膜电容。

依照滤波器的损耗函数，X 电容与 Y 电容对于 EMI 是有利的，单纯考虑 EMI 电容值可以选得大一些。但对于车用电机控制器，因为整车系统实时监测高压网络对地的阻抗，Y 电容的电容值会影响检测结果，所以从整车应用角度要求 Y 电容需配置在数百 nF。

电容的自谐振特性需要设计者格外留意，需要选 ESL（等效串联电感）小的电容，同时需要留意不同的电容值、封装形式也会影响电容的高频特性。不同种类、不同电容值的电容器的滤波范围是不同的，图 7-25 所示为典型插入损耗的比对效果。

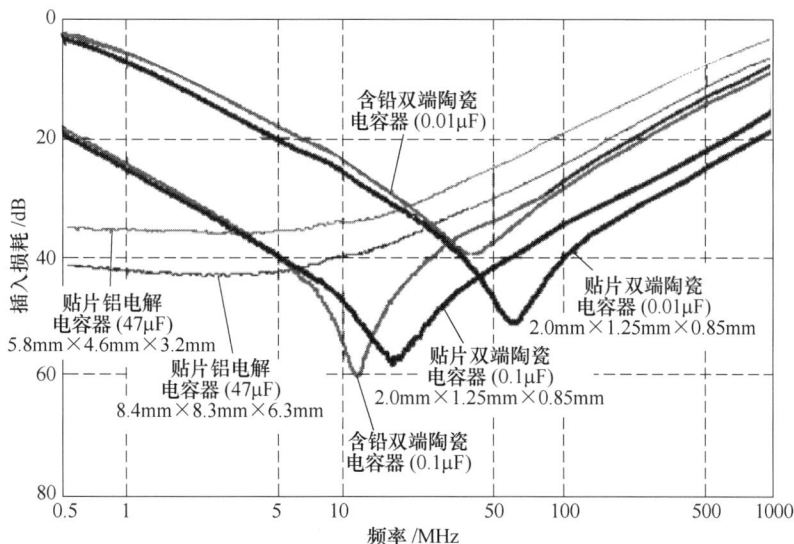

图 7-25　不同类型 / 容值电容的插入损耗对比

由图 7-25 可看出：

1）瓷片电容的滤波性能优于铝电解电容。

2）同一类材质电容中，贴片电容的滤波性能优于带引线的电容。

3）同为贴片陶瓷电容，低电容值的具有更为优异的滤波性能。

参考文献

［1］林福昌，李化 . 电磁兼容原理及应用 [M]. 北京：机械工业出版社，2009.

［2］马伟明，张磊，孟进 . 独立电力系统及其电力电子装置的电磁兼容 [M]. 北京：科学出版社，2007.

［3］HUANG X D, JIH-SHENG L, PEPA E. Analytical Evaluation of Modulation Effect on Three-Phase Inverter Differential Mode Noise Prediction[C]// Applied Power Electronics Conference and Exposition, 2004. APEC'04. Nineteenth Annual IEEE, 2004（2）：681-687.

［4］姜保车 . PWM 电机驱动系统传导共模 EMI 抑制方法研究 [D]. 哈尔滨：哈尔滨工业大学，2007.

［5］ECPE. Qualification of Power Modules for Use in Power Electronics: Version no. V01.05[S].ECPE Guideline AQG 324, 2018.

［6］Yole Market and tech nology. Power Electronics in Electric and Hybrid Vehicles[R]. Yole Market and technology reports, 2014.

［7］IEC. Adjustable Speed Electrical Power Drive Systems：Part 3　EMC Product Standard Including Specific Test Methods：IEC 61800-3[S]. Geneva：International Electrotechnical Commission-IEC,2017.

［8］ XING SC, WU ZG. Characteristic Research of Bearing Currents in Inverter-Motor Drive Systems[C]. Shanghai:CES/IEEE 5th International Power Electronics and Motion Control Conference, 2006（2）: 1-4.

［9］ IEC. Safety of Information Technology Equipment : IEC 60950[S]. Geneva : International Electrotechnical Commission, 1999.

［10］ KEMPSKI A, SMOLENSKI R , STRZELECKI R. Common Mode Current Paths and Their Modeling in PWM Inverter-Fed Drives[C]. Proceedings（Cat. No.02CH37289）, IEEE 33rd Annual IEEE Power Electronics Specialists Conference, 2002: 1551-1556.

［11］ CHEN H, YAN Y, ZHAO H. Extraction of Common-Mode Impedance of an Inverter-Fed Induction Motor[J]. IEEE Transactions on Electromagnetic Compatibility, 2016, 58（2）: 599-606.

［12］ CACCIATO M, CONSOLI A, Scarcella G, et al. Reduction of Common-Mode Currents in PWM Inverter Motor Drives[J]. IEEE Transactions on Industry Applications, 1999, 35（2）: 469-476.

［13］ JETTANASEN C. Reduction of Common-Mode Voltage Generated by Voltage-Source Inverter Using Proper PWM Strategy[C]. Singapore : Asia-Pacific Symposium on Electromagnetic Compatibility. 2012: 297-300.

［14］ YEN-SHIN L, PO-SHENG C, HSIANG-KUO L, et al. Common-Mode Voltage Reduction PWM Technique for Wide Speed Range Control of Induction Motor Drives Fed by Inverter with Diode Front End[C]. LAS Annual : 38th IAS Annual Meeting on Conference Record of the Industry Applications Conference. 2003（1）: 424-431.

［15］ ZIGLIOTTO M, TRZYNADLOWSKI A M. Effective Random Space Vector Modulation for EMI Reduction in Low-Cost PWM Inverters[C]. London : Seventh International Conference on Power Electronics and Variable Speed Drives（IEE Conf. Publ. No. 456）. 1998: 163-168.

［16］ BOLOGNANI S, Conton R, ZIGLIOTTO M. Experimental Analysis of the EMI Reduction in PWM Inverters Using Random Space Vector Modulation[C]. Warsaw : Proceedings of IEEE International Symposium on Industrial Electronics. 1996: 482-487.

［17］ YEN-SHIN L. Investigations Into the Effects of PWM Techniques on Common Mode Voltage for Inverter-Controlled Induction Motor Drives[C]. New York : IEEE Power Engineering Society, 1999 Winter Meeting（Cat. No.99CH36233）. 1999（1）: 35-40.

［18］ Yole Market and technology. SiC Modules, Devices and Substrates for Power Electronics Market[R]. Yole Market and technology reports, 2014.

［19］ BURRESS T, CAMPBELL S.Benchmarking EV and HEV Power Electronics and Electric Machines[C]. Proc. IEEE ITEC 2013 : 1-6.

［20］ RABKOWSKI J, PEFTITSIS D, NEE H P.Silicon Carbide Power Transistors: A new era in power electronics is initiated[J]. IEEE Industrial Electronics Magazine, 2012, 6(2) : 17-26.

［21］ DEHGHAN S M, MOHAMADIAN M, YAZDIAN A.Hybrid Electric Vehicle Based on Bidirectional Z-Source nine-Switch Inverter[J]. IEEE Trans. on Vehicular Technology，2010, 59（6）: 2641-2653.

［22］ TAKATSUKA Y, HARA H, YAMADA K, et al.A Wide Speed Range High Efficiency EV Drive

System Using Winding Changeover Technique and SiC Devices[C]. Proc. IEEE ECCE-Asia 2014：1898-1903.

[23] SHANG F, ARRIBAS A P,KRISHNAMURTHY M.A Comprehensive Evaluation of SiC Devices in Traction Applications[C]. Proc. ITEC 2014：1-5.

[24] HAN D, NOPPAKUNKAJORN J,SARLIOGLU B.Comprehensive Efficiency, Weight, and Volume Comparison of SiC and Si Based Bidirectional DC-DC Converters for Hybrid Electric Vehicles[J]. IEEE Trans. on Vehicular Technology, 2014, 63（7）：3001-3010.

[25] VRTOVEC R, TRONTELJ J. SiC MOSFET in Automotive Motor Drive Applications and Integrated Driver Circuit[C]. Proc. MIEL 2014：1-6.

[26] BOETTGE B, NAUMANN F, KLENGEL R,et al.Packaging Material Issues in High Temperature Power Electronics[C]. Proc. IEEE EMPC 2013：1-6.

[27] WANG R, BOROYEVICH D, NING P,et al. A High-Temperature SiC Three-Phase AC - DC Converter Design for > 100/spl deg/C Ambient Temperature[J]. IEEE Trans. on Power Electronics, 2013, 28（1）：555-572.

[28] WANG Z, SHI X, TOLERT L M, et al. A High Temperature Silicon Carbide mosfet Power Module With Integrated Silicon-On-Insulator-Based Gate Drive[J]. Trans. on Power Electronics, 2015, 30（3）：1432-1445.

[29] WRZECIONKO B . DORTIS D, KOLAR J W.A 120 Ambient Temperature Forced Air-Cooled Normally-Off SiC JFET Automotive Inverter System[J]. IEEE Trans. on Power Eletronics, 2014, 29(5)：2345-2358.

[30] EPCOS AG.PCC HP High-Power Capacitors for Heavy-Duty Applications[Z]. 2010.

第8章 功率电路集成

车用电机控制器包括功率电路和控制电路两大部分，功率电路的核心是实现对 IGBT 功率模块、膜电容器等电力电子功率集成设计，以降低电机控制器的整体体积和重量，提高功率密度水平。本章首先介绍电力电子集成设计方法，然后针对电动汽车典型应用需求，介绍单电机控制器、DC/AC+DC/DC 集成控制器、双电机控制器几种不同的电力电子集成设计实例。

8.1 电力电子集成设计方法

8.1.1 电力电子集成设计概念

电力电子集成技术是将新能源汽车电机控制器中的功率器件、驱动电路、控制电路和保护电路封装到一个集成模块内部，成为一个功能相对完整的、具有一定通用性的部件。电力电子集成技术层级如图 8-1 所示。

由图 8-1 可知，电力电子集成分为芯片级集成、模块级集成和系统级集成三种形式，这三种集成方式在不同的发展阶段有所差异。芯片级集成是指将所要集成的所有功能都采

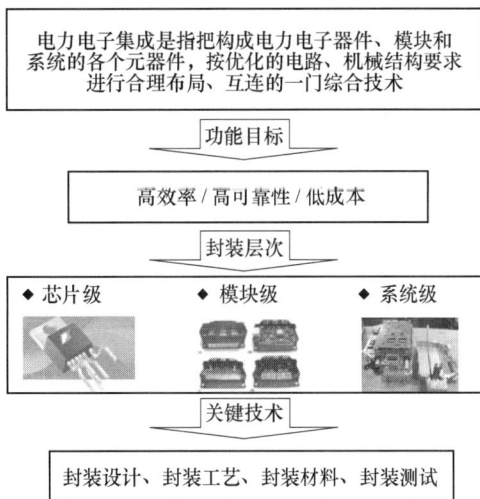

图 8-1 电力电子集成技术层级

用统一的芯片加工工艺和技术，集成在同一个芯片中。目前由于制造工艺、高电压与低电压的隔离、电磁隔离和散热等技术限制，这种集成技术通常应用于移动电源、生物应用、功率电力电子电路的集成装置。模块级集成是指对多个芯片通过封装形成模块，这种集成方式因结构简单灵活、易于实现集成，是目前市场上多数电机控制器的集成形式。系统级集成是将功率器件、驱动电路、保护电路和控制电路集成于同一系统中，形成具有部分或完整功能且相对独立的单元。这种集成方法可以较好地解决不同工艺电路之间的组合和高电压隔离等问题，具有较高的集成度，也可以比较有效地减小体积和重量，是未来电力电子集成技术的发展方向之一。

8.1.2 电力电子集成设计实现

电机控制器功率部件的电力电子集成设计方法主要包括机电热磁多领域集成仿真、功率器件热设计、一体化膜电容器设计、电路板小型化及多参数测试五个方面。以下结合设计实例进行说明。

1. 电（电气）、热、机（机械）、磁多物理领域集成仿真技术

高功率密度电机控制器的电气性能受到温度、电磁干扰、机械结构和变形的影响，在电机控制器运行过程中，四者相互耦合，相互影响，在电机控制器内构成了包含电、热、机、磁四个物理场的复杂运行环境，系统故障的出现也是四者共同作用的结果。电机控制器的首要性能是其电气性能，在满足电机控制器基本电气输出特性的基础上，通过主电路的优化设计可以减小功率半导体模块的电气应力，降低失效风险。通过优化机械结构，减小热阻，提高系统散热能力，可提高系统可靠性与寿命。

通过建立基于 ANSYS Workbench 环境下的 IGBT 模块与电机控制器电、热、机、磁多物理领域集成仿真平台，在 Workbench 平台中，Maxwell 2D/3D、Thermal、Simplorer、Mechanical、Icepak、Fluent、HSFF 等工具为 IGBT 和电机控制器仿真分析提供了电、热、机、磁四个物理域的仿真工具。

首先，开展考虑杂散参数的功率主电路建模与仿真研究，采用基于测试的有效参数搭建 IGBT 模型（在 Simplorer 中），同时考虑杂散参数（Maxwell Q3D 抽取和实验），通过仿真和实际测试相结合的方法，分析 IGBT 功率器件换流暂态过程中 di/dt、du/dt，以及对换流暂态过程有影响的各种因素，仿真电路如图 8-2 所示。

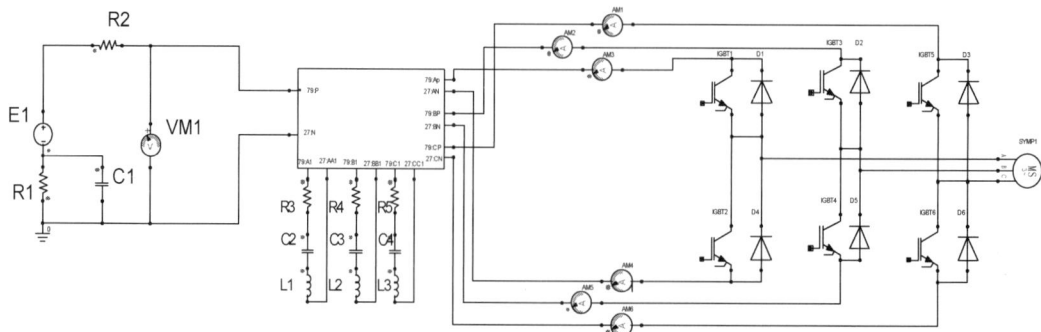

图 8-2 电机控制器功率主电路仿真电路

其次，开展功率模块和集成电机控制器内三维温度场建模和分析：建立特定运行工况下系统热源模型；建立简化的系统有限元模型；热场、电场相互耦合的综合物理场。热场建模和分析的工具借助于专用的热分析软件，如 Icepak、CFDesign 和 FloEFD。

集成仿真分析需要在电、热、机、磁这几个方面寻求最优，根据实际设计需求，采用基于 Simplorer 多领域电路与系统仿真软件，实现集成电、热、机、磁以及流体等多物理场的仿真，从而有效指导电机控制器设计。

2. 功率器件散热设计及应用技术

在 IGBT 功率模块散热方面，一个重要解决方法就是从降低模块热阻方面着手来降低芯片结温。目前的研究热点之一是采用直接冷却技术进行功率模块的散热结构设计，即模块铜基板与散热鳍片一体成型，冷却液直接与 IGBT 功率模块铜基板的底面接触。这种 Pin-fin 结构使 IGBT 功率模块在安装固定时不再需要通过导热界面材料（Thermal Interface Material）来连接模块铜基板和支撑板，因而使芯片到冷却液的总热阻大大降低。基于以上优点，功率模块的直接冷却技术近年来得到广泛的应用。

考虑到加工工艺和成本，直接冷却模块多采用圆柱形 Pin-fin 结构，流道区域呈窄长形。模块配套水槽采用分体式结构，并设计导流槽使流道内的流量分配更加均匀。直接冷却型 IGBT 功率模块实物如图 8-3 所示。

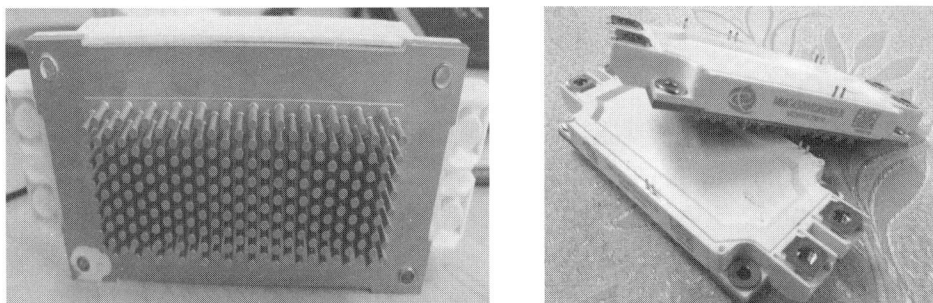

图 8-3 直接冷却型 IGBT 功率模块实物图

3. 一体化膜电容设计与应用技术

通过导热绝缘材料将一体化膜电容组件内的母排与电机控制器水冷散热底板直接连接，实现电芯和母线的水冷散热，极大降低了内部热点温升。组件间接水冷结构及一体化膜电容组件实物如图 8-4 所示。

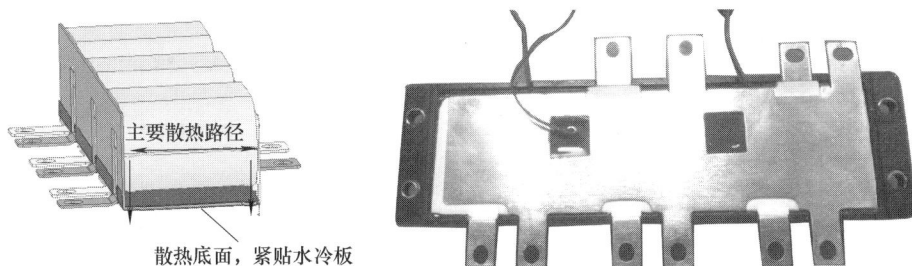

主要散热路径

散热底面，紧贴水冷板

图 8-4 组件间接水冷结构及一体化膜电容组件实物

4. 驱动电路与主控电路小型化与 EMC 技术

IGBT 驱动电路是 IGBT 与控制电路之间的接口，它对 IGBT 的正常运行具有非常重要的影响。性能良好的驱动电路可缩短开关时间、减小开关损耗，使 IGBT 工作在较理想的开关状态，同时对电机控制器的效率、可靠性和安全性都有重要的意义。

例如，基于驱动芯片 ACPL-38JT 设计了一款针对 SiC 混合 IGBT 功率模块的紧凑且功能齐全的驱动电路，集成了 6 路驱动电路，每路驱动功率高达 3W，具有较高的隔离电压。驱动电路具有驱动输入电压欠电压保护功能、短路保护功能、短路过电流保护后故障输出功能，以及过电流软关断和有源钳位功能，防止输入 PWM 直通功能和 IGBT 过热保护功能，实现了 IGBT 功率模块的可靠驱动。

驱动电路采用了四层 PCB 结构，上下两层为信号部分，中间两层分别为电源和地；驱动芯片的原副边电路分开，距离至少为 4mm，局部开槽，保证高低压间绝缘性能；对故障信号、复位信号、过电流检测信号采用专门铺地，增强抗干扰能力。实现了驱动电路的紧凑小型化、高可靠性、高抗电磁干扰能力。IGBT 功率模块与驱动电路实物如图 8-5 所示。

在主控电路设计方面，采用数字信号处理芯片（DSP 芯片）和逻辑处理芯片 CPLD（复杂可编程逻辑器件）构成多功能全数字控制电路。DSP 芯片采用美国 TI 公司的 TMS320F2812 芯片。该芯片是 32 位定点数字信号处理器，每秒可执行 1.5 亿次指令 (150 MIPS)，具有单周期 32 位 ×32 位的乘积累加操作 (MAC) 功能。

主控电路集成多种通信电路（CAN、RS232），Flash 程序下载电路（包括 JTAG 模式和 SCI 远程下载模式）。Flash 和 TF 大容量数据在线存储，具有较为完备的保护功能。

主控电路板采用四层 PCB，模拟地与数字地分离，集成了控制电路中的各类供电电源，在保证足够的电气间隙的基础上实现了母线电压采样。主控电路板实物如图 8-6 所示。

图 8-5　IGBT 功率模块与驱动电路实物

图 8-6　主控电路板实物

5. IGBT 功率模块与电机控制器多参量测试技术

高功率密度电机控制器与 IGBT 功率模块涉及电、热、磁等方面，需要测试电机控制器与 IGBT 功率模块的电气特性、温度场和 EMI 等指标。测试方法需结合实际应用的情况，测量结果将为仿真设计提供参数并验证仿真结果。

在 IGBT 功率模块电气参数测试方面，因其量纲很小，为 nH、ns、nF 级，通过采用特殊设计的夹具和先进的测试设备（LEMSYS 动静态测试仪）来保障这些参数测量的准确度。IGBT 功率模块动静态参数测试如图 8-7 所示。

通过基于红外热辐射原理建立热测试系统，对直接冷却型 IGBT 功率模块与电机控制器的温度场进行测试，并对得到的热像图进行处理，以验证所建热模型的正确性，如图 8-8 所示。

图 8-7　IGBT 功率模块动静态参数测试

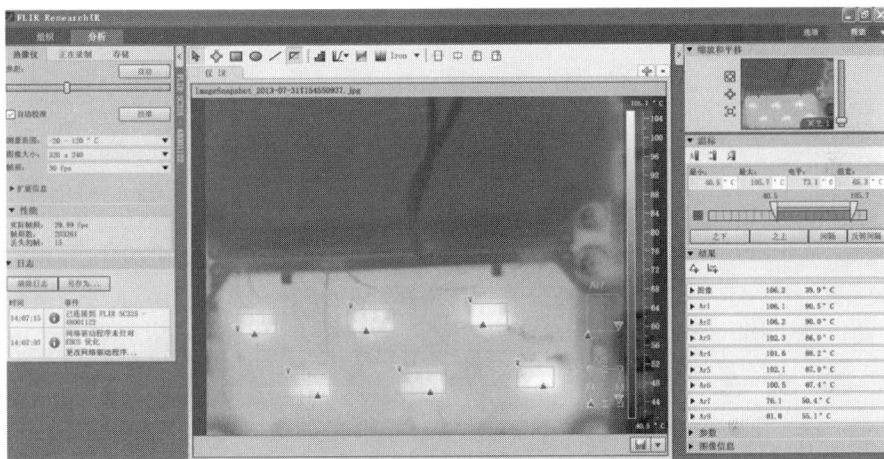

图 8-8　IGBT 功率模块及电机控制器热测试系统

通过建立电机负载测试台架，对电机控制器进行应用测试。车用电力电子集成电机控制器样机实物如图 8-9 所示。

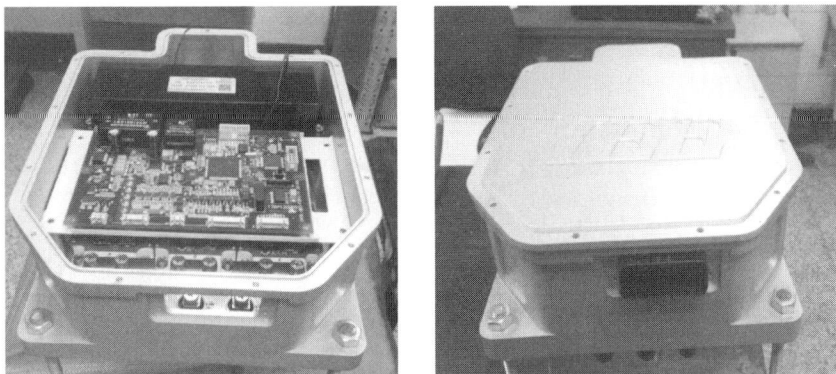

图 8-9　车用电力电子集成电机控制器样机实物

针对样机进行电气参数测试、热测试和电机负载应用测试，样机主要技术指标达成情况见表 8-1。

表 8-1　样机主要技术指标达成情况

参数	设计指标	样机指标
电机控制器峰值输出（视在）功率	≥ 60kV・A	62kV・A
最高效率	≥ 97%	97.01%
体积（视在）功率密度	≥ 10kV・A/L	10.3kV・A/L
重量（视在）功率密度	≥ 7kV・A/kg	7.38kV・A/kg

8.2　电力电子集成设计实例

8.2.1　单电机控制器

单电机控制器是电动汽车最为常见的一种形式。本节针对 A0 级（小型车）和 A 级（紧凑型车）纯电动汽车驱动电机系统功率需求，峰值功率为 120kW 的电机控制器设计。

该电机控制器采用英飞凌 800A/650V HybridPACK2 IGBT 功率模块，膜电容器采用 800μF/450V 超薄电容器，冷却方式为水冷，功率密度设计目标为 18kW/L。

集成标准封装 IGBT 功率模块的电机控制器功率密度通常为 10~12kW/L，要实现功率密度提升 50% 的目标，需要进行全新的电力电子集成设计。同时，高功率密度电机控制器的散热底板对于控制器可靠运行至关重要。

电机控制器冷却系统的设计目标：在保证系统散热要求的前提下，优化散热底板设计，以有效减小散热底板体积，降低散热底板重量，提高系统功率密度。影响电力电子装置散热的因素包括散热器材料的热导率、冷却系统的导热面积、功率器件的最大允许结温以及冷却水温度。因此，从热设计角度来看，尽可能提高材料热导率、增加散热面积、增大温差，是提升散热能力的有效手段。

采用有限元仿真及实验相结合的方法，研制适用于 HP2 模块的高换热系统的散热结构，如入口最高温度可达到 65℃，流量 < 8L/min，流阻压降 < 10kPa，高效散热器结构及 IGBT 热仿真结果如图 8-10 所示。

该系统采用 Pin-fin 结构特有的流道，同向进出口，易加工；通过 Pin-fin 散热器结构以增大有效换热面积、强化均流、降低热阻；壳体与底板一体，热容增大，耐功率循环能力增强。

采用电力电子集成技术和模块化设计理念，将汽车级 IGBT 功率模块、IGBT 驱动模块、复合母线、膜电容器以及低热阻的散热器等关键部件高度集成，开展高效率、高功率密度混合动力电机控制器的产品优化与集成设计。

电力电子模块级集成控制器结构分解图如图 8-11 所示。

a)

b)

温度(固体)76.34℃ 温度(固体)72.57℃

76.59
75.69
74.80
73.90
73.00
72.10
71.21
70.31
69.41
68.51
67.61
66.72
65.82
64.92
64.02

温度 (固体)[℃]

温度(固体)67.17℃ 温度(固体)65.69℃

c)

图 8-10 高效散热器结构及 IGBT 热仿真结果（见彩色插页）
a）IGBT 功率模块 b）冷却水道 c）IGBT 冷却布置及其仿真结果

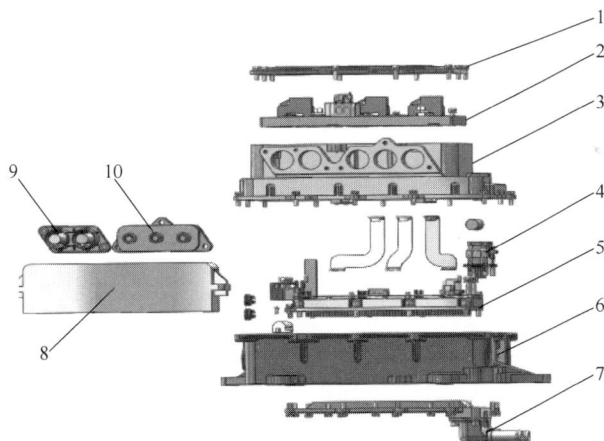

图 8-11 电力电子模块级集成控制器结构分解图
1—上盖板 2—控制电路 3—上箱体 4—信号线插接件 5—IGBT 功率模块
6—下箱体 7—底板及冷却水管 8—膜电容器 9—直流插接件 10—交流插接件

采用电力电子集成技术设计的电机控制器样机（图 8-12），匹配该电机最大输出功率达到 120kW，电机控制器重量为 8.0kg，体积为 6.4L，重量功率密度达到 15kW/kg，体积功率密度达到 18.75kW/L。

按峰值损耗 2000W 输入，流体介质为车用防冻液，入口温度为 65℃，流量为 8L/min，计算得散热器上表面最高温度约为 82℃，IGBT 功率模块的 $T_{jmax} \leqslant 120.0℃$，满足汽车级模块结温不

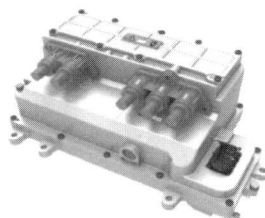

图 8-12 电机控制器样机

超过175℃的设计要求。

8.2.2　DC/AC+DC/DC 集成控制器

DC/DC 通常是将高压直流电源变换为低压直流电源，常与 DC/AC 集成为一体。DC/AC 集成 DC/DC 通常采用背靠背的方式，使用螺栓固定，这样的结构设计方式可以使其共用散热水道，DC/DC 的固定板可以当作 DC/AC 的水道底板，实现同时对 DC/AC 和 DC/DC 进行散热，DC/DC 通过内部线束与 DC/AC 控制板连接进行通信。DC/AC+DC/DC 集成控制器示意图如图 8-13 所示。DC/AC+DC/DC 集成控制器结构分解图如图 8-14 所示。

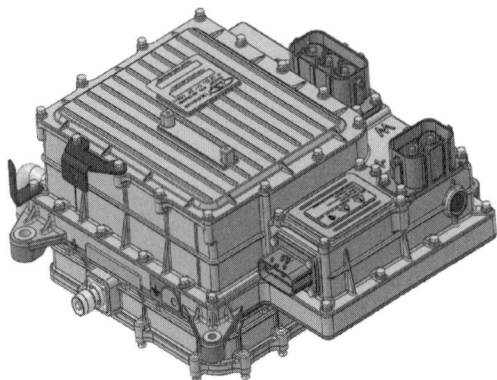

图 8-13　DC/AC+DC/DC 集成控制器示意图

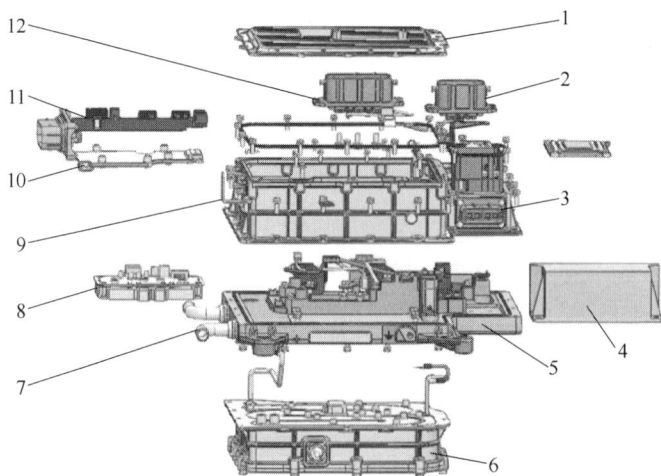

图 8-14　DC/AC+DC/DC 集成控制器结构分解图

1—上箱盖　2—两相插件　3—高压分线插件　4—膜电容器　5—底板组件　6—DC/DC 组件　7—水管头
8—IGBT 功率模块　9—箱体　10—屏蔽板　11—控制板　12—三相插件

DC/DC 与 DC/AC 共水道散热，水道散热仿真图如图 8-15 所示。

从图 8-15 仿真结果看，该集成控制器的散热水道流阻为 7.2kPa。在入口流量为 10L/min、入口温度为 60℃的初始条件下，额定功率下器件损耗为 600W，IGBT 功率模块的最高温度为 81.6℃；峰值功率下器件损耗为 1200W，IGBT 功率模块的最高温度为 104.1℃，完全满足功率器件应用要求。

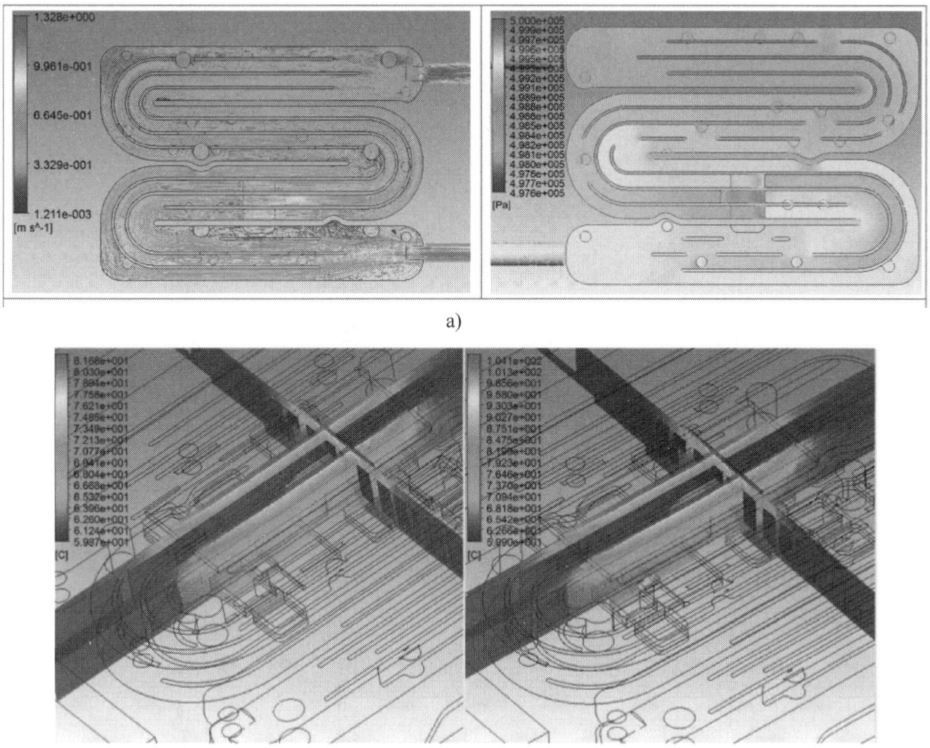

图 8-15　水道散热仿真图（见彩色插页）
a）水道流阻仿真　b）功率模块热仿真

DC/AC+DC/DC 集成控制器的主要元器件见表 8-2。

表 8-2　DC/AC+DC/DC 集成控制器的主要元器件

主要器件	型　号
IGBT	FS400R07A1E3（Infineon）
电容	C362S607K002615(法拉)
电流传感器	HAH1DR500-S（LEM）

DC/AC+DC/DC 集成控制器的主要技术指标见表 8-3。

表 8-3　DC/AC+DC/DC 集成控制器的主要技术指标

额定电压	DC340V	重量	13.8kg
输出额定电流（有效值）	150A	最大输出电流（有效值）	250A
额定功率	21kW	峰值功率	42kW
输入电压范围	250~420V	冷却流量	8~12L/min
存储温度	−40~105℃	防护等级	IP67

8.2.3　双电机控制器

在插电式混合动力汽车中，经常需要使用双电机进行驱动和发电，因此也会将两个电机的控制部分集成，形成双电机控制器。本节针对 B 级插电式混合动力汽车的需求，设计驱动峰值功率 70kW 和发电峰值功率 70kW 的双电机控制器。

该双电机控制器采用双富士 IGBT 模块并排布置，分别单独驱动电动机（TM）和发电机（ISG），两个模块共用同一个薄膜电容器，并采用一个二合一控制板控制整个控制器。双电机控制器集成示意图如图 8-16 所示，外形示意图如 8-17 所示，结构分解图如图 8-18 所示。

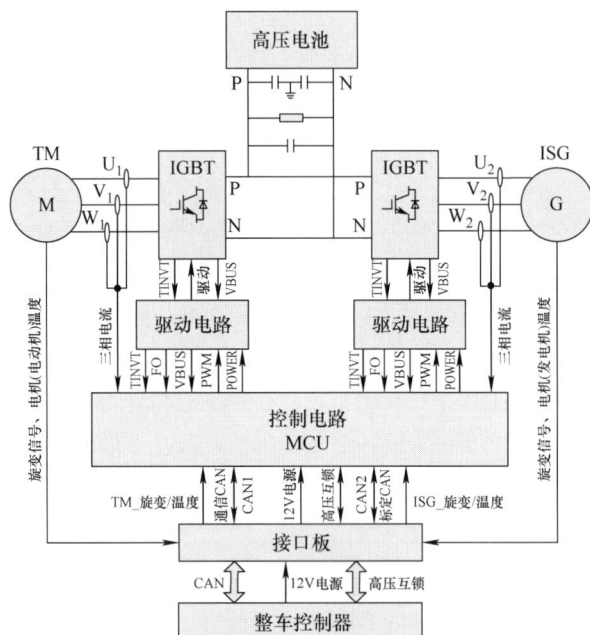

图 8-16　双电机控制器集成示意图

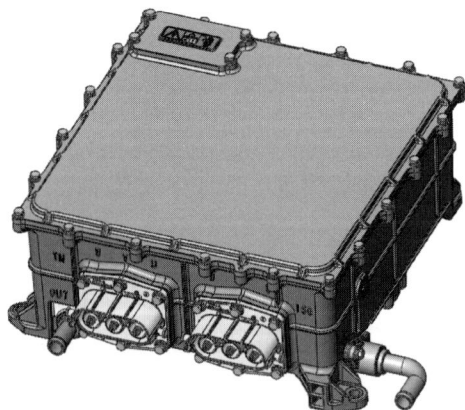

图 8-17　双电机控制器外形示意图

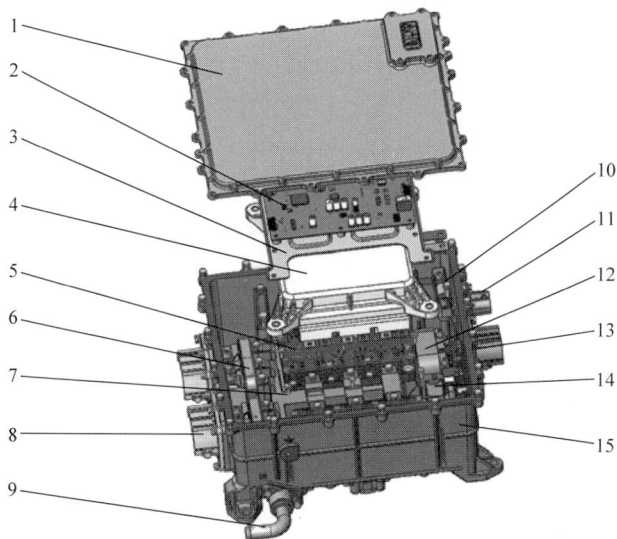

图 8-18　双电机控制器结构分解图

1—上箱盖　2—控制板　3—屏蔽板　4—薄膜电容器　5—IGBT 组件　6—电流传感器　7—三相输出组件　8—三相插件　9—水管头　10—熔丝组件　11—PTC 插件　12—滤波组件　13—两相插件　14—Y 电容　15—箱体

　　该双电机控制器功率模块选用富士车载 IGBT 模块 6MBI800XV-075V-01，薄膜电容器采用 1000μF/450V 超薄电容器，冷却方式为水冷。如图 8-19 所示，该富士 IGBT 模块通过采用带水套的直接水冷结构、RC-IGBT 芯片、高强度焊接材料，具有良好的冷却能力。同时，该模块集成了电流传感器和温度传感器，大大提升了模块的电流利用率和可靠性。

a)　　　　　　　　　　　　　　　　　　　　　　　b)

图 8-19　富士 IGBT 模块 6MBI800XV-075V-01 外观

a）正面　b）底面

　　双电机控制器散热水道采用串联式结构设计，通过合理设计进、出水道，将两个富士 IGBT 模块自带水道串联在一起。工作时，冷却液首先从发电机驱动模块流入，然后再进入电动机驱动模块，最后再流出控制器，完成对整个双电机控制器的散热。在入水口温度 65℃、流量 < 8L/min、流阻压降 < 10kPa 时，采用有限元仿真研究整个双电机控制器冷却系统的流阻和温升，如图 8-20 所示。

　　按峰值总损耗 3200W 输入，流体介质用车用防冻液，计算得 IGBT 芯片上表面最高温度约为 84.5℃，推算 IGBT 模块 $T_{jmax} \leqslant 120.0℃$，满足汽车级模块结温不超过 175℃的设计要求。

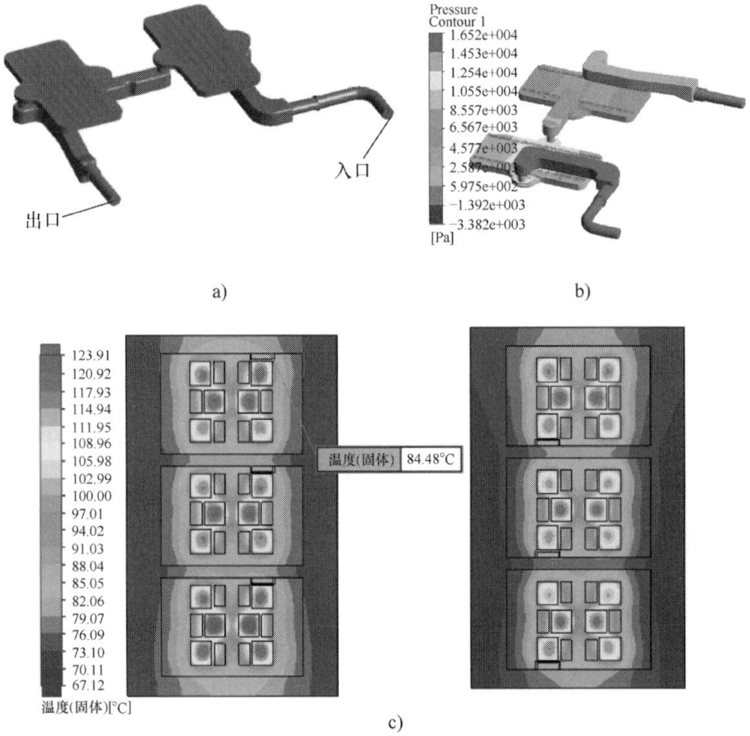

a)   b)

c)

图 8-20　双电机控制器冷却系统的流阻和温升仿真结果（见彩色插页）

a）冷却水道　b）冷却水道流阻仿真结果　c）IGBT 热仿真结果

双电机控制器的主要元器件见表 8-4。

表 8-4　双电机控制器的主要元器件

主要元器件	型号
IGBT	6MBI800XV-075V-01（富士）
电容	EZTKC24670HA（松下）
电流传感器	HAH3DR 800-S03/SP2（LEM）

双电机控制器的主要技术指标见表 8-5。

表 8-5　双电机控制器的主要技术指标

额定电压	DC340V	重量	12.5kg
输出额定电流（有效值）	180A	最大输出电流（有效值）	380A
额定功率	驱动 > 20kW 发电 > 20kW	峰值功率	驱动：70kW 发电：70kW
输入电压范围	240~420V	冷却流量	8~12L/min
存储温度	−40~105℃	防护等级	IP67

参考文献

[1] SUN W, LIU J, SU W, et al. Heat Dissipating Structure Design of an Inverter with Direct-cooling IGBT Modules for EV[C]. Beijing：ITEC Asia-Pacific，2014.

[2] SU W, LIU J, WEN X H, et al. A High Power Density Inverter with hybrid sic module [C].Beijing：ITEC Asia-Pacific，2014.

[3] CHEN HW, LIU J, Investigation of Parallel Connection of 1700V IGBTs in 450kW inverter [C]. Beijing：ITEC Asia-Pacific，2014.

[4] 王军峰. 混合动力客车双向 DC-DC 变换器的研究与实现 [D]. 哈尔滨：哈尔滨工业大学，2013.

[5] 王丰，李晶，卓放，等. 双向 DCDC 变换器在汽车双电压系统中的应用研究 [C]// 中国电工技术学会 .2018 年中国电工技术学会第十一届学术年会论文集。杭州：中国电工技术学会，2008.

[6] OGAWA H. Development of a Power Train for the Hybird Automobile the Civic Hybrid[J]. Emissions, 2003（1）：83.

[7] Freedom Car Fuel Parter Ship. Electrical and Electronics Technical Team Roadmap[Z]. Report of US DRIVE, 2006.

第
8
章

第9章　控制与驱动电路

从车辆应用出发，电动汽车对驱动电机系统在性能、功能、实时性和安全性等方面提出了更高的需求，传统电机控制芯片（如定点运行的 DSP 单片机）已经无法完全满足车用驱动电机控制器 MCU（微控制器）的要求（MCU 需要运算速度快、资源更为丰富和多核处理器等）。本章重点介绍电机控制器控制电路的关键器件（MCU、驱动 IC）及其应用电路，介绍典型的电源电路、驱动电路、信号处理电路设计与应用分析。

9.1　微控制器

随着电动汽车技术的逐渐成熟，驱动电机系统也面临着越来越高的要求，在性能、效率、易用性和成本方面都有较高的要求。同时，随着近年来功能安全以及自动驾驶等概念的推出，对车载 MCU 要求更加严苛。目前专门针对电动汽车开发的 MCU 芯片也层出不穷，英飞凌、恩智浦、瑞萨等 MCU 厂商也各自推出了市场广泛应用的多核 MCU 芯片，其具有性能强、处理速度快等特点，为驱动电机控制提供解决方案。例如，市场上量产的应用于新能源汽车电机控制器的恩智浦 MPC56XX 系列 MCU、恩智浦 MPC57XX 系列 MCU、英飞凌 TC27X 系列 MCU 以及瑞萨 MCU 等。

9.1.1　恩智浦 MPC5643L

恩智浦 MPC5643L 是一款 32 位的嵌入式汽车级双核微处理器，基于 Power Architecture 架构，处理器包括 2 个冗余通道，每个通道由内核、总线、中断控制器、内存控制器和其他内核相关模块组成。这种架构取代了使用 2 个 MCU 的设计，通过在单芯片上添加硬件的功能安全特性，可以满足 ISO 26262（ASIL-D）安全等级。该芯片基于内部双 CPU 架构，采用双核锁步模式，减少了系统对 MCU 硬件备份的需求，进而降低了整体系统成本以及软件开发投入。该芯片通过在硬件中加入关键安全组件和自校验功能，降低了软件复杂度。

恩智浦 MPC5643L 的硬件资源见表 9-1。

表 9-1　恩智浦 MPC5643L 的硬件资源

特性		MPC5643L
中央处理器	类型	2×e200z4 （可运行于锁步或解耦并行模式）
	架构	哈佛
	执行速度	0~120MHz（+2% 频率调制）
	指令执行速度	>240MIPS
	是否具有数字信号处理器以及浮点单元	是
	存储管理单元	16 个入口
	是否支持 PPC 指令集	是
	是否支持 VLE 指令集	是
	指令缓存	4 KB
总线	内核总线	高速总线，32 位地址长度，64 位数据长度
	内部外设总线	32 位地址长度，32 位数据长度
交叉开关矩阵	端口数（主 × 从）	锁步模式：4×3 解耦并行模式：6×3
存储	Flash	1MB，错误检查和纠正，同时读写
	静态 RAM	128KB，错误检查和纠正

（续）

特性		MPC5643L
模块	中断控制器（INTC）	16 个中断等级
	周期中断定时器（PIT）	1 个模块，每个模块 4 个通道
	系统时钟模块（STM）	1 个模块，每个模块 4 个通道
	是否具有软件看门狗定时器（SWT）	是
	直接存储获取（eDMA）	16 通道
	高速车载网络（FlexRay）	1 个模块，共计 64 个消息缓存，双通道
	控制器局域网（FlexCAN）	2 个模块，每个模块 32 个消息缓存
	局域互联网（LINFlexD）	2 个模块
	是否具有故障收集与控制单元（FCCU）	是
	是否具有交叉触发单元（CTU）	是
	定时器（eTimer）	3 个定时器，每个定时器 6 通道
	脉宽调制模块（FlexPWM）	2 个模块，每个模块 12 通道
	模/数转换器（ADC）	2 个 12 位转换模块，每个模块 16 通道 （3 个内部通道，4 个共享通道，9 个外部通道）
	正弦波生成器（SWG）	可生成以 16Hz 为步长的，1~50kHz 正弦波
	串行外设接口（DSPI）	3 个模块，多达 8 个片选
	是否具有循环冗余校验（CRC）	是
	是否具有结温温度传感器（TSENS）	是
	数字 IO	大于 16 个
供电	器件供电	3.3V，集成式可旁路镇流器晶体管 裸片不需要外部镇流器晶体管
	模拟参考电压	3.0~3.6V 以及 4.5~5.5V
定时	内部 RC 振荡器	16MHz
	外部晶振	4~40MHz
封装	LQFP	144 pins
	MAPBGA	257 MAPBGA
温度	温度范围（结温）	–40~150℃
	使用外部镇流器晶体管时的环境温度	–40~125℃

恩智浦 MPC5643L 内部框图如图 9-1 所示。

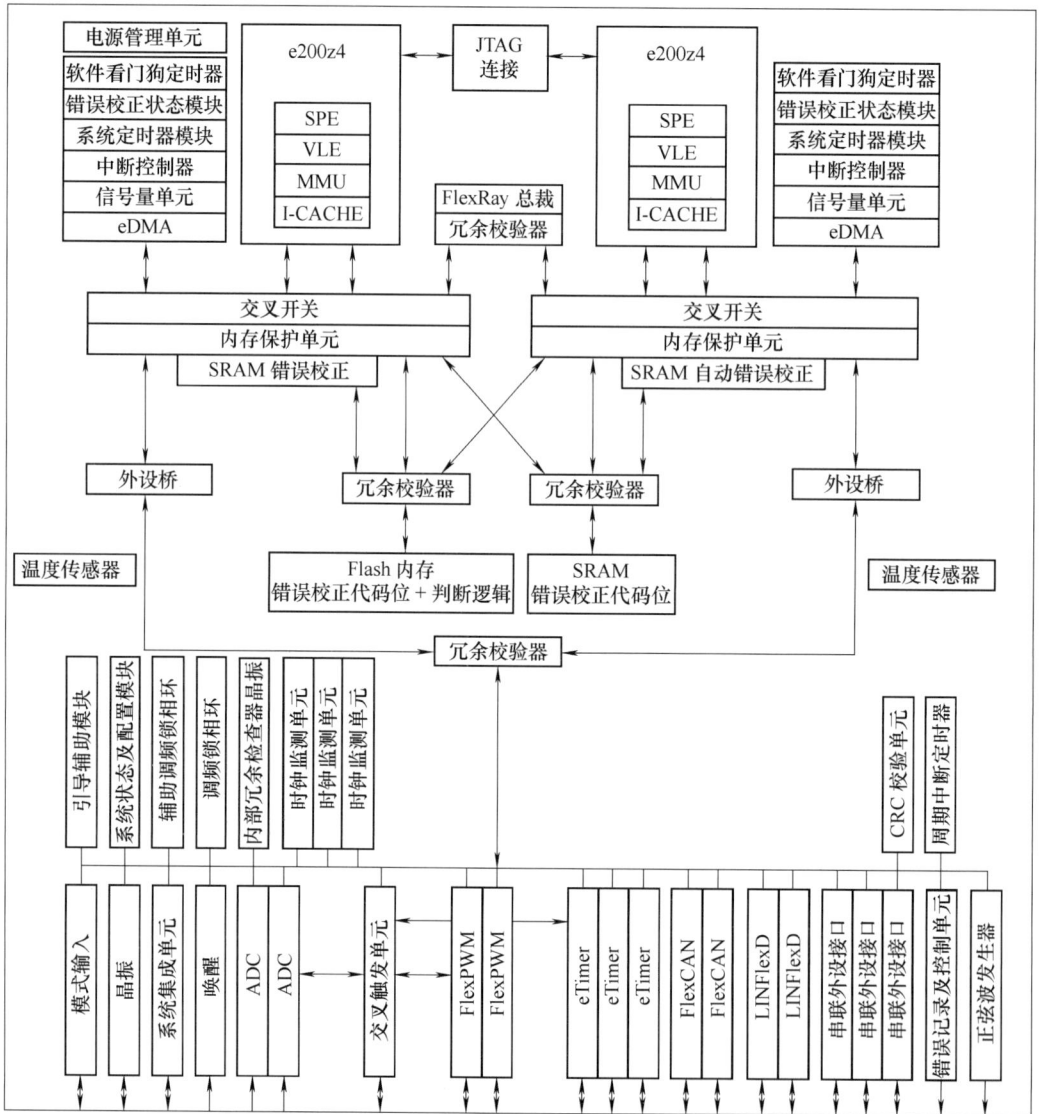

图 9-1　恩智浦 MPC5643L 内部框图

恩智浦 MPC5643L 内核主频最高可达 120MHz，由内存管理单元（MMU）、故障收集与控制单元（FCCU）、时钟监控单元（CMU）、电源管理单元（PMU）、循环冗余校验（CRC）、内部看门狗监控程序流、IO 状态监控单元等组成。其中，FCCU 是 MPC5643L 微处理器功能安全架构的一个核心组件，它提供一个冗余硬件通道，当存在重大故障时，能够实现在安全状态下对器件进行管理，无需 CPU 干预；同时，该模块运行在独立的 16MHz 内部 RC 时钟上，能够保证对输出信号和时间的最终计算。

合理配置相关模块的工作模式及状态，配合外部电路，能够满足高要求的电机控制要求，并符合功能安全开发需求。

9.1.2　恩智浦 MPC5744P

　　恩智浦 MPC57XX 系列微控制器同样基于 Power Architecture 架构，面向汽车和工业动力总成、发动机管理、电机控制、车身控制、网关、底盘和安全、仪表板和显示屏管理应用。MPC5744P 为 MPC5643L 的升级版，它的外围设置与 MPC5643L 基本兼容，但有更高的主频、更大的 SRAM 和闪存、更多 DMA 通道。

　　MPC5744P 满足适用于汽车和工业功能安全应用的最高功能安全标准。集成的安全架构最大限度减少了新增软件数量并降低了开发过程中的各种变动；可编程的故障采集与控制单元（FCCU）可监控器件的完整性状态并提供灵活的安全状态控制端到端纠错代码（e2eECC），提高容错性和检测功能。

　　恩智浦 MPC5744P 资源概况见表 9-2，恩智浦 MPC5744P 内部框图如图 9-2 所示。

　　恩智浦 MPC5744P 的硬件基于延迟锁步的安全概念、针对 ISO 26262 ASIL-D（设计）完整性进行配置。根据 FMEDA（Failure Modes Effects and Diagnostic Analysis，失效模式、影响及其诊断分析），必须应用的关键组件是 CPU 内核和 DMA 控制器，锁步监测单元在每个单元模块的输出端与冗余模块的值进行比较，并集成故障收集与控制单元（FCCU）以监控设备完整性工作状态，还提供灵活的安全状态控制。同时，端到端纠错代码（e2eECC），可提高芯片的故障容错和探测能力。

表 9-2　恩智浦 MPC5744P 资源列表

特性		详述
中央处理器	Power 架构	2×e200z4，用于延迟锁步模式
	架构	哈佛
	执行速度	0~200MHz（+2% 频率调制）
	内核存储保护单元	24 个区间
	指令缓存	8KB
	数据缓存	4KB
	数据本地存储	64KB
总线	内核总线	高速总线，32 位地址长度，64 位数据长度，端到端错误检查与纠正
	内部外设总线	32 位地址长度，32 位数据长度
交叉开关矩阵	主×从端口数	4×5
	代码 / 数据 Flash 存储器	2.5MB，错误检查和纠正，同时读写
	数据 Flash 存储器	支持同时读写
	静态 RAM	384 KB，错误检查和纠正
	是否支持从 Flash 存储控制器来覆盖获取静态 RAM	是

（续）

特性		详述
模块	中断控制器	32 个中断等级，16 个软件可编程中断
	系统时钟模块（STM）	1 个模块，每个模块 4 个通道
	是否具有软件看门狗定时器（SWT）	是
	直接存储获取（eDMA）	32 通道，用于延迟锁步模式
	高速车载网络（FlexRay）	1 个模块，共计 64 个消息缓存，双通道
	控制器局域网（FlexCAN）	3 个模块，每个模块 64 个消息缓存
	局域互联网（LINFlexD）	2 个模块
	是否具有故障收集与控制单元（FCCU）	是
	交叉触发单元（CTU）	2 个模块
	定时器（eTimer）	3 个定时器，每个定时器 6 通道
	脉宽调制模块（FlexPWM）	2 个模块，每个模块 12 通道
	模/数转换器（ADC）	4 个 12 位转换模块，每个模块 16 通道（25 个外部通道，包括共享通道和内部通道）
	正弦波生成器（SGEN）	可生成以 16Hz 为步长的，1~50kHz 正弦波
	串行外设接口（SPI）	4 个模块，多达 8 个片选
模块	是否具有循环冗余校验（CRC）	是
	单边沿渐进传输（SENT）	2 个模块，每个模块 2 个通道
	是否具有结温温度传感器（TSENS）	是
	数字 IO	> 16 个
	是否具有故障注入模块（EIM）	是
供电	器件供电	3.3V，外部镇流器晶体管 3.3V，带外部 1.25V 低压差稳压器
定时	锁相环（PLL）	1 个锁相环，1 个耦合的频率调制锁相环
	内部 RC 振荡器	16MHz
	外部晶振	8~40MHz
温度	温度范围（结温）	−40~150℃，165℃可选
	环境温度范围	−40~125℃，135℃可选（165℃结温可选）

MPC5744P

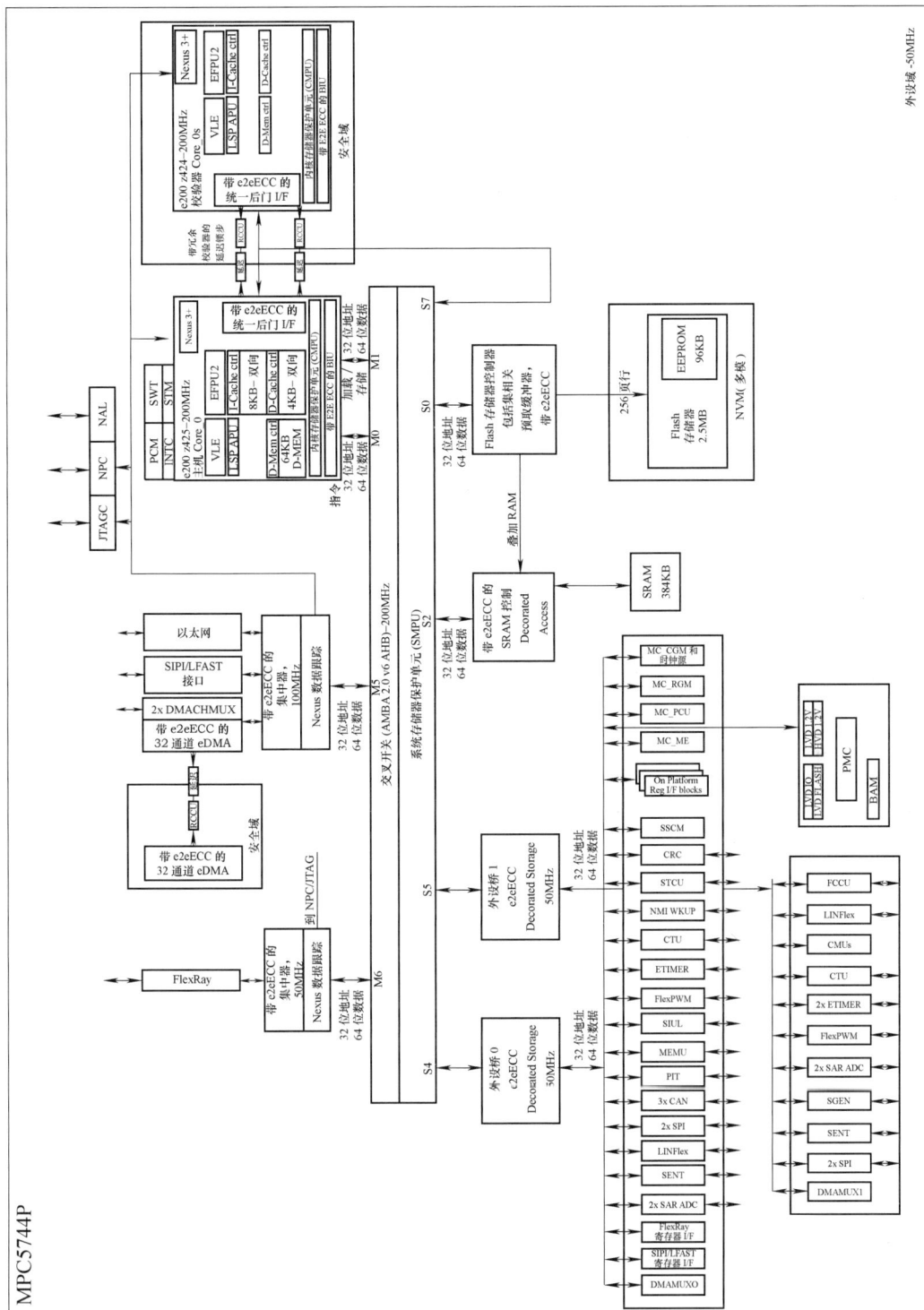

图 9-2 恩智浦 MPC5744P 内部框图

z425 和 z424 双内核具有高运行效率及低功耗的特点，最大运行频率为 200MHz。该控制器采用低成本的 PowerISA 2.06 架构，兼容了 32 位通用寄存器（GPRS）设计。嵌入式浮点（EFPU2）辅助处理单元（APU），保证了通用寄存器支持实时单精度嵌入式数字操作，并提供一个轻量级的信号处理扩展（LSP）APU 来支持实时使用通用寄存器的 SIMD 定点嵌入式数字运算。总的来说，MPC5744P 具备高性能，可满足电动汽车驱动电机系统安全相开发要求。

9.1.3 英飞凌 TC275

英飞凌 TC275 是英飞凌 2012 年推出的 AURIX 系列单片机，由于具备实时性能以及嵌入式安全域防护功能，该单片机在混合动力汽车控制、变速器控制单元、电动助力转向系统、高级辅助驾驶系统等汽车领域获得广泛应用。

英飞凌 TC275 为 32 位多核处理器，拥有 3 颗 TriCore 内核，其中核 0 和核 1 又引入了锁步核，在此基础上共享内部片上资源。三颗 TriCore 内核通过 SRI Cross Bar 总线实现与存储模块的数据读取，每个内核都可以独立并行地对数据及中断服务任务函数进行处理。TC275 芯片的每个内核最高工作频率可达 200MHz，可满足功能安全的电机控制软件的高实时性要求。

其内部框图如图 9-3 所示。

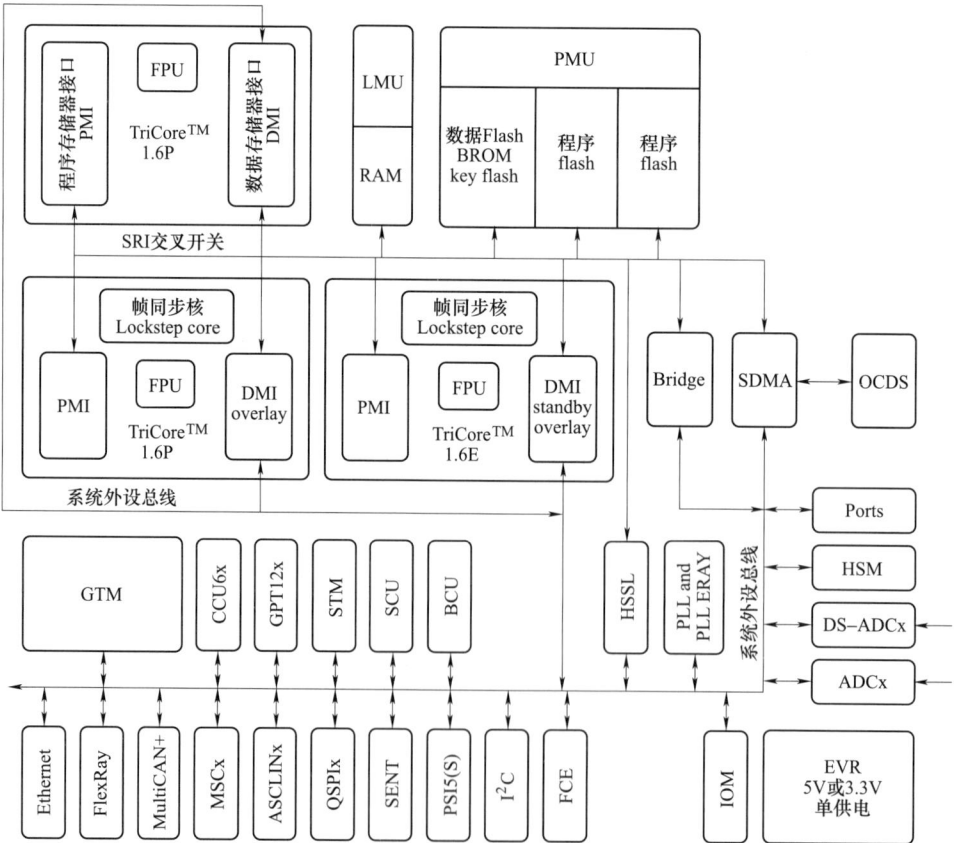

图 9-3 TC275 内部框图

248

英飞凌 TC275 内部资源见表 9-3。

表 9-3　英飞凌 TC275 内部资源

特性	详述	
CPU 内核	内核类别: TC1.6P / TC1.6E（P 代表性能核，E 代表效率核）。具有 2 个性能核，1 个效率核（核 0 为效率核，核 1、核 2 为性能核，且核 0 和核 1 各带有 1 个锁步核）	
	最大主频	200MHz
	FPU（浮点计算单元）	支持
程序存储器 PFlash	大小	4MB
数据存储器 DFlash	大小	384KB
缓存	程序缓存（P 核 / E 核）	16KB / 8KB
	数据缓存（P 核 / E 核）	8KB / 不支持
静态 RAM	性能核（数据 RAM/ 程序 RAM）	120KB / 32KB
	效率核（数据 RAM/ 程序 RAM）	112KB / 24KB
	多核共享 RAM	32KB
直接存储访问单元（DMA）	通道数	64 通道
模 / 数转换器（ADC）	通道数	48 通道 +12 复选外部通道
	转化器	8 通道
复杂模 / 数转换器（DSADC）	通道数	6 通道
通用定时器模块（GTM）	定时捕获单元（TIM）	4 组，每组 8 通道
	定时输出单元（TOM）	3 组，每组 8 通道
	带路由定时输出单元（ATOM）	5 组，每组 6 通道
	时钟管理单元（CMU）	1 个
	时间基准单元（TBU）	1 组，3 通道
	传感器模式识别（SPE）	2 组
	输出比较单元（CMP）	1 组
	路由广播单元（BRC）	1 个
其他定时器（Timer）	通用定时器（GPT12）	2 组
	比较捕获单元（CCU6）	2 组
	系统定时器（STM）	3 组
高速车载网络（FlexRay）	模块数	1 组
	通道数	2 通道
控制总线（CAN）	结点数	4 个
	消息缓存数	256 个
队列化串行接口（QSPI）	通道数	4 通道
辅助串行总线（ASCLIN）	通道数	4 通道
同步串行总线（I^2C）	通道数	1 通道
单边半字总线（SENT）	通道数	10 通道

特性		详述
外设传感器总线 （PSI5）	模块数	3 组
串行外设传感总线 （PSI5-S）	模块数	1 组
高速串行连接 （HSSL）	通道数	1 通道
微秒级通道 （MSC）	通道数	2 通道
以太网 （Ethernet）	通道数	1 通道
功能安全等级（ASIL）	等级	最高可达到 D 等级
硬件 CRC 检验模块 （FCE）	模块数	1 组
安全模块	安全监控模块（SMU）	1 个
	输入输出监控（IOM）	1 个
安全内核	硬件加密内核（HSM）	1 个
内部集成电源	开关变换器 5V/3.3V 转 1.3V	支持
	线性稳压器 5V/3.3V 转 1.3V	支持
	线性稳压器 5V 转 3.3V	支持
低功耗优势	RAM 等待模式	支持
封装	类别	PG-LQFP-176-22 或者 LF-BGA-292-6 可选
I/O 电压	类别	5V 或者 3.3V 可选
温度	范围	−40~125℃

TC275 内部还集成有 HSM 内核，可以满足汽车防盗、欺诈、篡改等信息安全防护的要求。集成 HSM 内核内部框图如图 9-4 所示。

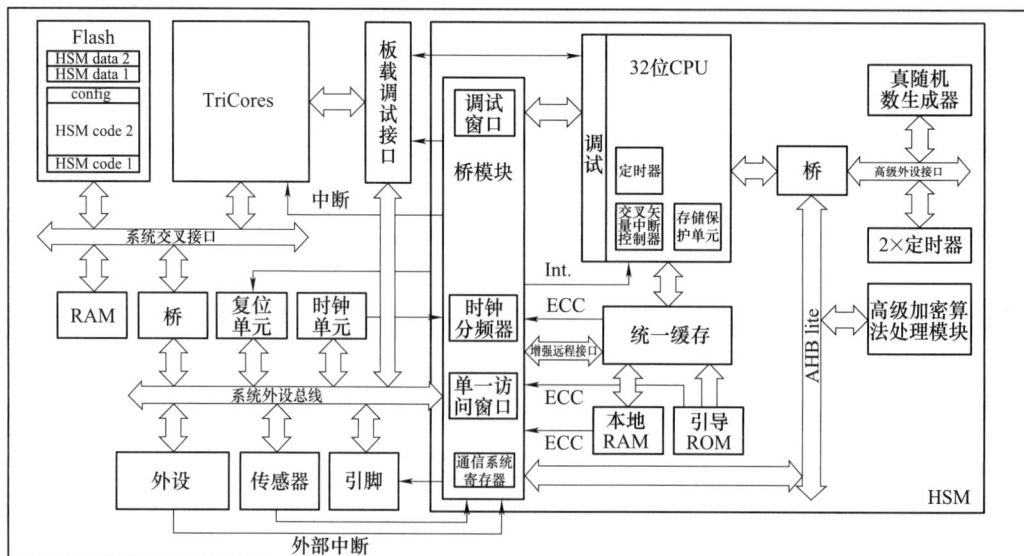

图 9-4　TC275 集成 HSM 内核内部框图

HSM 内核基于 ARM M3 内核设计，与主核 TriCores 交互主要通过寄存器实现，其他均实现了隔离，从而能够安全地实现真随机数生成、AES 高级加密算法、CMAC 加密消息认证等功能。

TC275 拥有 GTM 模块，可生成极其灵活的 PWM。并且，该模块和很多其他模块具有交互触发功能，可以实现复杂的电机控制算法。针对电机控制应用，TC275 还拥有 CCU6 和 DSADC 模块，前者专用于电机控制的 PWM 发生模块，实现硬件死区控制、PWM 信号禁止等专用功能；后者不仅可用于实现较逐次比较 ADC 更高信噪比的 A/D 采样，并且配合模块内部的积分器，可以实现电机位置编码器 - 旋转变压器的实时解码。

9.2 MCU 控制电路设计[⊖]

9.2.1 MCU 供电电源配置

MCU 供电电压为 3.3V，由外部电源提供，但其内核供电电压为 1.2V，且不受用户控制，由片内的线性电压调节器驱动外部 NPN 双极型晶体管或内部 PMOSFET 通过 3.3V 电源生成。通常 3.3V 供电区域称为高压供电区域（HV），1.2V 供电区域称为低压供电区域（LV），图 9-5、图 9-6 分别为 MCU 的外部电源和电源配置图。

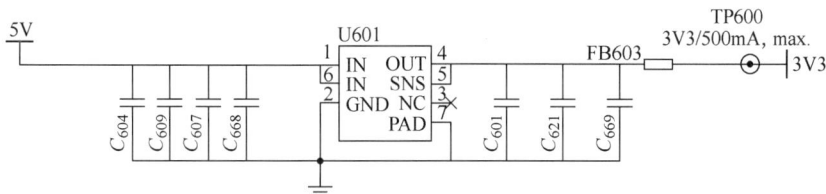

图 9-5　MCU 外部电源

其中，高压（3.3V）供电区域包括：

1）I/O 供电区域 VDD_HV_IO。

2）振荡器供电区域 VDD_HV_OSC。

3）Flash 供电区域 VDD_HV_FLA。

4）ADC 供电区域 VDD_HV_ADV。

5）ADC 参考电压供电区域 VDD_HV_ADRx。

6）HPREG1 和 HPREG2 的供电区域 VDD_HV_PMU（Power Management Unit）。

低压（1.2V）供电区域包括：

⊖　本节以 MPC 5643L 为例进行设计举例。

1）核心逻辑供电区域 VDD_LV_xxx。

2）FMPLL 供电区域 VDD_LV_PLL。

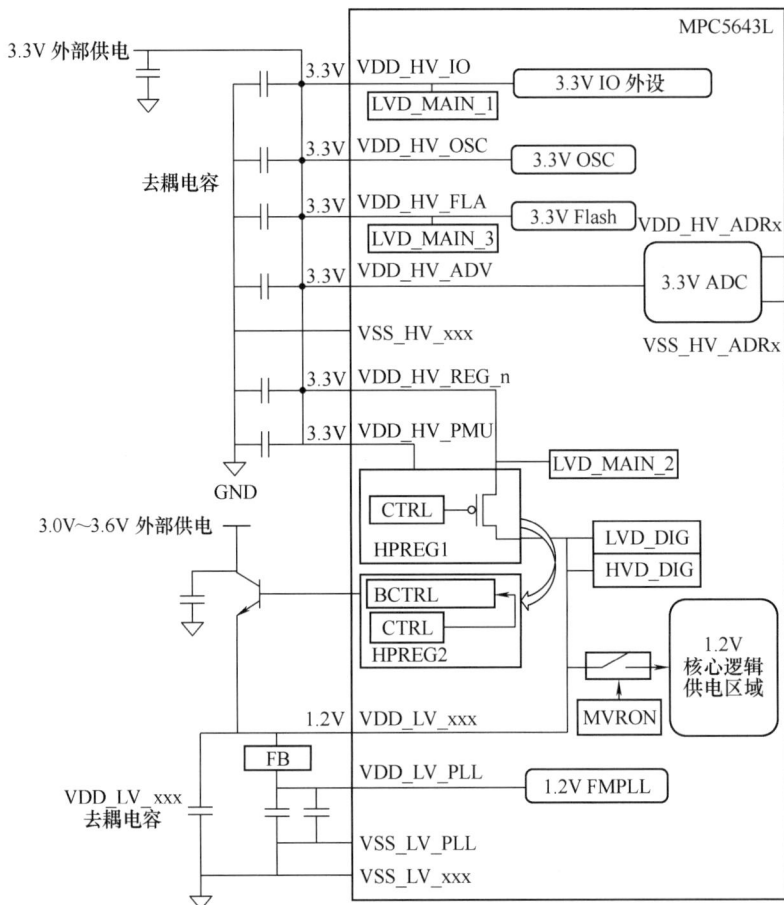

图 9-6　MCU 电源配置图

9.2.2　MCU 外围电路配置

1.MCU 电源旁路电容（Bypass Capacitors）配置

在 MCU 的供电电源引脚，为了稳压与退耦，需要增加旁路电容。对于不同的供电电源，需要的旁路电容也不同：

（1）1.2V Core 供电引脚 VDD_LV_COR 和 VDD_LV

在 MPC5643L 中，有 6 对引脚连到 VDD_LV_COR 供电部分中，所有这些引脚一定要连到外接旁路电容中。为了稳压与退耦，在 VDD_LV_COR/VSS_LV_COR 引脚上必须连接一个大电容（12~40μF），考虑老化和温度变化导致的电容变化，推荐容值为 26μF 的电容，上述推荐的容值可以分配到不同的引脚中去。

（2）1.2V 锁相环供电引脚 VDD_LV_PLL

对于这对引脚，可以使用一个小的旁路电容用于滤除噪声。推荐使用 22~100nF 的电容，靠近引脚位置摆放。

（3）3.3V 内部晶体管供电引脚 VDD_HV_REG_n

三个高压信号从内部供给三个调整器的内部晶体管，对于这三个引脚的外部元件选择，有以下几条建议：

1）如果使用内部电压转换晶体管，20μF 的稳压电容必须直接连接在 3.3V 电压调整器上，在选择时要考虑老化和温度变化引起的容值变化；22~100 nF 的旁路电容需要放在这三个引脚周围，用于抑制尖峰脉冲。

2）如果使用一个外部旁路电容，20μF 的稳压电容必须放在靠近外部晶体管的集电极引脚；22~100nF 的旁路电容必须放在这三个引脚中每一个引脚周围，用于抑制尖峰脉冲。

（4）3.3V 电压管理引脚 VDD_HV_PMU

MCU 的内部电压调节器控制模块推荐在引脚 VDD_HV_PMU 上放一个不小于 4.7μF 的电容同时并联一个小旁路电容（如 100nF）用于抑制瞬时反应。

（5）3.3V ADC（模/数转换模块）供电引脚 VDD_HV_ADV

MPC5643L 中有一个 ADC 供电引脚，建议放置一个 1μF 的电解电容或钽电容、一个 47nF 陶瓷电容和一个 10nF 低电感封装的陶瓷电容，用于抑制高频耦合。

（6）3.3V ADC 参考电压引脚 VDD_HV_ADR0/1

MPC5643L 中有两对参考电压引脚，对于 ADC 参考电压引脚的要求与 ADC 供电引脚一样。VDD_HV_ADRx/VSS_HV_ADRx 引脚上的推荐电容（用于抑制高频耦合）：一个 1μF 电解电容或钽电容、一个 47nF 陶瓷电容和一个 10nF 低电感封装陶瓷电容。

（7）3.3V 晶振供电引脚 VDD_HV_OSC

MPC5643L 中有一对 3.3V 引脚，在晶振供电引脚 VDD_HV_OSC 和 VSS_HV_OSC 上，需要放置两个小的旁路电容：一个 100nF 电容再并上一个 10nF 电容。

（8）3.3V 闪存供电引脚 VDD_HV_FLA

MPC5643L 中有一对 3.3V 引脚用于闪存供电，在闪存供电引脚 VDD HV FLA 和 VSS_HV_FLA 上，需要放置两个小的旁路电容用于滤除瞬时尖峰：一个 100nF 电容再并上一个 10nF 电容。

MCU 电源配置图如图 9-7 所示。

2. 外部整流晶体管

一般推荐的外部整流晶体管是双极型晶体管 BCP68，增益范围为 85~375（I_C = 500mA，U_{CE} =1V），由安森美（OnSemi）、英飞凌、恩智浦等多家供应商提供，外部整流晶体管配置图如图 9-8 所示。

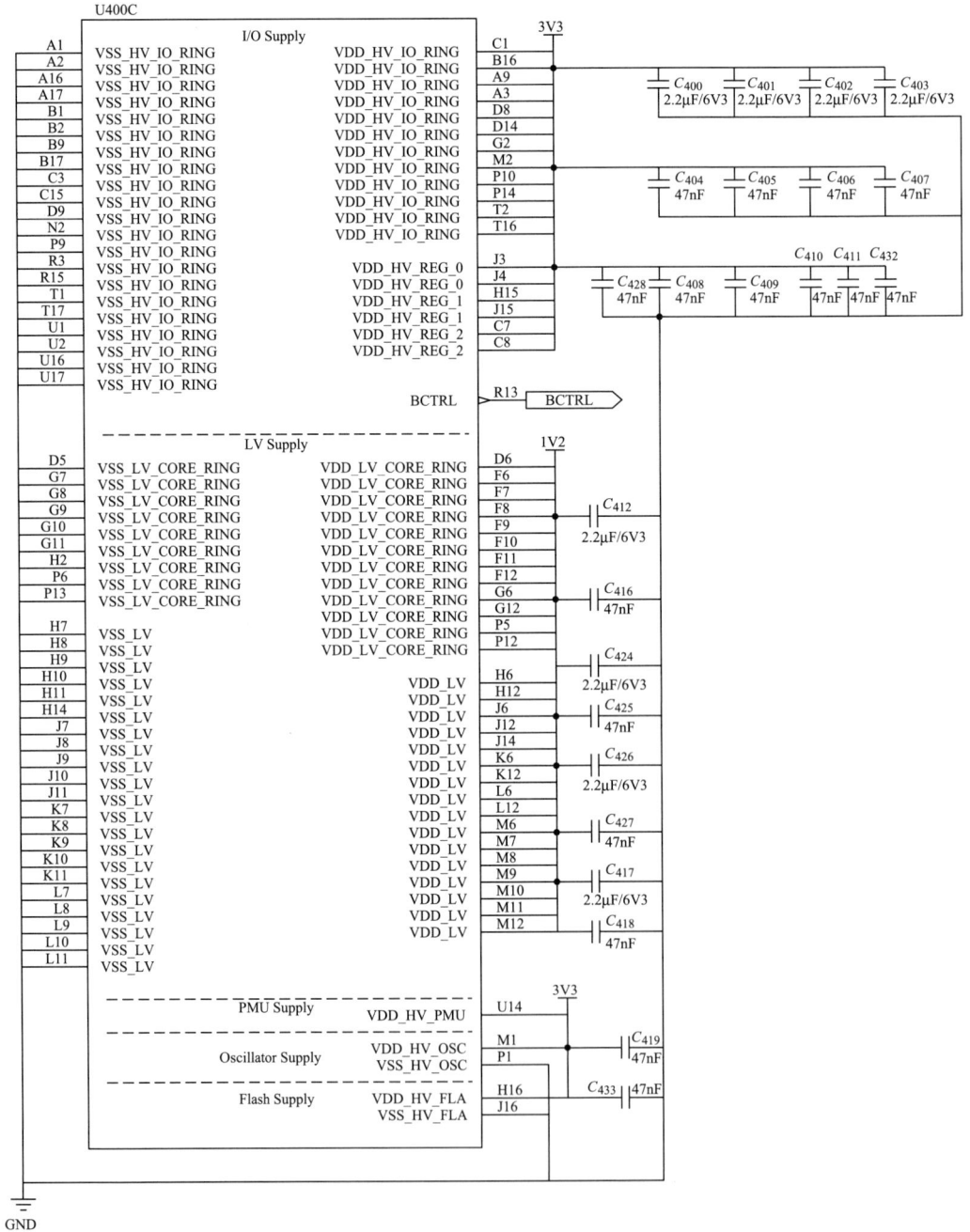

图 9-7　MCU 电源配置图

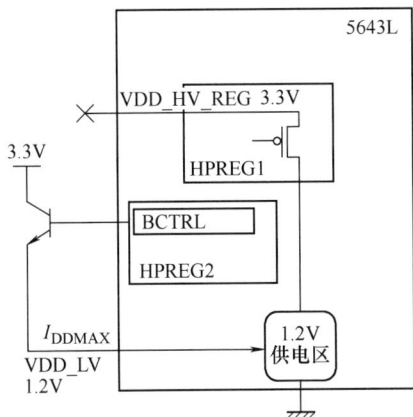

图 9-8　外部整流晶体管配置图

3. 复位引脚和上拉电源电路

为了复位 MCU，复位引脚可以在外部给定低电平。复位电平至少持续 500ns，以便设备能够识别复位信号。通常会将复位引脚上拉到电源，上拉电阻阻值为 3.3~10kΩ，如图 9-9 所示。

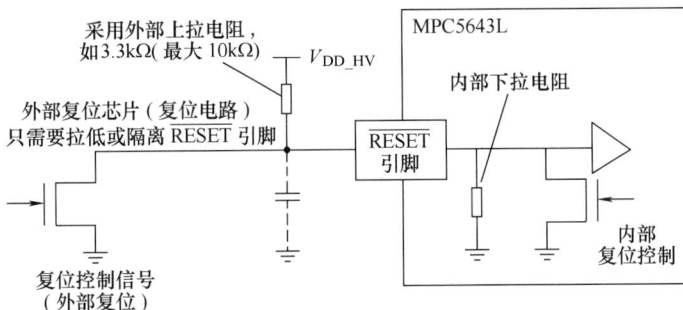

图 9-9　复位引脚和上拉电源电路

4. 外部晶振电路

MCU 内部提供一个振荡器驱动，图 9-10 所示为外部晶振电路，图中显示了内部振荡器的一个简单模型驱动原理。

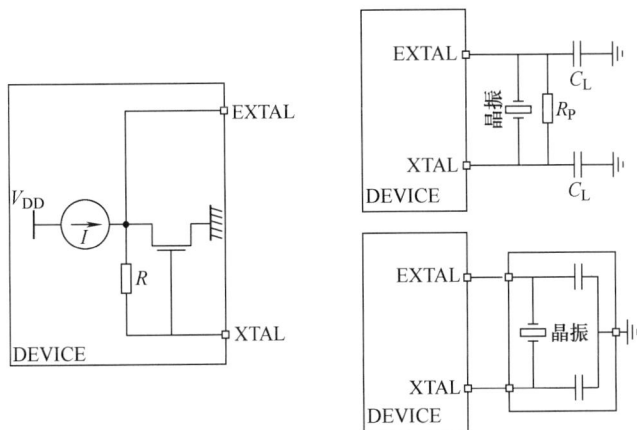

图 9-10　外部晶振电路

5.SPI 通信接口

MCU 配备了 SPI 通信接口，可与外部 EEPORM 实现 SPI 通信。为更可靠地实现故障诊断，一般还会配置外部 EEPROM 用于存储电机控制器的相关参数。

25LC640（25XX640*）是美国微芯科技公司的一种 64K bit 串行电可擦 PROM（EEPROM）。其内存是通过一个简单的串行外设接口（SPI）兼容的串行总线来访问的。所需要的总线信号是时钟输入（SCK）加上输入（SI）和输出（SO）行的独立数据。通过芯片选择（CS）输入控制对设备的访问。可以通过保持引脚（$\overline{\text{HOLD}}$）暂停与设备的通信。图 9-11 所示为外部 EEPROM 与 MCU 接口的配置图。

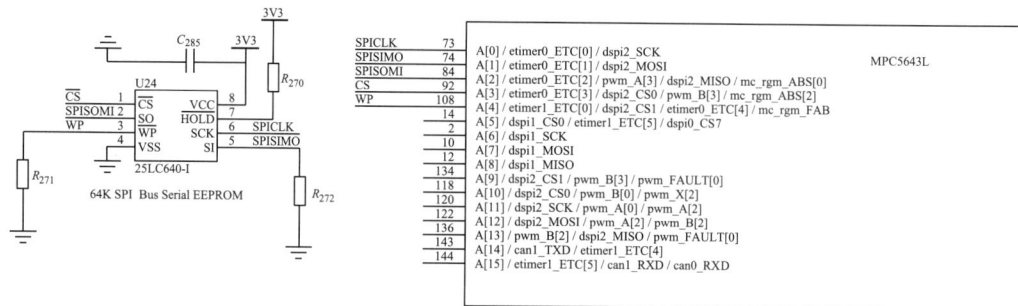

图 9-11　外部 EEPROM 与 MCU 接口的配置图

9.3　开关电源设计

开关电源是利用现代电力电子技术，控制开关管导通和关断的时间比率，以维持稳定输出电压的一种电源。开关电源主要由脉冲宽度调制（PWM）控制 IC 和 MOSFET 构成，外围电路还包括储能器件、脉冲变压器、滤波器、输出整流器等所有功率器件。

开关电源（直流变换器）的类型很多，根据开关器件在电路中的连接方式，目前比较广泛使用的开关电源大体上可分为串联式开关电源、并联式开关电源、变压器式开关电源三大类。其中，变压器式开关电源还可以进一步分成推挽式、半桥式、全桥式等多种；根据变压器的激励和输出电压的相位，开关电源又可以分成正激式、反激式、单激式和双激式等多种；如果从用途上来分，开关电源还可以分成更多种类。

9.3.1　开关电源的主要拓扑结构

1.串联式

串联：主电路中的开关器件（图 9-12 所示的开关晶体管 VT，又称开关管）与输入端、输出端、电感器 L、负载 R_L 四者为串联关系。

开关管 VT 交替工作于通 / 断两种状态，当开关管 VT 导通时，输入端电源通过开关管 VT 及电感器 L 对负载供电，并同时对电感器 L 充电，当开关管 VT 关断时，电感器 L 中的反向电动势使续流二极管 VD 自动导通，电感器 L 中储存的能量通过续流二极管 VD

形成的回路，对负载 R_L 继续供电，从而保证了负载端获得连续的电流。

Buck 拓扑型开关电源就属于串联式的开关电源，图 9-12 所示电路是在基本 Buck 拓扑电路的基础上，增加了一个整流二极管和一个 LC 滤波电路。其中，L 是储能滤波电感，它的作用是在控制开关 VT 接通期间（T_{on}）限制大电流通过，防止输入电压 U_I 直接加到负载 R_L 上，对负载 R_L 进行电压冲击，同时将流过电感的电流 i_L 转化成磁能进行能

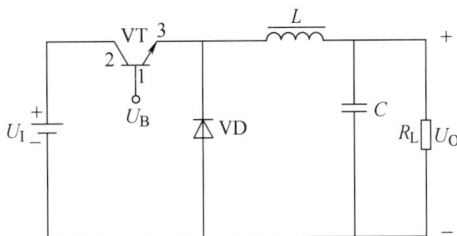

图 9-12 串联式开关电源

量存储，然后在控制开关 VT 关断期间（T_{off}）把磁能转化成电流 i_L 继续向负载 R_L 提供能量输出；C 是储能滤波电容，它的作用是在控制开关 VT 接通期间（T_{on}）把流过储能滤波电感 L 的部分电流转化成电荷进行存储，然后在控制开关 VT 关断期间（T_{off}）把电荷转化成电流继续向负载 R_L 提供能量输出；VD 是整流二极管，主要功能是续流，故称它为续流二极管，其作用是在控制开关关断期间（T_{off}），为储能滤波电感 L 释放能量提供电流通路。在控制开关关断期间（T_{off}），储能滤波电感 L 将产生反电动势，流过储能滤波电感 L 的电流 i_L 由反电动势 e_L 的正极流出，通过负载 R_L，再经过续流二极管 VD 的正极，然后从续流二极管 VD 的负极流出，最后回到反电动势 e_L 的负极。

串联式开关电源输出电压 U_O 的平均值 $U_a = \dfrac{T_{on}}{T}U_I = DU_I$（只适用于连续模式）。其中，D 为占空比，$D=T_{on}/T$，串联式结构只能获得低于输入电压的输出电压，因此为降压式变换。

2. 并联式

并联：在主电路中，相对于输入端而言，开关器件（图 9-13 所示的开关管 VT）与输出端负载为并联关系。

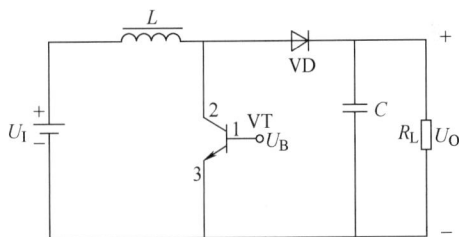

开关管 VT 交替工作于通/断两种状态，当开关管 VT 导通时，输入端电源通过开关管 VT 对电感器 L 充电，此时续流二极管 VD 处于关断状态，负载 R_L 靠电容器存储的电能供电；当开关管 VT 关断时，续流二极管 VD 导

图 9-13 并联式开关电源

通，输入端电源电压与电感器 L 中的自感电动势正向叠加后，通过续流二极管 VD 对负载 R_L 供电，并同时对电容器 C 充电。

为了获得连续的负载电流，并联式结构比串联式结构对储能滤波电容 C 的容量有更高的要求。例如，Boost 拓扑型的开关电源就属于并联式开关电源。

并联式开关电源输出电压 $U_O = U_I + U_I \dfrac{T_{on}}{T_{off}} = U_I\left(1 + \dfrac{D}{1-D}\right)$（只适用连续模式），并联式结构中，可以获得高于输入电压的输出电压，因此为升压式变换。

3. 极性反转型（Inverting）

极性反转：输出电压与输入电压的极性相反。电路的基本结构特征是：在主电路中，相对于输入端而言，电感器 L 与负载并联（也是串联式开关电源的一种，又称为反转式串联开关电源），如图 9-14 所示。

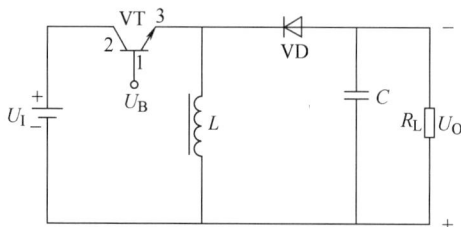

图 9-14　极性反转型开关电源

开关管 VT 交替工作于通/断两种状态，工作过程与并联式结构相似，当开关管 VT 导通时，输入端电源通过开关管 VT 对电感器 L 充电，同时续流二极管 VD 关断，负载 R_L 靠电容器存储的电能供电；当开关管 VT 关断时，续流二极管 VD 导通，电感器 L 中的自感电动势通过续流二极管 VD 对负载 R_L 供电，并同时对电容器 C 充电；由于续流二极管 VD 的反向极性，使输出端获得相反极性的电压输出。

例如，Buck/Boost 拓扑开关电源就属于反转式串联开关电源。反转式串联开关电源输出电压为

$$U_O = U_I \frac{T_{on}}{T_{off}} = U_I \frac{D}{1-D}$$

由上式可以看出，反转式串联开关电源输出电压与输入电压、开关接通时间成正比，与开关关断时间成反比。如果将 Buck/Boost 拓扑开关电源的电感换成变压器以后，就可以得到应用十分广泛的反激式开关电源。在开关周期的前段时间，反激式开关电源，将能量存储在变压器中，而在开关周期的后段时间，将存储的能量送给负载。因为有了变压器，输出与输入实现了直流隔离。此外，如果变压器有多个二次绕组，可以很容易地实现多路电源输出。

4. 单端正激式

单端正激式（Single Forward Converter）开关电源又称为单端正激式变压器开关电源。

单端：通过一只开关器件单向驱动脉冲变压器。正激式：指在开关管导通时，输入的能量通过变压器或电感向负载释放，当开关关闭时，通过储能元件向负载释放能量。目前属于这种模式的开关电源有串联式开关电源、Buck 拓扑结构开关电源、正激式变压器开关电源，推挽式、半桥式、全桥式都属于正激式模式。

所谓正激式变压器开关电源，是指当变压器的一次绕组正在被直流电压激励时，变压器的二次绕组正好有功率输出（正激式变压器开关电源是推挽式变压器开关电源衍生而来的，推挽式有两个控制开关，正激式改成一个开关控制），如图 9-15 所示。

258

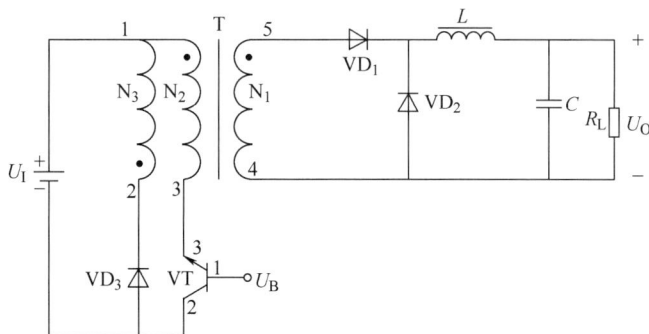

图 9-15 单端正激式变压器开关电源

U_I 是开关电源的输入电压，T 是开关变压器，VT 是控制开关，L 是储能滤波电感，C 是储能滤波电容，VD_1 是正向导通二极管，VD_2 是续流二极管，VD_3 是削反峰二极管，R_L 是负载电阻。其中，变压器电压比 $n=N_2/N_1$。所以输出电压为

$$U_O=DU_{N2}=DnU_I$$

该电路的最大问题是：开关管 VT 交替工作于通 / 断两种状态，当开关管关断时，脉冲变压器处于"空载"状态，其中储存的电磁能将被积累到下一个周期，直至电感器饱和，使开关器件烧毁。要求当 VT 关断时，输入电流必须降到零，必须提供磁场能量的泄放回路，否则由于 di/dt 过大会产生很高的感应电动势，将开关管、二极管击穿，图 9-15 中的 VD_3 与 N_3 构成的磁通复位电路，提供了泄放多余磁能的渠道，将 N_1 上的感应电动势钳位于 $U_{N1}=\dfrac{N_1}{N_3}U_I$。为了使 N_3 将开关管导通期间存储于磁场中的能量全部回馈给电源，N_3 必须与 N_1 紧耦合，通常采用并绕或者间绕。

5. 单端反激式

单端反激式（Single Flyback Converter）开关电源又称为单端反激式变压器开关电源。

反激式：就是在开关管导通时存储能量，只有在开关管关断时才向负载释放能量。属于这种模式的开关电源有并联式开关电源、极性反转型开关电源、反激式变压器开关电源。

所谓反激式变压器开关电源，是指当变压器的一次绕组正好被直流电压激励时，变压器的二次绕组没有向负载提供功率输出，而仅在变压器一次绕组的激励电压被关断后才向负载提供功率输出。

反激式电路与正激式电路相反，脉冲变压器一、二次侧同名端工作状态相反，确保了当开关管导通，变压器二次侧不对负载供电，即一、二次侧交错通断。脉冲变压器电磁能被积累的问题容易解决，但是，由于变压器存在漏感，将在一次侧形成电压尖峰，可能击穿开关器件，需要设置电压钳位电路予以保护。从电路原理图上看，反激式与正激式很像，表面上只是变压器同名端的区别，但电路的工作方式不同，VD_3、N_3 的作用也不同，如图 9-16 所示。

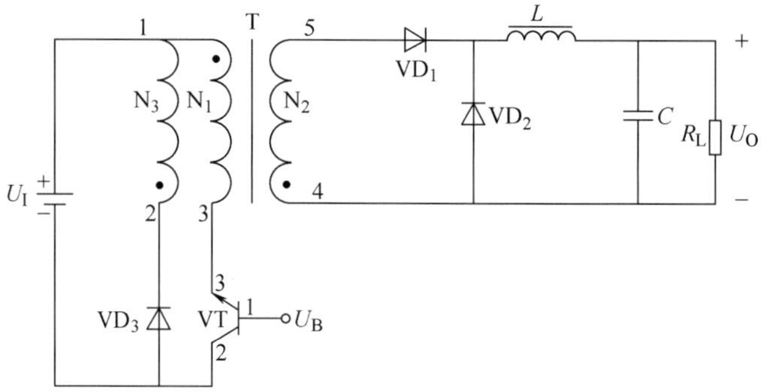

图 9-16　单端反激式变压器开关电源

反激式变压器开关电源的输出电压为

$$U_O = nU_I \frac{D}{1-D}$$

式中　　n ——电压比，$n = \dfrac{N_2}{N_1}$；

　　　　D ——占空比，$D = \dfrac{T_{on}}{T}$。

由上式可知，反激式变换器开关电源既可以升压也可以降压，其中变压器起着电感和变压器双重作用，由于它是电感，在开关电源中有电感的一般规律，具有电流连续、临界连续和断续三种工作模式。

当电源工作于断续模式时，VT 导通期间，N_1 上的电流线性上升，斜率为 $\dfrac{di}{dt} = \dfrac{U_I}{L_{N1}}$，其中，$L_{N1}$ 为一次电感，在导通结束前，一次电感电流上升到 $I_p = U_I \dfrac{T_{on}}{L_{N1}}$，此时变压器存储的能量 $E = L_{N1} \dfrac{I_p^2}{2}$，输入功率 $P = \dfrac{E}{T} = L_{N1} \dfrac{I_p^2}{2T} = \dfrac{(U_I T_{on})^2}{2T L_{N1}}$，假设变换器效率为 80%，则有

$$1.25 \frac{U_O^2}{R_L} = \frac{\frac{1}{2}(L_{N1} I_p)^2}{T}。$$

连续工作模式与断续工作模式拓扑结构相同，决定电路工作模式的参数只是变压器的一次电感和电路的输出负载电流，一次电感给定后，如果负载电流超出规定范围，电路就会偏离原先的工作模式进入连续模式，电路可能发生振荡。

反激式电源断续模式时，开关零电流开通，导通损耗小。二次侧二极管零电流关断，可以不考虑反向恢复问题，对 EMC 会有一些好处。不过，输入峰值电流是其平均值电流的 $2/D$ 倍，如果 $D=0.5$，一次电感电流的峰值电流 $I_p = 4I_I$，这就要求断续模式下开关管和二极管电流需要比连续模式更大，并且需要较大的 LC 滤波器。但是断续工作模式的电源，磁心不存在直流分量问题，一个周期内磁感应强度变化量可以比较大，而且在环路控制方面，不存在右半平面零点问题。断续模式本身变压器一次电感较小，从而响应很快，

当输出负载电流和输入电压突变时，输出的电压瞬态尖峰小。所以断续工作模式的反激式电源比连续工作模式应用更加广泛。

反激式电源除了可以电气绝缘以外，还可以通过调整反激变压器电压比来实现大范围的升压或降压，避免使用过大或者过小的占空比。同时，反激变换相对于传统 Buck-Boost 电路，一方面输出电压与输入电压相位相同，另一方面，MOSFET 的驱动不需要浮地，更利于驱动设计，另外反激式电源更容易实现多路输出。

6. 推挽式（Push pull）（变压器中心抽头）

这种电路结构的特点：对称性结构，脉冲变压器一次侧是两个对称线圈，两只开关管接成对称关系，轮流通断，二次绕组产生相位互差 $180°$ 的脉冲方波，脉冲幅值由输入电压以及变压器电压比决定，幅值为 $U_I N_s / N_p$，类似推挽功率放大器，如图 9-17 所示。

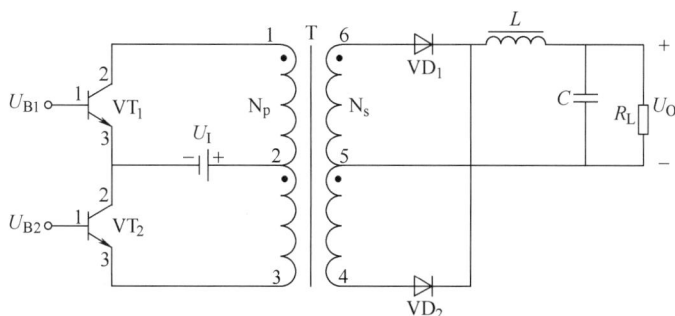

图 9-17　推挽式开关电源

$$输出电压 U_O = \left[\left(U_I \frac{N_s}{N_p} - 0.5 \right) \right] \cdot 2 \frac{T_{on}}{T} \ (\text{设肖特基二极管正向电压降为 0.5V})。$$

主要优点：高频变压器磁心利用率高（与单端反激式电路相比）、电源电压利用率高（与后面叙述的半桥电路相比）、输出功率大、两管基极均为低电平、驱动电路简单。

主要缺点：变压器绕组利用率低、对开关管的耐压要求比较高（至少是电源电压的两倍）。

7. 全桥式（Full Bridge Converter）

这种电路结构的特点：由四只相同的开关管接成电桥结构，驱动脉冲变压器一次侧，如图 9-18 所示。图中，VT_1、VT_4 为一对，由同一组信号驱动，同时导通 / 关断；VT_2、VT_3 为另一对，由另一组信号驱动，同时导通 / 关断。两对开关管轮流通 / 断，在变压器一次绕组中形成正 / 负交变的脉冲电流。

主要优点：与推挽结构相比，一次绕组减少了一半，开关管耐压降低一半。

主要缺点：使用的开关管数量多且要求参数一致性好，驱动电路复杂，实现同步比较困难。这种电路结构通常使用在 1kW 以上超大功率开关电源电路中。

8. 半桥式（Half Bridge Converter）

电路的结构类似于全桥式，只是把其中的两只开关管（VT_3、VT_4）换成了两只等值大电容 C_1、C_2，如图 9-19 所示。

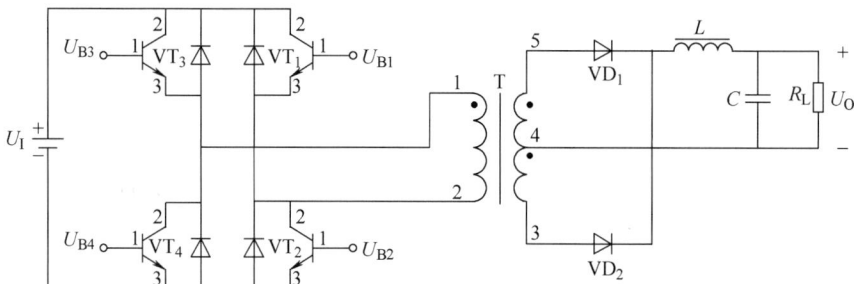

图 9-18　全桥式开关电源

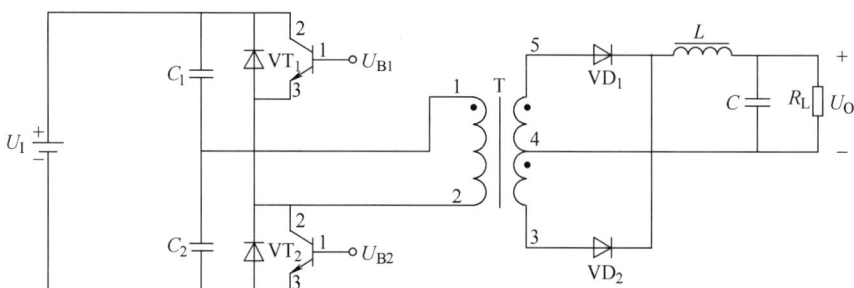

图 9-19　半桥式开关电源

主要优点：具有一定的抗失衡能力，对电路对称性要求较为宽松；适应的功率范围较大，从几十瓦到上千瓦都可以；开关管耐压要求较低；电路成本比全桥电路低等。这种电路常常被用于各种非稳压输出的直流变换器。

9.3.2　反激式开关电源设计

9.3.2.1　开关电源的主要技术指标

1. 输入性能指标

输入性能指标包括电压范围、频率范围、电流（包括冲击电流）、效率、谐波失真、启动延迟、输出保持时间等。电源启动时会给电容充电，所以在短时间内会出现过大的冲击电流，所以电源需要设置冲击电流限制电路。另外，随着开关电源小型化、轻量化的发展要求，电源效率越高越好，可采用软开关、同步整流技术或者采用新的器件。

2. 输出性能指标

输出性能指标包括电压精度、电流带载能力、负载跌落、瞬态响应、静态漏电流、温度漂移，输出电压纹波、噪声等。

3. 保护功能

保护功能包括输入过电压/欠电压保护、输入过电流保护、输出过电压保护、输出过电流保护、器件过热保护等功能。

4. 其他性能指标

其他性能指标包括可靠性、电气绝缘、电磁兼容特性、工作环境、存储温度、湿度要求等。

9.3.2.2 反激式开关电源设计举例

开关电源由主电路和控制电路两大部分组成。主电路将输入电压转化为负载要求的形式，主电路工作状态受特定的控制规律控制，两者配合缺一不可。目前有很多开关技术可用于开关电源控制，使用最多的是固定频率的脉冲宽度调制（PWM）技术。控制电路产生一组方波用于控制开关管的通断，通过改变脉冲宽度来改变开关管的导通/关断时间，从而使输出电压或电流达到预期值。

PWM 控制主要通过 PWM 比较器来完成，根据比较器的输入信号不同，控制方式分为电压型和电流型两种，PWM 控制器也分为电压型 PWM 控制器和电流型 PWM 控制器两种。

电压型脉宽调制器的工作原理是将电源输出电压 U_o 与基准电压比较，得到误差电压 U_e，将该误差电压送至调节器后，输出控制电压 U_c，U_c 与锯齿波发生器产生的锯齿波信号比较，输出占空比变化的矩形波驱动信号。电压控制模式 PWM 三角波幅值较大，脉冲宽度调节具有较好的抗噪声裕量，且环路设计简单，调试比较容易。但是当输入电压或者负载突变时，因为主电路有较大的输出电容及电感滤波器，输出电压变化延迟滞后，加上电压误差放大器的补偿延迟，脉宽调节性能差，动态响应不是很好。

电流型脉宽调制器的工作原理是按照反馈电流来调节脉宽的。在 PWM 比较器的输入端直接用流过线圈的电流采样信号与误差放大器输出信号比较，调节占空比使输出的电感峰值电流跟随误差电压变化而变化。结构上是电压、电流双环系统，电流环负责输出电感的动态变化，电压外环控制输出电容电压，所以电源的电压调整率、瞬态响应特性都得到提高。

电流模式虽然比电压模式更有优势，但是也有一些不足，当占空比大于 50% 时，环路不稳定，需要加斜率补偿改善。峰值电流模式控制的不同占空比电感电流波形如图 9-20 所示。

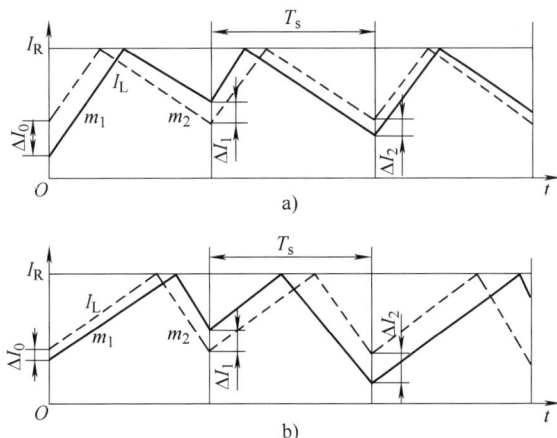

图 9-20 峰值电流模式控制的不同占空比电感电流波形
a）$D < 50\%$ b）$D > 50\%$

图 9-20a 中，I_R 为电压误差放大器输出电流设定值，D 为占空比，ΔI_0 为扰动电流，ΔI_1、ΔI_2 为电流误差，设 m_1、m_2 分别为电感电流上升及下降沿斜率，由图 9-20b 可知：占空比大于 50% 时，扰动电流 ΔI_1 变大，容易造成工作不稳定，所以需要额外增加斜率补偿电路。

图 9-21 所示为占空比超过 50% 并带斜率补偿电路的电感电流。由图可知，加入斜率补偿电路以后，当占空比大于 50% 时，电路性能得以改善。补偿前有 $\Delta I_1 = -\Delta I_0 \dfrac{m_2}{m_1}$，补偿后有 $\Delta I_1 = -\Delta I_0 \dfrac{m_c + m_2}{m_c + m_1}$。

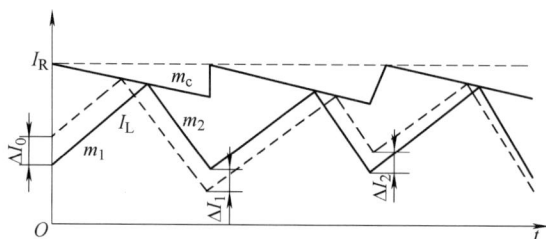

图 9-21　占空比大于 50% 并带斜率补偿电路的电感电流

常用的斜率补偿电路及简化模式如图 9-22 所示，R_1、R_2 组成一个限流分压器，将斜率补偿信号加到电流检测信号中去，电感电流下降斜率 $S(L)$ 为 $S(L) = \dfrac{V_{sec}}{L_{sec}}$，折算到一次侧，下降斜率为 $S'(L) = \dfrac{S(L)}{N}$，下降沿坡度 $V_s'(L) = S'(L)R_{sense}$，振荡器充电斜率 $V_s(OSC) = \dfrac{V(OSC)}{T_{on}}$，设补偿斜率 m_c，则有 $V_s(OSC) = \dfrac{R_2}{R_1} \dfrac{S(L)}{N} R_{sense} m_c$，通常选取补偿斜率 m_c 为电感电流下降沿的斜率 m_2。

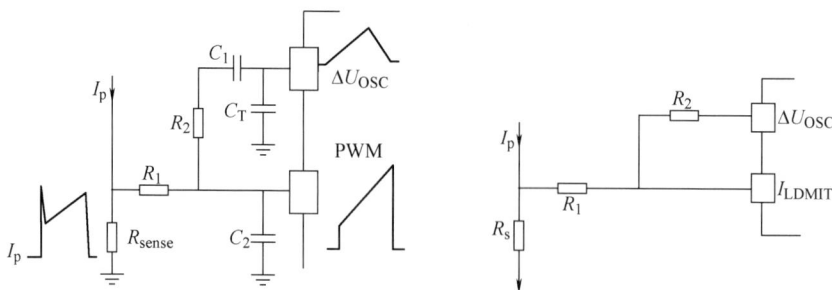

图 9-22　斜率补偿电路及简化模式

目前市场 PWM 控制器很多，功能强大，集成度很高，常用的控制芯片有 UC3842、UC3845、UC3846 等。UC384X PWM 控制器内部框图如图 9-23 所示。

264

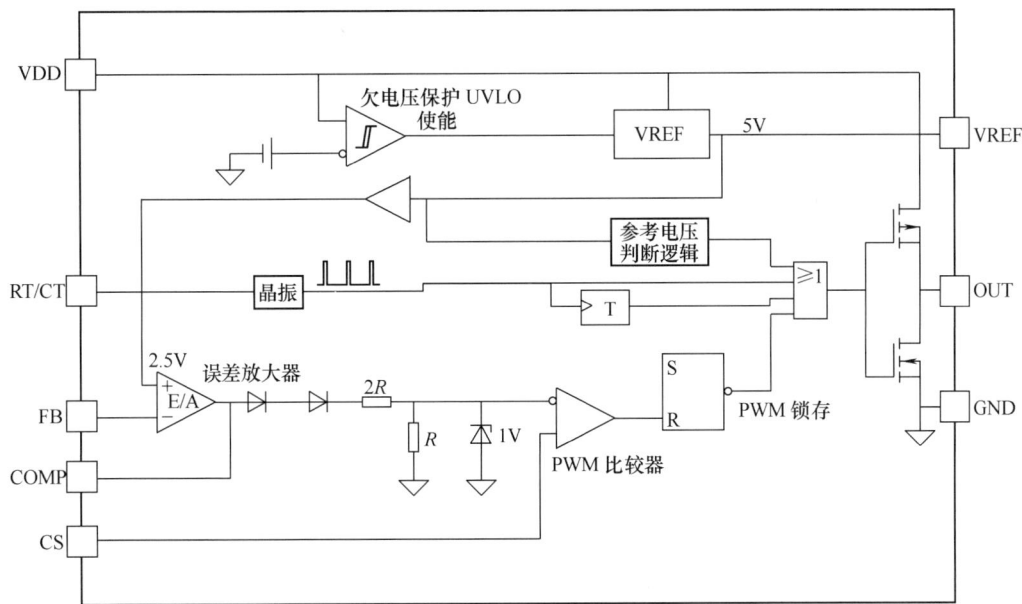

图 9-23　UC384X PWM 控制器内部框图

　　内部集成有误差放大器 ERROR AMP、电流比较器、振荡器 OSC、PWM 锁存器和逻辑单元、互补功率放大输出单元、欠电压保护 UVLO 电路、5V 参考基准电压以及一些辅助电路等。基于 UC3842 的反激式开关电源设计电路如图 9-24 所示。

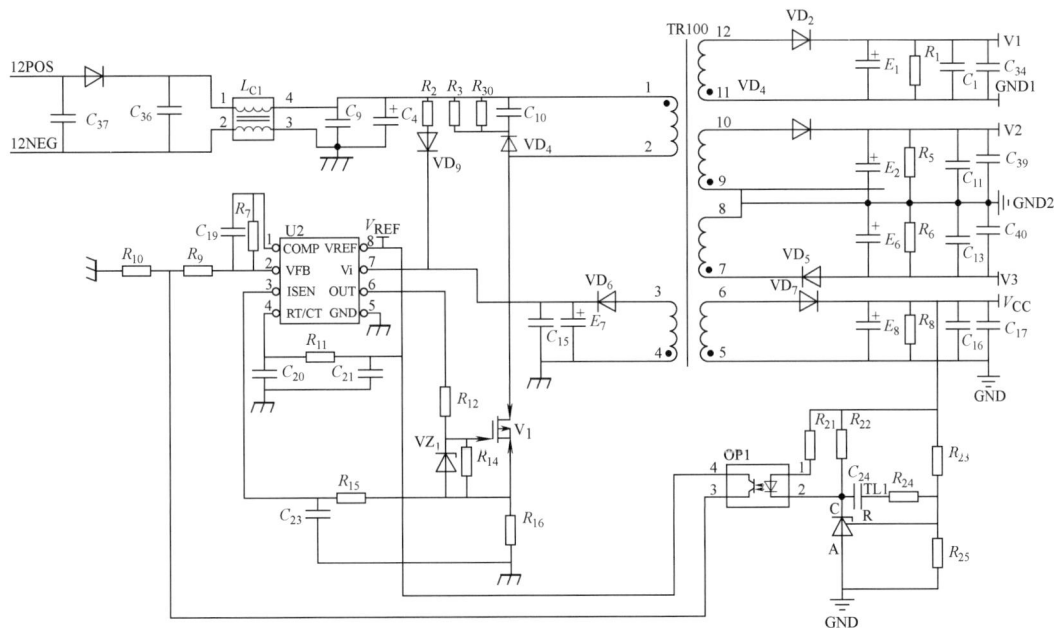

图 9-24　基于 UC3842 的反激式开关电源设计电路

　　基于 UC3842 的反激式开关电源能够满足 5~20W 功率输出，同时变压器的引入能够实现多组电源输出，并且实现一、二次侧的电气隔离，输入输出滤波器、漏感吸收回路、MOS 的尖峰电压缓冲 RCD 吸收电路等能够很好地满足系统 EMC 需求，目前该开关电源已经得到很广泛的应用。

9.4 信号处理电路设计

信号处理电路的处理对象主要包括电机温度、控制器温度、直流母线电压、电机相电流（A/C 相）、母线电流、电机位置和速度等。信号的实时检测并将采集到的信息送给 DSP 控制单元，是电机驱动系统可靠运行的保证。

9.4.1 温度采样电路

电机驱动系统在运行过程中会产生大量的热，控制器需要实时检测电机温度、功率模块温度并进行温度保护，以防系统热失效。电机温度的检测通常通过在电机定子绕组中埋置热敏电阻来实现，PTC 热敏电阻和 NTC 热敏电阻均可以选用，需要设计相应的采样电路。

PTC 热敏电阻的采样电路模型如图 9-25 所示，电路接口部分可以设计 ESD 保护器件、X/Y 电容和磁珠等 EMI 滤波器件，然后通过恒流源电路将电阻信号转换成电压信号并送给 DSP 芯片 ADC 端口。

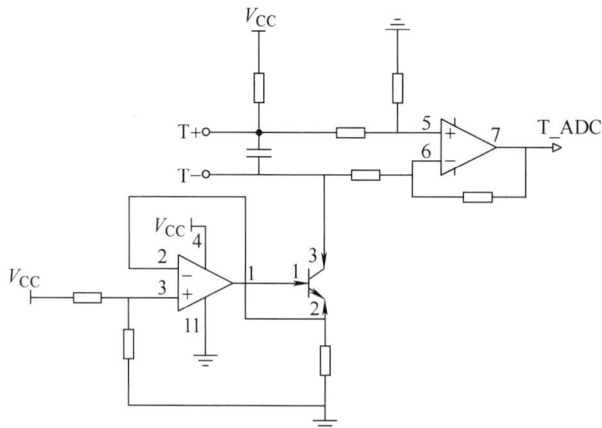

图 9-25 PTC 热敏电阻的采样电路模型

NTC 热敏电阻的采样电路模型如图 9-26 所示，电路接口部分可以设计 ESD 保护器件、X/Y 电容和磁珠等 EMI 滤波器件，然后采用电阻分压的方式将电阻信号转换成电压信号送给 DSP 芯片 ADC 端口。

功率模块内部通常会内置 NTC 热敏电阻，经采样电路处理将温度信号送给 DSP 控制单元，电路模型如图 9-27 所示，采用电阻分压的方式将电阻信号转换成电压信号，然后经过运放调理电路转变为适合 DSP 芯片 ADC 端口接收的电压信号。

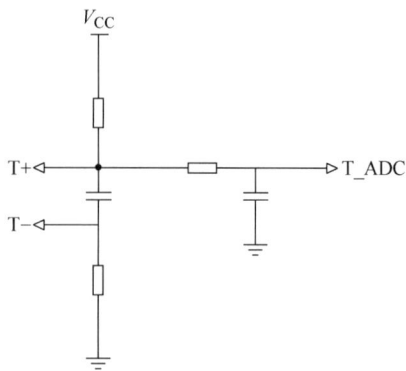

图 9-26 NTC 热敏电阻的采样电路模型

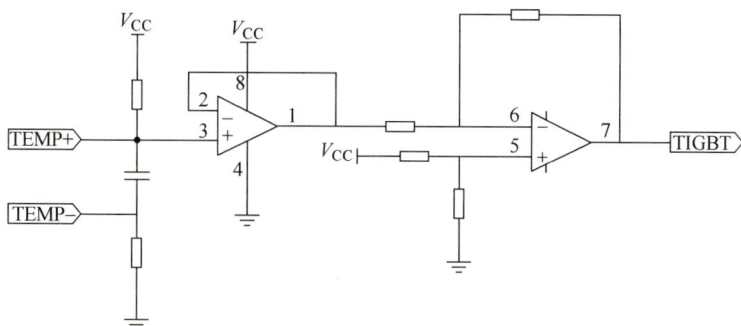

图 9-27　功率器件内置 NTC 热敏电阻信号处理电路模型

9.4.2　电压采样电路

为了实现控制器强、弱电间的电气绝缘，母线电压采样电路使用高精度隔离光电耦合器来实现。图 9-28 所示为 ACPL 系列隔离运放芯片的功能框图，可以看出输入侧与输出侧分别由两路隔离电源供电，从而实现电气隔离。

典型电压采样芯片处理电路模型如图 9-29 所示，将母线电压经过电阻分压转变成一个满足光电耦合器输入电压范围的信号，电阻设计

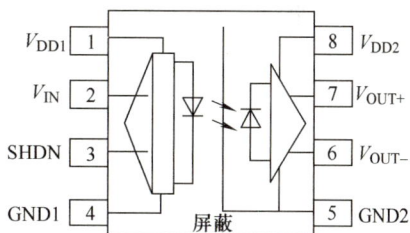

图 9-28　ACPL 系列隔离运放芯片的功能框图

需考虑采样精度和功耗。光电耦合器输出侧设计一个求差电路将输出电压转变为适合 DSP 芯片 ADC 端口接收的电压信号。

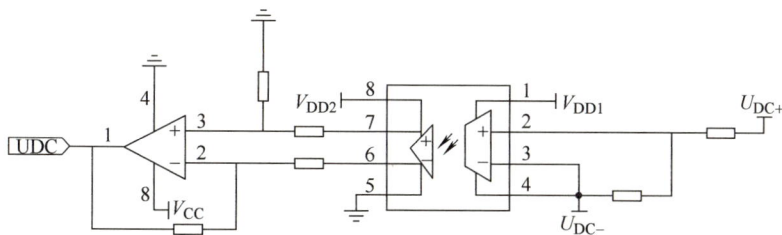

图 9-29　典型电压采样芯片处理电路模型

9.4.3　电流采样电路

电流传感器将电流信号转换成电压信号作为采样电路的输入信号，电路接口处需做滤波处理，然后经过运放电路缓冲、求差处理转变为适合 DSP 芯片 ADC 端口接收的电压信号。

为了滤除三相电流信号中的高频噪声，通常使用低通滤波电路做电流信号滤波。低通滤波的截止频率通常为开关频率的 10~20 倍，如 10kHz 开关频率系统中，会采用 1kΩ 电阻、1nF 电容做电流信号滤波。

电流采样电路的精度会影响电机转矩控制精度，所以要求电流采样电路中参与电流调理的电阻精度尽量高，在常规设计中，通常使用 0.1% 精度的电阻。考虑电阻阻值漂移和运放芯片的精度，要求采样电路整体采样偏差要小于 1%。

典型电流采样电路模型如图 9-30 所示。

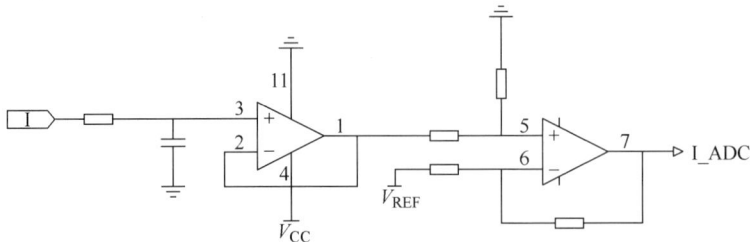

图 9-30　典型电流采样电路模型

9.4.4　旋变解码电路

为了提高永磁同步电机的运行稳定性，通常需要采用位置传感器检测电机转子的位置，一般使用旋转变压器（以下简称旋变）作为位置传感器，其环境适应性强、响应速度快、可靠性高。旋变包括一路励磁绕组、两路输出绕组，通过励磁绕组的是高频正弦交流励磁电压 E_{R1-R2}，随着转子的旋转两相正交输出绕组分别感应到相差 90° 电角度的高频交流电压 E_{S1-S3} 与 E_{S2-S4}。假定输出绕组与励磁绕组电压比是 k，则输出绕组电压可近似表示为

$$\begin{cases} E_{S1-S3} = kE_{R1-R2}\cos\theta \\ E_{S2-S4} = kE_{R1-R2}\sin\theta \end{cases}$$

图 9-31 所示为典型旋变信号波形，可以看出，随着转子角度发生变化（0~360°），输出绕组的高频电压信号明显受到了转子位置的调制。

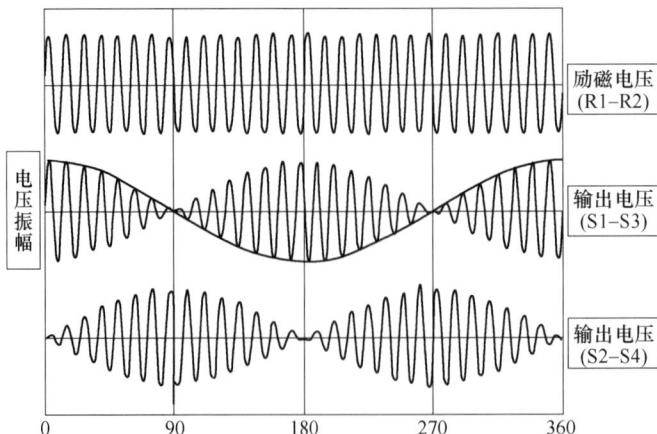

图 9-31　典型旋变信号波形

输出绕组的电压随转子位置变化发生有规律的变化，可以通过解码该电压获取转子位置、转速信息，如采用专用的解码芯片如 AU6802、AD2S80 等进行解码，也可以采用 MCU 进行解码，典型旋变信号处理电路原理框图如图 9-32 所示。

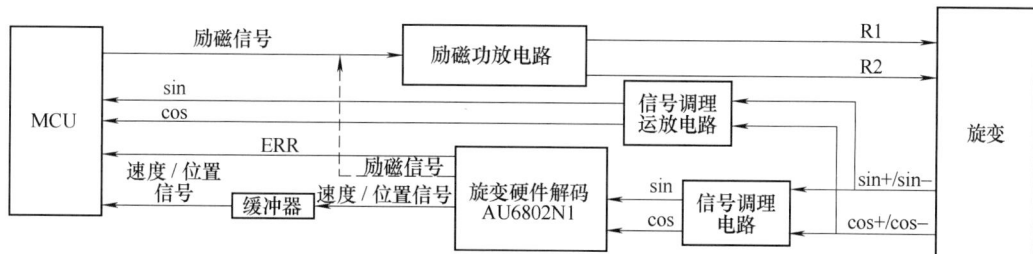

图 9-32 典型旋变信号处理电路原理框图

解码芯片产生的 10kHz 正弦信号中存在直流偏置电压，且正弦信号峰峰值太小，无法满足旋变所需的正常输入电压。因此，需要励磁功放电路产生满足旋变工作需求的励磁信号，通常使用单电源功率放大电路（图 9-33）或双电源功率放大电路（图 9-34）。

旋变输出的经转子位置调制后的高频信号经调理后变成大小合适的电压信号（S1~S4）反馈给解码芯片或 DSP。图 9-35 所示为 AU6802 的旋变信号解码原理框图，解码芯片将 S1~S4 电压信号调制后可以以串行输出、10/12 位并行输出或脉冲输出的方式送给 DSP。

当选择 DSP 进行位置解码时，需要将 S1-S3、S2-S4 两路旋变输出信号转变成适合 DSP ADC 端口接收的电压信号，然后由软件实现位置解码，电路模型如图 9-36 所示。

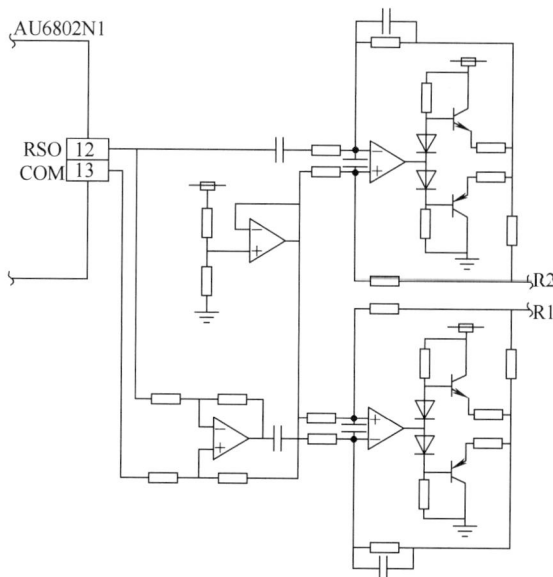

图 9-33 旋变励磁信号单电源功率放大电路

图 9-34　旋变励磁信号双电源功率放大电路

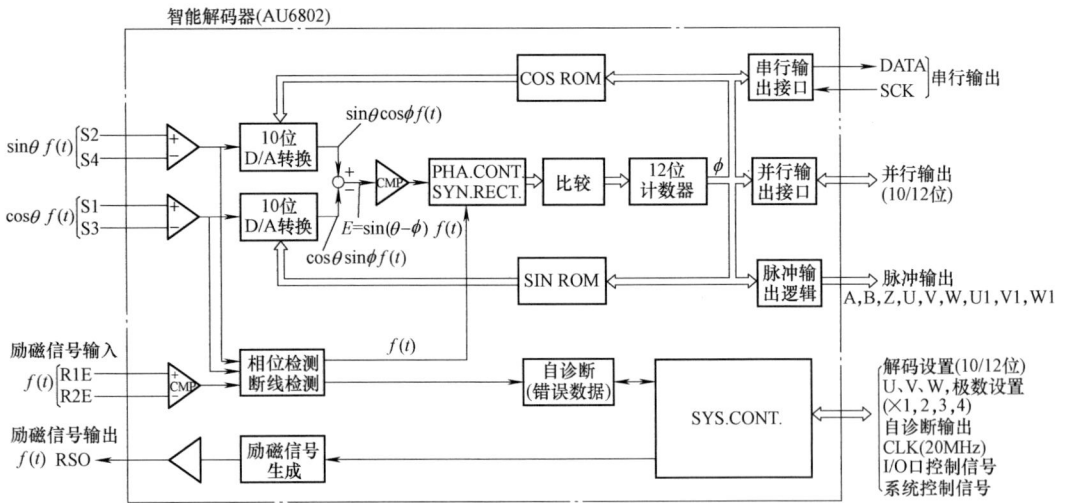

图 9-35　AU6802 的旋变信号解码原理框图

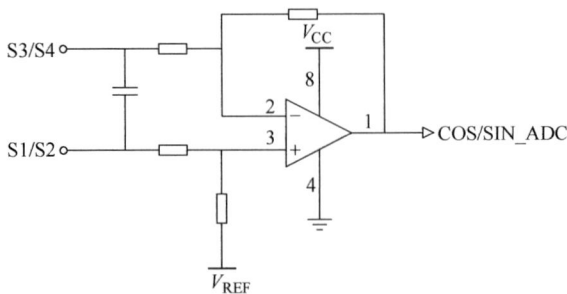

图 9-36　旋变信号转换电路模型

9.5 驱动电路设计

9.5.1 典型驱动电路的隔离方式

驱动电路是连接控制电路和功率回路的重要环节，可以起到电气隔离高低压电路、增强驱动功率、调整功率器件波形的作用。目前主流驱动集成电路芯片都集成了驱动隔离、电压监控、故障保护（如短路保护、欠电压）等功能，相比较分立器件搭建的驱动电路，使用驱动 IC 能够更加稳定、可靠。

主流驱动 IC 按隔离方式可分为光隔离、磁隔离、容隔离三大类，如图 9-37 所示。

图 9-37 典型的隔离方式示意图
a）光隔离 b）磁隔离 c）容隔离

1. 光隔离驱动

光隔离型驱动 IC 通常使用光电耦合器实现电气隔离，光隔离因信号仅能单相传输，副边高频干扰信号不会影响到原边，所以具有抗干扰能力强、工作稳定等优点。但是普遍隔绝电压较低，同时存在着传输延时长、老化等缺点。因目前 IGBT 驱动普遍在 10kHz 以下，所以光电耦合器仍能满足 IGBT 的驱动工作。

AVAGO 公司的 ACPL-38JT 是典型的光隔离型驱动 IC，其原理框图如图 9-38 所示。该光隔离型驱动 IC 为汽车级产品，具有宽输入电压范围，最大能够输出 2.5A 驱动电流，最大传输延时为 500ns；具有去饱和监测、软关断、驱动电压欠电压锁定等保护功能。去饱和监测通过监测 IGBT 的电压 U_{ce}，判断 IGBT 是否有过电流的情况发生，当判断发生故障时，会立即切断输出并进入软关断状态。软关断功能可在发生短路、欠电压等故障时，缓慢关断 IGBT，避免大电流时快速关断 IGBT 造成 IGBT 过电压损坏。

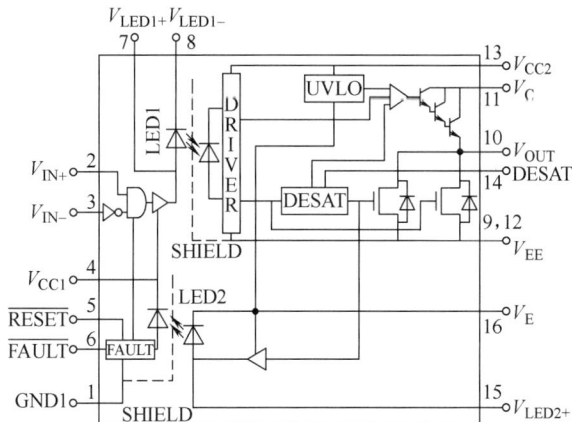

图 9-38 ACPL-38JT 原理框图

图 9-39 所示为基于 ACPL-38JT 的驱动电路设计方案，C_1 是 DESAT 充电电容，通过调整电容容值，改变保护速度。R_1、VD_1 用来调整 DESAT 保护电压，同时 VD_1 负责隔离高压。V_1、V_2 为推挽管，用来增强驱动电路的驱动能力。R_g 为驱动电阻。Z_1 为 TVS，避免门极因静电或其他故障导致门极过电压损坏。与 Z_1 并联的 10kΩ 电阻，可以起到泄放电流的作用。

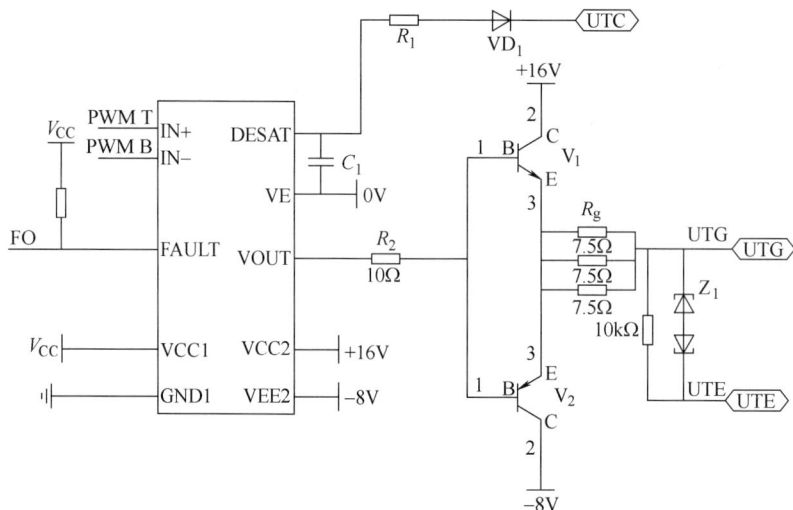

图 9-39　基于 ACPL-38JT 的驱动电路设计方案

2. 磁隔离驱动

磁隔离型驱动 IC 采用脉冲变压器的隔离方式，信号、能量通过磁场方式传输，可靠性高、传输延迟短，可满足更高开关频率情况下的驱动要求，同时具有成本低、体积小等特点。但是因为脉冲变压器本身也是高频辐射源，所以存在 EMI 问题。

供应磁隔离型驱动 IC 的厂家有很多，如英飞凌、ROHM 等。图 9-40 所示为典型磁隔离芯片原理框图。一、二次侧之间通过变压器隔离，芯片能够提供最大 2A 的驱动电流，集成了去饱和监测、米勒钳位、欠电压锁定功能。米勒钳位功能通过控制外部有源钳位开关管，将 IGBT 门极钳位到地，避免半桥电路中 IGBT 的误导通。

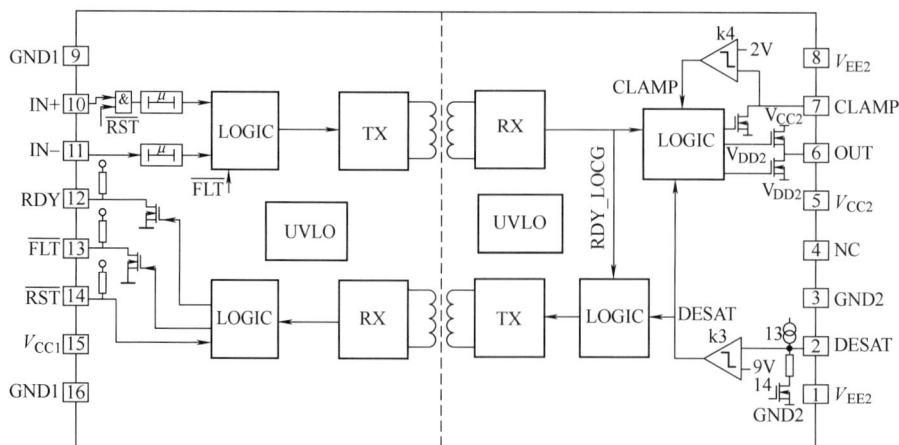

图 9-40　典型磁隔离芯片原理框图

3. 容隔离驱动

容隔离型驱动 IC 使用电容进行隔离，使用电场方式传输信号。具有高速、短延时、低偏移的特点，EMI 辐射较磁隔离方式更容易处理。同时有些产品内部采用高绝缘性能半导体材料，绝缘电压可以做到很高，最高可达到 5kV（有效值）以上。

9.5.2 驱动电路参数设计

IGBT 驱动电路主要起到放大驱动功率、保护功率器件的作用。

1. 驱动电压设计

IGBT 在驱动时，一般需要在门极上施加一个正电压（一般为 5~6V），才能保证 IGBT 的持续导通。当门极施加的电压小于该值时，IGBT 会进入关断过程。电动汽车用 IGBT 通常门极耐压为 ±20V，所以为了保证 IGBT 能够快速、可靠地导通，一般的门极开启电压选择 15~16V，而关断时可选择零电压关断或负电压关断。在零电压关断的驱动电路中，因寄生电容的存在，某半桥 IGBT 导通过程中，同桥臂的另一 IGBT 会出现门极抬升导致的直通情况，在此情况下，通常需要在门极驱动电路中增加有源钳位电路。而使用负电压关断则不会出现这种问题，一般采用负电压关断的驱动电路，关断电压为 -8V。

2. 驱动电阻设计

驱动电阻在驱动电路中起到调整 IGBT 工作波形、转移驱动器功率损耗和避免门极振荡的作用。增大驱动电阻可以减缓 IGBT 开通、关断速度，减小 IGBT 的尖峰电压 U_{ce}，但是同时也会增加 IGBT 的损耗；反之，减小驱动电阻，可加快 IGBT 的导通、关断速度，减小 IGBT 损耗，但是会增加 IGBT 的尖峰电压 U_{ce}。所以驱动电阻阻值的选择，需要平衡功耗与尖峰电压，可以先进行驱动电阻初选，之后再根据实测波形进行调整。一般情况下，可按照表 9-4 进行初选。

表 9-4 驱动电阻初选阻值参考

IGBT 额定电流 /A	50	100	200	300	600	800
R_g/Ω	10~20	5~10	4~8	3~6	1.5~3	1.2~2

对于驱动器要求如下：一是要求驱动器能够提供门极工作时所需的平均电流及驱动功率，为了保证长时间可靠运行，驱动器所能提供的电流和功率应大于计算值；二是要求驱动器能够提供的瞬时电流，大于 IGBT 所需的瞬时峰值电流。

驱动电阻的功率一般为驱动功率的 2 倍左右。

3. 设计参数计算举例

图 9-41 所示典型驱动电路由两个 MOS 管、变压器、电源控制 IC 组成隔离型推挽电源。推挽电源电路输出功率大、EMI 效果好，比较适合作电机控制器的驱动电源。推挽变压器二次侧经过整流，生成驱动 IGBT 使用的 +15V 和 -8V 电源。

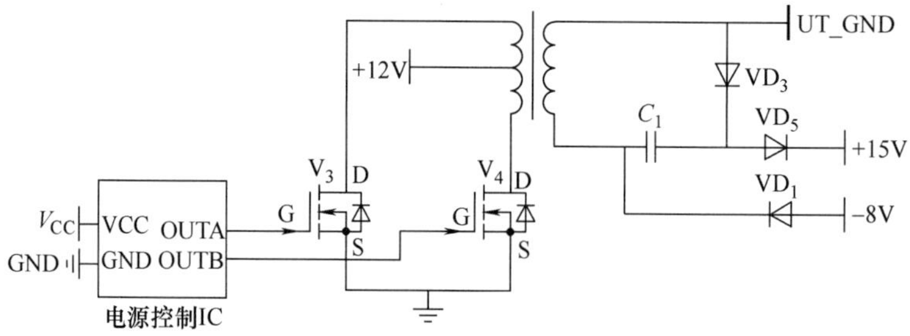

a)

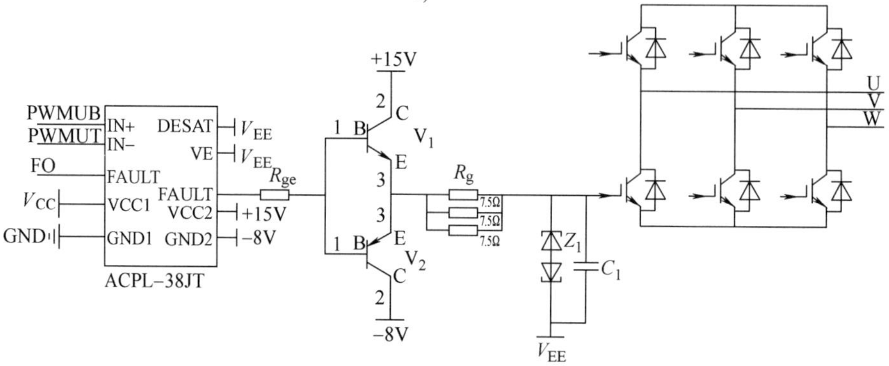

b)

图 9-41　典型驱动电路设计

a）驱动电源电路设计　b）驱动电路设计

典型光隔离型驱动 ICACPL-38JT，驱动口输出电流为 2.5A。该芯片可直接驱动小功率 MOS 管，但在大功率场合，为了满足 IGBT 模块驱动功率需求，在驱动芯片的后端增加了一个大电流的 P 型晶体管和一个 N 型晶体管，作为推挽管，增大驱动功率。IGBT 的 GE 间并联的 TVS，用来防止 IGBT 门极过电压而损坏，所并联的电容用来调整 IGBT 的开通 / 关断波形。在电路设计中，主要需要计算驱动电路的驱动功率和驱动电流。

驱动功率和驱动电流的计算过程如下：

1）门极驱动能量为

$$E = Q_g \Delta U_{ge} = Q_g [\, U_{ge\,(\mathrm{on})} - U_{ge\,(\mathrm{off})} \,] \tag{9-1}$$

式中　E——驱动能量；

　　　Q_g——门极电荷；

　　ΔU_{ge}——驱动电压差；

　$U_{ge\,(\mathrm{on})}$——开通电压；

　$U_{ge\,(\mathrm{off})}$——关断电压。

2）门极驱动功率为

$$P_g = E f_{sw} = f_{sw} Q_g \Delta U_{ge} \tag{9-2}$$

式中　P_g——驱动功率；

　　　f_{sw}——开关频率。

3）平均输出电流为

$$I_{\text{out\_av}} = P_{\text{g}} / \Delta U_{\text{ge}} = Q_{\text{g}} f_{\text{sw}} \tag{9-3}$$

式中 $I_{\text{out\_av}}$——平均输出电流。

4）峰值输出电流为

$$I_{\text{g\_max}} = \Delta U_{\text{ge}} / R_{\text{g\_min}} (R_{\text{g\_min}} = R_{\text{g\_extern}} + R_{\text{g\_intern}}) \tag{9-4}$$

式中 $I_{\text{g\_max}}$——峰值输出电流；

$R_{\text{g\_min}}$——最小驱动电阻；

$R_{\text{g\_extern}}$——外部所匹配的驱动电阻；

$R_{\text{g\_intern}}$——内部匹配电阻。

以图 9-41 的原理对计算过程举例说明，假设某额定电流 600A 的 IGBT 驱动电路，驱动电压为 +16V/−8V，开关频率为 10kHz，IGBT 门极电荷为 2.8 μC，内部驱动电阻为 1.7Ω，对 IGBT 驱动电路进行选型。

初选 IGBT 驱动电阻为 2.5Ω，根据式（9-1），可得

$$E = Q_{\text{g}}[U_{\text{ge(on)}} - U_{\text{ge(off)}}] = 2.8 \,\mu\text{C} \times (16\text{V} + 8\text{V}) = 6.72 \times 10^{-5}\text{J}$$

根据式（9-2），门极驱动功率为

$$P_{\text{g}} = E f_{\text{sw}} = 6.72 \times 10^{-5}\text{J} \times 10\text{kHz} = 0.672\text{W}$$

门极驱动电阻功率一般以 2 倍选用，因计算功率为 0.672W，所以驱动电阻功率选择 1.5W，可选择 3 个 7.5Ω 1812 封装电阻并联，如图 9-39 所示。

输出电流计算，根据式（9-3）和式（9-4）可得

$$I_{\text{out\_av}} = Q_{\text{g}} f_{\text{sw}} = 2.8 \,\mu\text{C} \times 10\text{kHz} = 2.8 \times 10^{-2}\text{A}$$

$$I_{\text{g\_max}} = \Delta U_{\text{ge}} / R_{\text{g\_min}} = \Delta U_{\text{ge}} / (R_{\text{g\_extern}} + R_{\text{g\_intern}}) = 24\text{V} / (2.5\Omega + 1.7\Omega) \approx 5.71\text{A}$$

ACPL-38JT 无法提供如此大的瞬时电流，所以驱动电路中增加了一对推挽管，用以提供 IGBT 开关时所需电流。根据以上计算，为避免高速开关时温升过高，可选额定电流 6A、峰值电流 20A 以上的晶体管。

参考文献

［1］ 史君平. 实用电源技术手册：电源元器件分册 [M]. 沈阳：辽宁科学技术出版社，1999.

［2］ 张占松，蔡宣三. 开关电源的原理与设计 [M]. 北京：电子工业出版社，1998.

［3］ 陆治国. 实用电源技术手册：开关电源分册 [M]. 沈阳：辽宁科学技术出版社，2008.

［4］ PRESSMAN ABRAHAM I, BILLINGS K, MOREY T. 开关电源设计 [M]. 3 版. 王志强，肖文勋，虞尤，等译. 北京：电子工业出版社，2011.

［5］ Freescale.MPC5744P Reference Manual:Rev.6 [Z]. 2016.

［6］ Freescale.MPC5643L Mircocontroller Reference Manual:Rev.10 [Z]. 2013.

［7］ Freescale.MPC5643L Hardware Requirements:Rev.0 [Z]. 2012.

［8］ Infineon.TC27XC-Step User Manual:Rev.2.2 [Z]. 2014.

第9章

第10章 驱动电机系统控制算法及软件架构

车用驱动电机通过电机控制器实现对电压、电流和转矩的精确控制。本章结合交流电机经典控制方法，分别对永磁同步电机矢量控制和交流异步电机矢量控制进行分析。针对电动汽车对驱动电机系统的复杂功能需求，介绍 AUTOSAR 软件构架，以提高电机控制软件的可扩展性；同时，为提升车用电机控制软件的开发质量和过程控制精度，介绍电机软件设计方法及开发和测试流程。

10.1 永磁同步电机控制方法

车用永磁同步电机控制有矢量控制和直接转矩控制两种方法。

10.1.1 永磁同步电机矢量控制方法

10.1.1.1 坐标变换

交流电机是一个具有多回路（线圈）、强耦合、非线性、彼此间又处于相对运动中的电路模型，是难以与直流电机简单模型相比的。在对交流电机数学模型进行化简的过程中，需要引入不同的坐标系，并将电机内部的物理量在不同坐标系之间进行变换，这就是坐标变换。图 10-1 所示为交流电机分析中常用的坐标系示意图。

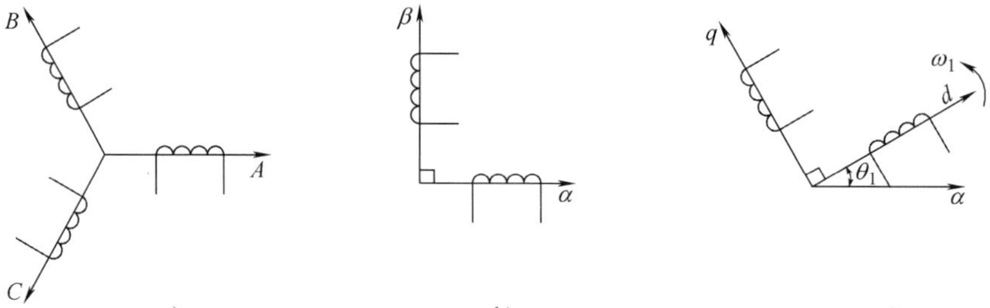

图 10-1　交流电机分析中常用的坐标系示意图

a）3s 坐标系　b）2s 坐标系　c）2r 坐标系

图 10-1a 是一个由 A、B、C 三相静止绕组的绕组轴线定义的三个坐标轴构成的三相静止坐标系（也称为 3s 坐标系）。图 10-1b 是一个由两个正交的坐标轴构成的两相静止平面直角坐标系（也称为 2s 坐标系），α 轴与 β 轴上各有一个绕组，其中 α 轴与图 10-1a 中的 A 轴线重合。图 10-1c 是一个以速度 ω_1 旋转的平面直角坐标系（也称为 2r 坐标系），d 轴与 q 轴上分别放置一个绕组。

电机内的气隙磁场是进行电磁能量传递的媒介，定、转子间能量的传递正是通过气隙磁场进行的。不同类型的绕组进行变换时，需要保证它们产生的总磁动势不变。只有遵守这一原则，才能保证电机能量转换关系不变。

令 3s 坐标系绕组、2s 坐标系绕组产生的磁动势相等，可以推导出下式：

$$\left(i_\alpha + i_\beta e^{j\frac{\pi}{2}} \right) = \frac{N_1}{N_2} \left(i_A + i_B e^{j\frac{2\pi}{2}} + i_C e^{j\frac{4\pi}{3}} \right) \tag{10-1}$$

式中，通常取 $N_1/N_2 = 2/3$，这样推导的三相电流与两相电流的幅值是相等的。此时根据式（10-1）推出 3s 坐标系的绕组电流与 2s 坐标系的绕组电流之间的变换矩阵分别为

$$\boldsymbol{C}_{3s \to 2s} = \frac{2}{3} \begin{bmatrix} 1 & -1/2 & -1/2 \\ 0 & \sqrt{3}/2 & -\sqrt{3}/2 \end{bmatrix} \tag{10-2}$$

$$\boldsymbol{C}_{2s \to 3s} = \begin{bmatrix} 1 & 0 \\ -1/2 & \sqrt{3}/2 \\ -1/2 & -\sqrt{3}/2 \end{bmatrix} \tag{10-3}$$

可以验证，经过这两种变换，同一个物理量在变换与反变换前后能够保持不变。

根据 2s 坐标系绕组与 2r 坐标系绕组产生的磁动势相等，可以推导出下式：

$$i_\alpha + i_\beta e^{j\frac{\pi}{2}} = i_d e^{j\theta_1} + i_q e^{j\frac{\pi}{2}} e^{j\theta_1} \tag{10-4}$$

根据式（10-4）推导出的 2s 坐标系的绕组电流与 2r 坐标系的绕组电流之间的变换矩阵为

$$\boldsymbol{C}_{2r \to 2s} = \begin{bmatrix} \cos\theta_1 & -\sin\theta_1 \\ \sin\theta_1 & \cos\theta_1 \end{bmatrix} \tag{10-5}$$

$$C_{2s \to 2r} = \begin{bmatrix} \cos\theta_1 & \sin\theta_1 \\ -\sin\theta_1 & \cos\theta_1 \end{bmatrix} \tag{10-6}$$

同理可以验证，$C_{2s \to 2r} \cdot C_{2r \to 2s}$ 与 $C_{2r \to 2s} \cdot C_{2s \to 2r}$ 都是二维的单位矩阵。

交流电机的定子与转子的电流、电压和磁链等物理量均采用上述各矩阵进行变换，变换前后物理量之间的关系为

$$[\text{新坐标系值}] = [\text{变换矩阵}] \times [\text{原坐标系值}]$$
$$[\text{原坐标系值}] = [\text{反变换矩阵}] \times [\text{新坐标系值}]$$

10.1.1.2 矢量控制基本思想

矢量控制的基本思路源于他励直流电机的控制。

他励直流电机之所以非常适用于调速控制，是因为它的励磁电流 I_f 和电枢电流 I_a 可以分别控制，且电机的结构决定了励磁电流 I_f 产生的磁链 ψ_f 和电枢电流 I_a 产生的磁链 ψ_a 相互垂直。由于主极磁场控制上的解耦，他励直流电机可以达到较高的动态控制性能。图 10-2 所示为他励直流电机模型。

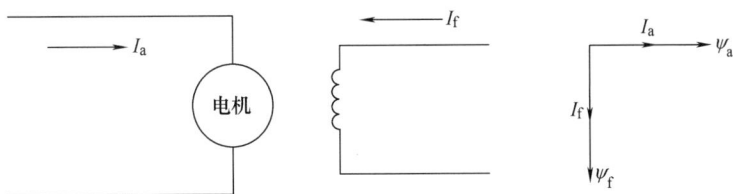

图 10-2　他励直流电机模型

根据交流电机理论，三相对称绕组通过三相对称稳定的电流时，将形成空间上按正弦分布、时间上按同步频率旋转的合成矢量，在同步旋转坐标系下，这个合成矢量可看作一个直流量。电机内部的磁场及感应电动势的合成量也是同步旋转的矢量，因此定子电流矢量与磁场矢量之间必然保持稳定的相位关系。当将交流电机在三相静止坐标系下的方程变换为同步旋转坐标系下的方程，并选择适当的同步旋转参考坐标时，可以从定子电流中分解出控制电机磁场的励磁电流分量，与之垂直的另一个电流分量对主磁场不产生影响。永磁同步电机的转子磁场定向矢量控制方法正是基于这种思路提出的。

10.1.1.3 永磁同步电机矢量控制系统

永磁同步电机磁场定向矢量控制技术的核心是在转子磁场旋转 dq 坐标系中，针对电机定子电流的励磁电流 i_d 和转矩电流 i_q 分别进行独立控制。其中，d 轴电流 i_d 既可以用来产生磁阻转矩，从而提升电机的输出转矩，还可以在基速以上的弱磁区域内进行磁场削弱，达到升速的目的。

图 10-3 所示为永磁同步电机矢量控制系统结构框图（图中，p 为电机极数）。控制系统根据转矩需求，结合 MTPA、恒功率弱磁以及 MTPV 轨迹中转速和母线电压的关系进行查表，得到合理的 d、q 轴电流指令值，再通过电流调节器（一般是 PI 调节器）调节出期望的 d、q 轴电压，最后经过坐标变换和 SVPWM 后生成相应的调制脉冲。

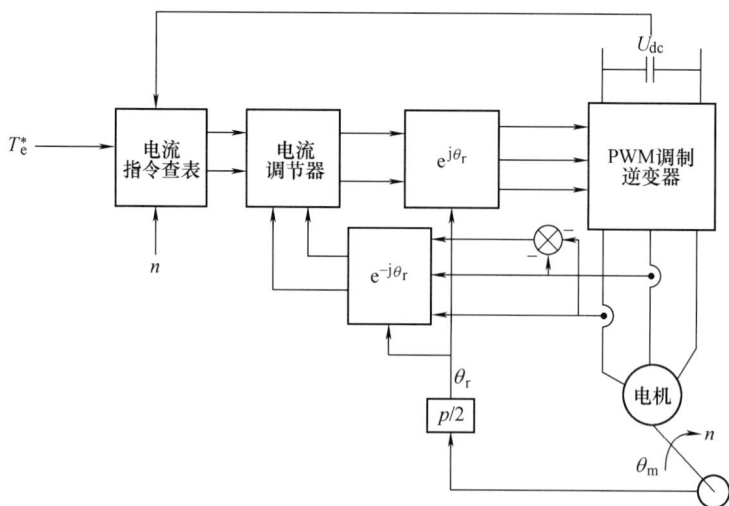

图 10-3　永磁同步电机矢量控制系统结构框图

1. 电流环设计

在实际控制中，需要分别独立控制励磁电流和转矩电流。在理想情况下，只有当这两个电流相互解耦时才能实现类似于直流电机的优良控制。根据永磁同步电机的电压方程，在 d、q 轴上分别存在耦合分量，为了达到高性能的控制效果，在实际使用中需要对电流环进行解耦。一般的解耦方法可以分为前馈解耦和反馈解耦。

（1）前馈解耦

此方法的原理框图如图 10-4 所示，这种方法在给出电流指令的同时，根据电流指令和转速计算耦合项，前馈至电流调节器的输出。

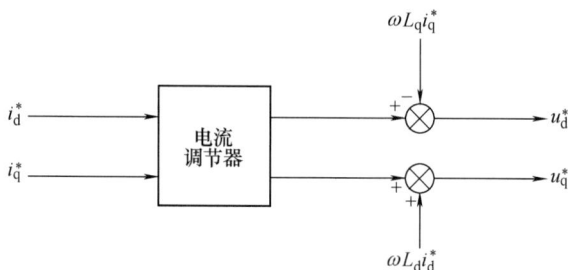

图 10-4　前馈解耦原理框图

这种方法，由于解耦环节中的电流指令为给定量，所以和转速相关的耦合项仍未完全抵消，d、q 轴间的耦合未完全消除。其幅频和相频特性随着转速的变化而改变，该特性使得电流控制器的控制性能不稳定，系统带宽也随着转速的升高而降低。

（2）反馈解耦

此方法的原理框图如图 10-5 所示，这种方法与前馈解耦的区别之处在于，解耦项的电流来自实际电流，而不是指令电流。

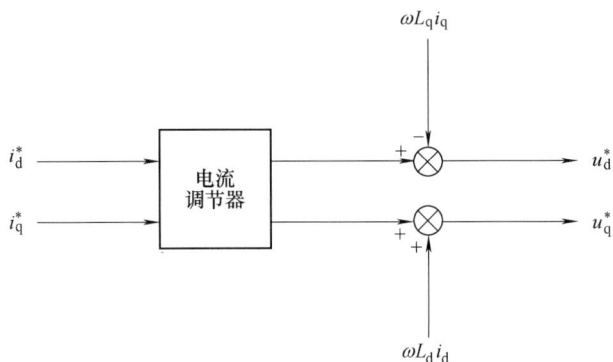

图 10-5 反馈解耦原理框图

这种方法可以使电机原本随着转速变化的极点与零点实现了相互抵消，使得幅频和相频特性不再随转速变化而发生变化，解耦效果较好。但是反馈解耦对电机参数依赖性较强，特别是 q 轴电感 L_q 会随着负载变化剧烈变化，这会严重影响反馈解耦的性能。

2. 弱磁控制

相对于异步电机，永磁同步电机的弱磁控制复杂得多，这是因为在不同的运行区域，需要对电流进行不同策略的分配。特别是弱磁电流 i_d，在不同的运行区域，既需要考虑充分的弱磁能力以达到升速和提升功率的目的，又要考虑弱磁电流太大容易使电压饱和失控，以及引起永磁体不可逆退磁问题。这里介绍两种常用的弱磁控制方法，并分别给出其优缺点。

（1）带前馈补偿的弱磁控制

为进行弱磁控制，可以基于电机在稳态时的电压转矩特性进行前馈补偿，其原理框图如图 10-6 所示。其原理是根据当前转矩需求、转速和母线电压，对转矩需求做前馈补偿和限定。这种方法很容易根据测得的电机参数得出转矩特性，方法非常简单。但是由于是开环补偿，此方法对电机参数变化敏感。另外，由于这种方法没有考虑到电流调节器的电压裕量，在转速和转矩快速变化的情况下，系统鲁棒性不强。

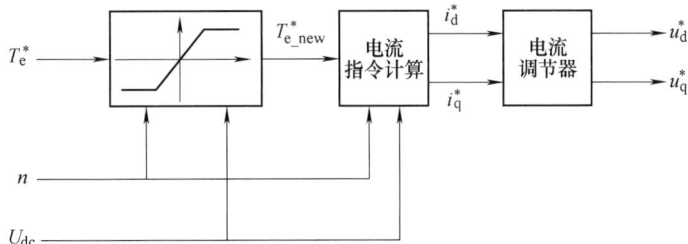

图 10-6 带前馈补偿的弱磁控制原理框图

（2）带反馈补偿的弱磁控制

带反馈补偿的弱磁控制原理框图如图 10-7 所示，这种弱磁方法将输出电压与可利用电压的误差作为反馈量补偿至弱磁电流。由于电流调节器的输出电压会根据实际情况进行反馈调节，所以对于电机参数变化具有良好的鲁棒性。为了防止电流环的干扰，补偿环节的带宽应该保持较低，这样对转速变化较快的场合，弱磁控制性能会降低。另外，最突出的问题是，在补偿电流没有足够合理的限制时，靠近控制临界附近会出现电压环失控，特别是为了进一步提升输出功率、需要 u_q 过零的情况下，此方法失效。为了保证系统稳定，需要使最终的弱磁电流限定的裕量较大，这样又会显著降低电机的输出转矩。

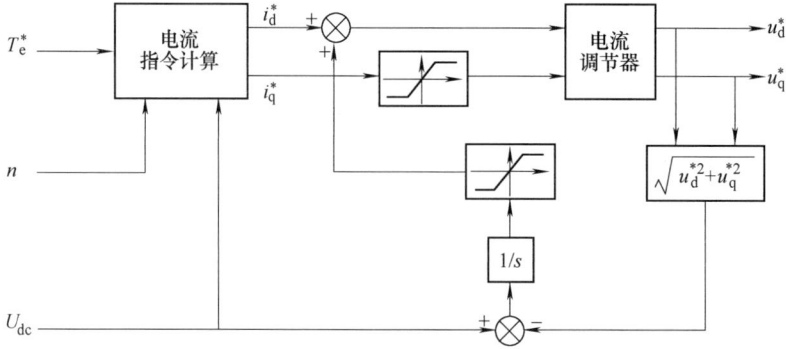

图 10-7 带反馈补偿的弱磁控制原理框图

10.1.2 永磁同步电机直接转矩控制方法

10.1.2.1 直接转矩控制基本思想

直接转矩控制（Direct Torque Control，DTC）技术首先应用于异步电机的控制，后来逐步推广到弱磁控制和永磁同步电机的控制中。永磁同步电机 DTC 技术基于电压型逆变器输出的电压空间矢量对电机定子磁场和电机转矩的控制作用，其原理框图如图 10-8 所示。

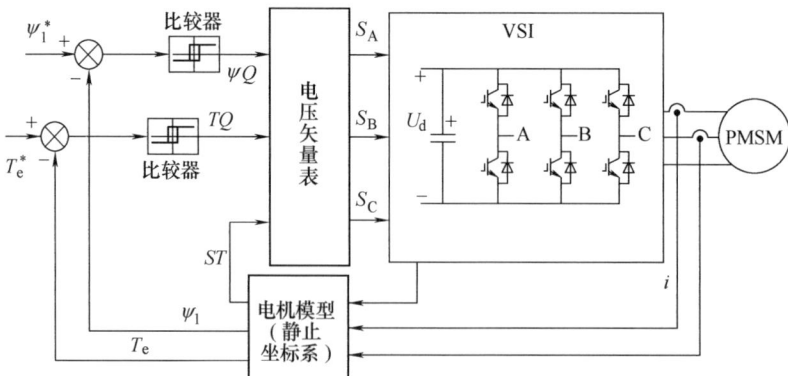

图 10-8 永磁同步电机直接转矩控制系统原理框图

图 10-8 中，利用转矩闭环直接控制电机的电磁转矩，因而得名"直接转矩控制"。经典的直接转矩控制是在定子静止坐标系中针对电机的定子磁链和电磁转矩实施独立控

制——通过在适当的时刻选择优化的电压空间矢量（通过查询电压矢量选择表获得，见表10-3）去控制电压型逆变器来实现两者近似解耦的控制效果。为了配合该控制方法，定子磁链与电机转矩的两个调节器不再选用 PI 调节器，而是采用具有继电器特性的砰砰调节器。控制系统具有较强的非线性特征，但系统的响应非常快，可以充分发挥电压型逆变器的开关能力。

经典直接转矩控制交流变频调速系统具有下述特点：

1）基于两相静止坐标系对电机进行闭环控制，控制系统简单，不需要磁场定向矢量控制技术中的旋转坐标变换。

2）没有电流调节单元，不需要磁场定向矢量控制技术中对定子电流的磁场分量与转矩分量进行闭环控制。

3）没有专门的对定子电压进行脉宽调制的单元，不像磁场定向矢量控制技术中采用了专门的 PWM 算法（如空间矢量脉宽调制技术或者电流滞环脉宽调制技术等）。

4）特有的电压矢量选择表。这在其他控制技术中通常不会见到。

5）对定子磁链幅值、电磁转矩均通过滞环砰砰调节器实施闭环控制，这也是经典直接转矩控制系统所特有的。

1. 定子磁链幅值控制

永磁同步电机在静止坐标系的定子电压矢量方程式为

$$u_1^{2s}=R_1 i_1^{2s}+p\,\Psi_1^{2s} \tag{10-7}$$

忽略定子电阻的电压降，略去右上角的坐标系符号（2s 表示该矢量是针对两相静止坐标系的），那么定子磁链矢量可以化简为（从 t_0 时刻到 t_1 时刻）：

$$\Psi_1 = \int_{t_0}^{t_1} u_1 \mathrm{d}t + \Psi_{1(t_0)} \tag{10-8}$$

式（10-8）表明，当输入电压 u_1 为零矢量时，$u_1=0$，定子磁链矢量保持 $\Psi_1=\Psi_{1(t_0)}$ 不变；如果 u_1 是一个非零矢量，那么定子磁链矢量将在原有 $\Psi_{1(t_0)}$ 的基础上，沿着与输入电压矢量 u_1 平行的方向，并以正比于 u_1 幅值的线速度移动。所以在不同时刻，通过选择适当的电压矢量，就可以按照预定的规律（轨迹）对定子磁链进行有效的控制，从而获得旋转的定子磁场。

PMSM 变频调速系统中的两电平电压型逆变器输出的基本电压空间矢量在前面已经分析过，如图 10-9a 所示。显然逆变器可以输出到电机定子端部的电压空间矢量仅仅有 8 个，不仅数量有限，并且 8 个电压矢量的幅值和方向也都是固定不变的。零电压矢量使定子磁链的幅值保持不变，但考虑到定子电阻电压降以后，它还是逐渐减小的（相当于电路的零输入响应）。非零电压矢量对定子磁链圆轨迹的控制作用会因定子磁链所处位置不同而变化，下面以 U_6 矢量为例进行讨论。

首先把两相静止坐标平面 360° 空间均匀划分为 6 个扇区，每个扇区为 60°，如图 10-9b 中的 S_1~S_6。以定子磁链空间矢量逆时针旋转为正方向，当矢量端点处于图中 A 点时，U_6 作用下的定子磁链矢量端点将会向右上角的圆外区域移动，显然该电压矢量能够使定子磁链幅值增大，同时也使其相位较快增大。

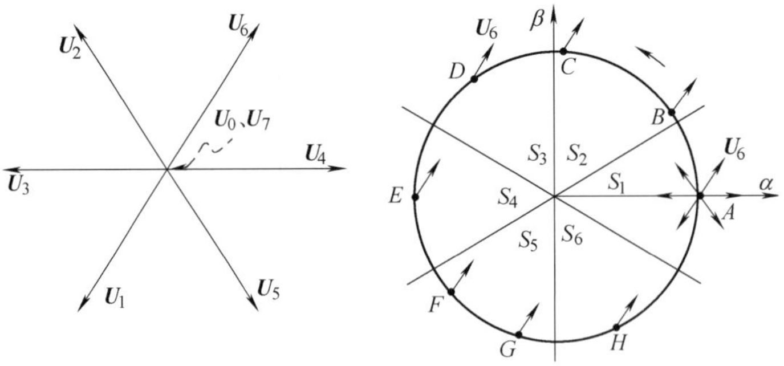

图 10-9　逆变器输出的基本电压矢量与空间扇区的划分
a）基本电压矢量　b）空间扇区划分

当定子磁链分别位于图中 A、B、C、D、E、F、G、H 时，U_6 对定子磁链矢量的作用规律见表 10-1。

表 10-1　U_6 对定子磁链矢量的作用规律

	A	B	C	D	E	F	G	H
定子磁链幅值	↑	↑↑	↑↑	↑	↓	↓↓	↓↓	↓
定子磁链相位	↑	~↑	~↓	↓	↓	~↓	~↑	↑

注：↑↑迅速增加，↑较快增加，~↑略有增加，↓↓迅速减小，↓较快减小，~↓略有减小。

从表 10-1 可以知道：当定子磁链矢量处于不同位置时，即便是同一个电压空间矢量，它对定子磁链的调节作用也是不相同的，因此对整个空间划分为 6 个扇区是必要的。扇区 S_1 内各电压矢量对定子磁链矢量的作用见表 10-2，其余类推。

表 10-2　扇区 S_1 内各电压矢量对定子磁链矢量的作用

	U_1	U_2	U_3	U_4	U_5	U_6
定子磁链幅值	↓	↓	↓↓	↑↑	↑	↑
定子磁链相位	↓	↑	几乎不变	几乎不变	↓	↑

表 10-1 与表 10-2 中，电压矢量对定子磁链幅值的影响可用于定子磁链的闭环自调节，而相位的增加或减小则与电机的转矩闭环调节相关。

要对定子磁链的幅值进行控制，只需要知道它当前所在的扇区以及磁链幅值控制目标（增大还是减小）即可。采用 DTC 技术的电机定子磁链的近似圆形轨迹如图 10-10 所示。可以看出，在扇区 S_1 内交替采用 U_6 与 U_2 两个电压矢量引导定子磁链矢量端点沿着 $A \rightarrow B \rightarrow C \rightarrow D \rightarrow E \rightarrow F \rightarrow G$ 路径移动，可以实现定子磁链矢量在空间的正向旋转。

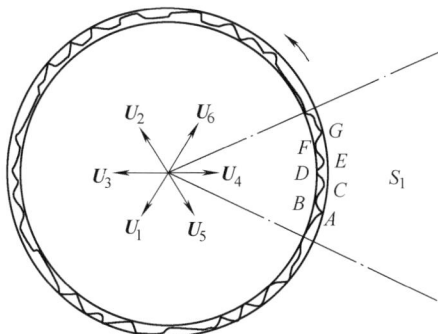

图 10-10 采用 DTC 技术的电机定子磁链的近似圆形轨迹

2. 转矩控制原理

电机转矩与定子磁链、永磁磁链之间的关系为

$$T_e = \frac{3}{2} \frac{n_p}{L_d} |\boldsymbol{\Psi}_1| |\boldsymbol{\Psi}_f| \sin\theta_{sr} + \frac{3n_p}{4} \frac{1-\rho}{L_q} |\boldsymbol{\Psi}_1|^2 \sin 2\theta_{sr} \qquad (10\text{-}9)$$

式中 $|\boldsymbol{\Psi}_1|$ ——定子磁链的幅值；

$|\boldsymbol{\Psi}_f|$ ——转子磁链幅值；

ρ ——凸极率，$\rho = \dfrac{L_q}{L_d}$；

n_p ——极对数；

θ_{sr} ——定子磁场超前转子磁场的电角度。

在直接转矩控制中，定子磁链幅值一般保持不变，而 $|\boldsymbol{\Psi}_f|$ 可认为是常数，所以当定、转子磁链之间的夹角 θ_{sr} 保持在合适的范围内时，电机的电磁转矩可通过改变该夹角来控制。

采用合适的电压空间矢量可以快速地对该夹角进行调节，因此通过选择合适的电压空间矢量，直接转矩控制技术就可以实现对电机转矩的有效控制。

根据前面对式（10-8）的分析可知：当定子输入电压为零矢量时，定子磁链矢量就保持不变；如果是一个非零电压矢量作用，则定子磁链矢量端点将在原有基础上，沿着与输入电压矢量 $\boldsymbol{u}_1$ 平行的方向，以正比于 $\boldsymbol{u}_1$ 幅值的速度移动。式（10-8）表明定子磁链矢量端点移动的线速度就是定子电压矢量的幅值：$v_\Psi = |\boldsymbol{u}_1|$。对于非零电压矢量，有 $v_{\Psi1} = 2U_d/3$；对于零电压矢量，有 $v_{\Psi0} = 0$。非零定子电压矢量作用下，定子磁链的瞬时旋转角速度为

$$\omega_{\Psi1} = 2U_d / (3|\boldsymbol{\Psi}_1|) \qquad (10\text{-}10)$$

在零电压矢量作用下，定子磁链瞬时旋转角速度 $\omega_{\Psi0} = 0$。

逆变器输出的非零电压矢量的幅值都很大，所以一旦选择其中一个矢量，那么定子磁链的瞬时旋转角速度将是很大的；若采用零电压矢量，瞬时旋转角速度就为零。扇区 S_1 内各非零电压矢量对定子磁链矢量相位的控制作用见表 10-2，其余扇区可以依次类推。在定子磁链幅值没有较大变化时，定子磁链相位的增加和减小与夹角 θ_{sr} 的增大和减小是相对应的。电压矢量选择表见表 10-3，表中 U_3、U_4 一般不用，它们会导致定子磁链幅值的显著变化，破坏了电机转矩控制的前提。除非当定子磁链显著偏离给定值时，需要对其迅速调节。另外，零电压矢量 U_0、U_7 作用时，虽然磁链相位基本不变，但是在电机转子转

动的情况下，电机的转矩角仍会减小。

表 10-3　电压矢量选择表

条件		电压矢量					
		S_1	S_2	S_3	S_4	S_5	S_6
$TQ = 0$	$\Psi Q = 1$	U_2	U_3	U_1	U_5	U_4	U_6
	$\Psi Q = 0$	U_6	U_2	U_3	U_1	U_5	U_4
$TQ = 1$		U_0 或 U_7					

10.1.2.2　永磁同步电机直接转矩控制系统

1. 准圆形磁链轨迹 DTC 技术

准圆形磁链轨迹方案仍是现今研究较多的一种 DTC 方案，它采用查询电压矢量表的方法同时对定子磁链和电机转矩进行调节：系统首先应用模型观测器观测出电机的定子磁链和电磁转矩；然后对其同时进行滞环式"砰砰"调节，这样就可以得到两个控制目标 ΨQ 和 TQ；再根据定子磁链矢量所处的空间扇区位置（ST），控制器从电压型逆变器的 8 个电压矢量中直接选择出较为合适的一个，将其转换为逆变器的开关控制信号控制 IGBT 器件的开通与关断。

两点式磁链滞环砰砰调节器的工作原理如下：

$$\Psi Q = \begin{cases} 1 & (\Psi_1 - \Psi_1^* \geq \Delta \varepsilon) \\ 0 & (\Psi_1 - \Psi_1^* \leq -\Delta \varepsilon) \\ \text{保持不变} & (-\Delta \varepsilon < \Psi_1 - \Psi_1^* < \Delta \varepsilon) \end{cases}$$

该调节器的目的是提供磁链闭环控制的目标 ΨQ：当 $\Delta \Psi_1 = \Psi_1 - \Psi_1^* \geq \Delta \varepsilon$ 时，调节器的输出量 $\Psi Q = 1$，这意味着定子磁链幅值过大，需要选择减小磁链的电压矢量；当 $\Delta \Psi_1 \leq -\Delta \varepsilon$ 时，调节器的输出量 $\Psi Q = 0$，标志着定子磁链幅值过小，需要选择增加磁链的电压矢量。转矩的滞环砰砰调节器的工作原理与其类似。

磁链与转矩的两个滞环调节器各自提供了一个数字量（即 ΨQ 与 TQ），根据它们的控制需求和定子磁链的扇区位置（$S_1 \sim S_6$）就可以选择合适的电压矢量，一种可行方案见表 10-3。以扇区 S_1 为例，在不考虑 TQ 的作用时，定子磁链就可以沿着 $A \to B \to C \to D \to E \to F \to G$ 运动；考虑到 TQ 的作用后，且转矩需求减小（$TQ = 1$），那么就选择 U_0 或 U_7（当然也可以采用别的矢量）来减小定子、转子磁链矢量的夹角进而减小电机的转矩。

2. 六边形磁链轨迹 DSC 技术

德国学者 Depenbrock 提出的直接转矩自控制（Direct Self Control，DSC）方案，如图 10-11 所示。其工作原理是：按照预先给定的定子磁链幅值指令和相位关系顺次切换 6 个非零电压矢量，从而实现了预设的六边形定子磁链轨迹控制——这是磁链自控制单元（图 10-11 所示的点画线框内部分）的功能；同时根据转矩砰砰控制器的输出信号 TQ，适时地插入零电压矢量（为了减少开关次数，从两个零电压矢量中挑选出合适的一个）来调节电机的转矩保持在合适的范围内——这是转矩自控制单元（ESS）的功能。

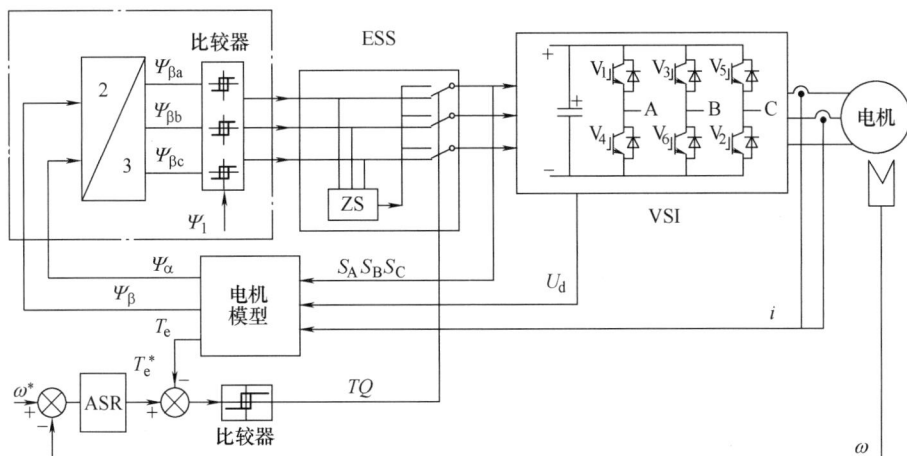

图 10-11　Depenbrock 提出的直接转矩自控制方案

从准圆形磁链轨迹和六边形磁链轨迹两种磁链轨迹的方案中可以看出，虽然它们的定子磁链轨迹不同，但都是根据滞环调节器提供的简单控制目标（被控量是太大还是太小，控制目标是需要增加还是减小被控量）和定子磁链的近似空间位置，就可以选择出合适的定子电压矢量。系统的控制结构较矢量控制系统更为简单。

10.1.3　永磁同步电机两种控制方法的比较

矢量控制（FOC）系统与直接转矩控制（DTC）系统均可实现对永磁同步电机高性能的动态控制，是两种最为典型的控制技术，表 10-4 给出了两者的性能与特点比较。

表 10-4　永磁同步电机的 DTC 和 FOC 系统的性能与特点比较

性能、特点	矢量控制系统	直接转矩控制系统
双闭环控制	电机定子电流（d 轴）和转矩电流（q 轴）的双闭环	定子磁链幅值与电机转矩的双闭环
电机转速控制	无转矩的直接闭环控制	转矩直接闭环控制
电机磁链控制	需要转子磁链精确定向	需要定子磁链大致位置，定子磁链幅值闭环控制
电流控制	有定子电流的闭环控制	无电流的闭环控制
坐标变换	旋转坐标变换	静止坐标变换
闭环控制的调节器	传统的线性 PI 调节器	滞环调节器，非线性环节
转矩动态响应	快	更快
转矩脉动	较平滑	脉动较大
PWM 算法	SVPWM 算法，定子电压矢量连续	电压矢量表，离散定子电压矢量

直接转矩控制技术的最大特点是其转矩响应的快速性，图 10-12 给出了试验测试的 DTC 与 FOC 两控制技术中电机转矩响应时间对比图。从中可以看出，前者响应时间明显较后者更加快速，一种解释是 DTC 采用的是滞环控制，相当于纯比例控制，而 FOC 采用的是 PI 控制。

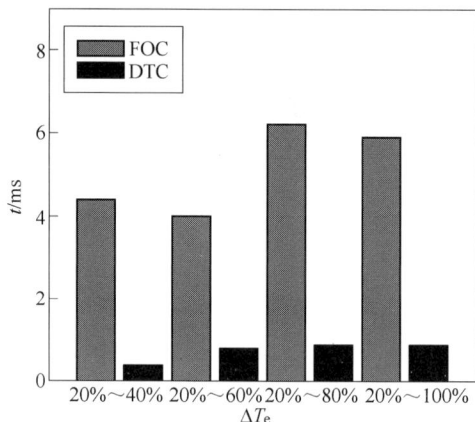

图 10-12　电机转矩响应时间对比图

10.2　交流异步电机控制方法

10.2.1　基本控制方法

为了实现异步电机的高性能调速控制和高效率运行，早在 20 世纪 60 年代，就开始进行异步电机的变频调速控制理论研究。总体上讲，异步电机变频调速控制技术经历了如下几个阶段：

1. 恒电压 / 频率（U/f）技术

从 20 世纪 60 年代开始，基于电机稳态模型的恒 U/f 控制方法和系统被开发。这种方法仅对变量的幅值进行控制，忽略电机中的耦合效应和动态过程，因此调速不快。但对风机和泵类负载，只要有调速功能，而不是靠挡板和阀门来控制流量，就能起到很大的节能效果，因此早期被广泛应用于各种节能场合，并且至今仍在大量使用。

2. 矢量控制技术

1971 年，德国学者 F. Blaschke 提出了基于转子磁场直接定向的异步电机矢量控制技术，随后大量学者参与了该技术的研究，解决了一系列实际问题，做了很多拓展性开发。目前矢量控制技术已成为交流电机变频调速控制的主流技术。

3. 直接转矩控制技术

1985 年，德国鲁尔大学的 M. Depenbrock 教授提出了一种与矢量控制不同的交流调速控制方法，随后日本学者 I. Takahashi 也提出了类似的控制方案，两人的控制思路统称为直接转矩控制方法。该方法目前在大功率传动领域得到了推广应用。

从 20 世纪 80 年代开始，自适应控制、滑模变结构控制和智能控制等先进控制理论被应用到电机控制中，提高了电机的控制性能，为电机控制技术的发展开辟了新的路径。另外，为了降低成本和提高可靠性，交流电机无传感器控制技术在 20 世纪 90 年代开始成为电机控制技术的研究重点，现在无速度传感器控制技术已在很多场合被实际应用。

10.2.2 交流异步电机动态数学模型

1. 异步电机在三相坐标系中的动态数学模型

三相交流异步电机是一个高阶、非线性、强耦合的多变量系统，通常情况下可以做如下假设：

1）不考虑铁心饱和的影响，从而可以利用叠加原理来计算电机各个绕组电流共同作用下产生的合成磁场。

2）三相绕组对称（在空间上互差120°电角度），绕组所产生的磁动势沿气隙圆周在空间按正弦分布，略去齿槽影响及齿谐波。

3）不考虑频率和温度变化对绕组电阻的影响，无论转子是绕线的还是笼型的，都将它等效为绕线转子，并折算到定子侧，折算后每相匝数都等于 N_1。

这样就把实际的异步电机等效为图 10-13 所示的六绕组耦合电路模型。A、B、C 三相静止的定子绕组和 a、b、c 三相旋转的转子绕组都是对称分布的（空间各自互差120°），并且转子绕组以电角速度 ω 旋转，其中转子 a 相绕组轴线与定子 A 相绕组轴线的夹角为 θ（电角度）。

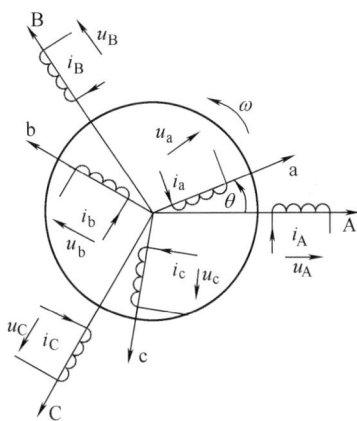

图 10-13　三相交流异步电机六绕组耦合电路模型

各绕组的电压、电流、磁链的正方向符合电机惯例和右手螺旋法则，由此可推出电机数学模型如下：

（1）磁链方程

定子与转子六个绕组中的全磁链可以表达为

$$
\begin{bmatrix} \psi_A \\ \psi_B \\ \psi_C \\ \psi_a \\ \psi_b \\ \psi_c \end{bmatrix} = \begin{bmatrix} L_{1l}+L_{1m} & -\frac{1}{2}L_{1m} & -\frac{1}{2}L_{1m} & L_{1m}\cos\theta & L_{1m}\cos(\theta+120°) & L_{1m}\cos(\theta-120°) \\ -\frac{1}{2}L_{1m} & L_{1l}+L_{1m} & -\frac{1}{2}L_{1m} & L_{1m}\cos(\theta-120°) & L_{1m}\cos\theta & L_{1m}\cos(\theta+120°) \\ -\frac{1}{2}L_{1m} & -\frac{1}{2}L_{1m} & L_{1l}+L_{1m} & L_{1m}\cos(\theta+120°) & L_{1m}\cos(\theta-120°) & L_{1m}\cos\theta \\ L_{1m}\cos\theta & L_{1m}\cos(\theta-120°) & L_{1m}\cos(\theta+120°) & L_{2l}+L_{1m} & -\frac{1}{2}L_{1m} & -\frac{1}{2}L_{1m} \\ L_{1m}\cos(\theta+120°) & L_{1m}\cos\theta & L_{1m}\cos(\theta-120°) & -\frac{1}{2}L_{1m} & L_{2l}+L_{1m} & -\frac{1}{2}L_{1m} \\ L_{1m}\cos(\theta-120°) & L_{1m}\cos(\theta+120°) & L_{1m}\cos\theta & -\frac{1}{2}L_{1m} & -\frac{1}{2}L_{1m} & L_{2l}+L_{1m} \end{bmatrix} \begin{bmatrix} i_A \\ i_B \\ i_C \\ i_a \\ i_b \\ i_c \end{bmatrix}
$$

（10-11）

式中　i_A、i_B、i_C、i_a、i_b、i_c——各绕组相电流；

$\quad\quad\psi_A$、ψ_B、ψ_C、ψ_a、ψ_b、ψ_c——各绕组所交链的全部磁链；

$\quad\quad\quad\quad\quad L_{1l}$——定子漏磁通所对应的定子相漏感；

$\quad\quad\quad\quad\quad L_{2l}$——转子漏磁通所对应转子相漏感；

$\quad\quad\quad\quad\quad L_{1m}$——与主磁通对应的定子电感。

（2）电压方程

$$\begin{bmatrix} u_A \\ u_B \\ u_C \\ u_a \\ u_b \\ u_c \end{bmatrix} = \begin{bmatrix} R_1 & 0 & 0 & 0 & 0 & 0 \\ 0 & R_1 & 0 & 0 & 0 & 0 \\ 0 & 0 & R_1 & 0 & 0 & 0 \\ 0 & 0 & 0 & R_2 & 0 & 0 \\ 0 & 0 & 0 & 0 & R_2 & 0 \\ 0 & 0 & 0 & 0 & 0 & R_2 \end{bmatrix} \begin{bmatrix} i_A \\ i_B \\ i_C \\ i_a \\ i_b \\ i_c \end{bmatrix} + p \begin{bmatrix} \psi_A \\ \psi_B \\ \psi_C \\ \psi_a \\ \psi_b \\ \psi_c \end{bmatrix} \quad\quad （10\text{-}12）$$

式中　u_A、u_B、u_C、u_a、u_b、u_c——各绕组端电压；

$\quad\quad\quad R_1$、R_2——定子、转子绕组的每相电阻。

（3）转矩方程

$$T_e = -n_p L_{1m}[(\,i_A i_a + i_B i_b + i_C i_c\,)\sin\theta + (\,i_A i_b + i_B i_c + i_C i_a\,)\sin(\theta + 120°) + (\,i_A i_c + i_B i_a + i_C i_b\,)\sin(\theta - 120°)]$$
$$（10\text{-}13）$$

式中　n_p——电机磁极对数。

（4）动力学方程

$$T_L = T_e - \frac{J}{n_p}\frac{d\omega}{dt} \quad\quad （10\text{-}14）$$

式中　T_L——负载阻转矩；

$\quad\quad T_e$——电机电磁转矩；

$\quad\quad J$——机组的转动惯量。

2. 异步电机在两相静止坐标系中的动态数学模型

将坐标变换矩阵代入三相静止坐标系中的异步电机数学模型中，可对其进行化简，电机电压方程化简为

$$\begin{cases} u_{\alpha 1} = R_1 i_{\alpha 1} + p\psi_{\alpha 1} \\ u_{\beta 1} = R_1 i_{\beta 1} + p\psi_{\beta 1} \\ u_{\alpha 2} = R_2 i_{\alpha 2} + p\psi_{\alpha 2} + \omega_r \psi_{\beta 2} \\ u_{\beta 2} = R_2 i_{\beta 2} + p\psi_{\beta 2} - \omega_r \psi_{\alpha 2} \end{cases} \quad\quad （10\text{-}15）$$

定子电压矢量为 $\boldsymbol{u}_1 = u_{\alpha 1} + ju_{\beta 1}$，因此采用矢量形式描述的电压方程为

$$\begin{cases} \boldsymbol{u}_1 = R_1 \boldsymbol{i}_1 + p\boldsymbol{\psi}_1 \\ \boldsymbol{u}_2 = R_2 \boldsymbol{i}_2 + p\boldsymbol{\psi}_2 - j\omega_r \boldsymbol{\psi}_2 \end{cases} \quad\quad （10\text{-}16）$$

同理，可以推导出 2s 坐标系中磁链方程为

$$\begin{cases} \boldsymbol{\psi}_1 = L_s \boldsymbol{i}_1 + L_m \boldsymbol{i}_2 \\ \boldsymbol{\psi}_2 = L_r \boldsymbol{i}_2 + L_m \boldsymbol{i}_1 \end{cases} \tag{10-17}$$

式中 $L_m = \dfrac{3}{2} L_{1m}$；

$$L_s = L_{1l} + \frac{3}{2} L_{1m} = L_{1l} + L_m ;$$

$$L_r = L_{2l} + \frac{3}{2} L_{1m} = L_{2l} + L_m ;$$

下标 1 代表定子，下标 2 代表转子。

电机转矩方程为

$$T_e = 1.5 n_p L_m (i_{\beta 1} i_{\alpha 2} - i_{\alpha 1} i_{\beta 2}) \tag{10-18}$$

3. 异步电机在两相旋转坐标系中的动态数学模型

以电压矢量为例，2s 坐标系中的定子电压矢量与 2r 坐标系中的电压矢量的数学关系为

$$\boldsymbol{u}_{1\_2s} = \boldsymbol{u}_{1\_2r} e^{j\theta_1} \tag{10-19}$$

其他矢量在不同坐标系中的数学描述与式（10-19）类似，将其代入 2s 坐标系中异步电机的数学模型，可以推导出 2r 坐标系中电机数学模型如下：

电压方程为

$$\begin{cases} \boldsymbol{u}_1 = R_1 \boldsymbol{i}_1 + p \boldsymbol{\psi}_1 + j\omega_1 \boldsymbol{\psi}_1 \\ \boldsymbol{u}_2 = R_2 \boldsymbol{i}_2 + p \boldsymbol{\psi}_2 + j(\omega_1 - \omega) \boldsymbol{\psi}_2 \end{cases} \tag{10-20}$$

磁链方程为

$$\begin{cases} \boldsymbol{\psi}_1 = L_s \boldsymbol{i}_1 + L_m \boldsymbol{i}_2 \\ \boldsymbol{\psi}_2 = L_s \boldsymbol{i}_2 + L_m \boldsymbol{i}_1 \end{cases} \tag{10-21}$$

电机转矩方程为

$$T_e = 1.5 n_p L_m (i_{q1} i_{d2} - i_{d1} i_{q2}) \tag{10-22}$$

通过对比可以发现，在 2s 与 2r 坐标系中，电机数学模型的不同仅在于电压方程。这是因为仅在电压方程中存在 p 算子（微分算子），而坐标变换矩阵式（10-5）、式（10-6）中的 θ_1 与时间有关，所以变换后的旋转电动势有所不同。

10.2.3　交流异步电机矢量控制系统

矢量控制通常以电流闭环控制作为内环，以转矩或转速调节作为外环，电机磁链按圆形轨迹运行，电流谐波和转矩脉动通常比直接转矩控制方法小，可以兼顾转矩快速响应和电流瞬态抑制，因此非常适合运行平稳性要求较高、系统体积设计紧凑的场合。由于矢量控制的这些优点，目前电动汽车驱动电机系统普遍采用这一控制方法。

根据磁场定向方式，异步电机矢量控制主要有以下几种类型：

1）转子磁场定向矢量控制。

2）定子磁场定向矢量控制。

3）气隙磁场定向矢量控制。

转子磁场定向可以实现励磁电流和转矩电流的自然解耦，定子磁场定向对参数鲁棒性好，而气隙磁场定向没有明显的优势，因此转子磁场定向和定子磁场定向方法得到了推广应用，而气隙磁场定向方法应用较少。

基于转子磁场定向的矢量控制技术有直接式和间接式两种。直接磁场定向控制系统中含有磁链观测和调节器，依据观测的磁场方向进行定向；间接磁场定向控制系统仅依靠电机方程来进行磁场的定向。转子磁场间接定向是一种简单而实用的控制方法。图 10-14 所示为异步电机转子磁场间接定向矢量控制框图，主体为负反馈闭环控制结构，其中 d、q 轴电流是被控量，电压是控制量，采用了前馈加 PID 控制的调节方法。

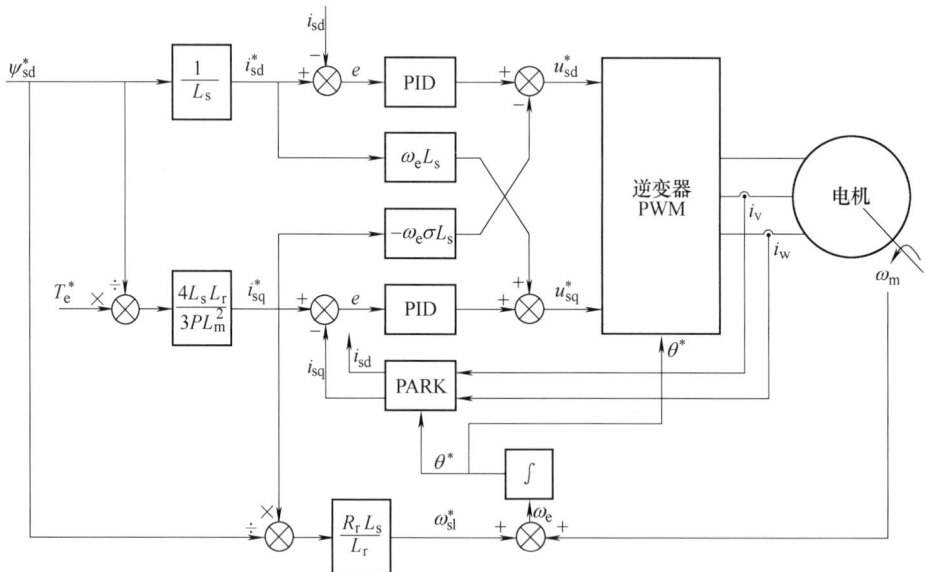

图 10-14　异步电机转子磁场间接定向矢量控制框图

控制转矩指令 T_e^* 来源于转速环或上层控制单元；磁链给定值 ψ_{sd}^* 根据预先计算好的转矩 - 磁链曲线得出，注意在高速弱磁阶段，ψ_{sd}^* 的值受弱磁控制环节的限制。给定 ψ_{sd}^* 和 T_e^* 后，根据转子磁场定向下的电机方程，计算出 d、q 轴给定电流 i_{sd}^* 和 i_{sq}^*，计算公式为

$$i_{sd}^* = \frac{\psi_{sd}^*}{L_s}, \quad i_{sq}^* = \frac{T_e^*}{\psi_{sd}^*}\frac{4L_sL_r}{3PL_m^2} \tag{10-23}$$

给定电流和反馈电流偏差通过 PID 调节器进行闭环控制，为了提高电流控制的响应速度，采用前馈控制方法来补偿 d、q 轴之间的耦合电压，因此控制电压的计算公式为

$$u_{sd}^* = -\omega_e\sigma L_s i_{sq}^* + (k_p + \frac{k_i}{s} + sk_d)(i_{sd}^* - i_{sd}) \tag{10-24}$$

$$u_{sq}^* = \omega_e\psi_{sd}^* + (k_p + \frac{k_i}{s} + sk_d)(i_{sq}^* - i_{sq}) \tag{10-25}$$

式中 k_p、k_i、k_d——PID 控制环节的比例参数、积分参数和微分参数。

在设计 PID 控制时，需要对积分进行限幅，而且在控制电压裕量不充分的情况下，控制电压需尽量分配给 q 轴。

当采用间接方式来实现对转子磁场的定位时，可通过电机参数以及给定的 d 轴磁链和 q 轴电流，前馈计算出一个转差频率 ω_{sl}^*，即

$$\omega_{sl}^* = \frac{i_{sq}^*}{\psi_{sd}^*} \frac{R_r L_s}{L_r} \tag{10-26}$$

ω_{sl}^* 加上转速传感器检测的转子电角速度 ω_m，就得到同步频率 ω_e，对 ω_e 积分就间接得到了转子磁链位置 θ^*，即

$$\theta^* = \int_0^t \omega_e = \int_0^t (\omega_m + \omega_{sl}^*) \tag{10-27}$$

利用 θ^*，对采样的三相电流进行 PARK 变换，得到 d、q 轴反馈电流 i_{sd} 和 i_{sq}。在 PWM 环节，也会用到 θ^*，将同步旋转坐标系下的控制电压量变换为静止坐标系下的量。

转子磁场定向控制性能实际能否达到理论分析的效果，关键在于定向的准确性。从以上分析可以看出，前馈计算出的转差频率的准确性决定了定向的精度。计算转差频率时用到了电机转子电阻、定子电感和转子电感等参数，由于计算公式中定子电感和转子电感分别位于分子和分母中，电感参数变化对转差频率计算精度的影响减弱了，因此定向的准确性主要受转子电阻参数的影响。由于转子电阻随温度等因素变化较大，为了保证定向的准确度，在实际应用时通常会加入一些自适应的校正方法，常用的转差频率校正方法有：

1）基于瞬时无功功率的转差频率校正方法。

2）基于转子反电动势 d 轴分量的转差频率校正方法。

3）基于定子电压幅值的转差频率校正方法。

4）基于定子电流定向同步坐标系的转差频率校正方法。

10.2.4 交流异步电机直接转矩控制系统

为了减小电机的转矩脉动，多种交流异步电机直接转矩控制方案被提出，下面介绍几种典型的方案。

1. 基于扩充电压矢量表的改进方案

采用 SVPWM 技术对两电平电压型逆变器的基本电压矢量进行线性组合，可以得到相位任意的、幅值较小的电压空间矢量，采用该技术可以扩充电压矢量表的矢量个数。例如，可以在原有电压空间矢量（图 10-15a）中扩充出 6 个幅值较小的同方向电压矢量（图 10-15b），也可以在原有 6 个电压矢量错开 30° 的位置扩充 6 个电压矢量（图 10-16c），这样就可以得到图 10-16d 中类似于三电平电压型逆变器的共 19 种不同的电压空间矢量。它与三电平逆变器的不同之处是，后者本身固有这 18 个基本电压矢量，而两电平逆变器必须采用 PWM 技术才可以获得等效的电压矢量。

采用图 10-15 中小幅值的电压矢量去扩充 DTC 方案的电压矢量表，并且在较低速度的时候使用，就可以明显改善系统的转矩性能。

图 10-16 所示为采用上述方法后调速系统的仿真结果。

图 10-16a 所示为 DTC 方案的仿真结果；图 10-16b 所示为采用图 10-15b 中小幅值电压矢量得到的仿真结果；图 10-16c 所示为采用幅值为原电压矢量 1/5 的合成矢量后得到的仿真结果，稳态时的转矩脉动有了不同程度的改善。

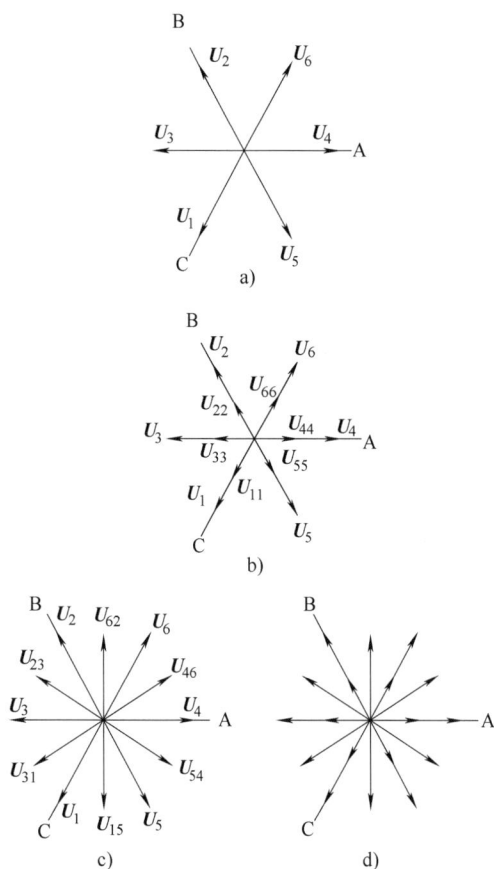

图 10-15　电压矢量的扩充图

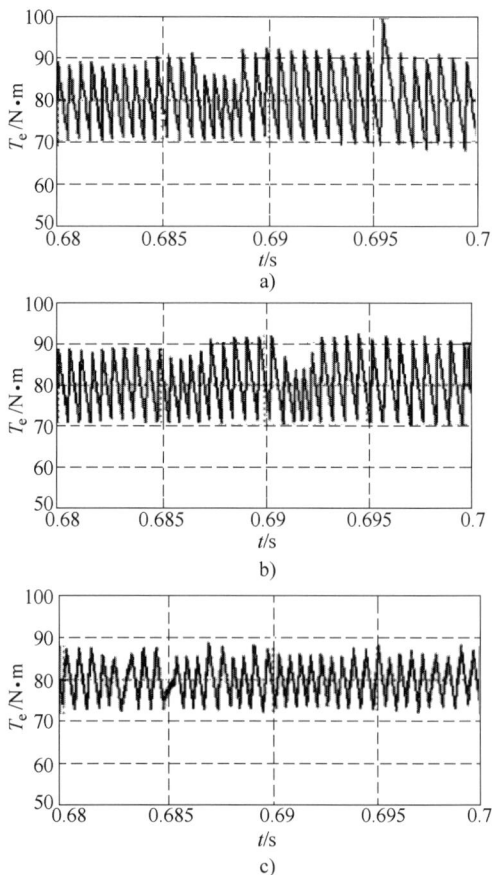

图 10-16　不同 DTC 方案的仿真结果

2. 基于调节电压空间矢量占空比的改进方案

图 10-17 所示系统框图与一般的交流异步电机直接转矩控制方案相比，少了转矩的滞环调节器，同时多一个占空比（δ）的调节单元。电机模型单元求解出电机定子磁链、电机转矩、定子磁链所处扇区信号 ST。磁链滞环调节器输出 ΨQ 以提供定子磁链幅值的控制状态，用以对其进行滞环控制。由 ΨQ 与 ST 利用电压空间矢量表 10-5，查询出对定子磁链幅值进行闭环调节的电压矢量。

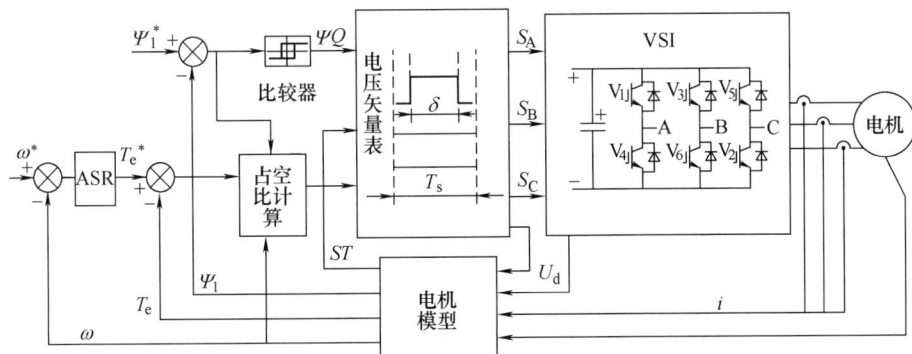

图 10-17 基于占空比调节的交流异步电机直接转矩控制系统框图

表 10-5 定子电压空间矢量选择表

电压矢量	S_1	S_2	S_3	S_4	S_5	S_6
$\Psi Q = 1$	U_2	U_3	U_1	U_5	U_4	U_6
$\Psi Q = 0$	U_6	U_2	U_3	U_1	U_5	U_4

占空比单元用以对转矩进行闭环控制，它根据电机的速度、转矩的误差量以及定子磁链幅值的误差量来确定在一个 T_s 周期内电压矢量作用的时间份额（即占空比 δ）。这种控制系统的显著特点是：

1）占空比连续可调，包含了前述方案——合成小幅值电压矢量的功能。

2）在 T_s 较大的情况下，仍然可以对交流电机的转矩进行有效的控制。

图 10-17 所示系统的关键环节是占空比的计算单元，该单元需要考虑以下几个因素：当定子磁链幅值保持不变时，定子电压近似与电机转速 ω 成正比；注意要加速定子磁链的过渡过程；注意电磁转矩在暂态过程中的响应速度。合理地设计占空比，可以使系统保持较好的动态与稳态性能。

10.3 AUTOSAR 软件架构

AUTOSAR（AUTomotive Open System ARchitecture），是由宝马、戴姆勒 - 克莱斯勒、福特等汽车制造商，博世等零部件供应商，以及半导体和软件公司联合推出的汽车电子开放系统架构。它已经成为汽车 ECU 事实上的开放式系统架构标准。该规范主要包含三部分内容：分层架构、方法论与应用接口规范。

在 AUTOSAR 中，ECU 被抽象分类成三大块，分别是应用软件层（Application Software Layer，ASW）、运行时环境（Runtime Environment，RTE）以及基础软件层（Basic Software Layer，BSW）。基础软件层主要包含标准的软件模块，但是也可以集成特殊的固件，例如复杂驱动。其架构如图 10-18 所示。

第10章

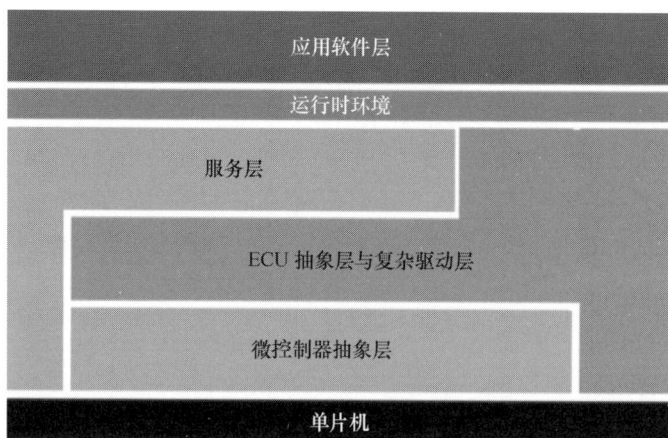

图 10-18　AUTOSAR 软件架构

　　应用软件层包含若干软件组件（Software Component，SWC），每个软件组件由若干个运行实体（Runnable Entity，RE）组成。运行实体中封装了相关控制算法，可由 RTE 事件（RTE Event）触发，并通过端口（Port）与外界进行信息交互。

　　运行时环境通过一系列 RTE 接口函数实现应用软件的可移植，实现了应用软件层 SWC 之间以及 SWC 和 BSW 之间的数据交换并控制它们之间的相互作用。

　　基础软件层包含底层驱动相关模块，可细分为服务层（Services Layer）、ECU 抽象层（ECU Abstraction Layer）、复杂驱动层（Complex Drivers Layer）以及微控制器抽象层（Microcontroller Abstraction Layer，MCAL）。高度的分层与模块化设计使得软硬件解耦、软件模块的复用度大大提升。目前，AUTOSAR 4.x 定义了超过 90 个模块和库。这些模块的主要功能有操作系统、非易失性内存访问、CAN/FlexRay/Ethernet 总线通信、故障处理、I/O 访问、系统服务，如图 10-19 所示。

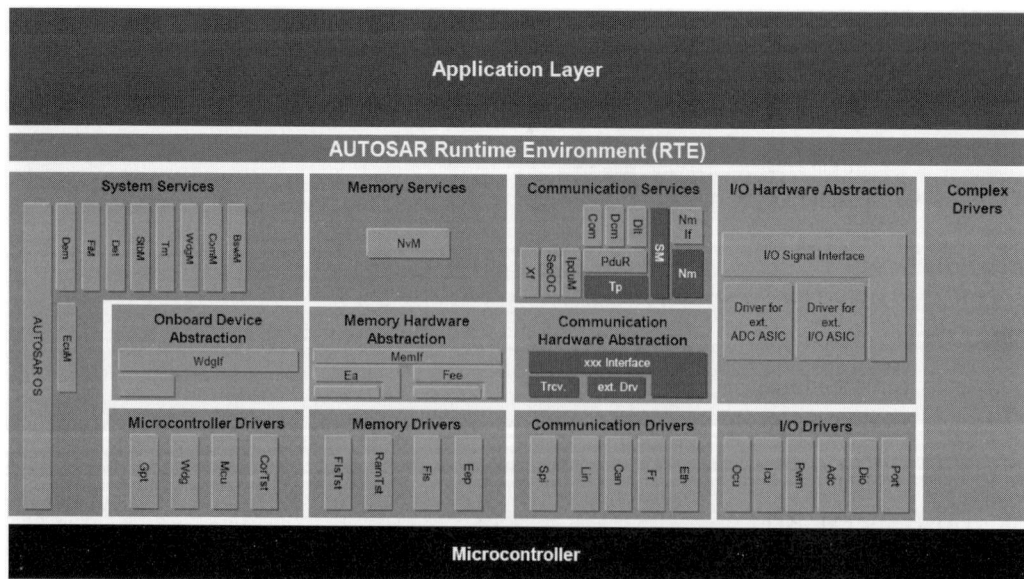

图 10-19　AUTOSAR 基础软件模块（见彩色插页）

图中：

AUTOSAR（AUTomotive Open System ARchitecture）——汽车开放系统架构

Application Layer——应用层（即应用软件层）

Runtime Environment（RTE）——运行时环境

System Services——系统服务

BswM（Basic Software Mode Manager）——基础软件模式管理

ComM（Communication Manager）——通信管理

WdgM（WatchDog Manager）——看门狗管理

Tm（Time Service）——时间服务

StbM（Synchronized Time-Base Manager）——同步时基管理

Det（Default Error Tracer）——预置错误追溯

FiM（Function Inhibition Manager）——功能禁止管理

Dem（Diagnostic Event Manager）——诊断事件管理

EcuM（ECU State Manager）——电子控制单元状态管理

AUTOSAR OS（AUTOSAR Operating System）——AUTOSAR 操作系统

Memory Services——内存服务

NvM（Non volatile RAM Manager）——非易失性内存管理

Communication Services——通信服务

Nm If（Network Management Interface）——网络管理接口

Nm（Network Management）——网络管理

SM（State Manager）——状态管理

Dlt（Diagnostic Log and Trace）——诊断记录与追溯

Dcm（Diagnostic Communication Manager）——诊断通信管理

Com（Communication）——通信模块

PduR（Protocol Data Unit Router）——协议数据单元路由

Tp（Transport Layer）——传输层

IpduM（I-PDU Multiplexing）——协议空数据单元信息多路复用

SecOC（Secure Onboard Communication）——安全车载通信

Xf（Transformer）——转换器

I/O（Input/Output）Hardware Abstraction——输入输出硬件抽象

I/O（Input/Output）Signal Interface——输入输出信号接口

Driver for ext. I/O ASIC（Input/Output Application Specific Integrated Circuit）——外设驱动如输入输出专用集成电路

Driver for ext. ADC ASIC（Analog-to-Digital Converter Application Specific Integrated Circuit）——外设驱动如模 / 数转换器专用集成电路

Complex Drivers ——复杂驱动

Onboard Device Abstraction ——车载设备抽象层

    WdgIf（Watchdog Interface）——看门狗接口

Memory Hardware Abstraction——内存硬件抽象

    MemIf（Memory Abstraction Interface）——内存抽象接口

    Ea（EEPROM Abstraction）——电可擦只读存储器抽象层

    Fee（Flash EEPROM Emulation）——闪存模拟电可擦只读存储器

Communication Hardware Abstraction ——通信硬件抽象层

    xxx Interface　Trcv.　ext. Drv ——驱动接口

    Trcv.（transceiver）——收发器

    ext.Drv（external Driver）——外部驱动

Microcontroller Drivers ——微控制器驱动

    CorTst（Core Test）——内核测试驱动

    Mcu（Microcontroller Unit）——微控制器单元驱动

    Wdg（WatchDog）——看门狗驱动

    Gpt（General Purpose Timer）——通用定时器驱动

Memory Drivers ——内存驱动

    Eep（Electrically Erasable Programmable Read - Only Memory）——电可擦只读存储器驱动

    Fls（Flash）——闪存驱动

    RamTst（Random access memory Test）——随机访问内存测试驱动

    FlsTst（Flash Test）——闪存测试驱动

Communication Drivers ——通信驱动

    Eth（Ethernet）——以太网通信协议驱动

    Fr（FlexRay）——FlexRay 通信协议驱动

    Can（Controller Area Network）——控制器局域网通信协议驱动

    Lin（Local Interconnect Network）——局域互联网络通信协议驱动

    Spi（Serial Peripheral Interface）——串行外设接口通信协议驱动

I/O Drivers ——输入输出驱动

    Port ——端口驱动

    Dio（Digital Input Output）——数字输入输出口驱动

    Adc（Analog-to-Digital Converter）——模拟数字转换器

    Pwm（Pulse Width Modulation）——脉冲宽度调制

    Icu（Input Capture Unit）——输入捕获单元

    Ocu（Output Compare Unit）——输出比较单元

Microcontroller ——微控制器

10.3.1　基础软件层

10.3.1.1　微控制器抽象层

微控制器抽象层（Microcontroller Abstraction Layer，MCAL）属于 AUTOSAR 架构中的最底层，实现了直接和电机控制 ECU 主控芯片的驱动和交互，所有向更上层传输的数据流均需要通过该层（除复杂驱动外）。

按照协议栈纵向划分，MCAL 又可分为微控制器驱动、存储器驱动、通信驱动和 I/O 驱动。目前在电机控制应用中，这四部分一般包含模块如下：

（1）微控制器驱动：MCUDRV、WDGDRV、GPTDRV

1）MCUDRV 是抽象于板载芯片的模块（对板载的芯片进行初始化和状态管理的模块），在初始化阶段对板载芯片的主控时钟、外设时钟进行初始化，并且进行一部分的自检工作；在运行阶段向 ECU 抽象层提供不同芯片的状态切换接口，实现正常运行、低功耗等模式的切换。

2）WDGDRV 是内部看门狗的抽象模块，将看门狗模块统一抽象后送入 ECU 抽象层进行统一管理。

3）GPTDRV 是通用定时器抽象模块，将芯片所有可用于定时器功能的模块进行统一抽象后向上提供接口，用于其他模块的定时器功能。

（2）存储器驱动：FLSDRV、EEPDRV

FLSDRV 是对芯片内部的数据 Flash 进行操作的驱动模块，EEPDRV 是芯片内部的 EEPROM 操作驱动抽象模块，两者同时向 ECU 层提供操作接口。

（3）通信驱动：SPIDRV、CANDRV

SPIDRV 和 CANDRV 分别实现了标准的通信协议，并将接收的数据和需要发送的数据按照统一的接口和上层进行交互。

（4）I/O 驱动：ADCDRV、ICUDRV、PORTDRV、DIODRV、PWMDRV

1）ADCDRV 是板载 ADC 的抽象驱动，对模拟量进行采集。

2）ICUDRV 是对捕获单元的抽象，可用于各类跳变沿信号的宽度进行捕获。

3）PORTDRV 和 DIODRV 是对所有 IO 数字量的驱动端口进行抽象的模块，另外 DIODRV 还对这些端口进行了通道组的分组，实现通道组的同时读写。

4）PWMDRV 是对所有可用于生成 PWM 的模块进行的抽象，向上提供统一的 PWM 信号接口。

这里需要说明，不同软件生产商按照 AUTOSAR 规范定义编写的 DIODRV、PWMDRV 在实现速度上都各不相同，由于电机的强实时性要求，很多情况下，实际 PWM 驱动和 DIODRV 都可能需要在复杂驱动层实现。

10.3.1.2　复杂驱动层

复杂驱动层（Complex Drivers Layer）实现了跳过 ECU 抽象层，直接向 RTE 提供数据的功能，主要用于实现目前在 AUTOSAR 架构中一些尚未定义的功能，比如在电机控制中的旋变软件解码功能，需要手工代码实现后再受 RTE 调用。另外，由于电控产品的功率模块逐渐向碳化硅方向发展，开关频率越来越高，使得软件的实时性也大幅增加。当 AUTOSAR 定义的标准模块无法实现强实时性要求的一些功能时，也可以通过手工代码在复杂驱动层实现。

ECU 抽象层（ECU Abstraction Layer）将所有微控制器抽象层的模块进行抽象，并且将所有的硬件资源虚拟化，统一了所有的硬件接口，从而使得上层软件不需要考虑具体硬件资源由微处理器还是由外部设备提供。

和微控制器抽象层一样，复杂驱动层按照协议栈纵向划分也可分为板级设备抽象、存储器硬件抽象、通信硬件抽象和 I/O 硬件抽象四类。一般包含模块如下：

（1）板级设备抽象：WDGIF

WDGIF：用于所有板级看门狗的接口抽象，包括内部和外部看门狗。

（2）存储器硬件抽象：Ea、Fee、MemIf

1）Ea：用于对所有芯片内部和外部 EEPROM 的接口进行抽象，向上提供统一的接口。

2）Fee：用于对所有芯片内部和外部 Flash 的接口进行抽象，向上提供统一的接口。

3）MemIf：将所有 Ea 和 Fee 的存储模块进行进一步抽象，向上提供所有非易失存储单元的硬件抽象。

（3）通信硬件抽象：CANIF

CANIF：将下层多路 CAN 通道统一抽象并将协议数据单元向上层的通信栈进行传输，实现了 CAN 网络的传输请求和接收通知，以及 CAN 网络的启动和停止。

（4）I/O 硬件抽象：IoHwAb

IoHwAb：实现了 RTE（运行时环境）对硬件 I/O 的信号映射，上层应用层无须知道具体的信号是通过哪一个硬件模块采集和外发，只需要对收到的信号进行应用处理以及将外发信号传递给 IoHwAb 模块。

10.3.1.3　服务层

服务层（Services Layer）是 AUTOSAR 架构中基础软件的最顶层，实现了向应用软件提供各类服务的功能，是基础软件运行向上抽象的最终执行层。所有符合汽车相关标准的功能性服务都在此层。

服务层按照纵向的协议栈可分为系统服务、存储服务、通信服务三类，一般包含的模块如下：

（1）系统服务：AUTOSAR OS、ComM、BswM、Csm、Dem、EcuM

1）AUTOSAR OS：实时操作系统既可以是单核操作系统，也可以是多核操作系统，可实现任务管理、事件管理、CPU 管理、I/O 管理、消息管理以及内存管理。一般电机控制应用到的操作系统多为多任务操作系统，操作系统会使用特定的调度算法实现操作系统的实时性。可以说操作系统是实现整个电机控制软件架构的载体，整个电机控制软件都需要它来控制运行。另外，随着目前功能安全需求的导入，对电机控制软件的架构设计要求越来越严格，这也对操作系统的任务划分和多核通信提出了很高的设计要求。

2）ComM：向 RTE 提供面向信号的接口。将信号放置到报文中，并将报文按照定义的方式发送出去，还包括对接收信号的多种检测机制等功能。

3）BswM：包含车辆模式管理和应用模式管理，处理来自应用软件和其他模块的模式请求，并执行仲裁后的具体操作，如超时检测机制、调度表切换。

4）Csm：提供用于应用软件访问基础加密函数的接口，通过和底层 SHE 等模块交互，实现硬件加密、MAC 等功能。

5）Dem：用于故障内存管理，提供诊断检测的标准接口，将诊断故障码的状态、环境数据保存到非易失存储器中，和 Dcm、NvM 进行交互。

6）EcuM：负责 ECU 的启动和关闭，同时还管理 ECU 的唤醒机制。直接操作 MCAL 中 MCU 提供的管理接口。

（2）存储服务：NvM

NvM：非易失存储管理单元，它将所有非易失存储单元进行统一管理，向应用软件和其他模块提供存储和读取的服务。

（3）通信服务：NmIf、Nm、Tp、PduR、Com、Dcm

1）NmIf、Nm：实现网络管理协调器的作用，允许同步多个不同的网络，对它们进行同步唤醒或关闭。

2）Tp：实现符合标准的网络层通信，比如 ISO 15765 协议，实现从链路层的数据解包获得数据，并重新分包发送给上层 PduR。

3）PduR：负责在总线系统和 Dcm、Com 之间分发通信包，并实现了和 Tp 之间的路由。将不同网络链路的数据进行统一抽象。

4）Com：负责处理信号的接收和发送，并为 RTE 层提供信号接收和发送函数。

5）Dcm：实现了符合标准的诊断协议，比如 ISO 14229-1、OBD2 等协议，将 PduR 发送来的数据进行处理，并向应用软件提供标准的诊断服务，如会话状态管理、ECU 重启等。

10.3.1.4 故障诊断及 BootLoader 开发

1. 故障诊断协议

UDS（Unified Diagnostic Services，统一诊断服务）诊断协议是 ISO 15765 和 ISO 14229 定义的一种汽车通用诊断协议，位于 OSI 模型中的应用层，它可在不同的汽车总线（例如 CAN、LIN、FlexRay、Internet 和 K-line）上实现。基于 CAN 的 UDS 诊断协议是目前绝大部分汽车厂商均采用的一种诊断协议。

UDS 本质上是一系列的服务，包含 6 大类共 26 种。每种服务都有自己独立的 ID，即 SID（Service Identifier，诊断服务 ID）。UDS 本质上是一种定向的通信，是一种交互协议（Request/Response），即诊断方给 ECU 发送指定的请求数据（Request），这条数据中需要包含 SID。如果是肯定的响应（Positive Response），回复 [SID+0x40]，即请求 10，响应 50；请求 22，响应 62，回复的是一组数据。如果是否定的响应（Negative Response），回复 [7F+SID+NRC]，回复的是一个声明。

2. 故障诊断策略

整车 VCU 可以直接通过 CAN 总线实时监测电机系统的运行状态和发生故障时的具

体故障状态，也可以在离线的状态下，通过 UDS 协议对系统发生的历史故障信息进行读取和清除。MCU 故障诊断包括故障按故障严重程度分类、诊断触发条件设计、故障检测周期、故障判断条件设置、故障恢复条件设计以及 DTC 故障码分配等。

故障信息存储时，还需要根据系统的具体需求，在存储 DTC 故障码的同时，增加故障发生时刻系统状态量的冻结数据存储，以便对历史故障进行离线分析。

对于车用电机控制系统，典型的故障诊断策略见表 10-6。

表 10-6　典型车用电机控制系统故障诊断策略

序号	故障码（DTC）	故障	故障等级	故障判断条件	故障产生条件	监测类型	检测率	故障恢复条件	故障恢复时间	故障处理策略
1	P180719	任一相电流过大	2	CAN 网络正常；电机控制器处于 Wakeup 且不在特定诊断状态	任一相电流大于 680A	周期型	每 50μs 检测	相电流小于 680A	立即恢复	电机降额限功率工作
2	P18364B	电机高温错误			电机温度 >155℃，且 <170℃	周期型	每 50μs 检测	电机温度从高温区域降至 150℃以下	立即恢复	电机降额限功率工作
3	P18074B	功率模块高温错误			控制器温度 >110℃	周期型	每 50μs 检测	控制器温度 <110℃	立即恢复	电机降额限功率工作
4	P183370	电机超速			电机转速 >15000r/min	周期型	每 50μs 检测	电机转速 <15000r/min	立即恢复	电机降额限功率工作
5	P1D1401	电机温度传感器异常			电机温度 >200℃，或 <-50℃	周期型	每 50μs 检测	重新上电后恢复	立即恢复	电机低功率降性能运行
6	P1D0017	逆变器过电压	4		蓄电池/发电机电压不正常（高于滞环上限阈值）	周期型	每 50μs 检测	电压恢复正常（低于滞环下限阈值）	立即恢复	电机停止运行

3. 芯片级功能安全保护策略

车用嵌入式软件对安全要求比较高，要求芯片 CPU 能监测自身运行状态，因此通常选择锁步模式。以恩智浦 MPC 56xx 系列单片机为例，芯片级保护包括 ECC 检测和 MPU 保护处理。

（1）ECC 检测单元

ECC 检测单元能够对 Flash 和 SRAM 中的数据进行完整性监测，如果出现 1 位故障，芯片能自行校准。如果是多位或以上故障则无法校准，用户可以通过相应的配置进行故障处理。

（2）MPU 单元

嵌入式系统使用多任务的操作和控制，这些系统必须提供一种机制来保证正在运行的任务不破坏其他任务的操作，即要防止系统资源和其他一些任务受到非法访问。嵌入式系统有专门的硬件来检测和限制系统资源的访问。它能保证资源的所有权，任务需要遵守一组由操作环境定义的、由硬件维护的规则，在硬件级上授予监视和控制资源程序的特殊权限。受保护系统可以主动防止一个任务使用其他任务的资源。

图 10-20 所示为恩智浦 MPC5643L MPU 保护模块的原理框图。

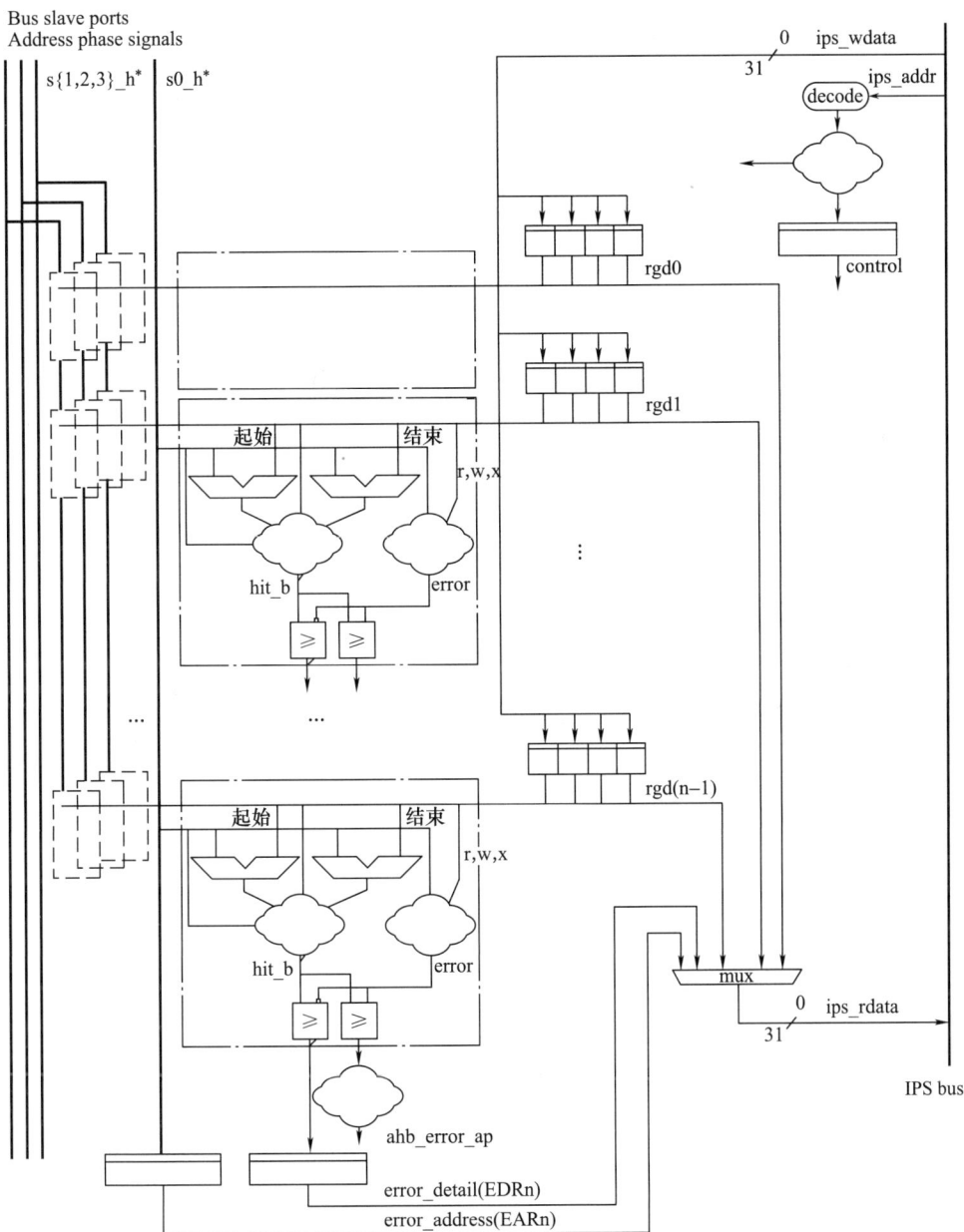

图 10-20　恩智浦 MPC5643L MPU 保护模块原理框图

MPC5643 系列 MCU 提供 16 个可编程 128 位区域描述符，如图 10-20 中 rgd0~rgd15，每个由 4 个 32 位 word（0~3）组成，每个区域描述符定义一个 32 字节对齐的存储器映射空间，在单个区域描述符字中可定义两个访问控制权限。MPU 控制以及保护 Crossbar

Master 对存储器映射地址区域的访问权限。还能够提供 Crossbar 总线互联矩阵级别的存储器保护功能，每个 Crossbar Master（CPU 内核、DMA 等）配置其对每个保护存储器（作为 Crossbar slave）区域的不同访问权限。

图 10-20 中，MPC56xx 系列 MPU 为设备中生成的所有内存引用提供硬件访问控制。MPU 使用预先编程的区域描述符（rgdn）定义内存空间及其相关的访问权限，并发地监视所有系统总线传输（包括由 eDMA 或 FlexRay 协议控制器发起的），并评估每个传输的适当性。允许具有足够访问控制权限的内存引用完成，而没有映射到任何区域描述符或没有足够权限的引用则使用保护错误响应终止。MPU 实现一组程序可见的区域描述符，用于监视所有系统总线地址（EARn）。MPU 模块由若干成对的错误详述寄存器（Error Detail Register，EDRn）和区域描述符（Region Discriptor，RGDn）的二维连接矩阵组成。

MPU 模块的访问权限控制逻辑主要由其访问宏模块（Access Evaluation Macro）完成，每一次 Crossbar Master 访问都将与所有有效的 MPU 区域描述符规则进行逻辑判断，这个逻辑判断过程是并行同时进行的，每一次逻辑判断包括命中认定（Hit Determination）和权限违规认定（Privilege Violation Determination）两步，MPU 访问权限控制逻辑如图 10-21 所示。

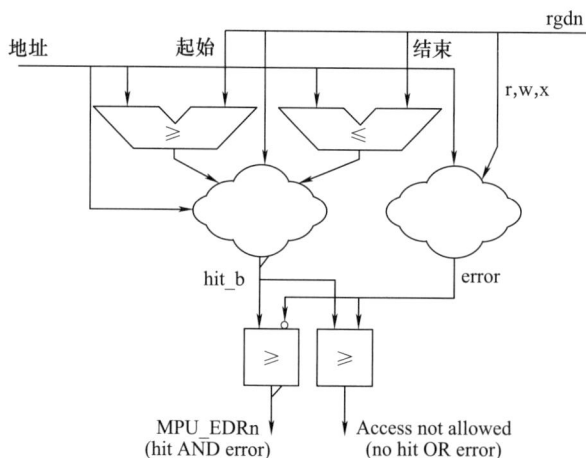

图 10-21　MPU 访问权限控制逻辑

1）命中认定（Hit Determination）。实际软件配置时，RGDn_Word0[SRTADDR] 指定起始地址，RGDn_Word1[ENDADDR] 指定结束地址，RGDn_Word3[VLD] 是正确位；如果当前总线 Master 访问的地址 addr[31:5] 满足以下逻辑运算，则称作区域命中（region_hit）：

region hit=((haddr[0:26] > = rgdn . srtaddr [0:26] & (haddr [0:26]< = rgdn . endaddr [0:26])) & rgdn.VLd)

与此同时，MPU 还将检查由描述符的 PID 和 PIDMASK 比特配置的可选的处理识别号（PID）与当前发起访问的总线 Master 的 PID 是否一致，这一过程称作 PID 命中（pid_hit）。

当区域命中（region_hit）和 PID 命中（pid_hit）都成功时，这次总线 Master 访问命中（hit）成功。

2）权限违规认定（Privilege Violation Determination）。在进行以上区域命中判断的时候，MPU 的控制逻辑同时按照描述符定义的各区域访问权限对当前访问进行权限认定，利用 Master 控制信号和 supervisor/user 模式信号进行访问权限认定，对访问权限——读 / 写 / 可执行（r/w/x）保护违规认定规则见表 10-7。

表 10-7　对访问权限——读 / 写 / 可执行（r/w/x）保护违规认定规则

类型	输入					输出
	高速写	高速保护域的第 0 位	有效许可的区域描述符：读	有效许可的区域描述符：写	有效许可的区域描述符：无操作	是否违反保护策略
指令读取	0	0	—	—	0	是，禁止所有操作
指令读取	0	0	—	—	1	否，允许获取
数据读	0	1	0	—	—	是，禁止读取操作
数据读	0	1	1	—	—	否，允许获取
数据写	1	—	—	0	—	是，禁止写操作
数据写	1	—	—	1	—	否，允许获取

根据以上评估结果，对于每一个总线 Salve 端口访问监测，MPU 将对每个独立的访问评估宏模块评估结果执行简单的与操作，从而产生总线访问错误和保护错误，并终止总线访问或者允许当前访问：

1）如果当前访问未命中任何区域描述符，将产生保护错误。

2）如果当前访问命中一个区域描述符，该区域描述符控制信号将报告保护违规和保护错误信号。

3）如果当前访问命中多个（包含 overlapping）区域描述符，所有命中的区域描述符控制信号将报告保护违规和保护错误信号。

4. BootLoader

对于电动汽车来说，当车辆已投入使用后，如何方便快捷地升级应用程序，对已知的问题进行改善是控制器必须具备的功能之一。车载 CAN 总线能很好地满足 MCU 升级的需求，可通过 CAN 网络作为通信介质开发 BootLoader 解决这一问题。BootLoader 为主控程序运行之前运行的一段程序，主要实现主控程序的引导和必要时从 CAN 总线上接收程序数据并写入 Flash，完成应用程序的升级更新。

在电动汽车软件中，BootLoader 使用 UDS 的诊断服务，将其作为下载程序的通信协议，BootLoader 的刷写流程与安全算法因具体的应用而不同，大致分为三个主要步骤：

（1）预编程步骤

预编程步骤用来为要下载的 ECU 做重编程前的 CAN 网络准备。

（2）主编程步骤

使用物理寻址通过安全算法访问，来编程一个或多个逻辑块。

（3）后编程步骤

用于在 MCU 的编程步骤完成之后结束编程活动。

以上步骤的实现，都需符合 ISO 14229 和 ISO 15765 等国际标准，通过拟定好功能和服务的上位机与 ECU 交互完成。按照标准规定，BootLoader 的重编程过程涉及三个诊断会话模式：默认会话模式（$10$01）、编程会话模式（$10$02）和扩展会话模式（$10$03）。ECU 中 UDS 诊断通常包含应用程序和 BootLoader 部分，大多数情况下都处于应用程序中，在执行编程操作时，需要进入 BootLoader 来实现。此外，BootLoader 除了具有程序更新功能，还具备实现远程程序更新、安全启动、多启动块等功能。

编程步骤的实现，可以通过会话模式的跳转来完成，BootLoader 重编程流程如图10-22 所示。

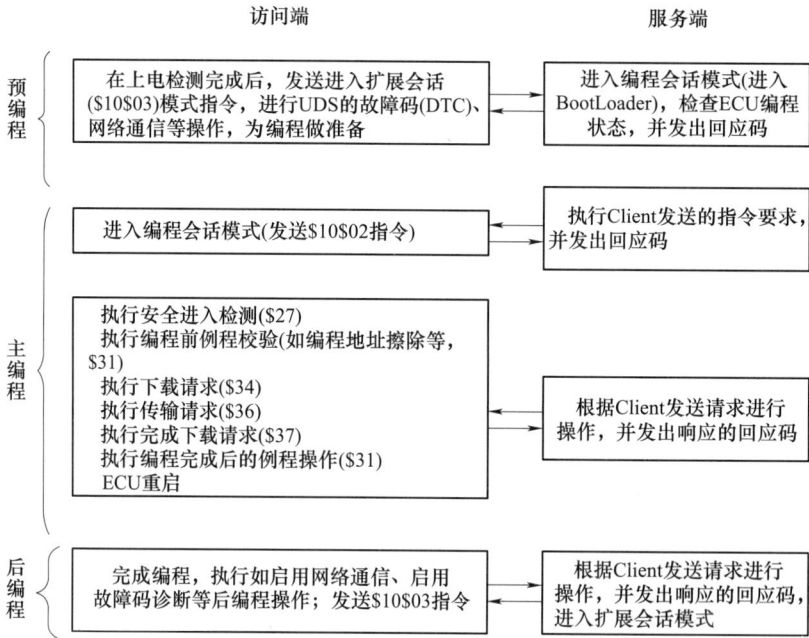

图 10-22　BootLoader 重编程流程

10.3.2　应用软件层

在完成 MCU 的 AUTOSAR 软件整体架构设计后，再根据不同的功能安全需求与功能需求，进行功能模块划分与模块设计。软件模块设计方法有手工代码方式、基于模型的代码生成开发以及两种方法结合的设计开发。

10.3.2.1　电机控制状态机设计

通常车用电机有 Initialization、Standby、PreCharge、HVActive、SpdqCtl、TrqCtl、Discharge、Failure 等多种不同的工作状态。合理的状态机设计，能保证逆变器软件中的电机控制程序在不同工作状态下的平滑切换与过渡。

MCU 工作模式转换示意图如图 10-23 所示。

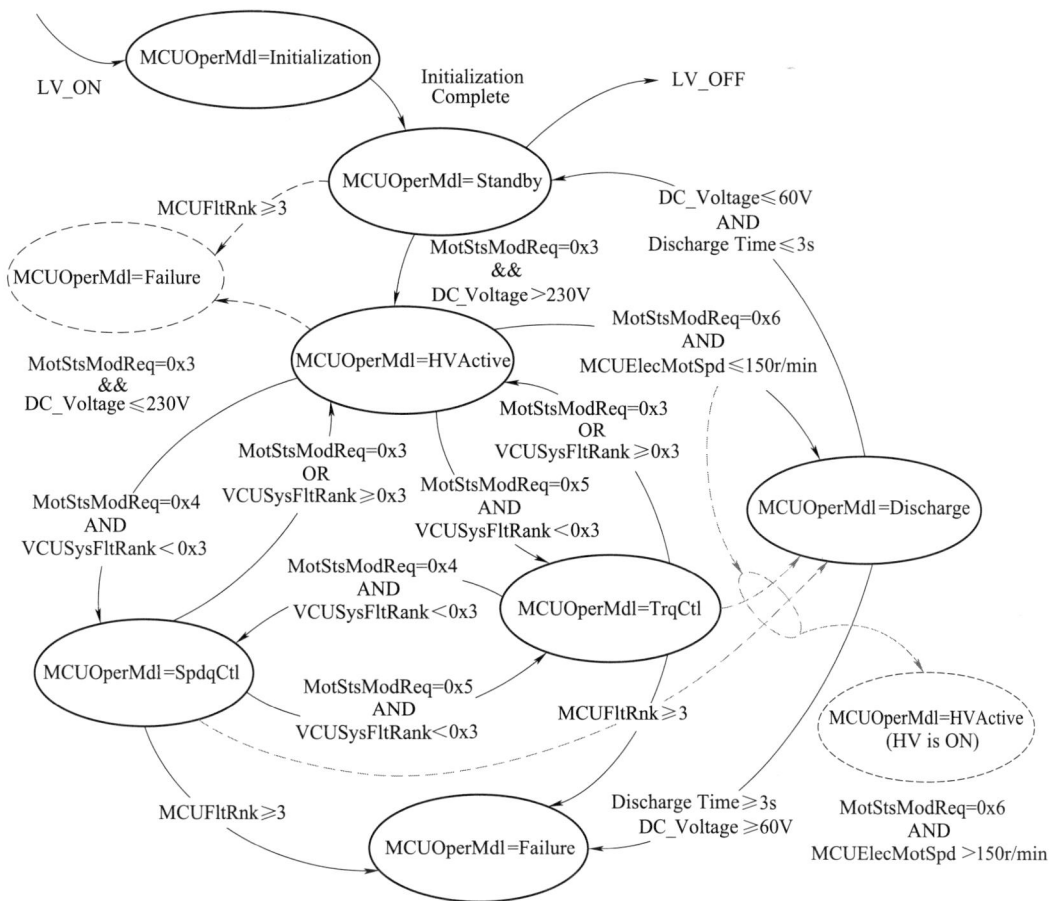

图 10-23   MCU 工作模式转换示意图

图中：

MCUOperMdl ——控制器操作模式

MCUFltRnk ——控制器故障等级

VCUSysFltRank ——整车系统故障等级

LV_ON ——钥匙使能

LV_OFF ——钥匙禁止

MotStsModReq ——电机状态请求

Discharge Time ——主动放电时间

DC_Voltage ——母线电压

MCUElecMotSpd ——控制器电机转速

Initialization ——初始化

Standby ——等待

HVActive ——高压预充

SpdqCtl ——转速控制模式

TrqCtl ——转矩控制模式

Discharge ——主动放电

Failure ——故障模式

图中各工作模式说明如下：

1. Initialization

低压上电后，MCU 进行初始化处理，控制所有输出被设置成安全状态，复位相关故障，完成 CAN 驱动初始化工作以及传感器零漂标定工作等。

2. Standby

初始化完成后，在未收到 VCU 请求模式 HVActive 前，MCU 反馈 Standby 模式，表示低压工作正常。

3. HVActive

在 Standby 模式下，VCU 控制 BMS 进行预充，主继电器吸合后，VCU 向 MCU 发送 HVActive 信号，此时 MCU 检测母线电压是否满足最低电压需求，如达到最低工作电压，MCU 向 VCU 反馈 HVActive 信号，完成高压上电过程；另一方面，如果此时高压并未达到最低工作电压，则 MCU 反馈故障模式，故障信息为欠电压，控制器无法进入正常模式工作。

4. SpdqCtl

当整车需求指令为转速控制模式，且整车无严重故障时，MCU 可进入转速控制模式。根据 VCU 请求转速进行调节，默认正转速请求时，观察电机输出轴端，逆时针为正转。

当整车有严重故障时，MCU 会从转速控制模式自动转换至 HVActive 模式并关闭 IGBT 使能；另一方面，当条件满足时，MCU 可在转速控制模式下根据 VCU 请求转换至 HVActive、TrqCtl 或 Discharge 模式。

5. TrqCtl

当整车需求指令为转矩控制模式，且整车无严重故障时，MCU 可进入转矩控制模式。根据 VCU 请求转矩进行控制，正转矩为驱动模式，负转矩为制动发电（能量回馈）模式。

当整车有严重故障时，MCU 会从转矩控制模式自动转换至 HVActive 模式并关闭 IGBT 使能；另一方面，当条件允许时，MCU 可在转矩控制模式下根据 VCU 请求转换至 HVActive、SpdCtl 或 Discharge 模式。

6. Discharge

当整车需求指令为快速放电模式，整车无严重故障，且 MCU 检测到电机转速低于一定转速时，MCU 可进入放电模式，该模式的执行类同转矩控制模式，使用电机绕组进行放电，控制放电电流，在规定时间内将控制器内部残余电量释放完成（放电过程不检测欠电压故障），如超时未完成，MCU 自行停止放电并上报故障。

当条件允许时，Discharge 模式可直接由 HVActive、SpdqCtl 或 TrqCtl 模式转入。

7. Failure

Failure 模式主要用于电机端故障处理，当 MCU 检测到故障时均会进入该模式。根据 VCU 需求，故障发生时需要进行重新上下弱电进行复位，在故障模式下只能执行被动放电。

10.3.2.2　电机转矩及控制功能实现

转矩控制是指 MCU 接收 VCU 发送的转矩控制请求,在考虑电机系统自身工况(电压、转速、温度)的情况下,输出与工况相匹配的转矩。常用的车用驱动电机转矩控制模式的控制框图如图 10-24 所示。

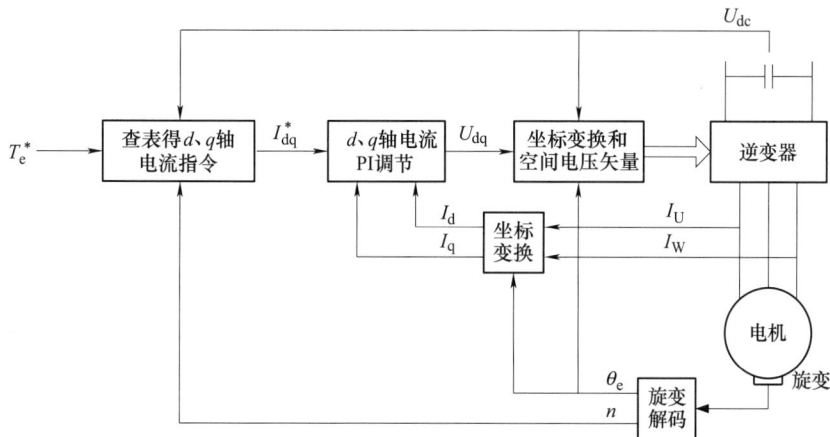

图 10-24　常用的车用驱动电机转矩控制模式的控制框图

图 10-24 中,根据转矩指令和电机转速对指令电流进行查表,并与实测电流进行 PI 调节,最终输出 PWM 信号至逆变器,控制开关管的导通与关闭。

驱动电机转矩控制及功能实现主要包括低速恒转矩控制区域的最大转矩电流比(MTPA)控制、高速区域的恒功率弱磁控制、转速控制、电压控制等。

1. MTPA 控制

为了使电机在低速运行时的效率最高,通过电流的寻优,达到最大转矩电流比(MTPA)控制,如图 10-25 所示。为此,采用如图 10-25 所示方式进行控制电流的寻优。在低速下,以恒定步长增加电流矢量的幅值,在定幅值情况下给定不同的电流角,并形成电流闭环控制,通过功率分析仪记录电机的输出转矩。后期对所有数据进行分析,寻找相同电流矢量幅值下输出转矩最大的点,最终形成 MTPA 曲线并制成表格。

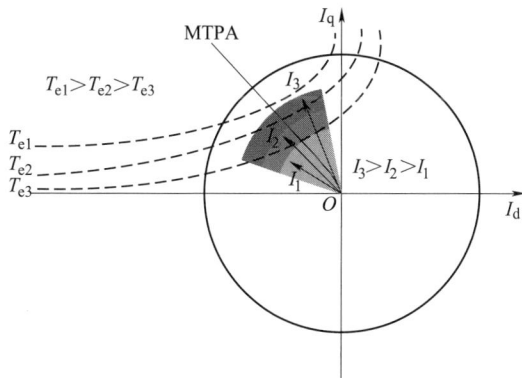

图 10-25　永磁电机的 MTPA 控制

2. 弱磁控制

在弱磁区域，使电压矢量的幅值保持不变（等于 SVPWM 的内切圆），如图 10-26 所示。在不同转速下进行电压扫描实验，并通过功率分析仪记录数据，实验结束后制成表格。

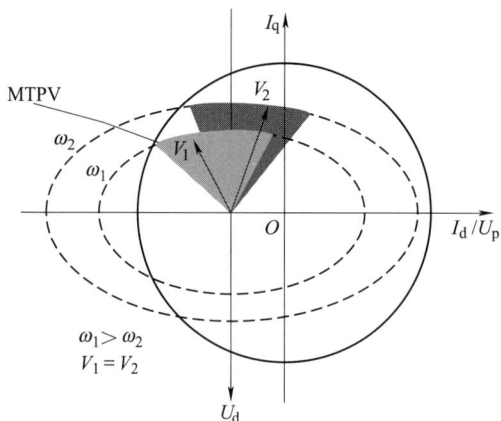

图 10-26　永磁电机的电流弱磁控制区域

3. 转速控制

转速控制是指 MCU 在接收到 VCU 转速控制模式请求和指令转速值后，根据实时转速进行闭环调节，最终达到和指令转速一致的转速。

常用转速控制模式结构框图如图 10-27 所示。

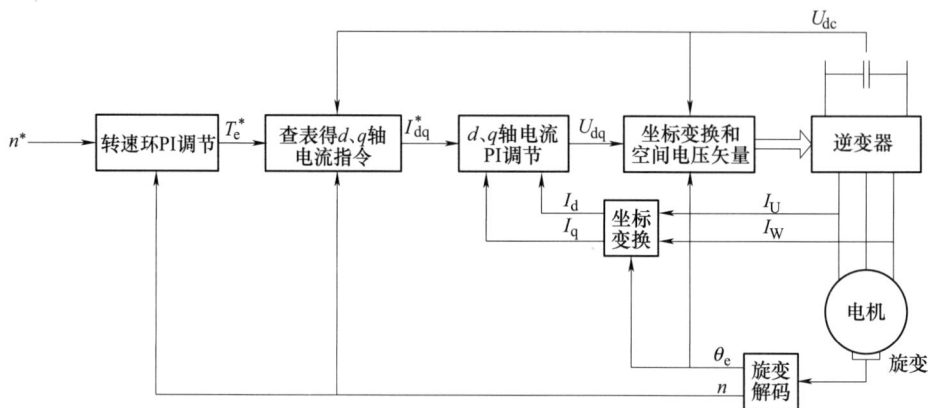

图 10-27　常用转速控制模式结构框图

4. 电压控制

电压控制是指 MCU 在接收到 VCU 电压控制模式请求后，根据实时母线电压进行闭环调节，以发电的方式将母线电压稳定在某个固定的电压值。常用电压控制模式结构框图如图 10-28 所示。

图 10-28　常用电压控制模式结构框图

5. 电机转子位置处理

车用电机转矩控制通常使用 FOC 矢量控制或直接转矩控制，目前的主流控制方式为基于 SVPWM 的 FOC 矢量控制。实现电机 FOC 控制最关键的两部分是精确的电机位置信息和 PWM 输出。

对于带旋转变压器的永磁同步电机控制系统，电机位置信息的获取通常有硬件方式（通过硬件解码芯片直接获取）、旋变软件解码方式两种。

旋变软件解码原理：先将旋变正、余弦信号原始波形分别采样，通过一系列的信号处理算法计算出正、余弦信号的包络线。对包络线上的 sin 值和 cos 值求正切，通过正切值和正、余弦值的符号查表可得到电机的当前角度值，如图 10-29 所示。同时为了增加旋变软件解码的抗干扰性能，需要对软件解码环节增加一个锁相处理环节。

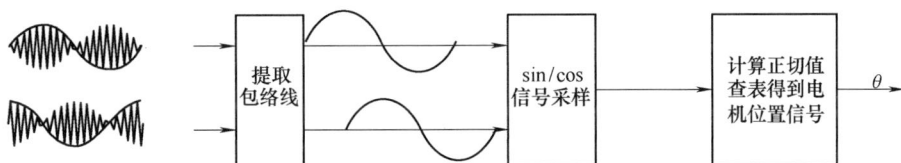

图 10-29　旋转变压器位置信号解码

6. 上下电过程及快速放电控制

正常的上电过程首先要进行芯片自检，如果自检有问题将会自动重启。芯片自检完成无故障状态后，进行绝缘检测（一般由电机控制器配合整车进行检测，控制器本身可以通过上电过程检测母线电流的大小来间接判断是否存在绝缘问题）。

下电过程通过控制器的自锁电路，保证在有高压的时候，弱电不能断开。当强电的主继电器断开，且母线电压下降到 36V 以下后，弱电自动断开，控制器实现完全断电。控制器动力电容中的电量有两种释放方式：一是被动放电，每个控制器的电容两端都一直并接有一个大阻值功率电阻；二是主动放电，电池主继电器断开后，在不产生力的前提下通过 d 轴电流发热消耗电容中的电量。

7. 通信模块设计

现代汽车的电子结构主要通过 CAN 总线通信系统将不同的电子控制单元（ECU）连接起来，CAN 技术规范 2.0A 和 2.0B 以及 CAN 国际标准 ISO 11898 是设计汽车调整网络系统的基本依据和基本规范。

CAN 总线是一种串行通信总线，其通信速率最高可达 1Mbit/s，最大传输距离为 40m。具有较强的错误检测能力，通过监控、循环冗余检验、位填充和报文格式检查可以实现非常高的可靠性和稳定性。

通信模块的软件设计主要包括三部分：CAN 初始化、CAN 报文接收处理和 CAN 报文发送处理。

（1）CAN 初始化

主要完成 CAN 模块的 RX 和 TX 引脚配置；设置 CAN 通信波特率及采样点；配置 CAN 接收和发送邮箱，设置 CAN 接收邮箱的 ID 滤波方式。

（2）CAN 报文接收处理

CAN 报文可以以周期轮询的方式接收，也可以通过中断的方式实时接收 CAN 总线上的报文。在以轮询方式处理时，需要合理设计轮询周期确保不会出现报文丢帧，中断方式可以实现较高的实时性。

（3）CAN 报文发送处理

CAN 的发送报文一般分为两种：一种是周期报文，以固定周期或可变周期发送，设计时放在周期性的 TASK 任务中处理；另一种是事件触发型报文，需要设计单独的发送函数来处理，按照实际发生时刻触发。

10.4 电机软件设计方法及流程

为确保产品的开发质量，汽车电子软件的开发除了需要符合软件开发标准流程外，还需要满足功能安全相关标准。随着汽车工业智能化程度、绿色环保、互联网概念的深入，汽车对整车电子系统的开发需求与依赖程度日益提升，电子控制单元（Electronics Control Unit，ECU）软件的开发也越来越复杂。目前软件开发行业普遍采用 CMMI 和 ASPICE 作为汽车产品开发中常用的两个模型。

在产品的安全标准方面，从工业功能安全标准 IEC 61508 转化而来的 ISO 26262 功能安全标准，已成为汽车业界非常重要的开发标准。它基于汽车电子行业公认的 V 模型，强调通过各开发阶段的测试及验证来保证与安全相关的电子产品的功能性失效不会造成危险的发生。

10.4.1 CMMI 和 ASPICE 模型

CMMI（Capability Maturity Model Integration，能力成熟度模型）主要有三个模型组

成：CMMI 采购模型、CMMI 开发模型和 CMMI 服务模型。前两个模型总共有 22 个过程域，第三个模型则有 24 个过程域。CMMI 就是通过提供一系列的模型使产品在开发过程中更加成熟和规范。

ASPICE（Automotive Software Process Improvement and Capability dEtermination，也叫 ISO/IEC 15504）是基于原始的 SPICE 模型发展而来的，适应于汽车领域的产品开发，通过一系列的流程规范来帮助开发者提升产品开发的能力。

CMMI 和 ASPICE 两者都是为了规范产品的开发过程并提升产品的开发能力，使产品达到客户满意度。

CMMI 由美国国防部（United States Department of Defense）与卡内基 - 梅隆大学（Carnegie-Mellon University）下的软件工程研究所（Software Engineering Institute，SEI）以及美国国防工业协会（National Defense Industrial Association）共同开发和研制，由 SEI 来维护。

ASPICE 是由欧洲的主要汽车制造商共同策定的面向汽车行业的流程评估模型，旨在改善和评估汽车电子控制器的系统和软件开发质量。所以，ASPICE 主要由德系的一些车厂组成的联盟来维护。

就目前来看，一些侧重美国市场的公司，会注重供应商是否有 CMMI 资质；而侧重以德系为市场的公司，会要求供应商的 ASPICE 级别。

1）CMMI（DEV-1.3）由 22 个过程域组成，其中只有 1 个供应商协议管理（SAM）是可选的。而 CMMI 有两种级别：一种是按持续成熟度分为 5 级；另一种是按能力模型分为 3 级。

2）如图 10-30 所示，ASPICE（V3.0）由 31 个过程域组成，其中 15 个是必需的，7 个是可选的，剩下的 9 个在逐渐被淘汰。ASPICE 只有 5 个能力级别，其中只有 3 个级别（已执行、已管理、已建立）真正被应用。

10.4.2 MCU 软件开发流程

项目的软件开发过程包括生命周期各阶段、方法、语言和工具等。整个开发过程包含的过程及对应的常用工具如下：

1）需求分析、概要设计：Doors、EA。

2）详细设计：MATLAB/Simulink、C 语言等。

3）软件编码：QAC。

4）单元测试、集成测试：TESSY。

5）系统测试、验收测试：HIL。

如图 10-31 所示，软件开发 V 模型左边为设计流程，右边为测试流程。各阶段的测试均有相对应的设计需求进行验证，若无法满足设计需求，可回溯到对应的设计阶段，不断地反复进行以确保与设计需求一致，进而避免设计缺陷。

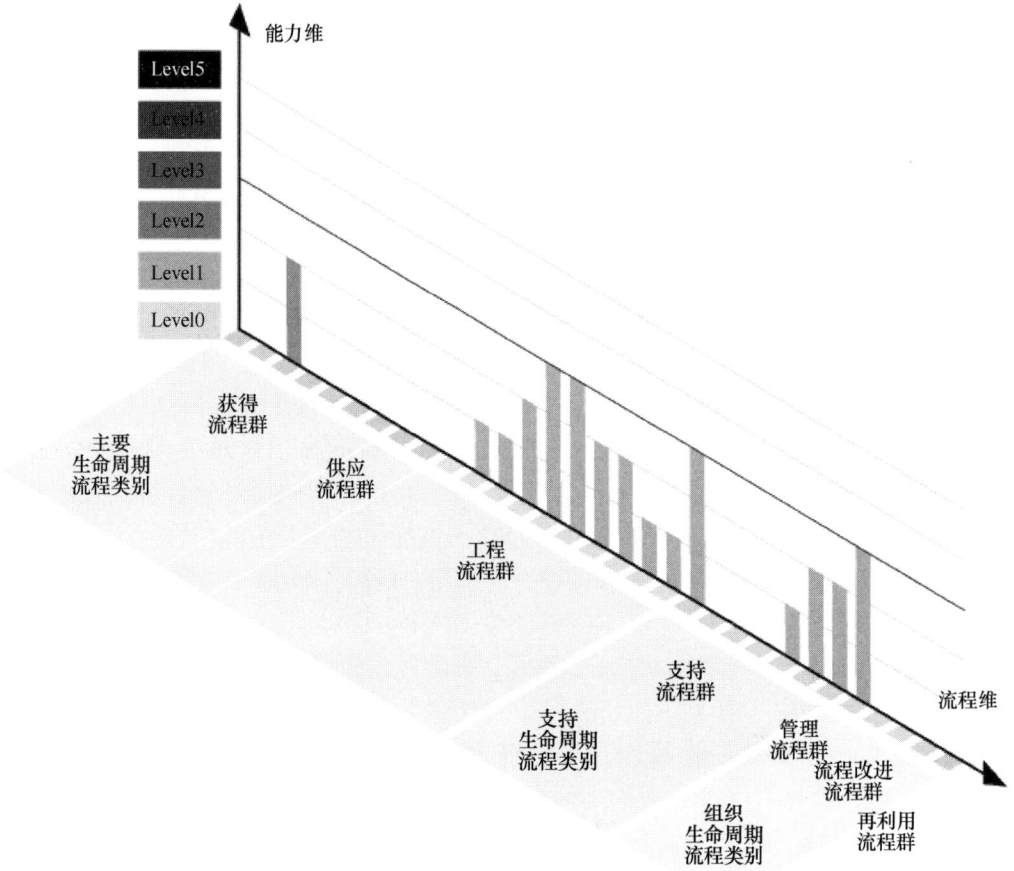

图 10-30　ASPICE 能力级别及工作域

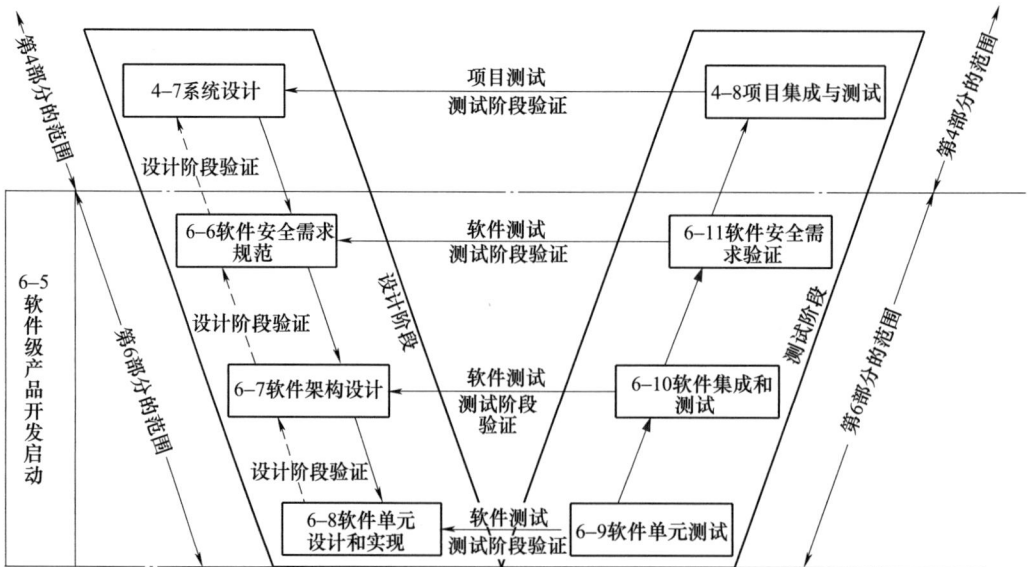

图 10-31　软件开发 V 模型

10.4.3 MISRA-C 规范

目前，MISRA-C 的最新版本为 MISRA-C：2012，之前版本为 MISRA-C:2004。MISRA-C：2012 把所有的规范分为两大类，一类称为指令（Directives），另一类称为规则（Rules）。这些规则和指令又分为 5 个类：MISRA 建议规则、MISRA 建议指令、MISRA 必要规则、MISRA 必要指令以及 MISRA 强制规则。QAC 代码静态测试工具默认情况下设置了 10 个规则消息级别：

（1）0 级：信息（Information）

这些是具有最低重要性级别的信息级别警告。

（2）1 级：过时的消息（Obsolete Messages）

标记为过时的消息被保留用于 2 个产品版本的向后兼容性，并且随后将被移除。

（3）2 级：次要（Minor）

次要消息确定了可能违反编码标准要求但不一定是严重错误的问题。

（4）3 级：主要（Major）

主要消息可以识别重大编码错误、异常或问题。此消息关注危险语言的使用，如未初始化的数据的使用、未声明的函数的代用，或者危险的隐式转换等。这些消息通常在没有充分理由的情况下不可忽视。

（5）4 级：本地（Local）

此消息标识不符合编程标准的特性。按照惯例，在安装 QAC 法规模块时，将向第 4 级添加额外的消息组，该级别将包含与编码标准中的特定规则相对应的消息。

（6）5 级：数据流分析（Dataflow Analysis）

这个级别的消息对运行时的行为进行分析，并识别未定义的行为等严重问题，以及其他经常与编码和逻辑错误相关联的条件等问题。

（7）6 级：可移植性（Portability）

这个级别的消息关注适应性限制、实现定义和语言扩展问题。

（8）7 级：未定义的行为（Undefined Behaviour）

此消息关注 ISO 中明显或隐式未定义的语言行为。

（9）8 级：语言限制（Language Constrains）

此消息识别违反语言标准的构造，关注语法正确但行为可能存在危险的问题。

（10）9 级：错误（Error）

此消息指出了 QAC 无法分析的情况，可能是由于配置错误、语法错误或者 QAC 无法识别的语言变化等因素引起的。不能在输出中抑制这些错误，否则由 QAC 产生的分析（如果有的话）将是不完整、不可用的。

参考文献

[1] 朱元，陆科，吴志红.基于 AUTOSAR 规范的车用电机控制器软件开发 [M].上海：同济大学出版社，2017.

[2] Vector Automotive Technology（Shanghai）.Glossary and Explanations about the AUTOSAR Software Modules. [Z]. Shanghai: Automotive Technology（Shanghai）,2015.

[3] Freescale . Safety Manual for Qorivva MPC5643L : Rev. 2[Z]. Austin : Freescale，2013.

[4] Freescale . MPC5643L Microcontroller Reference Manual : Rev. 10 [Z]. Austin : Freescale，2013.

[5] ISO. Road vehicles - Functional safety -Part 6:Product development at the software Level: ISO 26262-6[S].Geneva:ISO，2011.

[6] MISRA. Guidelines for the Use of the C Language in Critical Systems : MISRA-C 2004 [S].London : MISRA，2004.

[7] MISRA. Guidelines for the Use of the C Language in Critical Systems : MISRA-C 2012 [S].London : MISRA，2013.

[8] PRQA.COMPONENT MANUAL QA C 9.3.1 [Z].2017.

[9] PRQA.COMPONENT MANUAL PRQA Framework 2.2.2 [Z].2017.

[10] TAN T，TANG H，ZHOU Y . Design and Implementation of Bootloader for Vehicle Control Unit Based on Can Bus[M]// Proceedings of the FISITA 2012 World Automotive Congress. Berlin Heidelberg :Springer，2013.

[11] CHANGCHENG Q I，YANXIANG Y，PING Z，et al. Design and Implementation of Two-level Bootloader for Bus Electronic Control Unit[J]. Computer Engineering，2015（7）:95-99.

[12] 汪春华，白稳峰，刘胤博，等.基于 CAN 总线 UDS 服务 BootLoader 应用开发 [J]. 电子测量技术，2017（2）:171-175.

[13] 袁登科，徐延东，李秀涛.永磁同步电动机变频调速系统及其控制 [M].北京：机械工业出版社，2015.

[14] SEUNG-KI S . 电机传动系统控制 [M].张永昌，李正熙，等译 . 北京：机械工业出版社，2013.

[15] 阮毅，杨影，陈伯时 .电力拖动自动控制系统：运动控制系统 [M].5 版 . 北京：机械工业出版社，2016.

[16] 王晓明 .电动机的 DSP 控制：TI 公司 DSP 应用 [M].2 版 . 北京：北京航空航天大学出版社，2009.

[17] 王成元，夏加宽，孙宜标 .现代电机控制技术 [M].北京：机械工业出版社，2009.

[18] KRISHNAN R. 永磁无刷电机及其驱动技术 [M]. 柴凤，等译 . 北京：机械工业出版社，2013.

[19] 工业和信息化部人才交流中心，恩智浦（中国）管理有限公司 .AUTOSAR MCAL 的原理与实践 [M].北京：电子工业出版社，2018.

[20] 宋柯，王民，单忠伟，等 .AUTOSAR 规范与车用控制器软件开发 [M].北京：化学工业出版社，2019.

第11章 驱动电机系统功能安全

ISO 26262 针对 Functional Safety（功能安全）给出的标准定义是 "absence of unreasonable risk due to hazards caused by malfunctioning behavior of E/E systems"（没有由电气 / 电子系统故障行为导致的危险所引起的不合理风险）。简单来说，是通过对特定产品在安全方面的研发过程管理并采用一系列的技术安全措施，让开发的产品的失效不会造成与安全相关的事故。用 Automotive Safety Integrity Level（ASIL，汽车安全完整性等级）作为指标以规定相关项或元素所满足的功能安全集成等级。

11.1 功能安全标准

现代道路车辆的技术发展依赖越来越复杂的控制系统和控制软、硬件，系统失效和随机失效对驾乘人员的安全威胁越来越大，现代汽车的大部分功能与性能都与安全相关。表 11-1 列举了安全相关的常见汽车电子控制系统。

表 11-1　安全相关的常见汽车电子控制系统

序号	安全相关的常见汽车电子系统
1	驱动电机控制系统
2	自适应前照明系统
3	汽车防抱死制动系统
4	车身稳定控制系统

（续）

序号	安全相关的常见汽车电子系统
5	电子制动力分配系统
6	紧急制动辅助系统
7	防撞系统
8	自适应助力转向系统
9	安全气囊系统
10	自适应远光灯辅助系统
11	自适应巡航系统

功能安全是在系统本质安全（消除系统内在风险）无法达成时，尽可能多地通过增加安全机制的设计来提高车辆的安全等级。忽视功能安全管理和技术开发，将很有可能丧失技术优势和产品号召力，最终导致市场份额的大幅度下跌和经济损失。因此，遵循 ISO 26262 进行流程体系管理和产品开发具有重要意义。

图 11-1 所示为安全相关系统所涉及的安全标准概览。ISO 26262 作为汽车系统的安全标准，主要适用于量产乘用车或商用车上的包含一个或多个电子电气系统的、与安全相关的系统。该标准主要针对由电子、电气安全相关系统的故障行为而引起的潜在危害，包括这些系统相互作用而引起的潜在危害。

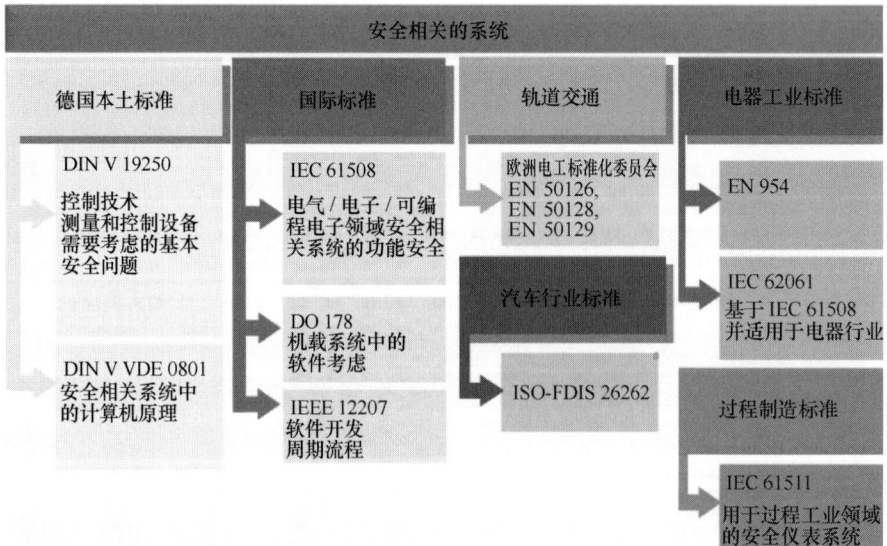

图 11-1　安全标准概览

图 11-2 所示为质量体系所涉及的产品开发标准概览：

1）软件开发相关——Automotive SPICE / CMMI。

2）产品开发相关——ISO 9000/IATF 16949。

ISO 26262 基于以上质量管理标准，规范了汽车相关电控产品的功能安全开发管理和实现流程。

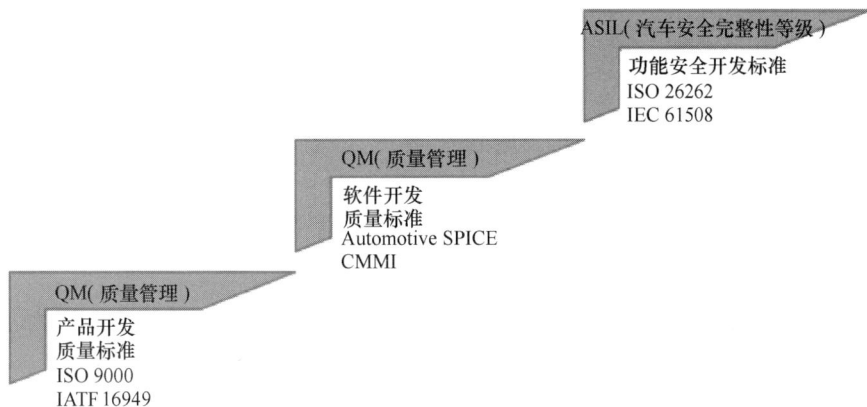

ASIL(汽车安全完整性等级)
功能安全开发标准
ISO 26262
IEC 61508

QM(质量管理)
软件开发
质量标准
Automotive SPICE
CMMI

QM(质量管理)
产品开发
质量标准
ISO 9000
IATF 16949

图 11-2　产品开发标准概览

如图 11-3 所示，ISO 26262 标准主要包括以下几个方面：

1）功能安全术语。

2）功能安全管理（贯穿于整个功能安全开发的生命周期）。

3）概念阶段。

4）系统层级的产品开发。

5）硬件层级的产品开发。

6）软件层级的产品开发。

7）生产和运行。

8）相关支持过程（贯穿于整个功能安全开发的生命周期）。

9）以 ASIL 为导向和以安全为导向的分析。

10）标准使用指南。

以上几个方面为产品的功能安全开发提供了清晰的开发思路、依据和指导。

驱动电机控制系统开发要遵循 ISO 26262 功能安全开发流程，应制定整个生命周期中与安全相关的活动，包括概念设计、系统设计、软硬件设计与验证，提出相应的功能安全要求，保证安全相关的电子产品的功能性失效不会造成危险的发生。项目建立了功能安全开发体系流程，分四层级，分别是功能安全方针、一级流程、开发指南与规范和各阶段模板，以指导和规范整个开发过程。功能安全开发模型如图 11-4 所示。

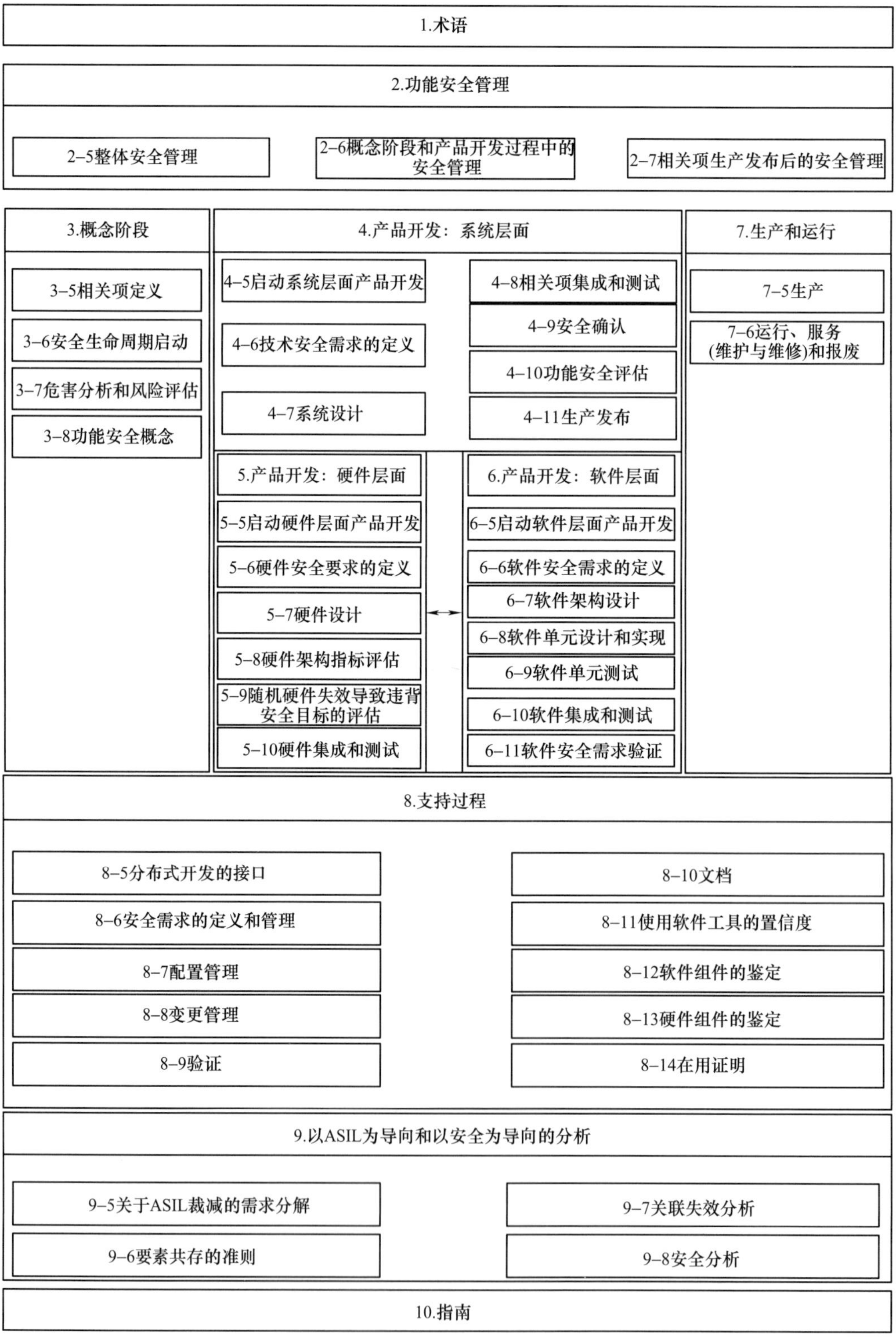

1.术语

2.功能安全管理

2-5整体安全管理	2-6概念阶段和产品开发过程中的安全管理	2-7相关项生产发布后的安全管理

3.概念阶段

- 3-5相关项定义
- 3-6安全生命周期启动
- 3-7危害分析和风险评估
- 3-8功能安全概念

4.产品开发：系统层面

- 4-5启动系统层面产品开发
- 4-6技术安全需求的定义
- 4-7系统设计
- 4-8相关项集成和测试
- 4-9安全确认
- 4-10功能安全评估
- 4-11生产发布

7.生产和运行

- 7-5生产
- 7-6运行、服务（维护与维修）和报废

5.产品开发：硬件层面

- 5-5启动硬件层面产品开发
- 5-6硬件安全要求的定义
- 5-7硬件设计
- 5-8硬件架构指标评估
- 5-9随机硬件失效导致违背安全目标的评估
- 5-10硬件集成和测试

6.产品开发：软件层面

- 6-5启动软件层面产品开发
- 6-6软件安全需求的定义
- 6-7软件架构设计
- 6-8软件单元设计和实现
- 6-9软件单元测试
- 6-10软件集成和测试
- 6-11软件安全需求验证

8.支持过程

- 8-5分布式开发的接口
- 8-6安全需求的定义和管理
- 8-7配置管理
- 8-8变更管理
- 8-9验证
- 8-10文档
- 8-11使用软件工具的置信度
- 8-12软件组件的鉴定
- 8-13硬件组件的鉴定
- 8-14在用证明

9.以ASIL为导向和以安全为导向的分析

- 9-5关于ASIL裁减的需求分解
- 9-6要素共存的准则
- 9-7关联失效分析
- 9-8安全分析

10.指南

图 11-3 ISO 26262 功能安全概览

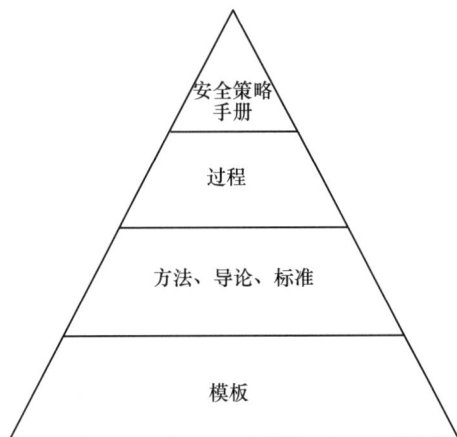

图 11-4　基于 ISO 26262 标准的功能安全开发模型

11.2　概念阶段的功能安全开发

概念阶段的功能安全开发按照以下几个步骤实施：

1）从产品层面，定义 SEooC 开发模式。图 11-5 所示为基于 ISO 26262 的生命周期定义。

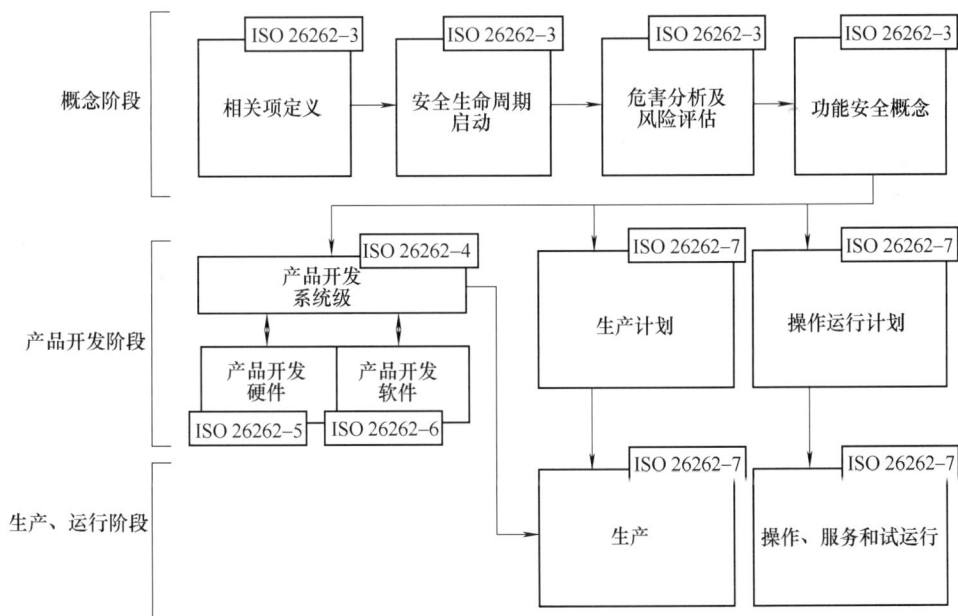

图 11-5　基于 ISO 26262 的生命周期定义

2）相关项定义是整个功能安全的第一步，从整车层面出发确定电机控制系统相关边界，如图 11-6 所示。

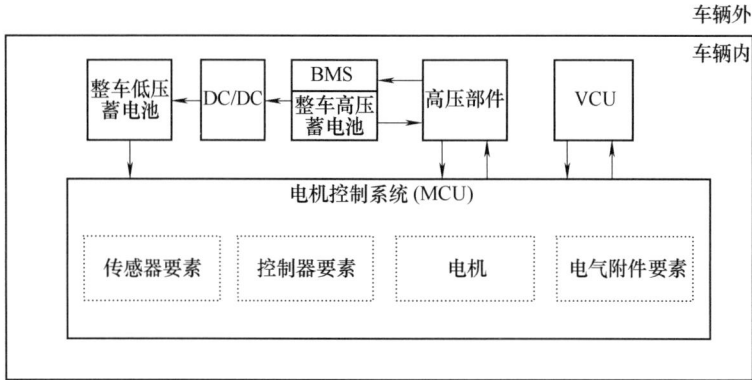

图 11-6　电机控制系统相关边界定义

3）基于相关项 MCU 的功能，识别各功能异常而导致的 MCU 功能项失效，重点关注转矩功能异常对整车层面的危害，见表 11-2。

表 11-2　MCU 功能项失效识别

功能	功能故障行为	整车层面影响
输出驱动转矩（含零转矩）	不能输出驱动转矩	驱动力丧失
	实际输出驱动转矩大于期望值	非预期加速
	实际输出转矩小于期望值	非预期减速
	转矩输出方向与期望值反向	非预期方向
	非预期驱动转矩输出	非预期加速
	卡滞（转矩输出量无法更新）	整车非预期控制（失控），非预期加、减速或反向行驶
输出制动转矩	不能输出制动转矩	制动力降低
	实际输出制动转矩大于期望值	非预期的过度减速
	实际输出制动转矩小于期望值	制动力降低
	转矩输出方向与期望值反向	加速度方向相反
	卡滞（转矩输出量无法更新）	整车非预期控制（失控），非预期加、减速或反向行驶

综合以上整车层面的危害，根据市场数据样本，假设驾驶条件和潜在的事故场景（考虑最严重的情况），对严重度（S）、暴露度（E）和可控度（C）进行等级评定，从而确定相关危害事件的 ASIL。

通过基于经验数据的功能安全假设，确定相关安全目标（SG）、ASIL、安全状态、功能安全需求（FSR）以及故障容忍时间间隔（FTTI）。

11.3　系统功能安全开发

根据概念阶段得出的安全目标（SG）和功能安全需求（FSR）进行系统设计：

1）分解 FSR 需求，进行 MCU 初步系统架构设计（Preliminary System Architecture Design）并进行技术安全需求（TSR）的开发。

2）初始系统架构和技术安全需求审核通过后进行进一步的系统设计，分成子模块进行设计，并形成对应的系统设计规范和初步的软硬件接口规范。

3）对系统设计进行审核，审核通过后进行系统安全分析（FMEA 和 FTA），识别系统设计的缺陷和风险项，从系统层级进行安全机制的设计改进。

具体的系统设计流程如图 11-7 所示。

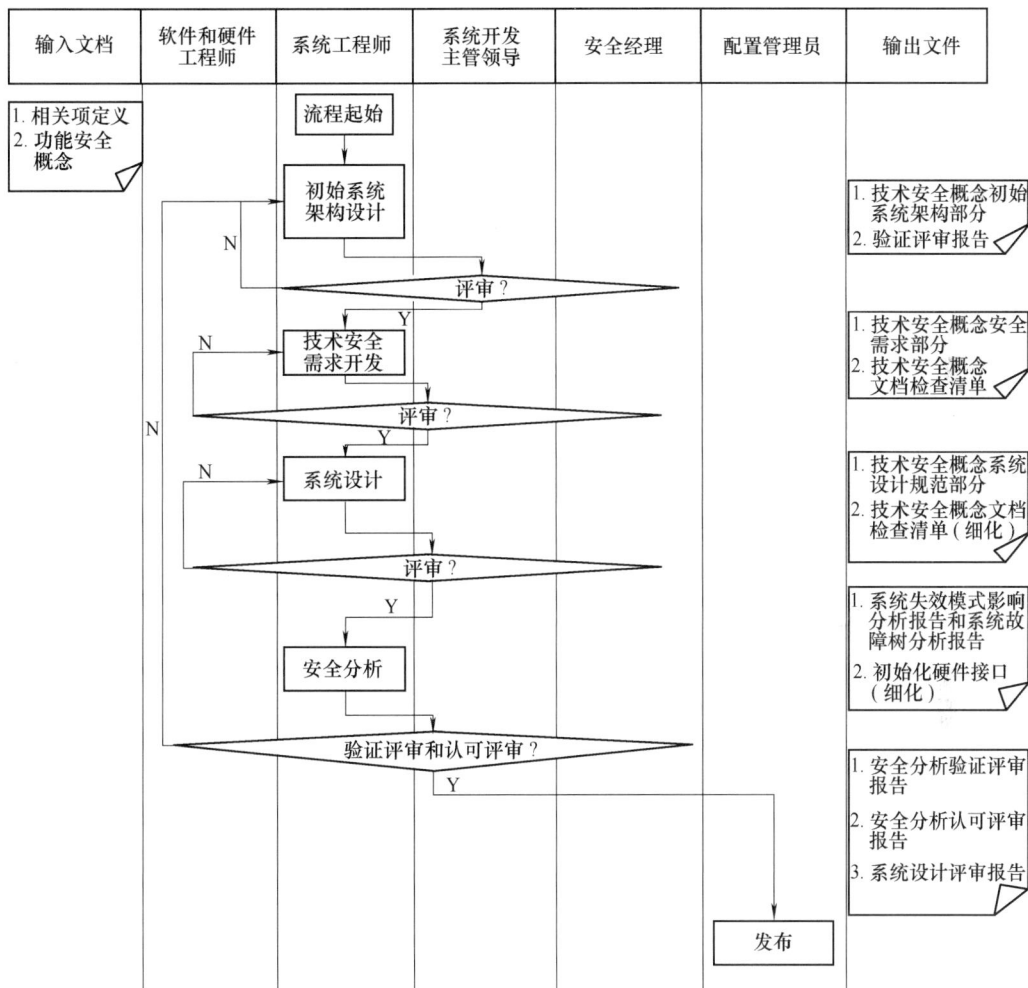

图 11-7　系统设计流程

11.4　硬件功能安全开发

在系统设计完成的基础上进行硬件设计，提出硬件安全需求（HSR）和进行硬件架构设计，并进行硬件相关的安全和非安全的设计失效模式及后果分析（DFMEA）或故障树分析（FTA），识别硬件设计潜在的失效模式和高风险项，设计上增加安全机制确保故障或失效情况下不会违背安全目标，实现转矩监控、过电压、过电流、过热、超速等安全保护。

如图 11-8 所示，基于功能安全考虑，硬件设计从以下几个方面保证其满足 ASIL 要求：

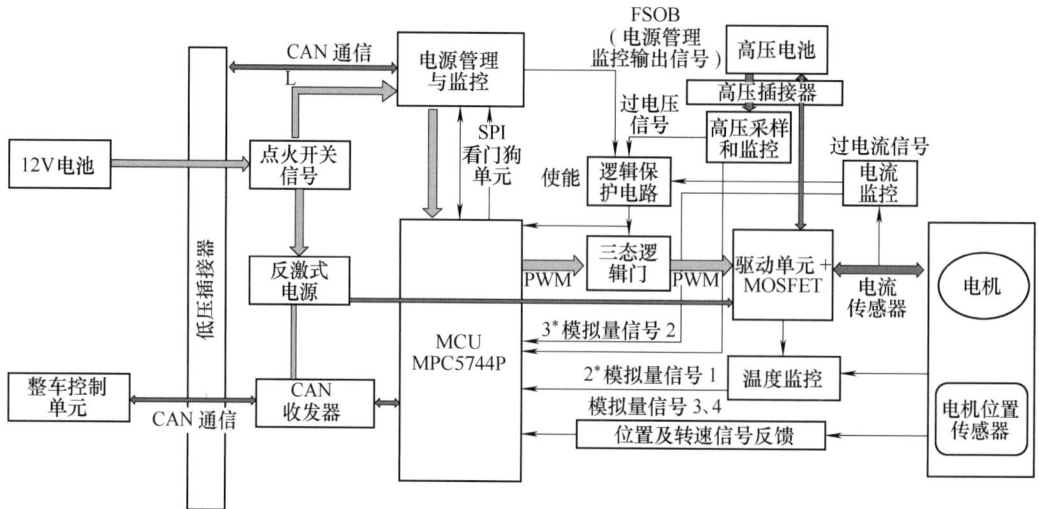

图 11-8　电机控制器系统架构框图

（1）微处理器芯片满足功能安全等级要求

新一代 MCU 控制芯片要符合汽车功能安全标准 ISO 26262 ASIL-D 等级（基于 SEooC）要求。以恩智浦 32 位 MPC5744 为例，该芯片内部功能框图如图 11-9 所示。

芯片 MPC5744 从以下几个方面满足功能安全开发的需求：

1）符合 ISO 26262 的安全架构。

2）自检：逻辑自检和功能自检。

3）硬件冗余：双核锁步 CPU、总线控制器、中断控制器、直接存储访问单元（DMA）等。

4）数据安全：闪存差错检测和修正算法（Flash ECC）、随机存储器差错检测和修正算法（RAM ECC）、循环冗余校验（CRC）、存储器保护（MPU）。

5）工作环境监控：电源、时钟、温度。

6）安全逻辑：采用双 CPU、硬件锁步模式、故障收集与控制单元（FCCU）、看门狗、独立的安全系统时钟。

（2）高覆盖度的电源诊断管理

整个系统的电源管理芯片应符合 ISO 26262 ASIL-D 等级要求。以恩智浦 FS6500 为例，其内部功能框图如图 11-10 所示。

FS6500 主要从以下几个方面符合功能安全开发的需求：

1）控制电源（1.2V、3.3V 和 5V）的独立诊断。

2）配合 MPC5744 完成 FCCU 信号检测和故障处理。

3）能够输出故障信号和 MCU 复位信号，保证系统有效地进入安全状态。

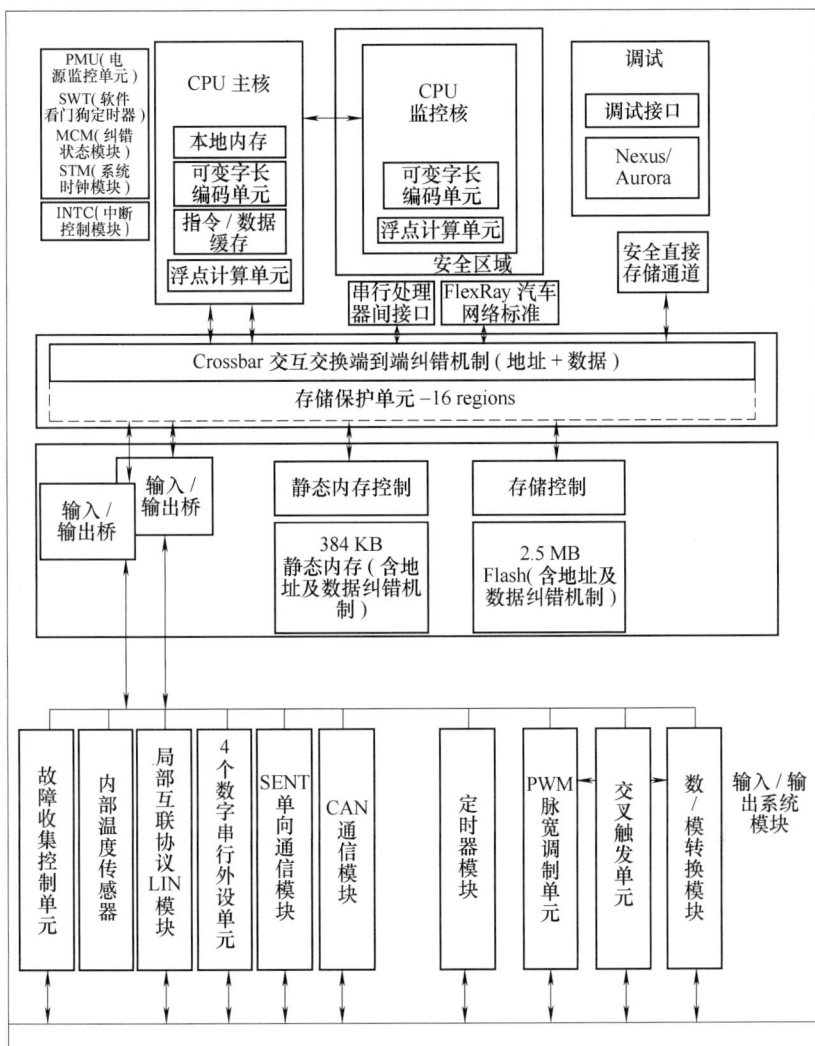

图 11-9　MPC5744 内部功能框图

（3）高覆盖度的传感器信号诊断

关键传感器信号的诊断包括以下几个方面：

1）相电流采用三个电流传感器实现相互冗余校验，保证了相电流的高覆盖度诊断。

2）位置传感器实现软、硬件解码结果的比较校验，保证了位置信号的高覆盖度诊断。

3）母线电压实现冗余采样比较校验，保证了高压信号的高覆盖度诊断。

4）对系统关键位置（电机和功率模块）实现温度监控。

5）根据传感器反馈信号实现实时的转矩监控功能。

6）系统对母线过电压、相电流过电流、功率模块过热及电机过温等故障实现硬件逻辑保护功能。

7）监控驱动故障。

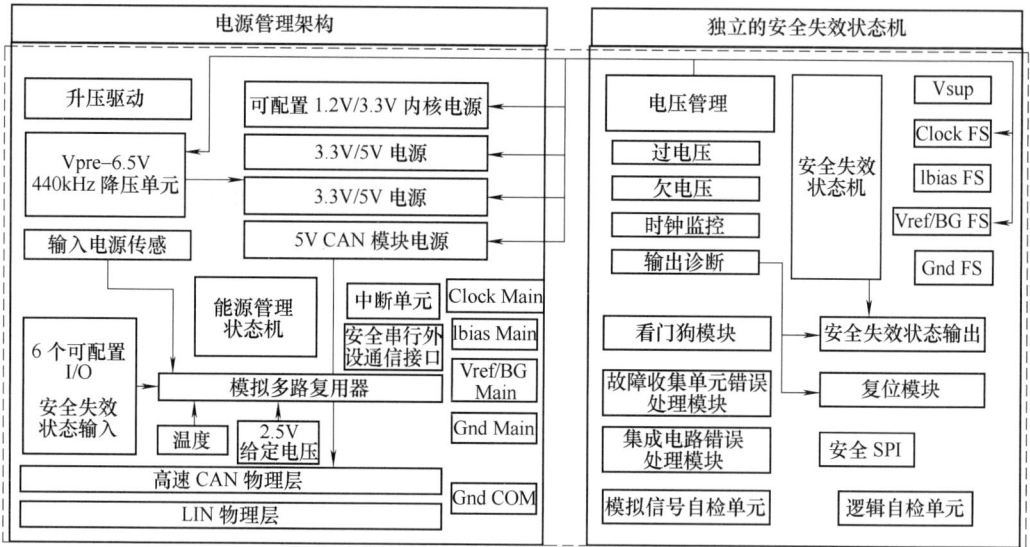

图 11-10　电源管理芯片 FS6500 内部功能框图

11.5　软件功能安全开发

电机控制器软件开发遵循 ISO 26262 标准 V 模型开发流程，从软件需求、软件架构设计、软件代码实现、单元测试、集成测试到需求验证的完整过程，每条需求都会有对应的测试和验证步骤，确保软件完整性。

如图 11-11 所示的 V 模型，软件开发符合 ASPICE 要求并遵循功能安全软件开发和测试的方法，主要从以下几个方面保证产品符合 ISO 26262 的开发需求：

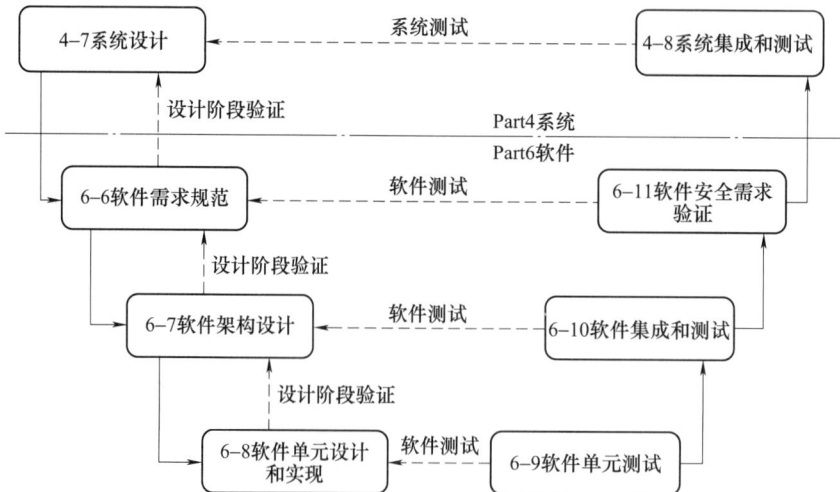

图 11-11　软件开发 V 模型

1）软件单元设计：遵循模型开发规范及代码开发规范。

2）软件单元测试：QAC 静态代码检查以及严格的模型测试或代码测试、覆盖度测试，使用专业的软件测试工具（如 TESSY）以使软件单元设计得到充分的验证。

3）软件架构设计：基于 AUTOSAR 架构并符合 EGAS 3 层安全架构设计理念，对安全相关的软件模块和变量进行独立分区，设置 Access Protection（访问保护）。

4）软件集成测试：充分的模型集成测试或代码集成测试，使用专业的软件测试工具（如 TESSY）以使软件架构设计得到充分的验证。

5）软件需求规范：从 TSR（设计技术需求）分解出具体的软件需求并细化，使用专业的需求管理工具进行需求管理。

6）软件需求测试：集成测试完成之后，基于每一条具体的软件需求进行测试，充分验证整个软件符合软件需求规范。

7）系统集成和测试：包括软、硬件集成测试和系统集成测试，进一步验证软件开发的可靠性和完整性。

图 11-12 所示的软件架构符合 ISO 26262 的软件分层设计：

1）应用软件层。

2）运行时环境。

3）基础软件层，包含系统服务、存储服务、通信服务、I/O 硬件抽象层和复杂驱动层等。

图 11-12　软件架构

在该架构基础上，可实现全面的安全监控、诊断与存储功能；双路 CAN 通信，通过 CAN 通信进行参数标定及程序更新；同时通过软件算法实现旋转变压器的解码运算，可以作为硬件解码的冗余机制。

为满足软件分层和独立性要求，软件设计采取图 11-13 所示的分层架构，顶层为电机控制功能模块（MCU 功能层），沿用现有成熟软件单元；中间层为安全监控 / 诊断层（MCU 功能诊断层），如转矩监控、电压监控和温度监控等；底层为基础软件和驱动安全监控层（MCU 基础诊断层），从而使整个软件架构设计达到 ASIL-C 等级要求。

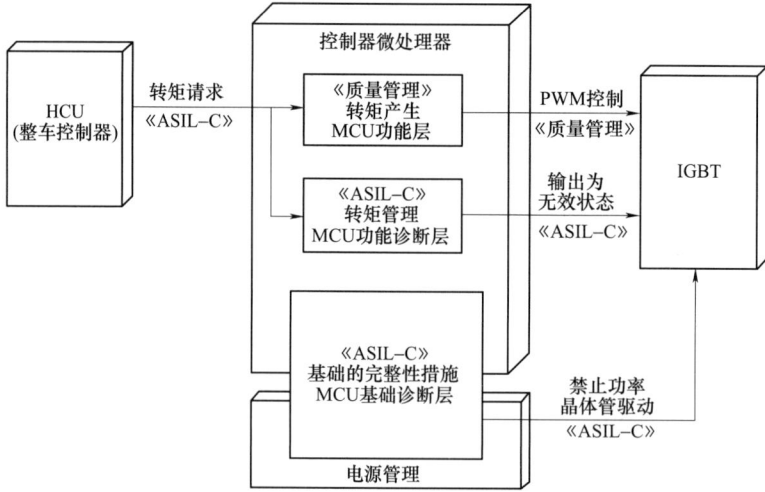

图 11-13　软件分层架构

同时，软件测试要遵循 ISO 26262 要求，单元测试、集成测试和需求测试都有明确的测试项目和方法，相关测试方法见表 11-3~ 表 11-5。

表 11-3　软件单元测试方法

方法		ASIL			
		A	B	C	D
1a	基于需求的测试	++	++	++	++
1b	接口测试	++	++	++	++
1c	故障注入测试	+	+	+	++
1d	资源利用率测试	+	+	+	++
1e	模型与代码的背靠背对比测试	+	+	++	++

注：+ 表示推荐，++ 表示高度推荐。

针对 ASIL-C 等级的安全需求，软件单元测试选用如下方法，以保证单元测试符合安全需求：

1）基于需求测试。

2）单元接口测试。

3）故障注入测试。

4）背靠背测试（基于模型开发）。

表 11-4　软件集成测试方法

方法		ASIL			
		A	B	C	D
1a	基于需求的测试	++	++	++	++
1b	接口测试	++	++	++	++
1c	故障注入测试	+	+	++	++
1d	资源利用率测试	+	+	+	++
1e	模型与代码的背靠背对比测试	+	+	++	++

注：+ 表示推荐，++ 表示高度推荐。

针对 ASIL-C 等级的安全需求，软件集成测试选用如下方法，以保证集成测试符合安全需求：

1）基于需求测试。

2）接口测试。

3）故障注入测试。

4）背靠背测试（基于模型开发）。

表 11-5 软件需求测试环境

	方法	ASIL			
		A	B	C	D
1a	硬件在环测试	+	+	++	++
1b	实验台架测试	++	++	++	++
1c	样车测试	++	++	++	++

注：+ 表示推荐，++ 表示高度推荐。

针对 ASIL-C 等级的安全需求，软件需求测试在如下环境下进行，以保证软件产品符合安全需求：

1）硬件在环测试（HIL）。

2）实验台架测试。

3）样车试验。

基于以上测试方法，编制相应测试项的测试用例，测试用例通过多轮测试评审并修改，以保证测试用例的完整性。此外，使用具备 ISO 26262 认证的专业测试工具对软件进行覆盖率测试、软件代码规则检查、数据流测试、控制流测试、边界参数测试等，从而实现软件需求的全面分析与测试验证。

11.6 功能安全产品生产发布

在系统需求设计阶段提出生产、维护、服务和报废方面对产品开发的要求，并在产品发布阶段进行发布，以保证生产过程遵循功能安全需求，相关要求如下：

1）功能安全相关部件装配说明要求符合功能安全要求。

2）安全相关的特殊特征符合功能安全要求。

3）系统或元素的标识符合功能安全要求。

4）产品生产方法和措施的验证符合功能安全要求。

5）诊断数据和服务注意事项说明符合功能安全需求。

6）产品报废流程符合需求。

图 11-14 所示为产品生产发布活动流程，分为以下几个主要步骤：

1）准备生产发布。确认功能安全评估报告、安全档案以及所有相关工作产物均已完成。

2）生产发布文件准备。功能安全文件作为产品生产发布文件的重要部分体现在生产发布报告中。

3）发布结果。依据《生产发布报告》对生产发布文件进行检查评审，确保符合功能安全需求。

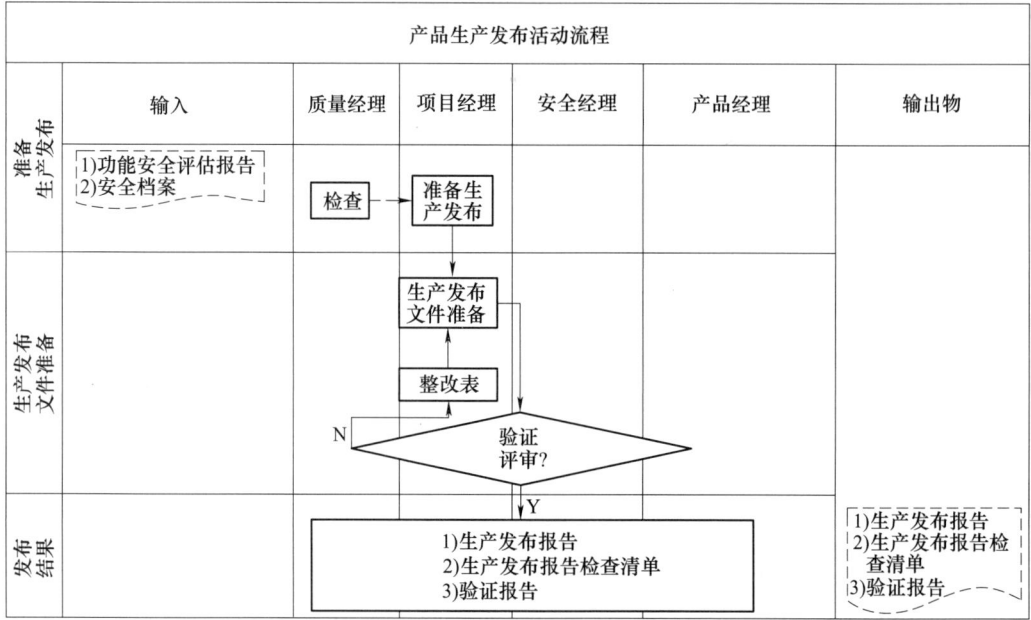

图 11-14　产品生产发布活动流程

参考文献

［1］　HIS. Automotive SPICE® Process Assessment Model：V2.5[S].Wolfsburg：HIS，2010.

［2］　ISO . Road Vehicles - Functional Safety，：ISO 26262 [S]. Geneva：ISO，2011.

［3］　IEC Central Office. Functional Safety of Electrical/Electronic/Programmable Electronic Safety-Related Systems：ISO/IEC 61508[S].Geneva：IEC,2010.

［4］　EGAS group. Standardized E-GAS Monitoring Concept for Gasoline and Diesel Engine Control Units[S].Cairo：EGAS，2013.

［5］　Freescale. Safety Manual for MPC5744P：Rev.3[Z].2014.

［6］　Freescale. MPC5643L Microcontroller Reference Manual：Rev. 10 [Z]. 2013.

［7］　Freescale. Safety Manual for Qorivva MPC5643L：Rev. 2 [Z]. 2013.

［8］　Freescale. MPC5744P Reference Manual：Rev.6 [Z]. 2016.

［9］　朱元，陆科，吴志红 . 基于 AUTOSAR 规范的车用电机控制器软件开发 [M]. 上海：同济大学出版社，2017

［10］ Vector Automotive Technology（Shanghai）.Glossary and Explanations about the AUTOSAR Software Modules[Z].Shanghai：Vector Automotive Technology（Shanghai），2015.

［11］ISO. Road Vehicles - Functional Safety—Part 6:Product Development at The Software Level：ISO 26262-6 [S].Geneva：ISO，2011.

［12］MISRA.Guidelines for the Use of the C Language in Critical Systems：MISRA-C2004[S].London：MISRA，2004.

［13］MISRA. Guidelines for the Use of the C Language in Critical Systems：MISRA-C2012[S]. London：MISRA，2013.

［14］PRQA. COMPONENT MANUAL QA C 9.3.1 [Z]. 2017.

［15］PRQA. COMPONENT MANUAL PRQA Framework 2.2.2 [Z]. 2017.

［16］TAN T，TANG H，ZHOU Y . Design and Implementation of Bootloader for Vehicle Control Unit Based on Can Bus[C]// Proceedings of the FISITA 2012 World Automotive Congress. Berlin Heidelberg：Springer，2013.

［17］QI CC，YANG YX，ZHANG P，et al. Design and Implementation of Two-level Bootloader for Bus Electronic Control Unit[J]. Computer Engineering，2015(7)：95-99.

［18］汪春华，白稳峰，刘胤博，等 . 基于 CAN 总线 UDS 服务 BootLoader 应用开发 [J]. 电子测量技术, 2017（2）:171-175.

第11章

第12章 DC/DC 变换器

直流变换器（DC/DC 变换器）是依靠功率半导体器件将一个直流电源变换为另一个直流电源的功率电子电路（电力电子电路）。通过 PWM（脉冲宽度调制）技术控制功率半导体器件的导通和关断时间，连续调节 DC/DC 变换器输出的直流电压，可实现输入、输出电压之间的下降 / 上升或电气隔离。本章系统性介绍各类 DC/DC 变换器及其组合电路的基本原理与工作特征，并对典型 DC/DC 变换器应用进行分析。

12.1 分类及原理

DC/DC 变换器的功能概括如下：

1）把直流输入电源变换成直流输出电源。

2）根据输入电压和负载的扰动调节直流输出电压。

3）调节直流电源的输出功率。

4）隔离输入电源和负载。

5）使电子电气系统满足电磁兼容性（EMC）标准，增强抗干扰能力。

在电动汽车中，DC/DC 变换技术主要应用在两个方面：高电压部件之间的匹配，如超级电容、动力电池和驱动电机及其控制器之间的双向电能转换；将动力电池的高电压变换为低电压，既为汽车低压电器供电，又使低压蓄电池保持充足的电能，常采用隔离式电路拓扑。

通常，根据输入输出电路的电压大小关系和电气绝缘性，对 DC/DC 变换器进行分类。根据电路输入输出电压的大小关系，DC/DC 变换器可分为降压电路（Buck Converter）、升压电路（Boost Converter）和升降压电路（Buck-Boost Converter）。根据输入输出电路的电气绝缘性，DC/DC 变换器可分为非隔离式和隔离式两大类电路，其中高频脉冲变压器是隔离式 DC/DC 变换器电路的典型元件。

图 12-1 所示为 DC/DC 变换器的端口电路结构和模型。

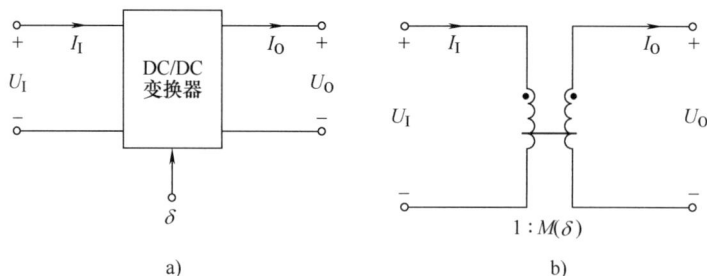

图 12-1　DC/DC 变换器的端口电路结构与模型

a）端口电路结构　b）直流变压器模型

DC/DC 变换器主要由输入端口、输出端口和由 PWM 占空比 δ 控制的电路组成，如图 12-1a 所示。其中，PWM 占空比 δ 控制的电路决定了 DC/DC 变换器的输入输出电压关系。借用理想的交流变压器的概念，构建图 12-1a 的直流变压器模型，如图 12-1b 所示[1]。其中，直流变压器的电压比 $M(\delta)$ 是 PWM 占空比的函数：

1）当 $M(\delta)<1$ 时，DC/DC 变换器的输出电压小于输入电压，属于降压电路。

2）当 $M(\delta)>1$ 时，DC/DC 变换器的输出电压大于输入电压，属于升压电路。

3）调节 δ，既能使 $M(\delta)<1$ 或又能使 $M(\delta)>1$，此时的 DC/DC 变换器属于升降压电路。

4）调节 δ，使电路的输入端口和输出端口功能互换，此时的 DC/DC 变换器属于双向电路。

5）如果电路的输入端口和输出端口不共地，直流变压器模型可表示高频脉冲变压器的电气绝缘性，此时的 DC/DC 变换器属于隔离式电路。

12.2　DC/DC 降压变换器

汽车电子控制单元（ECU）的控制电源电压为 5V 或 3.3V，需通过 DC/DC 降压变换器从蓄电池电压 14V 或 28V 转换而来，而电动汽车需要 DC/DC 降压变换器将动力电池高电压转换为低电压 14V 或 28V，并持续向低压电气系统供电。因此，无论是传统燃油汽车，还是电动汽车，DC/DC 降压变换器都是具有重要作用的功率电子电路。

12.2.1　电路结构

通过最简单负载——电阻来描述 DC/DC 降压变换器的电路，如图 12-2 所示。该电路的基本元件：输入电源 U_I——直流电源；执行器件 V——全控型功率半导体开关器件；储能元件 L——电感；续流器件 VD——功率二极管；滤波元件 C——输出电容；控制器件——PWM 电路；负载——直流电机、蓄电池和电阻等。

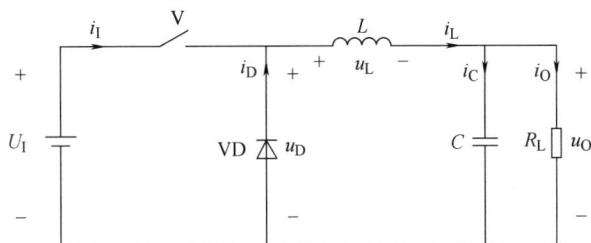

图 12-2　阻性负载的 DC/DC 降压变换器电路

对于直流电机等感性负载的 DC/DC 变换器电路，可省略滤波电容，直流电机可模拟为电感、电阻和一个反电动势电源的组合负载，而且直流电机的定子绕组就可作为 DC/DC 变换器电路的电感元件。对于为诸如蓄电池等容性负载供电的 DC/DC 降压变换器，输出的滤波电容值可适当减小，电感元件需要单独设计，以平滑充电电流。

12.2.2　工作原理

可用阻抗 Z 表示图 12-2 所示电路的负载，那么简化后的 DC/DC 降压变换器的电路如图 12-3a 所示，电路的基本工作原理如下：

1）当开关 V 导通时，即 V 与 V_1 连接、V 与 V_2 断开，二极管 VD 反向截止，i_D 等于 0。直流电压源 U_I 经过电感 L 向负载 Z 供电，$i_I = i_L$。电感电流逐渐增大，电感的电磁能增加，负载电压随之上升。开关导通电路如图 12-3b 所示。

2）当开关 V 关断时，即 V 与 V_2 连接、V 与 V_1 断开，直流电压源 U_I 停止向负载 Z 供电，i_I 等于 0。续流二极管 VD 导通，电感所储存的电磁能经过 VD 向负载 Z 供电，$i_D = i_L$。电感电流逐渐减小，电感的电磁能减少，负载电压随之降低。开关关断电路如图 12-3c 所示。

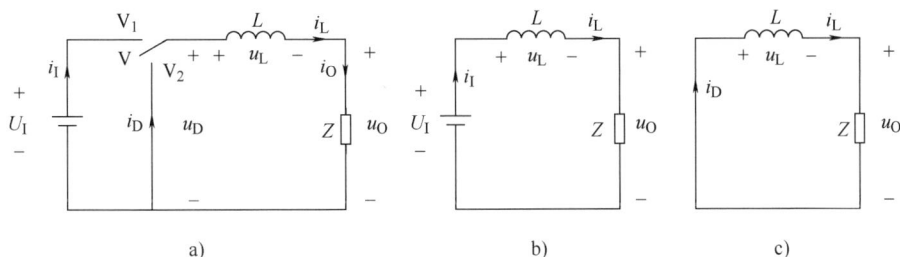

图 12-3　DC/DC 降压变换器的简化电路

a）全电路　b）开关导通电路　c）开关关断电路

12.2.3　工作模式

在图 12-3 所示的 DC/DC 降压变换器工作时，如果开关 V 的 PWM 占空比、电感或电源电压匹配不好，电感电流 i_L 可能产生间断的状态。这样，针对电感电流是否连续，降压变换器有两种工作模式，即电流连续导通模式（Continuous Conduction Mode，CCM）和断续导通模式（Discontinuous Conduction Mode，DCM）。

当 DC/DC 降压变换器工作在 CCM 时，i_L 始终为非零状态，其波形如图 12-4a 所示。当降压变换器工作在 DCM 时，在开关 V 关断期间的 i_L 出现持续为零的时间段，相应的波形如图 12-4b 所示。显然，对于降压变换器的 DCM，当电感电流为零时，电感电压 u_L 为零；此时的二极管 VD 电流为零，二极管截止，其反向电压 u_D 等于输出电压 u_O。这是 DCM 与 CCM 的一个区别。

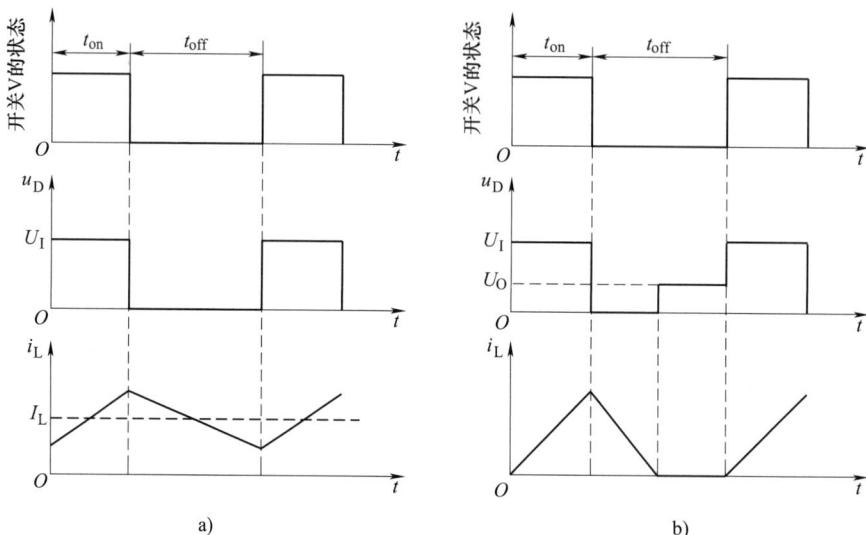

图 12-4　DC/DC 降压变换器工作模式波形
a）CCM　b）DCM

12.2.4　CCM 降压变换器的输出电压

假设降压变换器处于 CCM，那么任何周期电感电流的起始时刻值都等于其终点时刻值，称降压变换器进入了周期稳定状态。此时，电感电压的状态平均为零，也就是电感的伏秒平衡，电感的磁通量变化亦为零。

开关 V 导通：

$$u_L = u_I - u_O \tag{12-1}$$

开关 V 关断：

$$u_L = -u_O \tag{12-2}$$

两个开关状态的电感电压波形如图 12-5 所示，图中的阴影面积是电感电压与时间之积，此面积有正负之分。伏秒平衡的电感电压在开关导通时间阴影面积 A_{on} 和关断时间阴影面积 A_{off} 之和为零，表达如下：

$$A_{on} + A_{off} = 0 \tag{12-3}$$

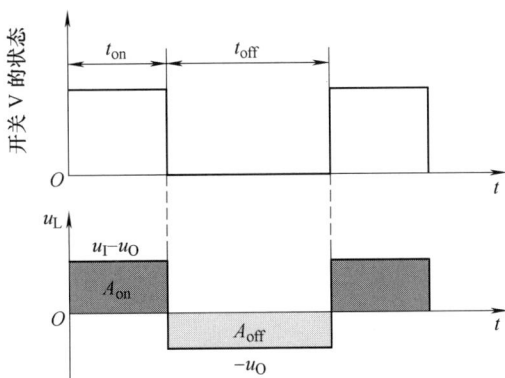

图 12-5 两个开关状态的电感电压波形

这样，得到的关系式如下：

$$\int_{t}^{t+t_{on}} (u_I - u_O)dt + \int_{t+t_{on}}^{t+t_{on}+t_{off}} (-u_O)dt = 0 \qquad (12\text{-}4)$$

式中 t_{on}——开关 V 的导通时间；

t_{off}——开关 V 的关断时间。

因为降压变换器电路进入了 PWM 周期稳定状态，可认为降压变换器的输入输出电压值保持恒定，所以用变量的常值（U_I、U_O）代入式（12-4），得到的关系式如下：

$$(U_I - U_O) t_{on} + (-U_O) t_{off} = 0 \qquad (12\text{-}5)$$

对式（12-5）合并同类项并移项，得到的表达式如下：

$$\frac{U_O}{U_I} = \delta \qquad (12\text{-}6)$$

式中 $0 \leqslant \delta \leqslant 1$。

$$\delta = \frac{t_{on}}{t_{on} + t_{off}} \times 100\% \qquad (12\text{-}7)$$

假设降压变换器电路的能量转换效率为 100%，那么周期稳态的负载电流与电源电流的关系式如下：

$$I_I = \delta I_O \qquad (12\text{-}8)$$

式中 I_I、I_O——对应图 12-2 中电流 i_I 和 i_O 的稳态量。

在 CCM 下，DC/DC 降压变换器可看作一个理想的直流降压变压器。

12.2.5 CCM 降压变换器的电感纹波电流

根据电感特性方程，DC/DC 降压变换器的电感 L 在开关 V 两个状态下的电压电流关系式如下：

开关 V 导通：

$$\frac{\mathrm{d}i_\mathrm{L}}{\mathrm{d}t} = \frac{u_\mathrm{I} - u_\mathrm{O}}{L}$$

（12-9）

开关 V 关断：

$$\frac{\mathrm{d}i_\mathrm{L}}{\mathrm{d}t} = -\frac{u_\mathrm{O}}{L}$$

（12-10）

DC/DC 降压变换器处于 CCM 状态，在 t_on 时间内，电感电流 i_L 在 A 点上升到最大值（见图 12-6），相应的电流增量 $\Delta i_\mathrm{L,max}$ 如下：

$$\Delta i_\mathrm{L,max} = \frac{u_\mathrm{I} - u_\mathrm{O}}{L} t_\mathrm{on}$$

（12-11）

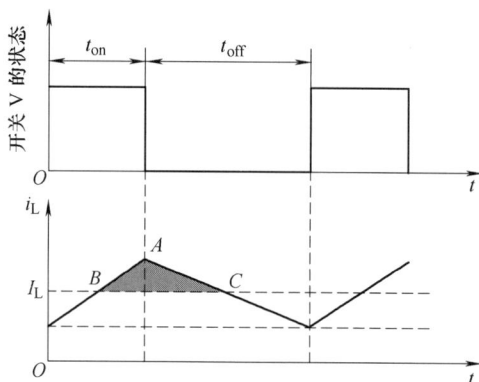

图 12-6　两个开关状态的电感电流波形

图 12-6 中，电感的纹波电流是指 i_L 在电感平均电流 I_L 上下的波动幅值，等于 $\Delta i_\mathrm{L,max}$ 的 1/2，即

$$\Delta i_\mathrm{L} = \frac{1}{2}\Delta i_\mathrm{L,max} = \frac{u_\mathrm{I} - u_\mathrm{O}}{2L} t_\mathrm{on}$$

（12-12）

式中　Δi_L——电感的纹波电流。

结合式（12-6）和式（12-7），得到电感的纹波电流与占空比、稳态输入电压的关系式如下：

$$\Delta i_\mathrm{L} = \frac{\delta(1-\delta)}{2L} U_\mathrm{I} T_\mathrm{C}$$

（12-13）

式中　T_C——开关 V 的 PWM 控制周期，$T_\mathrm{C} = t_\mathrm{on} + t_\mathrm{off}$。

12.2.6　CCM 降压变换器的电容纹波电压

当 DC/DC 降压变换器进入 PWM 周期稳态后，图 12-2 的电容 C 在开关 V 导通时的充电电荷等于开关关断期间的放电电荷，此时电容进入了荷电平衡状态。

根据基尔霍夫电流定律，获得如下方程：

$$\frac{di_L}{dt} = \frac{di_C}{dt} + \frac{di_R}{dt} \tag{12-14}$$

当电感 L 和电容 C 都进入 PWM 周期稳定状态时，电阻电流变化量为零，即电容 C 电流与电感 L 电流在 PWM 导通时间或关断时间的变化量相等：

$$\frac{di_C}{dt} = \frac{di_L}{dt} \tag{12-15}$$

当电感电流大于电阻电流时，电容处于充电状态；反之，电容处于放电状态。比如，电容充电时期的电荷 ΔQ 等于图 12-6 的三角形 ABC 面积：

$$\Delta Q = \frac{1}{2} \Delta i_L \frac{T_C}{2} = \frac{\delta(1-\delta)}{8L} U_I T_C^2 \tag{12-16}$$

因此，电容 C 在开关 V 导通时间的纹波电压表达式如下：

$$\Delta u_C = \frac{\Delta Q}{C} = \frac{\delta(1-\delta)}{8LC} U_I T_C^2 \tag{12-17}$$

如果用输出电压表示电容的纹波电压，得到如下表达式：

$$\Delta u_C = \frac{T_C^2}{8LC}(1-\delta) U_O \tag{12-18}$$

由于电容与电阻并联，电容电压与输出电压相等，所以输出电压的纹波系数表达为电容纹波电压与输出电压之百分比：

$$\gamma_U = \frac{T_C^2}{8LC}(1-\delta) \times 100\% \tag{12-19}$$

式中 γ_U——输出电压的纹波系数，它仅与电路参数、控制周期和占空比相关。

DC/DC 降压变换器的输出电压纹波系数也可表达为电感电容谐振频率与 PWM 开关频率的函数，即

$$\gamma_U = \frac{\pi^2}{2}\left(\frac{f_{LC}}{f_C}\right)^2 (1-\delta) \times 100\% \tag{12-20}$$

式中 f_{LC}、f_C——电感电容谐振频率和 PWM 开关频率。

$$f_{LC} = \frac{1}{2\pi\sqrt{LC}} \tag{12-21}$$

$$f_C = \frac{1}{T_C} \tag{12-22}$$

12.2.7　CCM 与 DCM 的边界

在开关 V 关断和导通的临界时刻，电感电流 i_L 为零，此时 DC/DC 降压变换器工作在 CCM 和 DCM 两种模式的临界导通状态。

当 DC/DC 降压变换器处于临界导通状态时，电感电流 i_L 的 PWM 周期起始值和终点

值均为零，此时电感电流的边界值等于其平均值，等于电感电流纹波峰值的 1/2。根据式（12-13），得到临界导通状态的平均电流表达式为

$$I_{LB} = \frac{\delta(1-\delta)U_I}{2L}T_C \qquad （12-23）$$

电感电流的边界值与占空比的关系曲线如图 12-7 所示，当占空比 δ 等于 50% 时，电感电流的边界值最大，最大值 $I_{LB, max}$ 如下：

$$I_{LB,max} = \frac{T_C U_I}{8L} \qquad （12-24）$$

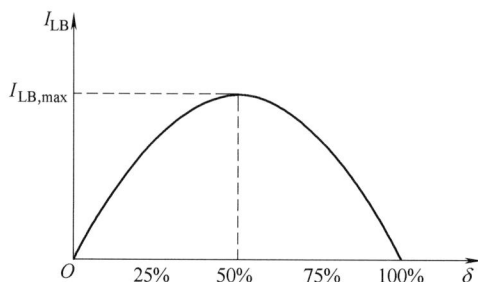

图 12-7　电感电流的边界值与占空比的关系曲线

因此，当 DC/DC 降压变换器在所有占空比内都工作在 CCM 时，其电感电流的边界值必须满足如下条件：

$$I_{LB} > I_{LB, max}$$

对于 DC/DC 降压变换器而言，电阻负载和电感的电流平均值相等，因此降压变换器 CCM 下的负载电流边界 I_{OB} 条件描述如下：

$$\begin{cases} I_{OB} > I_{OB,max} \\ I_{OB,max} = I_{LB,max} \end{cases}$$

12.2.8　DCM 电路的输出电压

在开关关断期间，DC/DC 降压变换器在 DCM 下的电感电流 i_L 会出现持续的断流，如图 12-8 所示。

在 PWM 开关 V 关断期间，假设 i_L 的续流时间为 $t_{off, c}$，断流时间为 $t_{off, d}$。当电路进入 PWM 周期稳态时，运用电感的伏秒平衡原理，得到如下关系式：

$$t_{on}(U_I - U_O) + t_{off,c}(-U_O) = 0 \qquad （12-25）$$

定义

$$\delta_d = \frac{t_{off,c}}{T_C} \times 100\% \qquad （12-26）$$

联合式（12-25）和式（12-26），可推出如下关系式：

$$U_O = \frac{\delta}{\delta + \delta_d} U_I \qquad (12\text{-}27)$$

式中 $\delta_d < 1 - \delta$。

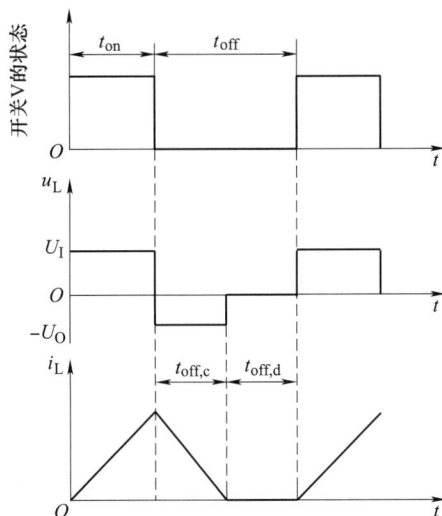

图 12-8 DC/DC 降压变换器在 DCM 模式下的电感电压电流波形

显然，在相同占空比下，DCM 比 CCM 的 DC/DC 降压变换器具有更高的输出电压。在电感电流的断流期间，功率二极管处于截止状态，只能由并联的储能元件（电容）为负载提供电能。DCM 的 DC/DC 稳态输出电压与输入电压呈非线性关系，可以通过调节 PWM 的占空比 δ，保持电压输出稳定。

12.3 DC/DC 升压变换器

为了提高电动汽车电驱动系统的效率，需要通过 DC/DC 升压变换器将动力电池电压提升，为交流电机控制系统提供稳定的更高电压的电源。这种 DC/DC 升压变换器一般都是双向的，在车辆的制动时工作在降压模式，实现能量回收。在燃料电池汽车中，燃料电池的输出一般也是通过 DC/DC 升压变换器与动力电池并联的。

12.3.1 电路结构

DC/DC 升压变换器电路如图 12-9 所示，它由图 12-2 所示的 DC/DC 降压变换器电路的开关 V、电感 L 和续流二极管 VD 的逆时针轮换得到。

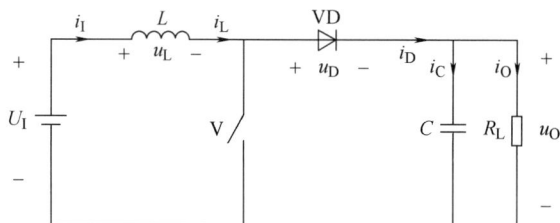

图 12-9　DC/DC 升压变换器电路

12.3.2　工作原理

DC/DC 升压变换器的简化电路如图 12-10 所示，它的基本工作原理如下：

1）当开关 V 与 V_1 端接通时，直流电压源 U_I 经过电感 L 形成回路，电感电流增大，电感的电磁能增加，工作电路如图 12-10b 所示，此时称为升压变换器的开关导通状态。

2）当开关 V 与 V_2 端接通时，直流电压源 U_I 与电感 L 积蓄的能量经过续流二极管 VD 同时向负载 Z 供电，电感电流逐渐减小，电感的磁通发生变化，产生一个叠加在直流电源上的附加电动势，使负载电压超过直流电源电压，工作电路如图 12-10c 所示，此时称为升压变换器的开关截止状态。

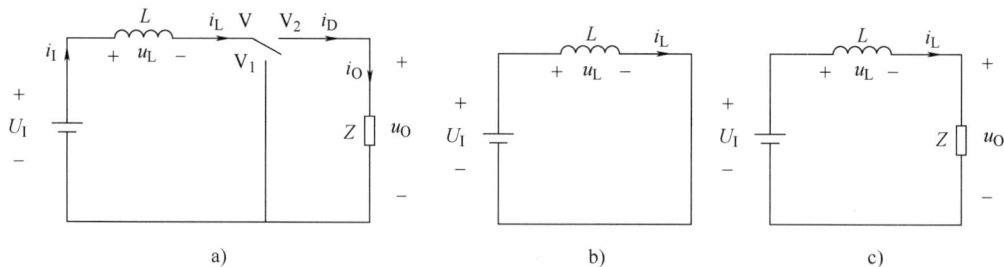

图 12-10　DC/DC 升压变换器简化电路
a）全电路　b）开关导通电路　c）开关关断电路

DC/DC 升压变换器的电感电流可能在开关截止状态时出现断流现象，那么 DC/DC 升压变换器有 CCM 和 DCM 两种工作模式。

12.3.3　CCM 升压变换器的输出电压

针对图 12-10a 的 DC/DC 升压变换器电路，根据开关 V 的导通状态和截止状态，将电路拆分为如图 12-10b、c 的两个子电路，它们的电压回路方程如下：

开关 V 导通：

$$u_L = u_I \quad\quad (12\text{-}28)$$

开关 V 关断：

$$u_L = u_I - u_O \quad\quad (12\text{-}29)$$

当 DC/DC 升压变换器处于 CCM 下的 PWM 周期稳定状态时，相应的电感电压波形如图 12-11 所示。注意，图中的面积有正负之分。

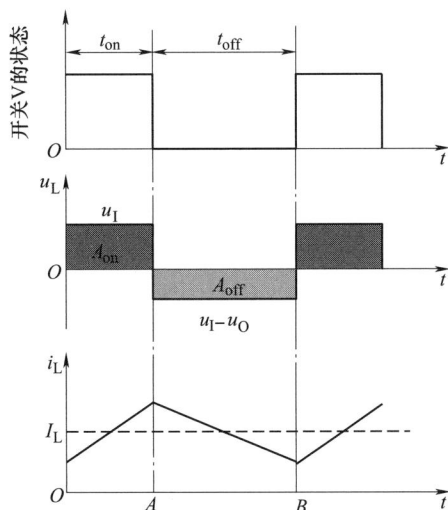

图 12-11　DC/DC 变换器 CCM 模式下的电感电压波形

根据电感的伏秒平衡，电感电压在开关导通时间的阴影面积 A_{on} 和关断时间的阴影面积 A_{off} 之和为零，表达式如下：

$$\int_{t}^{t+t_{on}} u_{I} \mathrm{d}t + \int_{t+t_{on}}^{t+t_{on}+t_{off}} (u_{I} - u_{O}) \mathrm{d}t = 0 \tag{12-30}$$

由于 DC/DC 升压变换器电路进入了 PWM 周期稳定状态，认为 DC/DC 升压变换器的输入输出电压值保持恒定，所以用变量的常值代入式（12-30），得到的关系式如下：

$$U_{I} t_{on} + (U_{I} - U_{O}) t_{off} = 0 \tag{12-31}$$

对式（12-31）合并同类项并移项，得到表达式如下：

$$\frac{U_{O}}{U_{I}} = \frac{1}{1-\delta} \tag{12-32}$$

DC/DC 升压变换器的占空比不能等于 1，即 DC/DC 升压变换器的开关不能长时间保持导通状态，否则电感的峰值电流过大，将导致输出电压的过电压。假设 DC/DC 升压变换器电路的能量转换效率为 100%，那么周期稳态的负载电流与电源电流的关系式如下：

$$\frac{I_{O}}{I_{I}} = 1-\delta \tag{12-33}$$

在 CCM 下，DC/DC 变换器可作为一个理想的直流升压变压器。

12.3.4　CCM 升压变换器的电感纹波电流

考虑电感的特性方程，开关 V 两个状态下的电感电压电流关系式如下：

开关 V 导通：

$$\frac{\mathrm{d}i_{\mathrm{L}}}{\mathrm{d}t} = \frac{u_{\mathrm{I}}}{L} \qquad (12\text{-}34)$$

开关 V 关断：

$$\frac{\mathrm{d}i_{\mathrm{L}}}{\mathrm{d}t} = \frac{u_{\mathrm{I}} - u_{\mathrm{O}}}{L} \qquad (12\text{-}35)$$

DC/DC 升压变换器处于 CCM 状态，在 t_{on} 这段时间内，电感电流 i_{L} 在 A 点上升到最大值（图 12-11），相应的电流增量 $\Delta i_{\mathrm{L,max}}$ 如下：

$$\Delta i_{\mathrm{L,max}} = \frac{u_{\mathrm{I}}}{L} t_{\mathrm{on}} \qquad (12\text{-}36)$$

图 12-11 中，电感的纹波电流为 $\Delta i_{\mathrm{L,max}}$ 的 1/2。因此，电感的纹波电流与占空比、稳态输入输出电压的关系式如下：

$$\Delta i_{\mathrm{L}} = \frac{\delta}{2L} U_{\mathrm{I}} T_{\mathrm{C}} \qquad (12\text{-}37)$$

12.3.5　CCM 升压变换器的电容纹波电压

PWM 周期稳定的 DC/DC 升压变换器的负载电流与电感电流的状态平均值并不相同。在开关 V 关断期间，DC/DC 升压变换器的电感电流对电容充电，又对负载供电；在开关 V 导通期间，电感短路，电容放电，为负载供电，此时电容电压的变化量即为输出电压的脉动量。

电容在 PWM 周期稳定时处于荷电平衡状态。因此在开关导通期间，电容向负载放电的电流为负载平均电流。此时，电容的放电量计算式如下：

$$\Delta Q = I_{\mathrm{O}} t_{\mathrm{on}} = \frac{\delta U_{\mathrm{O}} T_{\mathrm{C}}}{R} = \frac{\delta U_{\mathrm{O}}}{R f_{\mathrm{C}}} \qquad (12\text{-}38)$$

这样，负载电压的变化量计算式如下：

$$\Delta U_{\mathrm{O}} = \frac{\Delta Q}{C} = \frac{\delta}{R C f_{\mathrm{C}}} U_{\mathrm{O}} \qquad (12\text{-}39)$$

设 RC 滤波器的截止频率为 f_{RC}，由式（12-39）得负载电压的纹波系数 γ_{U} 为

$$\gamma_{\mathrm{U}} = \frac{\Delta U_{\mathrm{O}}}{U_{\mathrm{O}}} = \delta \frac{f_{RC}}{f_{\mathrm{C}}} \times 100\% \qquad (f_{RC} = \frac{1}{RC}) \qquad (12\text{-}40)$$

因此，提高开关频率 f_{C}、加大滤波电容 C、减小占空比，都可以减小负载电压的脉动。

12.3.6　CCM 和 DCM 的边界

当 DC/DC 升压变换器处于临界导通状态时，电感电流 i_{L} 的 PWM 周期起始值和终点值均为零，此时电感电流的边界值等于其平均值，等于电感电流纹波峰值的 1/2。由式

（12-37）可得电感电流在临界导通状态的边界值 I_{LB} 为

$$I_{LB} = \frac{\delta}{2L} U_I T_C \qquad （12-41）$$

在设计电路时，DC/DC 升压变换器在所有占空比内都工作在 CCM 下，电感电流平均值必须大于其边界值。

DC/DC 升压变换器的电感电流与电源电流相等，因此负载电流的 CCM 边界值 I_{OB} 可表示为

$$I_{OB} = \frac{\delta(1-\delta)}{2L} U_I T_C \qquad （12-42）$$

12.3.7 DCM 电路的输出电压

在开关关断期间，DC/DC 升压变换器的电感电流 i_L 可能出现持续的断流，其在 DCM 下的电感电压电流波形如图 12-12 所示。

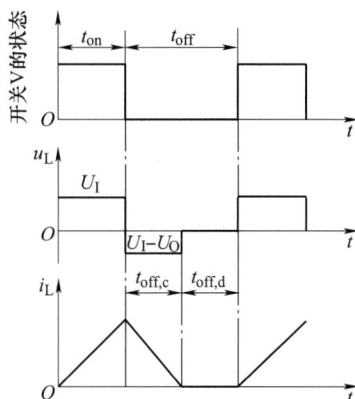

图 12-12 DC/DC 升压变换器在 DCM 下的电感电压电流波形

在电感断流期间，电感的电压为零，PWM 周期稳定的电压方程表达式如下：

$$u_L = \begin{cases} U_I & t \in [nT_s, nT_s + t_{on}), n = 0, 1, 2, \cdots \\ U_I - U_O & t \in [nT_s + t_{on}, nT_s + T_s - t_{off,d}), n = 0, 1, 2, \cdots \\ 0 & t \subset [nT_s + T_s - t_{off,d}, nT_s + T_s), n = 0, 1, 2, \cdots \end{cases} \qquad （12-43）$$

运用电感的伏秒平衡原理，可得电感电压与时间乘积方程，表达式如下：

$$t_{on} U_I + t_{off,c} (U_I - U_O) = 0 \qquad （12-44）$$

根据式（12-26）定义的 δ_d，可得

$$U_O = \left(1 + \frac{\delta}{\delta_d}\right) U_I \qquad （12-45）$$

很明显，在相同占空比下，DCM 比 CCM 的 DC/DC 升压变换器有更高的输出电压。在断流期间，功率二极管不导通，由并联的电容为负载提供电能。

12.4 DC/DC 变换器组合电路

将 DC/DC 降压变换器和 DC/DC 升压变换器的电路重构，能够组成新型结构的 DC/DC 变换器电路。双向 DC/DC 变换器就是 DC/DC 降压变换器和 DC/DC 升压变换器的组合，常应用在电动汽车动力电池组和电机控制系统之间，匹配两种电源的电压特性。

12.4.1 半桥 DC/DC 变换器电路

将 DC/DC 降压变换器电路和升压变换器电路组合在一起，可构成一种电流可逆的双向 DC/DC 变换器电路，如图 12-13 所示，相关电路的基本工作如下：

1）DC/DC 降压变换器电路。元器件为 V_1、VD_2 和 L，高压蓄电池 E_1 对低压蓄电池 E_2 进行充电。

2）DC/DC 升压变换器电路。元器件为 L、V_2 和 VD_1，低压蓄电池 E_2 对高压蓄电池 E_1 进行充电。

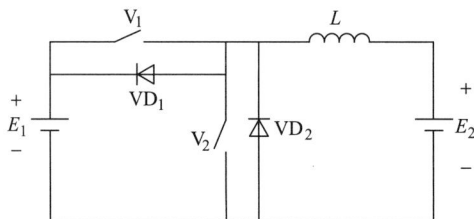

图 12-13 半桥 DC/DC 变换器电路

半桥 DC/DC 变换器在直流电机两象限斩波控制和电动汽车多电源匹配系统等领域应用，调节不同电压源和负载之间的电能流动。

12.4.2 H 桥 DC/DC 变换器电路

将两个半桥 DC/DC 变换器电路组合，能够形成一种 H 桥 DC/DC 变换器电路，如图 12-14 所示，其被广泛应用在直流电机的四象限斩波控制、单相逆变电路和电子变压器中。在同一桥臂两个开关互锁的条件下，电路的基本工作原理如下：

1）正向电动状态，降压电路结构。在开关 V_2、V_3 关断，V_1、V_4 导通期间，电压回路为 E_1–V_1–L–M–V_4–E_1，蓄电池 E_1 向直流电机 M 供电。在开关 V_1~V_3 关断、V_4 导通期间，电压回路为 L–M–V_4–VD_2–L，直流电机 M 续流。

2）正向发电状态，升压电路结构。在开关 V_1、V_3、V_4 关断，V_2 导通期间，电压回路为 M–L–V_2–VD_4–M，直流电机 M 短路。开关 V_1~V_4 关断期间，电压回路为 M–L–VD_1–E_1–VD_4–M，直流电机 M 向蓄电池 E_1 馈电。

3）反向电动状态，降压电路结构。在开关 V_1、V_4 关断，V_2、V_3 导通期间，电压回路为 E_1–V_3–M–L–V_2–E_1，蓄电池向直流电机 M 反向供电。在开关 V_1、V_2、V_4 关断，V_3 导通期间，电压回路为 M–L–VD_1–V_3–M，直流电机 M 续流。

4）反向发电状态，升压电路结构。在开关 V_2~V_4 关断、V_1 导通期间，电压回路为 L-M-VD_3-V_1-L，直流电机 M 短路。在开关 V_1~V_4 关断期间，电压回路为 L-M-VD_3-E_1-VD_2-L，直流电机 M 馈电。

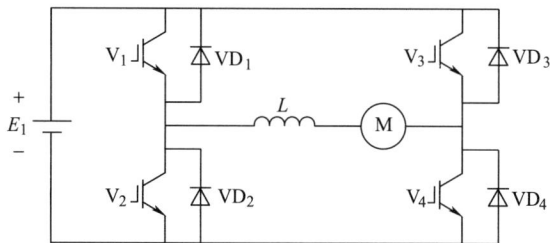

图 12-14 H 桥 DC/DC 变换器电路

12.5 DC/DC 隔离变换器

高频脉冲变压器可用来电气隔离 DC/DC 变换器的直流输入与输出，效率高、体积小、质量轻，它的匝比可调节变换器的输出电压水平，能够实现 DC/DC 隔离变换器的降压、升压和升降压功能。根据变压器磁心的磁通变化，DC/DC 隔离变换器可分为正激式变换器、反激式变换器、推挽式变换器、半桥式变换器和 H 桥式变换器。在电动汽车中，常用正激式和 H 桥式 DC/DC 变换器实现动力电池对低压电气系统的供电。

12.5.1 单端正激式 DC/DC 隔离变换器电路

在图 12-2 所示的 DC/DC 降压变换器电路中的半导体开关和续流二极管之间插入高频脉冲变压器，可得到图 12-15 所示的单端正激式 DC/DC 隔离变换器电路。它的基本工作原理如下：

1）当开关 V 导通时，如果变压器 T 的二次电压高于输出电压，则二极管 VD_1 导通，电源能量经电感 L 传递给负载。此时，称为开关导通状态。

2）当开关 V 关断时，变压器 T 的电动势反向，阻止磁通衰减，VD_1 截止，电感 L 的电流经二极管 VD_2 续流。此时，称为开关关断状态。

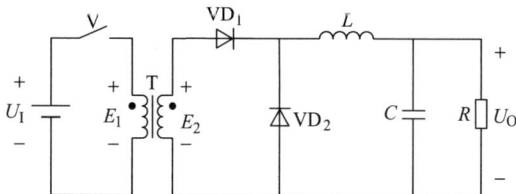

图 12-15 单端正激式 DC/DC 隔离变换器电路

假设脉冲变压器 T 的单位绕组的磁通量为 ϕ_u，则脉冲变压器的一次绕组和二次绕组的电动势为

$$\begin{cases} E_1 = -N_1 \dfrac{\mathrm{d}\phi_\mathrm{u}}{\mathrm{d}t} \\[2mm] E_2 = -N_2 \dfrac{\mathrm{d}\phi_\mathrm{u}}{\mathrm{d}t} \end{cases} \tag{12-46}$$

式中　N_1、N_2——脉冲变压器一次绕组和二次绕组的匝数。

这样，脉冲变压器 T 的一次绕组和二次绕组的电动势关系为

$$E_2 = \frac{N_2}{N_1} E_1 = \frac{N_2}{N_1} U_1 \tag{12-47}$$

当图 12-15 所示的电路处于 PWM 周期稳态，且电感 L 电流连续时，电感 L 处于伏秒平衡状态，可得到如下方程：

$$\left(\frac{N_2}{N_1} U_1 - U_\mathrm{O} \right) \delta T_\mathrm{C} = U_\mathrm{O}(1-\delta) T_\mathrm{C} \tag{12-48}$$

整理式（12-48），可得单端正激式 DC/DC 隔离变换器的 PWM 周期稳态电压比：

$$\frac{U_\mathrm{O}}{U_1} = \frac{N_2}{N_1} \delta \tag{12-49}$$

12.5.2　H 桥式 DC/DC 隔离变换器电路

将半桥式 DC/DC 隔离变换器的两个电容换成功率半导体开关，就成了 H 桥式 DC/DC 隔离变换器电路（图 12-16）。考虑理想脉冲变压器，则一对（或组）对角的功率半导体开关同时触发导通，另一对（或组）对角的开关同时关断，脉冲变压器一次绕组的电流在正反两个方向对等变化。其基本工作原理如下：

1）当开关 V_1、V_4 导通和 V_2、V_3 关断时，脉冲变压器 T 的二次电压高于负载电压，二极管 VD_1 导通，VD_2 反向截止，电源能量经隔离变压器、VD_1 和电感 L 传递给负载。

2）当开关 V_2、V_3 导通和 V_1、V_4 关断时，变压器 T 的二次电压反向，VD_2 导通，VD_1 截止，电源能量经隔离变压器、VD_2 和电感 L 传递给负载。

3）当开关 $V_1 \sim V_4$ 都关断时，VD_1 和 VD_2 都能续流电感电流，存在一个换流的过程。

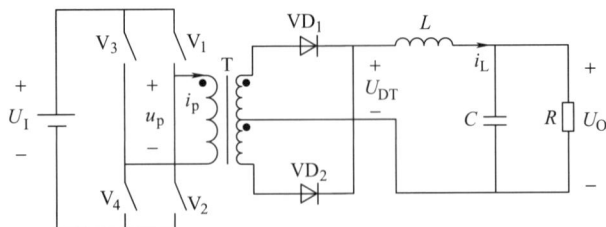

图 12-16　H 桥式 DC/DC 隔离变换器电路

H 桥式 DC/DC 隔离变换器的整流输出方式常用全波和全桥两种方式，前者需要 1 个具有三个绕组的隔离脉冲变压器、2 个整流二极管；而后者只需 2 个绕组的变压器，但需要 4 个整流二极管。虽然全桥式 DC/DC 隔离变换器的功率开关多，成本相对高，但功率

开关的电压和电流均衡，而且容易消除变压器的偏磁问题和实现软开关模式，因此在中大功率的直流电源场合得到广泛应用。

当开关对角导通时，理想脉冲变压器 T 的二次绕组整流输出电压为

$$U_{DT} = \frac{N_2}{N_1}U_I \qquad (12\text{-}50)$$

当电路处于 PWM 周期稳态，且电感 L 的电流连续时，开关导通期间和关断期间的电感处于伏秒平衡状态：

$$2\delta T_C(U_{DT} - U_O) = (1-2\delta)T_C U_O \quad (0 < \delta < 0.5) \qquad (12\text{-}51)$$

对式（12-51）进行整理，可得 H 桥式 DC/DC 隔离变换器的 PWM 周期稳定电压比：

$$\frac{U_O}{U_I} = 2\delta\frac{N_2}{N_1} \qquad (12\text{-}52)$$

12.6 谐振式 DC/DC 变换器

当电力电子电路的功率半导体开关器件处于硬开关工作状态时，开关损耗大。如果使功率半导体开关器件在导通或关断过程的电流或电压近乎为零，那么该开关器件的开关损耗接近零，这样的开关技术称为软开关。软开关有两类基本的开关形式，即零电压开关（Zero Voltage Switch，ZVS）和零电流开关（Zero Current Switch，ZCS）。在开关导通或关断过程中，ZVS 是指功率半导体开关的端电压为零，ZCS 是指流过功率半导体开关的电流为零。它们既可用于开关的导通过程，也可用于开关的关断过程。

软开关技术控制的 DC/DC 变换器也称为谐振式 DC/DC 变换器，本质上是一种 LC 谐振电路，可分为串联谐振器（Series Resonant Converter，SRC）和并联谐振器（Parallel Resonant Converter，PRC）。谐振式 DC/DC 变换器的结构种类繁多，本节仅以车载充电机的谐振式双向 DC/DC 变换器为例论述。图 12-17 所示为车载充电机的谐振式双向 DC/DC 变换器电路拓扑，它包括 LC、LLC 和 $CLLC$ 三种谐振网络。

图 12-17a 的 LC 谐振网络由 1 个谐振电容和 1 个谐振电感构成，该 SRC 的控制方法常用 PWM 移相控制或 PFM 控制，仅能工作在降压模式。

图 12-17b 中，一次侧谐振网络包括 1 个谐振电容和 2 个谐振电感，形成了 LLC 谐振式双向 DC/DC 变换器，常用 PFM 控制。当电能从高频脉冲变压器一次侧向二次侧传输时，LLC 谐振式双向 DC/DC 变换器可实现升降压，一次侧功率开关器件实现 ZVS，二次侧整流二极管实现 ZCS；反之，LLC 谐振式双向 DC/DC 变换器退化为 SRC，仅能实现降压功能。

图 12-17c 中，一次侧谐振网络与 LLC 结构相同，但在二次侧增加了一个谐振电容，这样的 $CLLC$ 谐振式双向 DC/DC 变换器的双向均能实现电压宽范围工作，但其电压增益单调性与负载相关 [4]。需要注意，谐振式 DC/DC 变换器的软开关性能依赖元器件的一致性，它也存在 EMC/EMI 和热问题。宽禁带器件能够使变换器的硬开关损耗大幅下降，因此谐振式 DC/DC 变换器也应与时俱进。

a)

b)

c)

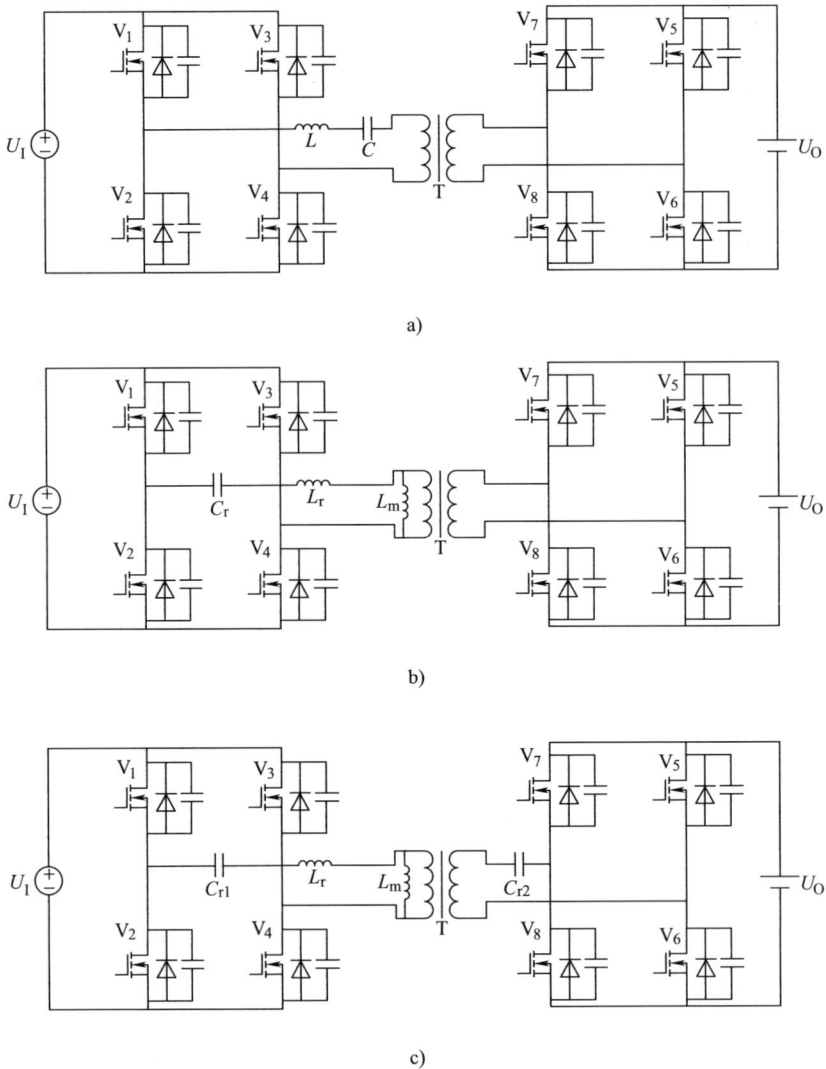

图 12-17　谐振式双向 DC/DC 变换器电路拓扑

a) LC 谐振　b) LLC 谐振　c) $CLLC$ 谐振

12.7　DC/DC 变换器车载应用

同一辆电动汽车上有不同的直流母线电压需求，动力电池、超级电容器、燃料电池可以输出高电压，形成高压直流母线，常见的标称电压在 DC100 ～ 400V 之间；为了进一步提高驱动电机的功率密度和系统效率，高压直流母线的工作电压可超过 DC800V。而灯光、音响等汽车小功率负载往往使用的是传统电压体制——14V 和 28V 的低压直流电源，最新的汽车低压直流电压标准趋向统一的 48V。在高压直流母线之间或高低压直流母线之间，往往需要一个 DC/DC 变换器，以完成直流电源至直流电源的功率转换，这对电源匹配、效率提高、体积减小或成本降低有益处。

12.7.1 电驱动系统双向 DC/DC 变换器

电动汽车行驶工况变动性使得驱动电机相电流多变，导致与电机控制器直接电连接的动力电池或超级电容器的端电压随着充放电电流的变化而大范围变化。对动力电池而言，其放电电流越大，电池端电压下降得越快，驱动电机的功率越难提高，限制了电机的高速恒功率能力。当电动汽车电制动时，驱动电机再生回馈的充电电流越大，动力电池的端电压上升越快，电机控制器容易出现过电压保护。同时，电机控制器输入侧的直流电压经常性急剧变化，增加了交流电机控制算法的复杂性，无益于电机系统效率的提高。

对此，普锐斯混合动力汽车的交流电机驱动系统，在动力电池组和驱动电机控制器之间增加了一个直流功率变换器（图 12-18），提高了电机控制器输入侧的直流母线电压，这样有三个好处：

1）增大感应电动势幅值，使电机基速增大，扩大了电机的调速范围，也增加了输出功率，具有电子升速的功能。

2）感应电动势增大，相同功率下驱动电机的电流可减小，电机的铜耗可减小，系统效率提高。

3）电机转速范围扩大，可提高驱动电机的功率密度，减小质量和体积，增加了车载空间布置的灵活性。

当然，在电压升高后，对于高压母线侧的电气系统，电气材料的电绝缘性能等级必须提高，以满足汽车电安全标准的要求。

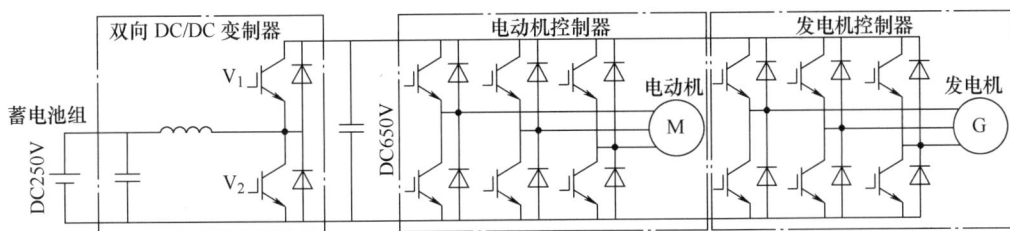

图 12-18　普锐斯混合动力汽车的交流电机驱动系统 [5]

图 12-18 所示的直流功率变换器是一个半桥型双向直流功率变换器，可实现动力电池组和电动机控制器两个高压母线电压之间的双向功率变换。当动力电池组作为供能装置时，半桥型直流功率变换器是一个升压电路，开关 V_2 进行升压 PWM 斩波，将 250V 蓄电池升压为高压 650V，与发电机逆变器输出的电能，共同为驱动电动机逆变器提供功率。当动力电池需要吸收电能时，半桥型直流功率变换器是一个降压电路，开关 V_1 进行降压 PWM 斩波，将 650V 高压降压为 250V，吸收源自驱动电动机逆变器或发电机逆变器的输出电流。

在超级电容器或燃料电池作为能量存储装置的电动汽车中，半桥型双向 DC/DC 变换器也经常被用于两个不同高压母线电压之间的功率变换和能量传递。

12.7.2 高低压变换隔离 DC/DC 变换器

与传统汽车一样，车灯、音响、刮水器等低压电器对新能源汽车来说同样重要。这样，就需要 DC/DC 变换器，将动力电池组提供的几百伏高电压降为 14V、28V 或 48V 的安全电压，为低压蓄电池补充电能，满足车载低压电器的功率和能量需求，如图 12-19 所示。电动汽车保留了低压蓄电池，这既可以降低整个车辆的成本，又可以确保电源的冗余度。低压蓄电池能在短时间内向车灯和刮水器等低压电器释放大电流，如果省去低压蓄电池，DC/DC 变换器的功率要增加，体积要增大，从而使系统成本增加。

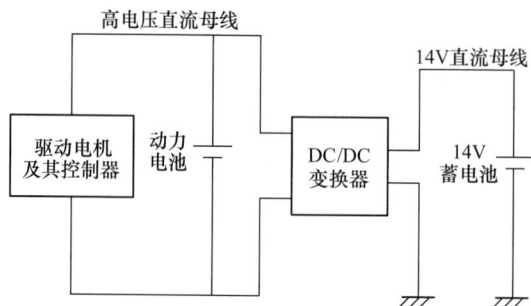

图 12-19 高低压电能转换电路框图

高低压 DC/DC 变换器常采用隔离变压器的 DC/DC 技术，常用 H 桥式的功率电路拓扑。H 桥式隔离 DC/DC 变换器的电路原理是先将直流电逆变成单相交流电，从隔离变压器的一次侧传递到二次侧，而后整流为直流电，供给负载。提高功率密度、改善系统效率、提高电磁兼容性能、降低成本，一直是高低压 DC/DC 技术研究的方向。

12.7.3 48V 混合动力系统 DC/DC 变换器

汽车电子化不断提高汽车的环保、安全、舒适性、经济性和动力性，汽车上的用电设备越来越多，目前汽车的用电设备总功率超过了 1kW。随着汽车电动化技术的发展，原来的 14V/28V 汽车电源电压已经不适应负载电流的大幅增加，集成起动发电一体化（Integrated Starter & Generator，ISG）技术将规模化车载应用。

为此，汽车厂商积极推进 48V 汽车电源系统标准化和市场化的步伐。采用 48V 作为下一代标准化汽车电源电压的理由如下：

1）提高汽车燃油效率，减少尾气排放。

2）用电设备的总功率至少可以提高 3 倍，适应几千瓦级用电设备的功率需求。

3）处于 60V 的安全电压范围，不需要触电防护措施。

4）可沿用原有低压配线，也可直接使用现有耐压为 60V 的功率半导体器件。

5）统一了 14V/28V 两种汽车电源系统。

48V 电源系统的 ISG 电机与发动机的传动形式有两种：一种是取代 14V 系统的发电机位置的带传动 ISG 电机，通常称为 BSG（Belt Starter & Generator）电机；另一种形式是直接与发动机的曲轴输出轴相连接，被称为曲轴安装式的 ISG 电机。具有 BSG 电机形式的 48V 电源系统，仍然需要独立的发动机冷起动用的起动电机，因为带轮能提供的张紧力和功率有限，而且不耐磨损。

因为 ISG 电机的功能与蓄电池的容量与功率有很大的关系，所以按照功率等级，带传动 ISG 电机的 48V 电源系统可以分为起停系统（Start-Stop）和功率辅助混合动力系统（Power-Assist HEV）。在起停系统中，ISG 电机具有起动发动机和发电功能，48V 蓄电池不接收再生制动能量。在功率辅助混合动力系统中，ISG 电机不仅能够起动发动机，而且在汽车整个加速过程中需提供较长时间的辅助动力，需要较大容量的蓄电池组。当然，ISG 电机具有发电和再生制动功能，蓄电池能够接收再生制动的电能。

从目前的 14V 电源系统转变成未来的 48V 电源系统需要一个过程，48V/14V 双电压系统是未来汽车电源系统的一种过渡形式，具有起动、发电、充电和配电功能，以其低成本满足汽车对电源的需求。在双级电压系统结构中，高功率负载如 ISG 电机、电动空调、电动助力转向、电制动等将由 48V 电源总线供电，而诸如灯光、多媒体等中低功率负载则由 14V 电源总线供电。48V/14V 双电压系统的电气框图如图 12-20 所示，DC/DC 变换器可以是一个降压型直流变换器，将 48V 电压转换为 14V 电压，向 14V 蓄电池及其负载提供电能；也可以是一个半桥型双向 DC/DC 变换器，能够将 14V 蓄电池的电能变换传输给 48V 负载。

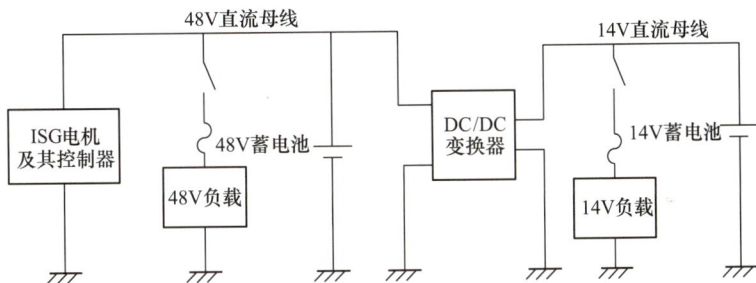

图 12-20 48V/14V 双电压系统的电气框图

参考文献

［1］ERICKSON R W，MARKSIM. Fundamentals of Power Electronics[M].Den Haag：Kluwer Academic Publishers，2001.

［2］程夕明，张承宁 . 新能源汽车功率电子基础 [M]. 北京：机械工业出版社，2018.

［3］张舟云，贡俊 . 电动汽车电机技术与应用 [M]. 上海：上海科学技术出版社，2012.

［4］江添洋 . 双向谐振型 DC/DC 变换器的研究 [D]. 杭州：浙江大学，2015.

［5］OLSZEWSKI M. Evaluation of the 2010 Toyota Prius Hybrid Synergy Drive System[R]. Knoxville：Oak Ridge National Laboratory，2011.

第12章

第13章 驱动电机系统的电磁兼容

驱动电机系统是电动汽车内最重要的功率变换装置，也是电磁干扰的主要来源。它包含高压主电路和低压控制电路，其中主电路电压高、功率大，产生的电磁干扰比控制电路产生的电磁干扰强度大、抑制难。本章重点介绍车用驱动电机系统主电路电磁干扰的产生和传输机理、电磁干扰的防治措施，并结合电动汽车驱动电机系统电磁兼容案例给出电磁兼容设计建议。

13.1 车用驱动电机系统电磁兼容机理

13.1.1 电磁干扰分类

在驱动电机系统有限的空间中，不同功率等级与电压等级的电子、电气设备在同一电磁环境中工作，电磁干扰由干扰源向敏感对象传播。根据干扰传输介质的不同，可以将电磁干扰分为传导干扰和辐射干扰两类。

传导干扰通过电路耦合使干扰源和敏感设备之间存在完整的电路连接。耦合方式包括电阻性传导耦合、公共电源耦合、公共地阻抗耦合，如图 13-1 所示。

辐射干扰通过场的形式耦合，辐射源为承载有交变电流或交变电压的导体，根据干扰源与敏感设备间的距离，以 $\frac{\lambda}{2\pi}$ 为界（λ 为干扰源波长），辐射干扰可以分为近场耦合与远场耦合两大类。

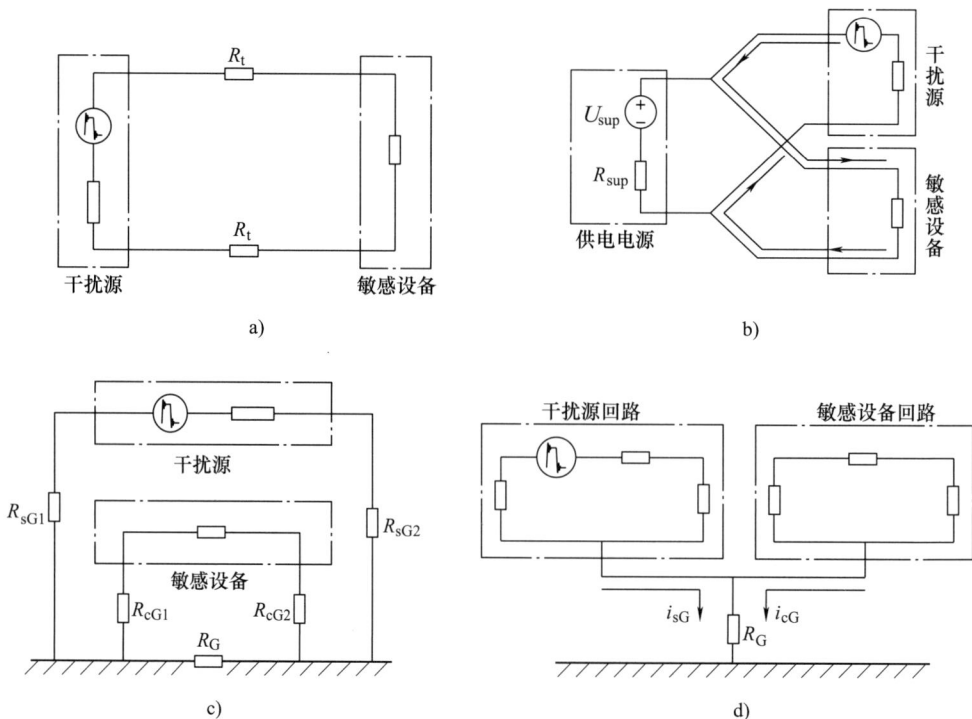

图 13-1　传导干扰耦合方式

a）电阻性传导耦合　b）公共电源耦合　c）公共地阻抗耦合 1　d）公共地阻抗耦合 2

　　产生近场耦合的高频电压或高频电流分别在空间中激励出高频电场和高频磁场，并在敏感设备处感应出干扰电流或干扰电压。车用电机驱动系统中，近场耦合现象较多地存在于功率电缆与信号线束间，可以通过在受扰线束或导线上增加屏蔽或滤波措施抑制近场耦合对信号的干扰。

　　驱动电机系统内部的近场耦合可以用电路的方式表示，有时也被视为传导干扰的一种形式，例如将电场耦合等效为连接干扰源回路与敏感设备回路的电容，将磁场耦合等效为连接干扰源与敏感设备的耦合电感，如图 13-2 所示。

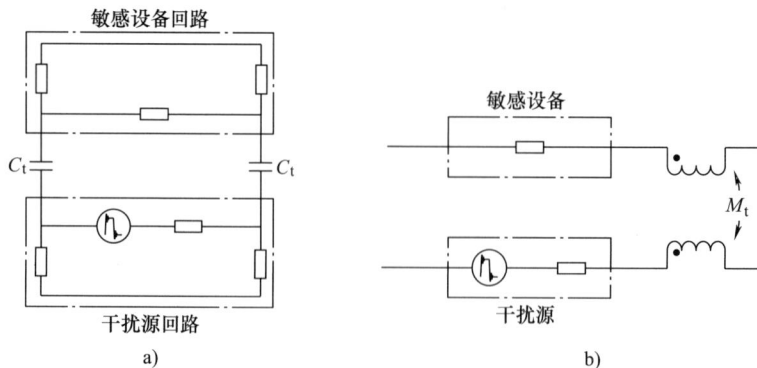

图 13-2　近场耦合的电路等效

a）电场耦合　b）磁场耦合

远场耦合与近场耦合的辐射源相同，但在与辐射源的距离远大于 $\frac{\lambda}{2\pi}$ 的区域，场的性质相比于近场区域发生了变化，骚扰表现为电磁波的形式，同样可在天线、导线或闭合回路上产生一定的感应电动势，形成干扰。

设备间的干扰耦合通常是通过多种途径同时发生的。驱动电机系统产生的电磁干扰一方面通过公共电源、公共接地阻抗向敏感设备传导，另一方面驱动电机系统中的电缆也在向外辐射干扰。干扰传输方式的多样性增大了电磁干扰分析和防治的难度。

通过对辐射干扰和传导干扰的介绍可以了解到，传导干扰是导致辐射干扰的原因之一。深入分析传导干扰是了解车用电机驱动系统电磁干扰机理的关键，也是本章论述的重点。

13.1.2　差模干扰与共模干扰

根据干扰电流流经路径的不同，传导电磁干扰可以分为差模干扰与共模干扰。差模干扰电流在传递信号或功率的导线、电缆间流动，如图 13-3 中的差模干扰回路所示，在车用驱动电机系统中，功率器件开关瞬态的电流快速变化是差模干扰的主要来源。共模干扰电流在导线（或电缆）与地之间流动，改变了电路与地之间的电位差，如图 13-3 中的共模干扰回路所示。共模干扰与功率器件开关瞬态的电压快速变化相关。当多条导线、电缆对地阻抗不同时，共模电压会在不同导体中驱动出不同电流，并在导体上形成不同的对地电压，进而改变导体间的电压，即共模干扰可以转化为差模干扰。

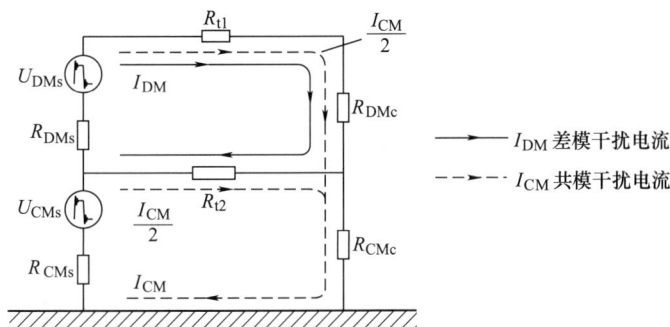

图 13-3　差模干扰与共模干扰回路示意图

车用驱动电机系统主电路中，差模与共模干扰电流的流通路径如图 13-4 所示。干扰电流流经动力电池、电机控制器、电机和动力电缆，当其他车载用电设备也由同一组动力电池供电，或与驱动电机系统有公共的地电流通路，或与驱动电机系统临近时，驱动电机系统产生的电磁骚扰将通过公共电源耦合、公共低阻抗耦合或辐射耦合的方式对周边设备形成干扰。

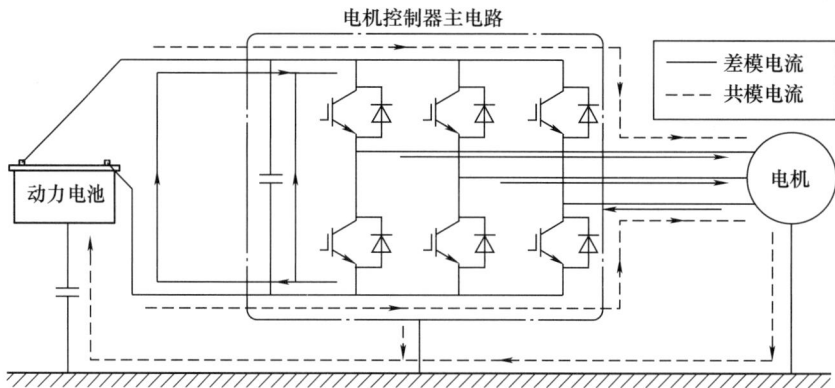

图 13-4　车用驱动电机系统主电路中差模与共模干扰电流的流通路径

13.1.3　车用驱动电机系统干扰源分析

车用驱动电机系统的电磁干扰主要是由电力电子器件的高频开关过程引起的。伴随着IGBT、MOSFET 等电力电子器件的开关动作，形成电流和电压的高频脉冲序列，电流脉冲导致电机控制器直流母线电流波动，产生差模干扰；电压脉冲导致与电力电子器件相连节点对地电压波动，产生共模干扰。图 13-5 所示为 IGBT 开关波形示意图。

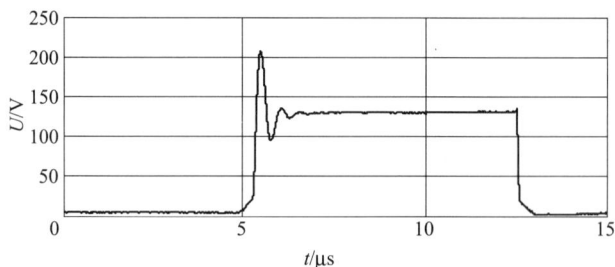

图 13-5　IGBT 开关波形示意图

IGBT 的开关波形具有以下三个特征：
1）IGBT 开关波形是宽度被调制的脉冲序列。
2）IGBT 开关波形具有有限斜率的上升和下降过程。
3）IGBT 开关波形有时会叠加寄生参数引起的高频振荡。
这三个特征影响着驱动电机系统的干扰源水平。

13.1.4　车用驱动电机系统干扰传输路径分析

驱动电机系统的传导干扰水平不仅受干扰源水平的影响，也与干扰传输路径的频率特性有着密切的关系。本节将分析干扰电流的流通路径，建立驱动电机系统差模干扰和共模干扰的等效电路，揭示干扰传输机理，并给出传输路径上重要部件的阻抗特性。

13.1.4.1 驱动电机系统差模干扰等效电路

电机控制器功率器件（如 IGBT）的开关动作导致系统直流侧电流 I_{dc} 高频脉动，在 I_{dc} 激励下，电机控制器直流电源端口正、负母线间产生电压波动，即差模干扰电压。因此，准确计算 I_{dc} 是估测直流侧电源端口差模干扰的关键。在三相逆变电路中，直流侧电流随开关状态而变化。对于电机控制器通常采用的 SVPWM 调制策略，当各相电流方向如图 13-6 所示时，每个开关周期内包含四种开关状态。以图中所示 I_{dc} 方向为直流侧正母线电流正方向，以从逆变桥到电机方向为相电流正方向，则四种开关状态对应的直流侧电流 I_{dc} 为

$$I_{dc} = \frac{1}{2}\left(S_{phA}I_{phA} + S_{phB}I_{phB} + S_{phC}I_{phC}\right) \tag{13-1}$$

式中　　I_{phA}、I_{phB}、I_{phC}——交流侧 A、B、C 相电流；

S_{phA}、S_{phB}、S_{phC}——各相开关状态，当上管导通时，开关状态值为 1，下管导通时，开关状态值为 -1。

根据式（13-1），I_{dc} 的计算转化为相电流的计算问题。

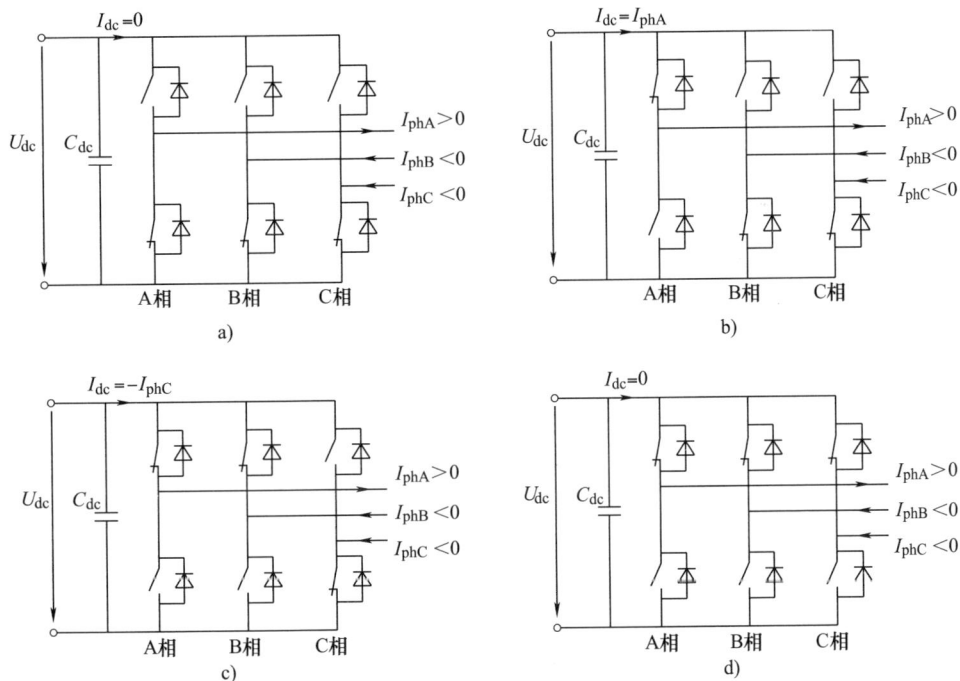

图 13-6　SVPWM 调制策略下一个开关周期内的四种开关状态
a）开关状态 1　b）开关状态 2　c）开关状态 3　d）开关状态 4

图 13-6 所示四种开关状态下，逆变器交流侧等效电路如图 13-7 所示。图中，Z_{phA}、Z_{phB}、Z_{phC} 为电机 A、B、C 相阻抗，E_{phA}、E_{phB}、E_{phC} 为电机 A、B、C 相反电动势，U_{phA}、U_{phB}、U_{phC} 为逆变器 A、B、C 相桥臂中点对直流侧负母线的电压。

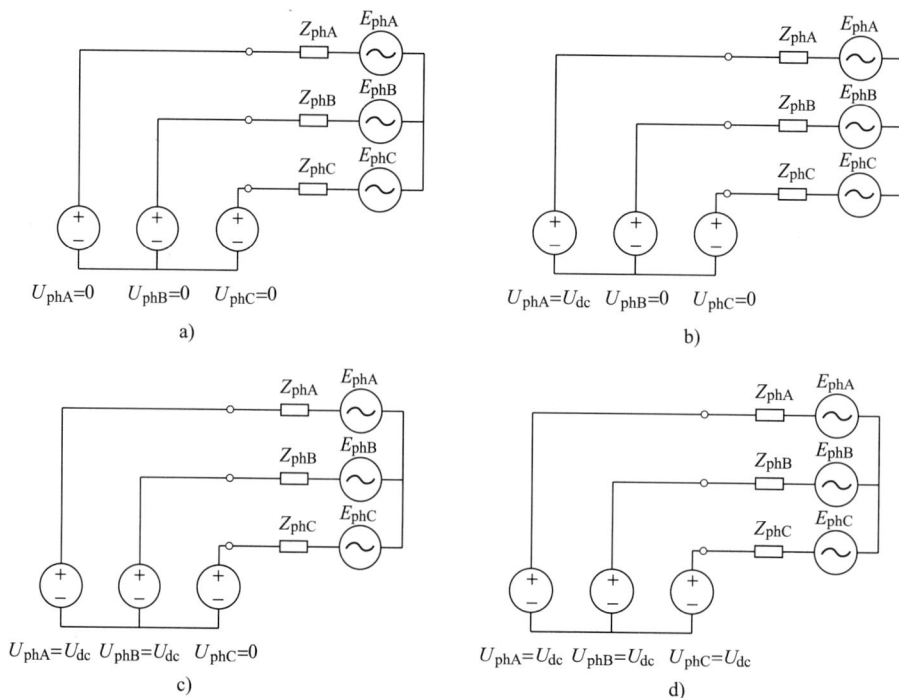

图 13-7　一个开关周期内四种开关状态的交流侧等效电路

a）开关状态 1 交流侧等效电路　b）开关状态 2 交流侧等效电路
c）开关状态 3 交流侧等效电路　d）开关状态 4 交流侧等效电路

四种交流侧等效电路可以统一表示为图 13-8 所示的交流侧等效电路。其中，U_{phA}、U_{phB}、U_{phC} 的脉冲宽度分别由 A、B、C 相开关状态控制，忽略电路死区时间，则

$$U_{phx} = \frac{1}{2}(1 + S_{phx})U_{dc}, \quad (x = A, B, C) \tag{13-2}$$

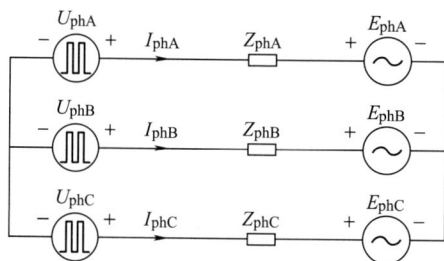

图 13-8　相电流计算电路

综合上述分析，可以得到驱动电机系统差模干扰等效电路，如图 13-9 所示。其中，Z_{Cdc} 是直流支撑电容的阻抗，$Z_{DMcable}$ 是直流动力电缆差模阻抗，Z_{DMc} 是供电电源及由它供电的敏感设备的阻抗。

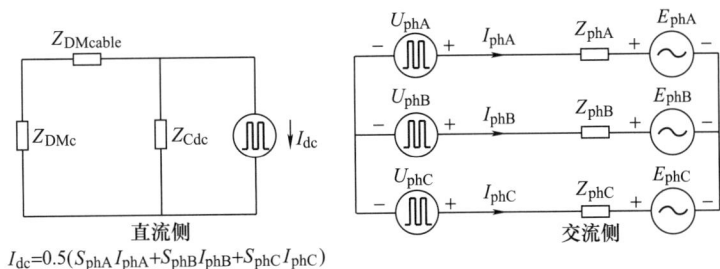

$$I_{dc}=0.5(S_{phA}I_{phA}+S_{phB}I_{phB}+S_{phC}I_{phC})$$

图 13-9　驱动电机系统差模干扰等效电路

13.1.4.2　驱动电机系统共模干扰等效电路

驱动电机系统共模传导干扰通过直流侧对地寄生阻抗 Z_{CMdc} 和交流侧对地寄生阻抗 Z_{CMac} 及地平面，形成干扰电流回路。假设直流侧正、负母线对地阻抗平衡，交流侧各相阻抗及对地阻抗平衡。直流侧正、负母线合并在一起，交流侧三相合并在一起，共模干扰的传输路径如图 13-10 所示，其中 U_{CMs} 为共模干扰电压源，它的电压等于电机控制器三相桥臂中点电压平均值的交流分量，即

$$U_{CMs}=\frac{U_{phA}+U_{phB}+U_{phC}}{3}-\frac{U_{dc}}{2} \tag{13-3}$$

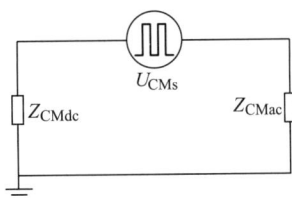

图 13-10　驱动电机系统共模干扰的传输路径

直流侧共模阻抗包含直流电缆共模阻抗 $Z_{CMcable1}$、三相六只 IGBT 与直流母线的连接端对地总电容 C_{IGBTp1}、供电电源及由它供电的敏感设备的对地阻抗 Z_{CMc}，如图 13-11a 所示。交流侧共模阻抗主要包含 IGBT 与交流母线连接端对地总电容 C_{IGBTp2}、交流电缆共模阻抗 $Z_{CMcable2}$ 以及电机共模阻抗 Z_{CMm}，如图 13-11b 所示。

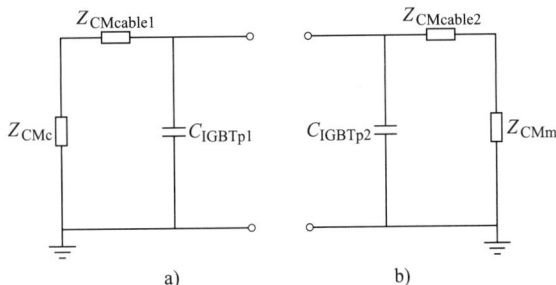

图 13-11　驱动电机系统直流侧和交流侧共模阻抗等效电路

13.2 车用驱动电机系统电磁干扰防治

13.2.1 电路 EMC 设计准则

电磁兼容的三要素是干扰源、耦合路径和敏感设备。对于电磁兼容的设计，通常采取的措施有：减小干扰源的强度、切断耦合路径和提高设备抗干扰能力。

13.2.1.1 减小干扰源的强度

凡是在控制器内部，可以主动产生高速脉冲信号的器件都被定义为干扰源，在干扰源处采取抑制措施，可以从根源上解决电磁兼容问题。

1.元器件选型

由于电路是由元器件构成的，所以在设计产品中，考虑元器件本身的 EMC（电磁兼容性）特性是比较重要的：

1）对于变压器和晶振，应尽量选用带金属壳屏蔽的器件，从抗干扰角度考虑，应选用稳定性较好的有源晶振，从对外骚扰角度考虑，应选用能量较低的无源晶振。

2）选择数字器件时，尽量选择逻辑转换状态（即所有引脚同时切换）时，所需电流更小的器件；在满足设计要求的前提下，尽量选择传输延迟时间较长的器件，这样可以有效地降低上升、下降时间；选择电源供电电压尽量低的数字器件可以降低电磁干扰，因为 IC 电源引脚吸纳的电流取决于该电压值和该 IC 芯片输出级驱动传输线的阻抗。例如，对于阻抗同为 50Ω 的传输线，供电电压为 5V 的芯片比供电电压为 3.3V 的芯片电流高 34mA，由此可见，在公式 $U=Ldi/dt$ 中，驱动电流降低 34mA 可以有效地降低电压瞬变。

3）对于 CAN 通信及驱动电路中所用的隔离芯片，尽管光电耦合器存在功耗较高、光衰、速度受限等问题，但是从 EMC 角度考虑，仍应避免选择磁隔离元器件，因为其在传输过程中的电磁能量转换可能会引起其他的干扰。

4）从封装角度考虑，尽量选择引脚较短、内部寄生电感较小、电源和地引脚相邻且都尽量位于封装中心的器件；应该优先选择小间距的表面贴装封装的 IC 芯片，因为表面贴装封装优于直插式封装，从电容和电感控制角度看，小型封装和更小的间距代表电磁兼容性性能的提高；BGA 封装的 IC 芯片同任何其他常用的封装类型芯片相比，具有最小的引线电感。

5）从减小损耗的角度考虑，往往选择快恢复二极管来减小反向恢复时间。但事实上，过快的恢复时间可能会因为恢复期间的电压尖峰和振荡对 EMC 造成负面的影响，实际选型时应权衡功耗和 EMC 来综合考量，优先选择具有软恢复特性的二极管。

6）对于功率器件的选型，应优先选择内部互连线较少、走线较优的模块。采取无互连线技术，将具有更小的引线电感、更小的过冲电压，在相同的开关条件下，具有更稳定的 EMC 特性。

2.辅助电源的开关时间调整

电源功耗和 EMC 是一对矛盾体，在实际运用时，有时需要通过牺牲效率来满足 EMC 设计要求。如对辅助电源的开关管以及对控制器的功率模块进行驱动电阻匹配时，从功耗角度考虑，越快的上升下降时间，开关损耗越低，但是开关速度越快，在频谱上，高频分量就越丰富，往往会带来严重的干扰。因此，在满足热设计的前提下，可以通过尽量增大驱动电阻缩短开关时间来抑制电磁噪声。一个最基本的设计原则是，对于反激式变压器，应配置驱动电阻使一次侧开关管的开通时间不大于二次侧二极管的反向恢复时间。

3. 辅助电源变压器设计

目前，在驱动器设计中，辅助电源的变压器不仅是干扰源，也是一个重要的噪声耦合路径。因此，变压器设计也是 EMC 中的重要环节。

首先，开关管的负载为高频变压器的一次绕组，是感性负载，在开关管导通瞬间，一次绕组上感应出很高的浪涌尖峰电压；在关断时，由于一次绕组的漏感造成一部分未能传递到二次侧的能量，关断电压叠加之后和电路中寄生的阻容产生高频振荡，这些噪声都可以传导到输出输入端形成传导骚扰。

所以对于变压器的设计，要考虑选用合适的磁心、骨架和绕线方式，来降低变压器一次绕组的漏感，如采用罐状磁心，使得骨架和线圈几乎全部被磁心包裹起来，致使它对于 EMI 屏蔽效果非常好，但由于其费用高，不利于散热，通常用于小功率电源方案。

对二次绕组进行绕制时，应将主反馈绕组紧贴一次绕组、二次绕组排布，应该依照其带载情况，按照负载由重到轻、从里到外排布，将负载最轻的绕组放在外层，减小对外磁场的辐射。对于一次绕组，配置合适的阻容吸收参数，抑制关断瞬间的振荡，也是减小噪声的方法。

13.2.1.2 切断耦合路径

电磁发射主要包括传导和辐射两种耦合路径。传导耦合指的是干扰信号通过 PCB 走线、板间互连线、控制器内部铜排以及外部电源线、控制线、信号线、动力线束等路径传导到其他敏感器件的耦合方式；辐射耦合指的是干扰信号直接以空间电磁场的形式耦合到其他敏感器件的方式。对于耦合路径的抑制，分为以下几部分。

1. PCB 布线

1）层的设置可以先根据单板供电电源的数量进行层数评估，对于单一电源供电的 PCB，一个电源平面即可满足；对于多电源供电，且电源互不交错的单板，需考虑两个或两个以上的地平面，关键信号层，包括高频、高速、时钟信号，都应该与地平面相邻，如有可能所有信号层尽可能与地平面相邻；相邻层间的走线最好相互垂直，若一层是平行走线，则相邻层应垂直走线，这样可以极大地减少相邻两层走线之间的干扰耦合。

2）特殊器件及模块划分布局，对于器件的布局，首要原则是强弱电分离、高低频率分离，不同功能模块相对封闭、互不交错，整体之间互连走线最短，信号、能量单向清晰流动。依照各个模块的功能进行区域分割，布局依照信号流布置，先考虑高速信号和关键信号走线最短，而不是考虑布局的美观；高速信号远离板边；非常高速的信号，如晶振，需放在板中间且尽可能远离模拟信号和 I/O 插接件，晶振附近不要布局直插式的插接件，如调试口等，避免通过插针的天线效应将晶振的能量发射出去。

3）过孔与布线总原则是回路最小、避免串扰、阻抗连续。对于 PCB 上的关键高频回路（如晶振回路、开关管的功率回路、推挽管输出回路），应优先布线，尽可能保证回路面积最小。在条件允许的前提下，建议考虑内层布线并扩大它们与其他布线的间距。

4）地平面的设计，既要注意各个不同电源的分地设计，又要注意由于密集的直插型器件造成地平面不连续的问题。与外部低压电池相连的负极可以通过铺地连接到单板固定孔并与机壳相连，使所有的干扰信号可以有一个低阻抗的地回路。事实证明，通过在接口处将对电池供电的负极与机壳直接相连，可以有效降低低频段的传导骚扰。

2. 控制器结构和线束

1）为减小强电回路高频振荡带来的电磁干扰，应使用寄生电感较小的叠层母线；电容与 IGBT 端子之间的距离应尽可能小，并且锁紧力矩应符合要求以保证高频电流的低阻抗通路；隔离强电回路与 PCB 的屏蔽板应避免不必要的开孔，且屏蔽板要与壳体有良好的电气连接；箱体的材质除了强度要求之外，还要求电导率尽量小，以减小箱体泄放到大地的共模电流。

2）控制器外部线束的选型除了应考虑其具有一定的屏蔽效能之外，接口处的屏蔽同样很重要：对于功率线束，应尽量选择 360° 屏蔽的插接器；对于旋转变压器（旋变）线和 CAN 线，尽可能选取绞距较小的双绞线束。控制器内部插接件和线缆是电路板之间的互连通道，所有经过插接器的信号都要进行滤波，因为只要有一根信号线上有频率较高的共模电流，它就会耦合到同一插接器的其他导线上，进而对外传导或辐射。

3. 控制器内部滤波选择

1）板级共模电感的选型应考虑其作用范围，应该在干扰频段之内，并且共模阻抗值应尽可能大。薄膜电容的选型应注意内部寄生电感量的控制，选取 ESR（等效串联电阻）和内部寄生电感尽可能小的薄膜电容；由于自谐振频率的限制，电解电容在高频段表现为电感特性，所以母线电容的选型应避免使用电解电容。使用电解电容作为母线电容的控制器，在进行辐射发射测试时，母线处可能会出现严重的发射超标；选择在母线输入端加套磁环，以抑制高压部分的共模干扰；所选磁环应具有磁导率较高、阻抗在干扰源频段较大的特点，可以优先考虑选择具有高磁导率的超微晶材料。

2）含有电源供电引脚的器件，都必须有一个紧靠其供电引脚的电容进行退耦，所有对外的滤波器件无论是强电电路的还是 PCB 上的，一律靠近接口处放置，因为无论是对外骚扰还是受到外界干扰的干扰信号，都是通过接口进出控制器或 PCB 的；接口处的滤波以差模和共模滤波的组合为宜。以对弱电供电电源的滤波为例，供电线束进入 PCB 之后，先经过一个共模电感，再经过一级差模电感，其后再在正负极之间并联一个高频 CBB 电容，即共模电感 -LC 型滤波器可以有较好的滤波效果；差模电感一般应在正、负极上对称加入，即正、负极各加一个，可以有较好的滤波效果。

图 13-12 所示为一种常见的低压供电电源的接口滤波电路。

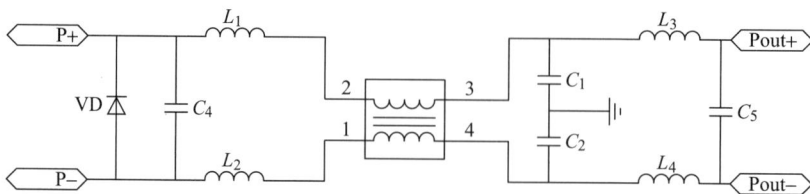

图 13-12　常见的低压供电电源的接口滤波电路

图 13-13 所示为常见的高压母线的接口滤波电路。

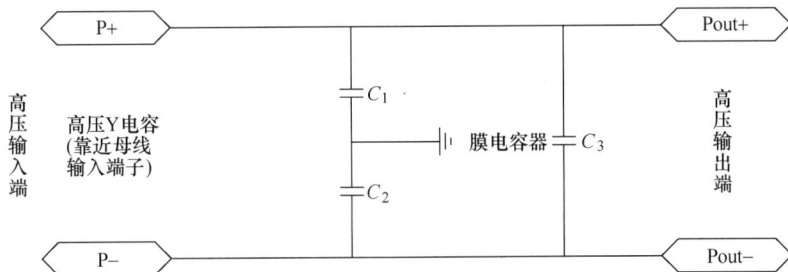

图 13-13　常见的高压母线的接口滤波电路

13.2.1.3　提高设备抗干扰能力

电机控制器工作在复杂的电磁环境中，外界的干扰信号可以通过线束、空间耦合的方式进入控制器的内部，干扰控制器的正常运行，因此设计时需要考虑合适的方式来避免敏感器件受到干扰。

1. 器件选型

对于外界的传导和辐射干扰，器件本身的抗干扰能力直接决定产品的性能，因此在选型时，要特别注意。如曾有因选用某电源芯片作为稳压源导致整机在辐射抗扰测试 200MHz 频点不通过，所以在选型时，尽量优先考虑目前主流的车规级的芯片厂商的芯片。

其次，优先选用共模抑制比更高的芯片，如曾有选用某驱动芯片造成误报功率模块故障，可能是芯片本身存在缺陷。从静电角度考虑，在成本合适的前提下，优先选择静电耐受电压更高的器件。

2. 电路结构

1）与外部直接相连的引脚，如 CAN、旋变、电机温度采样电路，出于静电防护的考虑，在插接件处增加瞬态电压抑制二极管（TVS），并且 TVS 放置在紧靠插接件的位置，下方地平面完整且阻抗低。

2）带有反馈环节的有源器件，在干扰下有进入开环工作进而导致输出异常的可能，如常见的用于提供基准电压的 TL431、放大器、线性稳压器、模块电源等有可能因为干扰而导致反馈不稳定，因此对于关键的基准源，选用分压电阻获得基准源比选用带反馈环节的有源器件更加稳定。

3）使用运算放大器时，从抗干扰角度来讲，运放的输出端不可直接接电容，因为这样可能带来自激振荡的问题，建议运放输出滤波结构为一个小电阻，运放的输出不可不经滤波，而通过内部线束互连到其他 PCB，否则运放输出在没有任何阻尼的情况下，可能不稳定。

3. 控制器内部线束

对于 PCB 之间的互连线束，在结构允许的条件下，应尽可能短，以防止信号在传输过程中受到干扰；如果必须采用长互连线束，则可采取以下措施，减小干扰耦合：

1）信号线束尽量远离功率线，如果不可避免，则应尽量保证两者的信号流向相互垂直，最大程度地减弱强电通过串扰方式进入信号线干扰系统工作。

2）信号线束如果过长，可以通过二次转接的方式，先将信号线束接入靠近的电路板，再通过 PCB 走线之后，通过另一接插件线束引至目标电路板。

3）对于外部敏感线束，如旋变线、CAN 线，可以使用屏蔽线，但一定要注意，屏蔽线不可悬空。

4）敏感信号线束上可以通过安装扁平磁环的方式，抑制共模干扰。

4. 电路板布线

对于电路板上的走线，骚扰与抗扰往往相辅相成，如果具有良好的抗扰性能，往往对外骚扰也较低。PCB 布局设计的成败取决于许多相应的关联因素的考虑，从产品的可靠性和制造的可行性出发，布局设计主要有以下几点基本原则：

1）确定基本信息，包括产品的应用环境和安全规定（安规）要求，PCB 的规格、性能、层次和尺寸大小、限制区域、安装孔和插接器件的位置、特殊工艺要求等。

2）符合电路布设要求：

① 核心器件优先原则，根据信号的流向围绕核心器件进行布置。

② 尽量使用模块化的布置方式，便于区分和隔离。相同电源、地的电路尽量放在一起。

③ 保证高压与低压、强电与弱电信号的安规间距，避免模拟与数字电路、高频与低频电路混淆布置。

④ 相同结构电路部分，尽可能采用"对称式"标准布局，保证信号的一致性。如 IGBT 上下桥驱动、三相输出采样等。

⑤ 保证布线的布通率，提前考虑走线的规划，预留走线的空间，尽可能减小每个信号的环路面积，保证电源、地信号的完整性。

⑥ 保证特殊器件的可操作性以及调试和维修的方便性，需要预留适当的操作和维护的空间，如插接端子、开关、排线、核心器件等。

⑦ 按照均匀分布、重心平衡、版面美观的标准优化布局。

3）符合工艺要求：

① 导线、过孔及其间距需要符合供应商的加工制程。

② 考虑焊接设备的局限性，预留焊接过程中需要避让的区域，例如，靠近板边的元器件、需要选择波峰焊接的元器件周围、工装夹具的周围都需要预留一定的距离。

③ 工艺边尺寸和拼版方式、标签大小和放置区域、器件打胶固定、三防漆喷涂区都必须符合工艺规定。

④ 对容易装配反向的器件做好极性和脚位标注，如单向二极管、电解电容等。

⑤ 易损器件尽量与板边、螺钉孔保持一定的距离且需要采取固定措施来防止应力、振动带来的不良影响。

4）符合热设计要求：

① 在布局中考虑将高热器件放于出风口或利于对流的位置。

② 温度敏感元器件应考虑远离热源，对于自身温升高于 30℃ 的热源，一般要求：在

风冷条件下，电解电容等温度敏感元器件离热源距离 $\geqslant$ 2.5mm；在自然冷条件下，电解电容等温度敏感元器件离热源距离 $\geqslant$ 4.0mm。若因空间的原因不能达到要求距离，则应通过温度测试保证温度敏感元器件的温升在降额范围内。

③ 大面积铜箔要求用隔热带与焊盘相连，为了保证透锡良好，在大面积铜箔上的元器件的焊盘要求用隔热带与焊盘相连，对于需过 5A 以上大电流的焊盘不能采用隔热焊盘。

④ 保证过回流焊的 0805 封装以及 0805 封装以下片式元器件两端焊盘的散热对称性，以免元器件回流焊后出现偏位、立碑现象。

⑤ 确定发热量大元器件的安装方式并考虑配置散热器，确定高热元器件的安装方式易于操作和焊接。

13.2.2　电磁干扰滤波器

电磁干扰滤波器是抑制电机驱动系统电磁干扰发射最有效的方法。电磁干扰滤波器是一种低通滤波器，由多个电感 - 电容网络级联构成，本书所述滤波器采取梯形网络结构，以电感器作为串臂元件、电容器作为并臂元件。以二阶 LC 滤波器为例，其实际电路和等效电路如图 13-14 所示。

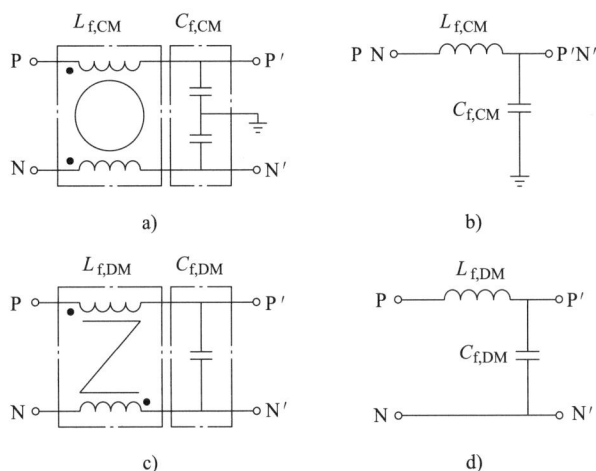

图 13-14　共模和差模滤波器实际电路和等效电路

a）二阶共模 LC 滤波器电路　b）二阶共模 LC 滤波器共模等效电路
c）二阶差模 LC 滤波器电路　d）二阶差模 LC 滤波器差模等效电路

由图 13-14 可以看出，差模和共模滤波器的等效电路可以视为无源二端口网络，接入滤波器后的差模和共模干扰等效电路都可以表示为图 13-15 的形式。其中，Z_1 和 Z_2 分别为滤波器输入和输出端口的等效阻抗。

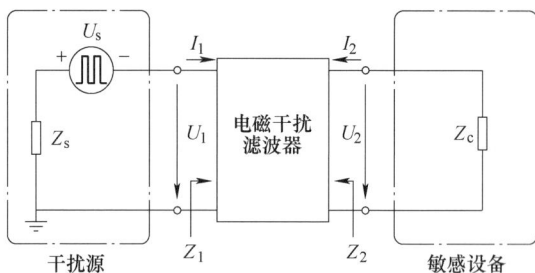

图 13-15　接入滤波器后的差模和共模干扰等效电路

通常用插入损耗 IL 来表征滤波器的干扰抑制能力，其是一条定义在频域上的曲线，描述为滤波系统在没有接入滤波器和接入滤波器后敏感设备端接收到的干扰电压之比，用分贝（dB）作为单位，表达式为

$$IL = 20\lg\frac{U_0}{U_2} \tag{13-4}$$

式中　U_0——未接入电磁干扰滤波器时敏感设备端电压；

　　　U_2——接入电磁干扰滤波器后敏感设备端电压。

插入损耗越大，滤波器的干扰抑制能力越强。

滤波器的设计和选用是驱动电机系统电磁兼容工作的重要内容，为了实现最优的干扰抑制效果，首先要选择合适的滤波器电路结构和阶数。从干扰源向滤波器方向看，根据滤波元件级联顺序定义滤波器电路结构名称，如图 13-16 所示。图 13-16a 点画线框内称为 $2N$ 阶 CL 型滤波器，图 13-16b 点画线框内称为 $2N$ 阶 LC 型滤波器，图 13-16c 点画线框内称为 $2N-1$ 阶 CLC 型滤波器，图 13-16d 点画线框内称为 $2N-1$ 阶 LCL 型滤波器。

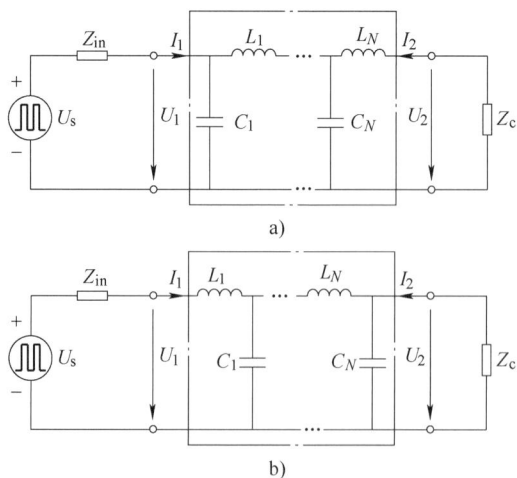

图 13-16　接入滤波器后的差模或共模干扰等效电路

a）$2N$ 阶 CL 型滤波器　b）$2N$ 阶 LC 型滤波器

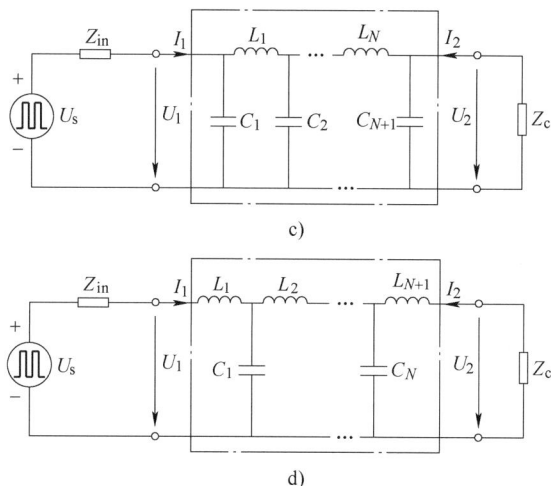

c)

d)

图 13-16 接入滤波器后的差模或共模干扰等效电路（续）

c）2N−1 阶 CLC 型滤波器　d）2N−1 阶 LCL 型滤波器

　　滤波器电路结构的选择需要考虑与滤波器相连的干扰源和敏感设备的阻抗特性，选择的基本原则是满足"阻抗失配"的要求，即当滤波器端口连接高阻抗时，该端口选用低阻抗元件，当滤波器端口连接低阻抗时，该端口选用高阻抗元件，见表 13-1。

表 13-1　根据阻抗失配原则选择滤波器电路结构

干扰源阻抗	敏感设备阻抗	
	低	高
低	 LCL 型	 LC 型
高	 CL 型	 CLC 型

　　下面介绍滤波器元件参数的设计方法。

　　对于驱动电机系统直流端口共模滤波器，由于直流端口呈现高共模阻抗，且电磁兼容试验中接入的人工网络的共模阻抗较小，为 25Ω，滤波器选择 CL 型结构。将干扰源侧变换为电流源 I_{CMs} 与等效阻抗 Z_{CMs} 并联的形式，如图 13-17a 所示。只需滤波电容 C_{CMf} 的阻抗远小于 Z_{CMs}，就可忽略等效阻抗，电路变换为图 13-17b 所示电路。

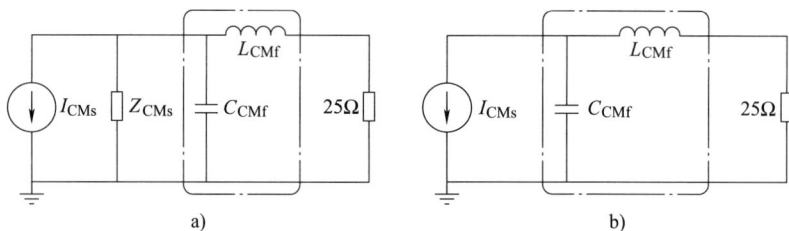

图 13-17　CL 型共模滤波器在系统中的等效电路

根据图 13-17b，共模滤波器的插入损耗为

$$IL = 20\lg\left|1 + s25C_{CMf} + s^2 L_{CMf} C_{CMf}\right|　　　　（13-5）$$

插入损耗曲线如图 13-18 所示，其中转折频率为

$$f_{R,CM} = \frac{1}{2\pi\sqrt{L_{CMf} C_{CMf}}}　　　　（13-6）$$

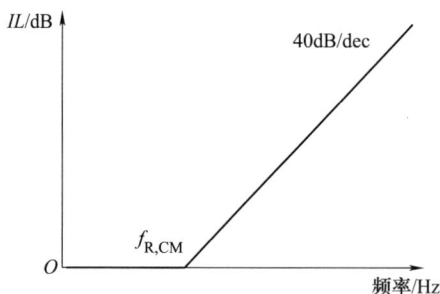

图 13-18　CL 型滤波器插入损耗曲线

共模滤波器元件参数设计步骤如下：

1）测量无滤波器时人工网络检测出的共模干扰水平。

2）将测量得到的频谱与目标频谱（如电磁兼容标准规定的极限值曲线）对比，确定滤波器需要提供的干扰衰减幅度：

$$IL_{req,CM} = U_{0,CM} - U_{Lim} + 3\mathrm{dB}　　　　（13-7）$$

式中　$U_{0,CM}$——无滤波器时，系统共模干扰电压；

　　　U_{Lim}——选定的电磁干扰极限值。

3）确定滤波器的转折频率。在"插入损耗 - 频率"对数坐标系上作斜率为 40dB/dec 的直线，使它与第 2）步得到的 $IL_{req,CM}$ 相切，这条直线与横轴的交点即为滤波器的目标转折频率 $f_{R,CM}$，如图 13-19 所示。

4）确定滤波元件参数。考虑到驱动电机系统对地电流的限制，共模滤波器中共模电容器的取值不能过大，在确定共模滤波器元件参数

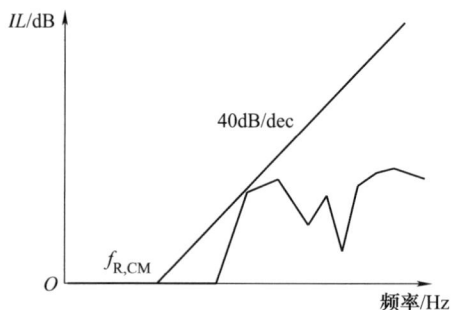

图 13-19　转折频率确定方法示意图

时，首先选择满足对地电流极限值要求的电容值，然后根据转折频率计算出共模电感值：

$$L_{\mathrm{CMf}} = \frac{1}{C_{\mathrm{CMf}}}\left(\frac{1}{2\pi f_{\mathrm{R,CM}}}\right)^2 \tag{13-8}$$

通过上面四个步骤，就完成了共模滤波器滤波元件参数的设计。

对于驱动电机系统直流端口差模滤波器，由于直流端口呈现低共模阻抗，且电磁兼容试验中接入的人工网络的共模阻抗较高，为 100Ω，滤波器选择 LC 型结构。将干扰源侧变换为电压源与等效阻抗 Z_{DMs} 串联的形式，如图 13-20a 所示。只需滤波电感 L_{DMf} 的阻抗远大于 Z_{DMs}，即可忽略等效阻抗，电路变换为图 13-20b 所示电路。

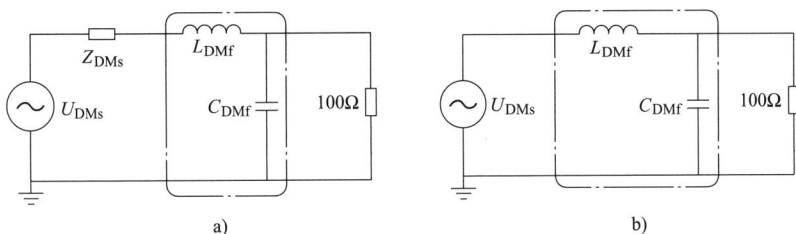

图 13-20 LC 型差模滤波器在系统中的等效电路

根据图 13-20b，差模滤波器的插入损耗为

$$IL = 20\lg\left|1 + s\frac{L_{\mathrm{DMf}}}{100} + s^2 L_{\mathrm{DMf}} C_{\mathrm{DMf}}\right| \tag{13-9}$$

插入损耗曲线如图 13-21 所示，其中转折频率为

$$f_{\mathrm{R,DM}} = \frac{1}{2\pi\sqrt{L_{\mathrm{DMf}} C_{\mathrm{DMf}}}} \tag{13-10}$$

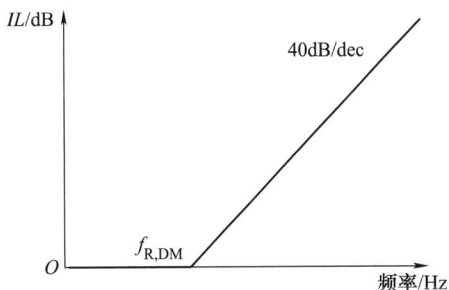

图 13-21 LC 型滤波器插入损耗曲线

差模滤波器元件参数的设计步骤与共模滤波器类似，先确定滤波器的转折频率 $f_{\mathrm{R,DM}}$，然后根据转折频率计算出元件参数。为了减小滤波器体积，有时会用共模滤波器滤波电感的漏感作为差模滤波器电感，共模电感的漏感通常是其主电感值的 0.5%~2%，在估算出差模电感值后，差模电容值的计算式为

$$C_{\mathrm{DMf}} = \frac{1}{L_{\mathrm{DMf}}}\left(\frac{1}{2\pi f_{\mathrm{R,DM}}}\right)^2 \tag{13-11}$$

至此，差模滤波器的设计完成。

需要指出的是，上述设计过程中忽略了滤波元件的寄生参数和其他非理想特性。实际滤波器受到这些非理想因素的影响，其高频特性较为复杂，不易在设计阶段准确预测。因此，滤波器的实际电路参数、布局乃至电路结构，还需要通过实验进行进一步调整，从而达到最优的干扰抑制效果。

13.2.3　优化驱动电路设计

驱动电路影响 IGBT、MOSFET 等全控电力电子器件开关瞬态的电压和电流变化率，进而决定了驱动电机系统数兆赫以上频段的干扰源水平。如果能够通过优化驱动电路，从源头抑制电磁干扰，那么将极大地减轻驱动电机系统在结构布局、低感母线、电磁干扰滤波器等方面的设计压力。

目前，应用最广泛的驱动电路可以看成是以驱动电阻作为内阻的两电平脉冲电压源，高电平驱动并维持器件开通，低电平驱动并维持器件关断。这种驱动电路仅能通过选择大小合适的驱动电阻对开通关断的速度进行概略性的影响，无法对开关过程中器件的电压和电流变化率进行控制。本节将列举几种以控制电压电流变化率为目标的新型驱动电路。

13.2.3.1　开环控制的驱动电路

IGBT 或 MOSFET 的开关过程可以分为若干阶段。开通过程包含开通延时、电流上升、电压下降、栅压过充四个阶段，关断过程包含关断延时、电压上升、电流下降和栅压反充四个阶段。给不同阶段设置不同的栅极电流，能够在开关时间、开关损耗和电压电流变化率上实现较好的平衡。为达到这一目的，可以在开关过程中开环地切换/调节驱动电阻、驱动电压大小，图 13-22 所示为这两种思路对应的电路原理示意图。

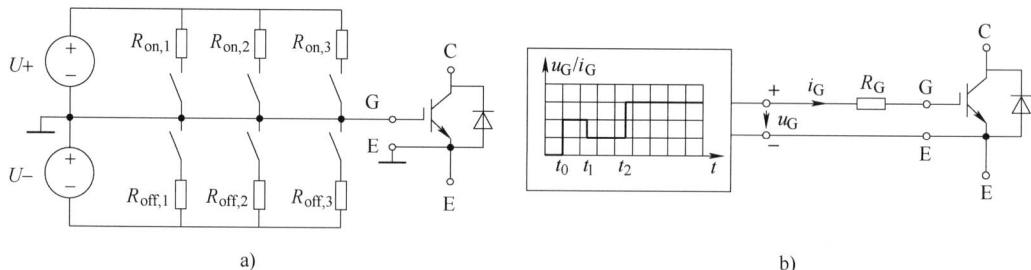

图 13-22　开环控制的驱动电路原理示意图
a）切换驱动电阻　b）切换驱动电压幅度

开环控制的主要缺点是，为保证电力电子器件运行在安全工作区内，被切换的电阻或电压参数必须从最恶劣运行状态出发进行选择。但在非最恶劣的运行条件下，保守的电阻和电压值将降低开关速度，增大开关损耗。

13.2.3.2　闭环控制的驱动电路

闭环控制电压、电流的变化率，能够克服开环驱动电路在参数选择上存在的问题。它的原理示意图如图 13-23 所示。

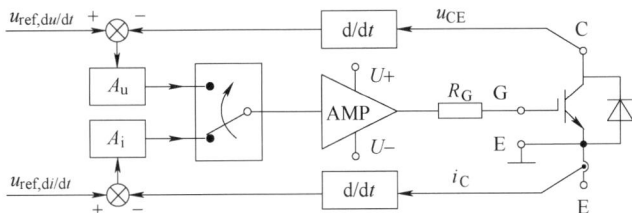

图 13-23 闭环控制的驱动电路原理示意图

由图 13-23 可见，通过调节驱动电路的输出电压，在开关瞬态的不同阶段对电压变化率和电流变化率分别进行闭环控制。该电路原理较为简单，但闭环控制要求采样和控制带宽必须达到电压电流变化速率等效频率的数倍以上，由此带来电流采样、信号隔离和稳定性等诸方面的问题，阻碍了闭环驱动技术的应用。

总之，通过驱动电路抑制驱动电机系统干扰源水平的方法目前更多地处于研究阶段，随着高频电流检测、高速数字控制技术的发展，可以预期在未来将产生更为成熟的方案。

13.2.4 改进高频调制策略

干扰机理分析中曾介绍，从开关频率到数兆赫频段的干扰源水平受到脉宽调制策略的影响，因此改进调制策略，有可能改善干扰强度。高频调制策略的改进思路总体上可以分为两类：一是展宽干扰频谱，减小干扰峰值；二是改变电压矢量合成方式，降低干扰源干扰能量。

13.2.4.1 展宽干扰频谱

IGBT、MOSFET 等电力电子器件开关动作形成的脉冲电压或脉冲电流可以通过幅值、频率、占空比、脉冲位置等参数描述。经典的脉宽调制策略下，当电机控制器的输入输出稳定时，这些参数保持为恒定值或周期性变化。根据帕斯瓦尔（Parseval）定理，只要信号的时域能量分布不变，则频域能量守恒，这就意味着如果能够将恒定值转变为变化值，将周期性变量转变为随机变量，那么就能够将原来集中在开关频率及其谐波频率上的能量分摊到附近频率上，使电磁干扰呈现较连续的频谱特性，减小离散频谱峰值。

从上述思路出发，一种干扰抑制方法是让开关频率周期性变化，变化规律可以根据不同约束条件进行选择。例如：以减小开关损耗为目的，周期性降低相电流峰值区间的开关频率；以减小电机电流纹波为目的，周期性提高电流纹波较大区域的开关频率等。

另一种干扰抑制方法是在前面提到的描述脉冲特征的变量中加入随机变化的成分。根据随机变化量的不同，随机调制技术可以分为随机载波频率调制、随机脉冲位置调制等类型。随机调制技术在电磁干扰抑制方面的应用可以追溯到 30 年前，截至目前，已取得了相当丰硕的研究成果。不过，随机调制在不同时刻对电流纹波、控制器损耗、电机转矩脉动的影响也呈现随机分布的特点，在应用中需要分析具体应用约束，选择随机变化量，并设定好变化范围。

第13章

13.2.4.2 改变电压矢量合成方式

改变电压矢量合成方式的抑制策略，主要目的是抑制电机驱动系统低频段的共模干扰。三相两电平逆变器共有 8 种开关状态，根据式（13-2）对等效共模电压源的定义，它的波形是一个四电平阶梯波。表 13-2 给出了两电平逆变器等效共模电压源与开关状态的关系。

表 13-2　两电平逆变器等效共模电压源与开关状态的关系

状态	类型	共模电压	开关状态（S_{phA}, S_{phB}, S_{phC}）
1	零矢量	$U_{dc}/2$	（111）
2	有效矢量	$U_{dc}/6$	（011）或（101）或（110）
3	有效矢量	$-U_{dc}/6$	（001）或（010）或（100）
4	零矢量	$-U_{dc}/2$	（000）

通过表 13-2 可知，有效矢量所对应的共模电压源幅值为 $U_{dc}/6$，而零矢量所对应的共模电压源幅值为 $U_{dc}/2$。

减小共模电压的 PWM 方法（RCMV-PWM），核心思想均是取消共模电压较大的零矢量的作用，采用共模电压较小的非零矢量等效合成电压矢量，使得变流器输出的共模电压幅值减小 1/3。

1. AZSPWM（Active Zero State PWM）方法

该方法采用两个作用时间相等的非零矢量代替零矢量作用，根据两个代替矢量选取方法的不同，可分为 AZSPWM1、AZSPWM2 和 AZSPWM3 三种，它们的电压矢量合成方式如图 13-24 所示。AZSPWM1 和 AZSPWM2 所选用的代替矢量是相同的，但在矢量的时序分配上，AZSPWM1 策略由于避免了两相开关状态同时改变的问题，控制器损耗较 AZSPWM2 策略更小，因而更常被使用。关于三种 AZSPWM 调制策略的详细区别，读者可查阅相关文献做进一步了解。AZSPWM1 一个开关周期内的电压矢量时序及其对应的共模电压源电压时序如图 13-26b 所示。

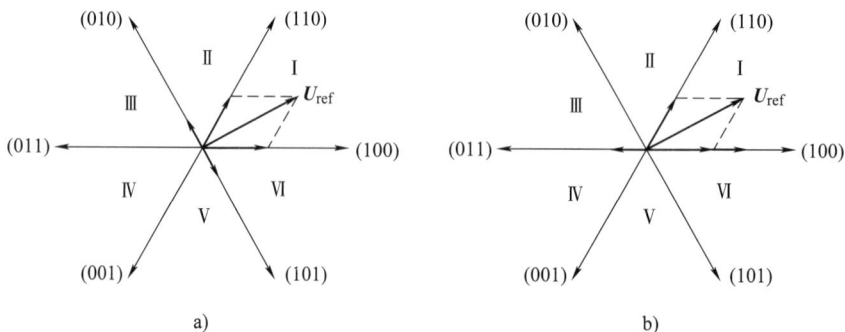

图 13-24　AZSPWM 电压矢量合成方式
a）AZSPWM1 和 AZSPWM2　b）AZSPWM3

AZSPWM 方法在低调制深度时，相比 SVPWM，电流谐波较大，这是 AZSPWM 方法应用于电机控制器存在的主要问题。

2.NSPWM（Near State PWM）方法

这一方法选择三个相邻的电压矢量来合成所期望的参考电压矢量（图 13-25），并保证一个开关周期内只有两相动作，从而在减小干扰源电压幅值的同时降低了电压跳变的频率，进一步抑制了共模干扰源水平。图 13-26 所示为 SVPWM、AZSPWM1 和 NSPWM 一个开关周期内电压矢量及共模电压源电压时序对比图。

NSPWM 方法的主要问题在于调制深度存在下限值，无法应用于轻载工况。

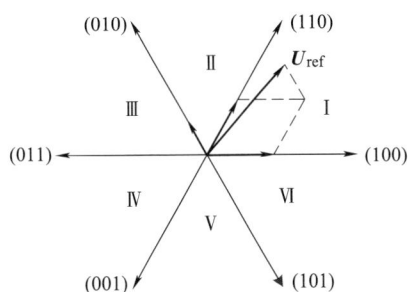

图 13-25 NSPWM 电压矢量合成方式

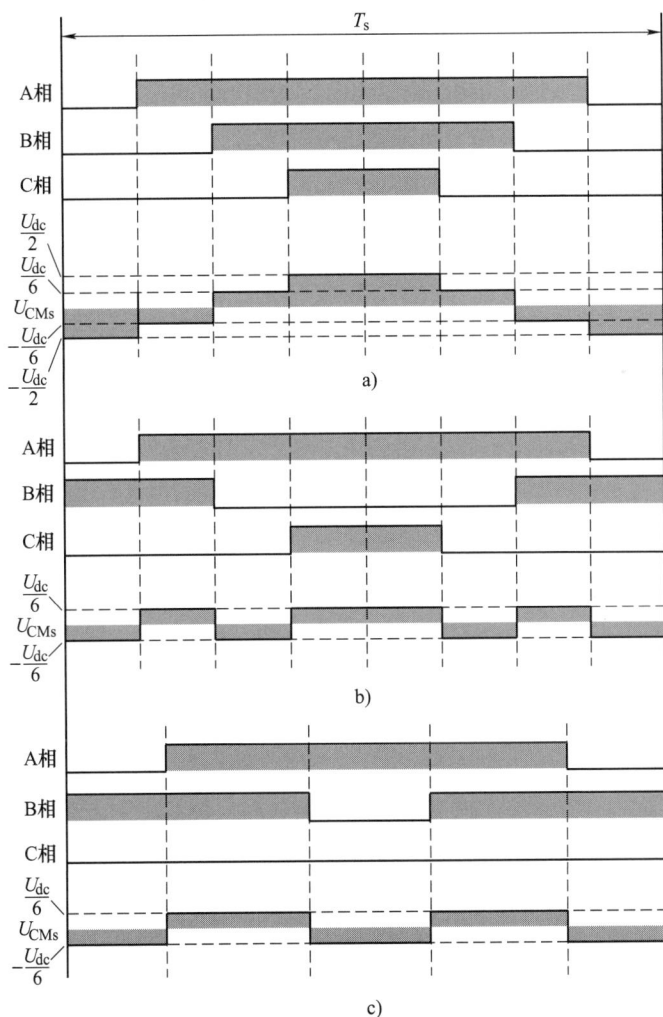

图 13-26 SVPWM、AZSPWM1 和 NSPWM 一个开关周期内电压矢量及共模电压源电压时序对比图
a）SVPWM b）AZSPWM1 c）NSPWM

13.2.5　改进电路拓扑

电路拓扑的改变主要用于消除电机控制器的共模电压，解决共模干扰问题。包含 N 相的逆变电路的等效共模电压源等于各相输出电压的平均值中的交流分量，即

$$U_{CMs} = \frac{1}{N}\sum U_{phx} - \frac{U_{dc}}{2} \quad (x = A, B, C)$$ （13-12）

这类方法通过增加两电平逆变桥臂，构成总相数为偶数的逆变器，通过各相共模电压相抵消，实现共模干扰抑制。

13.2.5.1　三相四桥臂两电平变换器

在驱动电机的 A、B、C 三相之外增加专门用于抑制共模电压的一相，用于保持任一时刻各有两相的输出电压等于正负母线电压，电路如图 13-27 所示。该变换器的等效共模电压源为

$$U_{CMs} = \frac{U_{phA} + U_{phB} + U_{phC} + U_{phD}}{4} - \frac{U_{dc}}{2}$$ （13-13）

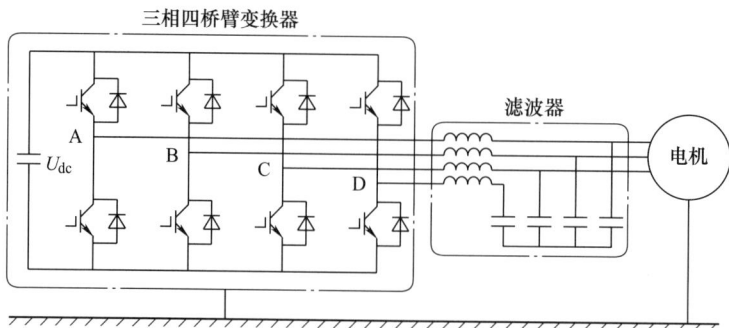

图 13-27　三相四桥臂两电平变换器

从式（13-13）可以看出，A、B、C 三相必须始终工作在有效矢量状态，不能够输出零矢量，否则附加相无法将变换器的等效共模电压源抵消至零。因此，在三相四桥臂两电平变换器中，A、B、C 三相采用 AZSPWM1 调制策略。此外，该变换器需要增加交流侧电磁干扰滤波器，将附加相输出与 A、B、C 三相输出相连，提供控制器侧 A、B、C 三相零序电流回路。

13.2.5.2　双三相变换器

双三相变换器共有六相，采用特定的 PWM 策略能够将等效共模电压源相互抵消为零。图 13-28 所示为两种典型的双三相变换器拓扑。

对于图 13-28a 所示的驱动双三相电机的双三相变换器，电机两套绕组互错 180° 电角度，通过合理设计调制策略，可在理论上将变换器等效共模电压源减小至零。

a)

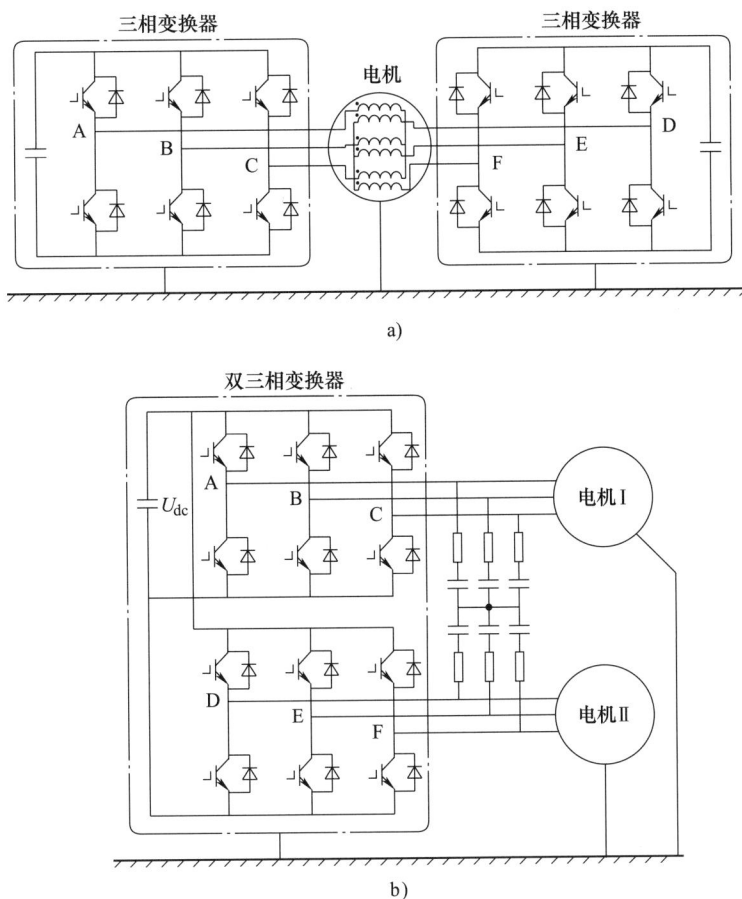

b)

图 13-28 两种典型的双三相变换器拓扑

a）驱动双三相电机的双三相变换器　b）交流侧通过阻容耦合网络的双三相变换器

对于图 13-28b 所示的交流侧通过阻容耦合网络的双三相变换器，在功率流上，每个三相逆变桥驱动一台电机，而干扰电流则通过逆变桥交流侧的滤波器阻容耦合网络在两逆变桥间流动。为保证使两台电机运行互不影响，同时实现等效共模干扰源电压为零，采用类似于 13.2.4 节中所述的 AZSPWM1 策略，通过四个有效矢量来参考电压矢量，避免使用零矢量。但在矢量序列上与 AZSPWM1 不同，在前半个开关周期，选择两个电压矢量，保证 A、B、C 三相共模电压始终为 $U_{dc}/6$，D、E、F 三相共模电压为 $-U_{dc}/6$；在后半个开关周期，切换至另两个电压矢量，保证 A、B、C 三相共模电压为 $-U_{dc}/6$，D、E、F 三相共模电压为 $U_{dc}/6$。这样既保证了两个逆变器输出合成电压矢量相互独立，又保证了总的共模电压等于零。

应当指出的是，双三相变换器在耦合装置（如电机、阻容耦合网络）电气结构、PWM 策略方面拥有比单个三相两电平变换器更多的自由度，两者的配合方式并不唯一，上述方法仅是多种抑制策略中比较有代表性的几种，读者还可以针对双三相变换器进行更为深入的研究。

13.2.6　应用举例

本案例以电机与控制器一体化系统带载 EMC 测试为例（测试标准 CISPR25—2008：Class3），说明 EMC 相关整改措施及其有效性验证，图 13-29 所示为带载 EMC 测试台架。

图 13-29　带载 EMC 测试台架

13.2.6.1　低压传导发射

传导发射电压法测试结果如图 13-30 所示，150~500kHz 频段信号较好，500kHz 以上频段超标较多，对超标频段波形频谱分析和对比测试后，判定超标频段来自于驱动电源的开关噪声。

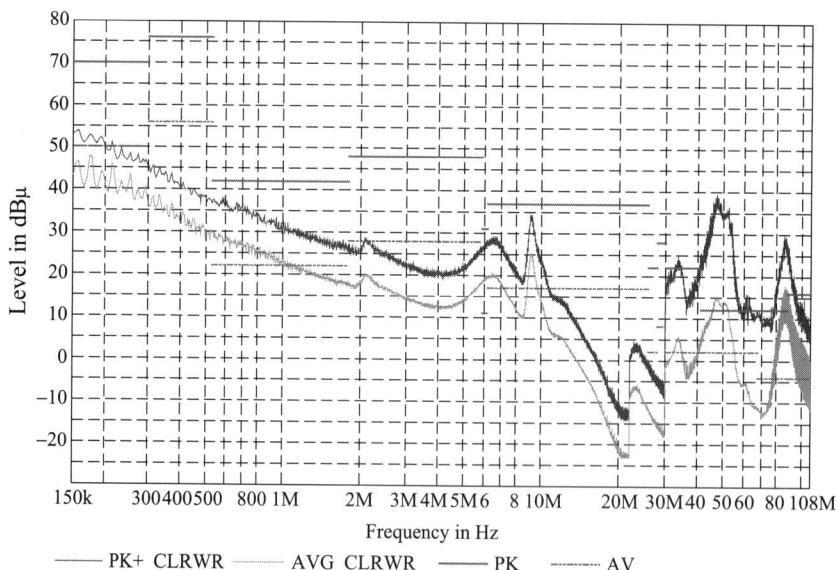

图 13-30　整改前传导发射电压法测试结果（见彩色插页）

针对上述的超标频段和原因分析，在低压电源上采取吸收和滤波方法进行整改：

1）整改措施 1：驱动电源主 MOSFET 源漏极增加 RDC 吸收回路，降低 MOS 管开关引起的噪声。其中，电阻 R_{114} 选取 200Ω，电容 C_{191} 选取 10nF，二极管 VD_{25} 选取超快恢复二极管，如图 13-31 所示。

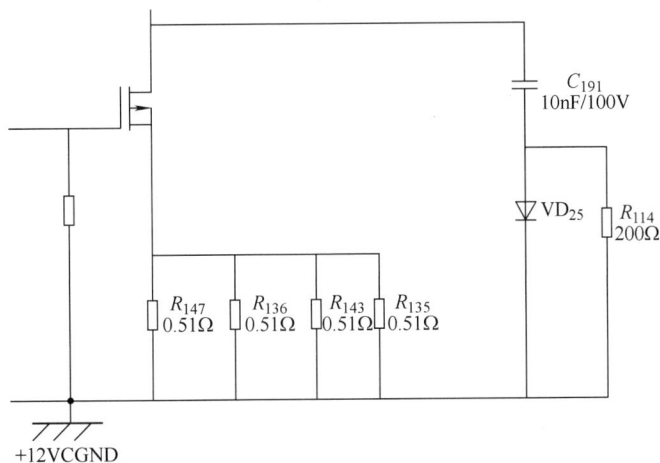

图 13-31　驱动电源 RDC 吸收电路

2）整改措施 2：调整低压电源输入端滤波拓扑和参数，如图 13-32 所示。

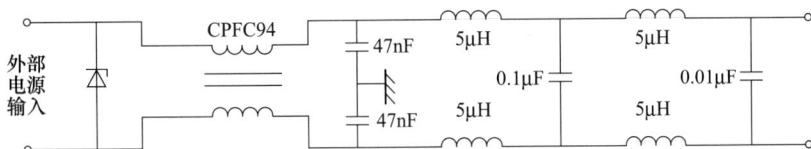

图 13-32　低压滤波电路设计

整改后相同工况下的测试结果如图 13-33 所示，150kHz~108MHz 全频段符合限值要求。

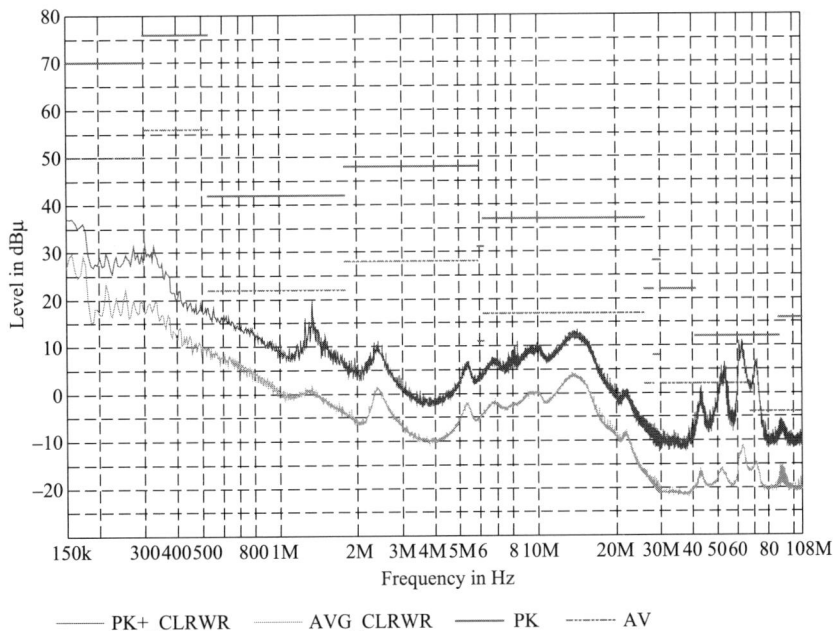

图 13-33　整改后相同工况下的测试结果（见彩色插页）

13.2.6.2 高压传导发射

采用电流法（距被测件 50cm）测试电机控制器直流高压侧传导发射强度，测试结果如图 13-34 所示，存在几处频段峰值检波和均值检波超标。

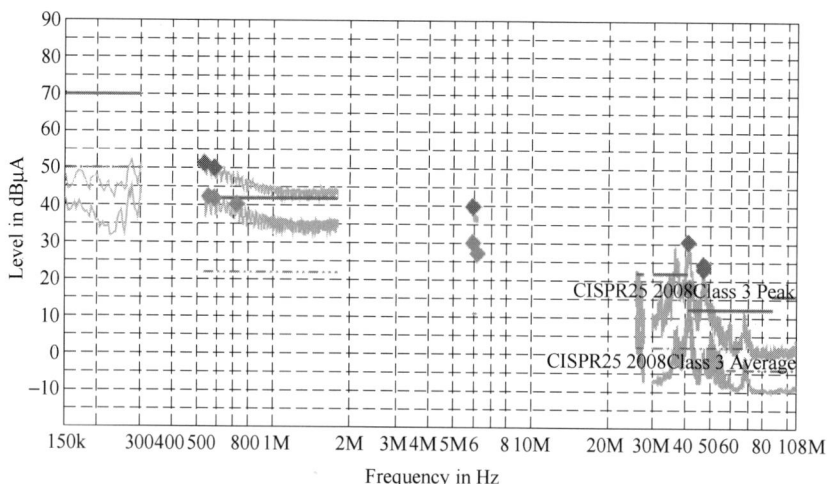

图 13-34 高压传导电流法测试结果（原状态）（见彩色插页）

针对上述测试结果，经分析并验证与 IGBT 器件工作状态有关，驱动电源整改无法有效降低高压直流侧发射强度。此情况需要考虑高压滤波设计，图 13-35 所示为高压直流输入端 Y 电容调整为 330nF 并且增加高压磁环后的测试结果，频段幅值整体下降，最大下降幅度约为 20dB。

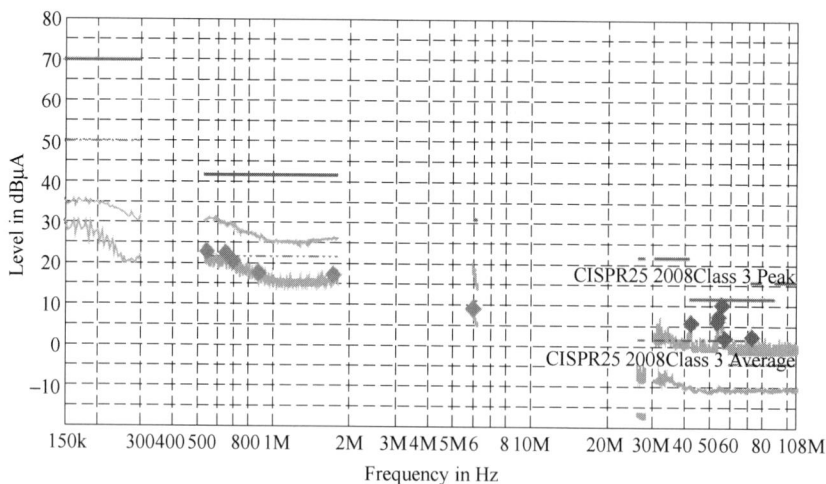

图 13-35 高压传导电流法测试结果（整改后）（见彩色插页）

通过以上案例可以看出，驱动电机系统在带载条件下想要通过 Class3 等级，需要分别考虑低压电源和高压输入端的 EMC 措施，同时确保机壳可靠接地以及高压线束完整屏蔽。EMC 是一个系统问题，尤其在整车上，除电机控制系统本身外，也要综合考虑整车其他部件及布置对驱动电机系统的影响。

参考文献

[1] 张舟云，贡俊.电动汽车电机技术与应用[M].上海：上海科学技术出版社，2012.

[2] 马洪飞，徐殿国，陈希有，等.PWM逆变器驱动异步电动机采用长线电缆时电压反射现象的研究[J].中国电机工程学报，2001，21（11）:109-113.

[3] CACCIATO M，CONSOLI A，SCARCELLA G，et al. Reduction of common-mode Currents in PWM Inverter Motor Drives[J]. IEEE Transactions on Industry Applications，1999，35（2）:469-476.

[4] LAI Y S，SHYU F S. Optimal Common-mode Voltage Reduction PWM Technique for Inverter Control with Consideration of Dead-time Effects-Part I : Basic Development[J]. IEEE Transactions on Industry Applications，2004，40（6）: 1605-1612.

[5] HAVA A M，Ün E. Performance Analysis of Reduced Common-Mode Voltage PWM Methods and Comparison With Standard PWM Methods for Three-Phase Voltage-Source Inverters[J]. IEEE Transactions on Power Electronics，2009，24（1）:241-252.

[6] Ün E，HAVA A M. A Near State PWM Method With Reduced Switching Frequency And Reduced Common Mode Voltage For Three Phase Voltage Source Inverters [C]//Electric Machines & Drives Conference 2007（IEMDC '07. IEEE International），2007.

[7] Ün E，HAVA A M. A Near-State PWM Method with Reduced Switching Losses and Reduced Common-Mode Voltage for Three-Phase Voltage Source Inverters[J]. IEEE Transactions on Industry Applications，2009，45（2）.

[8] ZHAO Z M，LU T，WEISS，et al. Combined PWM algorithm to eliminate spikes of common mode voltages[C]//Transportation Electrification Asia-Pacific，2014:1-6.

[9] JIANG D，WANG F，XUE J. PWM Impact on CM Noise and AC CM Choke for Variable-Speed Motor Drives[J]. IEEE Transactions on Industry Applications，2013，49（2）: 963-972.

[10] 窦汝振，王慧波，程普，等.电动汽车用电机驱动系统的电磁兼容技术研究[J].天津工业大学学报，2011，30（6）:67-70.

[11] 文宝忠，李波，周荣.电动汽车电磁兼容技术及其发展趋势（英文）[J]. China Standardization，2012（2）:58-61.

[12] 张威，程维明，杨东.电动汽车驱动系统EMC测试的试验室方案研究[J].电子测量技术，2013（4）:80-83.

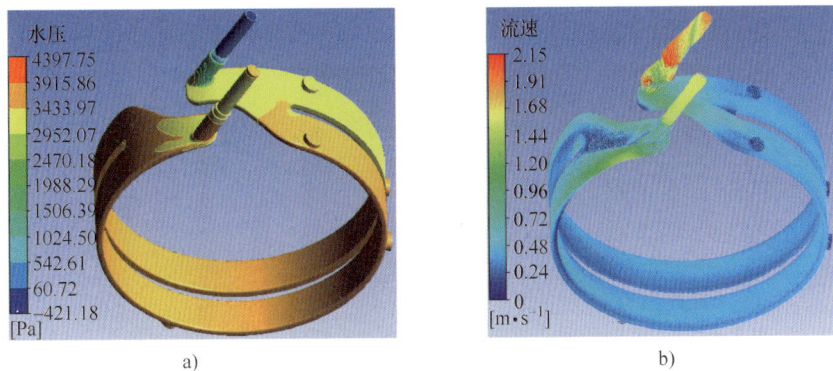

图 3-19　电机冷却水道流阻仿真分析

a）水压分布　b）流速分布

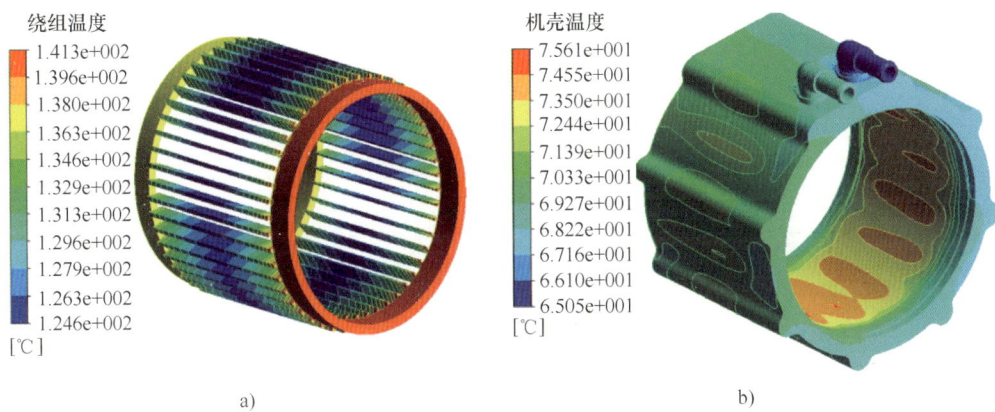

图 3-20　电机冷却水道散热仿真分析

a）绕组　b）机壳

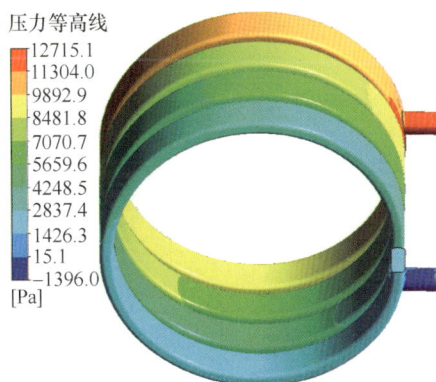

图 4-20　采用螺旋式水道的驱动电机的水道压力分布图

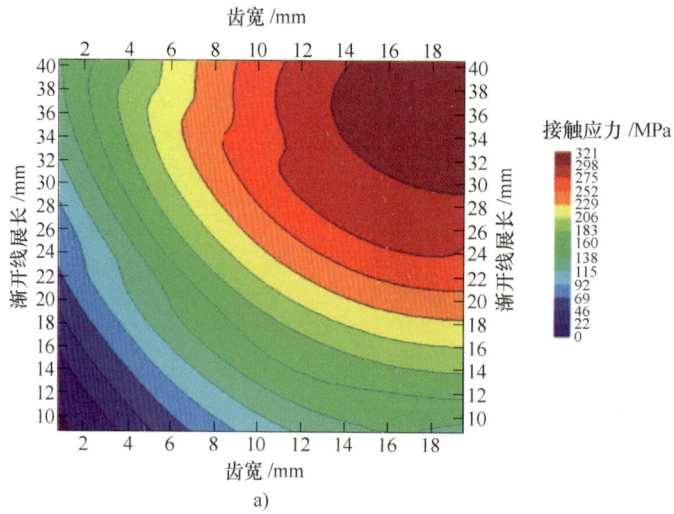

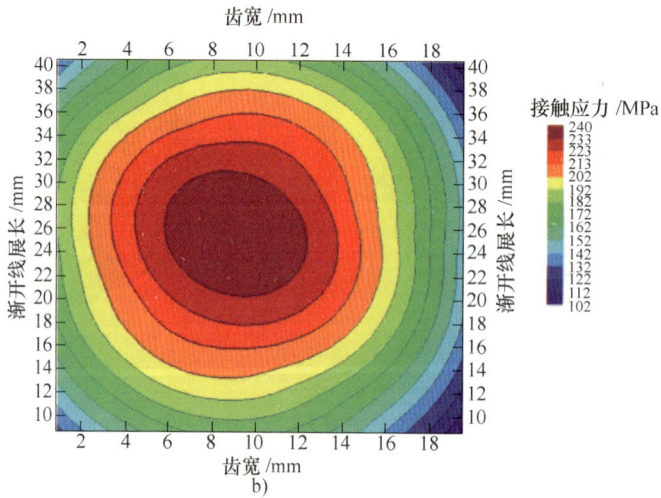

图 5-12 齿轮接触斑点

a）修形前　b）修形后

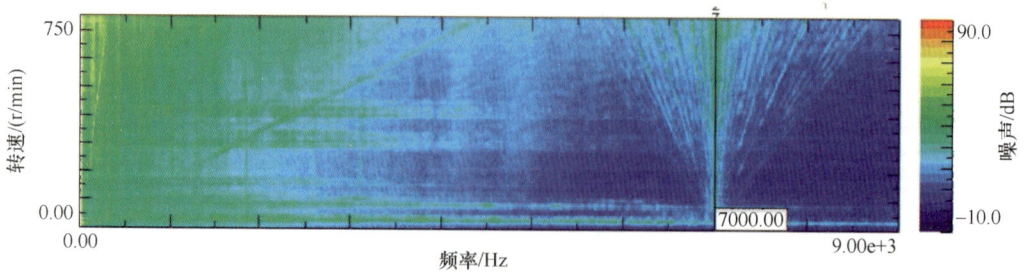

图 6-3 开关频率引起的伞状 PWM 振动噪声

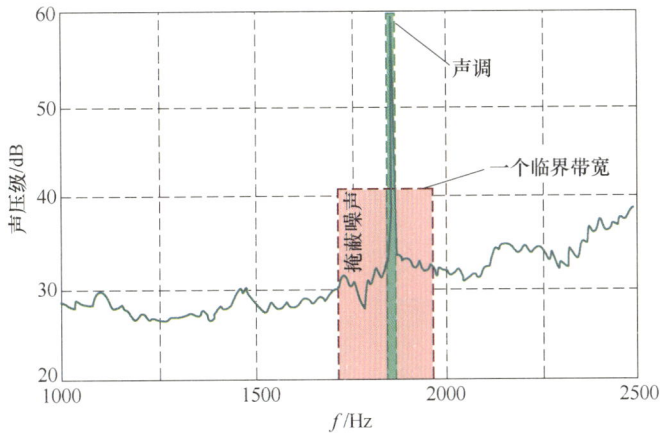

图 6-22 声调噪声比的计算方法示意图

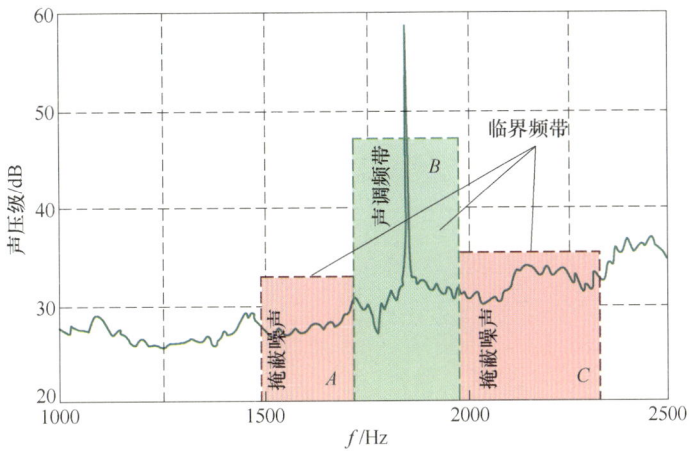

图 6-23 突出比的计算方法示意图

a)

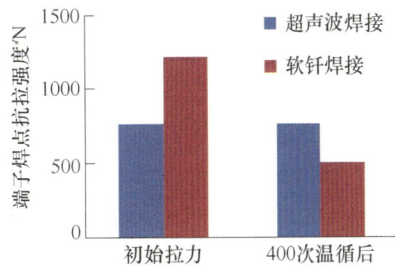

b)

图 7-2 模块功率端子超声波焊接工艺与软钎焊工艺

a）超声波焊接焊接示意图 b）超声波焊接工艺与软钎焊工艺抗拉强度对比

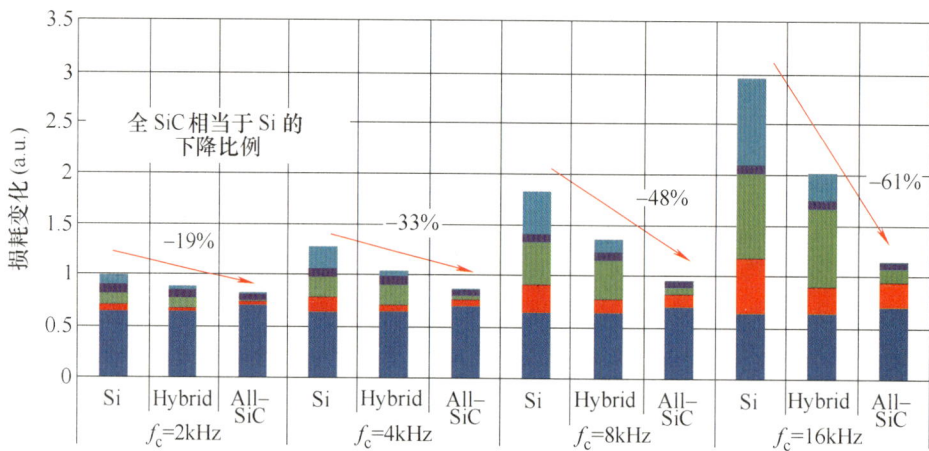

图 7-7　SiC 芯片与 Si 芯片导通损耗随频率变化对比

注：■ P_{rr}：二极管反向恢复损耗　■ P_f：二极管正向导通损耗　■ P_{off}：器件关断损耗
　　■ P_{on}：器件开通损耗　■ P_{sat}：器件通态损耗

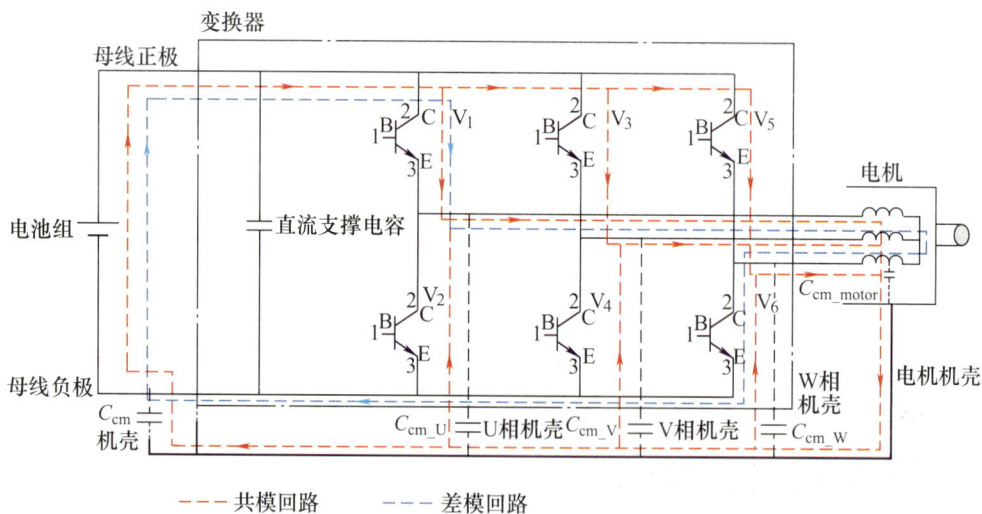

—— 共模回路　　—— 差模回路

图 7-23　电机控制器主电路的噪声传递等效回路

a)

出水口

入水口

b)

温度(固体) 76.34℃   温度(固体) 72.57℃

76.59
75.69
74.80
73.90
73.00
72.10
71.21
70.31
69.41
68.51
67.61
66.72
65.82
64.92
64.02

温度(固体)[℃]

温度(固体) 67.17℃   温度(固体) 65.69℃

c)

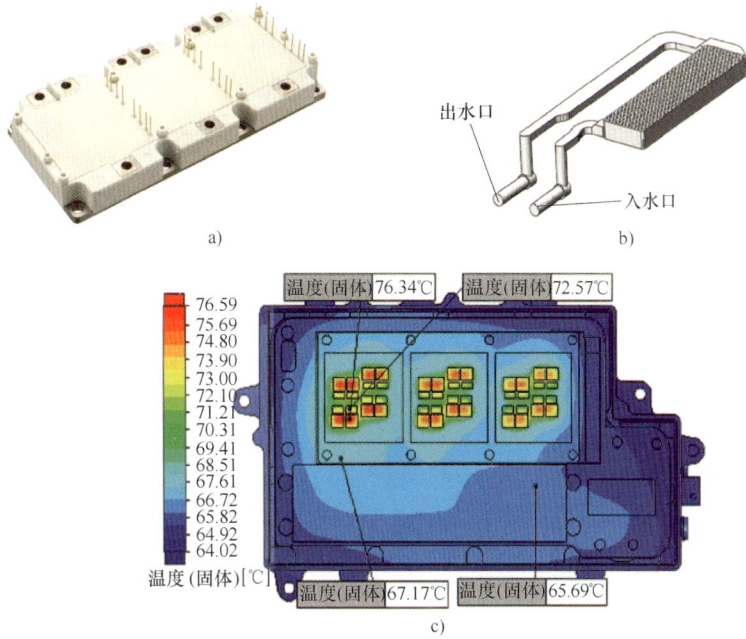

图 8-10   高效散热器结构及 IGBT 热仿真结果

a）IGBT 功率模块   b）冷却水道   c）IGBT 冷却布置及其仿真结果

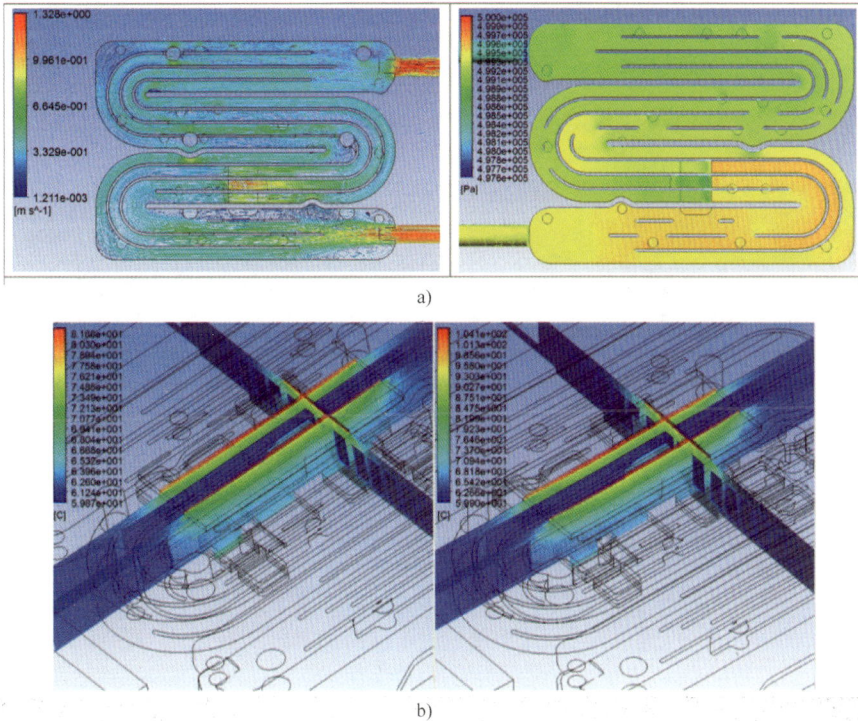

a)

b)

图 8-15   水道散热仿真图

a）水道流阻仿真   b）功率模块热仿真

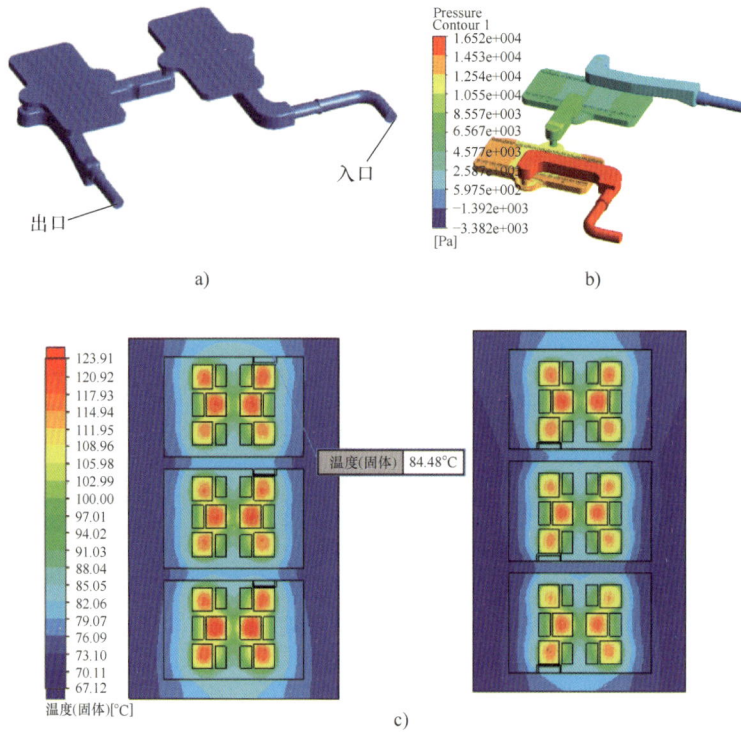

图 8-20　双电机控制器冷却系统的流阻和温升仿真结果

a）冷却水道　b）冷却水道流阻仿真结果　c）IGBT 热仿真结果

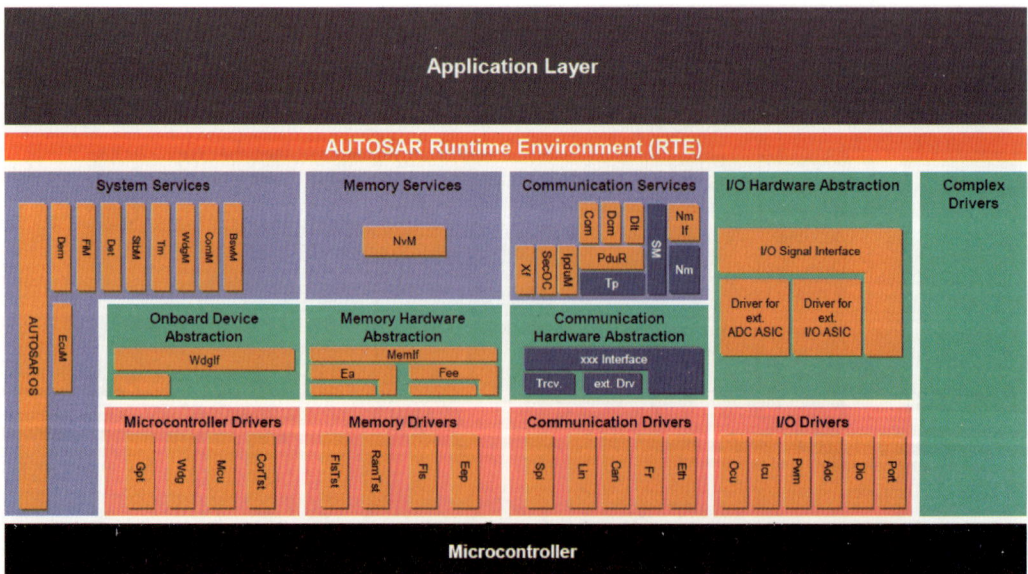

图 10-19　AUTOSAR 基础软件模块

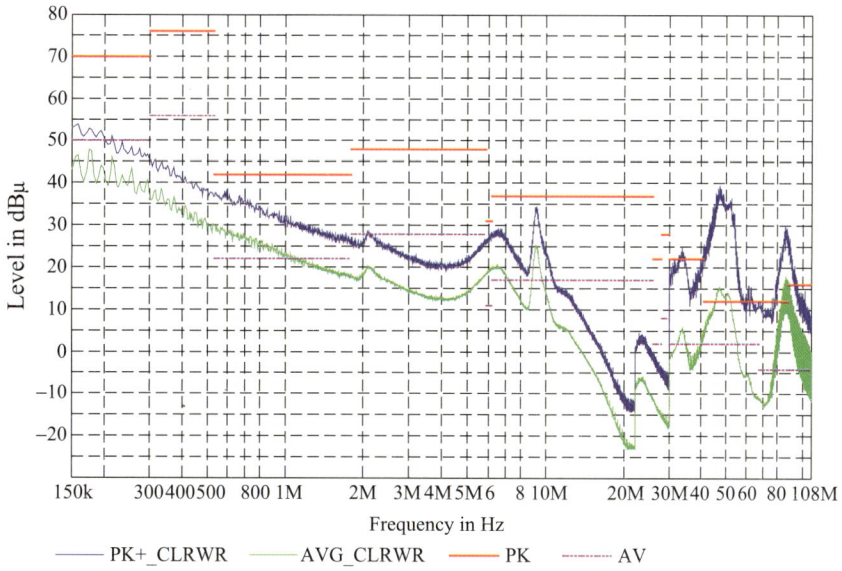

图 13-30　整改前传导发射电压法测试结果

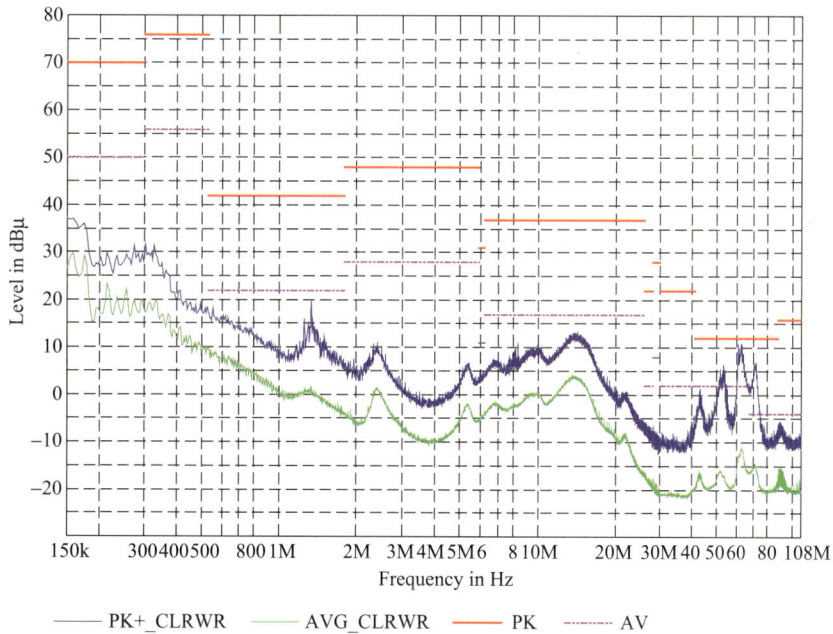

图 13-33　整改后相同工况下的测试结果

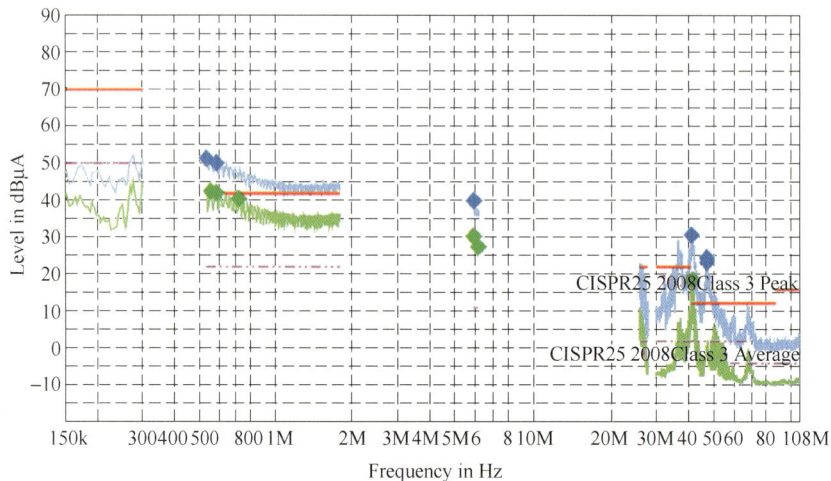

图 13-34　高压传导电流法测试结果（原状态）

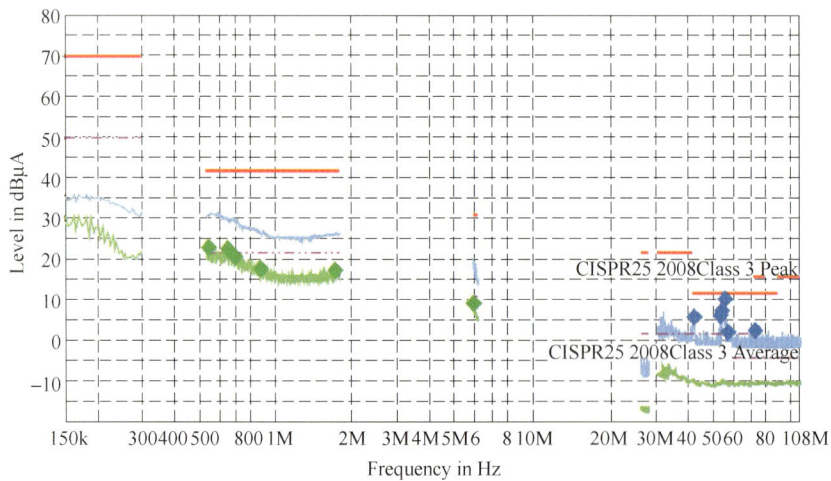

图 13-35　高压传导电流法测试结果（整改后）

总主编　**孙逢春**（北京理工大学，中国工程院院士）

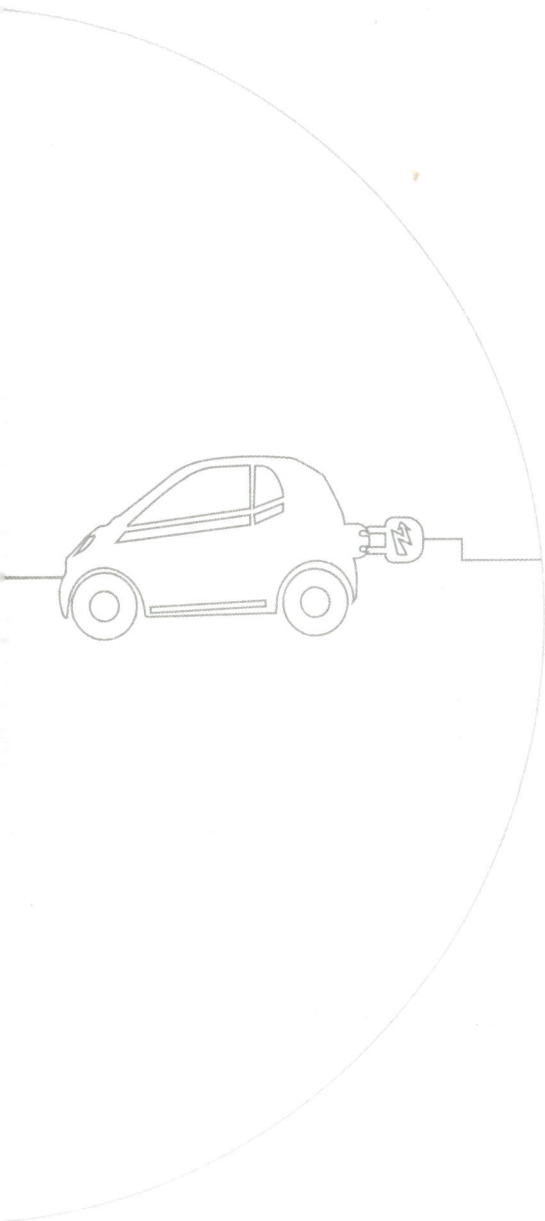

谨以此书献给

为中国电动汽车事业
砥砺奋进的电动汽车人！

FOTON
福田汽车

BAIC BJEV
北汽新能源

CATL
宁德时代

东风汽车

中国一汽
FAW

BYD
比亚迪汽车
BYD AUTO

宇通客车

广汽新能源
GAC NE

SAIC
上汽集团
SAIC MOTOR

上汽大通
MAXUS

长安新能源
CHANGAN EV

ROEWE 荣威
品位科技·知你知行

奇瑞新能源
CHERY NEW ENERGY

· · · · · ·